● 収録内容一覧

■2025年度中学受験用

筑波大学附属駒場中学校

10年間(＋3年間HP掲載)スーパー過去問

入試問題と解説・解答の収録内容

2024年度(令和６年度)	算数・社会・理科・国語	実物解答用紙DL
2023年度(令和５年度)	算数・社会・理科・国語	実物解答用紙DL
2022年度(令和４年度)	算数・社会・理科・国語	実物解答用紙DL
2021年度(令和３年度)	算数・社会・理科・国語	
2020年度(令和２年度)	算数・社会・理科・国語	
2019年度(平成31年度)	算数・社会・理科・国語	
2018年度(平成30年度)	算数・社会・理科・国語	
平成29年度	算数・社会・理科・国語	
平成28年度	算数・社会・理科・国語	
平成27年度	算数・社会・理科・国語	
平成26～24年度(HP掲載) 「カコ過去問」 (ユーザー名) koe (パスワード) w8ga5a1o	問題・解答用紙・解説解答DL ◇著作権の都合により国語と一部の問題を削除しております。 ◇一部解答のみ(解説なし)となります。 ◇９月下旬までに全校アップロード予定です。 ◇掲載期限以降は予告なく削除される場合があります。	

～本書ご利用上の注意～　以下の点について，あらかじめご了承ください。

★別冊解答用紙は巻末にございます。実物解答用紙は，弊社サイトの各校商品情報ページより，一部または全部をダウンロードできます。
★編集の都合上，学校実施のすべての試験を掲載していない場合がございます。
★当問題集のバックナンバーは，弊社には在庫がございません（ネット書店などに一部在庫あり）。

合格を勝ち取るための

『スーパー過去問』の使い方

本書に掲載されている過去問をご覧になって，「難しそう」と感じたかもしれません。でも，多くの受験生が同じように感じているはずです。なぜなら，中学入試で出題される問題は，小学校で習う内容よりも高度なものが多く，たくさんの知識や解き方のコツを身につけることも必要だからです。ですから，初めて本書に取り組むさいには，点数を気にしすぎないようにしましょう。本番でしっかり点数を取れることが大事なのです。

過去問で重要なのは「まちがえること」です。自分の弱点を知るために，過去問に取り組むのです。当然，まちがえた問題をそのままにしておいては意味がありません。

本書には，長年にわたって中学入試にたずさわっているスタッフによるていねいな解説がついています。まちがえた問題はしっかりと解説を読み，できるようになるまで何度も解き直しをしてください。理解できていないと感じた分野については，参考書や資料集などを活用し，改めて整理しておきましょう。

このページも参考にしてみましょう！

◆どの年度から解こうかな　「入試問題と解説・解答の収録内容一覧」

本書のはじめには収録内容が掲載されていますので，収録年度や収録されている入試回などを確認できます。

※著作権上の都合によって掲載できない問題が収録されている場合は，最新年度の問題の前に，ピンク色の紙を差しこんでご案内しています。

◆学校の情報を知ろう‼「学校紹介ページ」

このページのあとに，各学校の基本情報などを掲載しています。問題を解くのに疲れたら息ぬきに読んで，志望校合格への気持ちを新たにし，再び過去問に挑戦してみるのもよいでしょう。なお，最新の情報につきましては，学校のホームページなどでご確認ください。

◆入試に向けてどんな対策をしよう？「出題傾向＆対策」

「学校紹介ページ」に続いて，「出題傾向＆対策」ページがあります。過去にどのような分野の問題が出題され，どのように対策すればよいかをアドバイスしていますので，参考にしてください。

◇別冊「入試問題解答用紙編」

本書の巻末には，ぬき取って使える別冊の解答用紙が収録してあります。解答用紙が非公表の場合などを除き，（注）が記載されたページの指定倍率にしたがって拡大コピーをとれば，実際の入試問題とほぼ同じ解答欄の大きさで，何度でも過去問に取り組むことができます。このように，入試本番に近い条件で練習できるのも，本書の強みです。また，データが公表されている学校は別冊の１ページ目に過去の「入試結果表」を掲載しています。合格に必要な得点の目安として活用してください。

本書がみなさんの志望校合格の助けとなることを，心より願っています。

株式会社　声の教育社　編集部

筑波大学附属駒場中学校

所在地	〒154-0001 東京都世田谷区池尻4-7-1
電　話	03-3411-8521（代）
ホームページ	https://www.komaba-s.tsukuba.ac.jp/
交通案内	京王井の頭線「駒場東大前駅」西口より徒歩7分 東急田園都市線「池尻大橋駅」北口より徒歩15分

くわしい情報は
ホームページへ

トピックス

★第1次選考（抽選）は，近年行われていません。
★「渋谷駅」「経堂駅」よりバス「駒場」下車徒歩1分。

創立年
昭和22年

男子校

高校募集
あり

応募状況

年度	募集数	応募数	受験数	合格数	倍率
2024	120名	660名	555名	128名	4.3倍
2023	120名	627名	521名	128名	4.1倍
2022	120名	576名	479名	129名	3.7倍
2021	120名	677名	561名	131名	4.3倍
2020	120名	694名	563名	130名	4.3倍
2019	120名	736名	624名	129名	4.8倍
2018	120名	661名	554名	128名	4.3倍
2017	120名	689名	591名	127名	4.7倍

※受験数，合格数は共に第２次学力検査。

通学区域（参考：昨年度）

【東京都】23区，昭島市，稲城市，清瀬市，国立市，小金井市，国分寺市，小平市，狛江市，立川市，多摩市，調布市，西東京市，八王子市，東久留米市，東村山市，日野市，府中市，町田市，三鷹市，武蔵野市
【埼玉県】上尾市，朝霞市，川口市，さいたま市（浦和区，大宮区，北区，桜区，中央区，西区，南区），志木市，草加市，所沢市，戸田市，新座市，富士見市，ふじみ野市，三郷市，八潮市，和光市，蕨市
【千葉県】市川市，浦安市，習志野市，船橋市，松戸市
【神奈川県】厚木市，海老名市，川崎市，相模原市（南区，中央区，緑区の相原・大島・大山町・上九沢・下九沢・田名・西橋本・二本松・橋本・橋本台・東橋本・元橋本町），座間市，大和市，横浜市（青葉区，旭区，泉区，神奈川区，港南区，港北区，瀬谷区，都筑区，鶴見区，戸塚区，中区，西区，保土ヶ谷区，緑区，南区）

入試情報（参考：昨年度）

【出願手続・第１次選考等】
出願書類郵送受付：2024年１月５日～12日
＊本校ホームページより，事前に出願手続。
＊写真票，住民票，報告書を交付記録郵便用特定封筒（レターパックプラス）で郵送。
＊第１次選考（抽選）を実施する場合は１月16日に来校。
＊第１次選考合格者（実施しなかった場合は出願者全員）に対し，第２次選考を実施。
【第２次選考（学力検査）】
試験日時：2024年２月３日　9：00～12：40
試験科目：国算理社（各40分／100点満点）
合格発表：2024年２月５日　15：00～17：00（HP）

学校説明会・公開行事日程（参考：昨年度）

［学校説明会］　※小６生限定
10月７日・８日　要予約・上履き必要
［文化祭］
11月３～５日　事前予約不要

2024年春の主な大学合格実績

＜国公立大学・大学校＞
東京大，京都大，東京工業大，一橋大，東北大，北海道大，筑波大，千葉大，横浜国立大，東京医科歯科大，防衛医科大，横浜市立大
＜私立大学＞
慶應義塾大，早稲田大，東京慈恵会医科大，順天堂大，昭和大，東京医科大，日本医科大

編集部注─本書の内容は2024年6月現在のものであり，変更されている場合があります。正確な情報は，学校のホームページ等で必ずご確認ください。

算数　出題傾向＆対策

◆基本データ（2024年度）

試験時間／満点	40分／100点
問題構成	・大問数…４題 　応用問題４題 ・小問数…13問
解答形式	解答らんには必要な単位などがあらかじめ記入されている。また，解答だけでなく式や考え方を書くスペースが設けられている。
実際の問題用紙	Ｂ４サイズ
実際の解答用紙	Ｂ４サイズ

◆過去10年間の出題率トップ５

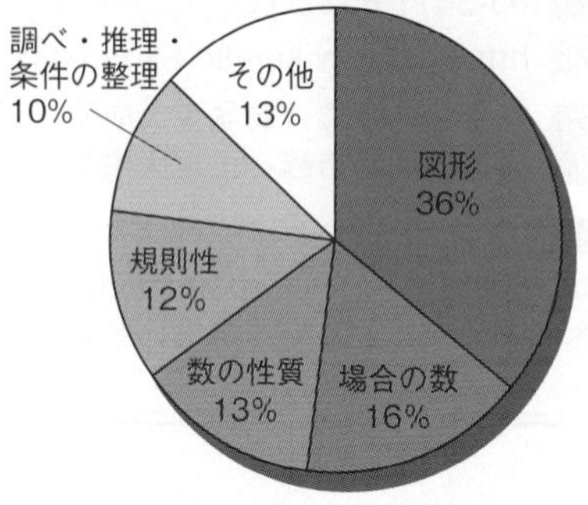

※　配点（推定ふくむ）をもとに算出

◆近年の出題内容

【　2024年度　】			【　2023年度　】		
大問	1	整数の性質，場合の数	大問	1	整数の性質，数列
	2	条件の整理		2	調べ
	3	平面図形－図形上の点の移動，構成		3	平面図形－相似
	4	水の深さと体積		4	条件の整理

◆出題傾向と内容

本校の算数には極端に難しい問題は見られないものの，どれをとってもよく考えぬかれたものなので，つねに冷静な判断力と的確な推理力が必要とされます。

計算問題は単独で出題されることはなく，応用問題のなかで計算力をためすものとなっています。**本校算数の中心となっている分野は，数の性質と図形**です。数の性質では，約数・倍数，集合，場合の数，数列，数の範囲などの分野からの出題が多いようです。特に数列，数の規則性，場合の数をあつかう問題は，計算まちがいをする危険性が高いので注意を要します。

図形の問題では，単純に長さ・角度，面積・体積を求めさせるものはほとんどなく，図形の移動にともなう面積の変化とグラフの読み取りをするもの，平面図形の分割と並べかえ，相似の利用による求積・面積比，図形上の点の移動と数の性質を利用するものなどのように，総合問題形式で取り上げられています。どれもやや難しく，広い範囲からの編成で，配点もかなり高くなっているようです。

◆対策～合格点を取るには？～

本校の入試では**合格点がかなり高い**ため，特に算数の出来・不出来が合否決定のポイントになるといわれています。

出題率の高い図形問題は，過去の出題例にあたってよく研究しておくべきでしょう。また，場合の数や数の規則性についての問題は，いずれも深く考えさせる内容を持っており，ふだんから推理力・思考力などを身につけておく必要がありそうです。ただし，丁寧に書き出したり調べ上げれば正解できる問題も少なくないので，落ち着いて取り組むことが大切です。

試験場での解法テクニックに触れておきますと，算数では問題をかならずしも順番通りにやる必要はありませんので，**やさしいものから手をつけ，難しい問題は後回しにする**ことです。入試では合格点をとればいいわけですから，欲ばらず，まず８割の得点を目標に，一度手をつけたものは必ずものにすることです。問題をちょっと見ただけで難易を判別することは簡単ではないことかもしれませんが，やさしいと思ったものから順に解いていくのが得策です。

分野 ＼ 年度	2024	2023	2022	2021	2020	2019	2018	2017	2016	2015
計算／四則計算・逆算										
計算／計算のくふう										
計算／単位の計算										
和と差／和差算・分配算					○			○		
和と差／消去算										
和と差／つるかめ算			○		○					
和と差／平均とのべ										
和と差／過不足算・差集め算										
和と差／集まり										
和と差／年齢算										
割合と比／割合と比										
割合と比／正比例と反比例										
割合と比／還元算・相当算										
割合と比／比の性質										
割合と比／倍数算										
割合と比／売買損益										
割合と比／濃度										
割合と比／仕事算										
割合と比／ニュートン算										
速さ／速さ										
速さ／旅人算				○		○			○	
速さ／通過算			○							
速さ／流水算										
速さ／時計算										
速さ／速さと比										
図形／角度・面積・長さ						●	○	○	○	
図形／辺の比と面積の比・相似		○	○		○		◎		○	◎
図形／体積・表面積				○						
図形／水の深さと体積	○						○			
図形／展開図										
図形／構成・分割	○								◎	
図形／図形・点の移動	○			○		◎			○	
表とグラフ								○		
数の性質／約数と倍数								○		
数の性質／N進数										
数の性質／約束記号・文字式										
数の性質／整数・小数・分数の性質	○	○	○			○			○	●
規則性／植木算					○		○			
規則性／周期算						○			○	
規則性／数列		○						○		
規則性／方陣算										
規則性／図形と規則					○			○		
場合の数	○			◎	◎	○	○	○		●
調べ・推理・条件の整理	○	◎	●		○	○	○		○	●
その他										

※　○印はその分野の問題が1題，◎印は2題，●印は3題以上出題されたことをしめします。

社会 出題傾向＆対策

◆基本データ（2024年度）

試験時間／満点	40分／100点
問題構成	・大問数…３題 ・小問数…19問
解答形式	ほとんどが記号選択だが，あてはまるものを複数選択する問題が多い。そのほかには，用語を記入する問題と，30字程度で書かせる記述問題が見られる。
実際の問題用紙	Ｂ４サイズ
実際の解答用紙	Ｂ４サイズ

◆過去10年間の分野別出題率

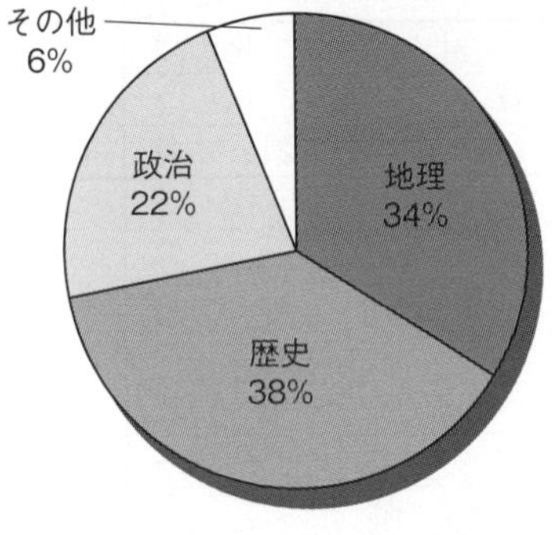

※ 配点（推定ふくむ）をもとに算出

◆近年の出題内容

【 2024年度 】			【 2023年度 】		
大問	1	〔**地理**〕関東大震災を題材とした問題	大問	1	〔**地理**〕ダークツーリズムについての問題
	2	〔**総合**〕明治神宮外苑を題材とした問題		2	〔**政治**〕図書館を題材とした問題
	3	〔**政治**〕被選挙権を題材とした問題		3	〔**歴史**〕地球温暖化を題材とした問題

◆出題傾向と内容

全体的に問題文が長く，しっかり本文を読みこまないと解けない問題もあります。

●地理…図表・統計・グラフ・地図などをふくむ読図選択形式の出題が多く，気候区分，地勢などがポイントとなります。具体的には工業の移り変わりや農業の移り変わりなど歴史と結びついた問題や，電力，石油など私たちの日常生活に結びつく時事的な問題があります。また，日本の貿易と世界地理を結びつけたものも重要視されているようです。

●歴史…文章をズラッと並べて正誤を問うものが多く見られますが，難問といわれるものは少ないようです。とはいえ，年代順や歴史上の事件の原因，結果，影響などを選択させる問題には判断に迷うようなものもあります。

●政治…国会や憲法などに関する基礎問題と，社会・政治・経済にわたる広い範囲からの設問が見られます。なかでもよく出るのは近年行われた国政選挙や災害などで，新聞などのニュースによく注意していないとわからないような時事的な話題に焦点があてられているようです。

◆対策～合格点を取るには？～

地理では（のみならず，歴史においても），地図やグラフ・表などの統計資料を用いた読図問題が多く出されています。したがって，**統計資料の読み方にじゅうぶん慣れておく**ことが必要です。『日本国勢図会』などにもできる限り目を通して，日本の産業や世界との結びつきなどを調べてまとめておくとよいでしょう。

歴史では，各時代の特色をしっかりおさえておくことが大切です。歴史上重要な事件については，その年代，起こった原因，歴史的な意義，外国からの影響など，**正しい歴史の流れをつかむ**ようにしてください。特に江戸時代以降の政治・経済・社会制度史は出題率も高く，質問内容も高度なものが見られます。細かい知識にいたるまで問われていますから，正確な知識をたくわえておくようにしましょう。

政治・経済・時事は，出題対象と考えられる文化的な常識問題，経済，政治（特に憲法）や，**近年話題になった重要事件**を新聞，年鑑などを利用して整理しておきましょう。重要事件については国際的なことがらも問われるので，場所と合わせて覚えることが大切です。

社会 出題分野分析表

分野		年度	2024	2023	2022	2021	2020	2019	2018	2017	2016	2015
日本の地理		地図の見方						○				
		国土・自然・気候	○	○	○	○	○		○		○	○
		資源			○							
		農林水産業	○	○			○		○	○	○	
		工業	○	○	○	○						
		交通・通信・貿易			○			○	○			
		人口・生活・文化		○				○	○	○		
		各地方の特色	○					○				○
		地理総合	★	★	★	★	★	★	★		★	★
世界の地理			○		○		○	○				○
日本の歴史	時代	原始～古代	○	○	○	○	○	○	○	○		○
		中世～近世	○	○	○	○	○	○	○	○	○	○
		近代～現代	○	○	○	○	○	○	○	○	○	○
	テーマ	政治・法律史										
		産業・経済史										
		文化・宗教史										
		外交・戦争史										
		歴史総合		★	★	★		★	★	★	★	★
世界の歴史												
政治		憲法		○		○		○				○
		国会・内閣・裁判所	○	○	○	○						
		地方自治	○			○	○					
		経済	○	○							○	
		生活と福祉		○	○						○	○
		国際関係・国際政治	○	○		○		○			○	
		政治総合	★	★	★	★		★	★		★	★
環境問題							○	○		★		
時事問題					○	○	○	○			○	○
世界遺産								○				
複数分野総合			★				★					

※　原始～古代…平安時代以前，中世～近世…鎌倉時代～江戸時代，近代～現代…明治時代以降

※　★印は大問の中心となる分野をしめします。

理科 出題傾向&対策

◆基本データ(2024年度)

試験時間/満点	40分/100点
問題構成	・大問数…6題 ・小問数…20問
解答形式	ほとんどが記号選択で，択一式が中心になっている。そのほかには，用語や数値の記入，短文記述の問題が出されている。作図問題やグラフの完成は出されていない。
実際の問題用紙	B4サイズ
実際の解答用紙	B4サイズ

◆過去10年間の分野別出題率

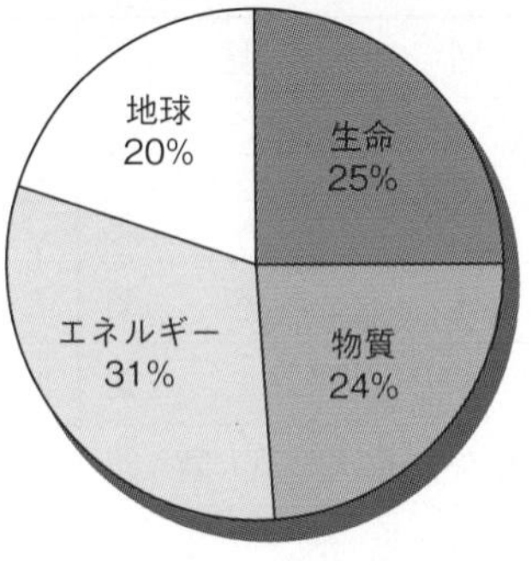

※　配点(推定ふくむ)をもとに算出

◆近年の出題内容

【 2024年度 】			【 2023年度 】		
大問	1	〔物質〕水溶液の判別	大問	1	〔生命〕種子の発芽
	2	〔地球〕流水のはたらき，気象，星座		2	〔地球〕小問集合
	3	〔生命〕運動と脈はく数		3	〔エネルギー〕豆電球の回路
	4	〔生命〕モズ，オニヤンマ		4	〔エネルギー〕さおはかり
	5	〔エネルギー〕豆電球のつなぎ方		5	〔物質〕ものの溶け方
	6	〔エネルギー〕てこのつり合いと重心		6	〔物質〕金属の性質

◆出題傾向と内容

本校の問題は小学理科のあらゆる範囲からくまなく出題されています。

●**生命**…動物，植物のしくみやはたらき・成長などに関する問題がよく取り上げられており，植物の分類と呼吸，葉の蒸散，発芽，日光との関係，光合成，くき・根・葉の構造などがよく出されます。このほか，人体では，内臓のはたらきと消化，血液の循環と呼吸などが出題されています。

●**物質**…水溶液の性質やものの溶け方が目につきます。酸・アルカリ，中和といった一般的な問題ばかりでなく，気体の発生や沈でん，温度と溶解など水溶液全体の知識を必要とするものが多く，本校の特ちょうの一つとなっています。

●**エネルギー**…てこや重心など力のつり合い，電気回路からの出題がよく見られます。また，光・音などからも出されています。

●**地球**…星・星座の動き方などの基礎的な設問がよく姿を見せています。また，総合問題の中で，岩石，風・雲と天候なども取り上げられています。

◆対策～合格点を取るには？～

本校の問題は，**全体的な理科の知識，各分野の基礎的な事項の理解**を要求しています。このような問題では，まず，参考書やサブノートなどを念入りに読み，各単元を完全にマスターすることが最良の勉強法となります。また，理科という科目の性質上どうしても実験・観察に関する問題が多くなるので，ふだんの実験・観察の時間にはその方法・目的・結果・結論をノートに整理してみてはいかがでしょうか。正しい実験・観察の方法を身につけておけば，実験器具使用法などの問題にもあわてることはありません。

理科とはそもそも私たちが生活している周囲の現象を“科学的に見る”というところから始まるものです。したがって，本校のように広範囲な基礎知識をためす問題では，**ふだんから身の回りのものを注意深く見ておく**ことが大切となります。

理科 出題分野分析表

分野	年度	2024	2023	2022	2021	2020	2019	2018	2017	2016	2015
生命	植物		★	★		★	★	★	★	★	
	動物	★				★	★	○		★	★
	人体	★			★			○	★		★
	生物と環境										
	季節と生物				★						
	生命総合							★			
物質	物質のすがた										
	気体の性質								★		○
	水溶液の性質	★		★							★
	ものの溶け方	○	★	★		★	★	★	★	★	
	金属の性質		★								
	ものの燃え方				★	★		★			★
	物質総合						★				
エネルギー	てこ・滑車・輪軸	★	★	★	★	★	★	★	★	★	★
	ばねののび方										
	ふりこ・物体の運動										
	浮力と密度・圧力		○								
	光の進み方						★				
	ものの温まり方									★	
	音の伝わり方										
	電気回路	★	★	★	★	★		★	★	★	★
	磁石・電磁石										
	エネルギー総合										
地球	地球・月・太陽系		○	○	○	○	○	○	○	○	○
	星と星座	○	○		○	○	○			○	○
	風・雲と天候	○		○	○	○			○		○
	気温・地温・湿度						○	○	○	○	
	流水のはたらき・地層と岩石	○		○	○	○	○	○	○	○	○
	火山・地震				○	○	○	○	○	○	
	地球総合	★	★	★	★	★	★	★	★	★	★
実験器具											
観察											
環境問題											
時事問題											
複数分野総合											

※　★印は大問の中心となる分野をしめします。

国語 出題傾向＆対策

◆基本データ（2024年度）

試験時間／満点	40分／100点
問題構成	・大問数…３題 文章読解題２題／知識問題１題 ・小問数…９問
解答形式	記号選択と記述問題で構成されている。記述問題は，すべて字数制限がないものとなっている。
実際の問題用紙	Ｂ４サイズ
実際の解答用紙	Ｂ４サイズ

◆過去10年間の分野別出題率

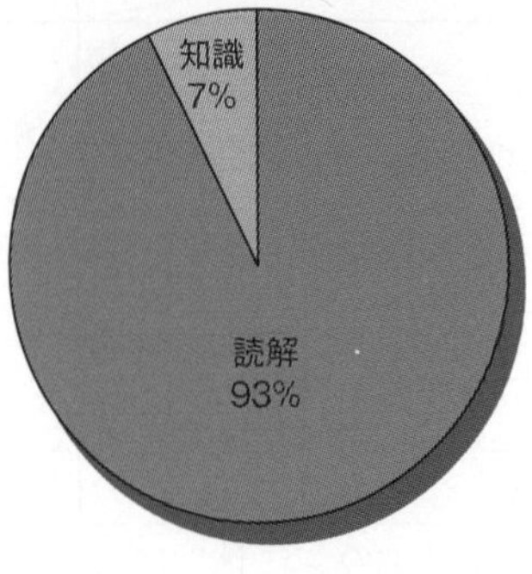

※　配点(推定ふくむ)をもとに算出

◆近年の出題内容

【　2024年度　】		【　2023年度　】	
大問	一 〔説明文〕小島渉『カブトムシの謎をとく』（約1700字）	大問	一 〔説明文〕石黒広昭「学ぶことと遊ぶこと」（約2600字）
	二 〔知識〕漢字の書き取り		二 〔随筆〕日本文藝家協会編『ベスト・エッセイ 2022』所収の「ガラスのこころ（岸田奈美著）」（約1800字）
	三 〔小説〕斉藤倫『ぼくがゆびをぱちんとならして，きみがおとなになるまえの詩集』（約2500字）		三 〔知識〕漢字の書き取り
			四 〔韻文〕木坂涼「花時計」

◆出題傾向と内容

本校の国語は，読解問題１～２題に独立題１～２題の合計３～４題という組み合わせで出題されることがここしばらく続いており，この形式は今後も大きくは変わらないでしょう。内容は標準的な高校入試問題程度のレベルで，難問ぞろいです。

読解問題の出典となる文章は，説明文と物語文あるいは随筆文です。いずれも少年向けの内容ではありますが，作者が読者の対象として考えているのは，おそらくみなさんよりいくぶん年上の少年なので，スラスラと読むというわけにはいかないでしょう。特に物語文は大人の読者向けと言ってもよいようなものも多く，主人公の心情などが複雑でとらえにくいと思われます。さらに，設問も高度な内容です。独立題は，詩がよく出される傾向にあります。設問の形式・内容は長文問題と同じようなもので，登場人物の心情，難しい表現の解釈，詩の内的構造など細かい鑑賞力が必要とされます。

◆対策～合格点を取るには？～

まず，**読む力をつける**ために，物語文，随筆文，説明文など，ジャンルは何でもよいですから精力的に読書をし，的確な読解力を養いましょう。新聞のコラムや社説を毎日読むようにするのもよいでしょう。大人向きに書かれている文章ですから，漢字やことばが難しいとか，取り上げられる内容になじみがないなど，最初は苦痛を感じるかもしれませんが，根気よく続けてほしいものです。新聞を読めば時事問題の知識も得られるので，一石二鳥の勉強法です。

そして，**書く力をつける**ためには，感想文を書いたり，あらすじをまとめたりするとよいでしょう。ただ，本校の場合はつっこんだ設問が多いので，適切に答えるには相当な表現力が求められます。まず文脈や心情の流れをしっかりつかみ，次に自分の考えや感想をふまえて全体を整理し，そのうえで文章を書くことが大切です。自分の頭の中でまとめたものを正確に表現することを意識しましょう。

国語　出題分野分析表

分野		年度	2024	2023	2022	2021	2020	2019	2018	2017	2016	2015
読解	文章の種類	説明文・論説文	★	★		★		★	★	★		★
		小説・物語・伝記	★		★		★		★	★	★	★
		随筆・紀行・日記		★	★	★	★				★	
		会話・戯曲										
		詩	○	★	★	★	★	★	★	★	★	★
		短歌・俳句										
	内容の分類	主題・要旨										○
		内容理解	○	○	○	○	○	○	○	○	○	○
		文脈・段落構成										
		指示語・接続語										
		その他	○	○		○	○	○	○	○	○	○
知識	漢字	漢字の読み										
		漢字の書き取り	★	★	★	○		★	★	★	★	○
		部首・画数・筆順										
	語句	語句の意味						○				
		かなづかい										
		熟語										
		慣用句・ことわざ	○									
	文法	文の組み立て										
		品詞・用法										
		敬語										
	形式・技法						○					
	文学作品の知識											
	その他											
	知識総合											
表現	作文											
	短文記述											
	その他											
放送問題												

※　★印は大問の中心となる分野をしめします。

2024年度 筑波大学附属駒場中学校

【算　数】（40分）〈満点：100点〉

【注意】円周率は3.14を用いなさい。

1　整数$\boxed{A}$があります。$\boxed{A}$に対して，整数$\boxed{B}$，$\boxed{C}$，$\boxed{D}$を次のように決めていきます。

〈決め方〉$\boxed{A}$を37でわったあまりが$\boxed{B}$，
$\boxed{B}$を17でわったあまりが$\boxed{C}$，
$\boxed{C}$を７でわったあまりが$\boxed{D}$です。

たとえば$\boxed{A}$が2024のとき，2024を37でわったあまりは26なので$\boxed{B}$は26，26を17でわったあまりは９なので$\boxed{C}$は９，９を７でわったあまりは２なので$\boxed{D}$は２です。

次の問いに答えなさい。

(1)　$\boxed{B}$が26，$\boxed{C}$が９，$\boxed{D}$が２となるような$\boxed{A}$として考えられる数のうち，最も小さいものは26です。２番目に小さいものは何ですか。

(2)　$\boxed{D}$が２となるような$\boxed{A}$として考えられる数のうち，2024以下のものは全部で何個ありますか。

(3)　$\boxed{B}$，$\boxed{C}$，$\boxed{D}$がすべてちがう数となるような$\boxed{A}$として考えられる数のうち，2024以下のものは全部で何個ありますか。

2　サイコロは，向かい合う面の目の数の和が７になっています。

いくつかのサイコロを，その面どうしがちょうど重なるように貼《は》り合わせます。

貼り合わせてできた立体で，重なって隠《かく》れた面の目の数の合計を「ウラの和」，隠れていない面の目の数の合計を「オモテの和」ということにします。

サイコロ

たとえば，２個のサイコロを図１のように貼り合わせたとき，「ウラの和」は６，「オモテの和」は36です。

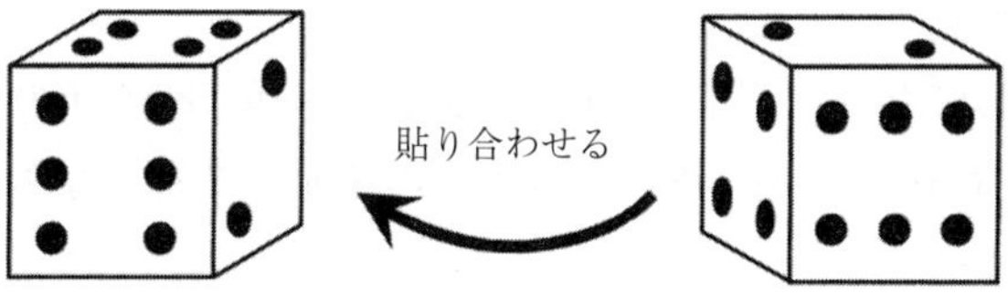

図１

(1)　３個のサイコロを図２のように貼り合わせます。
「オモテの和」として考えられるもののうち，もっとも大きい数ともっとも小さい数をそれぞれ答えなさい。

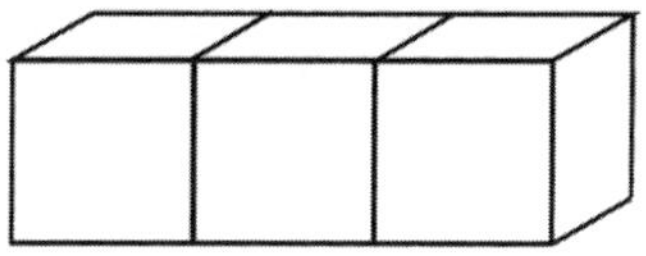

図２

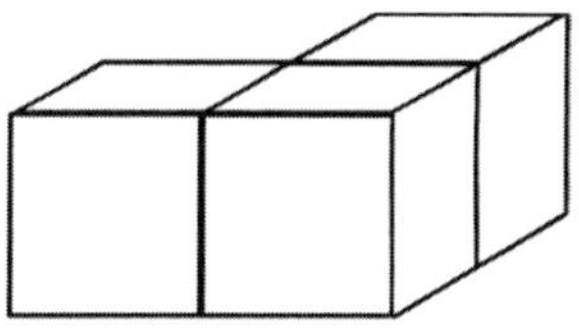

図３

(2)　3個のサイコロを図3のように貼り合わせるとき，「オモテの和」が「ウラの和」でわり切れることがあります。

　このような「オモテの和」として，考えられるものをすべて答えなさい。

(3)　4個のサイコロを図4のように貼り合わせるとき，「オモテの和」が「ウラの和」でわり切れることがあります。

　このような「オモテの和」として，考えられるものをすべて答えなさい。

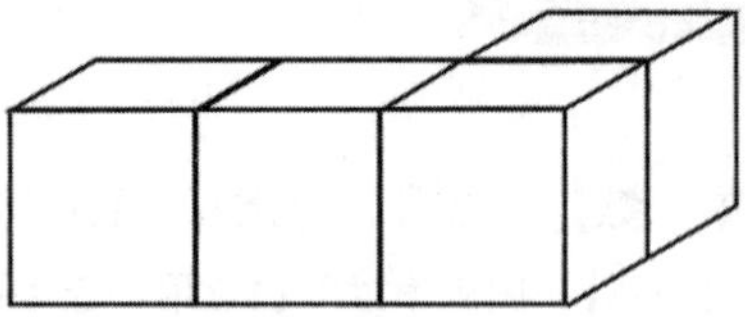

図4

(4)　4個のサイコロを貼り合わせるとき，「オモテの和」として考えられるもののうち，もっとも大きい数ともっとも小さい数をそれぞれ答えなさい。

3　一辺の長さが12cmの正六角形ABCDEFがあります。

　直線AD上に点G，直線CF上に点Hがあります。三角形AGFの角G，三角形CHDの角Hは，どちらも直角です。

　点Pは頂点Aを出発し，正六角形の辺上を毎秒1cmの速さでA→B→C→D→E→F→Aの順に一周し，動き始めてから72秒後にAで止まります。

　PとG，GとH，HとPをまっすぐな線で結んで作った図形PGHを考えます。次の問いに答えなさい。

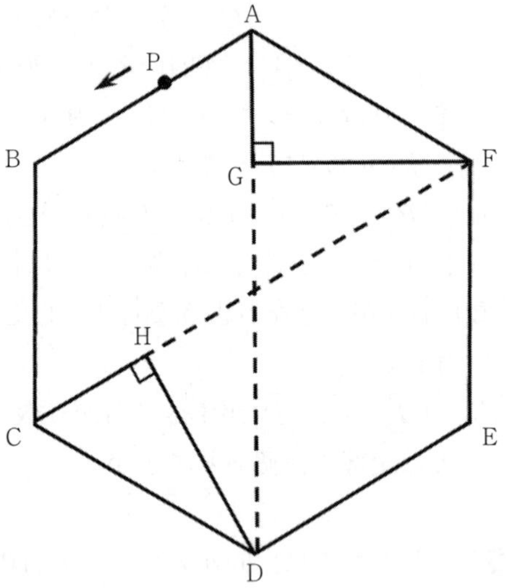

(1)　図形PGHが三角形にならないのは，Pが動き始めてから何秒後ですか。考えられるものをすべて答えなさい。

(2)　図形PGHが三角形になり，三角形PGHの面積が三角形AGFの面積と等しくなるのは，Pが動き始めてから何秒後ですか。考えられるものをすべて答えなさい。

(3)　PとB，BとH，HとPをまっすぐな線で結んで作った図形PBHを考えます。ただし，PがBに重なる場合は考えないものとします。

　図形PGH，図形PBHがどちらも三角形になり，三角形PGHの面積が三角形PBHの面積と等しくなるのは，Pが動き始めてから何秒後ですか。考えられるものをすべて答えなさい。

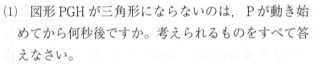

4　一辺の長さが10cm の立方体の面どうしをちょうど重なるように組み合わせてつくったブロックA，B，Cがあります。

ブロックAは立方体6個，ブロックBは立方体2個，ブロックCは立方体3個を組み合わせたものです。

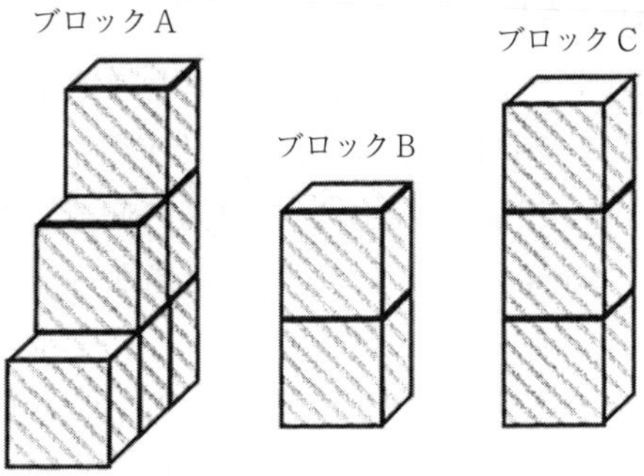

ブロックA，ブロックB，ブロックCを，立方体の面どうしがちょうど重なるよう，さらに組み合わせることを考えます。

ただし，幅《はば》，奥《おく》行き，高さはどれも30cm 以下となるようにします。

たとえば，ブロックBとブロックCを1個ずつ組み合わせるとき，図1や図2のような組み合わせ方はできますが，図3や図4のような組み合わせ方はできません。

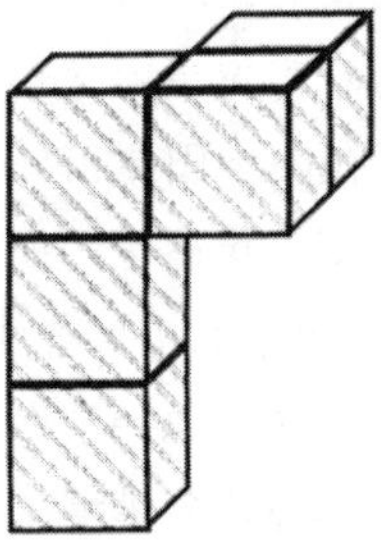
図1（できる）

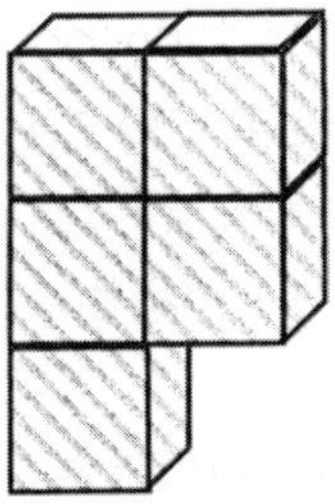
図2（できる）

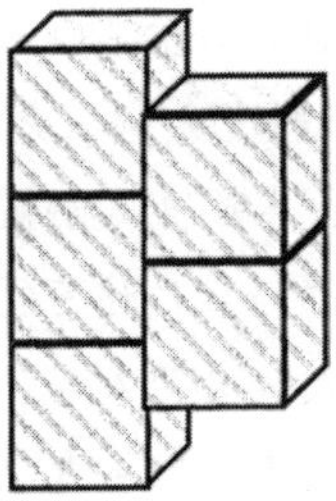
図3（できない）

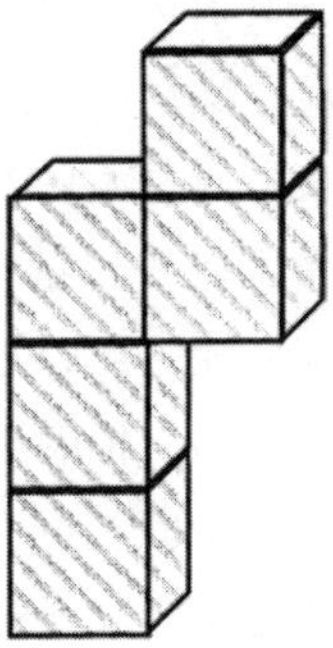
図4（できない）

一辺の長さが30cm の立方体の形の水そうがあります。水平に置かれた空の水そうにブロックを置き，12Lの水を入れて水面の高さを調べます。次の問いに答えなさい。

(1)　ブロックAを1個，水そうに置いたところ，図5のようになりました。水を入れたあとの水面の高さは，水そうの床から何cm になりますか。

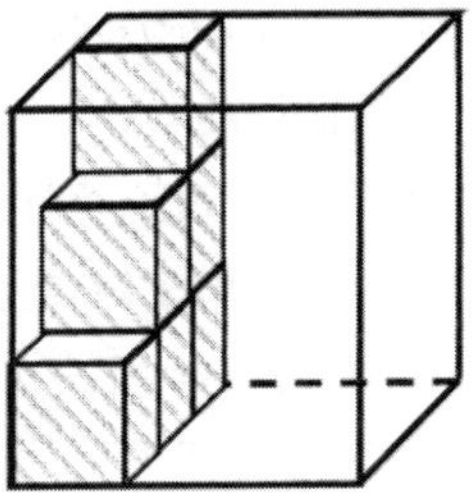
図5

(2)　ブロックAとブロックBを1個ずつ組み合わせたものを水そうに置いたところ，真上から見たら図6のようになりました。ただし，ブロックAの位置や向きは図5と変わらないものとします。

水を入れたあとの水面の高さは，水そうの床から何cm になりますか。考えられるものをすべて答えなさい。

(3)　ブロックA，ブロックB，ブロックCを1個ずつ組み合わせたものを水そうに置いたところ，真上から見たら図7のようになりました。ただし，ブロックAの位置や向きは図5と変わらないものとします。

水を入れたあとの水面の高さは，水そうの床から何cm になりますか。考えられるものをすべて答えなさい。

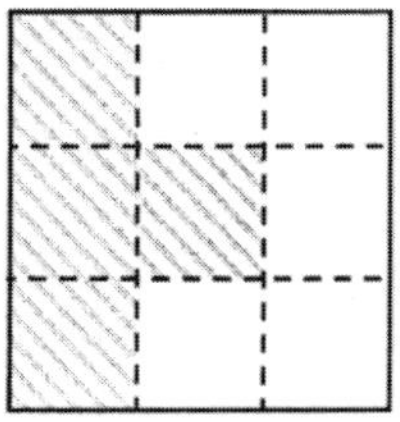
図6

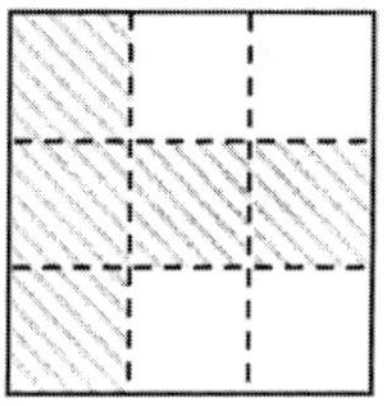
図7

【社　会】（40分）〈満点：100点〉

1　つぎの文を読んで，あとの1から6までの各問いに答えなさい。

2023年は，関東大震災《かんとうだいしんさい》が発生してからちょうど100年にあたります。1923年（ a ）月（ b ）日午前11時58分，相模湾《さがみわん》の底で岩盤《がんばん》の崩壊《ほうかい》が始まり，マグニチュード7.9と推定される大地震が発生しました。伊豆半島から神奈川《かながわ》県，山梨《やまなし》県，東京府（現在の東京都），千葉県の一部では，当時の最大震度である「6」を記録し，多くの被害《ひがい》がもたらされました。この地震によって，約10万5千人の死者・行方《ゆくえ》不明者が出たとされています。このうち約9万2千人は火災による犠牲者《ぎせいしゃ》であり，とくに各地で発生した火災旋風《せんぷう》により，被害が拡大したことは知られています。

2023年，関東大震災に関わる書籍《しょせき》・記事・映画などがいくつか公開され，朝鮮《ちょうせん》人や中国人などの虐殺《ぎゃくさつ》を題材にしたものが話題になりました。しかし，関東大震災の被害はこれだけではありません。例えば津波《つなみ》や土砂《どしゃ》災害による被害は，無視できないものでした。中でも津波は関東南部の沿岸地域でも起こったことですから，あらためて注目する必要があるでしょう。

この時の津波の犠牲者の数は，少なく見積もっても200人以上とされています。地震発生から5分後には，熱海《あたみ》や鎌倉《かまくら》など，相模湾沿岸地域に津波の第一波が到達《とうたつ》しました。最大の波高は熱海で12m，伊東《いとう》や伊豆大島の岡田《おかた》，房総《ぼうそう》半島の相浜《あいはま》では10m近く，鎌倉や逗子《ずし》で5～6mに達しました。鎌倉だけで，犠牲者は100人をこえたとされています。現在の小田原《おだわら》市にある根府川《ねぶかわ》集落では，海で泳いでいた子ども約20人が犠牲になりました。加えて，集落を山崩《やまくず》れがほぼ同時におそったため，根府川だけで合わせて400人以上が犠牲になったとされています。

日本の津波災害といえば，東日本大震災で大きな被害を出した三陸沿岸地域を思い浮《う》かべる人が多いかもしれません。しかしこれまでにも太平洋側の他の地域や，日本海側の地域でも津波の被害がありました。マグニチュード8を超えるクラスの南海トラフを震源とする地震の発生が危険視されている現在，過去に発生した災害の歴史を知り，それぞれの地域において被害を小さくするための対策が必要と言えるでしょう。

1　本文中の空欄《くうらん》（a）・（b）にあてはまる数字を書き，さらに政府が定めたこの日の名称《めいしょう》を解答欄にあわせて書きなさい。

2　次の表は，関東6県に山梨県を加えた7県における，コメ生産量，工業生産額，1世帯あたりの乗用車保有台数，漁獲《ぎょかく》量を示したものです。神奈川県，山梨県，千葉県にあてはまるものをアからキまでの中から一つずつ選び，その記号を書きなさい。

	コメ生産量（千トン）	工業生産額（十億円）	1世帯あたりの乗用車保有台数	漁獲量（百トン）
ア	278	12518	0.98	992
イ	26	2482	1.56	0
ウ	73	8982	1.66	0
エ	301	8966	1.62	4
オ	152	13758	0.97	0
カ	345	12581	1.61	3046
キ	14	17746	0.70	309

『データブック 2023』より

3　朝鮮や中国についてのべた文として正しいものを，つぎのアからオまでの中から二つ選び，その記号を書きなさい。

ア　朝鮮半島では漢字が用いられてきたが，現在は多くの場面でハングルが用いられている。

イ　朝鮮は第二次世界大戦後に韓国《かんこく》と北朝鮮に分断され，1950年には朝鮮戦争が始まった。

ウ　韓国は原油や鉄鉱石の資源にめぐまれ，これを用いた自動車工業や電気機械工業が盛《さか》んである。

エ　中国は世界一の人口大国であり，2100年ごろまでは人口が増えていくことが予想されている。

オ　中国は世界有数の工業大国であるが，自動車工業が発達しておらず，日本から多くの電気自動車を輸入している。

4　鎌倉についてのべた文として正しいものを，つぎのアからオまでの中から二つ選び，その記号を書きなさい。

ア　まわりを海と山にかこまれており，山を切り開いた切通しと呼ばれる道でほかの地域と結ばれていた。

イ　市内の各地に神社や寺院が現存し，大仏などが多くの観光客を集めている。

ウ　東日本有数の温泉観光地として知られ，海岸沿いに多くのホテルや旅館が立ち並んでいる。

エ　有力な大名の城下町であり，東海道の宿場町として大いに賑《にぎ》わった。

オ　東京湾の入り口に位置し，江戸時代の末期にペリーが上陸した地としても知られている。

5　三陸沿岸地域についてのべた文として正しいものを，つぎのアからオまでの中からすべて選び，その記号を書きなさい。

ア　福島県・宮城《みやぎ》県・岩手県の太平洋側の地域をさしている。

イ　山地が海にまで迫《せま》った地形となっていて，海岸線が複雑に入り組んでいる。

ウ　海産物の養殖《ようしょく》が盛んで，カキやワカメなどが育てられている。

エ　国内の緯度《いど》が同じくらいの地域とくらべて，とくに降雪量が多い。

オ　海岸沿いの鉄道路線が東日本大震災で被災したが，全線で鉄道として復旧している。

6　想定されている南海トラフを震源とする地震についてのべた文として正しくないものを，つぎのアからオまでの中から二つ選び，その記号を書きなさい。

ア　太平洋側の海岸地域で，津波の被害が予想されている。

イ　山間部を中心に，液状化現象の発生が予想されている。

ウ　地震発生のメカニズムは，東日本大震災や関東大震災と同様になると予想されている。

エ　人口100万人以上の大都市では，ほとんど被害が出ないと予想されている。

オ　地震の規模が，関東大震災並みかそれ以上になると予想されている。

2　つぎの文を読んで，あとの1から7までの各問いに答えなさい。

あなたは，東京の港区，新宿区，渋谷区にまたがる明治神宮外苑《めいじじんぐうがいえん》地区の再開発計画について耳にしたことがあるでしょうか。老朽化《ろうきゅうか》したスポーツ施設《しせつ》を場所を移して建設するほか，高さ200メートル近くの高層ビルの建設が予定されています。これにあわせて，外苑一帯に広がる樹木の伐採《ばっさい》と移植も予定されています。有名ないちょう並木は伐採されないものの，隣接《りんせつ》する場所に新野球場が建設されることになります。この再開発をめぐっては，地域住民だけでなく，音楽家の坂本龍一《さかもとりゅういち》さんや作家の村上春樹《むらかみはるき》さんら多くの著名人も反対を表明し，話題となりました。さらに，文化遺産の保護などに関する国際的な活動を行っているイコモスも，再開発を認めた東京都や事業者に対して計画の撤回《てっかい》を求めました。イコモスは，神宮外苑を日本が国際社会にほこる「近代日本の公共空間を代表する文化的資産」と評価し，再開発によりいちょう並木が存続の危機に陥《おちい》ると指摘しています。厳《おごそ》かな神社の境内《けいだい》として国費でつくられた明治神宮内苑に対して，外苑は人々に開かれた憩《いこ》いの場として国民からの献金《けんきん》と献木でつくられました。外苑は，いちょう並木だけでなく，芝生《しばふ》広場や聖徳記念絵画館，その背後に広がる常緑広葉樹の森までを含《ふく》めて一つの景観をつくりだしています。

イコモスの指摘の背景には，かつて文化庁がこのいちょう並木を文化財として保全すべき名勝の候補の一つに挙げたことがあります。文化財としての名勝に含まれる庭園や公園には様々な時代のものがありますが，明治時代以前につくられた庭園や公園に比べ，明治時代以降につくられたものは，都市化や再開発によって失われてしまう可能性が高くなっています。そこで文化庁が，近代の庭園や公園などのうち名勝候補の一覧を示し，保全をうながしました。明治神宮内苑も，近代的な林学や造園学などを用いてつくられた人工林であることが高く評価されて名勝候補となっており，文化庁は，長い時間をかけてつくられた内苑と外苑とを合わせて保全することの意義を指摘しています。

明治神宮は，明治天皇《てんのう》をまつる神社で，初詣《はつもうで》のときだけでも毎年約300万人もの参拝者が訪《おとず》れています。1912年に明治天皇が亡《な》くなったのち，東京の政治家や実業家たちは，明治天皇を祭神とする神社を東京（代々木・青山）に建設するよう政府に求めました。すると，東京のような都市環境《かんきょう》では，神社に欠かせない鎮守《ちんじゅ》の森はつくれないと批判の声があがりました。当時，鎮守の森に必要なのは，木材としても広く使われるスギやヒノキといった針葉樹であると考えられていましたが，これらの樹木は煙害《えんがい》に対する抵抗《ていこう》力が弱いことも知られていました。東京や大阪《おおさか》などの都市部では，この時期の急速な都市化と工業化の中で，石炭の不完全燃焼《ねんしょう》で生じる煤煙《ばいえん》により，針葉樹を中心とする森林が維持《いじ》しにくくなっていたのです。それでも，明治天皇とのつながりなどを理由に，代々木に本殿《ほんでん》など宗教施設をおく明治神宮内苑をつくり，青山には人々に開かれた空間としての明治神宮外苑をつくることが決まります。そこで，鎮守の森を一からつくるために様々な議論がなされ，時間の経過とともにスギやヒノキなどの針葉樹を中心とする森から，カシやシイ，クスなど常緑広葉樹を中心とする森に移り変わっていくという植栽《しょくさい》計画が立てられました。つまり，長い時間をかけて都市環境に耐《た》える緑豊かな永遠の森をつくり出そうとしたのです。こうした植栽計画とともに明治神宮の造営は進められ，1920年に創建の式典が行われました。その後，外苑の整備は一体的な景観を重視して計画的に進み，いちょう並木や絵画館がつくられ，野球場は景観をそこなわない場所に建てられました。このようにして1926年に外苑は完成しました。

明治神宮がつくられてからおよそ100年がたちました。近年行われた内苑の生物総合調査では，オオタカをはじめ3000種もの多様な動植物が発見されており，外苑の森とともに大都市の中で生物多様性を支えていることがわかっています。それだけでなく，明治神宮は都市防災の機能もはたしており，例えば東京が空襲《くうしゅう》に見舞《ま》われた際には，その被害を受けて社殿は焼失しましたが，森はほとんど焼けませんでした。現在でも東京都は明治神宮を避難《ひなん》場所に指定しており，大規模災害が発生した際には外苑だけでも８万人以上の避難者が想定されています。また，明治神宮内外苑は，ともに都市景観に美しさをもたらしてきました。いまの再開発計画に必要なのは，より長期的な視点から価値を見直すことなのではないでしょうか。そのうえで，つぎの100年に向けてこの価値ある場所をどのように受け継《つ》いでいくことができるでしょうか。

1　文化財としての名勝のうち，明治時代以前につくられた庭園に関連してのべた文として正しいものを，つぎのアからオまでの中から二つ選び，その記号を書きなさい。

ア　飛鳥宮跡《あすかきゅうせき》からは，貴族たちが宴《うたげ》をひらいた寝殿造《しんでんづくり》の庭園が発見された。

イ　平城京跡には，中大兄皇子《なかのおおえのおうじ》と中臣鎌足《なかとみのかまたり》らが蘇我入鹿《そがのいるか》を殺害した庭園がある。

ウ　奥州藤原氏《おうしゅうふじわらし》の拠点《きょてん》であった平泉には，浄土《じょうど》をあらわす毛越寺《もうつうじ》庭園がある。

エ　龍安寺《りょうあんじ》の庭園は，石と砂で山や水などを表す枯山水《かれさんすい》という様式で室町時代につくられた。

オ　大内氏の城下町であった一乗谷には，大和絵《やまとえ》を完成させた雪舟《せっしゅう》がつくった庭園が残っている。

2　人工林に関連してのべた文として正しくないものを，つぎのアからオまでの中から二つ選び，その記号を書きなさい。

ア　人工林を含む森林が国土に占《し》める割合を日本と中国で比較《ひかく》すると，日本のほうが高い。

イ　白神山地は，日本有数のブナの人工林が評価され，世界遺産に登録された。

ウ　製材工場で出た木のくずをチップに加工し，発電の燃料として活用することもある。

エ　大仙古墳《だいせんこふん》が完成したとき，その地表面は豊かな森林に被《おお》われていた。

オ　人工林には，木材を育てるほか，風や雪，砂の害から人々の命や家，畑などを守るはたらきもある。

3　明治天皇が亡くなってから明治神宮創建の式典が行われるまでの間の出来事として正しいものを，つぎのアからオまでの中からすべて選び，その記号を書きなさい。

ア　ヨーロッパを主な戦場としていた第一次世界大戦が終結した。

イ　日本は外務大臣の小村寿太郎《こむらじゅたろう》のもとで関税自主権を回復した。

ウ　25歳《さい》以上の男性すべてに選挙権が認められた一方で，政府は治安維持法を制定した。

エ　富山の漁村で起こった米の安売りを求める騒動《そうどう》が，民衆の運動として全国に広がった。

オ　ロシアはドイツとフランスをさそい，遼東《りょうとう》半島を清《しん》に返すよう日本に要求した。

4　木材の利用や活用に関連してのべた文として正しくないものを，つぎのアからオまでの中から二つ選び，その記号を書きなさい。

ア　縄文《じょうもん》時代の集落には，集落を守るために木製のさくや物見やぐらなどが設けられた。

イ　弥生《やよい》時代の米づくりでは，田げたやくわなどの木製農具が新たに利用された。

ウ　聖徳太子が建立《こんりゅう》したとされる法隆寺《ほうりゅうじ》は，現存する世界最古の木造建築である。

エ　奈良《なら》時代には，朝廷《ちょうてい》に税を納めるときに木簡を使い，産地と荷物の内容を記した。

オ　鎌倉時代，モンゴル軍との戦いで御家人《ごけにん》たちは木製の容器に火薬と鉄片をつめた「てつはう」という武器を用いた。

5　つぎのアからキの文にある「ここ」は，現在の東京都と大阪府のどちらにあるか分類し，時代順にその記号を書きなさい。

ア　ここを起点に五街道《ごかいどう》が整備され，交通が発展して全国から多くのものや人が行き来した。

イ　ここは，商工業で栄えていたため，織田信長が直接支配した。

ウ　ここにある城の明け渡《わた》しについて，勝海舟《かつかいしゅう》と西郷隆盛《さいごうたかもり》が話し合った。

エ　ここで，アジアで初めてのオリンピックが開かれた。

オ　ここで，日本で初めての万国《ばんこく》博覧会が開かれた。

カ　ここに，豊臣秀吉《とよとみひでよし》が政治の拠点となる城を築いた。

キ　ここに，日本が西洋化したことを外国人に積極的にアピールするための鹿鳴館《ろくめいかん》という洋館を建てた。

6　本文中のこの時期に日本で煤煙が生じる背景についてのべた文として正しいものを，つぎのアからオまでの中から二つ選び，その記号を書きなさい。

ア　重化学工業が発展し，太平洋ベルトを中心に石油化学コンビナートがつくられた。

イ　「三種の神器」と呼ばれたテレビ，電気洗濯機《せんたくき》，電気冷蔵庫などの電化製品が家庭に広まった。

ウ　東京と大阪の間に東海道新幹線が開通した。

エ　鉄道の整備が広がり，蒸気機関車が大都市や軍事拠点，鉱山などをつないだ。

オ　日清戦争で得た賠償金《ばいしょうきん》の一部を使って官営の製鉄所がつくられた。

7　明治神宮内外苑100年の歴史をふまえ，再開発計画に反対する立場からの主張の根拠を考えて30字程度で書きなさい。

3　つぎの文を読んで，あとの1から6までの各問いに答えなさい。

2023年4月の統一地方選挙のとき，10代後半から20代前半の若者が各地で立候補《りっこうほ》を届け出たことが注目されました。受理されないことをわかったうえで，立候補の年齢《ねんれい》制限に問題を投げかける裁判《さいばん》へつなげようとしてとった行動でした。選挙に年齢制限がある理由は，若者には政治に関する知識や経験が不足していることだと考えられます。しかし，もし科学技術の助けによって，知識や経験の差を乗り越《こ》えることができるならどうでしょうか。それが実現する未来を描《えが》いたSF作品が，テレビドラマ「17歳《さい》の帝国《ていこく》」(NHK，2022年)です。本作では，17歳の少年が首長となり，衰退《すいたい》する地域を実験都市ウーアとして理想の社会へと生まれ変わらせようとします。少年をその地位に選んだのはAI(人工知能)です。AIはまた，人々の生活から膨大《ぼうだい》なデータを集めて分析《ぶんせき》し，住民の幸福度を効率的に高める政策を提案します。17歳の首長は，その提案を住民の意思とみなして，実行にうつす決断をしていくのです。そして，この都市では市議会が廃止《はいし》され，市の職員も減らされました。首長もまた，AIがリアルタイムで集計する支持率が30%を切れば辞《や》めることになります。

このような未来はそう遠くないのかもしれません。いま各国で「AI政治家」の開発が進んでいます。「AI政治家」は，世界各国の法律や政策，歴史，地理，経済データなどを学習し，マスメディアの報道やSNS上の書きこみなどを世論として分析したうえで，人々が望む政策を判断するように設計されています。AIが社会において大きな役割をはたすと予想されているのは，政治の世界だけではありません。2015年には，「10〜20年後までに，日本で働く人の49%がAIやロボットに代替《だいたい》可能となる」とする研究が注目を集めました。この研究は，601種類の職業について，それぞれ30ほどの特徴《とくちょう》(必要な知識，技能など)を数値化し，各職業がAIやロボットにおき替《か》えられる可能性を計算したものです。これは「AIの普及《ふきゅう》によって大量の雇用《こよう》が奪《うば》われ，働き口が大きく減ってしまう」という主張として受け取られ，多くの人々にショックをあたえました。

「17歳の帝国」が描いたように，人間がAIの助言や提案を社会生活にいかす場面が今後増えてくるでしょう。例えば，学校では，一人ひとりの学力や苦手分野に合った練習問題を出してもらったり，英会話の相手になってもらったりする場面があるかもしれません。また別の分野では，インターネット上にある個人の情報をもとに，仕事に就《つ》きたい人をその個性に合う会社とひきあわせたり，結婚《けっこん》したい人同士を結び付けたりするサービスも実用化されてきています。その一方，AIの助言や提案に従うことで，差別などの人権侵害《しんがい》が起こってしまう事例も多く報告されており，注意が必要です。

近年では，指示に従って文章や画像などを生み出すことができる生成AIが話題となっています。すでに2016年には，17世紀の画家レンブラントの「新作」をAIが描いたことが注目されていました。ビジネスの現場では，生成AIを対話の相手としながら仕事を進める人が増えています。ただし，主な生成AIサービスの利用ルールには年齢制限があり，小学生のみなさんが好きなように使うことは望ましくないとされています。2023年には，国際連合の機関である(　A　)が，教育分野における生成AIの活用についてガイダンスを発表し，利用してよい年齢を「最低限，13歳以上とすべき」としました。その理由の一つは，AIの回答は不適切なものもあり，使い方によっては悪影響《あくえいきょう》がもたらされるからです。試《ため》しに，ある生成AIに社会科に関する質問をしてみましょう。

質問1　日本国憲法についてわかりやすく教えて。

回答1　日本国憲法は，日本国民が自由で平和な社会を築くために定められた法律です。この憲法は，1947年に公布されました。この憲法の基本原理は，国民主権，基本的人権の尊重，平和主義です。この憲法は，天皇が象徴《しょうちょう》であることを定めています。また，戦争放棄《ほうき》を宣言し，平和的な外交政策を採用することを定めています。憲法には，国民の基本的人権が保障されています。具体的には，思想・良心の自由，信教の自由，表現の自由，集会・結社の自由などが挙げられます。また，この憲法によって国会や内閣などの政府組織が設置されており，国民が直接選挙で代表者を選ぶことができます。日本国憲法に示された項目《こうもく》は，日本国民が守らなければならないルールです。

質問2　日本は国際平和のためにどのような取り組みをしているか，小学校6年生向けに説明して。

回答2　日本は，国際平和のために多くの取り組みをしています。例えば，国際連合に加盟し，平和維持《いじ》活動に参加しています。また，ODA(政府開発援助《えんじょ》)を通じて，世界中の国々に援助を提供しています。さらに，日本は核《かく》兵器を持たず，核兵器廃絶を訴える国際的な取り組みにも積極的に参加しています。

(ChatGPT3.5により生成した文章をもとに作成)

少なくとも現時点では，AIが作った回答は，文章として不自然なだけでなく，誤りを含んでいたり，論理的に矛盾《むじゅん》していたりすることがあります。また，AIは学習した言語情報をそれらしいことばの並びに整えているだけで，一般《いっぱん》的にいえることをのべることしかできません。つまり，社会科の学習で特に大切な，現実の社会問題に対する切実な問題意識や価値判断の力をもっているわけではないのです。

AIが生み出すことばを「正解」とみなしてそれに従うばかりになると，社会から思考と対話が消えてしまいます。「17歳の帝国」の主人公は，AIの提案が正しいのかどうか，街で生活する人々の声を聞きながら深く思い悩《なや》んでいました。そのように，異《こと》なる立場や価値観に触《ふ》れて悩み抜くことこそが，AI 時代の人間に求められる活動なのかもしれません。

1　立候補の年齢制限に問題を投げかける裁判が行われる場合，そのしくみについてのべた文として正しいものを，つぎのアからオまでの中から二つ選び，その記号を書きなさい。

ア　この裁判は，一般市民が傍聴《ぼうちょう》することができる。

イ　この裁判は，裁判員裁判によって行われる。

ウ　この裁判は，政治に関わる問題であるため，国会に設置された裁判所で行われる。

エ　この裁判で有罪が確定した場合，その時点で立候補の年齢制限がなくなる。

オ　この裁判での判決に不服がある場合，上級の裁判所にうったえることができる。

2　実験都市ウーアの政治と異なる，現代日本の地方政治の特徴について説明した文として正しいものを，つぎのアからオまでの中からすべて選び，その記号を書きなさい。

ア　首長は議会の一員であり，議会の多数派によって選ばれる。

イ　選挙で選ばれた代表者が話し合って物事を決めるため，そのときの住民の意思に必ず従うわけではない。

ウ　政策を実現するための予算案に対して，議会が賛成の議決をすることが必要である。

エ　住民の意思を政治に反映させる制度は，選挙のみである。

オ　住民からの支持率が下がっても，首長を任期の途中で辞めさせる制度はない。

3　本文でのべた研究にもとづく「AI の普及によって大量の雇用が奪われ，働き口が大きく減ってしまう」という主張に対する反論の根拠《こんきょ》として適切でないものを，つぎのアからオまでの中から二つ選び，その記号を書きなさい。

ア　創造性や共感など，人間ならではの能力を高めることが重要である。

イ　実際に職業に就いている人は，いくつもの多様な業務を同時にこなしていることが多い。

ウ　AI やロボットの普及にともなって，新たなビジネスや職業が生まれる可能性がある。

エ　人間の仕事を代替できるような AI やロボットを導入するには，人を雇《やと》うよりも費用がかかることが少なくない。

オ　誰もが「健康で文化的な最低限度の生活」をおくれるように，一定の所得を保障する必要がある。

4　個人の情報に関連してのべた文として正しくないものを，つぎのアからオまでの中から二つ選び，その記号を書きなさい。

ア　個人の情報を扱う会社は，それが外部にもれないように取り組むことが法律で定められている。

イ　マイナンバー制度は行政手続《てつづき》に関わる情報を管理するものであり，個人のナンバーを預金口座と紐《ひも》づけることは禁止されている。

ウ　病院や診療所《しんりょうじょ》では，患者《かんじゃ》の病歴など特に配慮《はいりょ》が必要な情報を電子化して保管することは禁止されている。

エ　位置情報など人の移動に関する情報を集め，個人が特定できないように処理したうえで他の会社などに提供することが認められている。

オ　インターネットショッピングの偽《にせ》サイトから，クレジットカードなどの重要な情報を盗《ぬす》む犯罪が起きている。

5　本文中の空欄(A)に適する機関を答えなさい。略した名称でもよい。

6　本文に示したAIが作った回答に対して指摘《してき》できる誤りや補足できることとして適切でないものを，つぎのアからオまでの中から二つ選び，その記号を書きなさい。

ア　日本国憲法が公布されたのは1946年であり，その公布日の5月3日は憲法記念日となった。

イ　すべての法律は憲法にもとづいていることをふまえると，日本国憲法は法律と同等ではない。

ウ　日本国憲法は国の政治の基本的なあり方を定めたもので，国民が守らなければならないルールとは異なる。

エ　日本は憲法で戦力の不保持を定めているため，国際連合の平和維持活動に参加することはできない。

オ　日本は国連で核兵器廃絶をうったえているが，核兵器の開発や保有を禁じる核兵器禁止条約には参加していない。

【理　科】（40分）〈満点：100点〉

【注意】 指示されたもの以外の答えは，ア～ケなどのなかから選び，記号で答えなさい。

1　たくやさんの通っている学校の理科実験室には，ラベルがはがれてしまった水よう液が入っているビンがいくつもある。中に何が入っているか分からないとあぶないので，実験をしてビンに正しくラベルをはることを考えた。そこで，それぞれのビンとフタに仮のラベルとしてA～Gと書いた紙をはり，すべての水よう液を少しずつ試験管や蒸発《じょうはつ》皿にとって，かん気に気をつけながら【実験１】～【実験７】を行い，結果をまとめた。実験をしているようすを見ていた先生が，下のようなラベルを作ってくれた。後の各問いに答えなさい。

炭酸水　食塩水　砂糖《さとう》水　せっけん水

うすい塩酸　アンモニア水　ミョウバン水よう液

【実験１】 A～Gの水よう液を入れたそれぞれの試験管を，よくふった。

【実験２】 A～Gの水よう液を入れたそれぞれの試験管に，BTBよう液を一てき入れた。

【実験３】 それぞれの水よう液を蒸発皿にとってから，液体がなくなるまでおだやかに温めた。

【実験４】 FとGの水よう液をビーカーにおよそ100グラムとり，水よう液がおよそ半分になるまで実験用ガスコンロでおだやかに温めた。

【実験５】 A，B，Eの水よう液を試験管に入れて，**図**の矢印で示した部分をおだやかに温めた。そのときに出てくる蒸気を水にとかした。得られた水よう液の性質を，BTBよう液を使って調べた。

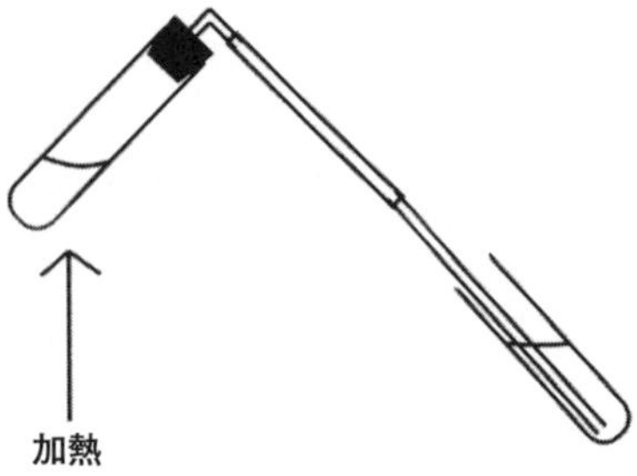

図　実験５のようす

【実験６】 それぞれの水よう液を入れた試験管に，小さくちぎった細かいスチールウールを入れた。

【実験７】 試験管に入れた石かい水に，A～Gの水よう液を少量くわえた。

※ BTBよう液は，水よう液の性質が酸性・中性・アルカリ性を調べるための薬品で，それぞれの性質の水よう液に入れると，黄色・緑色・青色になる。

【実験１の結果】 Dの水よう液をふったときにできたあわはしばらくの時間，水面に残っていた。

【実験２の結果】 A，Dの水よう液は，BTBよう液を入れてすぐに青色になった。

【実験３の結果】 D，F，Gの水よう液は，とけていたものが少しだけかたまりとして出てきたように見えた。Cの水よう液は，茶色くこげたようになった。

【実験４の結果】 温めた水よう液が冷えていくと，Fの水よう液を入れたビーカーには変化がなかったが，Gの水よう液を入れたビーカーにはとけ残りが見え始めてからじょじょに増えていくように見えた。

【実験５の結果】 温める前の水よう液と蒸気を水にとかして得られた水よう液は，ほとんど同じ性質だった。

【実験６の結果】 Bの水よう液に入れたスチールウールからは細かいあわがたくさん出て，しばらくするとスチールウールはなくなった。Eの水よう液に入れたスチールウールにはあわがついたが，スチールウールはなくならなかった。

【実験７の結果】　E，Gの水よう液を入れたときだけ，はっきりと白くにごった。

1．【実験２】でリトマス試験紙を使う場合，性質を調べたい水よう液などにリトマス試験紙を直接つけてはいけない。リトマス試験紙を使って水よう液の性質を調べるにはどのようにすればよいですか。10字以内で答えなさい。

2．【実験２】で，黄色になったのはG以外に２つあった。A～Fのうちのどれとどれですか。

3．【実験５】の結果から，A，B，Eだけに共通していることは何ですか。８字以内で答えなさい。

4．すべての実験結果から判断して，A～Gの水よう液が入っているそれぞれのビンにはるラベルはア～キのどれですか。右の**表**を参考に考えなさい。

表　100グラムの水にとける薬品の量(グラム)

	0℃	20℃	40℃	60℃	80℃
食塩	35.7	35.9	36.4	37.2	38.0
ミョウバン	3.0	5.9	11.8	24.8	71.2
砂糖	179.2	203.9	238.1	287.3	362.1

ア　炭酸水　　イ　食塩水　　ウ　砂糖水

エ　せっけん水　　オ　うすい塩酸　　カ　アンモニア水

キ　ミョウバン水よう液

2　二人の会話を読んで，後の各問いに答えなさい。

つくはさん：科学部はこの夏休みにどこかに行ったの？

こまおさん：夏休みに入ってすぐ，武蔵五日市《むさしいつかいち》の秋川の調査に行ったよ。

つくはさん：あの辺りは少し移動しただけで川のようすが大きく変わるからおもしろいよね。

1．右の**表**は調査した地点A～Cにおける水深のデータである。地点Aは最も上流側にあり，100mほど下って地点B，さらに100mほど下って地点Cがある。各地点とも「左岸からおよそ２m」，「川はばのほぼ中央」，「右岸からおよそ２m」の水深を測定して表にまとめた。**表**のデータから考えられる川の模《も》式図として最も適当なものはどれですか。ただし，川の上流から下流を見たときに川の左側にある岸が「左岸」，同じく右側にある岸が「右岸」である。

表　各地点における水深のデータ

	左岸	中央	右岸
A	約50cm	約１m	約２m
B	約30cm	約50cm	約30cm
C	約２m	約1.5m	約50cm

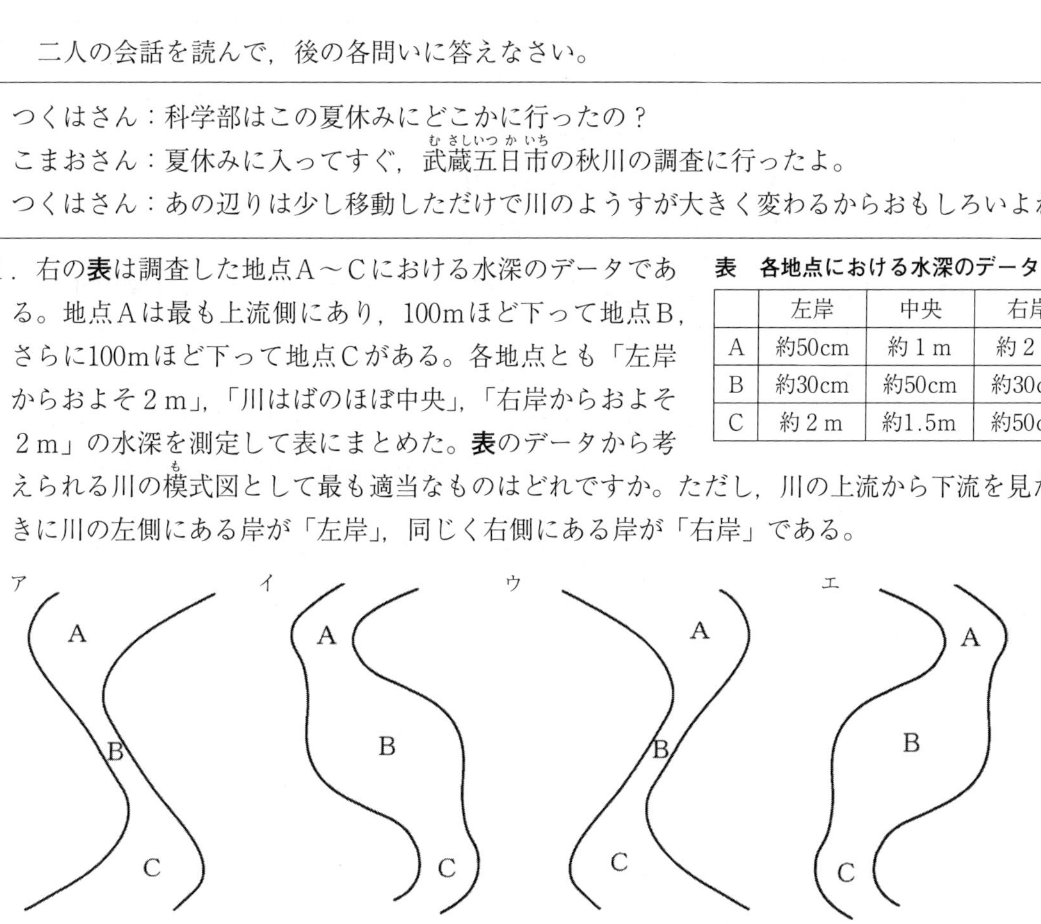

つくはさん：あのころ台風が近づいてきて大変だったような気がするけど，川はだいじょうぶだったの？

こまおさん：うん。幸い台風が近づく前に調査できたからだいじょうぶだったよ。でも，例年，日本に接近して上陸するような台風は(　　X　　)ものが多いけど，今年の台風は進路が異《い》常なものが多かったから予想が難《むずか》しかったね。

2．上の会話文中の(X)に入る文として最も適当なものはどれですか。

ア　沖縄方面から北東に向かって進む

イ　朝鮮《ちょうせん》半島付近からほぼ真南に向かって進む

ウ　北海道方面から南西に向かって進む

エ　中国大陸から南東に向かって進む

つくはさん：台風による災害も，毎年のように起きてるよね。

こまおさん：ぼくの家は川のそばだから，台風が来るたびにビクビクするよ。

つくはさん：今は川岸をコンクリートで固めたり，川の流れを人工的に変えたりして，はんらんを防ぐ対策《さく》が進んでいるからだいじょうぶじゃない？

3．河川のはんらんを防ぐために川岸をコンクリートで固める場所として最も適当なものはどれですか。

ア　川岸をけずる力が強い「カーブの外側の川岸」

イ　浅くて水があふれやすい「カーブの内側の川岸」

ウ　川の流れが速い「川がまっすぐな部分の両岸」

こまおさん：うん，そうだね。でも最近は，そうした今までのはんらん対策が「生物多様性」や「川とのふれあい」というめぐみをうばっているのではという意見もあって，対策の方法が見直され始めてるんだよ。たとえばコンクリートの代わりに自然の石を用いて生き物がすみやすいようにしたり，強固で高いてい防はやめて安全なところにわざと水をにがすことで市街地や農耕地へのはんらんを防ごうという方法だよ。

つくはさん：そうか。災害ばかりをおそれすぎて川のめぐみをすべてぎせいにしてしまってはもったいないもんね。そういえば台風も災害だけでなく，めぐみをもたらす面もあるよね。

こまおさん：そうだね。台風があまり来なかった年はダムが空っぽになって，水不足で困《こま》ったりするもんね。

4．川のほかに災害とめぐみの両方をもたらすものとして火山があげられる。火山の存在《そんざい》，あるいはその活動が私たちにあたえるめぐみとして適当でないものはどれですか。

ア　肥よくな土じょう　　イ　美しい景観や温泉《せん》

ウ　二酸化炭素の吸収《きゅうしゅう》　　エ　豊富なわき水

オ　発電用の熱源《げん》　　カ　様々な石材として使われる岩石

つくはさん：台風が通過したあと，雲一つない快晴になるのもめぐみよね？　そんな夜は星空もきれいだし！
こまおさん：台風一過だね。でもそれってめぐみになるのかなぁ？

5．台風が通過した夏休みのある晴れた夜，20時ころに東京で見られる星座《ざ》として適当でないものはどれですか。
ア　オリオン座　　イ　はくちょう座　　ウ　わし座　　エ　さそり座

3　パルスオキシメーターは，**図**のように指先にはさんで１分間あたりの脈はくの回数(脈はく数)と血液中の酸素ほう和度を測ることができる装《そう》置である。血液中の酸素ほう和度とは，血液中に十分な酸素がふくまれているかどうかの指標で，値《あたい》が大きいほど血液中の酸素量が多い。あきらさんは，運動によってこれらの値が変化するかどうか調べるために以下の方法で実験を行ったところ，結果は**表**のようになった。後の各問いに答えなさい。

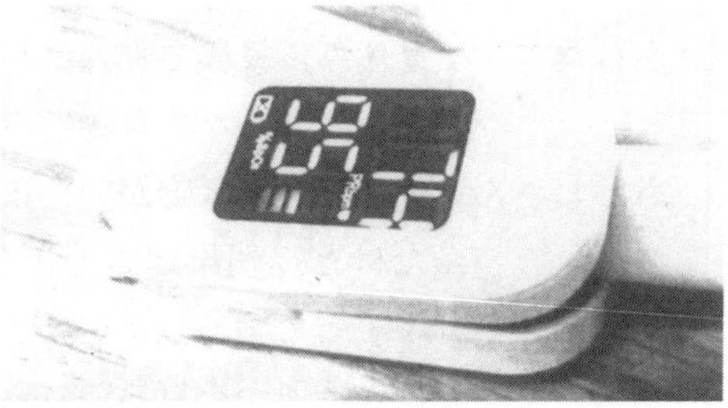

図　パルスオキシメーターで測定するようす

【実験方法】
次の〔運動前〕と〔運動後〕の動作を５回くり返した。
〔運動前〕　いすにすわって深呼吸《こきゅう》をして，10分ほど動かないようにしてからパルスオキシメーターを指にはさみ，脈はく数と酸素ほう和度を記録した。
〔運動後〕　しゃがんでから立ち上がる運動(スクワット)を休まずに１分間で35回行った。運動をやめた直後にパルスオキシメーターを指にはさみ，運動前から最も変化した脈はく数とそのときの酸素ほう和度を記録した。

**表　測定結果　(上：１分間あたりの脈はく数
下：血液中の酸素ほう和度)**

	1回目	2回目	3回目	4回目	5回目
〔運動前〕	66 97%	65 97%	66 97%	71 98%	69 97%
〔運動後〕	108 97%	116 98%	116 97%	115 97%	117 97%

1．〔運動前〕と比べて〔運動後〕について，この測定結果から言えることとして最も適切なものはどれですか。
ア　心臓《ぞう》の動きがはやくなり，血液中の酸素量も増える。
イ　筋《きん》肉がたくさん酸素を使って，血液中の酸素量は減る。
ウ　筋肉がより多くの酸素を必要として，呼吸数が上がる。
エ　脈はく数は上がるが，血液中の酸素量はほとんど変わらない。

2．あきらさんは実験をした後，教科書に書いてあることをもとにして次のように考えた。文中の(①)～(③)に最も適当なものをそれぞれ選びなさい。
【あきらさんの考え】

〔運動後〕に(①)が上がっていた理由は，運動によって(②)が上がったためである。運動して筋肉が動くと，筋肉では(③)や養分がたくさん使われる。すると筋肉から(③)や養分をつかった後に出る物質が血液中に放出され，その物質によって(②)が上がり，(①)も上がったのではないだろうか。

ア　脈はく数　　イ　心臓のはく動の回数　　ウ　酸素　　エ　二酸化炭素

4　生物部のさとしさんとあらたさんは，夏休みに観察したさまざまな生物について話している。以下の会話を読んで，後の各問いに答えなさい。

あらたさん：夏休み，家族で青森に行ってきたんだって？　いいなぁ。どんな生き物がいたの？

さとしさん：いろんな生き物がいたよ。山のふもとにとまったんだけど，朝早起きして散歩してたら「カカカカカ！」っていうか，「ババババババ！」っていうか，とにかく何かを打ちつけるような音がしたの。

図1　モズの写真

あらたさん：キツツキが木の幹をつついてる音？

さとしさん：いや，鳴き声だったんだ。スズメよりもちょっと大きくて，ヒヨドリより小さかった。あわてて写真をとったよ(**図1**)。

あらたさん：これはモズだね！　まちがいない。モズといえば「はやにえ」だよね。

さとしさん：「はやにえ」って何？

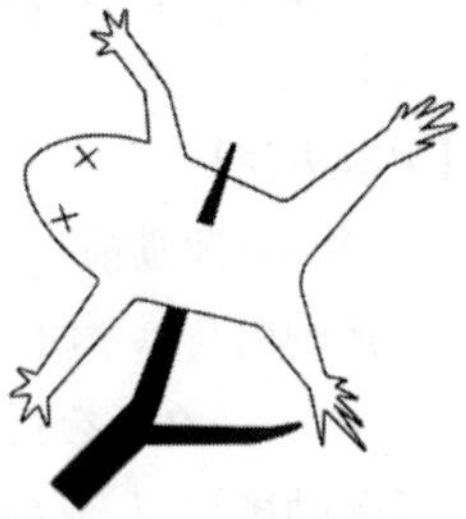

図2　モズのはやにえ

あらたさん：モズのくちばしって，タカみたいにするどいでしょ。こんなかわいいのにタカと同じで肉食なんだ。秋になると，つかまえたバッタやカエルをとがった木の枝とかにくしざしにしておく習性があるんだよ。このくしざしになったエサを「はやにえ」っていうの(**図2**)。

さとしさん：モズって，ずいぶんきょうれつなことをするんだね。でも，なんでつかまえたエサを枝にさしておくの？　すぐ食べればいいのに。

あらたさん：冬のあいだはエサが少ないから，秋のうちにエサを貯めてるんだよ。さらに最近，新しい発見があったの。「はやにえ」をたくさん食べたモズのオスは，メスにモテるらしいよ。

さとしさん：へぇ～そうなんだ！　おもしろいね。でもなんでモテるの？　栄養がいいから？

あらたさん：モズのはんしょく期って，まだエサの少ない2月ごろから始まるんだけど，その前に「はやにえ」をたくさん食べたモズのオスは，よりはやい歌声で歌ってメスにアピールして，メスと早くつがいになれるんだって。モズのメスにとって，よりはやい歌声のオスの方がみりょく的らしいよ。

1．モズがバッタやカエルのほかにおもに食べるものとして，適当だと考えられるものをすべて選びなさい。

ア　トカゲ　　イ　花のみつ　　　ウ　ハチ
エ　お米　　　オ　小さなネズミ　カ　ミミズ

2．会話から分かるモズのはんしょくと「はやにえ」との関連について，適当だと考えられるものを2つ選びなさい。

ア　はんしょく期が始まるまで，オスは「はやにえ」を食べずにとっておく。
イ　メスは，よりはやい歌声で歌ったオスにひきつけられる。
ウ　「はやにえ」をメスにあげたオスは，メスとつがいになる時期が早くなる。
エ　「はやにえ」をたくさん食べたオスは，そうでないオスよりもはやい歌声で歌うことができる。

さとしさん：そうそう，あとオニヤンマがけっこう飛んでたよ。
あらたさん：オニヤンマって，水がきれいなところにしかいないんだよね。
さとしさん：はじめてオニヤンマが産卵《らん》するところを見たんだ。この動画を見てよ。さわのそばの細い小川みたいなところで，たてに上下して飛んでたよ。
あらたさん：これはすごい！　ストンストンって何度も水につかってるね。

図3　オニヤンマの産卵のようす

さとしさん：オニヤンマは卵《たまご》から成虫になるまで，3～5年もかかるんだって。

3．卵から成虫になるまでの間，オニヤンマと同じような「すがたの順番」で育つこん虫をすべて選びなさい。

ア　クマゼミ　　　　イ　オオカマキリ　　　　ウ　エンマコオロギ
エ　コクワガタ　　　オ　アゲハ　　　　　　　カ　ナナホシテントウ
キ　ツクツクボウシ　ク　ショウリョウバッタ　ケ　アキアカネ

4．オニヤンマの幼《よう》虫について書いた次の文の(①)～(④)に適当なものをそれぞれ選びなさい。ただし，①と②は〔えさ〕の中から，③は〔すがた〕の中から，④は〔場所〕の中からそれぞれ選ぶこと。

「オニヤンマの幼虫はどろの中に身をかくし，小さいときはおもに(　①　)などを食べ，大きくなるとおもに(　②　)などを食べる。オニヤンマは(③)のすがたで冬ごしをするため，(　④　)が必要になる。」

〔えさ〕　ア　はやにえ　　　　　　　　イ　アブやカの成虫
　　　　　ウ　小魚やおたまじゃくし　　エ　ミジンコやイトミミズ
〔すがた〕ア　卵　　イ　やご　　ウ　さなぎ　　エ　成虫
〔場所〕　ア　1年を通して水がある小川のような場所
　　　　　イ　冬には水がなくなる水田のような場所
　　　　　ウ　水がきれいで流れが速い大きい川のような場所

5　２つの同じ豆電球ＰとＱ，２つの同じかん電池を用意し，導線を使ったいろいろなつなぎ方で，豆電球のつき方を調べた。以下の文を読んで，後の各問いに答えなさい。

【実験１】　**図１**の(1)〜(5)のつなぎ方で，豆電球のつき方を調べた。

【結果１】　(2)の豆電球は(1)より明るかった。また，(3)の２つの豆電球は同じ明るさだったが，(1)より暗かった。そこで，(1)のつき方を“○”，(2)のつき方を“◎”，(3)のつき方を“△”，つかなかった場合は“×”と記し，(4)と(5)の結果もふくめて**表１**にまとめた。

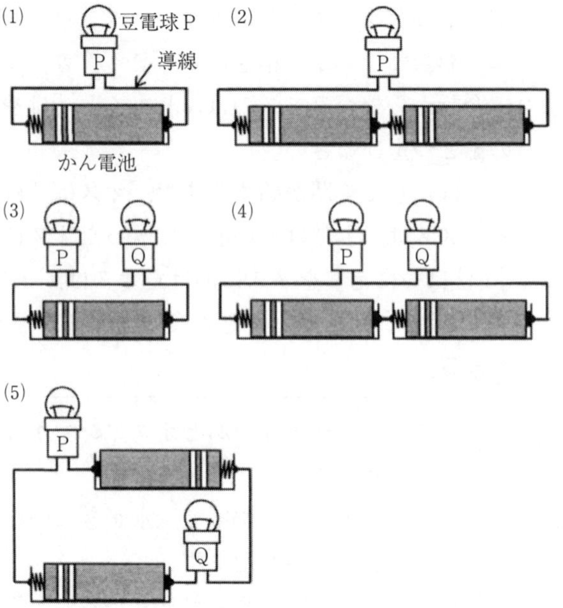

図１

表１

つなぎ方	(1)	(2)	(3)	(4)	(5)
Ｐのつき方	○	◎	△	○	○
Ｑのつき方	なし	なし	△	○	○

【実験２】　**図２**のような装置を組み立てた。中央の四角状の境界（点線）上にある８個の黒い点（●）はたんしで，同じ四角状の形をした**図３**のような回路板を境界に合わせてはめこむことで，回路板上の８個のたんしとつながる。回路板上の線（実線）はたんし同士をつなぐ導線を表し，矢印（ ⇨ ）で示す４つの向きを選んではめこむことができる。いろいろな回路板（**図４**）を用意し，向きを変えながら豆電球のつき方を調べた。ただし，回路板上の導線が交差している部分はつながっていない。

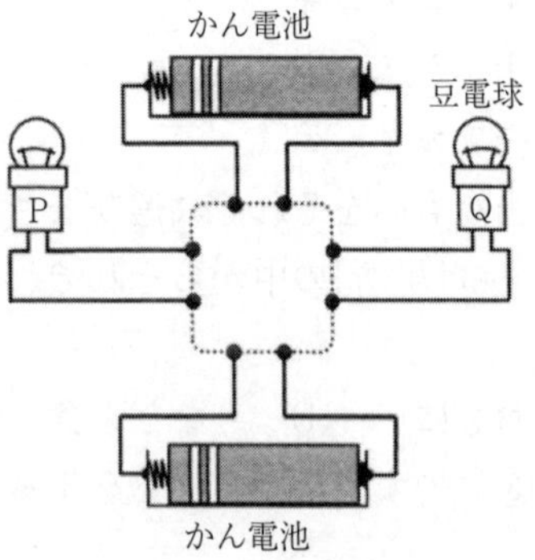

図２

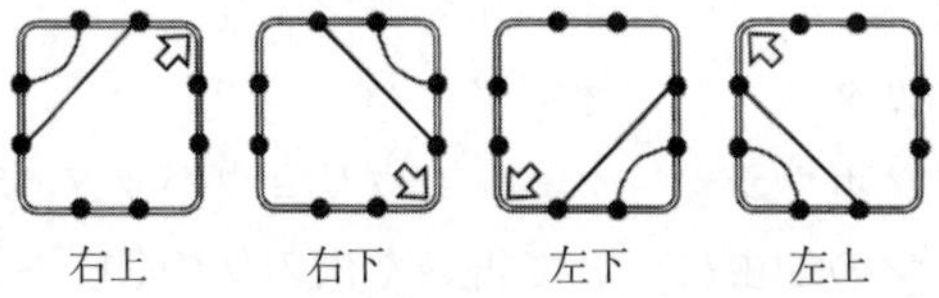

図３

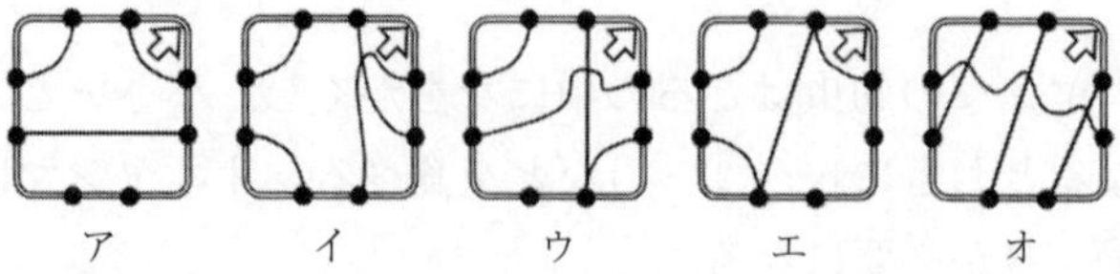

図４

【結果２】　**図３**の回路板を用いた結果を**表２**にまとめた。

表２

矢印の向き	右上	右下	左下	左上
Ｐのつき方	①	②	×	○
Ｑのつき方	×	○	③	④

１．**表２**の①〜④に入るつき方を表す記号（◎・○・△・×）はそれぞれどれですか。

2．**図４**の回路板のうち，次のつき方となるものはそれぞれどれですか。ただし，そのようなつき方をする回路板がない場合は，「なし」と答えなさい。

⑴　矢印の向きによってつき方が“◎”となる豆電球があるもの

⑵　矢印がどの向きでもつき方が変わらないもの

6　断面が正方形の長い角材を切って，**図１**のような立方体①をたくさんと直方体②～⑦を１つずつ用意した。立方体の１つは水平なゆかの上に置いて土台とする。直方体の長方形の面は，5 cm ごとに区切られていて，直方体②，③，④，⑤，⑥，⑦の重さは，それぞれ立方体①の２倍，３倍，４倍，５倍，６倍，７倍である。以下の文を読んで，後の各問いに答えなさい。

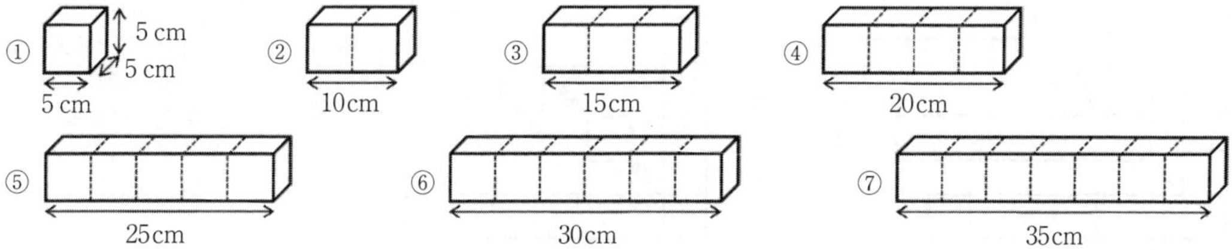

図１　立方体と直方体

【操《そう》作１】　⑦を中央の区切りが土台に重なるようにのせた。次に，⑦の左はしの区切りに重なるように①を１つのせると，かたむくことなく安定した。その上に重なるように１つずつ①をのせていくと，のっている①の数が全部で（ ⑴ ）つまではかたむくことなく安定したが，さらに１つのせると，かたむいてくずれてしまった(**図２**)。

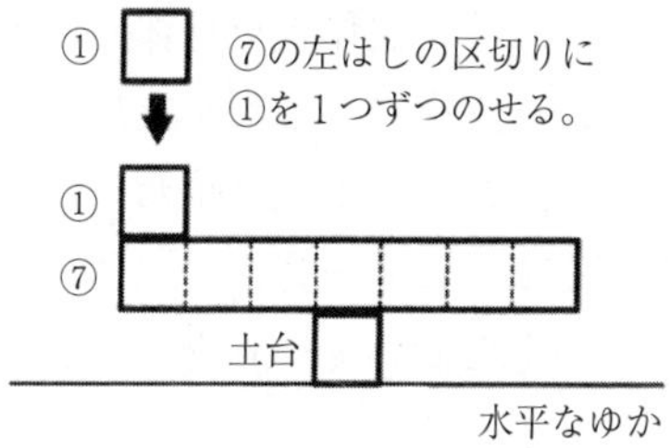

図２

【操作２】　⑦の左はしの区切りに重なるように①を接着ざいで固定した。さらにその上に重なるように１つずつ①を接着ざいで固定し，全部で６つのせたＬ字型の立体を「立体⑦」とする。接着ざいの重さは立体のつり合いやかたむきにえいきょうをおよぼすことはない。同じように，⑥，⑤，④，③，②の左はしの区切りの上に重なるように，それぞれ５つ，４つ，３つ，２つ，１つの①を接着ざいで固定し，Ｌ字型の立体⑥，立体⑤，立体④，立体③，立体②とした(**図３**)。

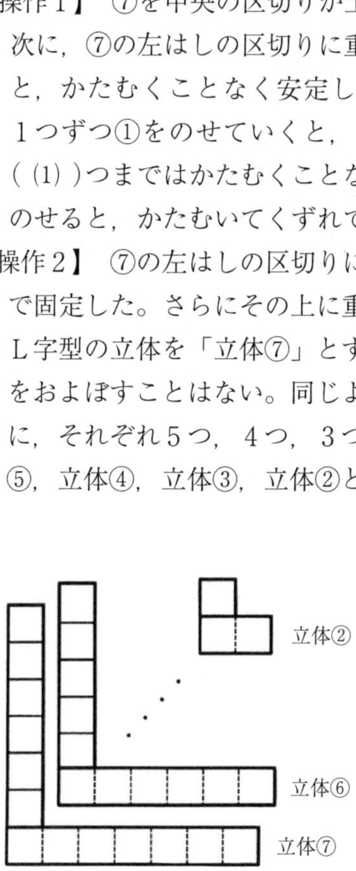

図３

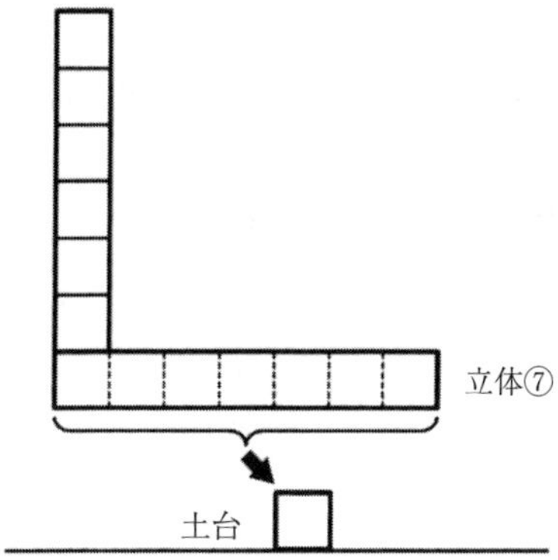

⑦の７つの区切りから１つ選び，
その下面を土台にのせる。

図４

【操作３】　立体⑦の下面の７つの区切りから１つ選び，その下面が土台に重なるようにのせたとき，左から(⑵)つ目の区切りを土台にのせたときだけ，かたむくことなく安定した。この状態を「状態１」とする(**図４**)。

【操作４】「状態１」から立体⑥，立体⑤，…，立体②，立方体①の順にすき間なく重ねていくと，(⑶)を重ねたときに，かたむいてくずれてしまった(**図５**)。次に，「状態１」から立方体①，立体②，…，立体⑤，立体⑥の順にすき間なく重ねていくと，(⑷)をのせたときに，かたむいてくずれてしまった(**図６**)。

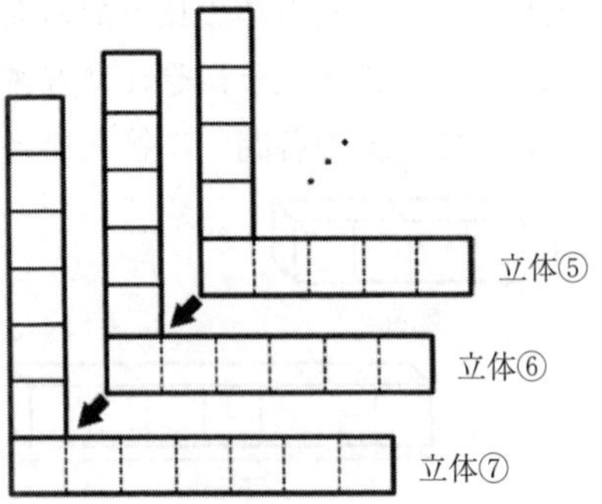

図５

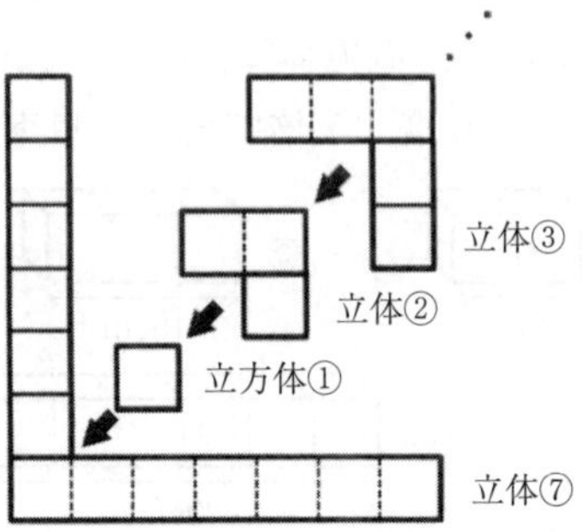

図６

※**図５**と**図６**の立体⑦は，どちらも７つの区切りから１つ選び，その下面を土台にのせてあるが，そのようす(状態１)はえがかれていない。

【操作５】 立体⑦を立体⑥の上にすき間なく重ねた。次に，これを立体⑤に，さらに立体④に，というように重ねていった(**図７**)。重ねるごとに，一番下の立体の下面を水平なゆかの上に置いてつり合いを確認すると，立体⑦をふくめて(⑸)つ重なったものまではつり合ったが，それより多くの立体が重なったものはかたむいてくずれてしまった。さらに，(⑸)つ重なった状態のまま，一番下の立体の下面の区切りを土台に重ねたとき，左から(⑹)つ目の区切りを土台にのせたときだけ，かたむくことなく安定した。

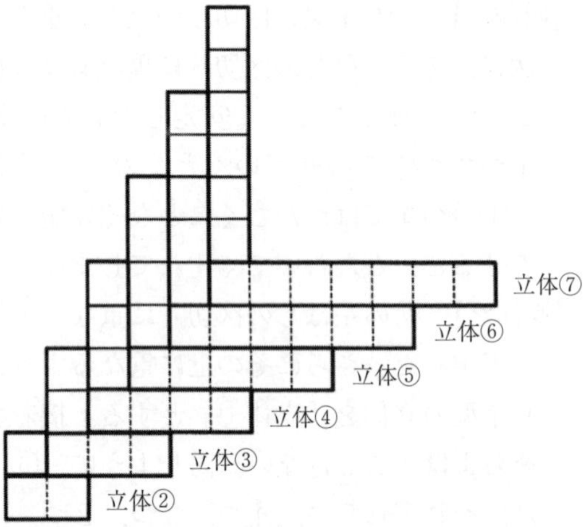

図７

1．文中の⑴，⑵に適当な数を答えなさい。

2．文中の⑶，⑷に適当なものはそれぞれどれですか。

ア　立方体①　　イ　立体②　　ウ　立体③
エ　立体④　　オ　立体⑤　　カ　立体⑥

3．文中の⑸，⑹に適当な数を答えなさい。

んだ。それは、まちがいないんだね」
　ぼくは、不覚にも、③すこし、じーんとしてしまった。それをごまかすように、書斎に立って、もう一冊、ぶあつい本を、きみに、もってきた。

じゃがいものそうだん　　石原吉郎《いしはらよしろう》

じゃがいもが二ひきで
かたまって
ああでもないこうでも
ないとかんがえたが
けっきょくひとまわり
でこぼこが大きく
なっただけだった

　きみは、ふふっと、わらった。そして、ぶあつい本を、おくと、ちゃぶだいが、ごつんと鳴った。
「そういえば、そのテストは、どんなもんだいだったの」
　ぼくは、きいた。
「えーとね」
　きみは、おもいだし、おもいだし、いった。「海のうえをとんでいた、そのカモメを見たとき、主人公は、どうして涙《なみだ》をながしたのでしょう。(一)～(四)から、あてはまるものを、えらびなさい」
「なんてこたえた?」
「(四)自由な気もちになったから」
「せいかいは?」
「(二)平和をかんじたから」
「たしかに、あてられる気がしない」
　ぼくは、わらった。「まあ、それでも、ああでもない、こうでもない、と、すこしでも、近いものをえらぼうとするのは、わるいことじゃない」
「なんか、④さっきの詩の、じゃがいも、みたいだね」
　きみは、いった。ほんとだなあ。それが、わかっただけでも、国語は、一〇〇点をあげていい。

（斉藤《さいとう》　倫《りん》『ぼくがゆびをぱちんとならして、きみがおとなになるまえの詩集』より）

問一　――①「作者の気もちが、わかってない」とありますが、「きみ」にそう言った人は、どのような考えのもとに「作者の気もち」がわかるはずだとするのですか。

問二　――Ⓐ「そうかなあ」／Ⓑ「そうだね」／Ⓒ「へえ。それは、どうして」のそれぞれについて、発言した人物を次のア・イから選び、記号で答えなさい。

ア　ぼく(おじさん)
イ　きみ

問三　――②「めんどくさいなあ、かもしれない」とありますが、「きみ」の、おかあさんへの「おいしいよ」という答えが、どうして「めんどくさいなあ」という意味になりえるのですか。

問四　――③「すこし、じーんとしてしまった」とありますが、「ぼく」が「すこし、じーんとしてしまった」のはどうしてですか。詩(「うしろで何か」)をふまえて答えなさい。

問五　――④「さっきの詩の、じゃがいも、みたいだね」とありますが、何の、どのようなところが「さっきの詩の、じゃがいも、みたいだね」なのですか。

がじがじしていた。
「でも、そしたら、ことばってなに？」
きみは、息つぎするように、いう。「オムレツどう、って、いうことばが、はやく起きてきなさい、といういみで、おいしいよ、っていうことばが、めんどくさいっていういみで、いったひとも気づいてなかったとしたら、ことばって、なんのためにあるの？」
「まあ、ことばのいみなんか、わからなくて、とうぜんということさ」
「じゃあ、テストでも、わからなくて、いいんだ」
きみは、目をかがやかせた。
「いくない」
「えー」
きみは、いった。「なにそれ」
「ことばのいみなんて、わかりはしないけど、わかろうとしなくていいわけじゃない、ということさ」
ぼくは、いって、ろうかに出て、書斎《しょさい》とは名ばかりの、本だらけで、いばしょもない、しごとべやにいき、一冊《いっさつ》、ぬきだしてきた。そうして、ページをひらいて、きみに、さし出した。

うしろで何か　松井啓子《まついけいこ》

ひとりでごはんを食べていると
うしろで何か落ちるでしょ
ふりむくと
また何か落ちるでしょ
ちょっと落ちて
どんどん落ちて
壁《かべ》が落ちて　柱が落ちて
ひとりでに折り重なって
最後に　ゆっくり
ぜんたいが落ちるでしょ

手を洗《あら》っていると
膝《ひざ》が落ちて　肩《かた》が落ちて
なんだかするっとぬけるでしょ

ひとりでごはんを食べていると
うしろで何か落ちるでしょ

きみは、じっと本に目をおとしていた。そして、かおをあげ、ぼくと目があうと、はっと、うしろをふりかえった。「ああ、びっくりした」
あはは、と、ぼくは、わらった。「うしろで、なにがおちたんだろうね？」
「うーん」
きみは、いった。「なんだろう。でも、きっと、書いてるひとも、わかってないのかも」
「そういうこと」
「でも、きっと」
きみは、本をとじて、ちゃぶだいのうえにおいた。「このひとのうしろで、なんだか、わからないけど、かくじつに、なにかが、おちたのしけんでね」

　ぼくは、麦茶をのんだ。じぶんで、煮出《にだ》したものなので、ひじょうにうまい。「あったこともないやつの気もちなんて、わかるわけねーだろーって」

「やっぱり、わかんないよね？」

「そりゃ、わからないよ」

　ぼくは、いって、手をひらひらさせて、麦茶をすすめた。「作者だって、わかってないんだから」

「ふぐ」

　きみは、むせた。麦茶をのんで、なにか、いいかけたのだ。「いま、なんていったの」

「書いたひとも、わかってない、って。なにがいいたいかなんて」

「そんなことは、ないでしょう」

　きみは、いった。なんだか、気のどくなおじさんを見るような目になって。

「作家だけじゃないんだよ。だいたい、じぶんが、なにを話してるかなんて、わかってないのさ」

　ぼくは、いった。

「おじさん、じぶんがなに話してるか、わかってないの？」

「おじさんが、じゃなくて、ひとは、みんなそうなんだ」

Ⓐ「そうかなあ」

「じゃあねえ」

　ぼくは、いった。「きみが、きょう、話したことを、おもいだしてごらん」

「なんでもいいの？」

　きみは、かんがえて、いった。「あさごはんのとき、おかあさんに、きょうのオムレツ、どうって、きかれて」

「うん」

「おいしいよ、って」

「いいね。それで、いつもより、おいしかった？」

「まあ」

　きみは、すこし、とまどったように、いった。「ふつう」

「でも、ふつうとは、いわなかった」

Ⓑ「そうだね」

「それは、どうして？」

　ぼくが、きくと、きみは、考えこんだ。庭で、ねこの声がした。

「なんか、ほんとに、オムレツのできぐあいを、ききたいわけじゃないと、おもったんだ」

「じゃあ、ほんとに、ききたかったことは、なんだろう」

「たとえば、さめてなかった？　とか」

Ⓒ「へえ。それは、どうして」

「呼《よ》んでも、ぼくが、なかなか、起きてこなかったんだよね」

「なるほどねえ。じゃあ、おかあさんが、オムレツどう、ってきいたとき、ほんとは、呼んだら、はやくきなさいよ、って、いみだったのかもしれない」

「まあね」

　きみは、いった。

「だったら、おいしいよって、こたえた、そのことばのいみは」

　ぼくは、いった。「②めんどくさいなあ、かもしれない」

「えー」

　きみは、びっくりしたかおをした。「でも、ありえる。いや、ありえた」

「ふふ」

　ぼくは、わらった。きみは、むいしきに、麦茶のコップのふちを、るためには多くのエネルギーが必要です。メスが大きな武器を作ろうとすると、繁殖《はんしょく》に割《さ》くエネルギーが目減りし、産卵《さんらん》数が減ることになります。そうなると、自分の遺伝子《いでんし》を残すうえで不利になります。
一方、精子は卵よりも〝安価〟に生産できます。また、たとえ作れる精子の数が少々減ったとしても、大きい武器を持てば、オスはより多くのメスと交尾できる可能性が高まります。メスは交尾相手の数が増えても産卵数は増えませんが（そもそもカブトムシのメスは一度しか交尾しません）、オスは、交尾相手の数が増えれば増えるほど、残せる子の数が増えてゆきます。つまり、オスは、大きい角を持つことで、それを作るためのコストを上回る利益が得られます。これこそが、多くの動物で、オスの方がより発達した武器を進化させた理由です。

（小島《こじま》　渉《わたる》『カブトムシの謎《なぞ》をとく』より）

問一　――①「ライバルと戦うための武器を進化させてきたのです」とありますが、日本のカブトムシのばあいは、ライバルと戦うための武器を、どのように進化させてきたのですか。

問二　――②「それほど意味のある実験とは言えません」とありますが、それはなぜですか。理由として正しいものを、次のア～オからすべて選び、記号で答えなさい。

ア　カブトムシとクワガタムシとの戦いは、長い期間で何度も観察すべきだから。
イ　カブトムシとクワガタムシの活動時期のピークを合わせて観察すべきだから。
ウ　カブトムシとクワガタムシとの戦いは、自然界ではめったにないことだから。
エ　クワガタムシの角に見えるものは、実際はアゴが発達してできたものだから。
オ　カブトムシの角は、同種のオスとの戦いに使うことを目的とするものだから。

問三　――③「武器を作るコストが関わっています」について、次の(1)(2)に答えなさい。なお、「コスト」とは費用や労力のことです。

(1)　カブトムシのオスが角を進化させたのはなぜですか。武器を作るコストとの関わりから説明しなさい。
(2)　カブトムシのメスが角を進化させなかったのはなぜですか。武器を作るコストとの関わりから説明しなさい。

二

次の慣用句を、カタカナは漢字に直し、文字の形、大きさや配置を整えて一行で書きなさい。

トんでヒにイるナツのムシ

三

次の文章を読んで、後の問いに答えなさい。

「テストがかえってきてね」
きみは、いった。ざぶとんを、かってに、引っぱってきて、すわる。ほんとはクッションなんだけど、なかのわたがへたれて、ざぶとんのように、ひらたくなっている。
「どうだった？」
ぼくは、いって、おもいきって、なべの火をとめた。れいぞうこをあけて、麦茶を出す。
「だめだったあ」
きみは、いった。「①作者の気もちが、わかってないって」
「あはは」
ぼくは、いって、ちゃぶだいに、グラスをふたつ、おいた。「それね」
「それって？」
「いや、おじさんが子どものころから、よくいわれてたことさ。国語

2024年度

筑波大学附属駒場中学校

【国　語】（四〇分）〈満点：一〇〇点〉

〔注意〕　本文には、問題作成のための省略や表記の変更《へんこう》があります。

一　次の文章を読んで、後の問いに答えなさい。

カブトムシにあって他のほとんどの昆虫《こんちゅう》にない特徴《とくちょう》の一つは、言うまでもなく、オスの大きな角です。彼《かれ》らが角を持つ理由は、彼らの餌《えさ》と関係があります。カブトムシやクワガタムシなどを採るために私たちが広大な林の中から良い樹液場《じゅえきば》を探《さが》すのは苦労しますが、いくら虫たちが優《すぐ》れた嗅覚《きゅうかく》を持っているとはいえ、彼らにとっても餌場を見つけ出すのは容易ではありません。たくさんの木があっても、樹液の出る木はわずかにしか存在《そんざい》しません。樹液場は餌場であるだけでなく、オスとメスの出会《であ》いの場でもあります。そのため、樹液場には多くのカブトムシが群がることになります。オスはせっかく見つけた餌場やメスを勝ち取るために、他のオスと戦う必要があります。けんかの際は、大きな武器を持つオスほど勝率が高く、結果的に多くのメスと交尾《こうび》し、多くの子を残すことができます。カブトムシやクワガタムシのみならず、ヤセバエやケシキスイなど、樹液場に来る昆虫の多くが武器を持っているのは偶然《ぐうぜん》ではありません。どの種類も、貴重《きちょう》な餌場を勝ち取るために、①ライバルと戦うための武器を進化させてきたのです。

カブトムシのけんかをよく観察してみてください。最初にオスは必ず相手の体の下に角を入れようとします。相手を木の幹からすくい上げ、引きはがすためです。相手も引きはがされないように、頭部を下げて応戦します。しかし、一瞬《いっしゅん》の隙《すき》を突《つ》き、相手の体の下に角を挿《そう》入《にゅう》するやいなや、勢いよく頭部を後方にひねり、相手を投げ飛ばします。このように、瞬間的な爆発《ばくはつ》力で相手を投げ飛ばすようなけんかのスタイルは、ヘラクレスオオカブトなどの外国のカブトムシにはあまり見られません。熊手のような形をした日本のカブトムシのオスの頭部の角は、そのような戦いにもってこいの形をしていることから、けんかの様式と角の形はリンクして進化してきたと考えられます。

ところで、図鑑《ずかん》などには、カブトムシがクワガタムシを投げ飛ばしている写真や絵がよく登場します。私も子どもの頃《ころ》に、カブトムシをノコギリクワガタなどのクワガタムシと対戦させて遊んだことがあります。しかし、本来カブトムシの角はクワガタムシなどの他の昆虫を投げ飛ばすためのものではありません。あくまでも、同種のオスを打ち負かすために進化してきた武器です。そもそもカブトムシとクワガタムシの活動のピークのシーズンはずれているため（クワガタムシがカブトムシを避《さ》けるためと言われています）、両者が野外で出会う機会は、カブトムシのオスどうしが出会う機会に比べれば多くありません。そのため、クワガタムシvsカブトムシのような異種《いしゅ》間対決は、最強の昆虫を決めたい子どもにとって夢がありますが、進化という視点《してん》に立つと、残念ながら②それほど意味のある実験とは言えません。それよりも、同種どうしが対決したときの行動を観察する方が、武器の進化について多くの情報が得られるはずです。

ここで、カブトムシはなぜオスしか角を持たないのか疑問に思う人もいるかもしれません。メスどうしが樹液場で頭部を押《お》し合いけんかするシーンを見かけることがあるので、メスが角を進化させても良さそうに思えます。しかし、カブトムシだけでなくクワガタムシやシカ、カニなど、他の動物を見ても、より大きな武器を発達させているのはメスではなくオスの方です。これには、③武器を作るコストが関わっています。けんかに勝つためには大きな武器が必要ですが、それを作

2024年度

筑波大学附属駒場中学校 ▶解説と解答

算 数 （40分）＜満点：100点＞

解 答

[1] (1) 63　(2) 383個　(3) 543個　[2] (1) **もっとも大きい数**…54, **もっとも小さい数**…44　(2) 42, 54, 56　(3) 56, 63, 70, 72　(4) **もっとも大きい数**…76, **もっとも小さい数**…40　[3] (1) 27, 69秒後　(2) 6, 18, 33, 63秒後　(3) 6, 21, 30, 51秒後
[4] (1) $18\frac{4}{7}$cm　(2) $18\frac{4}{7}$, 20, $21\frac{1}{4}$cm　(3) 20, 22, $23\frac{1}{3}$, $24\frac{2}{7}$cm

解 説

[1] 整数の性質，場合の数

(1) [A], [B], [C]はそれぞれ下の図1のように表すことができる([P], [Q], [R]は整数)。[D]が2，[C]が9となるのは[R]が1のときであり，[C]が9，[B]が26となるのは[Q]が1のときである。すると，[A]が最も小さくなるのは[P]が0のときであり，[A]＝37×0＋26＝26となる。また，[A]が2番目に小さくなるのは[P]が1のときであり，[A]＝37×1＋26＝63とわかる。

(2) [C]は17でわったあまりだから，17未満である。よって，[D]が2となるときの[C]は，7でわったあまりが2になる17未満の数なので，{2，9，16}の3通り考えられる。同様に，[B]は37でわったあまりだから，37未満である。よって，[B]は17でわったあまりが{2，9，16}になる37未満の数なので，下の図2のようになる。次に，2024÷37＝54あまり26より，図1の[P]の値は54以下とわかる。このうち[P]が0～53の場合は[B]にあてはまる数が{2，9，16，19，26，33，36}の7通りあるが，[P]が54の場合は[B]にあてはまる数が26以下だから，{2，9，16，19，26}の5通りだけである。したがって，[A]として考えられる数は，7×54＋5＝383(個)ある。

(3) 図2より，[D]＝2の場合，あてはまる([D]，[C]，[B])の組は，(2，9，26)，(2，16，33)の2

図1

[A]＝37×[P]＋[B]
[B]＝17×[Q]＋[C]
[C]＝7×[R]＋[D]

図2

[D]	[C]	[B]
2	2	2，19，36
	9	9，26
	16	16，33

図3

[D]	[C]	[B]
0	0	0，17，34
	7	7，24
	14	14，31
1	1	1，18，35
	8	8，25
	15	15，32
3	3	3，20
	10	10，27
4	4	4，21
	11	11，28
5	5	5，22
	12	12，29
6	6	6，23
	13	13，30

図4

[D]＝2の場合　(2，9，26)，(2，16，33)
[D]＝0の場合　(0，7，24)，(0，14，31)
[D]＝1の場合　(1，8，25)，(1，15，32)
[D]＝3の場合　(3，10，27)
[D]＝4の場合　(4，11，28)
[D]＝5の場合　(5，12，29)
[D]＝6の場合　(6，13，30)

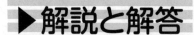

通りある。同様にして$\boxed{D}$が２以外の場合を調べると上の図３のようになるので，考えられる($\boxed{D}$, $\boxed{C}$, $\boxed{B}$)の組は上の図４のようになる。このときの$\boxed{A}$の値は，$\boxed{B}$の値が26以下である３通りについては55個ずつ，$\boxed{B}$の値が27以上である７通りについては54個ずつあるから，$\boxed{A}$として考えられる数は全部で，55×３＋54×７＝543(個)ある。

2 条件の整理

⑴ 真上から見た図で表す。１個のサイコロの目の合計は，７×３＝21だから，３個のサイコロの目の合計は，21×３＝63になる。まず，ウラの和が最小になるのは右の図①のように貼《は》り合わせる場合である。このとき，★と☆の和は７なので，ウラの和は最小で，１＋１＋７＝９となる。よって，オモテの和は最大で，63－９＝54とわかる。また，ウラの和が最大になるのは右の図②のように貼り合わせる場合である。このとき，ウラの和は，６＋６＋７＝19だから，オモテの和は最小で，63－19＝44と求められる。

図①

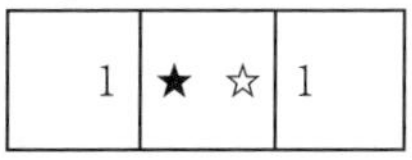

図②

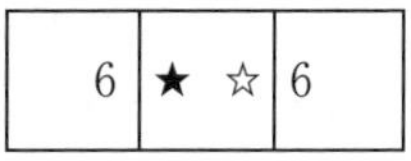

⑵ 下の図③で，＊に入る数の和は最小で，１＋１＋１＋２＝５，最大で，６＋６＋６＋５＝23なので，ウラの和は５以上23以下である。また，ウラの和を□，オモテの和を△とすると，△は□の倍数だから，△と□の和も□の倍数になる。さらに，△と□の和は63なので，□は63の約数とわかる。つまり，□は５以上23以下の63の約数だから，考えられるのは{7，9，21}である。このときの△はそれぞれ，63－７＝56，63－９＝54，63－21＝42となる。

⑶ ⑵と同様に考える。下の図④で，＊に入る数の和は最小で，１＋１＋１＋２＝５，最大で，６＋６＋６＋５＝23なので，ウラの和は，５＋７＝12以上，23＋７＝30以下である。また，ウラの和を□，オモテの和を△とすると，△と□の和は，21×４＝84だから，□は84の約数とわかる。つまり，□は12以上30以下の84の約数なので，考えられるのは{12，14，21，28}である。このときの△はそれぞれ，84－12＝72，84－14＝70，84－21＝63，84－28＝56となる。

図③

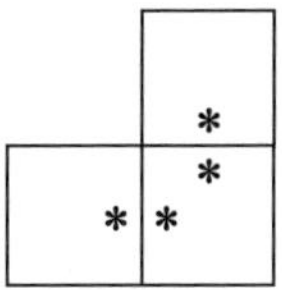

図④

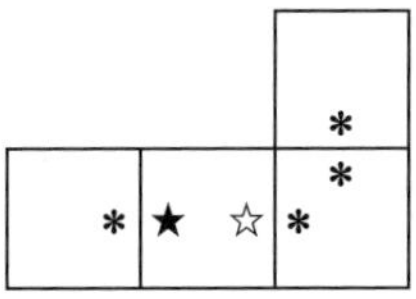

図⑤

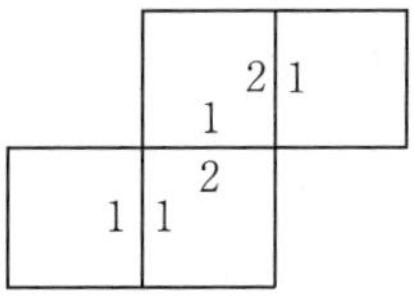

図⑥

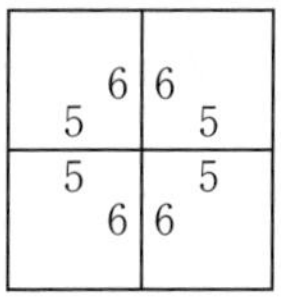

⑷ オモテの和が最大になるのはウラの和が最小になるときだから，たとえば上の図⑤のように貼り合わせる場合である。このとき，ウラの和は，１×４＋２×２＝８なので，オモテの和は最大で，84－８＝76とわかる。また，オモテの和が最小になるのはウラの和が最大になるときだから，たとえば上の図⑥のように貼り合わせる場合である。このとき，ウラの和は，６×４＋５×４＝44だから，オモテの和は最小で，84－44＝40となる。

3 平面図形―図形上の点の移動，構成

⑴ 図形PGHが三角形にならないのは，下の図１のように，PがGHを延長した直線上のP_1，P_2の位置にいるときである(丸で囲んだ数字は出発してからの時間を表している)。図１で，三角形CDHと三角形HCP_1は正三角形を半分にした形の三角形だから，CH＝12÷２＝６(cm)，CP_1＝６÷２＝３(cm)とわかる。よって，１回目は，24＋３＝27(秒後)と求められる。同様に，AP_2＝３cmなので，２回目は，72－３＝69(秒後)となる。

図1

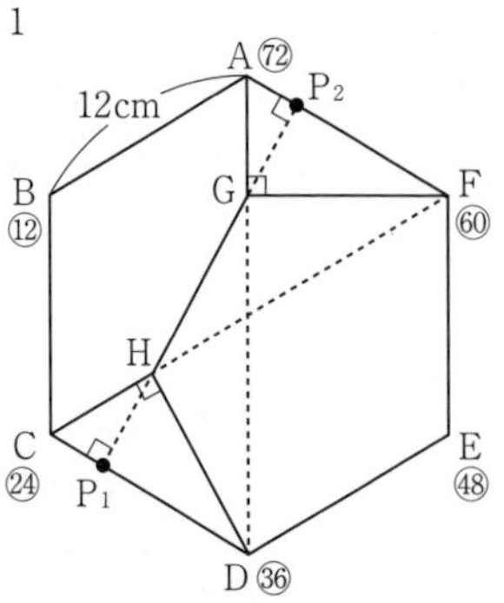

図2

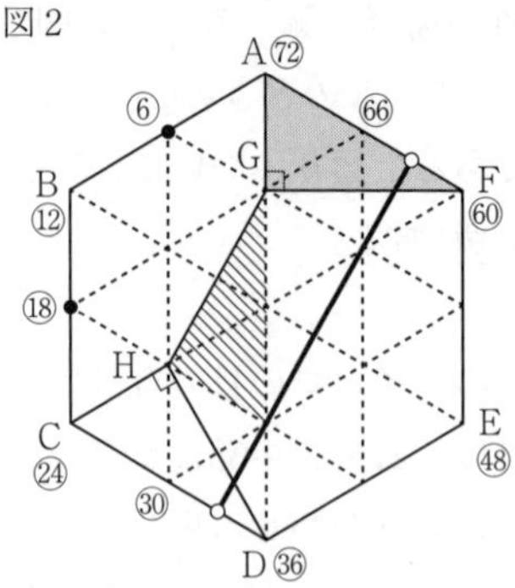

図3

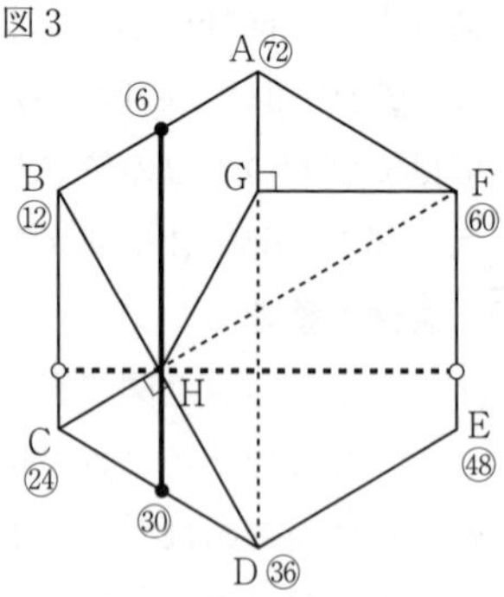

(2) 上の図2のように，一辺の長さが6cmの正三角形に分けて調べる。すると，1回目と2回目は●印をつけた6秒後と18秒後とわかる。また，かげの三角形と斜線《しゃせん》の三角形は合同であり，GHと平行な太線を引くと，Pが○印をつけた点にいるとき，三角形PGHの面積が斜線の三角形の面積と等しくなることがわかる。よって，3回目は，30＋3＝33(秒後)，4回目は，60＋3＝63(秒後)と求められる。

(3) 上の図3のようにABの真ん中の点とCDの真ん中の点を結ぶと，Pが●印をつけた点にいるとき，三角形PGHと三角形PBHは線対称《たいしょう》の位置になる。よって，6秒後と30秒後に面積が等しくなる。また，Hを通りCEと平行な直線を引くと，Pが○印をつけた点にいるとき，三角形PGHと三角形PBHは底辺も高さも等しくなるから，面積も等しくなる。この時間は，24秒後から3秒前の，24－3＝21(秒後)と，48秒後から3秒後の，48＋3＝51(秒後)と求められる。

4 水の深さと体積

(1) 水そうに入れた水の体積は12L(＝12000cm^3)である。水そうを下から10cmごとに，下段，中段，上段に分けて調べると，一辺の長さが10cmの正方形の面積は，10×10＝100(cm^2)だから，下段の底面積は，100×6＝600(cm^2)となる。よって，下段に入った水の体積は，600×10＝6000(cm^3)なので，中段に入った水の体積は，12000－6000＝6000(cm^3)とわかる。また，中段の底面積は，100×7＝700(cm^2)だから，中段に入った水の深さは，6000÷700＝$8\frac{4}{7}$(cm)と求められる。したがって，水面の高さは，$10+8\frac{4}{7}=18\frac{4}{7}$(cm)である。

(2) ブロックBの置き方は右の図①の3通りあり，それぞれの段ごとの底面積と容積は右の図②のようになる。まず，アの場合は上段に，12000－5000－6000＝1000(cm^3)入るので，上段の水の深さは，1000÷800＝$1\frac{1}{4}$(cm)となり，水面の高さは，$10+10+1\frac{1}{4}=21\frac{1}{4}$(cm)となる。また，イの場合は中段がちょうどいっぱいになるから，水面の高さは，10＋10＝20(cm)とわかる。さらに，ウの場合は中段に，12000－6000＝6000(cm^3)入るので，水面の高さは(1)と同じく，$18\frac{4}{7}$cmである。

図①

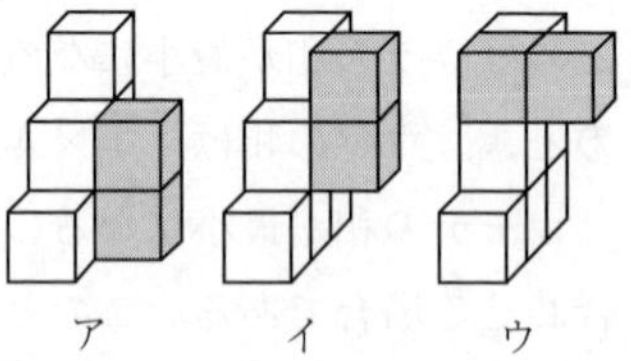

図②

		底面積	容積
ア	下段	500cm^2	5000cm^3
	中段	600cm^2	6000cm^3
	上段	800cm^2	8000cm^3
イ	下段	600cm^2	6000cm^3
	中段	600cm^2	6000cm^3
	上段	700cm^2	7000cm^3
ウ	下段	600cm^2	6000cm^3
	中段	700cm^2	7000cm^3
	上段	600cm^2	6000cm^3

(3) 下段，中段，上段の個数の組み合わせが異なる置き方は下の図③の6通り考えられ，(下段，中段，上段)にある立方体の個数は(　)のようになる。また，それぞれの段ごとの底面積と容積は

下の図④のようになる。エの場合は上段に，12000−4000−5000＝3000(cm^3)入るから，上段の水の深さは，$3000\div700=4\frac{2}{7}$(cm)となり，水面の高さは，$10+10+4\frac{2}{7}=24\frac{2}{7}$(cm)となる。また，オの場合は上段に，12000−4000−7000＝1000(cm^3)入るので，上段の水の深さは，1000÷500＝2(cm)となり，水面の高さは，10＋10＋2＝22(cm)と求められる。さらに，カの場合は中段がちょうどいっぱいになるから，水面の高さは，10＋10＝20(cm)とわかる。キ，クの場合はオと同様に22cmであり，ケの場合は上段に，12000−5000−5000＝2000(cm^3)入るので，上段の水の深さは，$2000\div600=3\frac{1}{3}$(cm)となり，水面の高さは，$10+10+3\frac{1}{3}=23\frac{1}{3}$(cm)とわかる。

図③

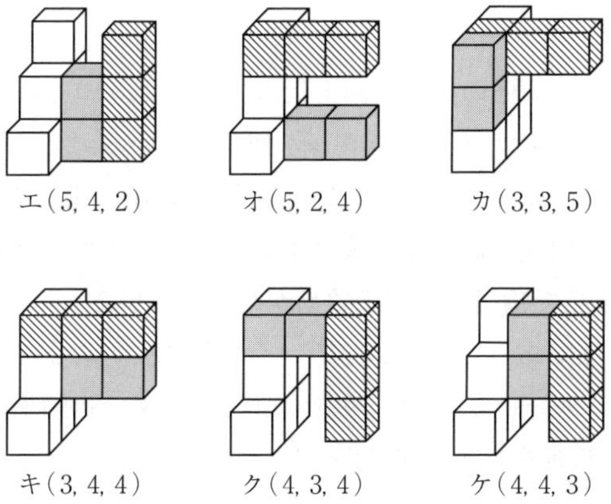

図④

		底面積	容積
エ	下段	400cm^2	4000cm^3
	中段	500cm^2	5000cm^3
	上段	700cm^2	7000cm^3
オ	下段	400cm^2	4000cm^3
	中段	700cm^2	7000cm^3
	上段	500cm^2	5000cm^3
カ	下段	600cm^2	6000cm^3
	中段	600cm^2	6000cm^3
	上段	400cm^2	4000cm^3
キ	下段	600cm^2	6000cm^3
	中段	500cm^2	5000cm^3
	上段	500cm^2	5000cm^3
ク	下段	500cm^2	5000cm^3
	中段	600cm^2	6000cm^3
	上段	500cm^2	5000cm^3
ケ	下段	500cm^2	5000cm^3
	中段	500cm^2	5000cm^3
	上段	600cm^2	6000cm^3

社 会 (40分) ＜満点：100点＞

解 答

[1] **1** 9，1，防災 **2** **神奈川県**…キ **山梨県**…イ **千葉県**…ア **3** ア，イ **4** ア，イ **5** イ，ウ **6** イ，エ [2] **1** ウ，エ **2** イ，エ **3** ア，エ **4** ア，オ **5** **東京都**…ア，ウ，キ，エ **大阪府**…イ，カ，オ **6** エ，オ **7** (例) 人々の憩いの場であり，生物多様性を支え，都市防災機能もはたしている。 [3] **1** ア，オ **2** イ，ウ **3** エ，オ **4** イ，ウ **5** UNESCO(ユネスコ，国連教育科学文化機関) **6** ア，エ

解 説

[1] 関東大震災を題材とした問題

1 関東大震災は1923年9月1日，相模湾北部を震源として発生したマグニチュード7.9の大地震で，本文にもあるように，東京府(現在の東京都)と神奈川県を中心として約105000人の死者・行方不明者を出す大災害となった。なお，9月1日は現在は「防災の日」(1960年に政府が指定)とされ，

各自治体などによって防災訓練が行われている。

2　工業生産額が最も多いキは，工業生産額が愛知県，大阪府についで全国3位(2021年)である神奈川県である。次に，コメの生産量と漁獲《ぎょかく》量が最も多いカは，コメの生産量が全国6位(2021年)，漁獲量が北海道についで全国2位(2021年)の茨城県と判断できる。千葉県には漁港別水揚げ量全国1位の銚子港があるが，都道府県別漁獲量では全国7位(2021年)であるからアは千葉県である。残る4県は，漁獲量の少なさから内陸県である。そのうち，コメの生産量が最も多いエは栃木県で，栃木県のコメの生産量は全国8位(2021年)である。さらに，工業生産額が多いオは埼玉県，コメの生産量が最も少ないイは山梨県と判断でき，残るウはコメの生産量が少なく，1世帯あたりの乗用車保有台数が最も多いことから群馬県ということになる。なお，エの栃木県の漁獲量がゼロでないのは，内水面漁業の分があるためである。

3　ア　ハングル(訓民正音)は，1446年に李《り》朝《ちょう》の第4代国王世宗《せいそう》の命によりつくられた表音文字。朝鮮半島では漢字も用いられてきたが，現在はおもにハングルが使われている。　イ　朝鮮半島では第二次世界大戦後の1948年，北緯38度線を境として南に韓国(大韓民国)，北に北朝鮮(朝鮮民主主義人民共和国)が成立し，1950年には両国の間で朝鮮戦争が起きた。　ウ　資源のとぼしい韓国では，資源や原料を輸入し，工業製品を輸出する加工貿易が行われている。　エ　中国(中華人民共和国)は長い間，人口が世界1位であったが，2023年，インドに抜かれ2位となった。なお，中国の人口は2022年から減少に転じている。　オ　中国は2009年以降，自動車の生産台数が世界1位となっており，近年は特に電気自動車の生産がさかんになっている。

4　アとイが正しい。ウは熱海や伊東(ともに静岡県)，エは小田原(神奈川県)や静岡，浜松(静岡県)など，オは浦賀(神奈川県)が当てはまる。

5　ア　三陸沿岸は，青森県八戸市から岩手県を経て宮城県の金華山にいたる太平洋岸をさす。
イ　三陸沿岸は沿岸近くまで山地が迫《せま》り，入り組んだ複雑な海岸地形となっており，特に南部ではリアス海岸が発達している。　ウ　三陸沿岸では，波の静かな湾や入り江を利用してカキやワカメなどの養殖が行われている。　エ　同じ東北地方の日本海側は冬に雪が多く降るのに対して，三陸沿岸は北西の季節風の影響を受けにくいことから冬の降雪量は少なく，年間降水量も多くない。
オ　2011年3月11日に起きた東日本大震災により三陸沿岸の鉄道は大きな被害を受けたが，久慈《くじ》駅(岩手県久慈市)と盛《さかり》駅(岩手県大船渡市)を結ぶ第三セクター方式(自治体と民間の共同出資による経営)の三陸鉄道リアス線をはじめ，ほとんどの鉄道路線が復旧した。ただし，JR大船渡線とJR気仙沼線の一部では，鉄道の線路があった部分をバス専用道としたバス高速輸送システム(BRT)が導入されている。

6　南海トラフとは，東海・近畿・四国・九州の各地方の太平洋側の沖合いに細長くのびる水深4000mほどの深い溝《みぞ》のこと。フィリピン海プレートがユーラシアプレートに衝突《しょうとつ》して沈みこむこの地域は，断層の破壊により過去に巨大地震が何度も起きており，近い将来，マグニチュード9.0前後，最大震度7クラスの大地震が再び起こると予測されている。その場合，太平洋沿岸地域では，地震の揺《ゆ》れと津波により大きな被害が出る可能性が高く，対策が急がれている。以上のことから，ア，ウ，オは正しい。液状化現象は沿岸部の埋め立て地などで発生する現象であるからイは誤り。南海トラフ地震が発生した場合，特に名古屋や大阪などの大都市で深刻な被害が出ることが心配されているから，エも誤りである。

2 明治神宮外苑《がいえん》地区の再開発計画を題材とした問題

1　ウとエが正しい。奈良県明日香村にある飛鳥宮跡は飛鳥時代の複数の宮殿跡。寝殿造は平安時代の貴族の屋敷《やしき》に取り入れられた建築様式であるから，アは誤り。中大兄皇子らが蘇我入鹿《そがのいるか》を殺害したのは飛鳥宮の１つとされる飛鳥板蓋宮《いたぶきのみや》の宮殿内であるから，イも誤り。戦国大名の大内氏の城下町であったのは山口(山口県)。一乗谷は現在の福井県福井市にあった朝倉氏の城下町であり，雪舟は日本風の水墨《すいぼく》画を大成した画僧であるから，オも誤りである。

2　ア，ウ，オは正しい。白神山地に広がるのは世界有数といわれるブナの原生林であるから，イは誤り。大仙(大山)古墳は完成当時，地表面がふき石で被《おお》われ，埴輪《はにわ》が並べられていたと考えられているから，エも誤りである。

3　アは1918年11月，イは1911年，ウは1925年，エは1918年７月，オは1895年の出来事。明治天皇が亡くなったのは1912年，明治神宮創建の式典が行われたのは1920年であるから，アとエがその間の出来事ということになる。

4　集落を守るために木製のさくや物見やぐらなどが設けられたのは弥生時代の環濠《かんごう》集落であるから，アは誤り。元寇《げんこう》の際，「てつはう」という武器を用いたのはモンゴル軍であり，また，「てつはう」は陶器製の容器に火薬と鉄片をつめたものであるから，オも誤りである。

5　現在の東京都に関連するものはア，ウ，エ，キであり，アは江戸時代，ウは戊辰《ぼしん》戦争のさなかの1868年，エは1964年，キは1883年である。また，現在の大阪府に関連するものはイ，オ，カであり，イは安土桃山時代の織田信長による堺の支配，オは1970年，カは豊臣秀吉による大阪城の築城である。

6　本文中の「この時期」とは明治時代末期から大正時代にかけてをさすから，エとオが当てはまる。鉄道については，1906年に制定された鉄道国有法にもとづいて各地の私鉄が国有化され，全国的な鉄道網が整備されていった。なお，ア～ウは1955年から約20年間の高度経済成長期に当てはまることがらである。

7　本文の第１段落に「(神宮)外苑は人々に開かれた憩《いこい》いの場として国民からの献金《けんきん》と献木で」つくられたとあることや，第３段落に「外苑の整備は一体的な景観を重視して計画的に」進められたとあることに着目する。さらに，内苑とともに多様な動植物が生息し，生物多様性を支えていることや，災害の際の避難場所に指定されるなど都市防災の機能もはたしていることなども記されている。つまり，本文では，長い時間をかけてつくられてきた外苑の価値を見直し，現在の環境をできるだけ保持しながら，将来に受け継《つ》いでいくことを考えるべきだと主張しているわけであるから，その根拠について簡潔にまとめること。

3 AI(人工知能)を題材とした問題

1　ア　日本国憲法第82条１項に「裁判の対審及《およ》び判決は，公開法廷でこれを行う」とあるように，現代の日本では民事裁判，刑事裁判ともに公開で行われることを原則としているから，一般市民も傍聴《ぼうちょう》することができる。　　イ　立候補の年齢制限に関する訴訟《そしょう》が行われるのは民事裁判。裁判員裁判が行われるのは重大な刑事事件をあつかう刑事裁判の第一審である。　　ウ　国会に設置される裁判所は，重大なあやまちを犯した裁判官をやめさせるかどうかを判断する弾劾《だんがい》裁判所だけである。　　エ　有罪か無罪かを判断するのは刑事裁判である。　　オ　民事裁判・刑事裁判とも三審制がとられているから，判決に不服がある場合はより上級の裁判所にうったえることができ，３

回まで裁判を受けることができる。

2　ア　国会が国会議員の中から選出する内閣総理大臣とは異なり，首長(都道府県知事や市町村長)は，住民の直接選挙により選ばれる。また，首長と議会はたがいに独立した関係にある。

イ　地方議会議員は住民による直接選挙で選ばれた住民の代表ではあるが，議会の決定がそのときの住民の意思とは異なる場合もあり得る。　　ウ　地方公共団体の予算は首長が作成し，議会が賛成の議決をすることで成立する。　　エ　住民の意思を政治に反映させる制度としては，選挙のほかに，一定数の有権者の署名を集めることで条例の制定・廃止や議会の解散，首長や議員の解職などを求める直接請求権が認められている。　　オ　住民は，有権者の３分の１以上の署名を集めた上で，選挙管理委員会に対して首長の解職を求めることができる。その場合，住民投票が行われ，過半数の賛成が得られれば，首長は解職される。

3　ア～ウは，いずれも「人間にしかできない仕事がある」という考えにもとづく主張であり，「AIの普及により雇用《こよう》が奪われる」という主張に対する反論の根拠となり得る。AIやロボットが導入される理由の１つは，人を雇《やと》うよりも費用が少なくてすむことであるから，エは不適切。オは社会保障による一定の所得を保障する制度であり，AIの導入と雇用の関係についての問題と直接結びつくわけではないから，オも不適切である。

4　ア　2003年に制定された個人情報保護法により，個人情報の取りあつかいに関する企業の責務が定められている。　　イ　マイナンバーと個人の預金口座を紐《ひも》づけることは，「デジタル化」の一環として政府により推奨《すいしょう》されている。　　ウ　電子カルテの使用は，多くの病院や診療《しんりょう》所で行われている。　　エ　インターネット接続やGPS(全地球測位システム)などを利用した「位置情報サービス」は，個人が特定できないように処理したうえで，人の位置や移動に関する情報を提供するものである。　　オ　偽《にせ》サイトとは，実在する企業や組織をよそおって発信されるサイト。インターネットショッピングなどを通して偽サイトにクレジットカードの番号や預金の口座番号などを知らせてしまい，不正に商品を購入されたり金銭を盗《ぬす》まれたりする被害が発生している。

5　2023年に教育分野における生成AIの活用についてのガイダンスを発表したのは，UNESCO(ユネスコ，国連教育科学文化機関)である。

6　ア　日本国憲法は1946年11月３日に公布され，翌47年５月３日に施行された。憲法記念日とされているのは，施行日の５月３日である。　　イ　憲法は第98条にあるように国の最高法規であるから，一般の法律とは同等ではない。　　ウ　憲法は国の政治の基本的なあり方を示したものであり，国民が守らなければならないルールを定めたものが法律である。　　エ　1992年に制定されたPKO(国連平和維持活動)協力法にもとづき，国際連合が海外で行うPKOに自衛隊を派遣させるようになっている。　　オ　核兵器禁止条約はあらゆる核兵器の製造や保有を禁止した条約。2017年に国連総会で採択され，2021年に発効したが，アメリカなどの核保有国はこれに参加せず，アメリカと同盟関係にある日本も参加していない。

理　科　(40分)＜満点：100点＞

解　答

1　**1**　(例)　ガラス棒でつける。　**2**　B，E　**3**　(例)　よう質が気体。　**4**　**A**　カ　**B**　オ　**C**　ウ　**D**　エ　**E**　ア　**F**　イ　**G**　キ　**2**　**1**　イ　**2**　ア　**3**　ア　**4**　ウ　**5**　ア　**3**　**1**　エ　**2**　①　ア　②　イ　③　ウ　**4**　**1**　ア，ウ，オ，カ　**2**　イ，エ　**3**　ア，イ，ウ，キ，ク，ケ　**4**　①　エ　②　ウ　③　イ　④　ア　**5**　**1**　①　○　②　×　③　○　④　×　**2**　(1)　ウ　(2)　オ　**6**　**1**　(1)　1　(2)　3　**2**　(3)　エ　(4)　オ　**3**　(5)　3　(6)　4

解　説

1　**水よう液の判別についての問題**

1　性質を調べたい水よう液にリトマス紙を直接つけると，水よう液がよごれてしまうおそれがあるので，蒸留水できれいに洗ったガラス棒に水よう液をつけ，その部分をリトマス紙にふれさせて調べるようにする。いくつかの水よう液の性質を調べるときには，ガラス棒は毎回蒸留水で洗い，かわいた布でふいてから使う。

2　実験1で試験管をよくふったとき，しばらくの間あわが水面に残っていたDの水よう液はせっけん水である。実験2より，AとDの水よう液はアルカリ性なので，Aはアンモニア水とわかる。実験3で，蒸発皿に何も残らなかったA，B，Eの水よう液は，とけているものが固体ではない炭酸水かうすい塩酸かアンモニア水だから，BとEの水よう液は炭酸水かうすい塩酸となる。この2つの水よう液は酸性だから，実験2でBTBよう液を入れると黄色になる。なお，実験6より，スチールウールがとけて水素のあわがたくさん出てくるBの水よう液がうすい塩酸とわかるため，Eの水よう液は炭酸水である。

3　とけているもの(よう質)が気体の水よう液は，ふつう，温めるととけていた気体が蒸気とともに出てくる。この蒸気を再び水の中に導くと，もとの水よう液と同じ気体がとけた水よう液となる。

4　A，B，D，Eの水よう液については，2の解説を参照のこと。実験3より，砂糖水は水分が少なくなると茶色くこげたようになるので，Cの水よう液は砂糖水である。残るFとGの水よう液は，食塩水とミョウバン水よう液で，実験4と表より，水よう液が冷えてもとけ残りが見られないFの水よう液は，温度によるとけ方の変化がほとんどない食塩水，とけ残りが出てくるGの水よう液は，温度によるとけ方の変化が大きいミョウバン水よう液とわかる。

2　**流れる水のはたらき，気象，季節と星座についての問題**

1　川の曲がりの外側では流れが速いため，しん食のはたらきがさかんで，川底や川岸がけずられて深くけわしくなっている。一方，川の曲がりの内側では流れがおそいため，川底は浅く，川岸は川原になっていることが多い。表の水深のデータより，地点Aでは川の上流から下流を見たときの川の右側にある右岸側が川の曲がりの外側にあたり，地点Cでは左岸側が曲がりの外側になっていると考えられる。そのようになっているのは，アとイである。地点Bでは地点Aや地点Cより左岸から右岸まで水深が浅いので，川の流れが地点Aや地点Cよりおそいと考えられる。したがって，地点Bの川はばが地点Aや地点Cよりも広くなっている，イが選べる。

2　日本に近づく台風は，南方の赤道付近で発生した熱帯低気圧が発達し勢力が強くなったもので，日本付近に向かって西から北西への方向で進んだあと，へん西風の影響《えいきょう》を受けて進路を変え，沖縄方面から北東に向かって進むのが一般《いっぱん》的である。

3　川の曲がりの外側では流れが速くなり，しん食のはたらきが大きくなる。そのため，川岸がけずられてくずれやすく，大雨などにより川の水量が増すと水が川岸から居住地域に流れこんで被害《ひがい》を出しやすい。したがって，川の曲がりの外側の川岸をコンクリートなどで補強《ほきょう》する工事が行われる。

4　火山からふん出する火山ガスのほとんどは水蒸気であるが，二酸化いおうや硫化《りゅうか》水素などの有毒な気体のほかに，二酸化炭素などもふくまれている。なお，火山ふん出物でできた水はけがよい土地，その土地が長い年月をかけてできた農作物の栽培《さいばい》に適した肥よくな土じょう，ふり積もった土砂のすき間から地下にしみこんだ水が豊富に出てくるわき水，地熱発電に利用できる地下のマグマが発する高熱，石材として使われるギョウカイ岩や火成岩，美しい山のすがたなどの景観や温泉は，火山のめぐみといえる。

5　オリオン座は冬の代表的な星座である。なお，はくちょう座，わし座，さそり座は夏の代表的な星座である。

3　運動と脈はく数の変化，酸素ほう和度についての問題

1　表より，どの回も運動後は運動前と比べて脈はく数は上がっているが，血液中の酸素ほう和度はほとんど変化していない。

2　1で述べたように，運動後は脈はく数が上がっている。その理由は，心臓のはく動の回数が上がったためである。運動をすると，エネルギーをつくるための酸素や栄養分を，筋肉などに早く多量に送る必要があるが，心臓から1回のはく動で送り出せる血液量は限られているので，はく動の回数を多くして必要量を送り出している。筋肉などで栄養分を酸素で分解し，エネルギーを取り出すと，あとに不要な物質が生じる。血液中に放出された不要物の増加を脳が感知すると，神経のはたらきではく動の回数が上がる。

4　モズとオニヤンマについての問題

1　モズは肉食の鳥で，ハチやバッタなどの昆虫《こんちゅう》やカエル，トカゲ，小さなネズミ，小さなヘビ，ミミズなどを食べる。

2　はんしょく期の前にはやにえをたくさん食べたオスは，よりはやい歌声で歌ってメスにアピールして，メスと早くつがいになると述べられていることから，アは誤りで，イとエは適している。なお，はやにえをメスにあげるとは述べられていないので，ウは適していない。

3　オニヤンマはさなぎの時期のない不完全変態をする。同じように不完全変態をする昆虫は，同じトンボのなかまであるアキアカネ，セミのなかまであるクマゼミやツクツクボウシのほか，オオカマキリ，エンマコオロギ，ショウリョウバッタなどがいる。

4　オニヤンマの幼虫は肉食で，小さいときはミジンコやイトミミズ，カの幼虫のボウフラなどを食べ，大きくなると小さな魚やオタマジャクシなどを食べる。オニヤンマなどトンボの多くは，幼虫(やごとよばれる)のすがたで冬ごしし，やごが水中生活をするためにつねに水がある場所が必要となる。ただし，水深が浅いところの水底のどろの中にすむため，大きい川や流れが速い川の中は生活に適さない。

5 豆電球のつなぎ方と明るさについての問題

1 4つの矢印の向きについて，いずれを選んで図2にはめこんでも，豆電球Pか豆電球Qのいずれか1つに，かん電池1つだけがつながった回路となり，この回路とつながらない豆電球とかん電池には電流が流れない。よって，いずれの向きでも，一方の豆電球が○の明るさでつき，もう一方の豆電球はつかない。

2 (1) 2個のかん電池のつなぎ方が直列つなぎになるように，図2の上側のかん電池の＋極が下側のかん電池の－極と，下側のかん電池の＋極が上側のかん電池の－極とつながるような回路の中に，豆電球Pまたは豆電球Qのいずれか1つだけがつながるようにすると，その回路内にある豆電球が◎の明るさでつく。そのようになるのは，ウを矢印の向きが右下や左上になるようにしてはめこんだ場合である。　(2) オの場合，矢印の向きをどの向きにしても，2つのかん電池と2つの豆電球がすべて直列につながり，豆電球はどちらも○の明るさでつく。　なお，表2のように，ア～オの回路板を用いた結果をまとめると下の表のようになる。

ア

矢印の向き	右上	右下	左下	左上
Pのつき方	△	×	△	×
Qのつき方	△	×	△	×

イ

矢印の向き	右上	右下	左下	左上
Pのつき方	×	△	×	△
Qのつき方	×	△	×	△

ウ

矢印の向き	右上	右下	左下	左上
Pのつき方	△	×	△	◎
Qのつき方	△	◎	△	×

エ

矢印の向き	右上	右下	左下	左上
Pのつき方	○	×	×	○
Qのつき方	×	○	○	×

オ

矢印の向き	右上	右下	左下	左上
Pのつき方	○	○	○	○
Qのつき方	○	○	○	○

6 てこのつり合いと重心についての問題

1 (1) 物体の重さが1点に集まったとみなせる点をその物体の重心といい，立方体①や直方体②～⑦の重心は左右の中央にある。ここでは，立方体①の重さを1とし，直方体②～⑦の重さをそれぞれ2，3，4，5，6，7とする。また，てこをかたむけるはたらきをモーメントとよぶ。図2で立方体①をのせていくとき，土台の立方体の上面の左はしを支点としてつり合いを考える。すると，立方体⑦の左はしの区切りにのせるいくつかの立方体①による左回りのモーメントは，(立方体①の個数)×12.5で求められ，この値が直方体⑦の重さによる右回りのモーメントの，7×2.5＝17.5よりも大きくなると左にかたむいてくずれる。よって，17.5÷12.5＝1.4より，立方体①の個数が1個をこえて2個になるとくずれる。　(2) 立体⑦は直方体⑦の左はしの区切りに立方体①を6つのせている。6つの立方体①を重ねたものの重心は直方体⑦の左はしの区切りの中央の真上に，直方体⑦の重心は左から4つ目の区切りの中央にある。(6つの立方体①を重ねたものの重さ)：(直方体⑦の重さ)＝6：7だから，2つの重心の間を7：6に分ける点に立体⑦の重心があることになる。したがって，立体⑦の重心は左はしの区切りの中央と左から4つ目の区切りの中央よりやや右の，左から3つ目の区切りの上にあり，ここを土台にのせるとかたむくことなく安定する。なお，図4で立体⑦の重心は，$2.5+15\times\frac{7}{6+7}=10\frac{15}{26}$より，直方体⑦の左はしから$10\frac{15}{26}$cmのところから真上に引いた線上にあることになる。

2 (3) 状態1では立体⑦の左はしから3つ目の区切りに土台がある。立体⑤までを重ねると，立体⑤～⑦を重ねたものは，立方体①を縦に3個，横に7個くっつけた直方体(直方体Aとする)の左に，立方体①を縦に4個，横に3個くっつけた直方体(直方体Bとする)をのせた形になる。直方体

Aの重心は左はしから17.5cmのところ，直方体Bの重心は左はしから7.5cmのところにあり，(直方体Aの重さ)：(直方体Bの重さ)＝(3×7)：(4×3)＝7：4なので，立体⑤～⑦を重ねたものの重心は左はしから，$7.5+(17.5-7.5)\times\frac{7}{7+4}=13\frac{19}{22}$(cm)のところであり，土台の上に位置するためかたむかない。同様に，立体④まで重ねたときを考えると，立方体①を縦に4個，横に7個くっつけた直方体(直方体Cとする)の左に，立方体①を縦に3個，横に4個くっつけた直方体(直方体Dとする)をのせた形になる。直方体Cの重心は左はしから17.5cmのところ，直方体Dの重心は左はしから10cmのところ，(直方体Cの重さ)：(直方体Dの重さ)＝(4×7)：(3×4)＝7：3だから，立体④～⑦を重ねたものの重心は左はしから，$10+(17.5-10)\times\frac{7}{7+3}=15.25$(cm)のところで，土台よりも右に位置するため，かたむいてくずれる。　(4)　立方体①と立体②～④を重ねたものの重心は，土台の右はしの上に位置し，立体⑦の重心も土台の上にあるため，立体⑦に立体④までを重ねてもかたむかない。立体⑤まで重ねた場合について，土台の立方体の右はしを支点につり合いを考えると，立方体①と立体②～⑤を重ねたものによる右回りのモーメントは，$25\times2.5=62.5$となり，立体⑦による左回りのモーメントは，$13\times\left(15-10\frac{15}{26}\right)=57.5$となるため，右にかたむいてしまう。

3　(5)　ここでは，一番下の立体の右はしの上面が支点となり，その上に重なる立体の右回りのモーメントが左回りのモーメントよりも小さければつり合い，大きければくずれることになる。また，支点より上に重なる立体全体の重心が支点よりも左にあればつり合い，右にあればかたむく。図7を見ると，立体②や立体③まで重ねたときには，その上に重なる立体全体の重心が支点よりも右に位置すると見て取れ，くずれると考えられる。一方，立体⑤や立体⑥まで重ねたときには，その上に重なる立体全体の重心があきらかに支点より左に位置すると見て取れるため，つり合う。立体④まで重ねた場合，立体⑤～⑦を重ねたものについて立体④の上面の右はしを支点にしてつり合いを考えると，右回りのモーメントは，$3\times2.5+3\times7.5+2\times12.5+2\times17.5+1\times22.5+1\times27.5=140$，左回りのモーメントは，$9\times2.5+7\times7.5+5\times12.5=137.5$なので，立体⑤～⑦を重ねたものが右にかたむいてくずれる。したがって，立体⑦，立体⑥，立体⑤までを重ねたものがつり合う。
(6)　(5)で立体⑤～⑦を重ねたものを立体④に重ねたとき，立体④の上面の右はしが立体⑤の下面の区切りの左から3つ目の右はしと一致《いっち》していて，立体④のその位置を支点とする右回りのモーメントが左回りのモーメントよりわずか2.5だけ大きいので，支点の位置を区切り1つ分右にずらすと左回りのモーメントの方があきらかに大きくなる。よって，立体⑤～⑦を重ねたもの全体の重心は立体⑤の下面の区切りの左はしから4つ目の上にあることがわかる。したがって，この4つ目の区切りを土台に重ねると，立体⑤～⑦はかたむくことなく安定する。

国　語　(40分)＜満点：100点＞

解　答

一　**問1**　(例)　貴重な樹液場を勝ち取る必要のあったカブトムシのオスは，相手を木の幹からすくい上げ，引きはがせるよう，熊手のような形に角を進化させてきた。　**問2**　ウ，オ
問3　(1)　(例)　角を進化させることで，たとえ精子が減ったとしても，より多くのメスと交尾

できる可能性が高まり，子孫を多く残せるから。　⑵（例）一度しか交尾しないため大きな角でけんかに勝つ必要がなく，むしろ角に労力を割くと産卵数が減って繁殖に不利になるから。
二 下記を参照のこと。　三 **問1**（例）自分が何を言いたいかわかったうえで，作者は書いているという考え。　**問2** Ⓐ イ　Ⓑ イ　Ⓒ ア　**問3**（例）「オムレツ，どう」ときく母親の言葉に「呼んだら，はやくきなさいよ」という不満を「きみ」が何となく感じとり，うっとうしいという反発がこもったから。　**問4**（例）集中していた本から顔をあげた後の「きみ」の言動から，作者にもわからない何かが確かに落ち続けていることを描いた詩の内容を，「きみ」が体感したらしいと察して感動したため。　**問5**（例）国語のテスト問題を解くときの，確実な正解がないとしても少しでも正解に近づくため，ああでもないこうでもないと考えることで理解が深まるところ。

●漢字の書き取り

三 飛んで火に入る夏の虫

解　説

一 **出典：小島《こじま》 渉《わたる》『カブトムシの謎《なぞ》をとく』**。筆者はカブトムシのオスとメスにおける「角」の有無《うむ》に注目し，オスが独特な形状をした大きな角を持つ理由や，メスが角を進化させてこなかった理由について，「コスト」の面にもふれつつ説明している。

問1　わずかな樹液場に群がるほかのオスたちを退け，餌《えさ》とメスを勝ち取るために，カブトムシのオスが自らの「武器」をどのように「進化させてきた」のかは続く部分で説明されている。樹液の出る木の幹にはりついているライバルたちを引きはがすため，カブトムシのオスは相手の体の下にうまくもぐりこめるよう，その角を「熊手のような形」に変えてきたというのである。「けんかの様式と角の形はリンクして進化してきた」とあるとおり，生物が生き残るためにとる行動(本能)と，それに必要な道具(体の一部)の間には深い結びつきがあることをおさえ，「わずかな餌場を手に入れるため，カブトムシのオスは木の幹に張りついた相手の体の下にもぐりやすいよう，熊手のような形に角を進化させてきた」のようにまとめる。

問2　問1でみたとおり，カブトムシのオスが持つ角は，その大きさや形状とも「せっかく見つけた餌場やメスを勝ち取る」障害になる，ほかのオスを排除《はいじょ》するために，自然界の長い時間のなかでみがきぬかれてきたものである。つまり，「武器」の「進化」の過程をさぐるための情報を得るには，戦わせるにしても，そこ(進化)に深くかかわっている「同種のオス」であるほうがよいので，筆者はそもそも自然界で出会う機会の少ないクワガタとカブトムシを戦わせること(異種間対決)に「意味」を感じないのだと言っている。よって，ウとオが選べる。

問3　けんかに勝つための「大きな武器」をつくるには「多くのエネルギー」(コスト)を必要とし，オスでは「精子の数」の減少，メスでは「繁殖《はんしょく》に割《さ》くエネルギーが目減りし，産卵数が減る」というデメリットがある点をおさえる。　⑴「大きな武器」を持てば，「作れる精子」は少なくなるものの，ほかのオスを排除することで「より多くのメスと交尾《こうび》できる可能性が高ま」ると述べられている。つまり，「コスト」やデメリットを「利益」が上回っているために，カブトムシのオスは自らの角を進化させてきたのだといえる。これをふまえ，「角にコストをかけて精子が多少減っても，大きな角でけんかに勝ち，交尾相手が増えて子をたくさん残せる利点があるから」のようにまとめる。　(2)　そもそも「一度しか交尾し」ないのだから，(1)でみたような「大きな武器」を作る恩恵《おんけい》(けんかに勝ち，交尾相手を増やすこと)をメスが得ることは，ほぼないといえる。つまり，「コスト」やデメリットが「利益」をはるかに上回っているために，カブトムシのメスはその角を進化させなかったと考えられるので，「大きな角を作ってしまうと繁殖に割くエネルギーが目減りし，産卵数が減少してしまうために，一度きりの交尾の機会を生かせないから」のようにまとめる。

二 **漢字の書き取り**

「飛んで火に入る夏の虫」は，自ら危険に身をさらすことのたとえ。光に向かって飛ぶ習性を持つ虫が，自ら火の中に飛びこみ，焼け死ぬことに由来する。

三 **出典：斉藤倫《さいとうりん》『ぼくがゆびをぱちんとならして，きみがおとなになるまえの詩集』**。「きみ」が「ぼく」(おじさん)と国語のテスト問題について話しながら，「ことば」とは何かを考えたり，詩を読んだりするようすが描《えが》かれている。

問１　「作者の気もちが，わかってない」という理由で国語のテストが「だめ」だったと話したところ，「ぼく」から，「なにがいいたいか」など「作者だって，わかってない」と返された「きみ」は，「気のどくなおじさんを見るような目」で，「そんなことは，ないでしょう」と言っている。つまり，子どものころに同じ経験をし，「あったこともないやつの気もちなんて，わかるわけねーだろ」と話した「ぼく」に，「やっぱり，わかんないよね？」といったんは同調した「きみ」自身でさえ，内心では，作者ならば当然自分自身の考えがわかってものを書くのだと思いこんでいるのである。これが，「作者の気もちが，わかってない」と言って国語のテストを「きみ」に渡《わた》してきた学校の先生の考えにつながるので，「作者は，自分が何を言いたいのか，はっきりわかったうえでものを書いているという考え」のような趣旨《しゅし》でまとめる。

問２　Ⓐ　「ひとは，みんな」「じぶんが，なにを話してるかなんて，わかってないのさ」という「ぼく」の発言に対する疑問なので，「そうかなあ」とは「きみ」の発言にあたる。　Ⓑ　おかあさんに「きょうのオムレツ，どう」ときかれた「きみ」は，内心「ふつう」と思ったのに「おいしい」と答えた話をしている。それをきいた「ぼく」から，「ふつうとは，いわなかった」のだねと念押しされた後，「そうだね」と返答しているので，この発言は「きみ」のものだとわかる。
Ⓒ　「オムレツ，どう」と言ったおかあさんが本当にききたかったのは，「さめてなかった？」などではないかと推測した「きみ」に対する発言だから，「へえ。それは，どうして」とは話をきいていた「ぼく」(おじさん)の発言だと判断できる。

問３　朝，「オムレツ，どう」ときいてきたお母さんは，「なかなか，起きてこなかった」息子《むすこ》に「呼んだら，はやくきなさいよ」との非難(嫌味《いやみ》)をこめつつ，本当は「さめてなかった？」などと言いたかったのではないかと「きみ」は推測している。そうした事情から，なんとなくお母さんが「ほんとに，オムレツのできぐあいを，ききたいわけじゃない」のだろうと感じ取り，とりあえず「おいしいよ」と言った「きみ」の真意について，「ぼく」は，おそらく「めんどくさいなあ」と思ったのではないかと言っている。この「ぼく」の指摘《してき》に，「きみ」は「ありえる。いや，ありえた」と気づかされ，あらためて内心を見つめ直し，納得《なっとく》したのである。自分ではなんとなく言っていたはずの「おいしいよ」というせりふにも，「きみ」の，お母さんをうっとうしく思う無意識の反発がこめられていたかもしれない点をおさえてまとめる。

問４　「オムレツ」の一件から，「ことば」と本心が一致《いっち》しないばかりか，それを発した当人も自分の真意がわからないというのなら何のために「ことば」は存在しているのかと嘆《なげ》いた「きみ」に，「ぼく」は「ことばのいみなんて，わかりはしないけど，わかろうとしなくていいわけじゃない」と言ったうえで，「うしろで何か」という「松井啓子《まついけいこ》」さんの詩を紹介《しょうかい》している。行動するたびに，「何か落ち」たと訴《うった》える彼女《かのじょ》の詩を読んだ後，「きっと，書いてるひとも，わかってないのかも」「でも，きっと」「このひとのうしろで，なんだか，わからないけど，かくじつに，なにかが，おちたんだ。それは，まちがいないんだね」と「きみ」が言ったのをきいて，「ぼく」は，「なにか」わからないながらも，必死でその正体をつかみとろうともがく「作者」のありようを「きみ」がとらえ，共感したことに，胸が熱くなったものと想像できる。これをふまえ，「確かに落ち続けている何かわからないものを伝えようとする詩を熱心に読んでいた『きみ』が，わかろうとして詩に入りこみ，描かれているものに接近していったことを知って感動したから」のようにまとめる。

問5　「石原吉郎《いしはらよしろう》」さんの「じゃがいものそうだん」という詩を見せた後，「きみ」から国語のテストの正解をきいた「ぼく」は，「たしかに，あてられる気がしない」とはしつつも，「ああでもない，こうでもない，と，すこしでも，近いものをえらぼうとするのは，わるいことじゃない」と言っている。「かたまって」相談したすえ，たとえ「ひとまわり」だけであっても「でこぼこが大きく」なったとうたった「じゃがいも」の詩を通じて「ぼく」が伝えたかったであろう，“正解を選べそうになくても，思考をめぐらすほどに理解が深まっていくのだ”という思いを「きみ」はしっかりととらえ，「さっきの詩の，じゃがいも，みたいだね」と言ったことをおさえ，「国語のテストの問題を解くとき，はっきりとした正解にたどりつけるわけではないが，ああでもないこうでもないと考えながら少しでも正解に近づこうとしたところ」のような趣旨でまとめる。「じゃがいも」の詩と国語のテストの共通点を見出《みいだ》し，その重要性に「きみ」が気づけただけでも，「国語は，一〇〇点をあげていい」と「ぼく」はしみじみと思ったのである。

Dr.福井の

入試に勝つ! 脳とからだのウルトラ科学

復習のタイミングに秘密あり!

算数の公式や漢字，歴史の年号や星座の名前……。勉強は覚えることだらけだが，脳は一発ですべてを記憶することができないので，一度がんばって覚えても，しばらく放っておくとすっかり忘れてしまう。したがって，覚えたことをしっかり頭の中に焼きつけるには，ときどき復習をしなければならない。

ここで問題なのは，復習をするタイミング。これは早すぎても遅すぎてもダメだ。たとえば，ほとんど忘れてしまってから復習しても，最初に勉強したときと同じくらい時間がかかってしまう。これはとっても時間のムダだ。かといって，よく覚えている時期に復習しても何の意味もない。

そもそも復習とは，忘れそうになっていることを見直し，記憶の定着をはかる作業であるから，忘れかかったころに復習するのがベストだ。そうすれば，復習にかかる時間が一番少なくてすむし，記憶の続く時間も最長になる。

では，どのタイミングがよいか?　さまざまな研究・発表を総合して考えると，1回目の復習は最初に覚えてから1週間後，2回目の復習は1か月後，3回目の復習は3か月後――これが医学的に正しい復習時期だ。復習をくり返すたびに知識が海馬《かいば》(脳の，知識をためる倉庫みたいな部分)にだんだん強くくっついていくので，復習する間かくものびていく。

この計画どおりに勉強するには，テキストに初めて勉強した日付と，その1週間後・1か月後・3か月後の日付を書いておくとよい。あるいは，復習用のスケジュール帳をつくってもよいだろう。もちろん，計画を立てたら，それをきちんと実行することが大切だ。

ちなみに，記憶量と時間の関係を初めて発表したのがドイツのエビングハウスという学者で，「エビングハウスの忘《ぼう》却《きゃく》曲線」として知られている。

Dr.福井(福井《ふくい》一成《かずしげ》)…医学博士。開成中・高から東大・文Ⅱに入学後，再受験して翌年東大・理Ⅲに合格。同大医学部卒。さまざまな勉強法や脳科学に関する著書多数。

2023年度 筑波大学附属駒場中学校

【算　数】（40分）〈満点：100点〉

【注意】 円周率は3.14を用いなさい。

1　1から2023までの整数がひとつずつ書かれた2023枚のカードがあります。たかし君は，この中から3の倍数が書かれたカードをすべて取り，残ったカードから，さらに5の倍数が書かれたカードをすべて取りました。

次の問いに答えなさい。

(1) たかし君が取ったカードの枚数は，全部で何枚ですか。

(2) たかし君が取らなかったカードに書かれた数のうち，100より小さいものの合計を求めなさい。

(3) たかし君が取らなかったカードに書かれた数のうち，1からある数までを合計したところ，7777より大きくなりました。ある数として考えられるもののうち，もっとも小さい数を答えなさい。

2　次の図1または図2のマスに，0から9までの数を1つずつ書くことを考えます。

図1

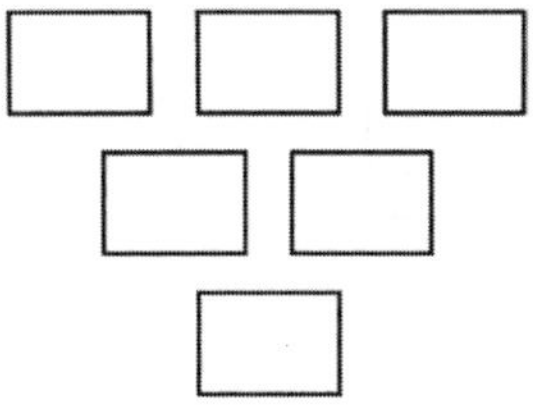

図2

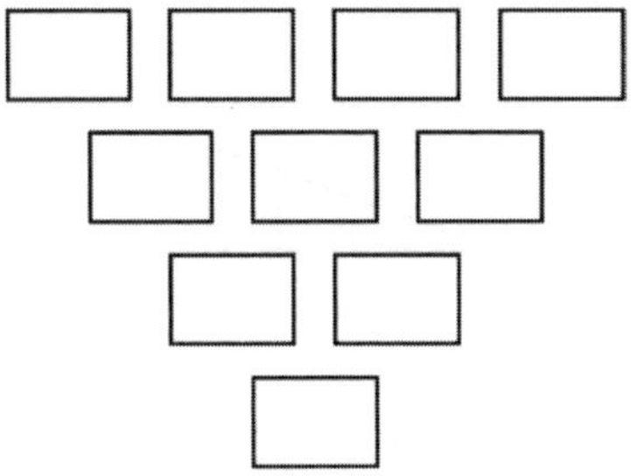

図のマスに数を書く＜きまり＞は次の通りです。

＜きまり＞	① はじめに，3けたの整数，または4けたの整数を，1けたずつに分けて，図の一番上の段《だん》のマスに書きこむ。3けたのときは図1を，4けたのときは図2を使う。 ② 同じ段の，となりあう左右2つのマスに書かれた数のうち，大きい数から小さい数をひき，その結果を2つのマスのすぐ下のマスに書く。ただし，2つのマスの数が同じときは0を書く。 ③ 図の一番下の段のマスに数が書かれるまで，②をくり返す。

例えば，次のように，はじめの整数が2023のとき，＜きまり＞にしたがって最後に書かれる数は1です。

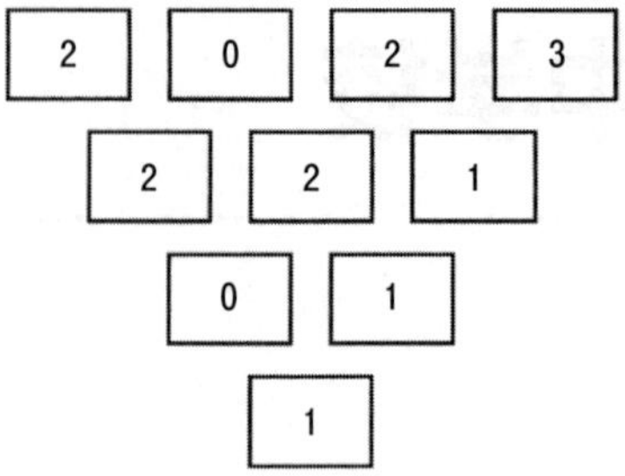

次の問いに答えなさい。

(1) 右の図は，＜きまり＞にしたがって数を書いた結果の一部です。はじめの3けたの整数として考えられるものをすべて答えなさい。

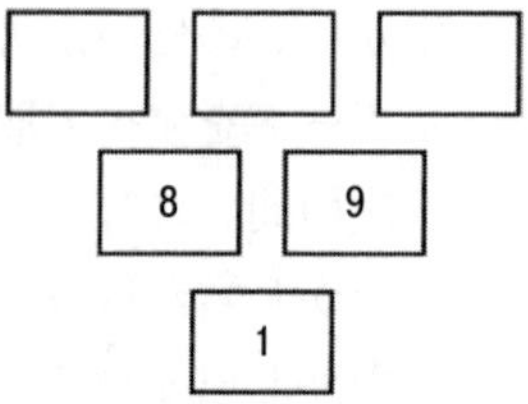

(2) 100から999までの900個の整数のうち，＜きまり＞にしたがって最後に書かれる数が9であるものをすべて答えなさい。

(3) 100から999までの900個の整数のうち，＜きまり＞にしたがって最後に書かれる数が8であるものは何個ありますか。

(4) 1000から9999までの9000個の整数のうち，＜きまり＞にしたがって最後に書かれる数が8であるものは何個ありますか。

3 次の図のような2つの直角三角形があります。あ，いは，それぞれの三角形における角度を表しています。

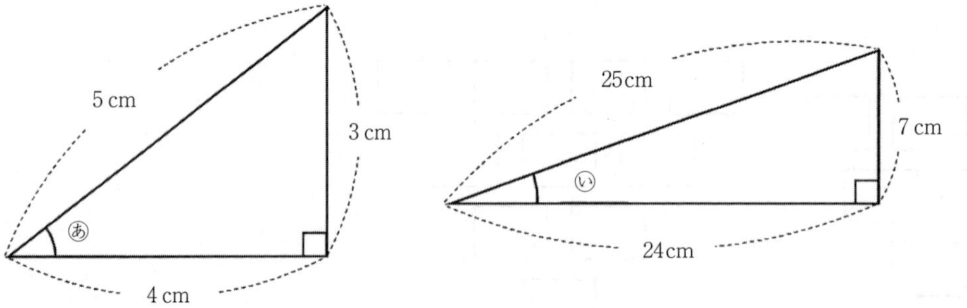

次の問いに答えなさい。

(1) 次の三角形ABCについて，辺の長さの比AB：BCを，もっとも簡単な整数の比で答えなさい。

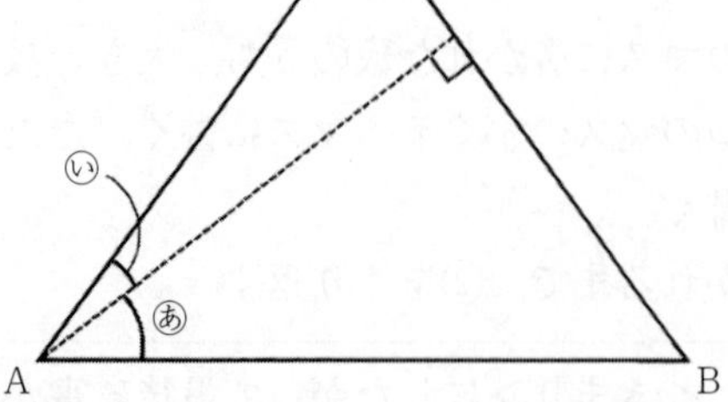

(2) 次の三角形DEFについて，辺の長さの比DE：EFを，もっとも簡単な整数の比で答えなさい。

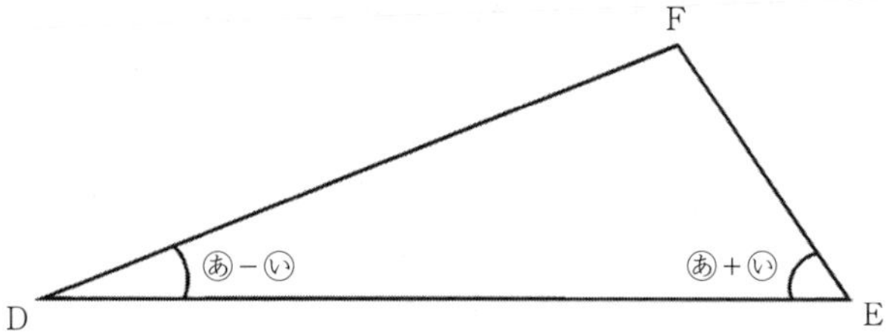

(3)　次の三角形GHIについて，辺の長さの比IG：GHを，もっとも簡単な整数の比で答えなさい。

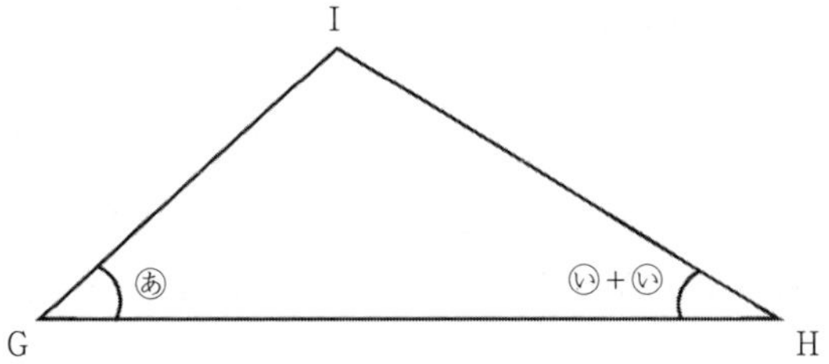

4　ゆたか君の家は，東西方向にのびる「ケルネル通り」という道の南側に面しています。駅は道の北側に面しており，家から駅までの間に，３つの横断歩道A，B，Cがあります。次の図は，家，駅，３つの横断歩道の位置の関係と，それぞれの経路の道のりを表したものです。

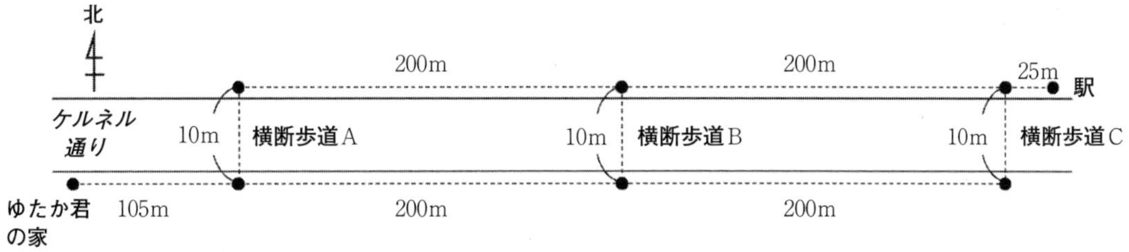

それぞれの横断歩道にある信号は，次の＜規則＞にしたがって，くり返し変わります。

＜規則＞　横断歩道Aにある信号：『青』30秒間→『点滅《てんめつ》』10秒間→『赤』20秒間→(『青』にもどる)
横断歩道Bにある信号：『青』40秒間→『点滅』10秒間→『赤』30秒間→(『青』にもどる)
横断歩道Cにある信号：『青』50秒間→『点滅』10秒間→『赤』40秒間→(『青』にもどる)

歩行者が横断歩道に着いたとき，信号が『青』であれば，横断歩道を渡《わた》り始めることができます。『点滅』または『赤』であれば，横断歩道を渡り始めることはできません。
『赤』から『青』に変わる瞬間《しゅんかん》，および『青』から『点滅』に変わる瞬間は，渡り始めることができます。これらの３つの信号はすべて，11時00分00秒に『赤』から『青』に変わります。

ゆたか君は家を出発し，秒速１mの速さで歩いて最短経路で駅に向かいます。そのとき，ゆたか君は３つの横断歩道A，B，Cのいずれかを選ぶことができます。

次の問いに答えなさい。

⑴　ゆたか君が家を出発する時刻が11時00分00秒のとき，駅に着く時刻は11時何分何秒ですか。

　もっとも早く着く場合の時刻を答えなさい。また，そのときにゆたか君が渡る横断歩道をＡ，Ｂ，Ｃの記号で答えなさい。

⑵　ゆたか君が駅に11時30分00秒までに着くためには，家を11時何分何秒に出発すればよいですか。

　もっとも遅《おそ》く出発する場合の時刻を答えなさい。また，そのときにゆたか君が渡る横断歩道をＡ，Ｂ，Ｃの記号で答えなさい。

⑶　ゆたか君のお姉さんは駅を11時31分00秒に出発します。お姉さんは秒速１ｍの速さで歩いて最短経路でゆたか君の家に向かいます。ただし，お姉さんは必ず横断歩道Ｃを渡ります。

　お姉さんが横断歩道Ｃを渡り始める時刻までに，ゆたか君とお姉さんが出会うためには，ゆたか君は家を11時何分何秒に出発すればよいですか。もっとも遅く出発する場合の時刻を答えなさい。また，そのときにゆたか君が渡る横断歩道をＡ，Ｂ，Ｃの記号で答えなさい。

【社　会】（40分）〈満点：100点〉

1　つぎの文を読んで，あとの１から７までの各問いに答えなさい。

近年，旅行の一つの形態として，ダークツーリズムが注目されるようになりました。ダークツーリズムは1990年代からイギリスで提唱され始めた概念《がいねん》で，悲しみの記憶《きおく》をたどることを目的としています。この悲しみの記憶には，①戦争やテロ，②原子力による事故，③差別や貧《ひん》困《こん》，④産業の発展による代償《だいしょう》，⑤自然災害などがふくまれます。悲劇の現場を実際に訪《おとず》れ，そこで起こったできごとを知ることで，何かを学ぶことができると考えられています。日本各地にダークツーリズムの対象となりうる場所がありますが，ここでは，四つの場所を紹介《しょうかい》しましょう。

A　岡山県長島には，国立ハンセン病療養《りょうよう》所の長島愛生園《あいせいえん》があります。ハンセン病はらい菌《きん》が引き起こす感染症《かんせんしょう》で，発病すると皮膚《ひふ》や末梢《まっしょう》神経が侵《おか》され，進行すると手足や顔が変形するなどの後遺症《こういしょう》が残ります。らい菌自体は非常に感染力が弱いですが，世間では感染しやすいとの誤った考え方があり，患者《かんじゃ》は結婚《けっこん》や就職を拒《こば》まれ，近所から疎外《そがい》されるなど，偏見《へんけん》や差別の対象となってきました。1931年，国は法律にもとづいて，療養所での治療を名目とした，全患者の強制的な隔離《かくり》をはじめました。こうして，病気への偏見がさらに強まりました。入所者は強い薬が入った消毒風呂に入れられたり，服やお金を取り上げられたりするなど，囚人《しゅうじん》と同様の生活を強《し》いられました。法律にもとづいた隔離政策は1996年まで続けられたのです。現在でも入所者が生活している一方で，歴史館としての整備もすすみ，ハンセン病政策の歴史を学べる施設《しせつ》になっています。

B　この島では2000年８月10日，島の中央に位置する雄山《おやま》が大規模な噴火《ふんか》をしました。その後の噴火で，噴煙《ふんえん》は上空１万４千mにもおよび，火山灰に加えて火山弾《だん》も島内各地に降り注ぎました。噴火は断続的に続き，火砕流《かさいりゅう》が海まで達し，火山性の有毒ガスが島をおおいました。この状況《じょうきょう》で「全島民の島外への避難《ひなん》」指示が出て，４千人いた島の住民は全員，島を離《はな》れることになりました。阿古《あこ》地区の小・中学校の校庭は溶岩《ようがん》に飲み込《こ》まれました。避難指示が解除されたのは2005年２月１日，４年半後のことです。現在では一部の島民が戻《もど》り，ダイビングや釣《つ》りなどのほか，噴火の痕跡《こんせき》を見ることを目的とした観光客も訪れるようになっています。

C　東京都江東《こうとう》区夢の島には，第五福竜丸《ふくりゅうまる》展示館があります。1954年３月１日，太平洋にあるビキニ環礁《かんしょう》で，アメリカが水爆《すいばく》実験を行い，第五福竜丸はその被害《ひがい》を受けました。第五福竜丸は爆心地より160km 東方の海上で操業《そうぎょう》していましたが，突然《とつぜん》西側に閃光《せんこう》が見え，地鳴りのような爆発音が聞こえたといいます。やがて実験によって生じた「死の灰」（放射性物質をふくんだ塵《ちり》）が第五福竜丸に降り注ぎ，乗組員の23人全員が被ばくしました。アメリカがさく裂《れつ》させた水爆「ブラボー」は，日本に落とされた原爆の1000倍の破壊力《はかいりょく》でした。第五福竜丸だけではなく，日本各地から出漁していた多くの船も被害を受けました。ビキニ環礁をふくむマーシャル諸島一帯は，1946年から58年までアメリカの核《かく》実験場となっており，のべ67回の実験が行われました。周辺の島々に暮らす住民の間には，がんや甲状腺《こうじょうせん》異常，死産や先天性障害などの大きな健康被害が現れました。

D　広島県大久野《おおくの》島は，第二次世界大戦中に毒ガスが製造されていた場所です。毒ガスは国際条約で使用が禁止されていました。軍部は地図からこの島の存在を消し，作業員に対しては，家族にさえ仕事について話すことを禁止しました。ここで最も多く製造されたのはびらん性の毒ガスで，皮膚をただれさせ死に至らしめるものです。製造作業中の事故も多く，何も知らない勤労奉仕《ほうし》の学徒らの中にも犠牲《ぎせい》者を出すことがありました。終戦を迎《むか》え，この島の存在が明らかになる中で，元作業員の多くが後遺症を抱《かか》えていることもわかってきました。1988年，この島に毒ガス資料館がつくられ，多くの被害者を出した実態を学び，平和を考えることができる場所となっています。

これらの他にも国内・国外を問わず，ダークツーリズムの対象となる場所が多く存在します。まずは自分の関心のあるテーマについて，実際に現地を訪れ，過去からの学びを深めてはいかがでしょうか。

1　AからDの場所を①戦争やテロ，②原子力による事故，③差別や貧困，④産業の発展による代償，⑤自然災害のいずれか一つに分類し，①～⑤の番号を書きなさい。さらにその分類にふくまれる他の事例をつぎのアからオまでの中から一つずつ選び，その記号を書きなさい。

ア　チョルノービリ（チェルノブイリ）　イ　水俣《みなまた》病資料館　ウ　アパルトヘイト博物館

エ　石巻《いしのまき》市大川小学校跡地《あとち》　オ　ニューヨーク世界貿易センタービル跡地

2　Bの島の名前と，この島がふくまれる都道府県名を書きなさい。島の名前はひらがなで書いてもかまいません。

3　夢の島はかつて，東京都のごみの最終処分場であった。ごみの処理についてのべた文として正しくないものを，つぎのアからオまでの中から二つ選び，その記号を書きなさい。

ア　ごみの分別についてのきまりごとは法律に定められており，国内はどこでも同じルールが適用されている。

イ　燃やすごみにふくまれる生ごみの水分をとることで，燃やす時の燃料が少なくてすむようになる。

ウ　ごみを燃やした時の熱は，熱帯植物園や温水プール，発電などに利用されている。

エ　スプレー缶《かん》は中身を補充《ほじゅう》して再利用するために，資源ごみとして扱《あつか》われている。

オ　燃やしたごみの灰を使って，レンガやセメントをつくる取り組みが行われている。

4　1954年当時，ビキニ環礁をふくむ海洋上では第五福竜丸だけでなく，多くの漁船が操業していた。これらの船が行っていた漁業についてのべた文として正しいものを，つぎのアからオまでの中から一つ選び，その記号を書きなさい。

ア　サケやタラの漁獲《ぎょかく》を目的に操業していた。

イ　当時の乗組員のほとんどが外国人であった。

ウ　神奈川県や静岡県など，太平洋側の港から出船することが多かった。

エ　オイルショックや円高によって燃料費が高騰《こうとう》し，経営が難しくなった。

オ　底引き網《あみ》漁が主体であり，海底の生物を根こそぎ捕獲《ほかく》するなどの環境破壊《かんきょうはかい》を進めた。

5　毒ガスの製造場所にDの島が選ばれた理由と考えられることとして正しいものを，つぎのアからオまでの中から二つ選び，その記号を書きなさい。

ア　対馬《つしま》海流がぶつかる場所で流れが速く，漁船が簡単に近づけないから。

イ　サンゴ礁《しょう》からなる洞窟《どうくつ》が多いため，毒ガスを隠《かく》す場所が多くあったから。

ウ　本土から比較《ひかく》的近いため，物資の運搬《うんぱん》が容易であったから。

エ　気候が安定しており，安全性の確保に役立ったから。

オ　火山島であるため，毒ガスの原料である硫黄《いおう》の生産量が多かったから。

6　AからDの場所のうち二つの近くには，ある一つの工業地帯・地域が広がっています。その工業地帯・地域に関連してのべた文として正しいものを，つぎのアからカまでの中から三つ選び，その記号を書きなさい。

ア　工業地帯・地域別の生産額が，全国で5位以内に入っている。

イ　全国の工業種類別生産額の割合と比較して，化学工業がしめる割合が高い。

ウ　自動車など輸送用機械の生産額が，全国で最も多い都道府県をふくんでいる。

エ　地熱や風力を中心とした再生可能エネルギーを利用する条件に恵《めぐ》まれている。

オ　海岸沿いの埋《う》め立て地を中心に，製鉄の工場がつくられている。

カ　日本有数の水揚《みずあ》げ量をほこる港が複数あり，食料品工業が盛《さか》んである。

7　足尾《あしお》銅山は，④産業の発展による代償に分類されるダークツーリズムの対象となる場所です。その代償とは何か，25字程度で説明しなさい。

2　つぎの文を読んで，あとの1から6までの各問いに答えなさい。

映画『ニューヨーク公共図書館　エクス・リブリス』(2017年公開)は，図書館に集まる無名の人々の営みを記録したドキュメンタリーです。作中の印象深いシーンとして，ある建築家が「図書館とは本の置き場ではありません，図書館とは人なのです」と語る場面があります。実際，この作品では本棚《ほんだな》などの設備だけを撮《と》った映像は少なく，カメラはつねに職員や利用者ら人間を追っています。舞台《ぶたい》となったニューヨーク公共図書館は，ニューヨーク市内に90を超《こ》える施設《しせつ》をもつ世界最大級の図書館で，観光名所としても有名です。そこはまた，読書会，詩の朗読会，移民への英語教育，子どもへのプログラミング教育，学者やアーティストによる講演会といった形で，見ず知らずの市民がゆるやかに交流する活動の場でもあります。

公共図書館がただの「本の置き場」ではないということは，いくつかの身近な図書館を観察してみればすぐにわかるでしょう。館内を歩けば，資料探しのプロである職員が調べものを助けてくれるレファレンスサービスが目に入ります。職員やボランティアが子どもに読み聞かせなどをする「おはなし会」を行う図書館や，来館が難しい人に宅配貸出しを行う図書館もあります。図書館は，年齢《ねんれい》や障害の有無《うむ》などにかかわらず，市民が本とつながることができるようにさまざまな工夫をしているのです。その視点をもって館内を見れば，いたるところにあるバリアフリーやユニバーサルデザインの設備にも気づくでしょう。人と本とをつなぐ役割のほかに，人と人とをつなぐ役割をになっている図書館も少なくありません。行政と市民が対話を重ねてつくった瀬戸内《せとうち》市民図書館(岡山県瀬戸内市)には，「もみわ広場」というスペースがあります。「もみわ」とは，暮らしや仕事の中で生まれた疑問や課題を「もちより」，その解決方法を「みつけ」，発見をみんなで「わけあう」場所をめざした名づけです。武蔵野《むさしの》プレイス(東京都武蔵野市)は，学習スペース，会議室，市民活動情報コーナー，館内の本を持ち込めるカフェなどを備え，地元以外からも多くの来館者を集めてきました。このような図書館は，まちづくりなど地域の課題について，市民が対等の立場で学び，話し合う場を提供しています。同時に，家庭とも職場・学校とも違う居心地《いごこち》のよい活動の場所，いわゆる「サード・プレイス(第三の場)」になっているのかもしれません。

こうした図書館の社会的役割をふまえると，図書館の運営は利用者数や貸出し数だけを重視すればよいものではないことがわかります。民間企業《きぎょう》や博物館などほかの文化施設と異なり，公立図書館は，入館料や資料の利用を無料とすべきことが法律で定められています。どの地域でも，住民の誰《だれ》に対しても無料であることで，国民の学ぶ権利を平等に保障しているのです。関連して，多くの公立図書館に掲示《けいじ》されている「図書館の自由に関する宣言」には，「すべての国民は，いつでもその必要とする資料を入手し利用する権利を有する。この権利を社会的に保障することは，すなわち知る自由を保障することである」とあります。さまざまな資料から情報を受け取って自分の意見を作ることができる環境《かんきょう》は，基本的人権の一つである(Ａ)の自由の前提だといえるでしょう。

また，目の前の利用者の要望だけでなく，資料そのものの歴史的・文化的な価値を重視して長期的な保存に努めることも，図書館の重要な役割といえます。たとえば，仙台《せんだい》市民図書館(宮城県仙台市)は「3.11震災《しんさい》文庫」を設けて，東日本大震災に関する書籍《しょせき》や新聞，行政の刊行物などさまざまな資料を収集しています。また，東松島市図書館(宮城県東松島市)は「ICT地域の絆《きずな》保存プロジェクト」として，震災の体験談や被災《ひさい》地域の写真を集めています。これらの試みは，地域に根ざした記録・記憶《きおく》を後世に伝え，防災や復興のあり方を考えさせる意味をもっています。

一方，公共施設の管理・運営を民間事業者に代行させ，そのノウハウを活用しようとする指定管理者制度を公共図書館にあてはめる動きも見られます。武雄《たけお》市図書館(佐賀県武雄市)は，書店や映像・音楽ソフト販売《はんばい》などの事業を営んできた株式会社を指定管理者とし，図書館，書店，カフェを融合《ゆうごう》させた施設をつくって注目を集めました。こうした事例では，企業に運営を任せることで，目新しい設備や開館時間の延長などいろいろと便利になったという声がある一方，ビジネスとの関係や所蔵する本の選び方などをめぐって不安の声があがることもあります。たとえば，地域の歴史と文化を知るためには貴重な，しかし利用者の少ない郷土資料の扱いについて，書店経営と同じ基準で判断してしまうことは問題があるでしょう。地方公共団体の厳しい財政状況《じょうきょう》を背景に指定管理者制度の活用が多くの分野で進んでいますが，民間に任せることが公共図書館の役割にどのような影響《えいきょう》を与《あた》えるのかを長い目で見ていく必要がありそうです。

映画『ニューヨーク公共図書館　エクス・リブリス』の監督《かんとく》であるフレデリック・ワイズマンは，「図書館は民主主義の柱だ」という作家トニ・モリスンのことばをたびたび引用して自作を語りました。公共図書館という語は，日本では地方公共団体が設置した公立図書館とほぼ同じ意味で使われます。しかし，「公共」という語には本来，特定の人ではなくみんなにかかわる，誰に対してもひらかれている，という意味あいがあります。図書館は，人種，民族，年齢，性別，貧富《ひんぷ》などの異なる背景をもつ人々が自由に知識を求め，一人の市民として民主主義のにない手となっていく「公共」の空間でもあるのです。

1　ニューヨーク公共図書館がある国についてのべた文として正しいものを，つぎのアからオまでの中からすべて選び，その記号を書きなさい。

ア　建国以来多くの移民を受け入れてきており，現在は中南米やアジアからの移民が多い。

イ　外国の中で，日本国籍をもつ人が最も多く住んでいる国である。

ウ　国際連合の活動に最も多くの分担金を支出している国である。

エ　東海岸に位置する首都には，国際連合の本部がある。

オ　日本にとって，輸出・輸入ともに最大の貿易相手国である。

2　図書館の中に見られるバリアフリーやユニバーサルデザインの取り組みの例として適切でないものを，つぎのアからオまでの中から二つ選び，その記号を書きなさい。

ア　貸出カウンターを座《すわ》りながらでもやりとりしやすいくらい低く設計する。

イ　ベンチやソファの真ん中に，横になって寝《ね》ることを防ぐような仕切りを設ける。

ウ　本棚と本棚，机と机の間を広く設計する。

エ　建物の出入り口にスロープや自動ドアを設ける。

オ　図や絵記号ではなく正確な日本語で書かれた説明表示を増やす。

3　本文中の空欄《くうらん》（A）に最も適する語を書きなさい。

4　自然災害に対する防災や復興の取り組みについてのべた文として正しいものを，つぎのアからオまでの中から二つ選び，その記号を書きなさい。

ア　自治体が作るハザードマップには，住宅地や防災林の造成など防災と復興の計画が示されている。

イ　集中豪雨《ごうう》などによる水害を防ぐため，東京都などでは地下に人工の調節池を設けている。

ウ　防災に関する知識や技術を学ぶ施設として，東京都に防災館がある。

エ　災害対策基本法は，東日本大震災からの復興のために復興庁を設置することを定めている。

オ　福島第一原発事故後10年を経て避難《ひなん》指示が全面的に解除され，帰還《きかん》困難区域だった地域でも復興が進んでいる。

5　公共図書館への指定管理者制度の導入についてのべた文として正しいものを，つぎのアからオまでの中から二つ選び，その記号を書きなさい。

ア　多様化する市民の要望に対して効果的・効率的にこたえられるサービスの実現をねらいの一つとしている。

イ　施設を所有する権利を民間事業者にゆずり渡《わた》す対価として，自治体が売却《ばいきゃく》の利益を得ることをねらいの一つとしている。

ウ　民間事業者に投資してサービスを向上させるために巨額《きょがく》の費用が必要になるため，財政にゆとりのある自治体を中心に導入が進んでいる。

エ　民間企業が指定管理者になった場合，入館や資料の閲覧《えつらん》に対して利用者から料金を徴収《ちょうしゅう》することで利益を確保することになる。

オ　短期的な目標や効率性を最優先にした運営がなされた場合，経験豊富な職員が人員削減《さくげん》にあったり，文化的な価値のある資料収集の継続性《けいぞくせい》が失われたりすることが心配されている。

6　公共図書館の役割とも関連する民主主義の課題についてのべた文として適切でないものを，つぎのアからオまでの中から二つ選び，その記号を書きなさい。

ア　インターネットを中心にフェイクニュースと呼ばれる誤った情報が拡散される状況が問題視され，適切な資料から情報を得ることの重要性がますます高まっている。

イ　地域共同体における人と人とのつながりの意義が見直される中，人々が集まって共通の関心事について対話し，課題の解決をはかっていくための空間づくりが求められている。

ウ　選挙における投票率は40歳《さい》代が最も高く60歳以上の世代で低い傾向《けいこう》があり，高齢者に現代の政治への関心や知識をもってもらうための活動の機会が重要となっている。

エ　情報通信技術の発達によって個人間，世代間，地域間の情報格差が小さくなっていることをふまえ，政治や行政について知るための資料を電子化して保存していくことが求められている。

オ　日本では国会議員・地方議員に占《し》める女性の比率がきわめて低いことをふまえ，男女平等の実現に向けて社会のあり方や人々の意識を変える学びの場が必要とされている。

3　つぎの文と図A～図Cを参考にして，あとの１から６までの各問いに答えなさい。

みなさんは，地球温暖化について勉強したり，考えたりしたことはあるでしょうか。さまざまな技術の発展により，私たちの暮らしは便利になってきましたが，一方で大量のエネルギーを消費し，二酸化炭素などの温室効果ガスを出してきたことが地球温暖化の大きな原因だと考えられています。ここでは，気候変動と各時代の人々がどのように気候に適応してきたかについてみていくことにします。そして，現在の地球温暖化はいつから続いているのか，地球の気候変動の歴史をみた場合に現在の地球温暖化の特徴《とくちょう》としてどのようなことが挙げられるのか，考えていきましょう。

図A　南極の氷を分析《ぶんせき》して復元された過去40万年の気温変動

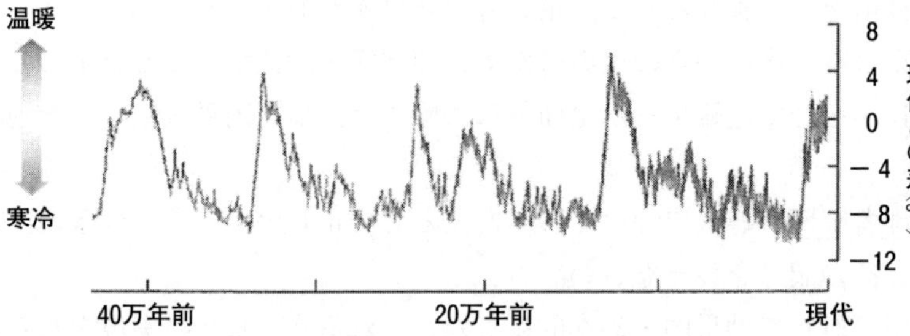

図B　過去2000年間の地球上の気温変動の分布

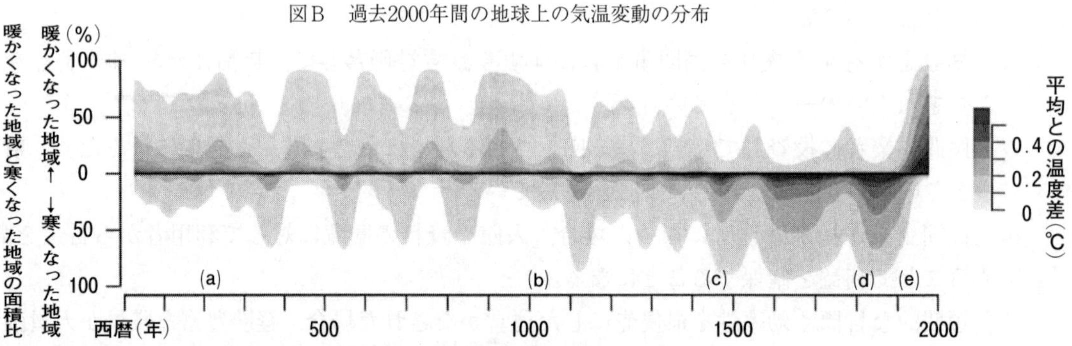

※１～2000年の平均気温を基準とする。色が濃いほど基準との温度差が大きい。

図C　気候変動による海水面の変化

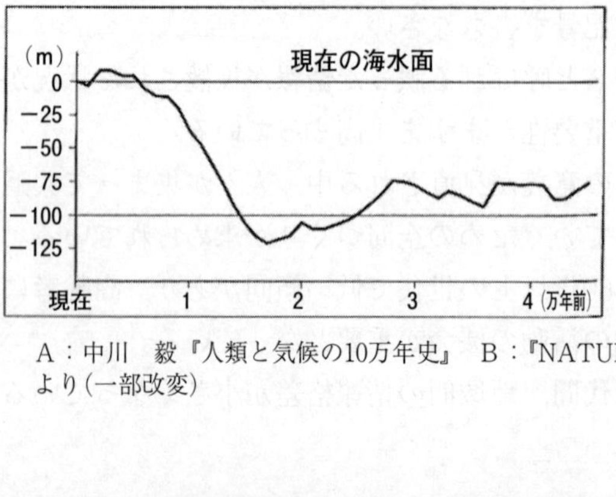

Ａ：中川　毅『人類と気候の10万年史』　Ｂ：『NATURE』Vol.571掲載のNeukom論文　Ｃ：松木武彦『列島創世記』より(一部改変)

1　図A，図Bから読みとれることとして正しいものを，つぎのアからカまでの中からすべて選び，その記号を書きなさい。

ア　図Aより，10万年単位で地球の気温変動をみた場合，現代より寒冷な時期が長いといえる。

イ　図Aより，過去40万年から現代にいたるまで，ゆるやかに暖かくなりつづけてきたといえる。

ウ　図Aより，過去40万年の気温の変化をみると，現代が最も温暖であるといえる。

エ　図Bより，１世紀から18世紀を600年ずつに分けてみた場合，最後の600年間は寒冷化の傾向があるといえる。

オ　図Bより，どの時代でも過去2000年間の平均気温より0.4度以上の変動がある地域は50%以上あるといえる。

カ　図Bより，平城京に都があったころ，地球上では暖かくなった地域の面積の方が大きかったことがわかる。

2　図Cで海水面が急上昇し始めてからの時期が縄文《じょうもん》時代にあたる。また，縄文時代の後に続き，3世紀の中ごろまでの時期を弥生《やよい》時代とよんでいる。この二つの時代に関連してのべた文として正しくないものを，つぎのアからオまでの中から二つ選び，その記号を書きなさい。

ア　縄文時代では，現代より海水面が高い時期があった。

イ　縄文時代は長きにわたって気温が下がり続ける中，人々は狩《か》りや漁，木の実の採集を中心に生活していた。

ウ　三内丸山《さんないまるやま》遺跡《いせき》の調査から，縄文時代のこの地域では，くりやくるみなどを栽培《さいばい》していたことがわかる。

エ　米づくりは朝鮮《ちょうせん》半島から九州北部に伝わったが，東日本まで広がったのは古墳《こふん》時代になってからだった。

オ　米づくりが広がった結果，土地や水などをめぐる争いが日本列島各地でおこるようになった。

3　人間は気候に適応しながら農業技術を発展させてきた。つぎの①から④までを，日本で普及《ふきゅう》し始めた時期の順に並べかえ，番号を書きなさい。また，①から④それぞれの時期や普及に関連してのべた文として正しいものを，あとのアからカまでの中から一つずつ選び，その記号を書きなさい。

①　化学肥料　　②　トラクター　　③　二毛作　　④　ほしか(肥料)

ア　畿内《きない》で牛や馬にすきを引かせて農地を深く耕すことが広く行われるようになった。

イ　米の他，菜種や綿花《めんか》などの商品作物を生産し，現金収入を得る人々が増えた。

ウ　全国的な戦乱が100年以上続き，不安定な生活を支えるために戦《いくさ》に参加する百姓《ひゃくしょう》が多く出た。

エ　電化製品や自動車が普及するなど国民の生活水準が上がる一方，農村では人口減や労働力不足が顕著《けんちょ》となった。

オ　つくった布や地域の産物を，税として都に直接納めに行く負担があった。

カ　二つの対外戦争をへて産業が発展し，さらにヨーロッパで大きな戦争がおこると日本の重化学工業は急成長した。

4　右のグラフは９世紀以降の日本の人口の推移を示している。これをふまえて，次の文の(D)～(G)にあてはまる語句をそれぞれ書きなさい。

　17世紀は世界的に気候が（ D ）化している中，日本では人口が大きく（ E ）していった。これは戦乱が終わって（ F ）が成立し，全国各地で（ G ）が行われて農地が拡大するなど，農業生産力が大きく向上したことが背景にある。

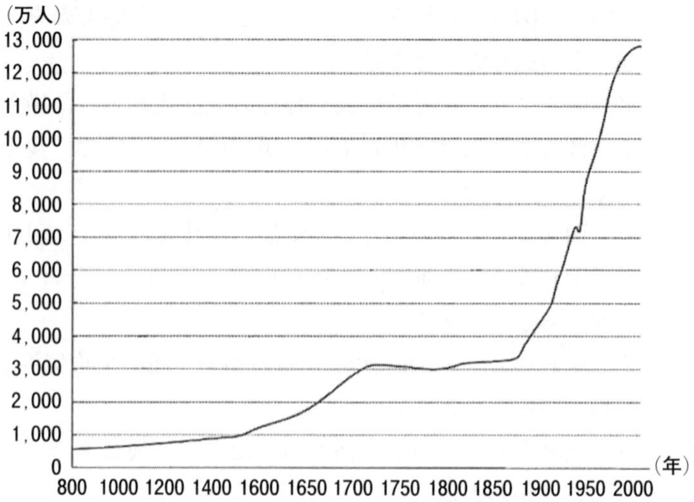

内閣府「人口動態について」より作成

5　図Bの(a)～(e)の時期のできごとについてのべた文として正しいものを，つぎのアからキまでの中から一つずつ選び，その記号を書きなさい。

ア　世界的な恐慌《きょうこう》にくわえ，農産物価格の下落や冷害などで，特に東北地方の農村で深刻なききんとなった。

イ　摂関《せっかん》政治が最盛期《さいせいき》をむかえ，また，貴族によって阿弥陀堂《あみだどう》がつくられた。

ウ　感染症《かんせんしょう》の流行や貴族の反乱などで世の中が乱れていたので，天皇は大仏をつくって仏教の力で安定させようとした。

エ　不作による米価の高とうや大ききんで苦しむ人々を救うため，幕府の元役人が兵をあげて大商人などをおそった。

オ　大陸から二度にわたって軍勢が攻めてきたが，御家人たちの抵抗《ていこう》や嵐《あらし》によって，軍勢は引き上げていった。

カ　倭国《わこく》各地で争いがおこったので，くにぐにが相談して女王をたてて争いをおさめた。

キ　将軍家や有力大名家の後継《あとつ》ぎをめぐる対立をきっかけに，京都を戦場とした激しい争いがおこった。

6　現在の地球温暖化に関連して，(1)(2)の問いに答えなさい。

(1)　つぎの文の(H)，(Ｉ)にあてはまる語句をそれぞれ書きなさい。

　図Bから現在の地球温暖化は（ H ）世紀後半から続いているといえる。これはヨーロッパを中心におこった（ Ｉ ）をへて人間の活動のあり方が変化し，地球環境に大きな影響を与えるようになったからだと考えられる。

(2)　図Aをみると，現在の地球温暖化は地球の気候変動のサイクルに過ぎず，問題ないかのように考える人もいるかもしれない。しかし，現在まで続く気温上昇の原因と特徴をみた場合，過去のものとは大きく異なっていることがわかる。図Bをふまえながら，現在の地球温暖化の原因と特徴について，つぎの形式に沿って説明するとき，下線部に入る語句を書きなさい。

　（ Ｉ ）をへて，＿＿＿＿＿ことにより，＿＿＿＿＿気温上昇している点。

【理　科】（40分）〈満点：100点〉

【注意】 指示されたもの以外の答えは，ア～クなどのなかから選んで答えなさい。

1 　3種類のたねA～Cの発芽について調べようと思ったまさあきさんは，図1と図2のような注射《しゃ》器を準備し，図3のような装《そう》置を作った。注射器1は，①の部分に折りたたんだビニールテープがはられ，星印(★)の部分だけ接着されている。このピストンを引いたりおしたりしたところ，ビニールテープは図1のようになった。注射器2は，つなげてあるゴム管の先たんをふさぎ，③の部分に切れこみを入れ，開くと気体が出入りできるようにしてある。このピストンを引いたりおしたりしたところ，びん内のゴム管は図2のようになった。どちらの注射器も，ピストンがスムーズに動くように②の部分にそれぞれの工夫がなされている。準備した装置のびんの中にマシュマロを入れ，ふたをして密閉《みっぺい》したあと，ピストンを引いたりおしたりをくり返したところ，マシュマロに変化が見られた。後の各問いに答えなさい。

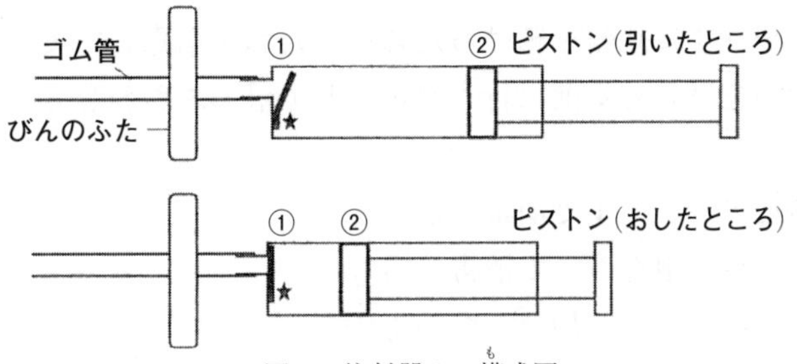

図1　注射器1の模《も》式図

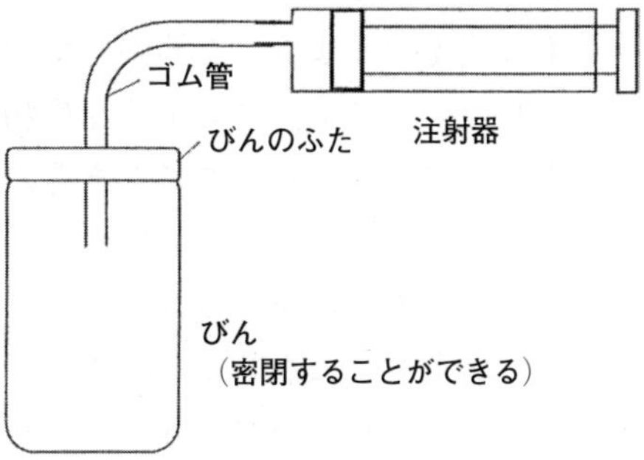

図3　装置の模式図

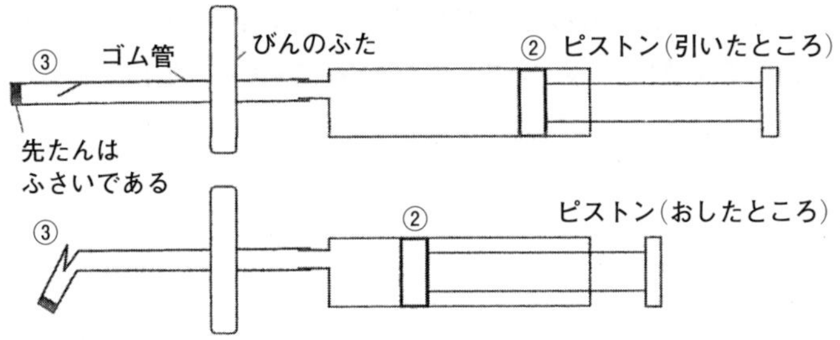

図2　注射器2の模式図

1．図1の①や図2の③のようなつくりが特ちょう的に見られるヒトの体の場所として，最も適当なものはどれですか。

ア　筋《きん》肉　　イ　骨　　ウ　手　　エ　心臓《ぞう》　　オ　皮ふ　　カ　目

2．マシュマロに起こるおもな変化として，考えられるものはどれですか。

ア　注射器1を使ったときには大きくなり，注射器2を使ったときには小さくなる

イ　注射器1を使ったときには小さくなり，注射器2を使ったときには大きくなる

ウ　注射器1を使ったときには重くなり，注射器2を使ったときには軽くなる

エ　注射器1を使ったときには軽くなり，注射器2を使ったときには重くなる

3．3種類のたねA～Cの吸《きゅう》水について調べるために，注射器1を用いた装置を準備した。まず，それぞれのたねの重さをはかった。次に，3種類のたねを図3のびんに入れ，すべてのたねがひたるだけのじゅうぶんな水を入れてふたをしたあと，マシュマロを入れたときと同じようにピストンを動かした。それから，3種類のたねをびんから取り出して，表面の水をふき取り，

もう一度それぞれの重さをはかった。「吸水による増加率」を次のように計算したとき，結果は後の表のようになった。

$$\text{吸水による増加率}(\%)=\frac{\text{吸水後の重さ}-\text{吸水前の重さ}}{\text{吸水前の重さ}}\times 100$$

	たねA	たねB	たねC
吸水による増加率(%)	6.94	18.62	20.89

たねA～Cの中で，吸水前の体積が最も大きいと考えられるたねはどれですか。ただし，水に接している表面の面積が大きいほど吸水量も大きく，たねの形はほぼ球体で，吸水前のたねの体積当たりの重さはどのたねも差がないものとする。

ア　たねA　　イ　たねB　　ウ　たねC

4．まさあきさんは，３種類のたねA～Cを吸水させたあと，しめらせたろ紙を入れた容器に入れて発芽するようすを観察していたところ，数日後，黒いカビのようなものが生えたことに気づいた。そこで，このような生物を生やさずに観察を続けるために，たねを消毒して実験をやり直すことにした。まさあきさんが実験をはじめる前に行う対策《さく》として最もふさわしくないと考えられる方法はどれですか。

ア　容器やたねをじゅうぶんにうすめたアルコールで消毒する

イ　容器やたねをじゅうぶんにうすめた台所用洗《せん》ざいで消毒する

ウ　容器やたねをじゅうぶんな時間，ふっとう水で加熱して消毒する

エ　容器やたねをじゅうぶんな時間，太陽光を当てて消毒する

5．たねBは発芽するとき，物質Xによってでんぷんを分解して，くきや葉を作ることが知られている。まさあきさんは，たねBがこの物質Xをいつ作るのか疑《ぎ》問に思い，図４のような実験を考えてやってみることにした。

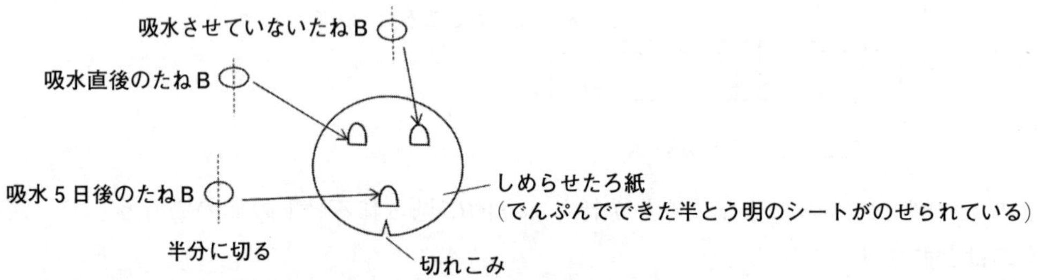

注）半分に切ったあと，くきや葉などに成長する部分をふくむ方を使う

図４　物質Xがいつ作られるかを調べるための実験

半分に切ったたねBを準備し，でんぷんでできた半とう明のシートがのせられているしめらせたろ紙の上にしばらく置いたあと，たねBをとりのぞいてヨウ素液をスプレーでまんべんなくふきかけた。ヨウ素液をふきかけたときのろ紙のようすをみたまさあきさんは，「物質Xは吸水前や吸水直後にはつくられていない」と考えた。このときのろ紙のようすとして，最も適当なものはどれですか。

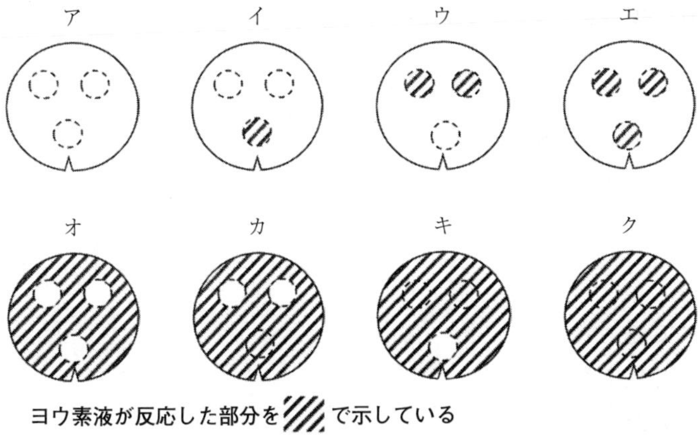

2 ある夏の日の朝6時，野球部のまさきさんとひろかさんは，校庭で早朝練習の準備をしていた。2人の会話を読み，後の各問いに答えなさい。

> ひろかさん：まさき，あそこ見て。こんなに明るいのに月が見えているわ。
> まさきさん：ほんとだ。白く見える月も夜と同じように欠けてるね。

1．2人が見た月は右半分が欠けた月だった。月の見えた方角はどれですか。
　ア 東　イ 西　ウ 南　エ 北

> まさきさん：月が欠けて見えるのは，月が自分で光っていないからだよね。
> ひろかさん：そうね。このボールみたいに太陽に照らされた部分だけが明るいから，それをどの位置から見るかで欠けかたが決まるんだよね。

2．朝7時半ごろ，ひろかさんは校庭で校舎を背にして立ち，うでを前にのばして手の平にボールをのせていた。このとき，ひろかさんから見たボールが図1のようだったとき，校舎の配置図として最も適当なものはどれですか。

図1

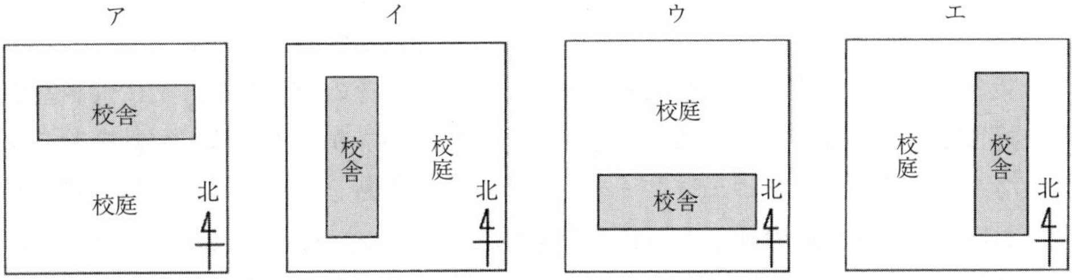

> まさきさん：あそこに見える月は，このあと細くなるのかな？　それとも太くなっていくのかな？
> ひろかさん：次の早朝練習は3日後だよね。そのとき観察してみようよ。

3．3日後に2人が観察したときに見えた「月の形」と「空に見える月と太陽の位置関係」として最も適当なものはそれぞれどれですか。

「月の形」

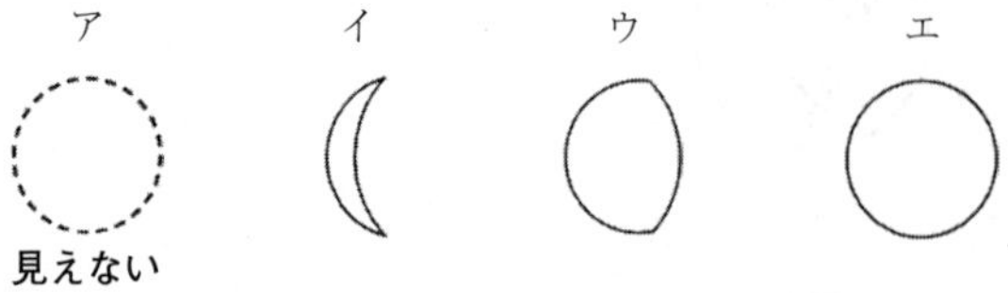

「空に見える月と太陽の位置関係」

ア　3日前より月と太陽がはなれて見えた

イ　3日前より月と太陽が近づいて見えた

ウ　3日前と変わらないように見えた

まさきさん：昼の空は月ぐらいしか見えないけど，夜になれば東京でもいろいろな星座《ざ》が見えるよね。 ひろかさん：今夜見える星座って何かなぁ。

4．次の①～⑤の星座のうち，夏の星座であるものにはその星座にふくまれる星を記号で選びなさい。また，夏の星座でないものには×を記入しなさい。

①　さそり座　②　わし座　③　こと座　④　はくちょう座　⑤　オリオン座

ア　デネブ　イ　シリウス　ウ　アルタイル

エ　ベガ　オ　アンタレス　カ　ベテルギウス

まさきさん：宇宙《うちゅう》といえば，宇宙開発の分野は伝統的にアメリカやロシアが強かったけど，最近は中国もがんばってるよね。

ひろかさん：日本も小わく星探《たん》査の分野では，数々の世界初を成しとげてるよ。

まさきさん：それって「はやぶさ」だね。たしか，小わく星から岩石を持ち帰って来たんだよね。

ひろかさん：そう。でも最初の「はやぶさ」は自動制ぎょがうまくいかないなどの数々のトラブルがあって，ちょっとしか持って帰れなかったんだ。

まさきさん：自動制ぎょって？

ひろかさん：探査機は基本的に地球からの指令で動くんだけど，地球と小わく星のきょりがおよそ3億 km もあったから，ひとつの行動をおこすのだけでも大変なの。まず探査機が現在の状きょうを電波で地球に送信し，そのデータをもとに管制室が判断してから指令を探査機に送り返し，それが届いてから探査機が行動をおこすの。たとえ管制室がコンピューターを使ってすぐに判断しても，通信に相当時間がかかるから，秒単位の制ぎょが必要な着地ミッションではぜんぜん間に合わないの。だから「はやぶさ」は自分で状きょうをはあくし，最適な方法を自分で判断して着地をめざしたんだって。

まさきさん：まるでロボットだね。

ひろかさん：そうね。「はやぶさ2」ではこの自動制ぎょがほぼ完ぺきに機能したから，たくさんの岩石を持ち帰ることに成功したわ。

まさきさん：ロボット工学は日本の得意分野だもんね。でも小わく星探査ってちょっと地味だよね。

ひろかさん：そんなことないよ。小わく星のことがくわしくわかれば「地球のようなわく星がどうやってできたか」や「地球にどうやって生命が誕《たん》生したか」といったなぞがわかるかもしれないの。とっても大事な探査なんだよ！

5．仮に電波を使った通信による制ぎょを行う場合，地球から3億kmはなれた探査機がひとつの行動をおこすまでに要する時間は何分ですか。ただし，管制室が判断に要する時間はこれに加えないこととして計算しなさい。また，電波の進む速さは毎秒30万kmとし，小数点以下は四捨五入して整数で答えなさい。

3　同じ2つの豆電球PとQ，2つのスイッチXとY，かん電池，導線，6つのたんし(A，B，C，D，E，F)がついた木の板を用意して以下の実験を行い，それらの結果をまとめた。後の各問いに答えなさい。

【実験1】　かん電池，豆電球，導線を用いた＜図1＞の(1)～(4)のつなぎ方で，豆電球のつき方を調べた。

【結果1】　(2)は2つの豆電球とも同じ明るさで，いずれも(1)より暗かった。そこで，(1)のつき方を“○”，(2)のつき方を“△”，つかなかった場合は“×”と記し，(3)と(4)の結果もふくめてまとめると，＜表1＞のようになった。

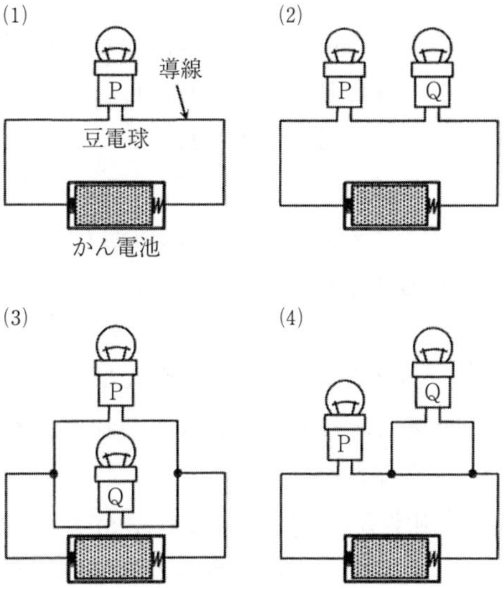

＜図1＞

＜表1＞

つなぎ方		(1)	(2)	(3)	(4)
つき方	豆電球P	○	△	○	○
	豆電球Q	なし	△	○	×

【実験2】　かん電池と2つのスイッチを板の上に置き，＜図2＞のように導線でつないだ。3つのたんしA，B，Cから2つを選び，そのたんしに豆電球Pをつなぎ，3つのたんしD，E，Fから2つを選び，そのたんしに豆電球Qをつなぐ。2つのスイッチを操《そう》作して4つの状態それぞれで豆電球P，Qのつき方を調べた。なお，4つの状態とは＜表2＞の通りである。

＜表2＞

	状態1	状態2	状態3	状態4
スイッチX	切	入	切	入
スイッチY	切	切	入	入

【結果２】

・Ｐを接続するたんしをどう選んでも，Ｑを（ ① ）の間につないだら，スイッチの状態によらず，Ｑの結果は“○”だった。

・Ｐを（ ② ）の間につなぎ，Ｑを（ ③ ）の間につないだら，スイッチの状態によらず，Ｐの結果もＱの結果も“×”だった。

・Ｐを（ ④ ）の間につなぎ，Ｑを（ ⑤ ）の間につないだら，スイッチの状態によって，〔Ｐ，Ｑ〕のつき方が〔×，×〕，〔○，×〕，〔×，○〕，〔○，○〕のように４通りに変化した。

Ａ，Ｂ，Ｃから２つを選び，Ｐをつなぐ

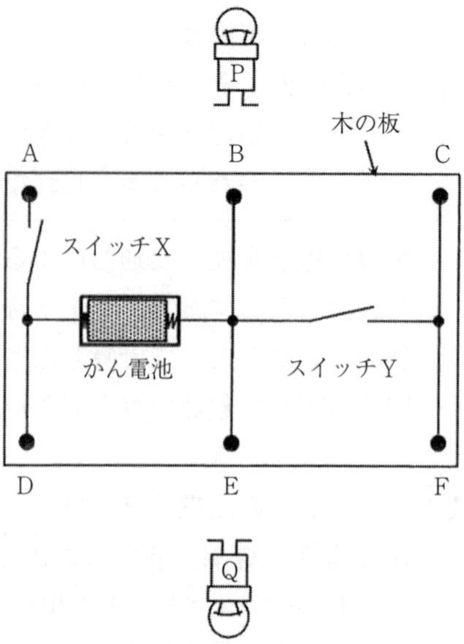

Ｄ，Ｅ，Ｆから２つを選び，Ｑをつなぐ

＜図２＞

１．①～⑤に入る記号は，それぞれどれですか。

ア　ＡとＢ　　イ　ＢとＣ　　ウ　ＡとＣ

エ　ＤとＥ　　オ　ＥとＦ　　カ　ＤとＦ

２．スイッチの状態によってＰのつき方もＱのつき方も“△”となるつなぎ方は何通りありますか。ない場合は０通りと答えなさい。

4　あきらさんとさとしさんは，お米のような小さなつぶを10グラム刻《きざ》みではかり取る装《そう》置を考えることにした。２人がそれぞれ考えた装置について説明した次の文を読んで，後の各問いに答えなさい。

【準備するもの】　棒《ぼう》（長さ72cm）：１本　つぶや分銅をのせる皿（重さ12グラム）：６枚《まい》　いろいろな重さの分銅　棒や皿をつるす糸（重さは考えない）　おもり（容器に砂《すな》などを入れて自由に重さを調整できる）

【あきらさんの考えた装置】　図１のように，つぶを皿Ａに，分銅を皿Ｂ～Ｆにのせて，はかり取る方法を思いついた。しかし，実際に作った装置の点Ｐを糸でつるしても，棒は水平につり合わなかった。棒と皿の重さを考えなかったことに気づき，図２のように皿Ａの下に360グラムのおもりをつるすと，棒は水平につり合った。この装置を用いてつぶを10グラムはかり取るには，10グラムの分銅を皿Ｂにのせて棒が水平につり合う量のつぶを皿Ａにのせればよい。さらに，20グラム，30グラム，40グラム，……という順に10グラム刻みではかり取るには，10グラ

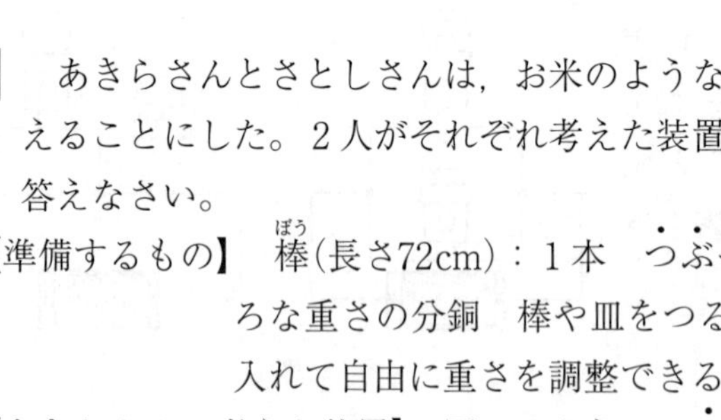

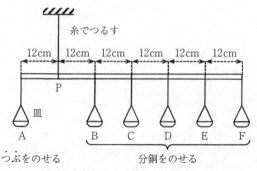

図１　あきらさんの考えた装置のスケッチ

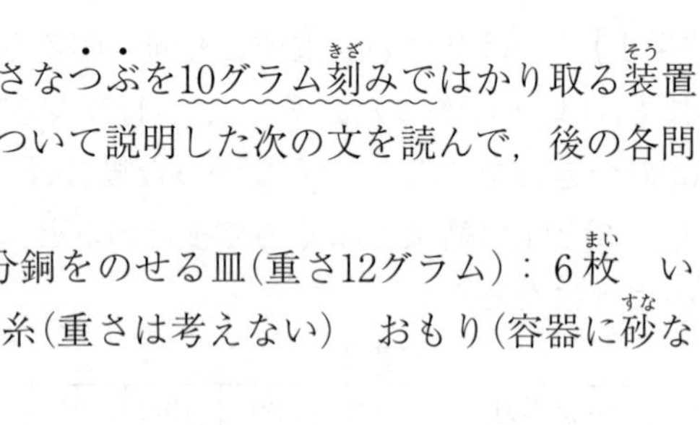

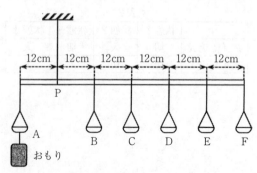

図２　完成したあきらさんの装置

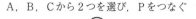

ムの分銅をのせる皿をC，D，E，……の順に変え，棒が水平につり合う量のつぶを皿Aにのせればよい。

続けて，限られた数の分銅で，できるだけ多くの量をはかり取ることができるように考えた。10グラムと(①)グラムの分銅を用意すれば，２種類の分銅を１つまたは２つ使って，10グラムから最大(②)グラムまで10グラム刻みではかり取ることができる。さらに，(③)グラムの分銅を用意すれば，３種類の分銅を１～３つ使って，10グラムから最大(④)グラムまで10グラム刻みではかり取ることができる。ただし，１つの皿に２つ以上の分銅をのせてもよいとする。

【さとしさんの考えた装置】　図３のように，分銅を皿Aにのせ，つぶを皿B～Fのいずれか１つにのせる方法を思いついた。しかし，棒と皿の重さを考えなかったので，10グラムのつぶをはかり取るためには，50グラムの分銅を皿Aにのせ，つぶを皿Fにのせて棒が水平につり合うようにし，20グラム，30グラム，40グラム，……という順に10グラム刻みではかり取るには，つぶをのせる皿をE，D，C，……の順に変え，それぞれ棒が水平につり合えばよいと思いこんでいた。その結果，皿Eは棒の右はしから(⑤)cm，皿Dは棒の右はしから(⑥)cm，皿Cは棒の右はしから(⑦)cmの位置にそれぞれつるした装置を作ってしまったが，実際に作った装置の点Qを糸でつるしても，棒は水平につり合わなかった。その後，棒と皿の重さを考えなかったことに気づき，(⑧)グラムの棒の重さと12グラムの皿の重さを考え，すべての皿の位置はそのままにして，皿Aの下に(⑨)グラムのおもりをつるすと，図４のように棒が水平につり合った。

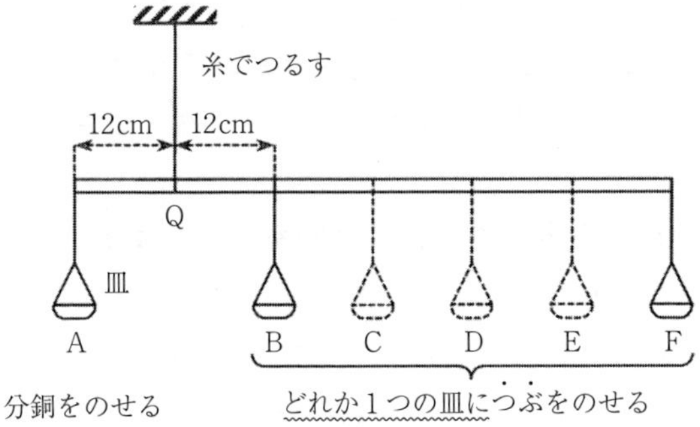

図３　さとしさんの考えた装置のスケッチ

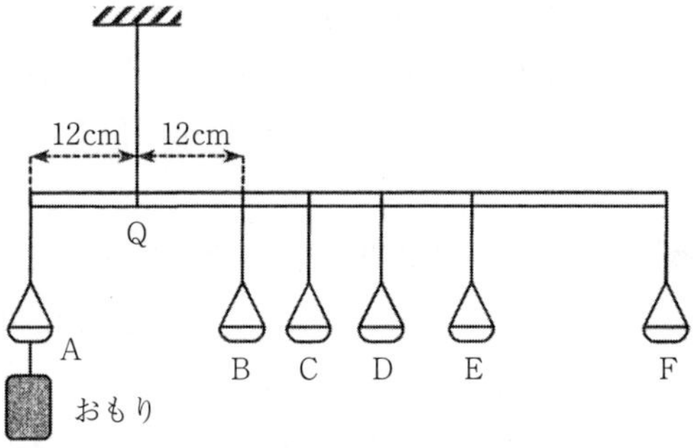

(注)　図の皿C，D，Eの位置は正確にえがかれていない

図４　完成したさとしさんの装置

1．文中の①～④に入る適当な数を答えなさい。

2．文中の⑤～⑨に入る適当な数を答えなさい。

5 さとしさんの通っている学校の理科の授業では，先生があらかじめ実験した結果をまとめた下の表を参考にしながら，もののとけ方を確認《にん》する実験を行った。後の各問いに答えなさい。

表. 100グラムの水にとける薬品の量(グラム)

	0℃	20℃	40℃	60℃	80℃
食塩	35.7	35.9	36.4	37.2	38.0
ミョウバン	3.0	5.9	11.8	24.8	71.2

【手順１】 ２つの100mL ビーカーAとBのそれぞれに60℃の水を50グラム入れる。

【手順２】 ビーカーAには食塩，ビーカーBにはミョウバンを，それぞれ５グラムずつ入れてよくかき混ぜる。

【手順３】 【手順２】を４回くりかえす。

【手順４】 水よう液の温度を，60℃から40℃まで冷やす。

【手順５】 それぞれのビーカーから水よう液だけをスポイトで10グラムとり，蒸《じょう》発皿に入れて水を蒸発させる。

【手順６】 【手順５】で残っている40℃の水よう液を，20℃まで冷やす。

1．【手順４】のあとで，それぞれの薬品は何グラムとけ残っていますか。小数第２位を四捨五入して，小数第１位までの数値で答えなさい。

2．【手順５】のあとで，それぞれの薬品は蒸発皿の上に何グラムありますか。小数第２位を四捨五入して，小数第１位までの数値で答えなさい。

3．すべての手順が終わったあと，先生は実験をしていた10グループすべてからミョウバンの水よう液だけを大きな容器に集めた。そして，この大きな容器に20℃の水を加えてミョウバン水よう液の重さを500グラムにした。この20℃の水よう液にはあと何グラムのミョウバンをとかすことができますか。小数第２位を四捨五入して，小数第１位までの数値で答えなさい。

6 アルミニウム板を使った工作をしたいと考えたあきらさんは，実験室の「金属板(アルミニウム，鉄，銅)」と書かれた引き出しから１枚だけアルミニウム板をもらおうと考えた。ところが，引き出しの中には，ほぼ同じ大きさの金属板が入っていて，これを見ただけでは，どれがアルミニウム板なのかはっきりとは分からなかった。そこで，下の図のように３種類の金属板にA～Eの場所を決めた。それから，それぞれの場所に，実験室に置いてあったア～オの水よう液を１種類ずつたらして変化するかどうか調べた。なお，どの金属板を使う場合でも，A～Eにはそれぞれ同じ種類の水よう液をたらした。後の各問いに答えなさい。

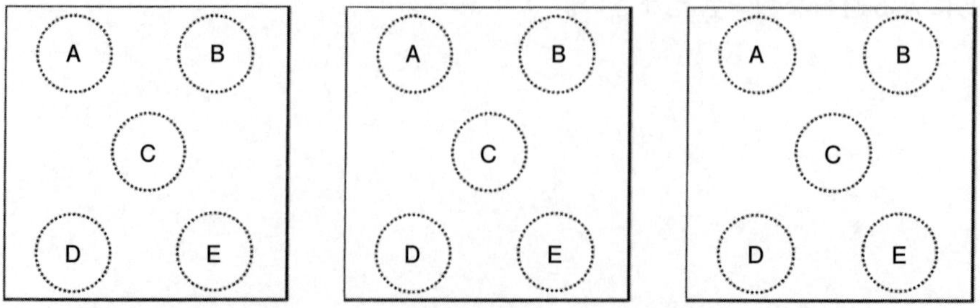

金属板１　　金属板２　　金属板３

ア　うすい水酸化ナトリウム水よう液　　イ　アンモニア水　　ウ　砂糖《さとう》水

エ　うすい塩酸　　　　　　　　　　　　　　　オ　食塩水

１．金属板１では，Ｂだけで金属板の表面に変化があり，金属板２では，Ａ～Ｅのどこにも変化がなかった。金属板３では，ＢとＥで金属板の表面に変化があった。アルミニウム板は，金属板１～３のどれですか。また，ＢとＥにたらした水よう液はどれですか。

２．あきらさんは，この実験方法だと選んだ金属板がいたんでしまう(変化してしまう)ことに気がついた。金属板がいたまない別の方法でアルミニウム板だけを選ぼうと考えたが，残念なことに実験室には磁《じ》石が見当たらなかった。そこで，あきらさんは磁石を使わない別の方法を考え，アルミニウム板をいためることなく選ぶことができた。それは，どのような方法だと考えられますか。７字以内で答えなさい。

四 次の詩を読んで、あとの問いに答えなさい。

花時計　　　木坂《きさか》　涼《りょう》

長針と
短針をちょうだいしたこと
今ではすこし
悔《く》やんでおります。
先祖代々
種子のころより
太陽の位置
気温
星の傾《かたむ》き加減にて
わたしたちの時間は測られてまいりました。
目の前に直接せまりくる
刻一刻を
お返ししとう存じますが
いかがでございましょうか。
――花一同。

〈注〉　花時計…左の写真のように、時計の文字盤《ばん》にあたるところを、花で飾《かざ》った時計。

（写真は、神戸《こうべ》市ホームページより）

問一　「悔やんでおります」とありますが、それはなぜですか。

問二　「ちょうだいした」「存じます」「いかがでございましょうか」などの言い方から、どのようなことが読み取れますか。

弟の背中に手をあてると、ぶるぶると彼がふるえているのがわかった。怒《いか》りだろうか、悔《くや》しさだろうか。どちらもだ。家についてから、③二人でわんわんと泣いた。感情も思いやりも、彼の中には立派に育っているのに、それを人に伝える言葉を持ちあわせていない。どれだけの無念だろうか。

二回目は、つい先月だ。順調に物忘れがひどくなった祖母が、勘違《かんちが》いで弟を責めてしまった。弟は一生懸命《いっしょうけんめい》に身振《みぶ》り手振《てぶ》りで弁明するが、耳が遠くなった祖母には届かず、怒りは一方的にヒートアップしていく。最終的に弟は「もういい！」と言って退散したのだが、腹いせに扉を強く閉めたせいで、扉のガラスが砕《くだ》け散《ち》った。弟はべそをかきながら落《お》ち込《こ》んで、背を丸くしてガラスを片づけていたが、それを手伝うわたしも落ち込んでしまった。④とがって散らばった破片《はへん》は、声にならない声のようだった。彼にとっては、生き物を殺したも同然である。それほどまでに人は、激しい悲しみや怒りを、黙《だま》って胸に留《とど》めてはいられない。

弟は、わたしには想像もつかない景色を見て、到底《とうてい》信じられないものに愛を注いでいる。それが伝わらない世界に、何度、絶望したことだろう。ガラスを割ったとき、いつも彼はめそめそと泣いていた。それでも弟は、ガラスを注意深く拾い集めたら、多少は軽くなった心で立ち直り、別の愛《いと》しいものを見つけて、機嫌よくたくましく、できるだけの幸せを探して生きている。まるでずっと前から、そう決まっていたかのように。

姉として、作家として、ひみつを共有する者として、わたしにできることは。同じ理由ではもうガラスが割られることのないように、弟の言葉にならなかった言葉を、理屈《りくつ》じゃ説明できない何かを、深く想像し、何度も物語にし、愛を持って語《かた》り継《つ》いでいくことだ。

（岸田奈美《きしだなみ》「ガラスのこころ」より）

〈注〉ダウン症《しょう》…ダウン症候群。生まれつき発達の遅《おく》れをともなうことが多い。
対峙《たいじ》…対立する者がにらみ合ったまま動かないこと。
膠着《こうちゃく》…ある状態に固まって、一向に変化しないこと。

問一 ――①「暴れて、割った。」とありますが、この一文の書き方にはどのような効果がありますか。

問二 ――②「すべてヒヨコなのだ」とは、どういうことですか。

問三 ――③「二人でわんわんと泣いた」とありますが、「弟」と「わたし」はそれぞれどのような気持ちだったと思われますか。

問四 ――④「とがって散らばった破片は、声にならない声のようだった」とは、どういうことですか。

三 カタカナは漢字に直し、全体をていねいに大きく一行で書きなさい。

サキんずればヒトをセイす

問四　④ には、どのような内容が入ると推測されますか。次の中から最もふさわしいものを一つ選び、記号で答えなさい。

ア　それを学ばされている子どもの自分
イ　それを学んで先生になった自分
ウ　それを学ぼうと決めた過去の自分
エ　それを学ばなければならない今の自分
オ　それを学び終えた未来の自分

二　次の文章を読んで、あとの問いに答えなさい。

がしゃん。ぱりん。

また今日も、コップを割ってしまった。きょろきょろして落ち着きのないわたしは、小さな頃《ころ》から、袖《そで》にひっかけたり、取り落としたりして、とにかくガラスの食器を割りまくってきた。四つ下で、ダウン症《しょう》の弟の方が、わたしよりよっぽど慎重《しんちょう》だ。彼《かれ》はまるでヒヨコでもすくうかのように、ずんぐりむっくりした手で大切に食器をあつかう。レストランへ行くと「姉ちゃん、あぶないで」と、彼がわたしの袖元からお冷のコップをそっとよけるのを見て、母はたまげていた。

そんな弟がガラスを割ってしまったところを、二度だけ見たことがある。二十五年目を迎《むか》える彼の人生で、たった二度だけ。母には言っていない。わたしと弟だけのひみつだ。

一度目は、弟が中学生のときだった。いつも学校が終わると、道草をぞんぶんに食いながらのらりくらりと機嫌《きげん》よさそうに帰ってくるはずの弟が、ちっとも帰ってこない。住んでいるマンションの玄関《げんかん》を出て、エレベーターに乗り、一階のエントランスへ様子を見に行くと、なんとそこに弟がいた。顔を真っ赤にして、両目に涙《なみだ》をため、口をきゅっと真横に結んでいる。弟に対峙《たいじ》しているのは、小学生くらいの男の子が二人、さらにマンションの管理人だ。そしてなにより驚《おどろ》いたのは、エントランスのガラス扉《とびら》が、派手に割れていたことだ。

「なにごとですか」

ぎょっとして、わたしがたずねる。膠着《こうちゃく》状態の子どもたちに代わって、状況《じょうきょう》を説明してくれたのは管理人だった。

「ガシャーンって大きな音がしたんで見にきたら、この子たちがいてね。事情を聞いたら、『岸田《きしだ》さんとこのお兄さんが突然《とつぜん》、暴れて割った』って言うもんだから」

①暴れて、割った。

一旦《いったん》、落ちついて想像してみたが、想像ができなかった。弟は、いつもと違《ちが》うことが起きたり、泣きわめいたりしている人を見ると、たしかに状況が飲《の》み込《こ》めず、パニックになることはある。だけど、人やものを傷つけるようなやつではない。彼にとっては、命があるものも、ないものも、②すべてヒヨコなのだ。

「そうなの？」

弟にたずねる。弟は、ぼろっと大粒《おおつぶ》の涙を流して、ぎゅうっと唇《くちびる》を嚙《か》み、首を横に振《ふ》った。男の子の一人は、サッカーボールを持っていた。ちょうどエントランスの前は、子どもたちがボール遊びをする広場になっている。

「本当にうちの弟が割ったの？」

男の子たちは顔を見合わせて、気まずそうにした。結局、わたしがエントランスにある監視《かんし》カメラを見ましょうと言うと、彼らはあわてはじめたので、管理人が察したのか「今回はいいですよ」と言い、その場は解散になった。

③この誤解は絶望的でさえあります。遊ぶことこそが世界を自分にとって意味あるものとして知ることであり、知の構築なのです。だから、しっかりと遊ぶことは実は楽なものではありません。むしろ時には自分を追い詰め、苦しめることさえあるでしょう。科学者が真理を追求して実験を繰《く》り返《かえ》す時、絵《え》描《か》きがキャンバスに向かって頭を掻《か》きむしる時、その「遊び」は痛みや悲しみさえ伴《ともな》うものとなるでしょう。しかし、そうした過程こそが人生の素《す》晴《ば》らしさを教えてくれるものではないでしょうか。

　イタリアのレッジョ・エミリアという都市では、この「学び＝遊び」と同じような考え方に基《もと》づいた幼児教育が行われています。そこでは、まさに、子どもは世界と接することで、世界、他者、そして自分を知っていくと考えます。たとえば、海が青いのは空の色が映っているからだ、という「発見」をした子がいるとします。大人はそれを否定するのではなく、「じゃあ、くもりの日はどうかな?」と言って、いっしょに海を見に行く。そこでこの子は何かに気づくはずです。自然の中にある事実を知るのです。そして、新たな意味を構成しようとするのです。

　世界に意味を見つける、構成する(そこではそれを「探索《たんさく》」と呼びます)のは、どの子にも自然に起こることです。大人の役割はそれを自分が信じる「正解」に導くことではなく、その子がいま世界をどのように見ているのか、どんな意味を創り出しているのかを大人の方こそが学び、その子の発達のための環境《かんきょう》を準備することです。それは既存の答えを教えるよりもはるかに大変で、何倍も時間がかかることです。しかし、子どもたちにそのような「学び＝遊び」を保障するのは、その子らの人生を尊重することであり、同時に、その子らを自らの意志を持った「市民」に育てることだとレッジョ・エミリアでは考えられているのです。

　日本の子どもはよく先生に「それを勉強することにどんな意味があるんですか」という質問をします。私もたまに学生から「どの本を読んでおけばいいですか」と聞かれることがあります。しかし、学びが、これまで述べてきたように、ひとりひとりが世界に意味を見いだす、作り上げていくことである以上、このような質問に答えることはできないでしょう。その勉強やその本に「どんな意味があるのか」を知っているのは、[　④　]だけだからです。私たちは既存の意味に捉《とら》われることなく、常に新しい意味を創り出すことができる、いや、創り出さずにはいられないのです。それによって私たちは、この世を生きることに意義を見いだし、唯《ゆい》一《いつ》無《む》二《に》の人生を生きることができるのです。

　結果を予期しない挑戦《ちょうせん》、それが学ぶことであり、遊ぶことです。幼い時に誰でももっている、そうした探究心がいつまでも、そして、誰に対しても大切にされる社会、それが私たちには必要です。挑戦が避《さ》けられる社会は安心や信頼《しんらい》がない社会です。失敗を許さない社会、変更《へんこう》をよしとしない社会、それでは遊ぶことも、学ぶことも出来なくなります。今までないモノやコトを想像する力、それが「遊び＝学び」の中で培《つちか》われます。それを通して、真に楽しむ自分に気づき、自らを称《たた》えながら生きていくのです。

(石黒広昭《いしぐろひろあき》「学ぶことと遊ぶこと」より)

問一　――①「私たちはどこにいても、どんな時でも、『学んでしまう』存在なのです」とありますが、なぜこのように言えるのですか。

問二　――②「学びと遊びとは元々ひとつのもの」とは、どういうことですか。

問三　――③「この誤解は絶望的でさえあります」とありますが、なぜ「絶望的でさえあ」るというのですか。

2023年度

筑波大学附属駒場中学校

【国語】（四〇分）〈満点：一〇〇点〉

［注意］　本文は、問題作成上、表記を変えたり省略したりしたところがあります。

一　次の文章を読んで、あとの問いに答えなさい。

何かを学ぶ、というのはどういうことでしょうか。文字を習う、九九を覚える、歴史の年号や科学の法則を暗記する……。一般的《いっぱんてき》な学びのイメージは人を「容器」のようなものに見立て、その中にひとつひとつ知識を詰《つ》め込《こ》んでいく、というものではないでしょうか。「容器」に入れるべき知識は「大人」によってあらかじめ選別され、ちゃんと入っているかどうかを時折テストで確認《かくにん》される。それを上手にこなした子は「いい学校」に行き、「いい会社」に入って、「いい人生」を送ることができる。だから、しっかりと学ばなければならない、というわけです。

発達心理学から見た学びは、これとはかなり異なります。それは、ひとことで言うなら、ひとりひとりが世界に意味を構成することです。私たちは生まれた瞬間《しゅんかん》から、必ず何かに接触《せっしょく》して生きています。その「何か」と自分との間に「意味＝つながり」を構成していくこと、それが学びです。お母さんに抱《だ》っこされると嬉《うれ》しい、ハイハイする床《ゆか》がつめたい、お日さまがまぶしい、花からはいい匂《にお》いがする、土は床よりもやわらかい……。そのように考えると、学びの機会がない場所というのは、世界中のどこにもありません。子どもたちは「いい学校」や「いい会社」のために学ぶのだと、目標に向かって仕方なくするものが学びだと思っているかもしれません。しかし、そうではなくて、むしろ①私たちはどこにいても、どんな時でも、「学んでしまう」存在なのです。

学びがこのようなものだということを、実は私たちは誰《だれ》でもよく知っています。幼い頃《ころ》、畳《たたみ》の縁《へり》を「道路」にして、おもちゃの車を走らせたことはありませんか。泥《どろ》でつくった団子を葉っぱの「皿」にのせて、ままごとをしたことはないでしょうか？　私たちが、誰に教えられるでもなく、このような「ごっこ遊び」をするようになるのは、私たちひとりひとりに「象徴《しょうちょう》機能」が備わっているためです。

象徴機能とは、大雑把《おおざっぱ》に言うと、ある物（畳の縁）を別のもの（道路）に見立てる能力のことで、これなしには言語は理解できません。これによって、私たちは新しい意味を創り出すことができます。人間にもしも象徴機能がなければ、「鳥のように」空を飛ぶ飛行機も、「人のように」考える人工知能も、そもそも、「鳥」や「人」といった文字さえもが生まれていないでしょう。遊びは真に新たな意味を作ったり、試《ため》したりする場なのです。これを学びといわずして何が学びになるのでしょうか。このように、②学びと遊びとは元々ひとつのものであり、かつ、それは人間にとっては「本能」とよんでも良いほど、本質的な営みなのです。

ではなぜ、このふたつは分離《ぶんり》してしまったのでしょうか。現代の日本の学校教育では、子どもたちは年齢《ねんれい》ごとに「学ぶべきこと」を設定され、国に決められた教科書に沿って、計画的かつ効率的に「学び」が進められていきます。本来であれば子どもたち自身が自ら構成し、獲得《かくとく》していくはずの「意味」が、標準化された「知識」、既存《きそん》の「正解」として、外から一方的に与《あた》えられるのです。これでは多くの子どもが、学びは将来の目標達成のためには大切だけど楽しくないもの、遊びは楽しいけど無意味なものといった認識《にんしき》を持ってしまうのも無理はありません。

2023年度

筑波大学附属駒場中学校 ▶解説と解答

算 数 （40分）＜満点：100点＞

解 答

[1] (1) 944枚 (2) 2632 (3) 172 [2] (1) 190, 809 (2) 900, 990 (3) 9個 (4) 26個 [3] (1) 6：5 (2) 30：11 (3) 112：195 [4] (1) 11時09分00秒, C (2) 11時20分55秒, B (3) 11時23分05秒, B

解 説

[1] 整数の性質, 数列

(1) 右のように, 3と5の最小公倍数である15を組にして考えると, 1つの組の中で取るカードの枚数は7枚になる。また,

（1組） 1, 2, ~~3~~, 4, ~~5~~, ~~6~~, 7, 8, ~~9~~, ~~10~~, 11, ~~12~~, 13, 14, ~~15~~
（2組） 16, 17, ~~18~~, 19, ~~20~~, ~~21~~, 22, 23, ~~24~~, ~~25~~, 26, ~~27~~, 28, 29, ~~30~~
⋮ ⋮

2023÷15＝134余り13より, 全体は134組と13枚になることがわかる。最後の13枚の中で取るカードの枚数は6枚だから, 取ったカードの枚数は全部で, 7×134＋6＝944(枚)と求められる。

(2) 99÷15＝6余り9より, 100より小さいカードは7組の9番目までとわかる。また, 1組の中で取らなかった8枚のカードの合計は, 1＋2＋4＋7＋8＋11＋13＋14＝60である。さらに, 8個の数がそれぞれ15ずつ大きくなるので, 各組の合計は, 15×8＝120ずつ増える。よって, 6組の合計は, 60＋120×(6－1)＝660だから, 1組から6組までの合計は, 60＋180＋…＋660＝(60＋660)×6÷2＝2160と求められる。さらに, 7組の最初の数は, 15×6＋1＝91なので, 7組で取らなかったカードは{91, 92, 94, 97, 98}の5枚とわかる。したがって, 100より小さいものの合計は, 2160＋91＋92＋94＋97＋98＝2632となる。

(3) はじめに, 60＋180＋300＋…＋□＜7777の□にあてはまるもっとも大きい整数を求める。そこで, ＜の両側を60で割ると, 1＋3＋5＋…＋△＜129.6…となる。さらに, 1から連続する奇数《きすう》の和は, (個数)×(個数)で求められることを利用すると, 11×11＝121より, 1から△までの個数は11個で, △＝2×11－1＝21とわかる。よって, もっとも大きい□は, 21×60＝1260であり, 60＋180＋300＋…＋1260＝(60＋1260)×11÷2＝7260と求められる。つまり, 1組から11組までの合計が7260になる。次に, 12組の最初の数は, 15×11＋1＝166なので, 順に加えていくと, 7260＋166＝7426, 7426＋167＝7593, 7593＋169＝7762, 7762＋172＝7934より, はじめて7777より大きくなるのは172まで加えたときとわかる。

[2] 調べ

(1) 差が8になる組は(0, 8), (1, 9), 差が9になる組は(0, 9)である。よって, 考えられるのは下の図Ⅰの2個だから, はじめの3けたの整数は809, 190である。

(2) 考えられるのは下の図Ⅱの2個なので, はじめの3けたの整数は990, 900となる。

(3) 考えられるのは下の図Ⅲの9個ある。

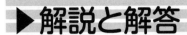

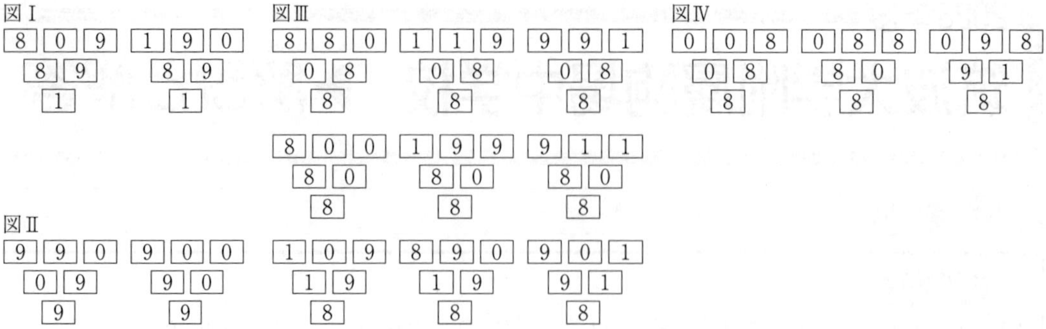

(4) 下の3段は図Ⅲのようになるから，これらの上にもう1段追加すればよい。ただし，下から3段目の左端《ひだりはし》が0の場合も考えられるので，図Ⅲに加えて，上の図Ⅳの3通りについても調べる必要がある。すると下の図Ⅴのようになるから，全部で，1×3＋2×4＋3×5＝26(個)と求められる。

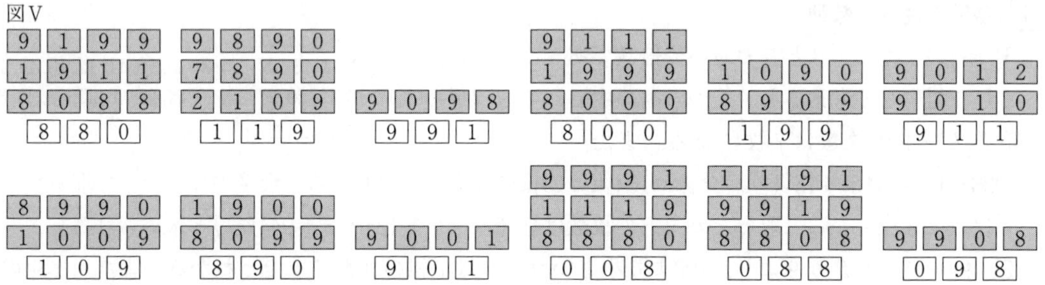

3 平面図形—相似

(1) 下の図1で，三角形ABPは3辺の比が3：4：5の直角三角形だから，AP＝24cmとすると，PB＝24×$\frac{3}{4}$＝18(cm)，AB＝24×$\frac{5}{4}$＝30(cm)とわかる。よって，AB：BC＝30：(18＋7)＝6：5と求められる。

(2) 図1で，三角形CABはCAとCBの長さが等しい二等辺三角形とわかるから，角CBAの大きさは(㋐＋㋑)である。そこで，三角形ACPをAPを軸《じく》として折り返すと下の図2のようになり，問題文中の三角形DEFと同じ形の三角形を作ることができる。よって，DE：EF＝30：(18－7)＝30：11とわかる。

図1

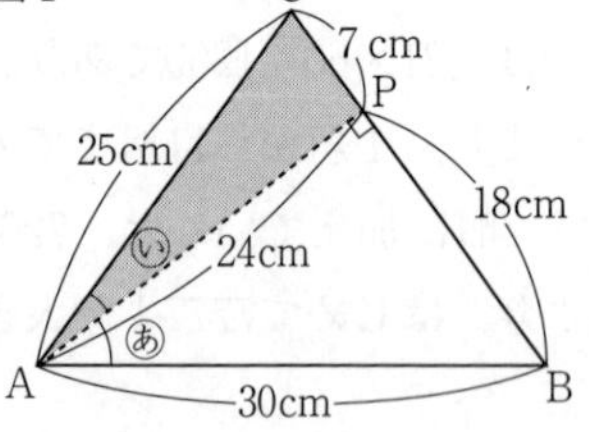

図2

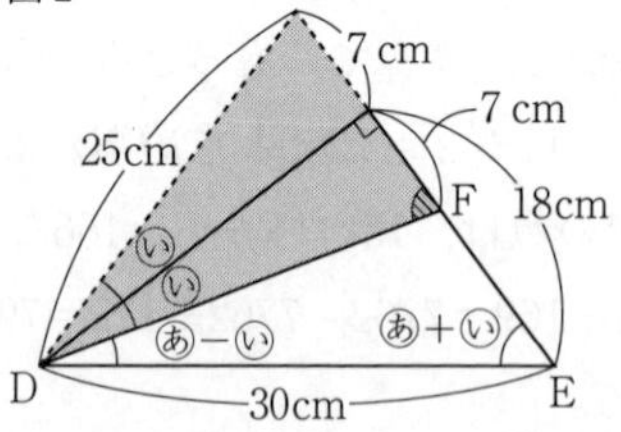

図3

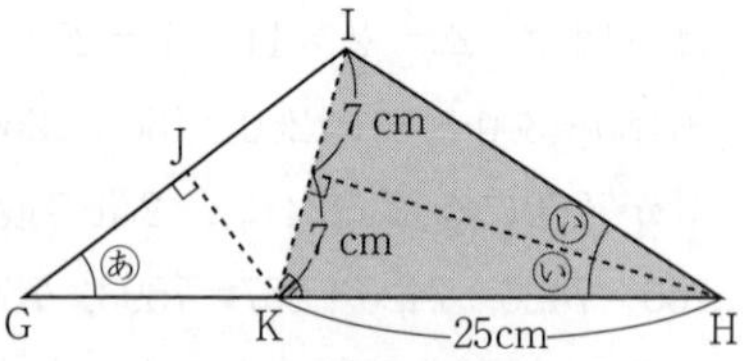

(3) 上の図3のように，三角形GHIの中に図2のかげの部分をかき入れる。ここで，図2の三角形DEFに注目すると，斜線《しゃせん》部分の角の大きさは，(㋐－㋑)＋(㋐＋㋑)＝㋐＋㋐となることがわかるので，図3の三角形KIGに注目すると，角KIG＝角IKH－角KGI＝(㋐＋㋐)－㋐＝㋐となる。よって，KからGIに垂直な線KJを引くと，三角形KIJと三角形KGJはどちらも3辺の比が3：4：5の直角三角形になる。したがって，GK＝IK＝7＋7＝14(cm)，GJ＝IJ＝14×$\frac{4}{5}$＝11.2(cm)だから，

IG：GH＝(11.2＋11.2)：(14＋25)＝112：195と求められる。

4 条件の整理

(1) 家から駅までの道のりは，105＋200＋200＋10＋25＝540(m)だから，信号で待つことがなければ，540÷1＝540(秒)，540÷60＝9(分)で駅に着く。また，家からそれぞれの横断歩道までの道のりと，それぞれの信号が変わる周期をまとめると，右上のようになる。Aの横断歩道に着くのは出発してから，105÷1＝105(秒後)であり，105÷60＝1余り45より，これは青になってから45秒後とわかる。すると，このときの信号は赤なので，次に青になるまでに，60－45＝15(秒)待つ必要がある。同様に，Bの横断歩道を渡《わた》る場合は，305÷80＝3余り65より，80－65＝15(秒)待つ必要がある。さらに，Cの横断歩道を渡る場合は，505÷100＝5余り5より，信号は青だから，待つ必要はない。したがって，もっとも早いのはCの横断歩道を渡る場合であり，駅に着く時刻は，11時00分00秒＋9分＝11時09分00秒とわかる。

	横断歩道までの道のり	信号が変わる周期
A	105m	30＋10＋20＝ 60(秒)
B	105＋200＝305(m)	40＋10＋30＝ 80(秒)
C	305＋200＝505(m)	50＋10＋40＝100(秒)

(2) 信号で待つことがなければ，11時30分－9分＝11時21分に出発すればよいので，11時21分に出発した場合について調べる。また，この時間は11時ちょうどから，60×21＝1260(秒後)なので，Aの横断歩道に着くのは11時ちょうどから，1260＋105＝1365(秒後)である。これは，1365÷60＝22余り45より，青が終わってから，45－30＝15(秒)たったときとわかるので，あと15秒早く出発すれば信号で待つことがなくなる。同様に考えると，Bの横断歩道を渡る場合は，(1260＋305)÷80＝19余り45より，あと，45－40＝5(秒)早く出発すればよく，Cの横断歩道を渡る場合は，(1260＋505)÷100＝17余り65より，あと，65－50＝15(秒)早く出発すればよい。よって，もっとも遅《おそ》いのはBの横断歩道を渡る場合であり，出発する時刻は，11時21分00秒－5秒＝11時20分55秒と求められる。

(3) お姉さんが駅を出発するのは11時ちょうどから，60×31＝1860(秒後)なので，Cの横断歩道に着くのは，1860＋25＝1885(秒後)である。よって，1885÷100＝18余り85より，青になるまでに，100－85＝15(秒)待つので，お姉さんがCの横断歩道を渡り始めるのは，1885＋15＝1900(秒後)とわかる。つまり，ゆたか君は1900秒後までに横断歩道Cを渡り終えた地点に着く必要がある。家からこの地点まで歩くのにかかる時間は，540－25＝515(秒)だから，信号で待つことがなければ，1900－515＝1385(秒後)に出発すればよいことになる。(2)と同様に考えると，Aの横断歩道を渡る場合は，(1385＋105)÷60＝24余り50より，あと，50－30＝20(秒)早く出発すればよい。また，Bの横断歩道を渡る場合は，(1385＋305)÷80＝21余り10より，待つ必要がなく，Cの横断歩道を渡る場合は，(1385＋505)÷100＝18余り90より，あと，90－50＝40(秒)早く出発すればよいことがわかる。したがって，もっとも遅いのはBの横断歩道を渡る場合であり，出発する時刻は11時ちょうどから1385秒後である。1385÷60＝23余り5より，この時刻は11時23分05秒となる。

社 会 (40分) <満点：100点>

解 答

1 **1** **A** ③，ウ **B** ⑤，エ **C** ②，ア **D** ①，オ **2** 三宅島，東京都 **3** ア，エ **4** ウ **5** ウ，エ **6** ア，イ，オ **7** (例) 銅山から河川に流出した鉱毒が流域の田畑を荒廃させた。 **2** **1** ア，イ，ウ **2** イ，オ **3** 精神 **4** イ，ウ **5** ア，オ **6** ウ，エ **3** **1** ア，エ，カ **2** イ，エ **3** **時期の順**…③→④→①→② **関連して述べた文**…① カ ② エ ③ ア ④ イ **4** **D** 寒冷 **E** 増加 **F** 江戸幕府 **G** 新田開発 **5** (a) カ (b) イ (c) キ (d) エ (e) ア **6** ⑴ **H** 19 **I** 産業革命 ⑵ (例) ((I)をへて,)化石燃料が大量消費された(ことにより,)より広い地域で大きく(気温上昇している点。)

解 説

1 **ダークツーリズムを題材とした問題**

1 **A** 全患者《かんじゃ》の強制的な隔離《かくり》をはじめ，長い間続いた国によるハンセン病政策についてのべたものであるから，③にあてはまる。ウのアパルトヘイトは南アフリカ共和国で1994年まで行われた，有色人種に対する人種隔離政策であるから，「差別や貧困」にあてはまる。 **B** 2000年に起きた三宅島の雄山《おやま》の噴火についてのべた文であるから，⑤にあてはまる。エの宮城県石巻市の大川小学校は，2011年3月11日に起きた東日本大震災の際に，北上川を逆流してきた津波に襲《おそ》われ，児童や教員など84名が犠牲《ぎせい》になった。校舎の一部が震災遺構として残されているので，「自然災害」にあてはまる。 **C** 1954年，アメリカが行った水爆実験により「死の灰」を浴び，乗組員全員が被曝《ひばく》した第五福竜丸についてのべた文であるから，②にあてはまる。アのチョルノービリ(チェルノブイリ)はウクライナの都市。ソ連の構成国であった時代の1986年，この地にあった原子力発電所が爆発事故を起こし，大量の放射性物質が広い地域にわたって拡散した。したがって，「原子力による事故」にあてはまる。 **D** 大久野《おおくの》島は広島県竹原市に属する小島。本文にあるように，第二次世界大戦中，日本陸軍がこの島で毒ガスを製造していたことから，①にあてはまる。オのニューヨークにあった世界貿易センタービルは，2001年9月11日に起きた「同時多発テロ」において，イスラム過激派組織アルカイダのメンバーにハイジャックされた旅客機が突入し，多くの犠牲者を出した場所であるから，「戦争やテロ」にあてはまる。

2 三宅島は東京都の伊豆諸島に属する島。島の中央に位置する雄山はたびたび噴火することで知られ，明治時代以降だけでも5回噴火している。

3 ごみの分別の仕方は自治体によって異なるので，アは誤り。スプレー缶《かん》は再利用はしない。分別の区分は自治体によって異なるが，不燃ごみとして扱われる場合が多い。中にガスが残っていると火災や爆発する危険性があるので，屋外で中身を出し切ってから捨てるのが正しい処分の方法であるから，エも誤りである。

4 ア ビキニ環礁《かんしょう》は太平洋西部のマーシャル諸島の中にある。付近の海域では，多くの日本のマグロ漁船が操業していた。冷たい海にすむサケやタラの漁獲《ぎょかく》が行われているのは，オホーツク海やベーリング海などである。 イ 当時，外国人が日本で就労することは原則として認められていなかったから，漁船の乗組員の全員が日本人であった。　ウ　太平洋で操業するマグロ漁船は，三崎(神奈川県)や焼津《やいづ》(静岡県)，室戸《むろと》(高知県)などを母港とするものが多かった。　エ　遠洋漁業の経営が難しくなったのは，オイルショックや排他的経済水域の設定が行われた1970年代以降である。　オ　マグロ漁船の多くは，はえなわ漁を行っていた。底引き網《あみ》漁がさかんに行われたのは東シナ海などである。

5　大久野島は瀬戸内海に浮かぶ小島で，竹原市の本土側から約3kmの位置にある。瀬戸内のおだやかな気候の地域でもあるので，ここではウとエが正しいと考えられる。なお，瀬戸内海に火山島はない。

6　Aの長島がある岡山県とDの大久野島がある広島県の沿岸部には，瀬戸内工業地域が広がっている。工業地帯・地域別の生産額で瀬戸内工業地域は中京・阪神・関東内陸についで全国第4位(2019年)である。また，工業種類別生産額で最も割合が高いのは機械工業であるが，化学工業の割合が約20%と，他の工業地帯・地域よりも高くなっている。さらに，沿岸部の埋め立て地に大工場が立地している地域が多く，岡山県の倉敷市や広島県の福山市・呉《くれ》市には製鉄所がある。したがって，ア，イ，オが正しい。輸送用機械の生産額が最も多いのは愛知県なので，ウは誤り。中国地方に火山は少なく，風もおだやかな地域が多いので，エも誤り。瀬戸内海沿岸に水揚《あ》げ量が多い港はあまりないので，カも誤りである。

7　足尾銅山は国内有数の銅山で，そこで産出される銅は明治・大正時代の日本の工業を支えるものであったが，一方で，銅山から流された鉱毒が渡良瀬《わたらせ》川に流れ込み，川の魚を死滅させたり，流域の田畑を荒廃《こうはい》させたりする被害を生じさせた。

2　図書館の意義や役割を題材とした問題

1　ア　ニューヨーク公共図書館があるのはアメリカ合衆国。アメリカは18世紀の建国以来，ヨーロッパなど世界各地から移民を受け入れてきた。近年は中南米やアジアからの移民が増えている。　イ　2022年10月現在において在留邦人(現地に住む日本国籍をもつ人)の数が多い国は，アメリカ，中国，オーストラリア，タイ，カナダの順である。　ウ　2019～24年において国連分担金の支出額が多い国は，アメリカ，中国，日本，ドイツ，イギリスの順である。　エ　アメリカの首都はワシントン。国際連合の本部があるのはニューヨークである。　オ　近年，日本の最大の貿易相手国となっているのは中国。アメリカは最大輸出先となる年もあるが，輸入先と輸出・輸入額の合計では中国の第1位が続いている。

2　ベンチやソファの真ん中に仕切りを設けると，身体に障害のある人などの中には使いにくさを感じる人もいると考えられるので，イは不適切。図や絵記号ではなく日本語だけで説明表示をすると外国人などにとっては不便であると考えられるので，オも不適切である。

3　さまざまな資料から情報を受け取って自分の意見をつくることができる環境は，日本国憲法が保障する「思想及《およ》び良心の自由」(第19条)や，「表現の自由」(第21条)，「学問の自由」(第23条)といった精神の自由の前提であるといえる。

4　ア　自治体がつくるハザードマップは，津波や洪水，土砂災害，火山の噴火など自然災害の発生が予想される地域や避難《ひなん》場所，避難経路などを示したもので，復興の計画を取り扱う内容ではない。　イ　東京都では，中小河川の氾濫《はんらん》による「都市型洪水」の発生を防ぐため，公園や環状道路の地下などに調整池を設けて，河川の水位が上がった場合に水を引いてためられるようにしている。　ウ　東京都は本所・池袋・立川に防災館(都民防災教育センター)を設け，防災に対する知識や技術を学べるようにしている。防災館では地震の揺《ゆ》れの体験や，初期の消火訓練の体験などができる。　エ　災害対策基本法は，1959年に起きた伊勢湾台風による被害の発生をきっかけとして制定されたものである。また，復興庁は東日本大震災後に成立した復興庁設置法により，2012年に置かれた。　オ　2011年の東日本大震災の際に発生した福島第一原子力発電所の事故を受け，福島県では多くの避難指示区域が設けられ，住民が避難を余《よ》儀《ぎ》なくされた。その後，避難指示は段階的に解除され，住民の帰還も進んでいるが，放射能汚染が特に強かった「帰還困難区域」の多くは現在も帰還が制限されている。

5　公共図書館の管理・運営を民間事業者に代行させる指定管理者制度について，アはそのメリット，オはそのデメリットや心配される点についてのべている。自治体が売却《ばいきゃく》の利益を得ることをねらいとしているわけではないので，イは誤り。導入を検討しているのは財政にゆとりのない自治体であると考えられるので，ウも誤り。民間企業が指定管理者になったとしても，図書館への入館や資料の閲覧《えつらん》が有料化されるわけではないので，エも誤りである。

6　近年の国政選挙における年代別投票率は，おおむね20歳代が最も低く，年代が上がるにつれて高くなり，60歳代が最も高くなっている場合が多いので，ウは誤り。情報通信技術の発達をめぐっては，パソコンやスマートフォンを始めとする情報機器を使いこなせる人とそうでない人がいることや，IT技術を使える環境が限られていることで，個人間，世代間，地域間などにおける情報格差が大きくなっていることが課題となっているので，エも不適切である。

3　地球温暖化をテーマとした問題

1　ア　図Aからは，過去40万年の気温変動を見ると，現代よりも温暖であった時期もあるが，現代よりも寒冷な時期の方がずっと長かったことがわかる。　イ　図Aからは，過去40万年の間，温暖な時期と寒冷な時期が繰り返されていることがわかる。　ウ　過去40万年の間には，現代よりも気温が高かった時期も何回かあった。　エ　図Bを見ると，1世紀から18世紀を600年ずつに分けてみた場合，1回目と2回目の600年間は温暖な時期が多いが，最後の600年間は寒冷な時期が多くなっている。　オ　図Bからは，過去2000年間の平均気温より0.4度以上の変動がある地域が50%以上あるのは，20世紀の後半だけであることがわかる。　カ　図Bを見ると，平城京に都があった8世紀には，暖かくなった地域の面積の方が大きくなっている。

2　ア　縄文時代は今から約1万数千年前に始まり，約1万年以上続いた。図Cを見ると，縄文時代末期には，現代より海水面が高くなっていることがわかる。　イ　図Cを見ると，縄文時代より前は海水面が現在より100m前後低い時代が続き，縄文時代になると海水面の上昇が続いていることがわかる。これは，氷期にあたる2～4万年前ごろは地表が雪や氷で覆《おお》われ，降った雨や雪が解けずに地表に残り，海に流れてこないために起きた現象である。縄文時代になると気温が上がり，地表の雪や氷が解けたため，海水面が上昇したのである。　ウ　三内丸山遺跡は1990年代前半に発掘された縄文時代中期ごろの大規模集落跡。集落の周辺ではくりやくるみが栽培されていたことがわかっている。　エ　米づくりは弥生時代後半には東北地方北部にまで広がっていた。　オ　米づくりが広まると，農業に適した水の得やすい土地や，蓄《たくわ》えた食料などをめぐってムラどうし，クニどうしの争いが各地で起こるようになった。吉野ケ里遺跡(佐賀県)に代表される環濠《かんごう》集落は，敵の襲来に備えて周囲を濠《ほり》や柵《さく》で囲んだものである。

3　①は明治時代から大正時代にかけて，②は第二次世界大戦後，③は鎌倉時代，④は江戸時代のことなので，日本で普及《ふきゅう》し始めた時期の順に，③→④→①→②となる。また，①から④それぞれの時期や普及に関連してのべた文については，以下の通り。　①　明治時代後半には日清・日露戦争があり，大正時代にはヨーロッパを主戦場とした第一次世界大戦が起きているので，カがあてはまる。　②　1950年代後半に始まった高度経済成長の時代には電化製品や自動車などが普及し，国民の生活水準が上がったが，農村部から都市部へ移り住む人が増えたため，農村では人口減や労働力不足の問題が起きた。したがって，エがあてはまる。　③　鎌倉時代には牛馬耕が広まっていったので，アが正しい。　④　江戸時代には米づくりとともに，菜種や綿花などの商品作物の生産も広まったので，イが正しい。　なお，ウは室町～戦国時代，オは奈良時代頃にあてはまる。

4　図Bからは，17世紀(1601～1700年)には寒冷な時期が続いていることがわかる。しかし，日本の人口の推移を示した資料のグラフを見ると，この時期の日本の人口は増加を続けている。これは，戦乱の時代が終わって江戸幕府が成立し，幕府や藩により各地で新田開発が行われ農地が拡大したことで，農業生産力が高まったことが背景にあると考えられる。

5　(a)　中国の歴史書『魏志《ぎし》』倭人《わじん》伝には，3世紀の倭(日本)では争いが続いたが，諸国が相談して女王(卑弥呼《ひみこ》)を立てたところ，争いがおさまったということが記されている。　(b)　11世紀は摂関《せっかん》政治の全盛期であった。　(c)　15世紀には室町幕府の第8代将軍足利義政の後継者問題に，有力な守護大名どうしの対立などが結びついて，応仁の乱が起こった。　(d)　1837年，天保《てんぽう》のききんで苦しむ人々を救おうとして，元大坂町奉行所の役人であった大塩平八郎が兵をあげ，大商人などを襲《おそ》った。　(e)　1929年にアメリカで始まった世界恐慌《きょうこう》は，やがて世界中に広がった。日本もその影響を受けて不景気となり，さらに冷害なども重なって東北地方などではききんが起きた。

6　(1)　図Bからは，現在の地球温暖化につながる気温の上昇は19世紀後半に始まり，20世紀にいっそう進行していることがわかる。これは，19世紀に世界に広がった産業革命の影響で，大量生産・大量消費を特徴とする人間の活動も大きく広がり，それを支えるために化石燃料を大量に消費し続け，温室効果ガスが大量に発生した結果だと考えられる。　(2)　地球ではこれまでも温暖な時期と寒冷な時期が交互に繰り返されてきた。しかし，現在まで続く温暖化は，より広い地域で過去2000年間の平均気温よりも大きく上昇しているという点で，過去の温暖化とは異なっている。これは，産業革命をへて人間の活動が大きく変わり，特に石炭や石油などの化石燃料を大量に消費したことで，大気中の二酸化炭素の量が大きく増えたことによると考えられる。

理　科　(40分)　<満点：100点>

解　答

[1]　1　エ　2　ア　3　ア　4　ウ　5　キ　[2]　1　ウ　2　ウ　3　月の形…イ　空に見える月と太陽の位置関係…イ　4　①　オ　②　ウ　③　エ　④　ア　⑤　×　5　33分　[3]　1　①　エ　②　イ　③　オ　④　ア　⑤　カ　2　2通り　[4]　1　①　60　②　350　③　360　④　2150　2　⑤　30　⑥　40　⑦　45　⑧　96　⑨　317　[5]　1　食塩…1.8グラム　ミョウバン…14.1グラ

ム　**2**　**食塩**…2.7グラム　**ミョウバン**…1.1グラム　**3**　3.9グラム　**6**　**1**　**金属板**…3　**B**…エ　**E**…ア　**2**　(例)　重さを比べる。

解　説

1　たねの吸水と発芽の実験についての問題

1　図1の注射器1では，ピストンを引いたときに空気が入ってくるが，ピストンをおしたときには①の部分がふさがって空気が出ていかない。また，図2の注射器2では，ピストンをおしたときに空気が出ていくが，ピストンを引いたときには③の部分がふさがって空気が入ってこない。これは心臓の弁のつくりに似ていて，たとえば，右心室が広がるときには肺動脈との間の弁が閉じ，右心房《しんぼう》との間にある弁が開くことで右心室に血液が流れこむようになっている。

2　注射器1を使うと，ピストンを引いたときは，びん内の空気の一部が注射器の方へ移動し，ピストンをおしても注射器内の空気はもどらない。したがって，びん内の空気の圧力(気圧)が下がり，マシュマロは大きくなる。注射器2を使うと，ピストンを引いたときはびん内の空気は移動せず，ピストンをおしたときは注射器内の空気がびん内へ入るので気圧が上がる。そのため，マシュマロはまわりからおされて小さくなる。

3　たとえば，たねの直径の比を1：2とすると，それぞれの表面積の比は1：4，体積の比は1：8となる。たねの吸水量が表面積に比例するとすると，吸水量の比は1：4となる。吸水による重さの増加量はたねの吸水量と等しく，たねの重さは体積に比例するので，吸水による重さの増加率の比は，$\frac{1}{1}:\frac{4}{8}=2:1$となる。これより，吸水前の体積が小さいものほど，吸水による増加率が大きくなることがわかる。よって，吸水前の体積が最も大きかったのは，吸水による増加率が最も小さいたねAである。

4　たねをふっとう水で加熱すると，たねの中の成長する部分がこわれてしまうので発芽しなくなる。なお，熱に強い性質をもつ植物のたねの場合は温水で消毒することもあるが，その場合でも約60℃程度の温度の水で行う。

5　まさあきさんが「物質Xは吸水前や吸水直後にはつくられていない」と考えたのは，実験結果から，吸水5日後のたねBの部分のみでんぷんを分解したことがわかったためである。ヨウ素液はでんぷんがあると反応して青むらさき色になるので，キのように吸水5日後のたねBの近くのみヨウ素液が反応していなかったと考えられる。

2　月の満ち欠けと見え方についての問題

1　右半分が欠け，左半分が明るく光っている月は下弦《かげん》の月である。下弦の月は真夜中ごろ東からのぼり，日の出のころ南中し，正午ごろ西にしずむ。よって，朝6時に下弦の月が見えた方角は南である。

2　図1で，手に持ったボールは右半分が光っている。つまり，ボールを持っている人の正面に対して右側に太陽が位置していることになる。朝7時半ごろに太陽は東の方角にあるので，ひろかさんは南の方角を背にして北を向いていたことがわかる。よって，校庭の南に校舎があるウが選べる。

3　日本で観察している月は右側(西側)から満ちていき，右側から欠けていく。下弦の月から3日後には月の欠け方がさらに大きくなってイのような形になる。また，同じ時刻に見える月は，1日に約12度東へ動くので，3日後には南から東の方角へ，12×3＝36(度)動く。よって，3日前より太陽に近づいて見える。

4　①　さそり座は夏の夜空で南の低い位置に見える星座であり，赤色の１等星アンタレスを含《ふく》んでいる。　②～④　わし座，こと座，はくちょう座は夏を代表する星座で，わし座のアルタイル，こと座のベガ，はくちょう座のデネブを結んだ三角形を夏の大三角という。　⑤　オリオン座はベテルギウスとリゲルの２つの１等星を含む冬の代表的な星座である。

5　探査機が現在の状きょうを電波で地球に送り，そのデータをもとに地球から指令を電波で送り返すことで探査機を制ぎょできる。このとき，電波が進む距離《きょり》は，３億×２＝６億(km)だから，探査機がひとつの行動をおこすのに要する時間は，600000000÷300000＝2000(秒)，2000÷60＝33.3…(分)より，およそ33分である。

[3] 豆電球のつなぎ方とつき方や明るさについての問題

図Ⅰ

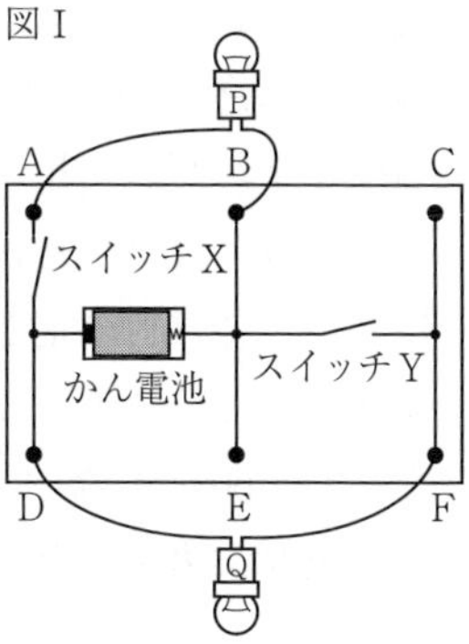

1　①　Ｐのつなぎ方やスイッチの状態に関係なくつねにＱが“○”の明るさでつくには，Ｑが電池に直接つながっていればよい。よって，このときＱはＤとＥの間につながれている。　②，③　ＰをＢとＣの間，ＱをＥとＦの間につなぐと，どちらの豆電球もかん電池の＋極側とつながらないので，回路に電流が流れず，豆電球がつかない。　④，⑤　右の図Ⅰのように，ＰをＡとＢの間につなぎ，ＱをＤとＦの間につなぐ。このとき，〔Ｐ，Ｑ〕のつき方は，状態１から順に〔×，×〕，〔○，×〕，〔×，○〕，〔○，○〕となる。

2　〔Ｐ，Ｑ〕のつき方が〔△，△〕となるのは，ＰとＱが直列につながる場合である。ＰをＡとＢの間につないだ場合は，Ｑを接続するたんしに関わらず，スイッチＸを入れるとＰとかん電池が直接つながるので“○”になり，スイッチＸを切るとＰとかん電池とつながらずＰは光らないので適さない。また，１で考えた組み合わせで〔△，△〕となるものはない。よって，残りの場合について考えると，下の図Ⅱ～図Ⅳのようになる。図Ⅱの場合はつねに〔Ｐ，Ｑ〕のつき方が〔△，△〕となり，図Ⅲの場合は状態２のとき〔Ｐ，Ｑ〕のつき方が〔△，△〕となる。図Ⅳの場合は，状態１から順に〔×，×〕，〔×，×〕，〔×，○〕，〔○，○〕となるので当てはまらない。以上より，２通りとわかる。

図Ⅱ

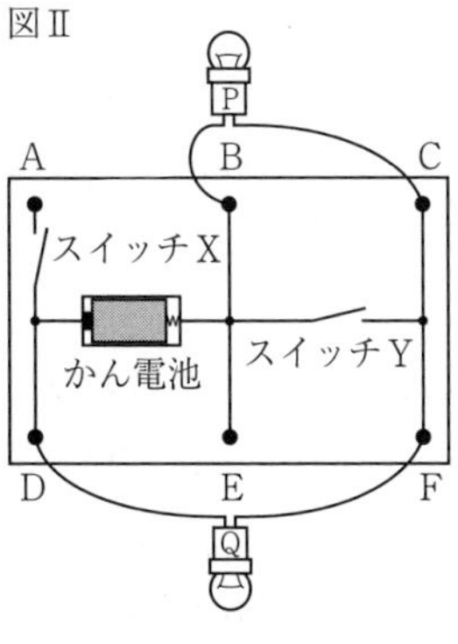

図Ⅲ

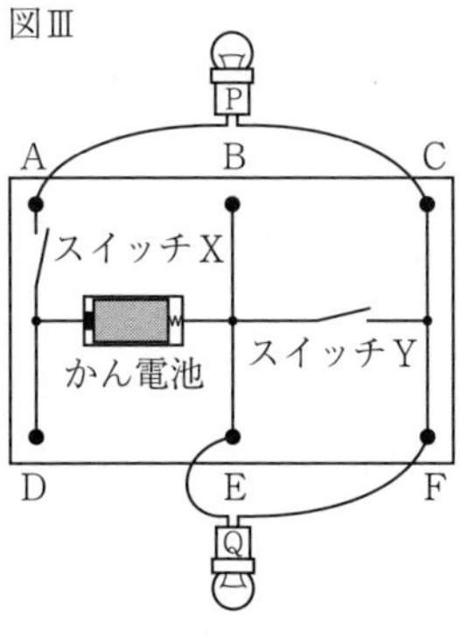

図Ⅳ

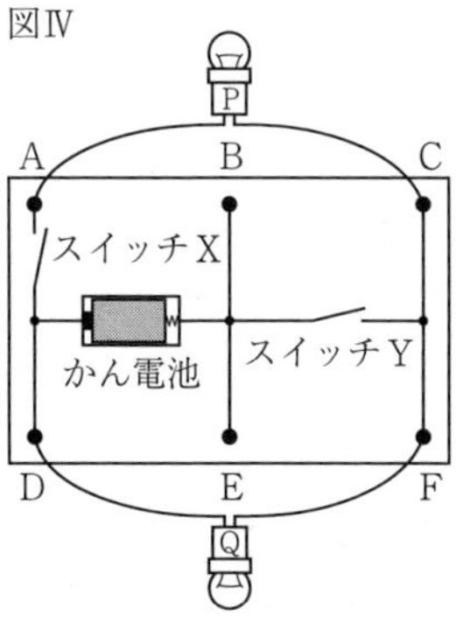

[4] てこのつり合いについての問題

1　図２の装置では，皿Ａ～皿Ｆと棒，おもりの重さはつり合っているので，そのあとに皿にのせるつぶや分銅の重さだけについてつり合いを考えればよい。　①，②　10グラムの分銅をＢ，Ｃ，

D，E，Fと順に変えれば，つぶを10グラムから50グラムまで10グラム刻みではかり取ることができると述べられている。そのため60グラムのつぶをはかり取ることを考える。分銅の重さはできるだけ重い方が多くの重さをはかり取れるので，60グラムの分銅を用意すると，その分銅を皿Bにのせることで60グラムのつぶをはかり取ることができる。続いて，60グラムの分銅を皿Bにのせたまま，10グラムの分銅を皿Bから順に皿Fまで変えていくと，60＋10＝70(グラム)から，60＋50＝110(グラム)までを10グラム刻みではかり取ることができる。次に60グラムの分銅を皿Cにのせると120グラムがはかれ，10グラムの分銅を皿Bから順に変えていくと，130グラムから170グラムまでを10グラム刻みではかれる。同様に考えていくと，60グラムの分銅と10グラムの分銅を皿Fにのせたときのつぶの重さを□グラムとすると，□×12＝(60＋10)×12×5より，□＝350(グラム)となり，350グラムまで10グラム刻みでつぶをはかり取ることができるとわかる。なお，分銅の重さを60グラムより大きくすると，60グラムがはかり取れない。　③，④　①，②と同様に考えると，360グラムのつぶを1個の分銅ではかるためには，360グラムの分銅があればよく，これと10グラム，60グラムの分銅を用いると，□×12＝(10＋60＋360)×12×5より，□＝2150(グラム)まで，10グラム刻みではかり取ることができる。

2　⑤　棒と皿の重さを考えないとき，皿Eにのせるつぶが20グラム，皿Eの位置をQから□cmのところとすると，50×12＝20×□より，□＝30(cm)である。棒の右はしとQとの間の長さは，72−12＝60(cm)なので，皿Eの位置は棒の右はしから，60−30＝30(cm)のところである。　⑥　⑤と同様に考えると，皿Dにのせるつぶが30グラムのとき，50×12＝30×□より，□＝20(cm)である。よって，皿Dの位置は棒の右はしから，60−20＝40(cm)である。　⑦　⑤と同様に考えると，皿Cにのせるつぶが40グラムのとき，50×12＝40×□より，□＝15(cm)なので，皿Cの位置は棒の右はしから，60−15＝45(cm)になる。　⑧　図2でのつり合いから，棒の重さを□グラムとすると，棒の重さは棒の中央の点，つまりPから，72÷2−12＝24(cm)の点に集まっていると考えて，(360＋12)×12＝□×24＋12×(12＋24＋36＋48＋60)より，□＝96(グラム)と求められる。　⑨　図4で，皿Aの下につるしたおもりの重さを□グラムとすると，(12＋□)×12＝96×24＋12×(12＋15＋20＋30＋60)より，□＝329−12＝317(グラム)とわかる。

5　もののとけ方についての問題

1　手順3までに，60℃の水50グラムにビーカーAでは食塩を，5×4＝20(グラム)，ビーカーBではミョウバンを20グラム加えている。40℃の水50グラムに食塩は，36.4×$\frac{50}{100}$＝18.2(グラム)までしかとけないので，手順4のあとでは，食塩が，20−18.2＝1.8(グラム)とけ残る。また，40℃の水50グラムにミョウバンは，11.8×$\frac{50}{100}$＝5.9(グラム)までしかとけないので，ミョウバンは，20−5.9＝14.1(グラム)とけ残る。

2　手順5でそれぞれのビーカーからとり出した水よう液は，食塩およびミョウバンの40℃におけるほう和水よう液である。40℃のほう和食塩水，100＋36.4＝136.4(グラム)中に食塩が36.4グラムとけているので，蒸発皿には，36.4×$\frac{10}{136.4}$＝2.66…より，2.7グラムの食塩が残る。また，40℃のほう和ミョウバン水よう液，100＋11.8＝111.8(グラム)中にミョウバンが11.8グラムとけているので，蒸発皿には，11.8×$\frac{10}{111.8}$＝1.05…より，1.1グラムのミョウバンが残る。

3　1つのグループで，手順5のあとにビーカーBに残っている水の重さは，50−(10−1.1)＝41.1(グラム)である。手順6で20℃に冷やしたときにとけているミョウバンの重さは，5.9×$\frac{41.1}{100}$＝

2.4249より，2.42グラムだから，10グループから集めた水よう液にとけているミョウバンの重さは，2.42×10＝24.2(グラム)になる。よって，20℃の水を加えて全体の重さを500グラムにしたときのミョウバン水よう液中の水の重さは，500－24.2＝475.8(グラム)なので，このときとかすことのできるミョウバンの重さは最大で，$5.9\times\frac{475.8}{100}=28.0722$より，28.1グラムである。したがって，あと，28.1－24.2＝3.9(グラム)のミョウバンをとかすことができる。

6 金属の判別についての問題

1　5種類の水よう液のうち，鉄は塩酸だけに反応し，銅はどの水よう液にも反応せず，アルミニウムは水酸化ナトリウム水よう液と塩酸の2つに反応する。よって，アルミニウム板は金属板3であり，Bにたらした水よう液は2種類の金属板と反応する塩酸，Eにたらした水よう液は1種類の金属板と反応する水酸化ナトリウム水よう液である。

2　物質1 cm^3あたりの重さは金属の種類によって異なり，3種類の金属の中で，アルミニウムは他の2種類よりも軽い金属なので，ほぼ同じ大きさであれば重さを比べることで判別できる。なお，1 cm^3あたりの重さは，アルミニウムが約2.7グラム，鉄が約7.9グラム，銅が約9.0グラムである。

国語 (40分) ＜満点：100点＞

解答

一 **問1** (例) だれでも生まれた瞬間から必ず何かに接触して生きており，そういう何かと自分との間に「意味＝つながり」を構成することこそ「学び」だから。　**問2** (例) 「学び」も「遊び」も，自らに備わった五感や象徴機能をいかしてものごとに意味を見いだし，世界と自分とのつながりを構築する営みだということ。　**問3** (例) 一方的に与えられた既存の知識を詰め込むだけの「学び」をし，「楽しい」が無意味だと遊びを軽んじるのでは，新しいものを追求する過程で見いだせるはずの楽しみ，生きる意義，自らへのほこりといった素晴らしいものが得られないから。　**問4** オ　**二** **問1** (例) 子どもたちのうったえのなかから「暴れて割った」だけをとり上げ，確かめるように間を区切ってくり返したので，うったえの内容に「わたし」が疑念を持っていることを暗示する効果。　**問2** (例) 人でもものでも傷つけることをたえがたい苦しみと感じる弟は，周りのすべてを乱暴にあつかってはならないと思っていること。　**問3** **弟**…(例) ぬれぎぬを着せられた怒り，悔しさを伝える言葉や無実を主張する言葉を持ち合わせない無念さをかかえて苦しんでいた。　**わたし**…(例) 障がいにつけこむ人の悪意に絶望しているだろう弟を，なぐさめる言葉もないことがもどかしく，深く悲しんでいた。　**問4** (例) とがったガラスの破片は，誤解されて責められた弟の悲しさ，乱暴に扉を閉めたことへの自責の念，それを言葉で伝えられないまま苦しむ弟の，心の痛みのように見えたということ。　**三** 下記を参照のこと。　**四** **問1** (例) 太陽の位置や気温といった，自然にしたがって花を開閉する暮らしを先祖代々続けてきた自分たちの時間感覚は，人が決めた機械的な時間のサイクルとは合わないから。　**問2** (例) へりくだった丁ねいな言葉づかいから，人間に対して用心し敬遠していることが読み取れる。

●漢字の書き取り

三 先んずれば人を制す

解　説

一 **出典は石黒広昭《いしぐろひろあき》の「学ぶことと遊ぶこと」による。**筆者は既存《きそん》の知識を詰《つ》めこむのが「学び」，楽しいが無意味なものが「遊び」という認識《にんしき》の誤りを指摘《してき》し，本来「学び＝遊び」であることを説明している。

問１　「学び」とは大人によって選別された知識を自分のなかに詰めこむ，といった作業ではなく，接触《せっしょく》した「何か」と自分との間に「意味＝つながり」を見いだしていく，いわば「世界に意味を構成する」個々の営みをいうのだと説明されている。少し前で，母親から抱《だ》っこされて嬉《うれ》しく思ったり，ハイハイした床《ゆか》の冷たさや，お日さまのまぶしさを感じたり，花からいい匂《にお》いを嗅《か》ぎ取ったり，といった例があげられているとおり，人は何かに触《ふ》れるたび，自分とそのものごとの間につながりがあることを知っていくのだから，筆者は自分たちが「どこにいても，どんな時でも，『学んでしまう』存在」なのだと言っている。

問２　直前に「このように」とあるので，前の部分に注目する。問１でみたように，「学び」とは，ものごとに接触したさい，人間が五感を通じて自分とそのものごとの間に「意味＝つながり」を見いだす営みをいう。一方，「ごっこ遊び」からうかがえるとおり，「遊び」とは人間に元々備わった象徴《しょうちょう》機能(あるものを別のものに見立てる能力)を活用することで「新しい意味を創り出」したり，色々と「試したり」する行為《こうい》にあたる。つまり，人間に元来備わった機能を用いて世界と自分との間に意味を構築していく，という点で「学びと遊びとは元々ひとつのもの」なのである。

問３　大人によって設定された「知識」と「正解」を一方的に詰めこむ学校教育によって，本来は一つであった「学び」と「遊び」が分離《ぶんり》された結果，「学びは将来の目標達成のためには大切だけど楽しく」なく，「遊び」は「楽しいけど無意味なもの」と多くの子どもが認識してしまうことが，「この誤解」にあたる。「学び＝遊び」と考えている筆者は，「遊び」を無意味と軽んじ，「学び」を既存の知識の詰めこみと限定してしまうことで，新しいものを追い求める過程で得られる「人生の素晴《すば》らしさ」(ここでは，「既存の意味」にとらわれず「新しい意味」を創り出すなかで，「生きる」ことの「意義」を見いだし，それを楽しみ，「自らを称《たた》えながら生きていく」こと)を味わう機会が子どもたちから奪《うば》われてしまうので，こうした「誤解」を持たれることが「絶望的」だと嘆《なげ》いているのである。

問４　学びは「ひとりひとりが世界に意味を見いだす，作り上げていく」営みなので，「その勉強」や「その本」の「意味」は，学ぶ以前にわかるものではない。つまり，あるものごとに「どんな意味があるのか」を答えられるのは，オの「学び終えた未来の自分」である。

二 **出典は日本文藝《ぶんげい》家協会編の『ベスト・エッセイ　2022』所収の「ガラスのこころ(岸田奈美《きしだなみ》作)」による。**心根のやさしいダウン症《しょう》の弟が，一度目は悪意のせいで，二度目は誤解のせいでつらい目にあったできごとを，姉である「わたし」(筆者)が回想している。

問１　一向に帰ってこない弟を心配し，ようすを見に行った「わたし」は，割れたエントランスのガラス扉《とびら》を前に，小学生くらいの男の子たちと対峙《たいじ》する弟の姿を目のあたりにしている。管理人さんから一通り状況《じょうきょう》を聞いたものの，「わたし」はふだん知っている弟の性格と，「顔を真っ赤にして，両目に涙《なみだ》をため，口をきゅっと真横に結んでいる」そのようす，男の子の一人が手にサッカーボールを持っていたことから，小学生たちの，(弟が)「暴れて割った」という言い分がどうしても腑《ふ》に落ちずにいるのである。つまり，管理人の説明のなかでも，「暴れて割った」という部分だけを抽出《ちゅうしゅつ》し，間を区切って口にしている(「暴れて，割った」)のは，彼《かれ》らのこの主張に対する「わたし」の強い疑念を読者に印象づける効果があるといえる。

問2　本文の最初のほうで，「まるでヒヨコでもすくうかのように，ずんぐりむっくりした手で大切に食器をあつかう」弟が紹介《しょうかい》されていることから，ここでいう「ヒヨコ」は，“守るべき，かよわい存在”の比ゆとして描《えが》かれていることがうかがえる。また，先月，家の扉のガラスを割ってしまい，その片付けをする弟の悲壮《ひそう》なようすを見た「わたし」が，彼にとっては「生き物を殺したも同然」なのだろうと考えていることにも注目する。つまり，「感情」や「思いやり」を立派に備えている弟にとっては，「命があるものも，ないものも」すべて手厚く，大切に扱《あつか》うべきものなのだから，「命のあるなしにかかわらず，乱暴にあつかって傷つけることに激しい苦痛を感じる弟は，何も傷つけたくないと思っていること」のようにまとめる。

問3　**弟**…男の子たちが去った後，ぶるぶるとふるえている弟を見た「わたし」が，その心の内について「怒《いか》りだろうか，悔《くや》しさだろうか」と推《お》し量っていることからうかがえるとおり，弟は，障がいによって「人に伝える言葉を持ちあわせていない」(自己弁護も反論もできない)自らの性質につけこんでぬれぎぬを着せようとしてきた男の子たちのあまりの卑怯《ひきょう》さに，「無念」さや強い憤《いきどお》りを感じたものと想像できる。　**わたし**…後のほうで，「想像もつかない景色を見て」，たくさんのものに「愛を注」ぐも，「それが伝わらない世界」に「絶望」してきたであろう弟の無念さに思いをはせているとおり，「わたし」は人の悪意に言い返すこともできず「絶望」しているに違《ちが》いない弟に対し，なぐさめる言葉が見つからず，寄りそいたくてもままならない悲しみともどかしさで泣いているのである。

問4　祖母の「勘違《かんちが》い」から激しく責められたことに対し「弁明」しようとしても通じず，あきらめて退散しようとした弟が「腹いせに扉を強く閉めたせいで，扉のガラスが砕《くだ》け散った」場面である。誤解から責められた悲しさ，弁明が通じない絶望，乱暴な動作でガラスを割ったつらさと後悔《こうかい》，そうした弟の「声にならない」苦しみのように，「とがって散らばった破片《はへん》」が見えたのである。

三　漢字の書き取り

「先んずれば人を制す」は，人より先に始めれば相手より有利な立場を得て成功できるということ。

四　出典は木坂涼《きさかりょう》の詩「花時計」による。花時計として時計の長針・短針をほどこされた「花一同」が，自分たちの時間と人間の時間の差に悩《なや》み，長針・短針を返したがっているようすが描かれている。

問1　「悔《く》やんで」いるのは，花時計として「長針」と「短針」をほどこされたことである。人間の決めた時間に合わせて花を開いたり閉じたりすることを，花時計は期待されている。しかし，花の開閉は，「太陽の位置」や「気温」，「星の傾《かたむ》き」といった自然のサイクルによっているので，相いれないという趣旨《しゅし》でまとめる。

問2　「ちょうだいした」「存じます」「いかがでございましょうか」といった言い方は，謙譲《けんじょう》語や丁ねい語にあたる。敬語は，相手への敬意を表す以外に，相手との関係性における距離《きょり》も表すことに注意する。花たちがへりくだって人間との距離を保っているのだから，人間に対する不信や恐《おそ》れも読み取れる。これをふまえ，「敬語を使っていることから，何をされるかわからない人間に用心し，距離を取ろうとしていることがうかがえる」といった趣旨でまとめる。

2022年度　筑波大学附属駒場中学校

〔電　話〕(03) 3411－８５２１
〔所在地〕〒154-0001　東京都世田谷区池尻４－７－１
〔交　通〕京王井の頭線―「駒場東大前駅」より徒歩７分
東急田園都市線―「池尻大橋駅」より徒歩15分

【算　数】（40分）〈満点：100点〉

【注意】円周率は3.14を用いなさい。

1　ある整数を，２個以上の連続した整数の和で表すことを考えます。ここでは，整数○から整数△までの連続した整数の和を〈○～△〉と書くことにします。

たとえば，9＝2＋3＋4 なので，９は〈2～4〉で表せます。９を２個以上の連続した整数の和で表すとき，考えられる表し方は〈2～4〉と〈4～5〉のちょうど２種類です。

次の(1)から(3)の整数を，２個以上の連続した整数の和でそれぞれ表すとき，考えられる表し方を〈○～△〉のようにしてすべて答えなさい。

(1)　50

(2)　1000

(3)　2022

2　縦《たて》と横にまっすぐな道が何本か通っている街があります。縦の道を１，２，３，…，横の道をア，イ，ウ，…として，縦の道と横の道が交わる場所をすべて「交差点」と呼《よ》びます。たとえば，１の道とアの道が交わる場所は，交差点１－アと表します。

このような街で，交差点に警察官《けいさつかん》を配置することを考えます。警察官は，道を通って他の交差点にかけつけます。道でつながっている隣《とな》りあう２つの交差点間の道のりは，すべて１km です。

図①

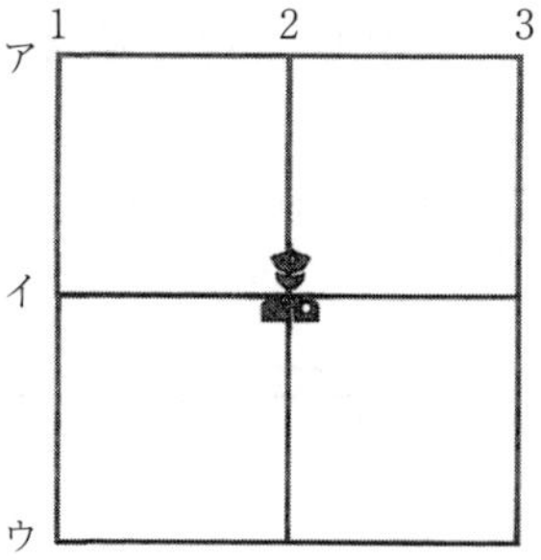

たとえば，図①のような，縦に３本，横に３本の道が通っている９個の交差点がある街で，交差点２－イに警察官を１人配置すると，街のすべての交差点に，警察官が２km 以内の移動距離《きょり》でかけつけることができます。

次の問いに答えなさい。

(1)　図②のような，縦に４本，横に３本の道が通っている，12個の交差点がある街に，２人の警察官を配置します。

交差点２－イに１人目の警察官を配置しました。２人目の警察官をどこかの交差点に配置して，街のすべての交差点に，いずれかの警察官が２km 以内の移動距離でかけつけられるようにします。２人目の警察官を配置する交差点として考えられる場所は何か所ありますか。

図②

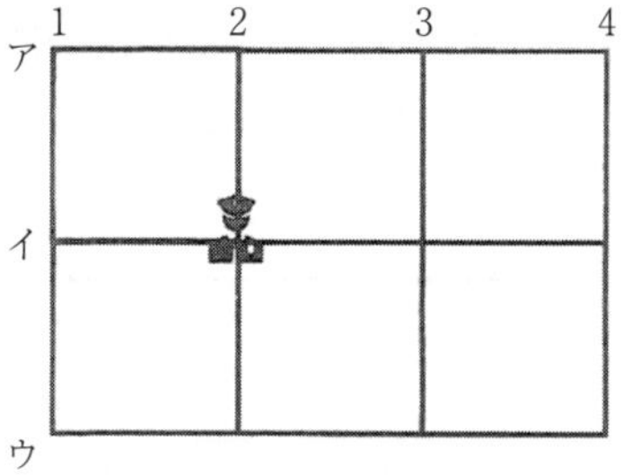

(2) 図③のような，縦に4本，横に4本の道が通っている，16個の交差点がある街に，何人かの警察官を配置します。

街のすべての交差点に，いずれかの警察官が2km 以内の移動距離でかけつけられるようにします。何人の警察官を配置すればよいですか。考えられるもっとも少ない人数を答えなさい。

(3) 縦に15本，横に15本の道が通っている，225個の交差点がある街に，4人の警察官を配置します。このとき，街のすべての交差点に，いずれかの警察官が□km以内の移動距離でかけつけられるよう配置することができます。

□にあてはまる整数のうち，考えられるもっとも小さいものを答えなさい。

図③

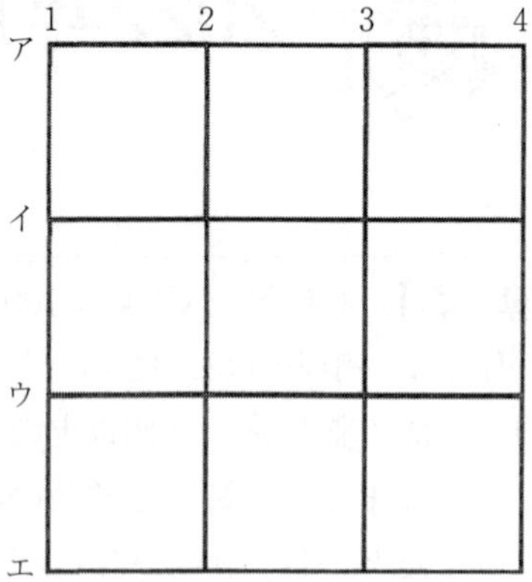

3 たがいに平行な3本の直線㋐，㋑，㋒がこの順に並《なら》んでいます。㋐上には点Pがあり，Pは毎秒1mの速さで㋐上を矢印の方向に動きます。㋑上には長さ5mの厚みがない壁《かべ》があり，㋒上には動かない点Aがあります。

直線PAと壁が交わるとき，Aから見てPは壁に隠《かく》れて見えません。また，Aから見てPがいずれの壁にも隠れていないとき，PはAから見えています。次の問いに答えなさい。

(1) 図①では，㋐と㋑，㋑と㋒の間かくは，それぞれ3mです。㋑上の壁は動きません。Aから見ると，Pは動き始めてしばらくして壁に隠れ，やがて再び見えるようになりました。Aから見て，Pが壁に隠れていた時間は何秒ですか。

図①

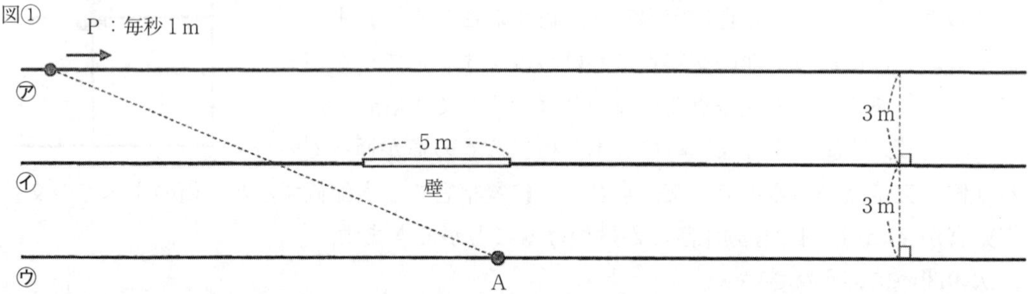

(2) 図②では，㋐と㋑，㋑と㋒の間かくは，それぞれ3mです。㋑上の壁はPが動く方向と同じ方向に毎秒2mの速さで動きます。Aから見ると，Pは動き始めてしばらくして壁に隠れ，やがて再び見えるようになりました。Aから見て，Pが壁に隠れていた時間は何秒ですか。

図②

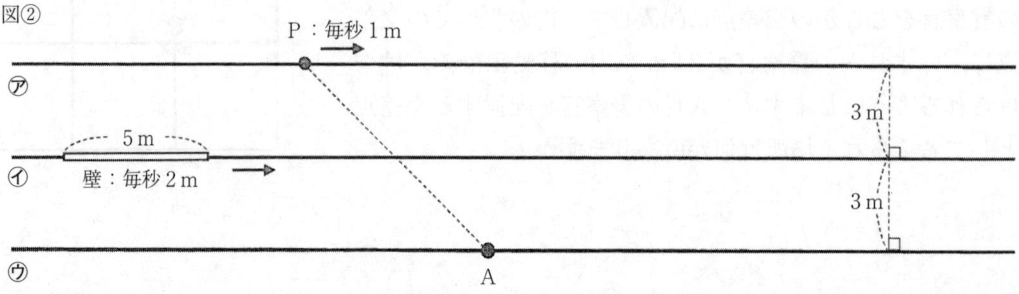

(3) 図③のように，㋐と平行な直線㋓があり，4本の直線㋐，㋑，㋓，㋒がこの順に並んでいま

す。㋐と㋑，㋑と㋓，㋓と㋒の間かくは，それぞれ３ｍです。㋑上の壁はＰが動く方向と同じ方向に，㋓上の壁はＰが動く方向と反対の方向に，それぞれ毎秒２ｍの速さで動きます。Ａから見ると，Ｐは動き始めてしばらくして㋑上の壁に隠れ，やがて再び見えるようになり，そのまま見え続けました。Ａから見て，Ｐがいずれかの壁に隠れていた時間は何秒ですか。考えられるもののうち，もっとも短い時間ともっとも長い時間を答えなさい。

図③

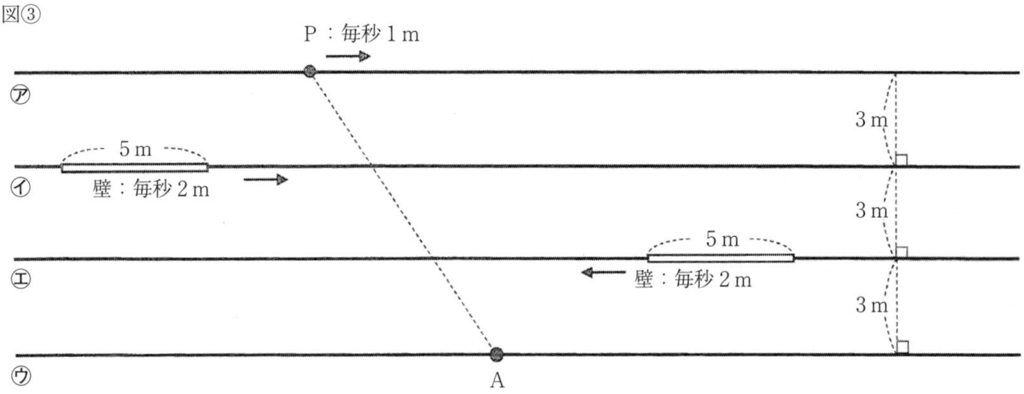

4　つくこま中学校の文化祭では，開場前に，整理番号 1 ～ 545 の545人のお客さんが番号の小さい順に一列に並《なら》んでいて，次のように３か所の窓口《まどぐち》で担当者《たんとうしゃ》が受付をします。

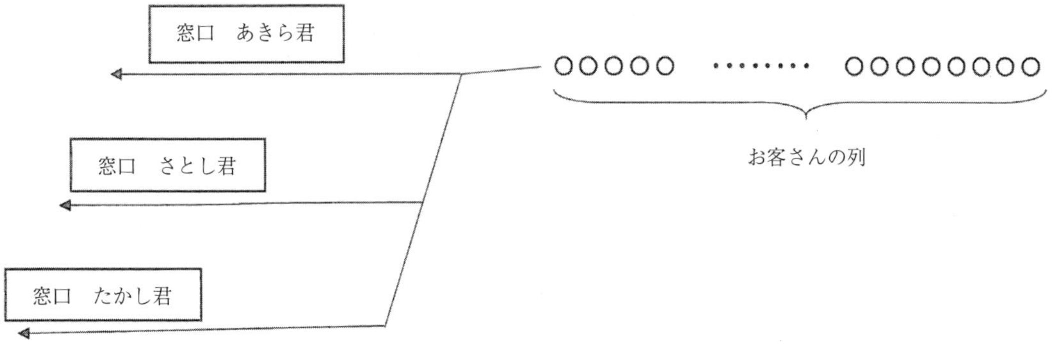

受付は以下のように行います。

- あきら君，さとし君，たかし君の３人が，それぞれの窓口で受付を担当します。
- お客さん１人あたりの受付にかかる時間は，あきら君が10秒，さとし君が13秒，たかし君が15秒です。
- お客さんは整理番号の小さい順に，３か所ある窓口のうち，あいているところで受付をします。
- 同時に窓口があいたときは，列に近い窓口から受付をします。窓口は，列に近い順に，あきら君の窓口，さとし君の窓口，たかし君の窓口です。
- 受付が終わった窓口では，そのとき列の先頭にいるお客さんの受付がすぐに始まります。お客さんが列から窓口へ移動する時間は考えません。
- １か所の窓口に，同時に２人以上のお客さんが行くことはありません。

文化祭の開場と同時に，整理番号 1 のお客さんがあきら君の窓口に，整理番号 2 のお客さんがさとし君の窓口に，整理番号 3 のお客さんがたかし君の窓口に行くとして，次の問いに答えなさい。

(1) あきら君が受付をする，ちょうど30人目のお客さんの整理番号を答えなさい。

(2) (ア) 整理番号 165 のお客さんの受付が終わるのは，文化祭の開場から何秒後ですか。

(イ) 整理番号 165 のお客さんの受付をするのは，あきら君，さとし君，たかし君の３人のうち誰《だれ》ですか。

開場からしばらくして，窓口のあきら君，さとし君，たかし君のうち１人が，あるお客さんの受付を終えると同時に，ゆたか君と交代しました。ゆたか君がお客さん１人あたりの受付にかかる時間は８秒です。この結果，文化祭の開場からちょうど2022秒後に，整理番号 545 のお客さんの受付が終わりました。

(3) ゆたか君は，文化祭の開場から何秒後に，あきら君，さとし君，たかし君のうち誰と交代しましたか。

【社　会】（40分）〈満点：100点〉

1　つぎの文を読んで，あとの1から7までの各問いに答えなさい。

日本の高度経済成長の原動力となった工業地域の多くは，海に面した場所にあります。日本の工業地域の多くが含《ふく》まれる太平洋《たいへいよう》ベルトという言葉からも，その事実がわかります。日本の工業地域が海に面した場所にある理由は，日本国内で原料や燃料になる資源があまりとれないため，海外からの輸入に頼《たよ》らざるを得ず，資源の運搬《うんぱん》に便利な海に面した場所が選ばれてきたことによります。原料や燃料になる資源はそれぞれ専用の運搬船で海外から運ばれ，経済成長と，それを支える工業生産の原動力となってきました。

海外からの輸入に頼る資源が多いなかで，例外的に国内の自給率が100％を超《こ》えている資源があります。「白いダイヤ」と呼ばれる石灰《せっかい》石です。産地は全国各地に分布し，合計で200カ所を超えています。石灰石は，ガラスの原料などのほか，消毒や土壌《どじょう》の改善などに用いられています。学校では，理科の実験やグラウンドにひく白い線の粉として使うこともあります。

石灰石の主要な用途《ようと》は，セメントの原料です。私たちの身の周りにたくさんあるコンクリートは，セメントで固められている場合がほとんどです。そのセメント工場は，他の種類の工場とは異なり，資源の産地近くに立地することが多くなっています。ここでは，日本国内に数ある石灰石産地の中から，代表的な産地について見てみましょう。

A　秩父《ちちぶ》は，江戸《えど》時代までは絹織物工業が盛《さか》んでしたが，近代以降は豊富な石灰石を原料にしたセメント工業が発展しました。市街地から3kmほどの場所にある武甲山《ぶこうざん》は石灰岩の塊《かたまり》でできており，急傾斜《けいしゃ》で目立つ山の姿から，古くから信仰《しんこう》の対象になってきました。武甲山信仰の一つである秩父夜祭は，その文化的な価値が認められ，2016年にユネスコ無形文化遺産に登録されました。武甲山での石灰石採掘《さいくつ》は1917年に開始されました。かつては富士山のように整っていた山容は，白い岩肌《いわはだ》がむき出しになり，頂上部分がピラミッド型になってしまいました。武甲山の姿は大きく変わってしまいましたが，秩父は裕福《ゆうふく》な小都市として発展しました。

B　この地域の代表的な風景は，白い砂浜《すなはま》と青い海です。この風景には，サンゴ礁《しょう》が大きな役割を果たしています。サンゴの遺骸《いがい》が真っ白な砂浜をつくり，生きたサンゴは海水を浄化《じょうか》して透明《とうめい》度を高めます。透明度の高い海が亜《あ》熱帯の青空を映し出し，青い海をつくり出しているのです。サンゴ由来の石灰岩が広く分布している内陸部では，石灰石の採掘が行われています。石灰岩は水に溶《と》けやすいその性質から，各地に特徴《とくちょう》的な地形をつくってきました。鍾乳洞《しょうにゅうどう》は県内に約1500ヵ所もあるといわれ，観光や信仰の対象となってきました。現地ではガマと呼ばれ，太平洋戦争時には多くの住民を巻き込んだ悲劇の舞台《ぶたい》となりました。

C　この地域の石灰岩は，有名な鍾乳洞である秋芳洞《あきよしどう》を中心に，広い範囲《はんい》にわたって分布しています。秋芳洞の内部にある「百枚皿」や「黄金柱」は，その神秘的な姿から，観光客の人気を集めています。この秋芳洞の地上には日本最大の，石灰岩が雨水によって侵食《しんしょく》されてできたカルスト台地である秋吉台《あきよしだい》があります。規模の異なる大小のくぼ地が点在し，特徴的な風景を見せています。ここでとれた石灰石は，日本海と瀬戸内海《せとないかい》に面した同県内のそれぞれの港に運ばれています。この秋吉台を含む美祢《みね》市は，「白いダイヤ」のほかに，「黒いダイヤ」を産出した町としても知られています。

これらの産地に見られるように，石灰岩はそれぞれに特徴的な地形をつくり，人々の生活と密接に関わってきました。国内で産出する資源は，石灰石以外にも存在します。国内各地にある資源の産地を訪ね，自然や人々の営みについての学びを深めてみてはいかがでしょうか。

1　A・B・Cの地域を含む県名をそれぞれ書きなさい。ひらがなでもかまいません。

2　太平洋ベルトに関連してのべた文として正しいものを，つぎのアからオまでの中から二つ選び，その記号を書きなさい。

ア　京葉《けいよう》工業地域や瀬戸内工業地域は，生産額にしめる化学工業の割合が50%を超えている。

イ　京浜《けいひん》工業地帯は，東京から静岡《しずおか》県浜松市にいたる一帯を含んでいる。

ウ　中京工業地帯の工業生産額は，国内工業地帯・工業地域の中で最も大きい。

エ　阪神《はんしん》工業地帯は国内の主要な自動車生産地であり，生産額にしめる機械工業の割合が最も大きい。

オ　北九州工業地域は，かつて国内「四大工業地帯」の一つに数えられていた。

3　化石燃料や鉱物資源を運ぶ専用の運搬船として正しいものを，つぎのアからカまでの写真の中から三つ選び，その記号を書きなさい。

ア

イ

ウ

エ

オ

カ

4　セメント工場が資源の産地近くに立地する理由として考えられるものを，つぎのアからオまでの中から一つ選び，その記号を書きなさい。

ア　産地周辺の地域には，大都市周辺よりも働く人が多くいるから。

イ　世界遺産や国立公園に指定されている産地が多く，域外への輸送が禁じられているから。

ウ　石灰石はセメントに比べて重いため，製品よりも原料を運ぶためにより多くの費用がかかるから。

エ　セメントの需要《じゅよう》は，大都市周辺よりも石灰石産地周辺の方が多いから。

オ　セメントはおもに自動車で輸送されるため，高速道路の近くが有利であるから。

5　世界各地の信仰についてのべた文として正しくないものを，つぎのアからオまでの中から二つ選び，その記号を書きなさい。

ア　イスラム教のモスクでは，聖地メッカの方向に向かって祈《いの》りをささげる。

イ　儒教《じゅきょう》では年齢《ねんれい》や地位による上下関係を無くし，互《たが》いに対等に接することが求められる。

ウ　中国では仏教が広く信仰されており，他の宗教の信仰は禁止されている。

エ　アメリカ合衆国に移民としてやってくる中南米の人たちは，多くがキリスト教を信仰している。

オ　ミャンマーから出国し，難民となっているロヒンギャの多くはイスラム教を信仰している。

6　サンゴ礁に関連してのべた文として正しいものを，つぎのアからオまでの中から二つ選び，その記号を書きなさい。

ア　日本の東西南北の端《はし》にある四島には，それぞれサンゴ礁が発達している。

イ　サンゴの白化現象は，おもに海水温の急激な低下によって起きている。

ウ　サンゴ礁が衰《おとろ》えている原因の一つとして，開発にともなう赤土の流入があげられる。

エ　サンゴ礁は様々な生物の生育場所であり，生物多様性の確保に貢献《こうけん》している。

オ　アメリカ軍基地の移設先に辺野古《へのこ》が選ばれた理由として，サンゴが生育していないことがあげられる。

7　つぎの表は，日本の黒いダイヤの輸入先上位5カ国とその割合を示したものである。この資源の名前を書き，さらにこの資源についてのべた文として正しいものを，下のアからオまでの中から二つ選び，その記号を書きなさい。

（2019年）

1	オーストラリア	58.7（%）
2	インドネシア	15.1
3	ロシア	10.8
4	アメリカ合衆国	7.1
5	カナダ	5.5

『データブック 2021』より

ア　日本国内の主要な産地は，新潟《にいがた》県や秋田県，千葉県にある。

イ　海外から輸入する際に，低温で液化した状態にして輸送している。

ウ　製鉄工場において，おもな燃料の一つとして用いられている。

エ　放射性物質を出すため，各国において厳重な管理が行われている。

オ　大気汚染《おせん》や地球温暖化の原因物質を出すため，世界的に利用を規制する動きが進んでいる。

2　「元号の歴史」をテーマとする学習で，５つの班が発表を行った。下の一覧は，班ごとの発表内容をまとめたものである。これを読んで，あとの１から７までの各問いに答えなさい。

【１班】「令和」について

2019年５月１日，天皇の即位《そくい》にともなって，元号が「令和」と改められた。「大化」以降248番目の元号である。これまでの日本の元号は，おもに中国の経典《きょうてん》や歴史書などにもとづいて文字が選ばれていたが，「令和」は『万葉集』を典拠《てんきょ》とすることが発表された。新元号への対応準備の期間を確保する必要があることから，新元号は改元の１か月前に事前公表された。

【２班】 改元と一世一元の制

元号を改めることを改元という。日本では，「明治」の改元のときに，元号は天皇一代に一つという一世一元の制が定められた。明治以前の改元は，天皇の代始め以外に，祥瑞《しょうずい》(めでたいできごと)や災異(災害や戦乱など)のあとなどにも行われた。めでたい雲が空に現れたので「慶雲《けいうん》」と改元した事例や，戦乱を理由に「応仁」から「文明」へと改元した事例などがある。

【３班】 元号のはじまり

元号は，中国を中心とする漢字文化圏《けん》に広まった。中国で漢の時代の皇帝《こうてい》が使い始め，最初の元号は「建元」という。建元元年は紀元前140年である。日本でも中国の制度にならって７世紀から導入するようになった。日本の最初の元号は「大化」で，制度として定着したのは８世紀ごろからだった。中国では同じ元号を何度か使う事例が確認できるが，日本では元号の重複はない。また中国では，清《しん》朝の滅亡《めつぼう》とともに元号の制度を廃止《はいし》した。

【４班】 元号法について

第二次世界大戦後，日本には元号について規定する法律はなかった。元号に法的根拠をもたせるために，1979年に元号法が制定された。もともと江戸《えど》時代までは「年号」ということばが一般《いっぱん》的に用いられてきたが，これ以降，「元号」が法的用語となった。元号の使用は，法的には義務づけられていないが，政府は国民に使用の協力を呼びかけている。

【５班】 江戸時代の年号の伝達

江戸時代の改元は，朝廷《ちょうてい》の儀式《ぎしき》で正式に決定され，朝廷内ではその日から新年号が用いられた。それを京都所司代という幕府の役人が江戸に伝え，その直後に諸大名が江戸城に集められて改元が伝達された。幕府の正式な改元日は，江戸城での披露《ひろう》の日とされ，全国にもこの日が改元日と伝えられた。松前や対馬《つしま》，薩摩《さつま》など遠方も含め，全国には１か月から２か月で新年号が伝達された。

1　万葉集についてのべた文として適切なものを，つぎのアからオまでの中から一つ選び，その記号を書きなさい。

ア 「日がのぼる国の天子，国書を日がしずむ国の天子に届けます」と記されている。

イ 「倭《わ》では，もとは男子が王であったが，くにぐにの間で争いが続いた。そこで，王たちが相談して，一人の女子を王にした」と記されている。

ウ 「この世をばわが世とぞ思うもち月の欠けたることもなしと思えば」という和歌が収められている。

エ かなと漢文による二つの序文がそえられており，五七五七七の短歌が多く収められている。

オ 天皇や貴族，農民，兵士などがよんだ約4500首の歌が収められている。

2 日本の改元の事例として正しいものを，つぎのアからオまでの中から二つ選び，その記号を書きなさい。

ア 縁起《えんぎ》のよい白い亀《かめ》が朝廷に献上《けんじょう》されたので「神亀《じんき》」と改元した。

イ 大きな地震が続いたので,「文明」と改元した。

ウ ペリーが浦賀《うらが》に来航したので「天保」と改元した。

エ 日露《にちろ》戦争がはじまったので「大正」と改元した。

オ 昭和天皇が亡くなり，新しい天皇が即位するので「平成」と改元した。

3 漢の時代は日本列島では弥生《やよい》時代にあたる。このころの日本列島での出来事や様子についてのべた文として正しいものを，つぎのアからオまでの中から二つ選び，その記号を書きなさい。

ア 中国や朝鮮《ちょうせん》半島から米づくりが伝わり，石包丁を使って稲《いね》の穂《ほ》を刈《か》り取った。

イ 中国や朝鮮半島から日本列島に移り住んだ渡来人《とらいじん》によって，漢字や仏教が伝えられた。

ウ 吉野ヶ里《よしのがり》遺跡《いせき》のように，集落の周りに堀《ほり》をめぐらせた環濠《かんごう》集落がつくられた。

エ 土器を使って食べ物を煮《に》たり蓄《たくわ》えたりするようになり，豊かなめぐみを願って土偶《どぐう》もつくられはじめた。

オ 中大兄皇子《なかのおおえのおうじ》と中臣鎌足《なかとみのかまたり》が，天皇中心の政治を実現しようと，蘇我《そが》氏を倒《たお》した。

4 元号法制定後，初めての改元よりもあとの出来事として正しいものを，つぎのアからオまでの中から二つ選び，その記号を書きなさい。

ア アメリカが水爆《すいばく》実験を行い，日本の漁船第五福竜丸《ふくりゅうまる》が被《ひ》ばくした。

イ アメリカで世界貿易センタービルなどが倒壊《とうかい》した同時多発テロがおこった。

ウ 湯川《ゆかわ》秀樹《ひでき》が日本人として初めてノーベル賞を受賞した。

エ ソビエト連邦《れんぽう》が解体され，ロシア連邦を含む15の国が成立した。

オ ソビエト連邦との国交を回復し，日本は国際連合への加入を認められた。

5 江戸時代の松前と対馬に関してのべた文を，つぎのアからオまでの中からそれぞれ一つずつ選び，その記号を書きなさい。

ア シャクシャインがアイヌの人々を率いて戦いをおこした。

イ 首里城を中心に栄え，将軍や国王が代わるごとに江戸に使節を送った。

ウ 役人や一部の商人などを除いて出入りすることができない唐人《とうじん》屋敷《やしき》がつくられた。

エ 朝鮮との交流の窓口となり，江戸に向かう朝鮮通信使が訪れた。

オ オランダとの貿易の窓口となり，オランダ商館長は江戸の将軍を訪ね，報告書を提出した。

6 年代の表し方に関連してのべた文として正しいものを，つぎのアからオまでの中から二つ選び，その記号を書きなさい。

ア 西暦《せいれき》は，イエス・キリストが亡くなったと考えられる年を西暦１年として数えている。

イ　奈良時代や室町時代という時代区分の名称《めいしょう》は，国の政治が行われた場所にもとづいている。
ウ　世紀は，100年ごとのまとまりを意味しており，西暦1年から100年までが1世紀である。
エ　関ヶ原の戦いと豊臣《とよとみ》氏の滅亡は同じ世紀におこった。
オ　承久《じょうきゅう》の乱や西南戦争という名称は，どちらも干支《かんし》(えと)という年代の表し方にもとづいている。

7　日本では，708年に「和銅」と改元された。これは，代始めの改元であるとともに，ある祥瑞によって「銅」という漢字が選ばれた改元でもあった。このとき，どのような祥瑞があったと考えられるか，10字程度で説明しなさい。

3　つぎの文を読んで，あとの1から6までの各問いに答えなさい。

2021年2月，菅首相《すがしゅしょう》(当時)は内閣官房《ないかくかんぼう》に「孤独《こどく》・孤立対策担当室」を設置し，孤独・孤立対策担当の内閣府特命担当大臣を任命しました。設置の背景には，「社会全体のつながりが希《き》薄化《はくか》している中，新型コロナウイルス感染症《かんせんしょう》の社会的影響《えいきょう》が長期におよび，孤独・孤立の問題がいっそう深刻になっている」という認識《にんしき》があります。つながりの希薄化といえば，2010年には「無縁《むえん》社会」ということばが報道番組で用いられ，その年の流行語となりました。孤独・孤立の問題は感染症の影響で一時的に生じたのではなく，ずっと以前から静かに進んでいたのかもしれません。実際，特に首都圏《しゅとけん》に住んでいる人の中では，隣《となり》近所に住む人の顔や名前を知らないこともめずらしくないでしょう。地域社会の変容だけでなく，家族のあり方や労働環《かん》境《きょう》の変化も，現代の孤独・孤立問題につながっています。また，近年では，就職氷河期のあおりを受けた中高年のひきこもりや，ヤングケアラー(家族の世話を日常的に担《にな》う18歳《さい》未満の人)の孤立が広く知られるところとなりました。このように長期的な背景があることから，孤独・孤立対策担当室の体制は岸田内閣にも引き継《つ》がれています。

孤独・孤立が社会問題化しているのは日本だけではありません。イギリスでは，2018年に，世界に先駆《さきが》けて「孤独担当大臣」が創設されました。孤独を社会的に解決すべきとする議論を先導したのは，2016年に暴漢の襲撃《しゅうげき》を受けて亡《な》くなったジョー・コックス議員です。彼女は，選挙活動で地域の家々を訪問する中で，孤独・孤立を抱《かか》えている人が多くいることに気づきました。コックス議員の悲劇《ひげき》的な死去のあと，政党の違《ちが》いを超《こ》えて孤独問題への関心が高まり，「孤独は隠《かく》れた流行病《はやりやまい》」という認識が広がっていきました。以前から，イギリスでは社会問題に取り組む様々な慈善《じぜん》団体が活動しており，政府はそれらの民間団体への支援《しえん》を充実《じゅうじつ》させることで対策を進めています。個人の感じ方の問題とみなされがちな孤独・孤立を社会問題として位置付けたイギリスの取り組みは，日本をはじめ世界の先進国で注目されました。

孤独・孤立は，なぜ社会全体で解決すべき問題なのでしょうか。イギリスでは，孤独・孤立がもたらす健康への悪影響や経済的な損失の大きさが調査を通して明らかにされてきました。しかし，問題はそうした数値で測れる側面だけではありません。ヨーロッパ諸国では，社会とのつながりを失ってしまった人々の社会的包摂《ほうせつ》(ソーシャル・インクルージョン)が課題とされてきました。社会的包摂とは，多様な困難を抱える人たちを，社会のメンバーとして包み込《こ》んで共に生きていくことをめざす理念です。この理念は，社会から取り残されがちな人たちが，単にお金や物資の支援を受けるだけではなく，社会の中に自分の居場所と出番を確保することを求めるものです。日本でも，この10年ほどの間，社会的包摂と関わる政策方針が検討されています。また，日本では，数々の被災《ひさい》の経験から，地域社会における人と人とのつながりの意義が見直されてきました。ふだんから住民間のつながりがある地域では，人々がお互いを信頼《しんらい》して助け合うことができ，災害への備えや対応を効果的に行うことができると考えられています。

社会問題としての孤独・孤立に対して，政府はどのような取り組みができるでしょうか。まずは，政府が手をさしのべるべき，本人が望まない孤独・孤立をどのように把握《はあく》していくかが課題となります。明確に定義を決めて支援対象を選別するほど，支援から漏《も》れる人たちも多く出てしまうため，実態の把握をもとによく検討していく必要があります。日本政府はさしあたり，孤独・孤立の実態を全国で調査するとともに，関連する活動を行う民間団体に財政的な支援を行う方針です。たとえば，子ども食堂やフードバンクのような民間の活動は，物資の支援だけでなく，孤独・孤立に悩《なや》む人を支援者とつなぐ意味ももっているのです。もちろん，民間団体を頼《たよ》ってばかりではなく，孤独・孤立と結びつきやすい生活難の状況《じょうきょう》を解消するために，政府が経済的支援を進めることが対策の基盤《きばん》となってきます。

いくつかの調査によると，日本人は「人に迷惑《めいわく》をかけてはいけない」「助けを求めると迷惑なのではないか」と感じる傾向《けいこう》が強いようです。いま孤独・孤立が社会問題としてとらえ直されるようになったことは，個人の「自助」を強調する傾向に一石を投じる変化といえるのかもしれません。新たな社会問題にどのような取り組みをしていくべきか，これからの動向に注目しながら考えていきましょう。

1　日本における新型コロナウイルス感染症の社会的影響についてのべた文として正しくないものを，つぎのアからオまでの中から二つ選び，その記号を書きなさい。

ア　パートやアルバイト，派遣《はけん》など非正規雇用《こよう》の労働者が大きく増えた。

イ　政府の歳出《さいしゅつ》が大きく増えた。

ウ　東京都と他の道府県との人口移動で，東京都の転入数が転出数を上回り続けた。

エ　インターネットを用いた通信販売《はんばい》事業の売上が伸《の》びた。

オ　スマートフォンの位置情報のデータ活用が進み，そのデータの一部が政府に提供された。

2　孤独・孤立の背景にある地域社会の変容，家族のあり方や労働環境の変化について，考えられる説明として適切でないものを，つぎのアからオまでの中から二つ選び，その記号を書きなさい。

ア　町内会や自治会など住民組織に加入しない人が増え，地域の人といっしょに活動する機会が減った。

イ　未婚化《みこんか》が進行したため，核家族《かくかぞく》が全世帯の半数を下回るようになった。

ウ　人口の多い世代が高齢化《こうれいか》したために，高齢者の単独世帯(一人暮らし)の数が増加した。

エ　共働き世帯が減少し，家庭の外で働きながら人間関係を築く機会が減った。

オ　長期の雇用を維持《いじ》できない会社が増え，雇用の形が多様化したために，会社や同僚《どうりょう》とのつながりが弱まった。

3　日本の選挙のしくみや選挙活動についてのべた文として正しいものを，つぎのアからオまでの中から二つ選び，その記号を書きなさい。

ア　選挙で投票する権利は原則として満18歳以上の国民にあるが，学生である高校生はその対象ではない。

イ　選挙当日に用事がある人が事前に投票できる制度や，仕事での滞在先《たいざいさき》や入院先などからでも投票できる制度がある。

ウ　候補者《こうほしゃ》や政党は，テレビなどでの政見放送を通して，意見や考えを有権者にうったえることができる。

エ　選挙期間中に候補者が家々を訪問することが主な選挙活動となっている。

オ　駅前などで行われる街頭演説では，候補者本人以外の人が演説することは認められていない。

4　本文で説明した社会的包摂の考え方を具体化した政策として最も適切なものを，つぎのアからオまでの中から一つ選び，その記号を書きなさい。

ア　生活が苦しい人に対して，生活保護制度によって生活資金を給付する。

イ　臨時経済対策として，全国民に対して一律に10万円分の商品クーポン券を給付する。

ウ　ホームレスの人を保護し，無償《むしょう》または安価で賃貸《ちんたい》住宅を提供する。

エ　震災避難者《しんさいひなんしゃ》を近隣《きんりん》の自治体で受け入れ，仮設住宅や生活用品を提供する。

オ　障がいのある人がやりがいを感じられる仕事に就《つ》けるよう支援する。

5　災害への備えや対応に関連してのべた文として正しいものを，つぎのアからオまでの中からすべて選び，その記号を書きなさい。

ア　豪雨《ごうう》災害の際，行政が防災情報を発信するものの，住民の避難行動につながりにくいことが課題となっている。

イ　災害救助法にもとづき，被災地の周辺自治体の長は，災害ボランティアを組織して派遣しなくてはならない。

ウ　被災した地域に自衛隊が出動し，逃《に》げ遅《おく》れた人の救助や避難所での支援などの活動を行うことがある。

エ　東日本大震災の復興をすみやかに進めるため，東日本大震災復興基本法にもとづいて復興庁が設立された。

オ　東日本大震災の復興のための財源を確保することを目的として，２度にわたって消費税率が引き上げられた。

6　社会問題としての孤独・孤立に関連してのべた文として正しいものを，つぎのアからカまでの中から二つ選び，その記号を書きなさい。

ア　日本では，厚生労働省《こうせいろうどうしょう》が主導して省庁の壁《かべ》を越えた対策が進められようとしている。

イ　イギリスは，孤独・孤立問題を専門にする支援団体を国が新たに立ち上げていくことで対策を充実させている。

ウ　子ども支援や貧困《ひんこん》対策など，様々な分野で活動している民間団体と政府・自治体との連携《れんけい》が求められている。

エ　孤独・孤立は心理的な問題であるため，貧困対策などの政策とは切り離《はな》して考えていく必要がある。

オ　ヤングケアラーは勉強への取り組みや将来の進路が制限されることが多く，生き方の幅《はば》がせまくなることが問題となっている。

カ　ひきこもりは青少年に固有の問題であり，望ましい人格形成のために，学習だけでなく対人関係の支援が必要とされている。

【理　科】（40分）〈満点：100点〉

【注意】 指示されたもの以外の答えは，ア～クなどのなかから選んで答えなさい。

1　八王子市に住むさとしくん，あらたくん，まさきくんの３人は，野球の練習を終えた後，片付けをしていっしょに帰ることにした。３人の会話を読み，それに続く各問いに答えなさい。

さとしくん：朝の集会で校長先生が，「たまには夜空を見てみましょう。冬は星がきれいに見られますよ！」って言っていたね。
まさきくん：へぇ～。
あらたくん：へぇ～って，まさきくん聞いてなかったの？
まさきくん：・・・。でもさぁ，今日は雲が出ているよ。こんな天気で見られるの？
さとしくん：あぁ，あの雲で雨は降らないからだいじょうぶだよ。

１．このときの空に見られる雲は，次のどれですか。
ア　乱層雲　　イ　高積《こうせき》雲　　ウ　積乱雲

さとしくん：片付けに時間かかったね，もうこんなに暗くなっちゃった。
まさきくん：暗くなったら，月や星が見えてきたね。きれいで神秘的だなぁ。
あらたくん：本当だね。最近，ちゃんと見てなかったけど，校長先生が言ったとおりだね。

２．星と月について，まちがっているものはどれですか。
ア　星によっては，地球から見たときにあまり動かないものもある。
イ　月は，地球のどの場所から見てもずっと動かないように見えることはない。
ウ　地球と月のきょりは，１年間ずっと，地球と太陽のきょりよりも短い。
エ　星も月も，自らが出した光が観察する人の目に届いたときに見える。

まさきくん：昨日ね，月がすごくきれいだったから，写真をとったんだ。
あらたくん：見せて見せて。これ，何時ごろ見た月なの？
まさきくん：えーっと，だいたい午後6時ぐらいだったかな。

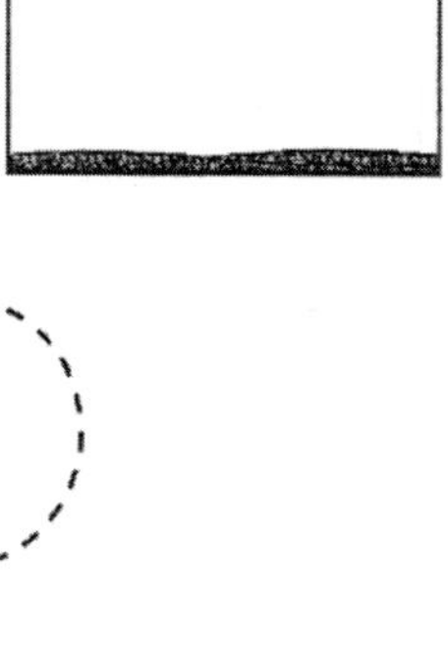

３．まさきくんは，右のような写真をとった。この月は，どの方角に見えた月ですか。また，この月を見た日から１週間後，同じ時刻の同じ場所での月の見え方はどれですか。
方　角：ア　東　　イ　西　　ウ　南　　エ　北
見え方：

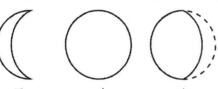

ア　イ　ウ　エ　オ

さとしくん：さっきから手に持っているそのコンパス，ちょっと変わっているね。
まさきくん：神戸市から転校する前に，となりの席の女子からオリエンテーリング用のコンパスをもらったんだ。
あらたくん：オイル式コンパスだね。いいなぁ。
まさきくん：これで太陽が南を通る時刻を調べたんだけど，どうも引っこしの前の方が遅いんだ。
さとしくん：神戸市と八王子市だと経度が4°くらいちがって，太陽が南を通る時刻も20分近くちがうらしいよ。

4．神戸市と八王子市での太陽の動きを調べるために，図のような垂直に交わる直線をかいた板を水平におき，その中心に棒を立て，棒のかげの先の動きを日の出から1時間おきに調べると，どうなると考えられるか。適切なものをすべて選びなさい。

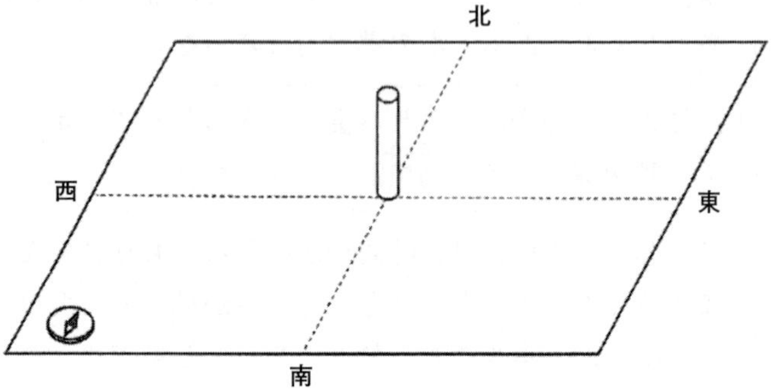

ア　神戸市も八王子市も，棒のかげの長さは日の入り直前よりも正午の方が長くなることはない。
イ　神戸市も八王子市も，棒のかげは東側から南側を通って西側に動いていく。
ウ　神戸市も八王子市も，棒のかげは南側から西側を通って北側に動いていく。
エ　神戸市と八王子市では，日の出の時刻に差がみられる。

あらたくん：オイル式コンパスも良いけど，カバンについているキーホルダーもいいね。砂が入っているの？
まさきくん：甲《こう》子園の砂だよ。ぼくのお兄ちゃんも野球をやっていて，1回甲子園に出たことがあるんだ。
さとしくん：これが甲子園の砂なんだ。思ったより黒いね。この砂って，砂はまの砂なのかな？　それとも火山灰とかなのかな？
あらたくん：この砂が火山灰かどうかは，水で洗って観察すればわかるんじゃないかな。明日，先生からけんび鏡を借りて見てみようよ。

5．れき，砂，どろには見られない火山灰がもつ特ちょうを10字以内で書きなさい。

2　5つのビーカーに，次のどれかの液が入っている。どれに何が入っているかわからなくなったので，次の実験1～3を行った。後に続く各問いに答えなさい。

水　　うすいアンモニア水　　砂糖水　　炭酸水　　うすい塩酸

【実験1】　5つのビーカーの液をそれぞれ5本の試験管に少量とって，それぞれの液をガラス棒で青色と赤色のリトマス紙につけて色の変化を調べた。

【実験2】　5つのビーカーの液を蒸発皿に少量とって，実験用ガスコンロで温めた。

【実験3】　実験1，実験2では，5つのうち2つの液の結果が同じだった。そこで，その2つの液を少量入れた試験管に，（　X　）を入れ，それによってあわが出るかどうかを調べた。

1．実験1で，青色リトマス紙を赤色に変える液と，赤色リトマス紙を青色に変える液をそれぞれすべて選びなさい。

ア　水　　イ　うすいアンモニア水　　ウ　砂糖水　　エ　炭酸水　　オ　うすい塩酸

2．実験2で，白い固体が残る液はどれですか。

ア　水　　イ　うすいアンモニア水　　ウ　砂糖水　　エ　炭酸水　　オ　うすい塩酸

3．実験3のXとして考えられるものを2つ選びなさい。

ア　BTBよう液　　イ　アルミニウムはく

ウ　水　　エ　紙やすりでよくみがいた鉄くぎ

※　編集部注…学校より，2の2については問題に不備があったため受験生全員を正解とし，得点を与えたとの発表がありました。

3　3種類の固体A，B，Cがあり，しょう酸カリウム，ホウ酸，塩化ナトリウムのどれかである。これらの薬品が水にとける量は，水の温度によって表のように変化する。この表を参考にして，実験1～3を行い，どの固体であるかを調べた。後に続く各問いに答えなさい。

表　水100グラムにとける薬品の量(グラム)

	30℃	40℃
しょう酸カリウム	45.6	63.9
ホウ酸	6.8	8.9
塩化ナトリウム	38.1	38.3

【実験1】　3つのビーカーに30℃の水25グラムを入れた。ひとつのビーカーには固体Aを5グラム，もうひとつのビーカーには固体Bを5グラム，残りのビーカーには固体Cを5グラム入れ，よくかき混ぜた。

【実験2】　固体がすべてとけたビーカーに，さらに同じ種類の固体を（　Y　）グラム加えたところ，どのビーカーでも固体がとけきれずに残った。

【実験3】　すべてのビーカーの水の温度を40℃まで上げた。

1．実験1で固体がすべてとけた薬品はどれか。すべて選びなさい。

ア　しょう酸カリウム　　イ　ホウ酸　　ウ　塩化ナトリウム

2．実験2のYについて考える。次の値のうち，実験3で固体の区別ができ，最も値が小さいものはどれですか。

ア　2.5　　イ　7.5　　ウ　10　　エ　15　　オ　30　　カ　60

4　6種類の植物のたねを観察し，図のように特ちょうをまとめた。下の各問いに答えなさい。

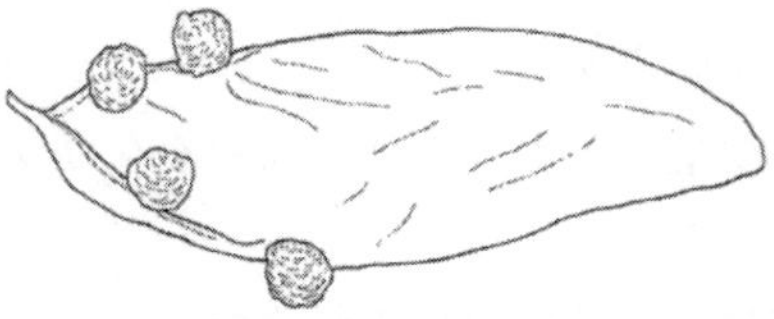

アオギリ
（羽のような部分がある）

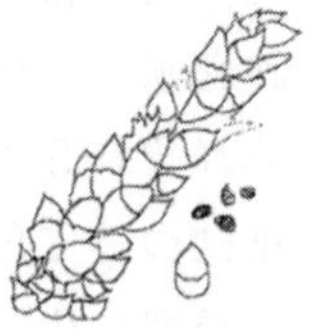

オオバコ
（小さくてねばねばしている）

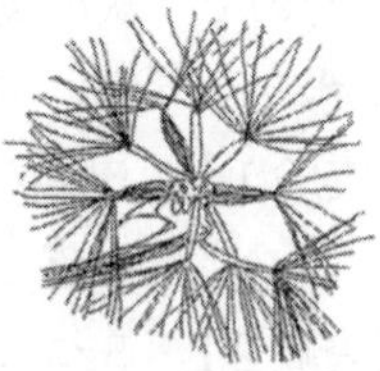

オニタビラコ
（綿毛がついている）

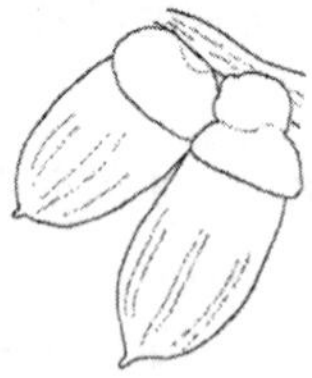

マテバシイ
（わると白いかたまりがある）

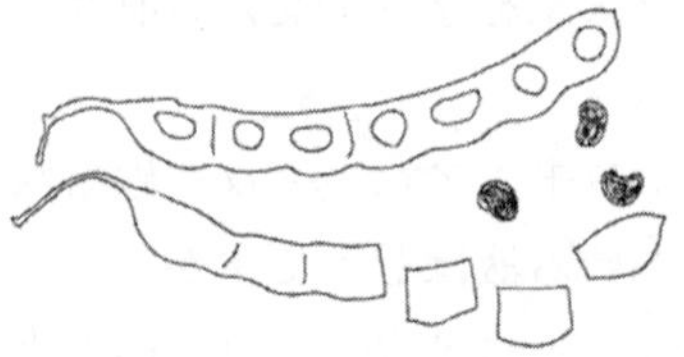

クサネム
（コルクのように軽い）

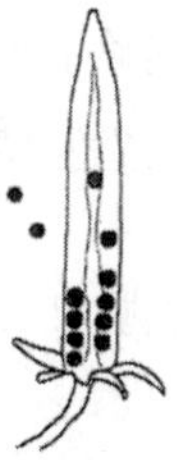

カタバミ
（小さなたねがつまっている）

1．たねの運ばれ方には，「風によって飛ばされる」，「動物の体の表面について運ばれる」，「水にういて流される」，「食料として動物に運ばれる」，「はじけて飛び出る」といったものが考えられる。図中の6種類の植物の中で，たねが①「食料として動物に運ばれるもの」と，②「はじけて飛び出るもの」はそれぞれどれですか。

ア　アオギリ　　イ　オオバコ　　ウ　オニタビラコ

エ　マテバシイ　　オ　クサネム　　カ　カタバミ

2．図はオナモミとカエデのたねである。それぞれどのように運ばれると考えられますか。

①　オナモミ

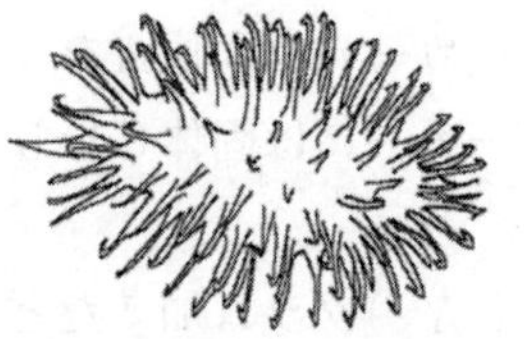

②　カエデ

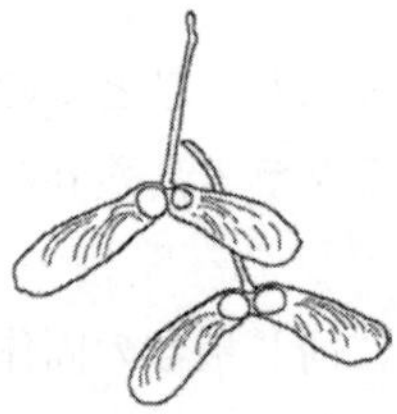

ア　風によって飛ばされる

イ　動物の体の表面について運ばれる

ウ　水にういて流される

エ　食料として動物に運ばれる

オ　はじけて飛び出る

3．たねについて，まちがっているものをすべて選びなさい。

ア　発芽ではたねにたくわえられた養分が使われる。

イ　たねは，何年ものあいだ土の中で休みんしていることがある。

ウ　たねが発芽するために必要な条件は，水，空気，適切な温度，光である。

エ　たねは，植物の一生の中で1回しか作られない。

5　植物の蒸散や，光があたっているときの気体の出入りについて調べるための実験を考えた。下の各問いに答えなさい。

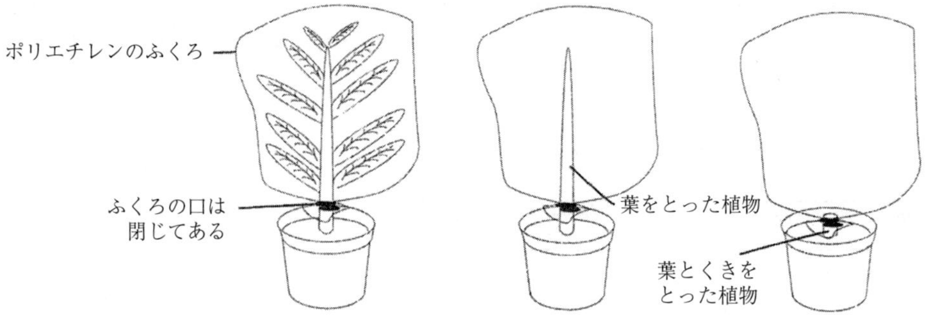

1．次の文章の(①)～(⑤)にあてはまるものを選びなさい。ただし，同じ記号を何回使ってもよい。

植物の蒸散について調べるために，図のように植物にポリエチレンのふくろをかぶせて実験することを考えた。蒸散する場所がおもに葉であることを確かめるための実験として，(　①　)にポリエチレンのふくろをかぶせ，(　②　)に一定時間おく。比かくする実験として，(　③　)にポリエチレンのふくろをかぶせ，(　④　)に一定時間おく。どちらも(　⑤　)の変化を比かくする。

ア　葉・くき・根がある植物　　イ　葉をとった植物
ウ　葉とくきをとった植物　　エ　光があたる窓のそば
オ　光があたらない暗い部屋　　カ　酸素の量
キ　二酸化炭素の量　　ク　水てきの量

2．植物の光があたっているときの気体の出入りを確認する実験で，二酸化炭素のう度を測定しようとした場合，使用する二酸化炭素の気体検知管の測定はん囲として最も適しているものはどれですか。ただし，ポリエチレンのふくろには，はきだした息を入れてから実験を行うものとする。

ア　0.03～1.0％用　　イ　0.5～８％用　　ウ　６～24％用

6 同じ角材を２本と同じ木片をたくさん用意して，次の準備と実験１～６を行った。後に続く各問いに答えなさい。

【準備】 角材は重さが木片の９倍で，線を引いて９つに区分して，A，B，…，Iと名前をつけた。実験は，いずれも水平な机の上に木片を１つ置いて台とし，その上に木片や角材をのせて行う。

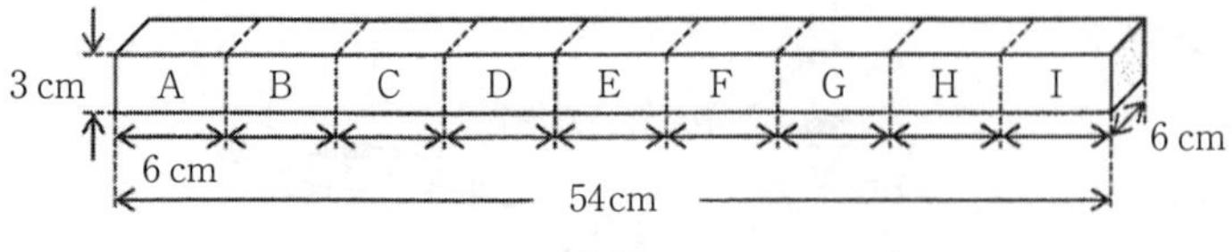

角材

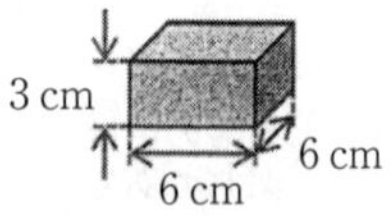

木片（台としても使う）

【実験１】 台の上に角材をのせた。台の右はしから角材の右はしまでの長さが27cmをこえると，角材はかたむいた（図１上）。次に，台の上に木片をのせた。台の右はしから木片の右はしまでの長さが３cmをこえると，木片はかたむいた（図１下）。

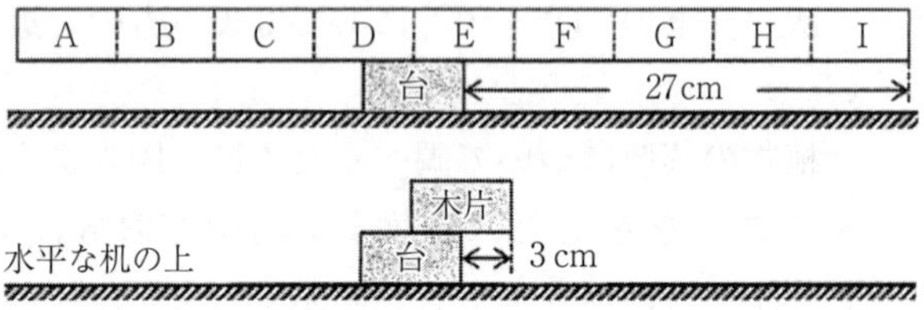

<図１>

【実験２】 Eが台の上に重なるように角材をのせた（図２）。次に，F～Iのいずれかを１つ選び，その上に重なるように木片を積んでいく。その結果，Fを選んだ場合は積んだ木片の数が（ ① ）になったところで角材はかたむいた。また，G，H，Iでは，積んだ木片の数がそれぞれ（ ② ），（ ③ ），（ ④ ）になったところで角材はかたむいた。

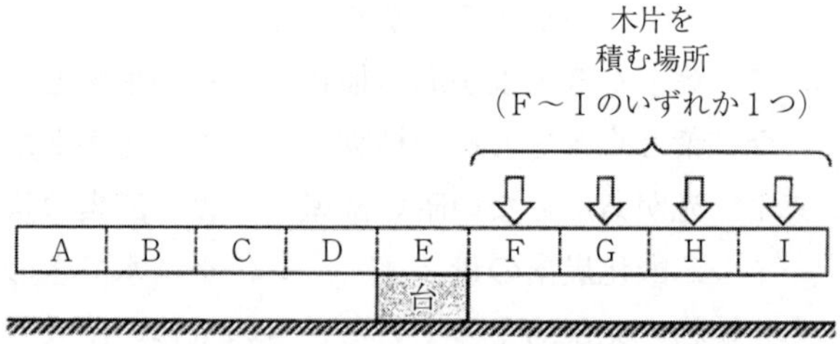

<図２>

【実験３】 Fが台の上に重なるように角材をのせると，角材はかたむいた。そこで，Iの上に重なるように木片を積んで調整すると，積んだ木片の数が（ ⑤ ）～（ ⑥ ）のときだけ，角材は水平のままだった（図３）。

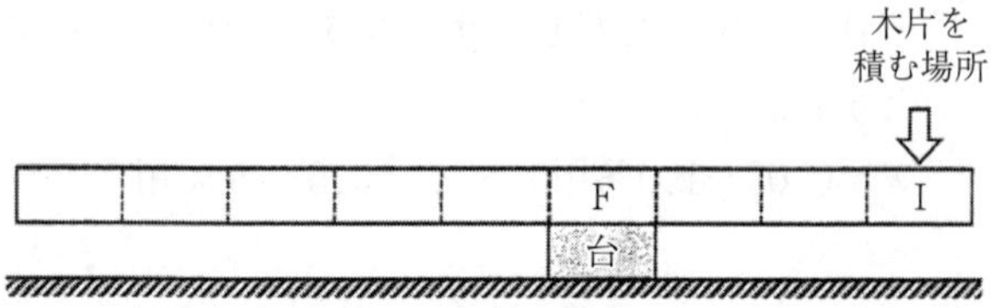

<図３>

【実験４】 Gが台の上に重なるように角材をのせると，角材はかたむいた。そこで，Iの上に重なるように木片を積んで調整すると，積んだ木片の数が（ ⑦ ）～（ ⑧ ）のときだけ，角材は水平のままだった（図４）。

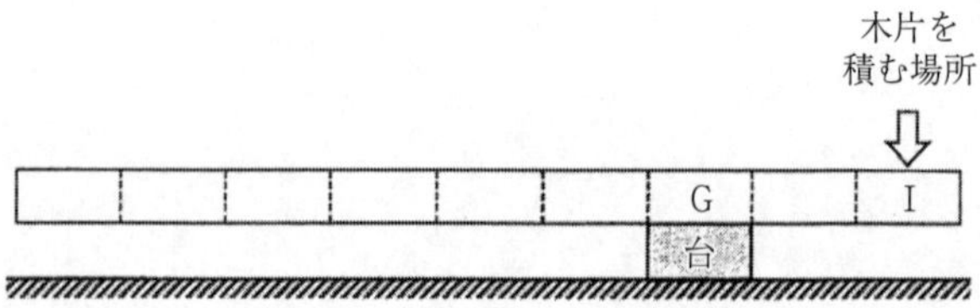

<図４>

【実験５】 Eが台の上に重なるように角材をのせた。その上にもう１本の角材のFが台の上に重なるように，また，下の角材のAと上の角材のBが重なるようにのせると，２本の角材は水平のままだった（図５）。そこで，下の角材のIの上に重なるように木片を積んでいくと，木片の

数が(⑨)になったところで，角材はかたむいた。

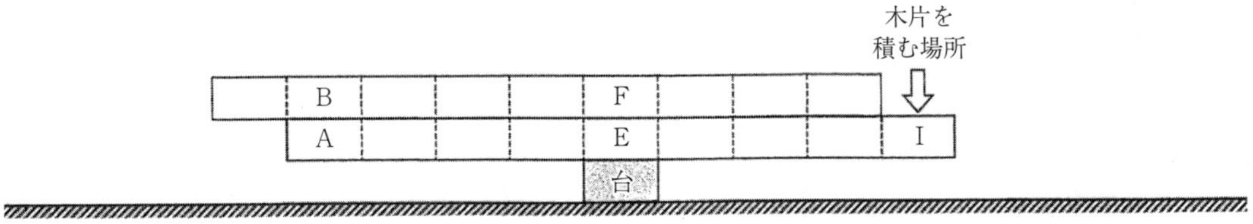

＜図5＞

【実験6】 Eが台の上に重なるように角材をのせた。その上にもう1本の角材のIが台の上に重なるように，また，下の角材のAに上の角材のEが重なるようにのせると，角材はかたむいた。そこで，下の角材のIの上に重なるように木片を積んで調整すると，積んだ木片の数が(⑩)～(⑪)のときだけ，角材は水平のままだった(図6)。

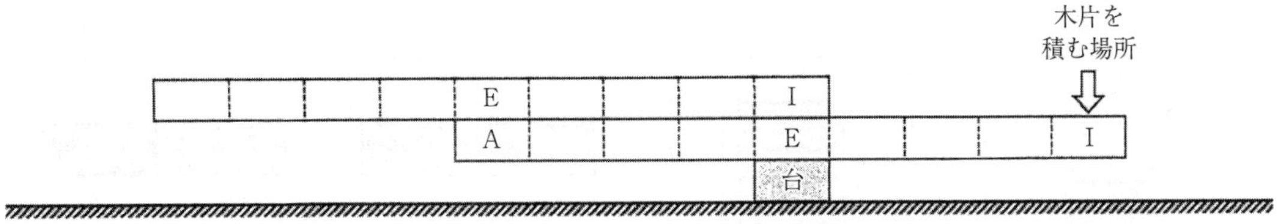

＜図6＞

続けて，木片の数が(⑪)のまま，以下の2つの操作を行った。

〔操作1〕 上にのせた角材だけを右に少しずつ動かした(図7)。すると，動かした長さが(⑫)cm をこえたところで，角材はかたむいた。

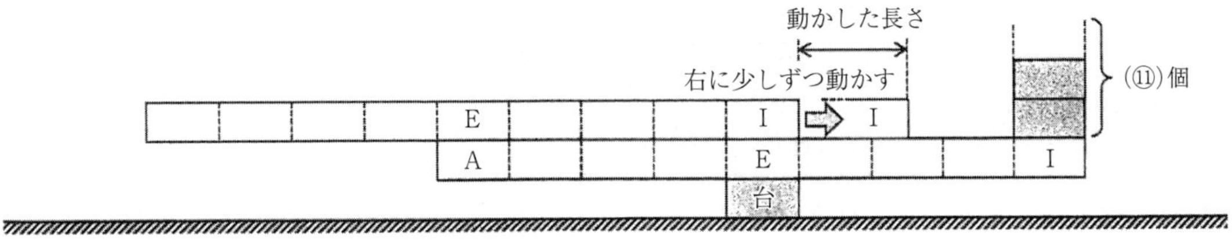

＜図7＞

〔操作2〕 上にのせた角材だけを左に少しずつ動かした(図8)。すると，動かした長さが(⑬)cm をこえたところで，角材はかたむいた。

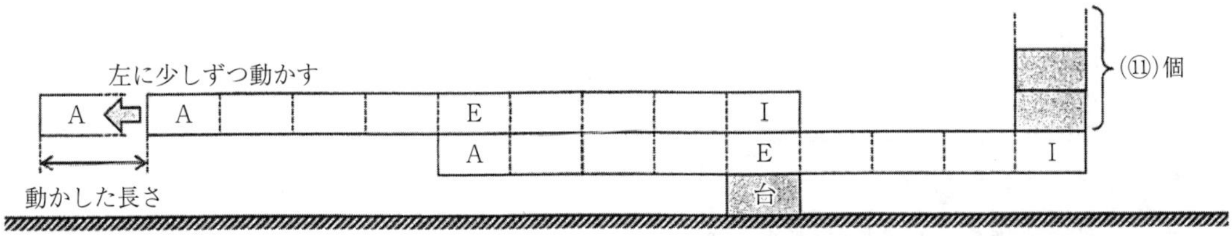

＜図8＞

1．【実験2】の文中の①～④に入る整数をそれぞれ答えなさい。

2．【実験3】と【実験4】の文中の⑤～⑧に入る整数をそれぞれ答えなさい。ただし，⑤＜⑥，⑦＜⑧とする。

3．【実験5】と【実験6】の文中の⑨～⑪に入る整数と，⑫と⑬に入る値をそれぞれ答えなさい。ただし，⑩＜⑪とする。

7　同じ２つのかん電池を２個，同じ２つの豆電球ＰとＱを使った以下の実験を行った。後に続く各問いに答えなさい。

【実験１】　かん電池，豆電球を導線でつないだいろいろなつなぎ方（図１の(1)〜(8)）で，豆電球のつき方を調べた。

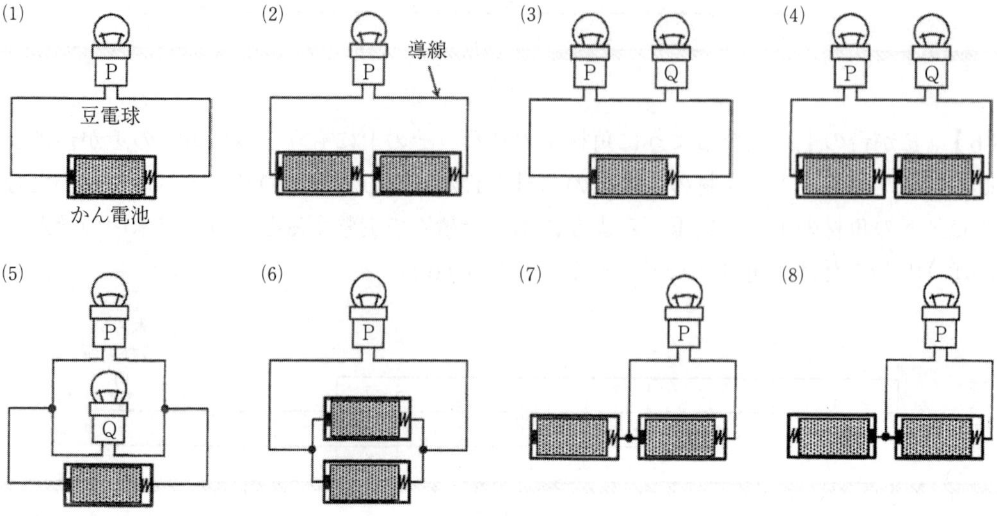

＜図１＞

【結果１】　(1)と(2)を比べると，(2)の方が明るかった。(3)は２つの豆電球の明るさは同じで，どちらも(1)より暗かった。そこで，(2)のつき方を“◎”，(1)のつき方を“○”，(3)のつき方を“△”と記し，(4)〜(8)の結果もふくめて表にまとめた（表１）。

＜表１＞

つなぎ方	(1)	(2)	(3)	(4)	(5)	(6)	(7)	(8)
つき方	○	◎	△	○	○	○	○	○
※(3)〜(5)では，２つの豆電球の明るさは同じだった。								

【実験２】　かん電池，豆電球と３つのスイッチＸ，Ｙ，Ｚを導線でつないだ（図２）。スイッチは矢印（→）の先たんを動かし，たんしＡあるいはＢのどちらかを選んで接続することができる。３つのスイッチそれぞれがＡ，Ｂのいずれかを選んだ場合のいろいろなつなぎ方で，豆電球のつき方を調べた。

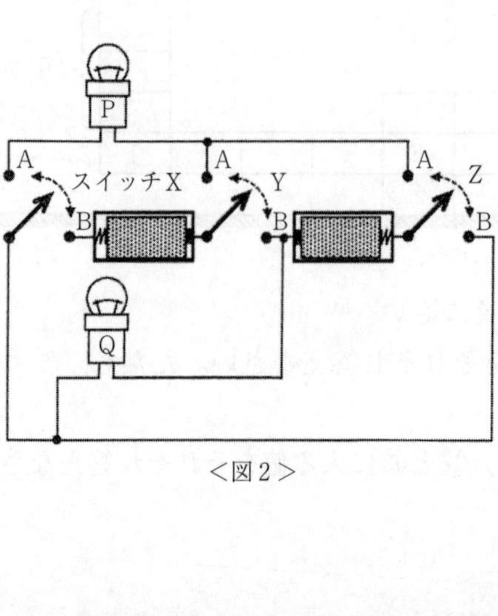

＜図２＞

【結果2】　実験1で用いた記号“◎”，“○”，“△”を用いて，また，豆電球がつかなかった場合は“×”を用いて，表にまとめることにした(表2)。

＜表2＞

スイッチの入れ方				豆電球のつき方	
記号	X	Y	Z	P	Q
ア	A	A	A		
イ	A	A	B		
ウ	A	B	A		
エ	A	B	B		
オ	B	A	A		
カ	B	A	B		
キ	B	B	A		
ク	B	B	B		

1．表2の記号ア～クで示したスイッチの入れ方のうち，「2つの豆電球のうち片方が◎，もう片方が×となる」のはどれですか。

2．表2の記号ア～クで示したスイッチの入れ方のうち，「豆電球Pが×となる」場合と，「豆電球Qが△となる」場合はそれぞれ何通りありますか。ない場合は0通りと答えなさい。

多忙《たぼう》な時間
非情な空間
机《つくえ》の上の英和辞典に
何かしれぬ憤《いきどお》りを覚えながら
僕は地球の柔《やわ》らかい丸味を
実感したいとおもっていた

その午後
未来は簡単《かんたん》な数式で予言されそうだった

そしてその午後
合唱という言葉が妙《みょう》に僕を魅惑《みわく》した

問一　――「僕を苦しめる」とありますが、「僕」はどういうことに「苦しめ」られているのですか。

問二　――「未来は簡単な数式で予言されそうだった」とは、どういうことですか。

問三　――「合唱という言葉が妙に僕を魅惑した」とありますが、「僕」はどういうところに引きつけられていますか。

あんなに忙しかったお父さんが休みをとってくれたこと。休みをとったせいで、大事な仕事を、他人にあげなければならなかったこと。いま、そのひとに迷惑《めいわく》をかけていることも、すべてはぼくのせいだった。ぼくに反論《はんろん》できる余地はない。

でも、ぼくは「わかった」とは言えなかった。お母さんには、どんなに嫌《いや》だと思ったことでも平気なふりをして、そう言えていたのに。

③お父さんには言いたくない。

描《か》きかけの絵をつかんで、ぼくはたちあがる。すでに、選挙ポスターを完成させる気力はなくなっていた。ぼくはまた、なんにもしたくない病になるのだろう。あの平和な時間が終わった瞬間《しゅんかん》――お母さんがいなくなった日のように。すこし思い出しただけで、だるくなり、ちからが抜《ぬ》けていく。のろのろとテーブルのうえを片付け、パレットと絵の具箱と絵筆バケツをもって、ぼくがリビングをでようとしたとき、

「なあ」

声が聞こえた。

「葉太、俺の仕事を手伝ってくれないか?」

と、お父さんは続けた。

仕事?

誰《だれ》に問うともなく、頭のなかだけで、ぼくはくり返した。

お父さんが仕事している姿を、ぼくはまだ一度もみたことがない。どんなことをしているのかも、よくわからない(お母さんは何度も話してくれたけれど、お父さんからはまともに聞いたことがない)のに、いきなり手伝うだなんて。

そんなことできるのだろうか?

想像もつかないけれど、ぼくの鼓動《こどう》は高鳴り、勝手にわくわくしてきてしまう。

「わかった」

自分の部屋へむかいながら、ふてくされた声をよそおって、さりげなく答えた。④ふり返るのは恥《は》ずかしいので、わざとまえをむいたままで。

(唯野《ただの》未歩子《みあこ》『はじめてだらけの夏休み 大人になりたいぼくと、子どもでいたいお父さん』)

〈注〉お母さんがいなくなった…「お母さん」が病気療養《りょうよう》のために別居することになった。

問一 ――①「困ったことになった」という言葉を、「ぼく」は最初どのように捉《とら》えていますか。

問二 ――②「しかし同時に、敗者もぼくだった」とは、どういうことですか。

問三 ――③「お父さんには言いたくない」とありますが、なぜだと考えられますか。

問四 ――④「ふり返るのは恥ずかしい」とありますが、なぜですか。

三 次の文を、カタカナは漢字に直し、ていねいに大きく一行で書きなさい。

オシえるはマナぶのナカばなり

四 次の詩を読んで、あとの問いに答えなさい。

合唱

谷川《たにかわ》 俊太郎《しゅんたろう》

遠くの国で物のこわれる音がして
幾《いく》千万のちりぢりの会話が
終日僕《ぼく》を苦しめる

二 次の文章を読んで、あとの問いに答えなさい。

リビングで、もう長いこと、ぼくは画用紙を眺《なが》めていた。これは夏休みの宿題だ。自分でぜんぶ考えて『あかるい選挙ポスター』を描《か》かなければならない。でも、どうしてなのだろう。絵を描くのは好きだけれど、宿題となると気分が乗らない。

パレットに絵の具をしぼりだし、絵筆をぬらす。とりあえず風船を描いてみる。風船は黄色く、ばかでかくなった。選挙っぽいかんじをだすために、風船のしたにひもを数本結《ゆ》わえ、箱を足して、気球に変《へん》更《こう》した。画用紙が湿《しめ》ってかんじるほど蒸し暑い。午前十一時、おもては、かんかん照りだった。

「①困《こま》ったことになった」

と、携帯《けいたい》電話を片手に、お父さんは言った。

「なにが?」

と、筆先から顔をあげず、ぼくは訊《たず》ねた。

気球の背景は何色にしよう。別の紙にためし塗《ぬ》りをし、筆を迷わせる。ぶなんなのは、やっぱり青空だ。それとも赤い夕焼け空。星をちりばめた夜空。かみなり雲や、入道雲というのもいいかも知れない。

「俺の後輩《こうはい》が、はじめて技師として、今回、映画《えいが》をやっているんだが、どうも監督《かんとく》に無理難題《なんだい》をだされたらしくてね」

「ふうん」

「手助けして欲《ほ》しいと泣きつかれた」

「へえ」

「そいつは、まだ未熟《みじゅく》で、経験も浅い。技師になるには早かったんだよ」

「そっかあ」

「夏休みはもう終わりだ」

「え?」

驚《おどろ》きのあまり、ぼくはお父さんをみた。

お父さんはうつむいていた。いかにも「申し訳《わけ》ない」といった姿勢《しせい》で、でも「自分のせいじゃないのだから見逃《みのが》してくれよ」と、開き直っているようにもみえる。ぼくは水色で空を塗り終えたところだった。絵筆を置いて、お父さんの言葉の意味を考えてみる。夏休みが終わるということ。それはつまり、ぼくをここに残して仕事にいくということだ。また約束を破られた。そう思ったら、頭にかっと血がのぼった。

「ひどいじゃないか!」

ぼくは言った。

「そうだよな……その通りだ。ほんとうに、ひどい。ひどいんだが、その仕事は……」

お父さんがしどろもどろになったって、ぼくは今度こそ、絶対に許さない。

「その仕事は、なに?」

速攻《そっこう》の先制パンチでつっこむと、

「もともと、俺が引き受けた大事な仕事だったんだ。それを急に、こっちの都合で代わってもらったわけだから。だから……責任をとらなきゃ、まずい」

言いにくそうに、お父さんは答え、

「そんな大事な仕事を、どうして代わってもらったりするんだよ」

ぼくは容赦《ようしゃ》なくストレートをお見舞《みま》いした。

ノック・アウト!

カーン、カーン、カーン、と、ゴングが鳴りわたる。

「俺が夏休みをとるためには、ほかにどうしようもなかったんだ」

お父さんはうなだれた。

ぼくの拳《こぶし》はお父さんの顔面にはいり、お父さんはリングに倒《たお》れたも同然で、ゲームの勝者はぼくだ。②しかし同時に、敗者もぼくだった。

と確認するような気持ちが芽生えます。そして、あらためて「食べる」ということを噛《か》み締《し》めてしまうのです。現実に存在する人間が食べているのではなく、絵に描かれたものである場合の方が、「ああ、確かに食べるときにはこんなふうにしていたかもしれない」と、振《ふ》り返るように感じる気持ちが生まれてくるのです。高畑さんは、「自分が使う『異化《いか》効果』という言葉は、本来、演劇《えんげき》の世界でブレヒトが提唱したものとは違《ちが》うのかもしれないのだけれど、アニメーションの作り手である自分にとっては意義深いもの」といっておられました。「見慣れない未知のもののように感じさせる」のでなく、「見慣れてきてしまったことの意味を再発見させる」のですから、確かに本来の意味合いとは違っているのかもしれません。実写と見紛《みまが》うような写真的な絵よりも、③まるで絵本のような省略の行き届いた絵柄《えがら》で、日常的な仕草をするときなどの方が、この効果は顕著《けんちょ》であるようです。ちまちまとした動きを作る自分などを後押ししてくれる考え方でもあるように思われます。

　二〇一八年は、国際的なアニメーション映画《えいが》祭などのような場では、従来《じゅうらい》のようなファンタジー的な趣向《しゅこう》をこらしたアニメーション映画よりも、まるでドキュメンタリーのような題材を扱《あつか》う作品が席巻《せっけん》していました。「内戦下のアフガンで生きる女性」「アンゴラ内戦に踏《ふ》み込《こ》んでゆくジャーナリスト」といった映画が、別々の国から同時多発的に生まれ出てきたのです。

　「なぜ、アニメーションでそんな題材を？　実写で描《えが》くべきものではないのか？」という人もいました。自分自身も、「今まさに自分が表現しようとしていることは、果たしてアニメーションで描くべきものなのか？」というふうに考えることは、アニメーションの作り手である以上、常に心の中に置いておかなければならないことだとも思いながらこの仕事についてきました。ですが、④高畑さんの「異化効果」に鑑《かんが》みれば、アニメーションがそうした題材にまで手を伸《の》ばすことは間違いなく、意味のあることなのでした。

　今は「アニメーションで描くべきこと」そのものが拡大《かくだい》している時期であるように思います。自分がこれまでやってきたことの意味、これから為《な》していくべきことを、明確に言語化して捉《とら》えていけたら、と思います。

（片渕須直《かたぶちすなお》「『アニメーション』を考える、ある視点」による）

〈注〉アニミズム…自然界のあらゆる事物に霊魂《れいこん》が宿ると信じる考え方。
ブレヒト…ドイツの劇《げき》作家。
アフガン…アフガニスタンのこと。

問一　――①「別の次元、異なった意味合いのこと」とは、具体的にはどういうことですか。

問二　――②「『ほんとうの動き』として受け止める」とは、どういうことですか。

問三　――③「まるで絵本のような省略の行き届いた絵柄で、日常的な仕草をするときなどの方が、この効果は顕著である」とありますが、なぜですか。

問四　――④「高畑さんの『異化効果』に鑑みれば、アニメーションがそうした題材にまで手を伸ばすことは間違いなく、意味のあること」とありますが、これについて次の(1)・(2)に答えなさい。

(1)　「アニメーションがそうした題材にまで手を伸ばす」とは、どういうことですか。

(2)　なぜ「意味のあること」なのですか。

二〇二二年度
筑波大学附属駒場中学校

【国　語】（四〇分）〈満点：一〇〇点〉

［注意］　本文には、問題作成のための省略や表記の変更《へんこう》があります。

一　次の文章を読んで、あとの問いに答えなさい。

「アニメーションとは、絵や物体（例えば、粘土《ねんど》、人形など）をコマ撮《ど》りなどで動かすことによって、生命感を得るものだ」という言説があります。

例えば、私が学生だった頃《ころ》には、漫画家《まんがか》の手塚治虫《てづかおさむ》さんが、アニメーションの作り手として日本アニメーション協会の会長もされていたのですが、その手塚さんが「『アニメーション』（animation）は『アニミズム』（animism）と関わりがある」というようなことをいっておられたことを記憶《きおく》しています。万物《ばんぶつ》に魂《たましい》が宿るように、何気ない絵でしかないものにも生命を感じることができるのだ、という思いをもって語られた言葉だったのかもしれません。

けれど、思えば、漫画家としての手塚さんが描《か》いてこられた〝動かない〟漫画の絵の中にも、それぞれの登場人物の魂であるとか、生命感を感じることはできていたわけです。しかし、描いた絵をアニメーションとして動かすことで、あらためてある種の生命感を感じさせるのだとしたら、それは「人物への物語的な共感」などということとはまた違《ちが》った、①別の次元、異なった意味合いのことであるべきなのかもしれません。

こうした思いを抱《いだ》きながら、私はアニメーションを作る仕事にながいこと携《たずさ》わってきました。今では「まるで、ほんとうにそこに生きている人物がいるみたいな印象」といっていただける動きを作ることができるようにもなってきたような気がします。ありがたいことです。

ふと気づいたのは、そんな感想をいただけたのは、「いかにもアニメーション！」というようなダイナミックな動きをお見せしたときよりも、ちまちましたささやかな動きを作ったときだった、ということです。アニメーションでのびのびと快活な動きを作ることができれば、ときには現実の人間が動き得る限界を超《こ》えた魅力《みりょく》さえ示すことができるだろう、と思いますすし、たくさんのアニメーターたちがそうした思いのもとに鎬《しのぎ》を削《けず》ってもきたのですが、その反対に、こぢんまりと小さな動きをアニメーションの登場人物に行わせたときに、「どこか、ほんとうに人が存在しているという感触《かんしょく》を味わえる」といわれる機会が増えてきてしまったのです。

このことは、「人はどのようなメカニズムで動く映像を認知しているのか」ということを理解しようとする知覚心理学の分野と関係していることもわかってきました。アニメーションで大きな動きを見るときよりも、細やかで小さな動きを見るときの方が、人はそれを②「ほんとうの動き」として受け止めるのではないか、ということです。

（中略）

もうひとつこのような経験の中からなんとなく理解できてきたのは、アニメーション界の大先輩《せんぱい》であり、惜《お》しくも二〇一八年に亡くなった高畑勲《たかはたいさお》監督《かんとく》が、ここ数年「異化《いか》効果」について触《ふ》れておられたことの意味でした。「異化効果」とは演劇《えんげき》理論の中で語られる概念《がいねん》で、「日常的に見慣れたものを、見慣れない未知のもののように感じさせて、驚《おどろ》きを生み出す」というような意味でしょうか。

例えば、普段《ふだん》日常的に体験していることとして、あまり多くを感じずに通過してしまいがちな「食事をする」という行為《こうい》。あるいは、そこで食べられるその料理。これをアニメーションの絵で上手に描き、巧《たく》みに動かすとき、「ああ、食べるってこういうことだったんだっけ」

2022年度

筑波大学附属駒場中学校 ▶解説と解答

算 数 (40分) ＜満点：100点＞

解 答

1 (1) 〈８～12〉，〈11～14〉　(2) 〈28～52〉，〈55～70〉，〈198～202〉　(3) 〈163～174〉，〈504～507〉，〈673～675〉　2 (1) ４か所　(2) ３人　(3) ７km　3 (1) 10秒　(2) $3\frac{1}{3}$秒　(3) **もっとも短い時間**…3.75秒，**もっとも長い時間**…$5\frac{25}{28}$秒　4 (1) 73　(2) (ア) 680秒後　(イ) あきら君　(3) 1110秒後にたかし君と交代した

解 説

1 整数の性質

(1) 50を２つの整数の積で表すと，50＝１×50，２×25，５×10となる。２×25に注目すると，下の図１の①のように，「和が25の組が２組」と考えることができる。このとき，アとエの差は３だから，ア＝(25－３)÷２＝11となり，50＝11＋12＋13＋14と表せることがわかる。また，５×10に注目すると，②のように「10が５個」と考えることができる。このとき，中央の10を中心にして左右に１ずつ増減していくと，50＝８＋９＋10＋11＋12と表せることがわかる。よって，〈11～14〉，〈８～12〉となる。

図１

和が25が２組
① ア＋イ＋ウ＋エ
＝11＋12＋13＋14
② 10＋10＋10＋10＋10
＝８＋９＋10＋11＋12

図２

③ 200＋200＋200＋200＋200
＝198＋199＋200＋201＋202
和が125が８組
④ ア＋…＋イ＋ウ＋…＋エ
＝55＋…＋62＋63＋…＋70
25個
⑤ 40＋…＋40＋40＋40＋…＋40
＝28＋…＋39＋40＋41＋…＋52

図３

和が1011が２組
⑥ ア＋イ＋ウ＋エ
＝504＋505＋506＋507
⑦ 674＋674＋674
＝673＋674＋675
和が337が６組
⑧ ア＋…＋イ＋ウ＋…＋エ
＝163＋…＋168＋169＋…＋174

(2) 1000を２つの整数の積で表すと，1000＝１×1000，２×500，４×250，５×200，８×125，10×100，20×50，25×40となる。ここで，(1)より，１以外の奇数《きすう》をふくむ組み合わせについて考えればよいとわかる。そこで，５×200に注目すると，上の図２の③のようになる。また，８×125に注目すると④のようになる。④で，アとエの差は，２×８－１＝15だから，ア＝(125－15)÷２＝55，エ＝55＋15＝70と求められる。さらに，25×40に注目すると⑤のようになる。⑤で，最小の数は40よりも，(25－１)÷２＝12小さい数なので，40－12＝28，最大の数は40よりも12大きい数だから，40＋12＝52とわかる。よって，〈198～202〉，〈55～70〉，〈28～52〉となる。

(3) (1)，(2)と同様に考える。2022を２つの整数の積で表すと，2022＝１×2022，２×1011，３×674，６×337となる。２×1011に注目すると上の図３の⑥のようになり，ア＝(1011－３)÷２＝504と求められる。また，３×674に注目すると⑦のようになる。さらに，６×337に注目すると⑧

のようになる。⑧で，アとエの差は，2×6－1＝11なので，ア＝(337－11)÷2＝163，エ＝163＋11＝174とわかる。よって，〈504～507〉，〈673～675〉，〈163～174〉となる。

2 条件の整理

⑴　下の図1で，2－イに1人目を配置すると，この警察官は●印をつけた交差点に2km以内で行くことができる。よって，×印をつけた交差点に2km以内で行くことができる場所に2人目を配置すればよい。そのような交差点は，下の図2の○印をつけた4か所ある。

図1

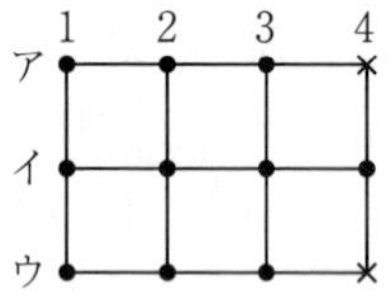

図2

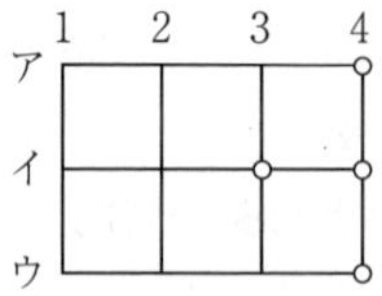

図3

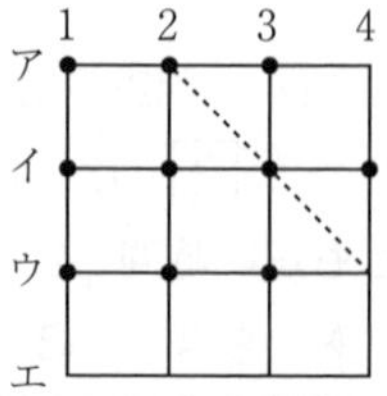

図4

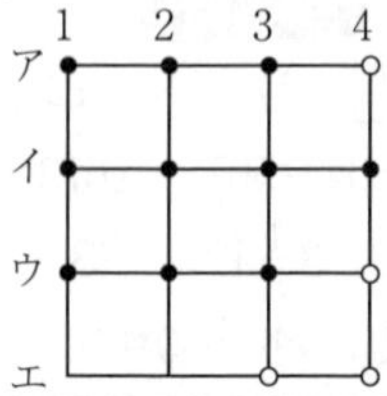

⑵　図1と同様に，2－イに1人目を配置すると上の図3のように，●印をつけた交差点に2km以内で行くことができる。このとき，4－アに2km以内で行くためには点線の右側に2人目を配置する必要があるが，どこに配置しても，1－エと2－エに2km以内で行くことはできない(たとえば4－ウに2人目を配置すると，上の図4の○印をつけた交差点には行くことができるが，1－エと2－エには行くことができない)。1人目をほかの交差点に配置した場合も同様だから，少なくとも3人必要になる。

⑶　はじめに，右の図5のように，縦11本，横11本の場合で考える。また，図5のように全体を4つの正方形に分割し，それぞれの正方形の中央部分(かげをつけた部分)に1人ずつ配置し，この警察官がそれぞれの正方形の内側を移動することを考える。たとえば，左上の正方形で4－ウに配置したとすると，1－カ以外の交差点はすべて5km(正方形の一辺の長さ)以内で行くことができる。そこで，左下の正方形で3－クに配置すると，6－サ以外の交差点はすべて5km以内で行くことができる。同様に，右下の正方形で8－ケに配置し，右上の正方形で9－エに配置すると，すべての交差点に5km以内で行けることがわかる。縦15本，横15本の場合，全体を4つの正方形に分割すると，1つの正方形の一辺の長さは，(15－1)÷2＝7(km)になる。よって，図5と同様に考えると，すべての交差点に7km以内で行けることがわかる。

図5

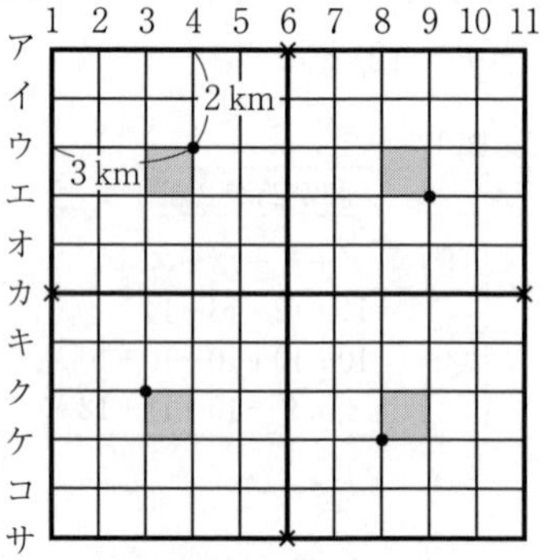

3 相似，通過算

⑴　右の図1で，PがBからCまで動く時間を求めればよい。図1で，三角形ABCと三角形ADEは相似であり，相似比は，(3＋3)：3＝2：1だから，BCの長さは，$5\times\frac{2}{1}=10$(m)とわかる。よって，PがBからCまで動く時間は，10÷1＝10(秒)と求められる。

図1

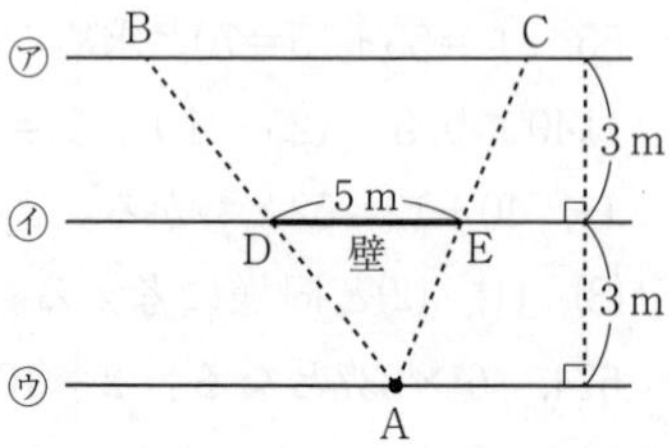

⑵　下の図2のように，Aを光源と考えて，直線㋑上の壁《かべ》が直線㋐上に作る影《かげ》を考えると，⑴から影の長さは10mとわかる。

また，壁が直線㋑上を動く速さは毎秒２mなので，影が直線㋐上を動く速さは毎秒，$2\times\frac{2}{1}=4$（m）になる。求めるのは，この影が直線㋐上を毎秒１mの速さで動くＰに追いついてから追いこすまでの時間だから，$10\div(4-1)=\frac{10}{3}=3\frac{1}{3}$（秒）とわかる。

図２

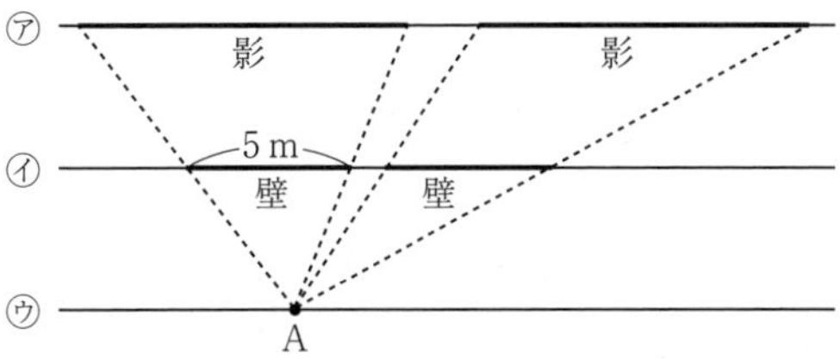

図３

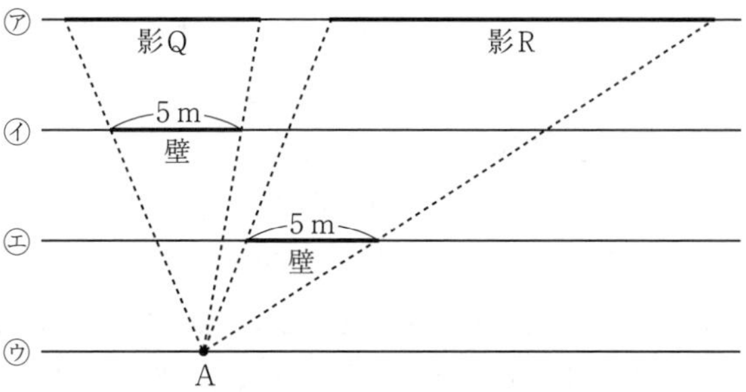

⑶　⑵と同様に考える。上の図３で，直線㋑上の壁と直線㋐上の影Ｑの長さの比，および速さの比は２：３なので，影Ｑは，長さが，$5\times\frac{3}{2}=7.5$（m），速さが毎秒，$2\times\frac{3}{2}=3$（m）とわかる。よって，影ＱがＰに追いついてから追いこすまでの時間は，$7.5\div(3-1)=3.75$（秒）である。同様に，直線㋓上の壁と直線㋐上の影Ｒの長さの比，および速さの比は１：３だから，影Ｒは，長さが，$5\times\frac{3}{1}=15$（m），速さが毎秒，$2\times\frac{3}{1}=6$（m）とわかる。したがって，影ＲがＰと出会ってから離《はな》れるまでの時間は，$15\div(1+6)=\frac{15}{7}$（秒）である。Ｐが隠《かく》れている時間がもっとも短いのは，影ＱがＰを追いこし終えたとき，すでに影ＲがＰとすれちがい終えている場合であり，そのときＰが隠れている時間は3.75秒である。また，Ｐが隠れている時間がもっとも長いのは，影ＱがＰを追いこし終えた瞬間《しゅんかん》に，影ＲがＰとすれちがい始める場合であり，そのときＰが隠れている時間は，$3.75+\frac{15}{7}=5\frac{25}{28}$（秒）となる。

4　条件の整理，調べ，つるかめ算

⑴　あきら君が，30－１＝29（人目）を終えるのは，10×29＝290（秒後）である。そのとき，さとし君は，290÷13＝22余り４より，22＋１＝23（人目）の受付を行っている途中《とちゅう》とわかる。同様に，たかし君は，290÷15＝19余り５より，19＋１＝20（人目）の受付を行っている途中となる。よって，あきら君の30人目は全体では，30＋23＋20＝73（人目）だから，整理番号は73である。

⑵　あきら君，さとし君，たかし君が同じ時間で受付をする人数の比は，$\frac{1}{10}:\frac{1}{13}:\frac{1}{15}=39:30:26$なので，$165\times\frac{39}{39+30+26}=67.7\cdots$（人）より，165人目が受付をするまでに，あきら君は約67人の受付をしていることがわかる。そこで，あきら君が66人目を終える，10×66＝660（秒後）から調べることにする。660÷13＝50余り10，660÷15＝44より，あきら君が66人目を終えたとき，さとし君は51人目の途中であり，たかし君はちょうど44人目を終えたとわかる。よって，下の図１のように表すことができるから，660秒後までに，66＋51＋44＝161（人）が窓口に行ったとわかる。すると，162はあきら君の67人目，163はたかし君の45人目，164はさとし君の52人目，165はあきら君の68人目となる。したがって，165の受付が終わるのは，660＋10×２＝680（秒後）と求められ，受付をするのはあきら君である。

図１

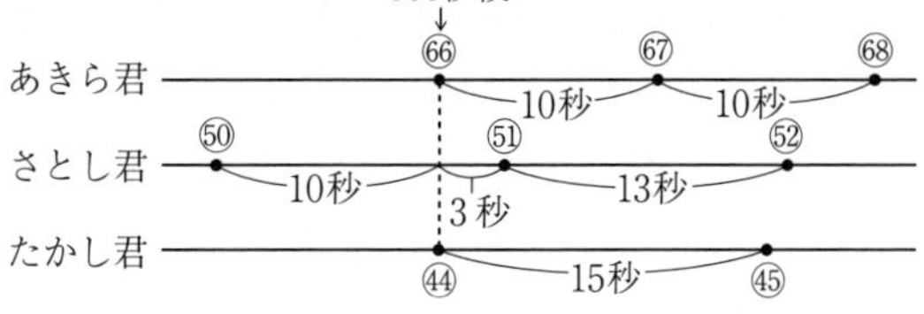

(3)　あきら君，さとし君，たかし君が2022秒で受付をする人数は，2022÷10＝202余り２，2022÷13＝155余り７，2022÷15＝134余り12より，それぞれ202人，155人，134人とわかり，いずれの場合も最後に何秒か余る。よって，ちょうど2022秒後に受付を終えたのは，途中で交代したゆたか君である。右上の図２より，あきら君がゆたか君と交代したとすると，２人で，545－(155＋134＋１)＝255(人)の受付をするのに2022秒かかったことになるが，255人全員をゆたか君が受付しても，８×255＝2040(秒)かかるので，条件に合わない。同様に，さとし君がゆたか君と交代したとすると，２人で，545－(202＋134＋１)＝208(人)の受付をするのに2022秒かかったことになるが，(2022－８×208)÷(13－８)＝71余り３より，これも条件に合わない。そこで，ゆたか君と交代したのはたかし君であり，２人で，545－(202＋155)＝188(人)の受付をするのに2022秒かかったから，たかし君が受付した人数は，(2022－８×188)÷(15－８)＝74(人)となる。したがって，ゆたか君がたかし君と交代したのは，15×74＝1110(秒後)である。

図２

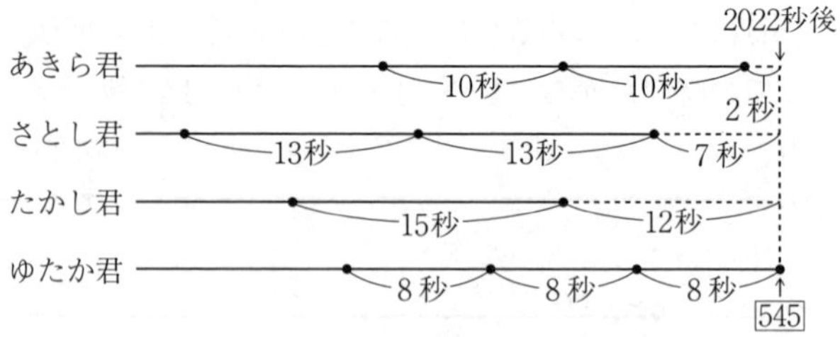

社会　(40分)　＜満点：100点＞

解答

1　**1**　**A**　埼玉(県)　**B**　沖縄(県)　**C**　山口(県)　**2**　ウ，オ　**3**　イ，オ，カ　**4**　ウ　**5**　イ，ウ　**6**　ウ，エ　**7**　石炭／ウ，オ　**2**　**1**　オ　**2**　ア，オ　**3**　ア，ウ　**4**　イ，エ　**5**　**松前**…ア　**対馬**…エ　**6**　イ，ウ　**7**　(例)　武蔵国から和銅が献上された。　**3**　**1**　ア，ウ　**2**　イ，エ　**3**　イ，ウ　**4**　オ　**5**　ア，ウ，エ　**6**　ウ，オ

解説

1　日本の工業地域を題材とした問題

1　Ａは埼玉県秩父《ちちぶ》市，Ｂは沖縄県の沖縄島，Ｃは山口県中西部の美祢《みね》市にあてはまる。

2　ア　京葉工業地域は化学工業の割合が最も高いが，それでも生産額の41.5％である。また，瀬戸内工業地域もほかの工業地帯・地域と比べれば化学工業の割合は高いが，機械工業につぐ23.1％となっている(数値は2018年)。　イ　京浜工業地帯に属しているのは東京都と神奈川県で，静岡県は東海工業地域として分類される。　ウ　中京工業地帯は生産額が国内最大の工業地帯である。エ　阪神工業地帯では，自動車工業はそれほどさかんでない。　オ　北九州工業地域は1980年代ごろまでは京浜・中京・阪神とともに四大工業地帯に数えられていたが，生産額が伸び悩《なや》んで全国的な地位が低下したため，近年は北九州を除いた三つを三大工業地帯とよぶことが多い。

3　イはLNG(液化天然ガス)を運ぶ専用船，オは原油を運ぶタンカー，カは鉄鉱石を運ぶ専用船で，これらが化石燃料や鉱物資源を運ぶ専用の運搬《うんぱん》船にあたる。アはコンテナに一般の貨物を入れて運ぶコンテナ船，ウは自動車の輸送に用いる自動車運搬船，エは乗客に船旅を提供するクルーズ客船である。

4　一般的なセメントは，主原料である石灰石に粘土などを加え，粉末状にしてつくる。これに水や砂，小石などを加えて練り上げたものが，コンクリートである。セメントにはさまざまな種類のものがあるが，一般的には石灰石のほうがセメントよりも重いといえる。いずれにしろ，重い鉱石資源である石灰石をトラックで長距離移動させるのは効率が悪いから，ここではウが正しいと考えられる。

5　ア　イスラム教徒は，教会にあたるモスクだけでなく，そのほかの場所においても１日５回，聖地メッカの方角に向かって祈《いの》りをささげる。　イ　儒教《じゅきょう》では，年齢や地位などによる上下関係が重んじられる。なお，儒教は紀元前５世紀ごろの中国で孔子《こうし》が唱えた道徳や教理を体系化したもので，厳密にいえば宗教ではない。　ウ　現在の中国では，仏教，道教(中国の土着的な宗教)，イスラム教，キリスト教のカトリックとプロテスタントが公認されている。　エ　中南米の人たちの多くはカトリックの信者で，アメリカ合衆国に移民としてやってくる中南米出身の人々にもカトリック教徒が多い。　オ　ロヒンギャはミャンマー西部に住む少数民族で，おもにイスラム教を信仰している。仏教徒が多いミャンマーでは迫害《はくがい》を受けており，隣国《りんごく》のバングラデシュなどにのがれて難民となっている人も多い。

6　ア　サンゴ礁《しょう》が見られるのは熱帯や亜《あ》熱帯の気候の海であるから，日本最北端の択捉《えとろふ》島(北海道)では見られない。なお，最南端の沖ノ鳥島(東京都)はサンゴ礁により形成された島であり，最東端の南鳥島(東京都)と最西端の与那国《よなぐに》島(沖縄県)でもサンゴ礁は見られる。　イ　サンゴは腔腸《こうちょう》動物の総称であり，体内に褐虫藻《かっちゅうそう》という藻類の一種を共生させ，その光合成によってつくられる栄養分や海中のプランクトンなどを取りこんで成長するが，海水温の上昇などが原因で褐虫藻が生息しなくなると，骨格にあたる石灰質の部分が白く透明《とうめい》になってしまうことがある。これを白化現象といい，進行するとサンゴが死滅《しめつ》してしまう。　ウ　赤土が海に流入することで日光がさえぎられ，サンゴの白化が進む現象が各地で見られるようになっている。　エ　サンゴ礁はサンゴの群体によってつくられる地形で，それ自体が多くの魚介《ぎょかい》類などのすみかとなる。また，周囲に海藻が繁茂《はんも》する藻場《もば》や砂浜海岸が形成され，そこにさまざまな水生植物，小動物が生息することから，生物多様性の確保に大きく貢献《こうけん》している。　オ　沖縄県名護市辺野古《へのこ》の沿岸部にはサンゴの生息地が存在することが確認されており，埋《う》め立て工事によりそれらが消滅するおそれがあることが，アメリカ軍基地建設に反対する理由の一つとなっている。

7　「黒いダイヤ」とよばれるのは石炭で，オーストラリアやインドネシアなどがおもな輸入先となっている。石炭は鉄鉱石や石灰石とともに鉄鋼の生産に必要な資源であるから，ウは正しい。また，石炭は燃焼時に多くの二酸化炭素を排出することから，地球温暖化対策としてその利用を規制しようという動きが世界的に進んでいる。よって，オも正しい。アとイは天然ガス，エはウランやプルトニウムにあてはまる。

2　元号の歴史を題材とした問題

1　『万葉集』は８世紀後半に成立した現存最古の歌集で，天皇・貴族から農民・兵士にいたるまでさまざまな身分の人々がよんだ約4500首の歌が収められている。当時，かな文字はまだ発明されておらず，漢字の音と訓を用いて日本語を表した「万葉がな」とよばれる表記法が多く用いられている。なお，アは聖徳太子が隋(中国)の皇帝煬帝《ようだい》のもとに遣隋使を送ったさいの国書の内容で，

『隋書』倭国《わこく》伝にそれについての記述がある。イは『魏志《ぎし》』倭人伝に記されている内容。ウは藤原道長がよんだ歌で，よまれたいきさつについては右大臣藤原実資《さねすけ》の日記である『小右記《しょうゆうき》』に記されている。エは『古今《こきん》和歌集』にあてはまることがらである。

2　ア「神亀《じんき》」は724～29年の元号で，「養老」と「天平」の間にあたる。本文中にある「祥瑞《しょうずい》」による改元の代表的な例である。　イ「文明」は1469～87年の元号で，本文で説明されているように，戦乱を理由として「応仁」から改元された。　ウ「天保」は1830～44年の元号で，ペリーが来航した1853年は嘉永《かえい》６年にあたる。　エ「大正」は1912～26年の元号で，改元は明治天皇の崩御《ほうぎょ》にともなうものである。　オ　1989年１月７日，昭和天皇が亡くなり，翌日，新天皇の即位《そくい》とともに「平成」と改元された。

3　稲作は縄文時代末期に大陸から九州地方に伝わったと考えられているが，各地に広まったのは弥生時代であるから，アは正しい。吉野ヶ里遺跡(佐賀県)は弥生時代の環濠《かんごう》集落跡であるから，ウも正しい。イは古墳時代，エは縄文時代，オは飛鳥時代にあてはまる。

4　アは1954年，イは2001年，ウは1949年，エは1991年，オは1956年のできごとである。

5　シャクシャインは1669年に，蝦夷《えぞ》地(北海道)のアイヌの人々を率いて戦いを起こしたが，講和の席で松前藩のはかりごとにあって殺害された。エは対馬《つしま》藩(長崎県)の仲立ちによって進められた朝鮮との交流について述べた文である。イは琉球《りゅうきゅう》王国(沖縄県)，ウとオは長崎にあてはまる。

6　ア　西暦は，イエス・キリストが生まれたと考えられる年を西暦１年(元年)として数えるものである。　イ　飛鳥・奈良・平安・鎌倉・室町・安土桃山・江戸という各時代の名称は，いずれも政治の中心地があった場所の地名がもとになっている。　ウ　世紀は100年を単位とする年代のまとまりで，西暦１年(元年)から100年までが１世紀，101年から200年までが２世紀，……という数え方をする。　エ　関ヶ原の戦いがあった1600年は16世紀最後の年であり，大阪の陣《じん》により豊臣氏が滅亡《めつぼう》した1615年は17世紀である。　オ　承久《じょうきゅう》の乱の「承久」は元号，西南戦争の「西南」は，東京などから見たときに戦いのあった場所を表している。干支《かんし》(正確には十干《じっかん》十二支)ができごとの名称に用いられているものとしては，壬申《じんしん》の乱(672年)の「壬申」，戊辰《ぼしん》戦争(1868～69年)の「戊辰」，甲午《こうご》農民戦争(1894年)の「甲午」などがある。

7　708年，武蔵国秩父郡(埼玉県)から和銅(自然銅)が朝廷に献上《けんじょう》され，これを祥瑞として「和銅」と改元された。なお，その銅をもとにしてつくられたのが「和同開珎《かいちん》」である。

3「孤独《こどく》・孤立」の問題を題材とした問題

1　ア　新型コロナウイルス感染症《しょう》の広がりにより企業の生産が落ちこんだことから，契約《けいやく》を打ち切られて仕事を失う非正規雇用《こよう》労働者が数多くいた。　イ　ワクチンの接種やさまざまな給付金支払いなどにより，政府の歳出は大きく増えた。　ウ　テレワーク(リモートワーク)の普及《ふきゅう》により都心の企業に通勤しなくても仕事が可能な場合が増えたことなどから，東京都からほかの道府県に移住する人が増え，東京都では転出数が転入数を上回るようになった。　エ　緊急《きんきゅう》事態宣言の発令などにより外出を控《ひか》えることがよびかけられた結果，外で買い物をする機会が減り，インターネットなどを用いた通信販売事業の売り上げが大きく伸びた。　オ　スマートフォンによる位置情報のデータが民間の事業者によって分析《ぶんせき》され，そのデータの一部が政府に提供されたことで，繁華《はんか》街における人出の数などが発表され，それが緊急事態宣言の発令などの政策に反映された。

2　核家族とは，夫婦と未婚の子ども，夫婦のみ，父親または母親と未婚の子どものいずれかで構成される家族のことをいう。近年は未婚の男女が増えたことや高齢者の一人暮らしが増えたことで単身世帯の割合が高くなり，核家族の割合は減少傾向《けいこう》にあるが，それでも全世帯の半数以上(2020年)を占《し》めているから，イは適切ではない。共働き世帯の数は増えているから，エも適切ではない。

3　ア　2015年の公職選挙法改正により，選挙権の年齢はそれまでの満20歳以上から満18歳以上に引き下げられた。よって，高校3年生でも18歳になれば選挙権はあたえられる。　イ　選挙当日に用事などで投票できない場合には期日前投票の制度により，また，出張先や入院先などで投票したい場合には不在者投票の制度により，それぞれ投票が可能である。投票できる期間は，ともに公示日または告示日の翌日から投票日の前日までの間である。　ウ　候補者や政党がテレビなどの政見放送で意見や考えをうったえることは，公職選挙法で認められている。　エ　選挙期間中に候補者が家々を訪問(戸別訪問)して選挙活動を行うことは，公職選挙法で禁止されている。　オ　街頭演説で候補者以外の人が演説(いわゆる応援演説)をすることは，普通に行われている。

4　本文の中ほどに「社会的包摂《ほうせつ》とは，多様な困難を抱《かか》える人たちを，社会のメンバーとして包み込《こ》んで共に生きていくことをめざす理念です。この理念は，社会から取り残されがちな人たちが，単にお金や物資の支援を受けるだけではなく，社会の中に自分の居場所と出番を確保することを求めるものです」とあるから，ここではオが最も適切と考えられる。ウも必要な政策と考えられるが，どちらかといえば経済的な面だけの支援であるから，ここではあてはまらない。

5　ア　豪雨災害のさい，行政が避難勧告《かんこく》などの指示を出しても，それが住民の避難行動につながるとは限らず，逃《に》げ遅れて亡くなる人が出る場合があり，その対策が課題となっている。　イ　大きな災害が発生した場合，その地域の社会福祉協議会(社会福祉活動の推進を目的とした民間の組織)がボランティアセンターを立ち上げ，自治体と協力しながらボランティアの受け入れやその活動の調整などを行うことが多いが，自治体の長が災害ボランティアを組織して派遣しなければならないという規定はない。なお，災害救助における国の責務を規定した災害救助法が2020年に改定され，ボランティアセンターの活動にかかる費用の一部を国が負担するようになった。　ウ　災害にあたって救助活動や支援活動を行うことは，自衛隊の任務の一つである。なお，自衛隊の出動は都道府県知事から要請があった場合に行われる。　エ　復興庁の設立は，2011年6月に成立した東日本大震災復興基本法の中でその理念が示された。これにもとづいて同年12月に復興庁設置法が成立し，翌2012年2月，正式に発足した。　オ　東日本大震災のあと，2014年4月に8％，2019年10月に10％と消費税の税率が引き上げられているが，引き上げの最大の理由は社会保障費の増大に対応するためである。

6　ア　厚生労働省ではなく，内閣官房に設置された「孤独・孤立対策担当室」と孤独・孤立対策担当の内閣府特命担当大臣の主導のもとで，対策が進められている。　イ　本文の中ほどに「イギリスでは社会問題に取り組む様々な慈善《じぜん》団体が活動しており，政府はそれらの民間団体への支援を充実《じゅうじつ》させることで対策を進めています」とある。　ウ　本文の後半に「日本政府はさしあたり，孤独・孤立の実態を全国で調査するとともに，関連する活動を行う民間団体に財政的な支援を行う方針です」とある。　エ　本文の最後のほうに「孤独・孤立と結びつきやすい生活難の状況を解消するために，政府が経済的支援を進めることが対策の基盤となってきます」とある。　オ　ヤングケアラーとは，本文の前半にもあるように「家族の世話を日常的に担《にな》う18歳未満の人」のことである。近年，その存在が注目されるようになっているが，ヤングケアラーとよばれる人たちは家事や家族の世話に追われ，学習面や将来の進路などで制限を受ける場合が多く，生き方の幅《はば》がせまくなることが懸念《けねん》されるため，行政などが対策を講じることが急務となっている。　カ　本文の前半に「就職氷河期のあおりを受けた中高年のひきこもり」という表現があるように，ひきこもりは青少年に固有の問題ではない。

理　科　(40分)＜満点：100点＞

解　答

[1] **1**　イ　**2**　エ　**3**　**方角**…ウ　**見え方**…イ　**4**　ア，エ　**5**　(例)　つぶが角ばっている。　[2] **1**　**青色リトマス紙**…エ，オ　**赤色リトマス紙**…イ　**2**　省略　**3**　イ，エ　[3] **1**　ア，ウ　**2**　イ　[4] **1**　①　エ　②　カ　**2**　①　イ　②　ア　**3**　ウ，エ　[5] **1**　①　ア　②　エ　③　イ　④　エ　⑤　ク　**2**　イ　[6] **1**　①　10　②　4　③　2　④　2　**2**　⑤　2　⑥　5　⑦　6　⑧　15　**3**　⑨　6　⑩　6　⑪　12　⑫　2　⑬　3　[7] **1**　オ　**2**　**豆電球Pが×となる**…6通り　**豆電球Qが△となる**…2通り

解　説

[1] 「地球」分野の小問集合

1　上空のやや高いところにできる高積雲はひつじ雲ともよばれ，空に広がっても雨を降らせることはほとんどない。乱層雲は雨雲ともよばれる，雨を降らせる雲である。積乱雲は強い上昇《じょうしょう》気流が発生しているときに垂直方向に発達する雲で，短時間に激しい雨を降らせることが多い。

2　星座を作る星は光を自ら出していて，その光が人の目に届いて見えているが，月や太陽系の惑《わく》星が明るく光って見えるのは，その星に太陽の光があたって反射した光が届いて見えているからである。

3　写真にとられた月は，右半分が光って見える半月で上弦《げん》の月という。太陽が西に沈《しず》む午後6時ごろ，南の空の高いところに見える。月は約29.5日の周期で満ち欠けをしていて，上弦の月から約1週間後には満月になる。

4　ア　棒のかげの長さは太陽の高度が高いほど短くなる。太陽の高度は正午ごろ最も高く，日の入り直前や日の出直後のころ最も低くなる。したがって，正午のかげの長さが日の入り直前のかげの長さより長くなることはない。　イ，ウ　太陽は東から昇《のぼ》り，南の空を通って西に沈むので，棒のかげは，棒の西側から北側を通り東側に動いていく。　エ　地球は西から東に自転しているので，日の出・日の入りの時刻や太陽の南中時刻はふつう東の地点ほど早い。

5　火山灰は流水のはたらきをほとんど受けていないので，つぶが角ばっているのが特徴《とくちょう》である。また，砂などとは異なり，いろいろな色のガラス状のつぶが含《ふく》まれている。

[2] 水溶液《すいようえき》の判別についての問題

1　青色リトマス紙を赤色に変えるのは酸性の水溶液で，ここでは炭酸水とうすい塩酸があてはまる。また，赤色リトマス紙を青色に変えるのはアルカリ性の水溶液で，ここではアンモニア水が選べる。

2　省略

3　実験１，実験２で同じ結果になるのは，炭酸水とうすい塩酸の２つである。どちらも酸性の水溶液であり，気体がとけた水溶液のため，加熱して蒸発させてもあとには何も残らない。しかし，この２つの水溶液にアルミニウムや鉄などの金属を加えると，弱い酸性の炭酸水では変化がほとんど観察できないが，強い酸性である塩酸をうすめたうすい塩酸では金属がとけて気体(水素)のあわが発生する。

3　もののとけ方についての問題

1　表より，30℃の水25グラムにとける固体の重さを求めると，しょう酸カリウムは，$45.6\times\frac{25}{100}=11.4$(グラム)，ホウ酸は，$6.8\times\frac{25}{100}=1.7$(グラム)，塩化ナトリウムは，$38.1\times\frac{25}{100}=9.525$より，約9.5グラムである。したがって，実験１では，しょう酸カリウムと塩化ナトリウムはすべてとけるが，ホウ酸はとけ残る。

2　１より，実験１で５グラムの固体がすべてとけたしょう酸カリウムと塩化ナトリウムを入れたビーカーについて，さらに2.5グラム，つまり合計で，$5+2.5=7.5$(グラム)を加えても，どちらのビーカーの固体もすべてとけたままである。そこで，7.5グラム，つまり合計で，$5+7.5=12.5$(グラム)を加えると，どちらのビーカーでも固体がとけきれず残る。水温を40℃にしたとき，25グラムの水にとける重さは，しょう酸カリウムが，$63.9\times\frac{25}{100}=15.975$より，約16.0グラム，塩化ナトリウムが，$38.3\times\frac{25}{100}=9.575$より約9.6グラムなので，実験３で水の温度を40℃にしたとき，固体がすべてとけていた方がしょう酸カリウム，とけ残った方が塩化ナトリウムであるとわかる。

4　植物の種子についての問題

1　①　マテバシイのドングリは果実であるが，その大部分が種子(たね)となっている。食用とすることができる果実で，食料としていろいろな動物に運ばれる。　②　カタバミの果実は，内部に小さな種子が複数入っていて，果実が熟し乾燥《かんそう》すると自らはじけて種子を飛び散らせる。

2　①　オナモミの種子が入った果実は，図のようにその外側がとげ状の突起《とっき》でおおわれていて，この突起で動物の体にくっついて運ばれる。　②　カエデの種子の入った果実は図のように羽のようになっていて，風にのってまいながら広い範囲《はんい》に散らばる。

3　多くの植物の種子の発芽には，水と空気(酸素)，適切な温度が必要だが，光は必要としない植物が多い。発芽に光も必要とするのは，レタスやタバコなど一部の植物である。また，長い年数を生きる植物などはくり返し種子を作る。

5　植物の蒸散や呼吸，光合成についての問題

1　①〜④　蒸散を行うのがおもに葉であることを確認するのだから，葉・くき・根がある植物と，葉だけをとった植物を比べる。また，植物がさかんに蒸散を行うのは光がよくあたるときであるから，どちらも光があたる窓のそばにおいて実験する。　⑤　蒸散は，体内の水分を水蒸気のすがたで体外に放出するはたらきである。そのため，蒸散が行われるとポリエチレンのふくろの内側には水てきがつく。したがって，蒸散がさかんに行われたかどうかを調べるには，水てきのつき方を観察すればよい。

2　大気中の二酸化炭素のう度は約0.04％だが，ヒトがはく息の中に含まれる二酸化炭素のう度は約４％である。植物に光があたると植物は光合成を行い，二酸化炭素を消費するので，実験を始め

ると，ふくろ内部の二酸化炭素のう度は約４％から少しずつ下がっていく。したがって，４％以下ののう度が測定できるイの範囲のものが最も適する。

6 てこのつり合いについての問題

1 物体の重さが１点に集まっていると考えられる点を，その物体の重心という。実験１より，角材の重心はＥの中央すなわち角材の両はしからそれぞれ，54÷２＝27(cm)の位置にあることがわかる。また，木片の重心はその中央すなわち両はしから，６÷２＝３(cm)の位置にあるとわかる。①　図２でＦの上に木片をのせる場合，角材がかたむくときは台の右はしの位置が支点となる。木片１個の重さを１とすると，角材の重さは９で，Ｆに□個の木片をのせたときまでつり合うとすると，角材の重心の位置は，台の右はしから３cmの位置なので，支点のまわりの左回りのモーメント(角材を支点のまわりに回転させるはたらき)は，９×３＝27，木片の重心の位置は台の右はしから３cmの位置なので，右回りのモーメントは，□×３となるから，27＝□×３より，□＝９(個)である。よって，９＋１＝10(個)の木片をのせたときに角材は右にかたむく。　②　①と同様に，Ｇに木片を□個のせたときまでつり合うとすると，木片の重心の位置は台の右はしから９cmの位置だから，27＝□×９より，□＝３(個)となり，４個の木片をのせると角材は右にかたむくことになる。　③　①と同様に，Ｈに木片を□個のせたときまでつり合うとすると，木片の重心の位置は台の右はしから15cmの位置だから，27＝□×15より，□＝1.8となり，木片を２個おくと角材は右にかたむく。　④　①と同様に，Ｉに木片を□個のせたときまでつり合うとすると，木片の重心の位置は台の右はしから21cmの位置だから，27＝□×21より，□＝1.28…となり，木片を２個おくと角材はかたむくことになる。

2 ⑤　図３で，角材が左にかたむくときは台の左はしが支点となる。そのとき，Ｉに□個の木片を積んだときつり合うとすると，角材の重心の位置は台の左はしから３cm，木片の重心の位置は台の左はしから21cmだから，９×３＝□×21，□＝1.28…より，木片が１個の場合は左回りのモーメントの方が大きくなり，角材が左にかたむいてしまうが，木片を２個以上積めば角材は左にかたむかなくなる。　⑥　図３で，角材が右にかたむくときを考える。角材が右にかたむくとき，台の右はしが支点となるので，Ｉに□個の木片を積んだときまでつり合うとすると，角材の重心の位置は台の右はしから９cm，木片の重心の位置は台の左はしから15cmなので，９×９＝□×15より，□＝5.4となり，積んだ木片が５個まではつり合うことがわかる。　⑦　⑤と同様に，図４で，台の左はしを支点として考えると，角材の重心は台の左はしから９cm，木片の重心は台の左はしから15cmの位置にある。Ｉに□個の木片を積んだときつり合うとすると，９×９＝□×15より，□＝5.4となり，木片を６個積むと角材は左にかたむかなくなる。　⑧　⑥と同様に，台の右はしを支点として考え，Ｉに□個の木片を積んだときまでつり合うとすると，角材の重心は台の右はしから15cm，木片の重心は台の右はしから９cmの位置にあるので，９×15＝□×９より，□＝15となり，木片を15個まで積んでも角材はかたむかない。

3 ⑨　台の右はしを支点とするつり合いを考える。下の角材のＩに□個の木片を積んだときまでつり合っているとすると，上の角材の重心は台の右はしから９cm，下の角材の重心は台の右はしから３cm，木片の重心は台の右はしから21cmの位置にあるので，９×９＋９×３＝□×21が成り立ち，□＝5.1…より，６個の木片を積めば角材は右にかたむく。　⑩　⑤と同様に考えると，図６で，下の角材のＩに□個の木片を積んだときつり合うとすると，台の左はしの位置を支点として，上の角材の重心は台の左はしから21cm，下の角材の重心は台の左はしから3cm，木片の重心は台の左はしから27cmの位置にあるので，9×21＝9×3＋□×27が成り立ち，□＝6(個)となる。　⑪　⑥と同様に考えると，図6で台の右はしを支点とし，下の角材のⅠに□個の木片を積んだときまでつり合っているとすると，上の角材の重心は台の右はしから27cm，下の角材の重心は台の右はしから3cm，木片の重心は台の右はしから21cmの位置にあるので，9×27＋9×3＝□×21，□＝12.8…より，木片を12個まではのせることができる。　⑫　図7で，上の角材を右に動かしていき角材がかたむくとき，角材は右にかたむく。したがって，台の右はしを支点とするつり合いを考える。図7で，上の角材の重心の位置が台の右はしから□cmの位置になるときにつり合うとすると，下の角材のⅠに積んだ木片の重さは12個なので，9×□＋9×3＝12×21が成り立ち，□＝25(cm)となる。よって，上の角材を動かした長さが，27－25＝2(cm)をこえると角材がかたむく。　⑬　図8で台の左はしを支点とするつり合いを考えると，上の角材の重心の位置が台の左はしから□cmの位置になるときにつり合うとすると，9×□＝9×3＋12×27が成り立ち，□＝39(cm)となる。よって，下の角材がかたむくのは，上の角材を，39－21＝18(cm)以上移動させたときになるが，上の角材の重心(Eの中央)が下の角材の左はしから出てしまうと上の角材が左にかたむくので，動かした長さが3cmをこえると角材はかたむく。

7　豆電球のつなぎ方と明るさについての問題

1　表2の豆電球のつき方を調べると，右の表のようになる。ア，ウ　右側のかん電池1個に豆電球P，豆電球Qが直列につながる回路ができる。　イ，エ，カ，ク　スイッチZをBに入れると，豆電球Qと右側のかん電池1個が必ずつながるので，豆電球Qは○の明るさでつく。なお，クの場合は2個のかん電池が並列つなぎになる。　オ　2個のかん電池が直列につながり，それと豆電球Qがつながる回路ができる。よって，豆電球Pはつかず，豆電球Qは◎の明るさでつく。　キ　左側のかん電池1個に豆電球Qがつながる回路ができる。

スイッチの入れ方				豆電球のつき方	
記号	X	Y	Z	P	Q
ア	A	A	A	△	△
イ	A	A	B	×	○
ウ	A	B	A	△	△
エ	A	B	B	×	○
オ	B	A	A	×	◎
カ	B	A	B	×	○
キ	B	B	A	×	○
ク	B	B	B	×	○

2　右上の表より，豆電球Pが×となるのは，イ，エ，オ，カ，キ，クの6通りである。また，豆電球Qが△となるのは，アとウの2通りである。

※　編集部注…学校より，2の2については問題に不備があったため受験生全員を正解とし，得点を与えたとの発表がありました。

国語　(40分)＜満点：100点＞

解答

一　**問1**　(例)　漫画では，読み手の感情移入によって登場人物にいきいきとした存在感が生まれるが，アニメーションでは読み手や物語的な文脈とは関係なく独立した命あるものと感じられるようになること。　**問2**　(例)　いかにもアニメーションといったダイナミックな動きをつくったときよりも，細やかで小さな動きをつくったときのほうが，かえって現実の人間の動きとして人々に認識される結果になったこと。　**問3**　(例)　見慣れてきてしまったことの意味を再発見させるには，現実に近い形よりも，現実を変えた形で提示したほうが目新しくて印象に残り，その意味に気づかせやすいから。　**問4**　⑴　(例)　本来なら実写で描くべきだと思われるドキュメンタリーのような題材を，アニメーションが扱うようになったこと。　⑵　(例)　実写とは異なるアニメーションで描くことで，見慣れてきてしまったことの意味を再発見できるほか，これからすべき行動を見出すことにもつながりうるから。　二　**問1**　(例)　お父さんが困ったと言っても，自分には関係なく，深刻なものではないと捉えている。　**問2**　(例)　お父さんが大事な仕事を未熟な後輩に任せてまで夏休みをとったことや，結果的にその人を仕事で困らせてしまったのは，もとをたどれば自分のせいなので，「ぼく」にお父さんを責める権利などないということ。　**問3**　(例)　お父さんが「ぼく」をひとり残して仕事に行ったら，お母さんがいなくなったときのように孤独感にさいなまれ，「なんにもしたくない病」におそわれてしまうのではないかと不安だったから。　**問4**　(例)　仕事へと行かざるを得なくなったお父さんに理解を求められても，孤独になることへの不安や反発から「わかった」と言えなかったが，仕事を手伝うよう言われ，孤独にならずに済んだとわかるやいなや「わかった」と答えた身勝手な自分の態度に，きまり悪さを感じたから。　三　下記を参照のこと。　四　**問1**　(例)　世界のどこかで争いが起きているなか，無関心に会話を続ける人々を見ても，自分にはどうにもできないこと。　**問2**　(例)　地球全体を視野に入れた多様性を認める未来ではなく，力と数という単純なルールで多数派以外を切り捨てる未来になりそうだということ。　**問3**　(例)　大勢がそれぞれのパートを受け持ち，調和のとれたひとつの歌を生み出すところ。

●漢字の書き取り

三　教えるは学ぶの半ばなり

解　説

一　**出典は片渕《かたぶち》須直《すなお》の「『アニメーション』を考える，ある視点」による。**“動かない”漫画《まんが》とアニメーションから受け取る生命感の違《ちが》いや，アニメーションで取り上げる題材の変化について述べられている。

問1　直前に，「人物への物語的な共感」と書かれていることをおさえる。“動かない”漫画においては，読み手が物語にとけ込《こ》み，登場人物へと同調(共感)するなかで，あたかもそれが生命を持った存在のように浮《う》き上がって意識されると考えられる。一方，アニメーションでは，物語への没《ぼっ》入《にゅう》や登場人物に対する感情移入などは必要とされず，それ自体が独立し魂《たましい》を持った存在のように動いている。つまり，“動かない”漫画とアニメーションとでは「生命感」にまったく「別の次元」の「異なった意味合い」があるのだといえる。

問2　アニメーションでは，「現実の人間が動き得る限界を超《こ》えた魅力《みりょく》さえ示すことができる」のではないかと可能性を見出《みいだ》したアニメーターたちは，「いかにも」といったダイナミックな動きの表現を追求し，鎬《しのぎ》を削《けず》ってきたが，実際には「ちまちましたささやかな動き」をつくったときのほうが，「ほんとう」らしさが生まれ，人々を魅了《みりょう》するという皮肉な結果をもたらすことになったと述べられている。これをもとに，「アニメーションでは，大きく活発な動きより小さく細やかな動きを見たとき，人がそこに実在するという感じを受けること」のようにまとめる。

問３　少し前で筆者が，「見慣れてきてしまったことの意味を再発見させる」という「異化効果」に言及《げんきゅう》した故高畑《たかはた》勲《いさお》監督《かんとく》について触《ふ》れていることに注目する。「実写と見紛《みまが》うような写真的な絵」よりも「省略の行き届いた絵柄《えがら》で，日常的な仕草をするときなど」のほうが「異化効果」が顕著《けんちょ》だといえるのは，デフォルメされた対象に意識が向けられることで，人々が「見慣れてきてしまった」自らの日常を客観的に振《ふ》り返るきっかけになるからではないかと推測できる。問２でみた，アニメーションにおいて「ダイナミックな動き」よりも「細やかで小さな動き」のほうが「ほんとうの動き」として人々により強く認識されたことを受けて，この「異化効果」の話につなげていることを踏《ふ》まえて考える。

問４　⑴「そうした題材」とは，本来ならば実写で描《えが》かれるべきだとされる「ドキュメンタリーのような題材」を指す。近年では，「従来のようなファンタジー的な趣向《しゅこう》をこらした」ものではなく，「内戦下のアフガンで生きる女性」や「アンゴラ内戦に踏み込んでゆくジャーナリスト」などをアニメーションにした作品が増えてきたと筆者は述べている。　⑵ 問３で検討《けんとう》した，故高畑勲監督のいう「異化効果」の意味をおさえるほか，ぼう線④の前後にも注意してまとめる。「ドキュメンタリーのような題材」をあえてアニメーションで扱《あつか》うことで，人々の意識がそうしたものにあらためて向けられることになり，「見慣れてきてしまったことの意味を再発見」するきっかけが得られる。そして，自らの為《な》すべきことについても考える糸口になるという点で，アニメーションがドキュメンタリーの分野にまで表現の領域を広げることには，意味があるのだといえる。

二　**出典は唯野未歩子《ただのみあこ》の『はじめてだらけの夏休み　大人になりたいぼくと，子どもでいたいお父さん』による**。夏休みを「ぼく」と過ごすはずのお父さんだったが，事情が変わり，仕事にもどらざるを得なくなってしまう。

問１　「困ったことになった」と切り出し，仕事について話し始めるお父さんに対して，「ぼく」は「なにが？」，「ふうん」，「へえ」などと気のない相づちを打ち，ポスターの背景を考えている。「夏休みはもう終わりだ」と言われるまで上の空だったのだから，「ぼく」はお父さんの仕事の話が自分にとって無関係なものと捉《とら》えていたのだろうと想像できる。これをもとに，「困っているのはお父さんで，自分には無関係だと捉えている」のようにまとめる。

問２　後輩《こうはい》から手助けをしてほしいと頼《たの》まれたことで仕事にもどらざるを得なくなったと言われ，一緒《いっしょ》に夏休みを過ごす時間を奪《うば》われたと感じた「ぼく」は，怒《いか》りに任せ，お父さんを次々と責め立てている。一方的な詰問《きつもん》によりうなだれるしかなかったお父さんのようすに，「ぼく」は一瞬《いっしゅん》，「勝者」になったかのような錯覚《さっかく》を覚えたものの，そもそも，お父さんが休みをとったのは「ぼく」のためだったうえ，未熟な技師であるにもかかわらず，お父さんの代わりに仕事を任された後輩にも迷惑《めいわく》をかける結果になってしまうなど，もとをたどれば一連のできごとの原因が「ぼく」自身にあったことに思いあたり，自分にはお父さんを責める権利などまったくないと思い知らされたのである。その意味で「ぼく」は「敗者」だったといえるのだから，「大事な仕事を経験不足の後輩に任せ，後輩が困っているのは，お父さんが自分と夏休みを過ごすために休みをとったせいであり，『ぼく』にお父さんを責めることなどできないということ」のようにまとめる。

問３　続く部分で，病気療養《りょうよう》のために別居せざるを得なくなったお母さんの一件を思い出した「ぼく」は，今回，お父さんと夏休みを一緒に過ごせなくなったならば，またあのときと同じように「なんにもしたくない病」にかかってしまうのではないかとおそれている。つまり，あまりの孤《こ》独《どく》感から無気力になってしまう自分を想像したために，「ぼく」はお父さんから仕事へ行くことに対して理解を求められても，「わかった」と了承することができなかったのである。なお，お母さんには「わかった」と言えてもお父さんには言えなかったのは，お母さんに対しては，「病気」であるということをふまえて思いやり，自分が我慢《がまん》しなければならないと「ぼく」が思ったためであって，今回の一件では，お父さんよりも自分のほうがつらい目にあっていると，「ぼく」自身が判断したためだと考えられる。

問4　問2，問3でも検討したように，「ぼく」はお父さんが自分のために無理をして休みをとってくれたことを理解しながらも，仕事に行かざるを得なくなったと話すお父さんを責めている。ひとり残されたら「なんにもしたくない病」におそわれてしまいそうで，「ぼく」はどうしても「わかった」と言えなかったのである。こうしたなか，ふいにお父さんから「仕事を手伝ってくれ」と言わて気持ちが一変し，初めてその仕事ぶりを見られること，一緒にいられることに「わくわく」しているが，急に態度を変えたことを知られるのが恥《は》ずかしく，「ぼく」はわざと「ふてくされた声」で「わかった」と答えたのだろうと想像できる。「ぼく」がお父さんに文句を言った直後であることをおさえ，「さっきまですねていたのに，お父さんの仕事を手伝えるとなったとたん喜んで態度を変えるのは，体裁が悪いから」のようにまとめる。

三　「教えるは学ぶの半ばなり」は，“人に教えれば自分の理解や経験の不足を知ることができるので，自分の勉強になる”という意味。

四　**出典は谷川《たにかわ》俊《しゅん》太郎《たろう》の詩「合唱」による。**遠くの国で争いなどが起こる気配を感じ，明るさを期待できない未来に苦しみ，憤《いきどお》っていた「僕《ぼく》」(作者)が，「合唱」にひとすじの希望を見出すようすを描いている。

問1　「遠くの国で物のこわれる」争いの音をききながらも，自分自身とは無関係のものとして勝手な言説をくりひろげる人々がいる現状のなか，それをただ眺《なが》めていることしかできない自らの無力さに，「僕」は苦しんでいるものと考えられる。これをもとに，「侵略《しんりゃく》を受け始めた国があり，それについてうれえる言葉もなく，だれもが遠いできごととして勝手な意見を言っているなかで，自分には何もできないこと」のようにまとめる。

問2　人々は他国の戦争を我《わ》がことと思う余裕《よゆう》のないほど「多忙《たぼう》な時間」，「非情な空間」に生きており，「地球の柔《やわ》らかい丸味」を「実感したい」という「僕」の願いはかなわず，人の未来，地球の未来は「簡単な数式」，つまり力の強さと数の多さによって決まるのかと憤っている。「僕」の机《き》上《じょう》に置かれた「英和辞典」は，さまざまな言語や国があるのに，英語に画一化され，さらに言うなら大国にならう風潮，それ以外は切り捨てられる非情さを連想させるものである。これをふまえ，「多様なものごとに開かれ，さまざまな可能性に満ちた未来ではなく，多数派によって牛耳《ぎゅうじ》られる画一的な未来に向かっていきそうだということ」といった趣旨《しゅし》でまとめればよい。

問3　問1，問2で検討した「僕を苦しめる」もの，「憤りを覚え」るものと対極にあるのが，大勢で声を合わせて歌う「合唱」にあたる。つまり，破壊《はかい》ではなく，築き上げること，力の強さや数の多さで他者を切り捨てるのではなく，さまざまな個性を認めて調和することを「合唱」は象徴《しょうちょう》しているのだろうと考えられる。これをもとに，「大勢がそれぞれの声を調和させて，美しいひとつの歌をつくりあげるところ」のようにまとめる。

Dr.福井の
入試に勝つ! 脳とからだのウルトラ科学

歩いて勉強した方がいい？

みんなは座って勉強しているよね。だけど，暗記するときには歩きながら覚えるといいんだ。なぜかというと，歩いているときのほうが座っているときに比べて，心臓が速く動いて(脈はくが上がって)脳への血のめぐりがよくなるし，歩いている感覚が背骨の中を通って脳をつつくので，頭が働きやすくなるからだ(ちなみに，運動による記憶力アップについては，京都大学の久保田名誉教授の研究が有名)。

具体的なやり方は，以下のとおり。まず，机の上にテキストを広げ，1ページぐらいをざっと読む。そして，部屋の中をゆっくり歩き回りながら，さっき読んだ内容を思い出す。重要な語句は，声に出して言ってみよう。その後，机にもどってテキストをもう一度読み直し，大切な部分を覚え忘れてないかをチェック。もし忘れている部分があったら，また部屋の中を歩き回りながら覚え直す。こうしてひと通り覚えることができたら，次のページへ進む。あとはそのくり返しだ。

さらに，この“歩き回り勉強法”にひとくふう加えてみよう。それは，なかなか覚えられないことがら(地名・人名・漢字など)をメモ用紙に書いてかべに貼っておくこと。ドンドン貼っていくと，やがて部屋中がメモでいっぱいになるハズ。これらはキミの弱点集というわけだが，これを歩き回りながら覚えていくようにしてみよう！　このくふうは，ふだんのときにも自然と目に入ってくるので，知らず知らずのうちに覚えることができてしまうという利点もある。

歴史の略年表や算数の公式などを大きな紙に書いて貼っておくのも有効だ。

Dr.福井(福《ふく》井《い》一成《かずしげ》)…医学博士。開成中・高から東大・文Ⅱに入学後，再受験して翌年東大・理Ⅲに合格。同大医学部卒。さまざまな勉強法や脳科学に関する著書多数。

Memo

2021年度　筑波大学附属駒場中学校

〔電　話〕（03）3411―８５２１
〔所在地〕〒154-0001　東京都世田谷区池尻４―７―１
〔交　通〕京王井の頭線―「駒場東大前駅」より徒歩７分
東急田園都市線―「池尻大橋駅」より徒歩15分

【算　数】（40分）〈満点：100点〉

【注意】 円周率は3.14を用いなさい。

1　図のように２つの円があります。はじめ，大きい円の半径は５cm，小さい円の半径は４cmで，１秒ごとにそれぞれが１cmずつ大きくなっていきます。ただし，小さい円は，つねに大きい円の内側にあります。

つまり，２つの円の半径は，１秒後は６cmと５cm，２秒後は７cmと６cm，……になります。

図で斜線《しゃせん》をつけた，２つの円のあいだの部分について，次の問いに答えなさい。

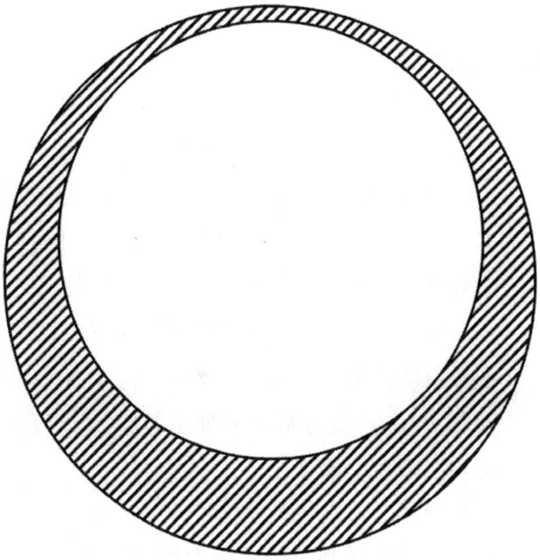

(1)　５秒後における，２つの円のあいだの部分の面積を求めなさい。

(2)　２つの円のあいだの部分の面積が，はじめて2021cm^{2}をこえるのは何秒後ですか。整数で答えなさい。

(3)　ある時刻《じこく》における，２つの円のあいだの部分の面積をScm^2，その１秒後における，２つの円のあいだの部分の面積をTcm^{2}とします。

$T \div S$の値が，はじめて1.02より小さくなるような「ある時刻」は何秒後ですか。整数で答えなさい。

2　整数を横一列に並《なら》べてできる数を考えます。たとえば，１から10までのすべての数をひとつずつ並べると

12345678910

という11けたの数ができます。また，１から20までのすべての数をひとつずつ並べると

1234567891011121314151617181920

という31けたの数ができます。

次の問いに答えなさい。

(1)　１から100までのすべての数をひとつずつ並べてできた数に，数字「２」は全部で何個ありますか。

たとえば，１から20までのすべての数をひとつずつ並べてできた数に，数字「２」は全部で３個あります。

(2)　１からある数までのすべての数をひとつずつ並べてできた数に，数字「０」が全部で200個ありました。ある数を求めなさい。

(3)　１から1000までのすべての数をひとつずつ並べたとき，何けたの数ができますか。

(4)　整数のうち，数字「１」，「２」，「０」のみが使われた数を考えます。

たとえば，このような数だけを，小さい順に１から20までひとつずつ並べると

1210111220

という10けたの数ができます。

数字「１」，「２」，「０」のみが使われた数だけを，小さい順に１から2021までひとつずつ並べたとき，何けたの数ができますか。

3　次の問いに答えなさい。

(1)　右の図１は，同じ大きさの２つの正方形ABCD，BEFCを並《なら》べてつくった長方形AEFDです。

図の●で示した６個の点のうち，２個以上の点を通る直線を２本ひくとき，それらをそれぞれまっすぐのばすと，長方形AEFDの外側で交わる場合があります。

このような，長方形の外側で交わる点の位置として，考えられるものは何通りありますか。

ただし，「長方形の外側」には，長方形の辺上や頂点はふくまないものとします。

図１

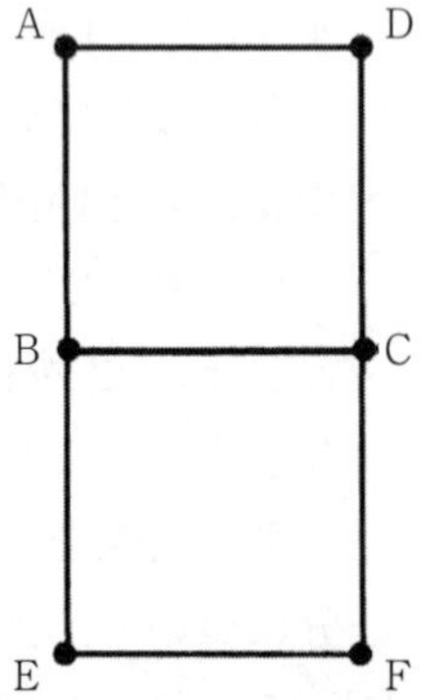

(2)　右の図２は，同じ大きさの２つの立方体を積み重ねてつくった直方体です。

図の●で示した12個の点のうち，２個以上の点を通る直線を２本ひくとき，それらをそれぞれまっすぐのばすと，直方体の外側で交わる場合があります。

このような，直方体の外側で交わる点の位置として，考えられるものは何通りありますか。

ただし，「直方体の外側」には，直方体の面上，辺上，および頂点はふくまないものとします。

図２

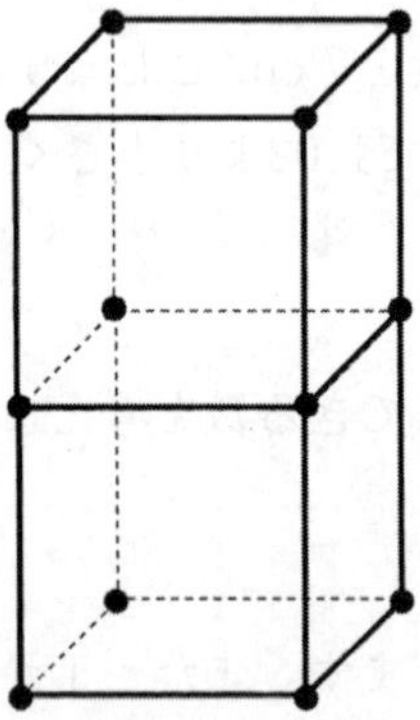

図３

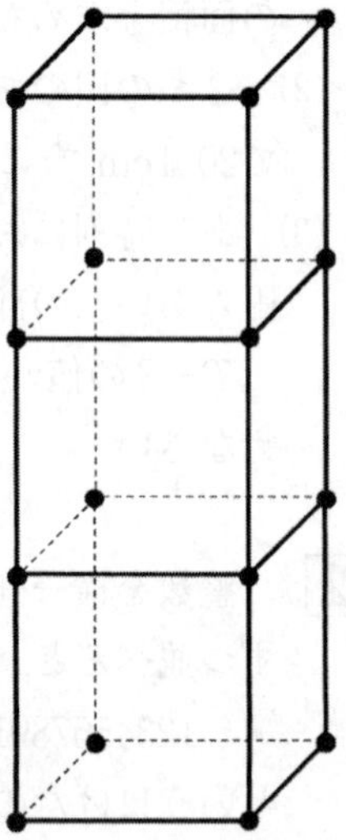

(3)　右上の図３は，同じ大きさの３つの立方体を積み重ねてつくった直方体です。

図の●で示した16個の点のうち，２個以上の点を通る直線を２本ひくとき，それらをそれぞれまっすぐのばすと，直方体の外側で交わる場合があります。

このような，直方体の外側で交わる点の位置として，考えられるものは何通りありますか。

ただし，「直方体の外側」には，直方体の面上，辺上，および頂点はふくまないものとします。

4　図のような三角形 ABC を底面とする三角柱があります。AB の長さは12cm，BC の長さは 8 cm，角 B は直角です。点D，E，Fはそれぞれ三角柱の辺上にあって，AD の長さは 5 cm，BE の長さは10cm，CF の長さは 4 cm です。

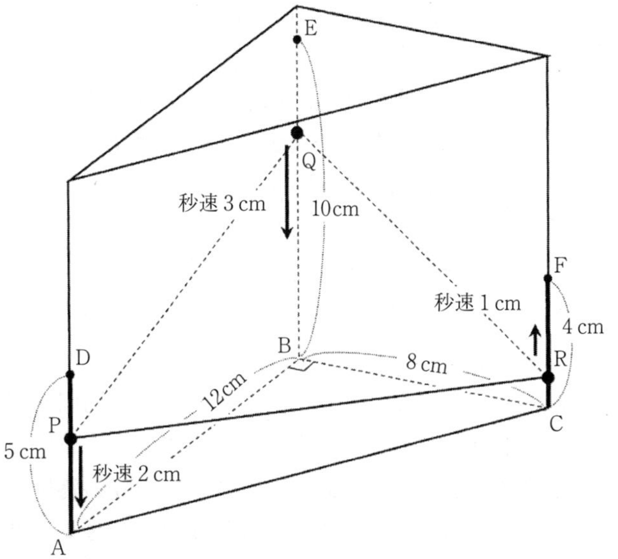

点 P は D を出発し，秒速 2 cm で A に向かって進み，A に着いたらすぐに折り返し，秒速 2 cm で D に向かって進み，D に着いたらまたすぐに折り返して，同じ動きをくり返します。

点 Q は E を出発し，秒速 3 cm で B に向かって進み，B に着いたらすぐに折り返し，秒速 3 cm で E に向かって進み，E に着いたらまたすぐに折り返して，同じ動きをくり返します。

点 R は C を出発し，秒速 1 cm で F に向かって進み，F に着いたらすぐに折り返し，秒速 1 cm で C に向かって進み，C に着いたらまたすぐに折り返して，同じ動きをくり返します。

3 点 P，Q，R が同時に動き始めるとき，次の問いに答えなさい。

(1)　QR と BC がはじめて平行になるのは，動き始めてから何秒後ですか。

(2)　三角柱を，三角形 PQR で 2 つに分け，三角形 ABC をふくむ方の立体を㋐とします。

(ア)　立体㋐がはじめて三角形 ABC を底面とする三角柱になるのは，動き始めてから何秒後ですか。

(イ)　立体㋐が三角形 ABC を底面とする三角柱になるとき，その三角柱の体積として考えられるものをすべて求めなさい。

【社　会】（40分）〈満点：100点〉

1　つぎの文を読んで，あとの1から7までの各問いに答えなさい。

2020年1月末頃《ごろ》から，東京で航空機の音を大きく感じるようになった人がいるのではないでしょうか。それはこの時期から，「羽田《はねだ》新ルート」と呼ばれる航路が実験的に使われるようになったからです。そのうちの一つである「都心低空飛行ルート」では，航空機が地上に近い高さで飛行するようになったため，以前より大きな騒音《そうおん》がもたらされるようになりました。このルートは羽田空港への着陸時において，南風が吹《ふ》いていて，航空機が多く離《り》発着する時間帯に，さらに学校の終業後である15時～19時の間にかぎり採用されます。試行期間を終えて，3月29日からは通常の運行経路として，実際に使われるようになりました。それではなぜ，新たにこのようなルートが採用されるようになったのでしょうか。

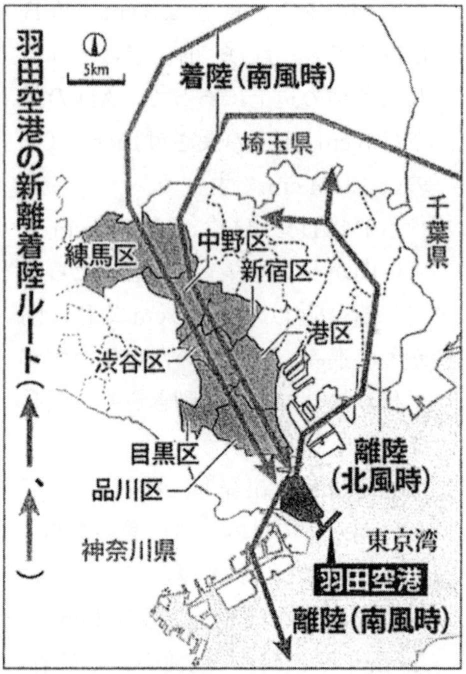

毎日新聞デジタル版　2019年8月8日記事より

日本政府は東京オリンピックの開催《かいさい》をきっかけに，日本を観光で訪《おとず》れる外国人の数を増やそうと考えていました。2020年に4000万人の外国人が来ることを目標に，成田空港よりも都心への距《きょ》離《り》が近く，便利な羽田空港を離発着する航空機の数を増やそうとしたのです。これまでは「長距離国際線は成田空港，国内線と近距離国際線は羽田空港」というすみ分けがありましたが，2010年に新たに埋《う》め立てによってつくられた羽田の新滑走路《かっそうろ》が使われ始めると，長距離国際線も羽田で受け入れるという方針に変えたのです。

羽田空港が従来，都心上空のルートを用いず，東京湾《わん》側からのルートだけを使っていたのは，騒音と落下物対策のためです。1970年代に江戸川《えどがわ》区や大田区などの住民が抗議《こうぎ》活動や訴訟《そしょう》を起こして旧運輸省と取りきめた「海側から着陸，海へ向かって離陸」という合意事項《じこう》が，今度のルート変更《へんこう》で白紙に戻《もど》されてしまったのです。政府は伊丹《いたみ》空港や福岡《ふくおか》空港，ロンドンやニューヨークで市街地上空がルートになっていることを指摘《してき》して，理解を求めています。

着陸時の新ルートは，米軍の横田空域への侵入《しんにゅう》を防ぐために急旋回《せんかい》し，埼玉《さいたま》県上空から練《ねり》馬《ま》区を通り，渋谷《しぶや》区・新宿《しんじゅく》区上空で高度を約900mに落とし，品川《しながわ》区では東京タワー（333m）よりも低い位置になります。このとき品川区大井町《おおいまち》駅周辺でパチンコ店の店内レベルの80デシベル，時にはそれ以上の騒音が発生し，日常生活に大きな影響《えいきょう》をあたえることが心配されています。

騒音に加えて，飛行機からの落下物も心配されています。2018年5月24日，熊本《くまもと》空港を離陸した航空機のエンジンから部品が飛散し，地上の車両や窓ガラスを壊《こわ》すという事故が起きました。航空機の部品の他に，氷塊《ひょうかい》が落ちることもあります。雪や雨にぬれた滑走路から離陸した場合，水分が車輪などについたりすることは避《さ》けられません。これが上空で氷となり，着陸体勢に入るときの衝撃《しょうげき》などで落下することがあるのです。このような落下物の危険を避けるため，成田空港では北寄りの風の場合，海上で車輪を出すことが義務づけられています。政府は，2008年度から2017年度までの全国における航空機からの落下物発生件数を25件としています。これは実際に落下物が確認されたものの件数であるため，実際はもっと多いかもしれません。羽田空港における離陸時の新ルートでは，川崎《かわさき》市の工業地帯上空を通ることがあり，落下物が工場火災等の大きな事故につながる危険性を指摘《してき》する識者もいます。

さらに，「都心低空飛行ルート」で求められる着陸時の進入角度の問題もあります。2014年の新ルート発表以来，進入角度は3.0度で説明されてきましたが，2019年になって3.45度の進入が発表されました。この3.45度は世界の規模の大きな空港では例のない急角度で，通常は3.0度の進入が適当とされています。3.0度を超《こ》える空港はドイツのフランクフルト空港で3.2度，かつて存在し，山側からの進入時に世界一着陸が難しいといわれていた香港《ホンコン》の啓徳《けいとく》空港は3.1度でした。羽田新ルートの3.45度の進入について，100カ国以上の10万人を超えるパイロットが加入する**IFALPA**（国際定期航空操縦士協会連合会）や，世界の約300の航空会社が加盟する**IATA**（国際航空運送協会）は，安全上の懸念《けねん》を表明しています。しかも気温が35度を超えるような条件下では航空機の高度が高くなるため，進入角度が3.7度を超えるものになると予想されます。この角度は多くのパイロットが危険を感じるもので，飛行機の尾部《びぶ》を滑走路にこする「尻《しり》もち事故」と呼ばれる事故の危険が増すといわれています。また，気温が高いとエンジンの性能が低下するため，より出力を上げることになり，騒音の大きさも約10％上がるとされています。

「新ルート」のこのような問題が知られるようになり，品川区，港区，目黒区，新宿区，板橋区，豊島《としま》区，大田区，江戸川区，江東《こうとう》区，川崎市，さいたま市などで住民による反対運動が起こっています。新型コロナウイルス感染症《かんせんしょう》収束後の東京の玄関《げんかん》口をどのように形づくるのかについて，住民もふくめて広く国民的な議論や検討をする必要があるでしょう。

（参考：杉江弘・山口宏弥『羽田増便・都心低空飛行が危険なこれだけの理由』合同出版）

1　一年の中で最も都心低空飛行ルートが採用される可能性が高い時期を，つぎのアからオまでの中から一つ選び，その記号を書きなさい。

ア　春　　イ　梅雨《つゆ》　　ウ　夏　　エ　秋　　オ　冬

2　日本の観光に関連してのべた文として正しいものを，つぎのアからオまでの中から二つ選び，その記号を書きなさい。

ア　2019年に日本を訪《おとず》れた旅行者を国別に見ると，中国からの旅行者が最も多い。

イ　日系の外国人旅行者は，パスポートを見せることなく日本への入国ができるようになった。

ウ　増加する外国人観光客の宿泊施設《しせつ》の不足を補うため，民泊《みんぱく》に関する条例がつくられた。

エ　新型コロナウイルス感染症の拡大で海外旅行が避けられたため，2020年の国内旅行者数は前年に比べて増加した。

オ　新型コロナウイルス感染症の拡大にともない，外国人観光客を誘致《ゆうち》するため，GoToトラベルキャンペーンが実施された。

3　埋め立て地についてのべた文として正しくないものを，つぎのアからオまでの中から二つ選び，その記号を書きなさい。

ア　日本においては東京や大阪《おおさか》，名古屋《なごや》などの大都市周辺で多く見られる。

イ　土地の標高が低く軟弱《なんじゃく》なため，水害や地震《じしん》などの自然災害に弱い。

ウ　埋め立て地をつくることで，周辺の潮の流れが変わって新たな漁場ができ，漁獲《ぎょかく》量が増えることが多い。

エ　高度経済成長期以降では，水田などの農地として利用されることが多い。

オ　東京湾では，焼却《しょうきゃく》や破砕《はさい》されたごみから埋め立て地がつくられている。

4　日本の工業地帯に関連してのべた文として正しいものを，つぎのアからオまでの中から二つ選び，その記号を書きなさい。

ア　製鉄や石油工業の工場は，海に面した場所に多くつくられている。

イ　工業地帯・地域別の工業生産額は，京浜《けいひん》工業地帯が最も大きい。

ウ　関東内陸工業地域では，重工業よりも軽工業の生産額が大きい。

エ　精密機械工業は，地方の空港や高速道路沿いに多くみられる。

オ　北陸工業地域では，食料品の生産額が最も大きくなっている。

5　ある国や地域についてのべた文のうちドイツと香港にあてはまるものを，つぎのアからオまでの中から一つずつ選び，その記号を書きなさい。

ア　2015年の難民危機以来，メルケル首相《しゅしょう》のもとで多くの難民を受け入れてきた。

イ　2016年の国民投票の結果をうけて，2020年末のEUからの離脱《りだつ》が決定した。

ウ　2018年2月に冬季オリンピックが開かれた。

エ　2019年の逃亡《とうぼう》犯条例改正案への反対から始まったデモは，2020年に入っても継続《けいぞく》して行われた。

オ　2020年に大統領選挙が行われ，バイデン氏が次期大統領となることが決定した。

6　地図中の区間において新ルートを使った飛行機に乗ったとき，日中の晴天時に窓から見える景色として正しくないものを，つぎのアからカまでの中から二つ選び，その記号を書きなさい。

ア　南風時の離陸の後，右手に横浜《よこはま》ベイブリッジが見える。

イ　北風時の離陸の後，右手に東京ディズニーランドが見える。

ウ　南風時の着陸の前，右手に東京スカイツリーが見える。

エ　南風時の着陸の前，左手に東京湾が見える。

オ　南風時の離陸の後，左手に富士山が見える。

カ　北風時の離陸の後，左手に東京タワーが見える。

7　本文の内容についてのべた文として正しくないものを，つぎのアからオまでの中から二つ選び，その記号を書きなさい。

ア　都心低空飛行ルートでは，新宿駅上空で東京スカイツリーよりも低い位置を飛んでいる。

イ　外国では，首都上空に飛行ルートが設定されていない。

ウ　都心低空飛行ルートが上空を通らない自治体においても，反対運動が起こっている。

エ　気温が高くなるとエンジンの出力を上げる必要があるため，騒音が大きくなる。

オ　東京湾に落下物が落ちて沈《しず》んだ場合は，落下物発生件数に数えられていない。

2　つぎの文を読んで，あとの1から7までの各問いに答えなさい。

社会の授業で「　A　」をテーマに調べて発表する課題が出ました。あるクラスでは，つぎのような発表がされました。

◎2班の発表

Q．いつからウシは家畜だったの？

①　紀元前6000年頃《ごろ》，現在のトルコの草原地帯で飼育

②　日本列島では弥生《やよい》時代以前の飼育の証拠《しょうこ》は未発見

③　古墳《こふん》時代にはウシ型の埴輪《はにわ》が登場
　　中国大陸のウシと同種のウシ（現在より小型）

Q．昔からウシを食べていたの？

④　675年に「ウシ・ウマ・イヌ・サル・ニワトリの肉を食べてはならない」という天皇の命令が出る

⑤　奈良～平安時代，朝廷《ちょうてい》で薬や行事の供物《くもつ》として牛乳や蘇《そ》（乳製品の一種）を使用，諸国に蘇の納付を求めた

⑥　武士の台頭に伴《ともな》って牛乳の使用は廃《すた》れる

⑦　明治4年に肉食解禁，牛鍋《ぎゅうなべ》が流行
　　東京の大名屋敷跡《あと》で搾乳《さくにゅう》業，都市の飲み物として普及《ふきゅう》

Q．ウシをどう役立てていたの？

⑧　肉食禁止により，ウシは主に荷物を運搬《うんぱん》する役牛として利用されるようになる

⑨　鎌倉《かまくら》時代にウシやウマに鋤《すき》を引かせる牛馬耕が普及
　　1950年代の耕うん機導入まで牛馬耕が一般的

Q．<u>秀吉《ひでよし》や家康《いえやす》が牛車《ぎっしゃ》に乗ったのはなぜ？</u>

⑩　乗用の牛車は，特に9世紀末以降，女性と高位の貴族たちの間で利用が広がる

⑪　鎌倉・室町《むろまち》時代の武家で実際に牛車に乗ったのは将軍家だけだった

⑫　貴族が没落《ぼつらく》してウシの飼育が困難となり，15世紀後半頃には牛車の利用が廃れる（運搬用の牛車《ぎゅうしゃ》は残る）

⑬　秀吉や家康は天皇に会う際，牛車に乗った

◎7班の発表

Q．なぜ古墳からウマが出てくるのか？

⑭　日本列島でのウマ飼育の最古の例は4世紀後半，中国の古代馬と同じ特徴《とくちょう》（現在の小型馬ほどの大きさ）

⑮　5世紀頃に朝鮮《ちょうせん》半島から乗馬の技術や馬具が伝わる
　　古墳の副葬品《ふくそうひん》に馬具，ウマ型の埴輪も登場

Q．朝廷と武士とウマの関係は？

⑯　7世紀後半，朝廷が公的なウマの利用を制度化した

⑰　奈良時代には左右馬寮《めりょう》が設置され，朝廷は東日本でウマを飼育・貢納《こうのう》させた

⑱　B

⑲　元軍の影響《えいきょう》で集団戦法が広がったが，依然《いぜん》として戦闘の中心は弓を射る騎馬《きば》武者だった

Q．なぜ絵馬《えま》に願いをこめるのか？

⑳　ウマは降雨や疫病《えきびょう》終息を祈《いの》るなど様々な祭祀《さいし》で利用

高価なため土や木でつくられたウマで代用

㉑　平安時代，朝廷は国家の祈《き》とうに用いるウマを貴族に納めさせたが，ウマがない場合は絵馬で代替《だいたい》させた

㉒　室町時代になると個人の願いをこめることが主流に

Q．何の跡地に筑駒《つくこま》はできたのか？

㉓　江戸時代，戦争がなくなり騎馬武者が衰《おとろ》える

㉔　西洋馬を導入した騎兵隊が日清《にっしん》・日露《にちろ》戦争で活躍《かつやく》した

㉕　第一次世界大戦以降，騎兵は衰えていった

㉖　1947年，騎兵第一連隊駐屯《ちゅうとん》地跡に東京農業教育専門学校附属《ふぞく》中学校開校

◎11班の発表

Q．イヌの扱《あつか》いは変わったのか？

㉗　縄文遺跡《じょうもんいせき》から墓が集まる場所に埋《う》められたイヌの全身の骨や骨折が治った跡がある老犬の骨が出土

㉘　猪《いのしし》を狩《か》るイヌが描《えが》かれた弥生時代の銅鐸《どうたく》が出土

弥生遺跡のイヌの骨は，猪などと同様，散乱した状態や，頭骨に傷のある状態で見つかっている

㉙　仏教が伝来して不殺生《ふせっしょう》の教えが広がった影響で，675年，最初の肉食禁止令が出る

㉚　聖武《しょうむ》天皇の時代，新羅《しらぎ》から狆《ちん》(小型犬)が献上《けんじょう》され，天皇・貴族が室内で飼うイヌとしてもてはやされた

㉛　愛玩《あいがん》犬が一般に広がるのは江戸時代

㉜　室内犬の飼育が一般化するのは1960年代以降

Q．追うものから追われるものへ？

㉝　縄文時代から猟《りょう》犬として活躍《かつやく》

㉞　13世紀初頭に犬追物《いぬおうもの》(武士の訓練の一種)が始まった

イヌを放して騎馬武士が射る(殺さない)

㉟　娯楽《ごらく》としての闘犬《とうけん》も行われ，執権《しっけん》の北条高時《ほうじょうたかとき》は守護たちにイヌを献上させていた

Q．なぜ中野区役所前にイヌの像があるのか？
㊱　5代将軍徳川綱吉《つなよし》の生類憐《あわれ》み政策
生命を重んじる風潮を定着させる目的で出された
幕府はイヌを収容する犬小屋を中野村に設置した
㊲　綱吉の死後も生類憐みの精神は引き継がれた

1　課題のテーマ A に入るものとして最も適切なものを，つぎのアからオまでの中から一つ選び，その記号を書きなさい。
ア　家畜の歴史を世界と比較《ひかく》しよう　　イ　日本列島の自然環境《かんきょう》と動物たち
ウ　動物愛護からみる日本史　　エ　十二支の動物と日本列島の人々との関わり
オ　戦いに利用された動物たちの歴史

2　秀吉や家康が牛車に乗ったのはなぜ？　という問いの答えを，発表内容をふまえて20字程度で書きなさい。

3　東日本はウマの名産地として知られていた。つぎの(1)から(3)は，東日本のある地域を拠点《きょてん》に繁栄《はんえい》した一族についてのべた文である。この一族が建立《こんりゅう》した寺社の名称を一つ答えなさい。また，その寺社の位置として正しいものを，下の地図上のアからキまでの中から一つ選び，その記号を書きなさい。
(1)　平安時代に起こった二つの合戦を通じて，勢力を伸《の》ばした。
(2)　ウマや金などを納めながら朝廷との安定した関係を築いていた。
(3)　源平合戦ののち，源頼朝《みなもとのよりとも》に滅《ほろ》ぼされた。

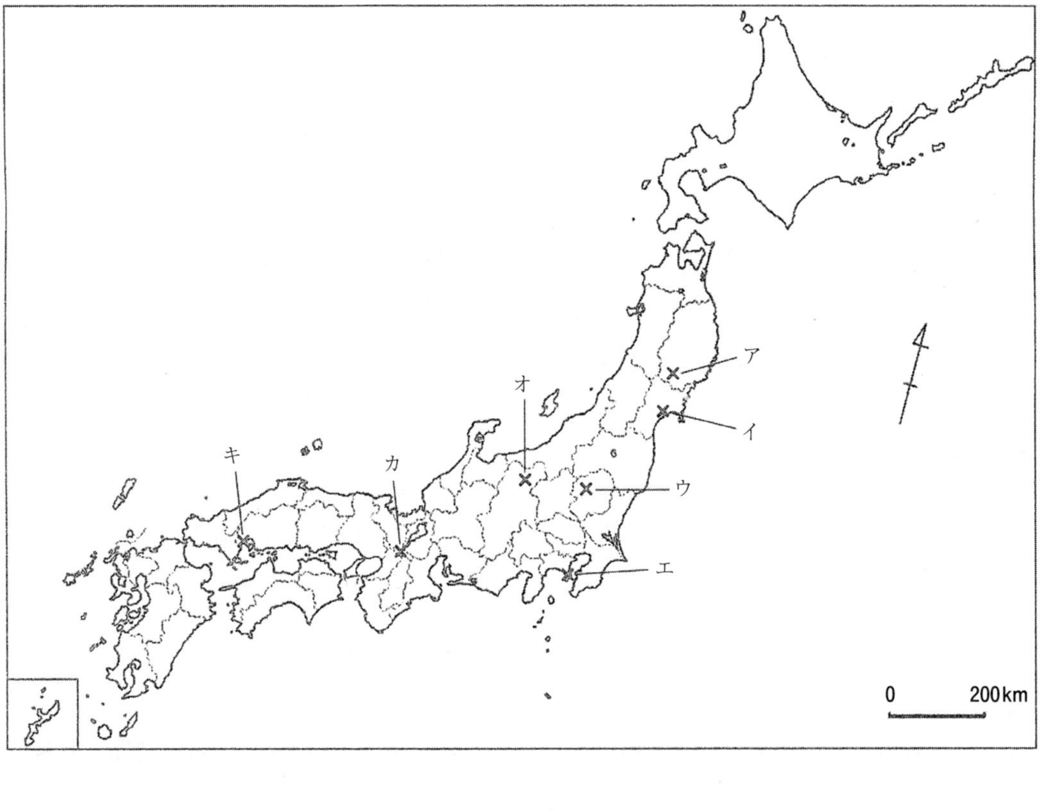

4　[B] は⑰と⑲の間のできごとである。ここに入る文章として適切でないものを，つぎのアからオまでの中からすべて選び，その記号を書きなさい。

ア　朝廷のウマの飼育の管理者から平将門《たいらのまさかど》など有力武士が現れた。

イ　藤原京《ふじわらきょう》と各地を結ぶ道路と駅が整備され，公的な情報伝達の手段としてウマが利用された。

ウ　新たな乗り物として馬車が利用されるようになった。

エ　武士たちは自分の館《たち》やその周辺でウマの飼育をしていた。

オ　海外からの侵攻《しんこう》に対し，全国の騎馬武者たちは恩賞を得ようと戦った。

5　イヌの扱いは変わったのか？　という問いに対して，発表内容から考えられる内容として適切でないものを，つぎのアからオまでの中から二つ選び，その記号を書きなさい。

ア　縄文時代のイヌは，けがをしたらすぐ殺されていたと考えられる。

イ　弥生時代のイヌは食用にもされる一方，埋葬《まいそう》されることがなくなったと考えられる。

ウ　縄文時代だけでなく弥生時代の人々も，狩猟《しゅりょう》の際にイヌを使っていたと考えられる。

エ　７世紀の人々はイヌを食べていたと考えられる。

オ　江戸時代になって，イヌは初めてペットとして飼育されるようになったと考えられる。

6　各班が調べた内容を教科書の年表に加えてみることにした。④，⑮，㉔，㉖，㉞のできごとが入る位置として正しいものを，つぎの年表中のａからｑまでの中から一つずつ選び，その記号を書きなさい。

a	平清盛《たいらのきよもり》が太政大臣《だいじょうだいじん》となる	l
米づくりが大陸から伝わる	g	大日本帝国《ていこく》憲法が発布される
b	元が攻めてくる	m
卑弥呼《ひみこ》が中国に使いを送る	h	男子普通選挙制度が定められる
c	足利義満《あしかがよしみつ》が明《みん》との貿易を始める	n
大化改新	i	満州事変が起こる
d	関ヶ原の戦いが起こる	o
東大寺の大仏の開眼式《かいげんしき》が行われる	j	広島と長崎に原子爆弾《ばくだん》が落とされる
e	杉田玄白《げんぱく》らが「解体新書」を出版する	p
京都に都がうつる	k	沖縄《おきなわ》が日本に復帰する
f	ペリーが浦賀《うらが》に来航する	q

7　各班が調べた内容に関連してのべた文として正しいものを，つぎのアからコまでの中からすべて選び，その記号を時代順に書きなさい。

ア　日中戦争が始まった当初，日本軍の中心は騎兵であったが，戦争が長期化すると歩兵中心に変化した。

イ　鎌倉時代に闘犬が行われており，闘犬を好む幕府の指導者もいた。

ウ　日本列島で最も早く飼育されたウマは，現在の主要な競走馬よりも小型だった。

エ　多くの貴族が牛車を利用し始めたころ，遣唐使《けんとうし》が停止されて中国の影響を受けない日本独特の文化がおこった。

オ　平安時代の貴族は，官位上昇や学業成就《じょうじゅ》の願いを絵馬にこめて寺社に奉納《ほうのう》した。

カ　文明開化の風潮の下，日本に初めて牛乳がもたらされ，人々が飲むようになった。

キ　江戸幕府が生類憐み政策を進めたのは，キリスト教禁止と鎖国《さこく》を行った時期より後だった。

ク　高度経済成長期以降，室内でのイヌの飼育が一般化した。

ケ　第一次世界大戦期に好景気をむかえ，農村でもウシとウマにかわり機械で耕作するようになった。

コ　縄文時代の人々は，石や動物の骨・角などをけずってつくった道具を使って狩りを行っていた。

3　つぎの文を読んで，あとの１から６までの各問いに答えなさい。

筑波《つくば》大学《だいがく》附属《ふぞく》駒場《こまば》中学校の生徒は徒歩や電車で通学する人が多いですが，自転車で登校する人もいます。本校の近くの道路は人や車の往来《おうらい》も多く，登校時や下校時には自転車事故を起こさないように気をつける必要があります。以前，小学生の運転する自転車が人にぶつかって，裁判になったことがありました。その裁判では，小学生の起こした事故の責任をだれが，どの程度とるのか，ということが争われました。これについて考えてみましょう。

事件は，2008年の神戸《こうべ》市で起きました。2008年９月22日午後６時50分ごろ，マウンテンバイクに乗った小学５年生(11歳《さい》)の少年が，時速20～30キロメートルで坂道を下っていました。そのとき，友人と散歩中だった62歳の女性と正面衝突《しょうとつ》しました。女性は，はね飛ばされて意識不明の重体となり，その後ねたきりになってしまいました。女性側は，少年の母親に対して約１億590万円の支払《しはら》いを求める裁判を起こしました。

女性側の訴《うった》えのように，小学５年生が起こした事故の責任を負うのは親だとしたら，それはなぜなのでしょうか。また，この事件では約１億円という高額な支払いが求められています。親はどの程度まで子どもの責任を負わなければならないのでしょうか。

加害者が被害者《ひがいしゃ》にお金を払わなければならない法的な理由について考えてみましょう。まず，民法という法律には「不注意で人を傷つけたりものをこわしたりしたときは，その損害分を補わなければならない」というルールがあります。この「不注意」のことを，法的には過失といいます。過失とは，自分が必要な行動をとらなければ被害が起こると予想できて，避《さ》けることができたにもかかわらず，必要な行動をとらなかったことをいいます。今回の事件の場合，少年がマウンテンバイクで坂道を時速20～30キロメートルで下ったら人をはねてけがをさせることを予想できたか，避けることができたにもかかわらず必要な行動をとらなかったか，が問題となります。次に，少年は女性にけがをさせてしまいました。これは，女性の身体に害をあたえたということになります。これを権利侵害《しんがい》といいます。また，けがをさせた原因は，少年が女性をよけそこなったことです。女性をよけそこなったことと，女性がけがをしたことは，原因と結果の関係になります。これを因果関係といいます。最後に，女性がけがをしてねたきりになったことで，治療《ちりょう》代がかかったり今後の収入が少なくなったりするといった被害がでています。これを損害といいます。つまり，少年がお金を払うとしたら，その理由は①少年が不注意だった(過失)，②女性の身体を害した(権利侵害)，③女性がけがをしたのは少年がぶつかったから(因果関係)，④女性が損をした(損害)，の４つになります。法的にはこの４つの理由がそろうと，原則として加害者は被害者にお金を払わなければならなくなります。

今回の事件で加害者となった少年の場合は，４つの理由がそろうでしょう。ただ，少年は小学５年生のため，仕事をしてお金をかせいでいるわけではありません。少年は，自分の貯金やおこづかいのなかからお金を払うことになるのでしょうか。ここでポイントとなるのは，責任能力という考え方です。責任能力とは，自分のしたことが不法なもので，したことに対する法的な責任をとらなければならないことを認識できる能力のことをいいます。例えば，赤ちゃんや幼い子どもが他の人を傷つけたときに，「不注意なので法的な責任をとれ」といっても仕方がありません。そこで，このような考え方があるのです。いくつになったら責任能力があると決まっているわけではありませんが，小学校を卒業する12歳あたりが責任能力があるかどうかのわかれ目といわれています。責任能力のない人が自転車事故を起こしたときは，親などの監《かん》督《とく》義務者の監督責任が問われることになります。

今回の裁判では，少年が11歳であることから責任能力がないとされ，親の監督責任が問われました。裁判で少年の母親は，日ごろから自転車のスピードを出しすぎないことやヘルメットを着けることを教えて，監督義務を果たしていたと主張しました。一方女性側は，事故当時はその指導通りになっていなかったことから，少年の母親は監督義務を十分に果たしていなかったと述べ，両者の争いは続きました。2013年，この裁判の判決が出ました。裁判所は，少年の前方不注視が事故の原因と認定するとともに，事故時は高速で運転していたこと，ヘルメットを着けていなかったことなどをあげ，「親が監督義務を果たしていない」として，少年の母親に約9,500万円の支払いを命じたのです。

小学生が起こした自転車事故について親が被害者に１億円近いお金を払うべき，という判決は，社会に大きな影響をあたえました。この判決を受けて，兵庫《ひょうご》県は2015年に，自転車保険への加入を義務づける条例を全国に先がけてつくりました。東京都でも2020年４月から大きな変化がありました。「自転車の安全で適正な利用の促進《そくしん》に関する条例」が改正・施行《しこう》され，自転車保険への加入が義務化されたのです。国レベルでは，2017年に自転車活用推進法が施行され，その中で国が地方公共団体に対して条例などで自転車保険への加入を義務づけるように要望しています。今後，兵庫県や東京都のように条例をつくる動きがさらに広まってくるでしょう。

今回の自転車事故のように，ある事件がきっかけとなって新しい制度がつくられることがあります。そのようなとき，みなさんも市民としてどのような制度がよいのか考えてみてはいかがでしょうか。

1　つぎの文は自転車事故に関連して中学生が書いた小レポートである。文中の(A)と(B)にあてはまる語の組み合わせとして適切なものを，あとのアからカまでの中から一つ選び，その記号を書きなさい。

自転車事故が重大なけがにつながらないように道路交通法では，責任能力のない(　A　)歳未満の子どもが自転車に乗るときには，保護者は子どもにヘルメットをかぶらせるよう努めなければならないと定めている。

筑波大学附属駒場中学校がある世田谷区では，2020年10月から(　A　)歳未満の子どもが自転車に乗るときには，保護者は子どもにヘルメットをかぶらせなければならないと定めており，道路交通法よりも強い意味をもたせている。この世田谷区のルールについて，地域の人々にインタビューをした。多くの人は安全を守るために必要だからよいルールだという意見だった。その一方で，このルールにはヘルメット着用義務だけでなく，スマートフォン等を使ったり傘《かさ》をさしたりしながら運転することの禁止が明記されていて，私たちの(　　B　　)ルールだという人もいた。

	(A)	(B)
ア	6	平等を保障する
イ	13	平等を保障する
ウ	18	平等を保障する
エ	6	自由を制限する
オ	13	自由を制限する
カ	18	自由を制限する

2　少年の母親に対して約１億590万円の支払いを求める裁判のように，原告と被告に分かれて主張し合い法にもとづいて解決する裁判(民事裁判)として適切なものを，つぎのアからオまでの中から二つ選び，その記号を書きなさい。

ア　国民が裁判員として参加する，裁判員制度が取り入れられている裁判

イ　亡くなった父親がのこした財産の分け方をめぐって争われる裁判

ウ　不適切なことをしたとされる裁判官をやめさせるかどうか決める裁判

エ　自転車事故を起こして人を傷つけたとして過失致死傷罪《かしつちししょうざい》にとわれる裁判

オ　工場が出すけむりにふくまれる硫黄酸化物《いおうさんかぶつ》が原因でぜんそくになったとして，工場をもつ会社を訴《うった》える裁判

3　権利に関連してのべた文として正しくないものを，つぎのアからオまでの中からすべて選び，その記号を書きなさい。

ア　プライバシーの権利は，日本国憲法に明記されていないが，裁判では認められている。

イ　裁判を受ける権利は，国民の基本的人権として日本国憲法で保障されている。

ウ　太平洋戦争後に地域の若者たちがまとめた五日市憲法には，国民の権利についてくわしく書かれている。

エ　国際連合は，障がい者の権利を市民が守ることを義務づけた障害者権利条約を採択《さいたく》している。

オ　子どもの権利条約で，子どもには自由に自分の意見をあらわす権利があることが示されている。

4　本文でのべられている法的な責任の意味をふまえた文として正しいものを，つぎのアからカまでの中から二つ選び，その記号を書きなさい。

ア　小学生は，祖父が大切にしている盆栽《ぼんさい》をまちがってこわした場合，保護者にやってしまったことを正直に話す責任がある。

イ　中学生は，部活の試合で負けたら部をやめると宣言した場合，負けた時には部をやめるという形で責任をとらなければならない。

ウ　高校生は，友人とけんかをして相手にけがをさせた場合，治療費を払うなどの形で責任をとらなければならない。

エ　国会は，政府が外国と条約を結んだ場合，その条約を承認するか話し合って決める責任がある。

オ　内閣は，国会に対して責任を負っているため，内閣不信任案が可決されたら総辞職をしなければならない。

カ　裁判所は，重い障がいがある人が他人のものをこわして訴えられた場合，その人がやった

ことの責任をとるべきか判断をする。

5　条例に関連してのべた文として正しいものを，つぎのアからオまでの中から二つ選び，その記号を書きなさい。

ア　香川《かがわ》県では，子どものゲーム利用時間を制限するよう保護者に求める条例が施行された。

イ　川崎《かわさき》市では，ヘイトスピーチをした人に刑事罰《けいじばつ》をかす条例が全国ではじめて施行された。

ウ　衆議院と参議院でそれぞれ話し合い，両院で可決されると条例案が条例になる。

エ　条例を改正するためには，住民投票で過半数の賛成が必要と憲法に定められている。

オ　条例をつくる議会の議員は，20歳以上の有権者の投票によって選ばれる。

6　地方公共団体に関連してのべた文として正しくないものを，つぎのアからオまでの中から二つ選び，その記号を書きなさい。

ア　地方公共団体や国には，自転車レーンのように利益がでないために企業が供給しにくいものを供給する役割がある。

イ　地方公共団体が自らあつめる財源として，所得税という会社の所得にかされる税金がある。

ウ　「ふるさと納税」は，自分の生まれ育った地方公共団体のみに寄付ができる制度である。

エ　地方公共団体間の財政力の差を少なくするために，国は地方交付税交付金を交付している。

オ　新型コロナウイルス感染症《かんせんしょう》の拡大を防止するために，東京都や神奈川《かながわ》県は営業時間短縮や休業の要請《ようせい》に応じた事業者に対して協力金を交付した。

【理　科】（40分）〈満点：100点〉

【注意】 指示されたもの以外の答えは，ア～ケなどのなかから選んで答えなさい。

1　物の燃え方についての条件を確認する実験をいくつか行った。実験では，上にふたができて，開閉《かいへい》できる着火口のある金属のじょうぶなかん（図1），すき間なく積んだ木片《もくへん》（図2），たがいちがいに積んだ木片（図3）を使った。ただし，使用する木片を1本だけで，かんの外で燃やしたときには，着火してからは何もしなくても最後まで燃えるものとする。実験の方法と結果を表にまとめた。後の各問いに答えなさい。

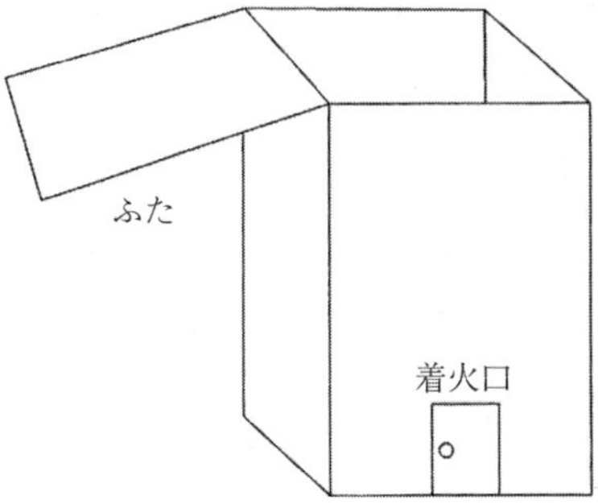

図1

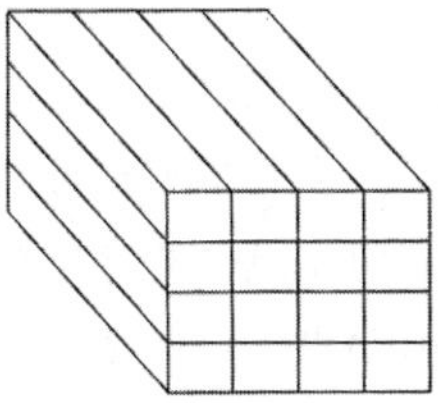

図2

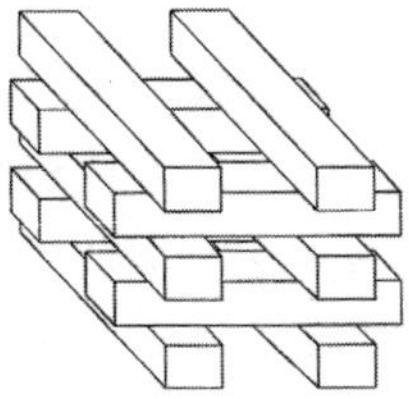

図3

表. 実験の方法と結果

	木片の組み方	ふたの開閉	着火口の開閉	結果
実験1	図2	閉めない	閉める	燃えずに残った
実験2	図2	閉めない	閉めない	
実験3	図2	閉める	閉める	燃えずに残った
実験4	図2	閉める	閉めない	
実験5	図3	閉めない	閉める	全部燃えた
実験6	図3	閉めない	閉めない	
実験7	図3	閉める	閉める	燃えずに残った
実験8	図3	閉める	閉めない	

1．次の文中の①～③に入る最も適切な語句を選びなさい。ただし，同じものを選んでもよい。

「木片がすべて燃えた後のかんの中にあるちっ素，酸素，二酸化炭素の割合を，燃やす前と比べると，ちっ素は（ ① ），酸素は（ ② ），二酸化炭素は（ ③ ）と考えられる。」

ア　変わらない　　イ　増える　　ウ　減る　　エ　無くなる

2．木片がもっともいきおいよく燃えると考えられるのは，どの実験ですか。

3．2で選んだ実験では，どのようなことが起こっていたと考えられますか。すべて選びなさい。

ア　木片が燃えることによってできた気体が，着火口から外に出て行く。

イ　木片が燃えることによってできた気体が，かんの上から外に出て行く。

ウ　木片が燃えるために使われる気体が，着火口から中に入ってくる。

エ　木片が燃えるために使われる気体が，かんの上から中に入ってくる。

オ　木片が燃えるときには使われない気体が，着火口から外に出て行く。

カ　木片が燃えるときには使われない気体が，かんの上から外に出て行く。

4．実験1をふたたび行って，燃え残ってしまう木片をすべて燃やすために，どれか1つを選んで行うとき，もっとも適切なものはどれですか。ただし，どれを行っても木片すべてが燃えない場合には「×」を書きなさい。

ア　着火口を開ける　　　　イ　数本の木片を追加する

ウ　かんを外から温める　　エ　ふたを閉める

オ　数本の木片を取りのぞいて，すき間を作る

5．木片が全部燃えたあとのかんの中の空気をスポイトで取り，水よう液の入った試験管に加えてよく振ると白くにごった。試験管に入っていた水よう液の名前を答えなさい。

2　あきらくん，さとしくん，あらたくんの３人は，一斉《いっせい》休校後に学校から出された課題の相談をすることにした。以下の□内の３人の会話を読み，後の各問いに答えなさい。

あきらくん：いや～，いろいろな先生が別々に課題を出されるととんでもない量になるよね。
さとしくん：まったくだよ。ぼく，もう無理！
あらたくん：そんなこと言わないで，少しでもやろうよ。まず理科から手をつけよう。
あきらくん：え～と，天気について何か調べなきゃいけないな。
あらたくん：今年はまだ１個も台風が来てないよ。
さとしくん：だから台風の大雨による浸《しん》水のニュースがないんだね。

1．一般的に下水道の雨水処理できる降水量は１時間に50mmといわれており，それ以上の降水量があったときには，マンホールなどから雨水が逆流し，近くに川がなくても浸水被害が容易に発生する。浸水が都市部で起こりやすい原因を述べた次の文中の①，②にあてはまる語句をそれぞれすべて選びなさい。

「都市部では，（ ① ）が減少するとともに（ ② ）が増加するという土地利用の変化により，ゲリラ豪《ごう》雨などで局地的に大量に降った雨水は，ほとんどが下水道へ一気に流入してしまう。」

ア　堤防《ていぼう》　　イ　田畑　　ウ　宅地　　エ　林地　　オ　舗装《ほそう》道路　　カ　水門

あきらくん：次は，太陽や月の動きについてまとめなさい……か。
あらたくん：10月には満月が２回あるらしい。中秋の名月は１回目の方かな。
あきらくん：すごくめずらしいらしいよ。２回とも見られたらいいな。
さとしくん：お月見だんごは２回食べられないの？

2．２回目に見える満月の見え方はどれですか。

ア　２回目の満月は１回目の満月と同じで，クレーターの少ない黒い部分が見られた。

イ　２回目の満月は１回目の満月とは違って，クレーターの多い黒い部分が見られた。

ウ　２回目の満月は１回目の満月とは違って，黒い部分が見られなかった。

あらたくん：今年はプラネタリウムを見に行けないから，コンピュータソフトを使って星の動きを調べることになるのかな。
さとしくん：北極星の見つけ方を教えてよ。
あきらくん：北斗《と》七星とカシオペヤ座を使う方法の２つがあるよ。
あらたくん：星座早見を使った方が分かりやすいんじゃない。
さとしくん：あっ！　ほんとだ。ありがとう。

3．北斗七星とカシオペヤ座の位置と見え方について，正しいものはどれですか。

ア　北極星をはさんで北斗七星とカシオペヤ座は反対の方向にあり，それぞれ一晩《ばん》中見える。

イ　北極星をはさんで北斗七星とカシオペヤ座は反対の方向にあるが，それぞれ見えない季節がある。

ウ　北極星をはさんで北斗七星とカシオペヤ座は反対の方向にないが，それぞれ一晩中見える。

エ　北極星をはさんで北斗七星とカシオペヤ座は反対の方向になく，それぞれ見えない季節がある。

さとしくん：あまり外で遊べないからつまらないよ。公園にもなかなか行けないし。

あきらくん：公園に行くとがけがあって地そうが見えることがあるよ。

あらたくん：今は見られないけど，都内の公園でもむかしは見えたって立てふだがあるところがあるね。

さとしくん：ふ～ん。じゃ，地そうはどうやってできるの？

4．地そうのでき方(ものの積もり方)として正しいものはどれですか。

ア　れきは川の流れによって運ばれにくいので，河口の近くで積もることはない。

イ　砂は川の速い流れによって運ばれて海底に積もるので，砂の中に化石が含まれることがない。

ウ　どろは沈みにくいので，流れによって運ばれて，深い海底まで積もる。

エ　火山の噴《ふん》火による火山灰《かざんばい》は，上空の風によって運ばれるので，火山から遠いほど厚く積もる。

あきらくん：最後は自然災害についてか……。

あらたくん：九州地方では火山の活動が盛んみたいだけど，関東地方はそれほどでもないよね。

さとしくん：そのかわり地震《しん》はわりと起こるよ。

あらたくん：でも，同じ地震でも場所によって災害がちがうよ。

さとしくん：そうなの？　くわしく教えてよ。

5．同じ地震でも場所によって発生する災害が異なることがある。次の文で，正しくないものはどれですか。

ア　地震のゆれによってしゃ面ではがけくずれが起きる。

イ　地震のゆれによって道路がでこぼこすることにより，車の通行がむずかしくなる。

ウ　海岸に近い土地では，つなみにおそわれることがある。

エ　かたい土地の方がやわらかい土地より地震のゆれが大きくなり，災害が大きくなりやすい。

3　うでの骨《ほね》と筋《きん》肉がどのようにうでを動かしているのかを調べるため，模《も》型をつくることにした。図1のように，うでの骨の部分は曲がりにくいかたい厚紙でつくり，2本の骨をつなぐひじの部分は，テープをはって図2のように自由に曲がるようにした。筋肉の部分の模型は，図3のようにポリエチレンのふくろにストローをさして空気が出入りできるようにし，両はしにテープで作ったみみをつけて，クリップで骨の部分に固定できるようにした。このポリエチレンのふくろに空気が入ったときと出たときでは，図4のように横から見たときの形がかわる。うでの内側の筋肉と外側の筋肉をあらわすために，筋肉の模型は2セット用意した。これらを図5のように，うでの内側の筋肉は厚紙の手前，うでの外側の筋肉は厚紙の後ろに置き，クリップで筋肉のみみの部分を骨に固定して，筋肉の模型に空気が入ったり出たりしたときにうでが動くかどうかを調べた。次の各問いに答えなさい。

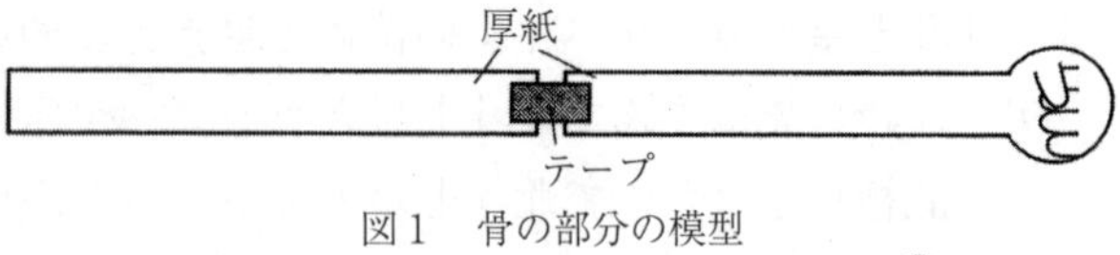

図1　骨の部分の模型

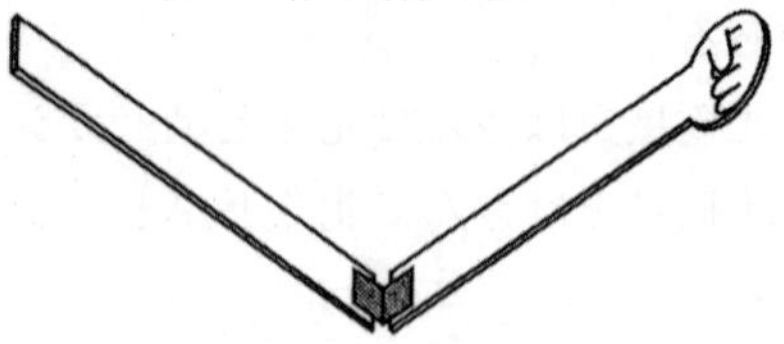
図2　骨の部分の模型を曲げたところ

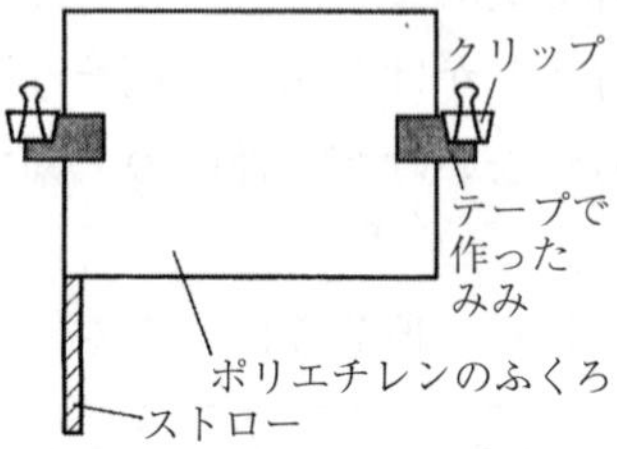

図3　筋肉の部分の模型

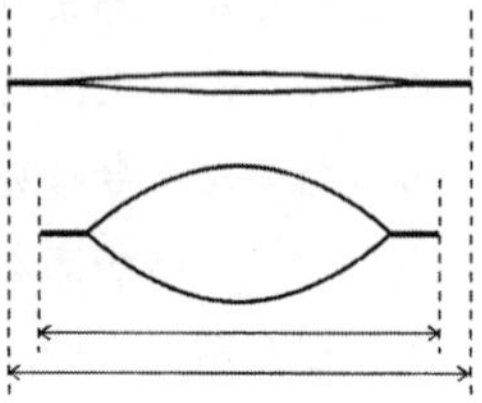
図4　筋肉の模型の空気が出たとき(上)と入ったとき(下)を横から見たときの形

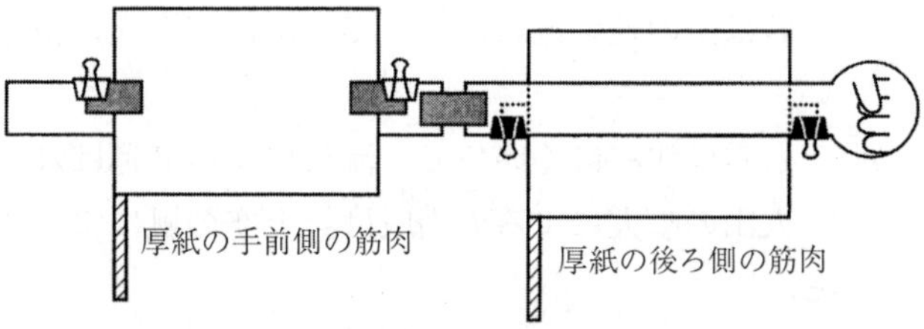

図5　骨の模型に筋肉の模型を2つ固定したところ

1．ポリエチレンのふくろに空気が入ったときと空気が出たときは，筋肉のどのような状態をそれぞれしめしますか。

ア　筋肉がのびている

イ　筋肉がゆるんでいる

ウ　筋肉がねじれている

エ　筋肉がちぢんでいる

2．図5のように骨の模型に筋肉の模型を固定して，どちらのポリエチレンのふくろに空気が入っても，うでは動かなかった。そこで下のア～カのように模型を固定して，空気が入ったときのうでの動きを調べた。次の①や②のように動くのはどれですか。それぞれすべて選びなさい。

①　実際のうでのようにひじを曲げたりのばしたりできる

②　実際のうでのようにひじを曲げることはできるが，曲げたひじをのばせない

ア

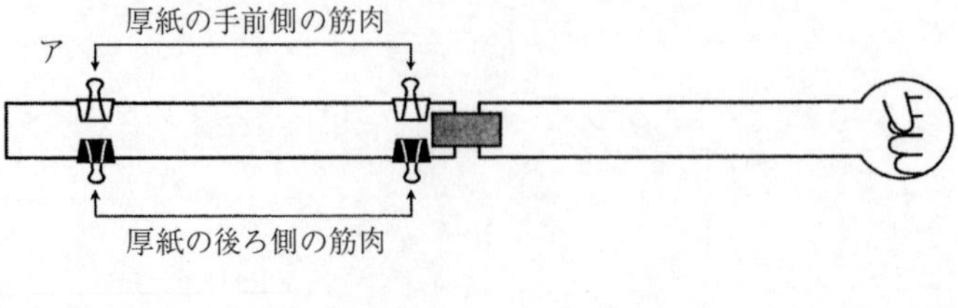

イ

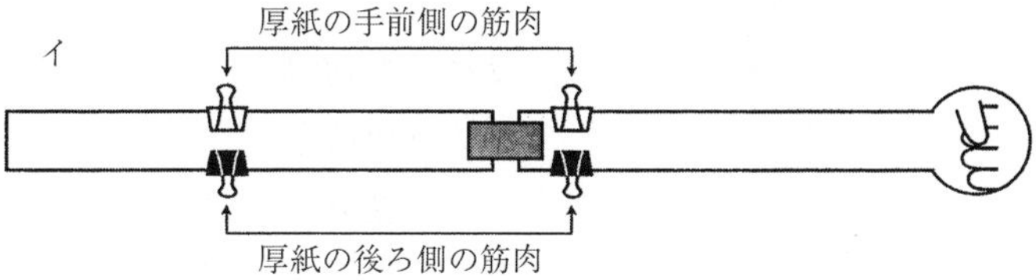

ウ

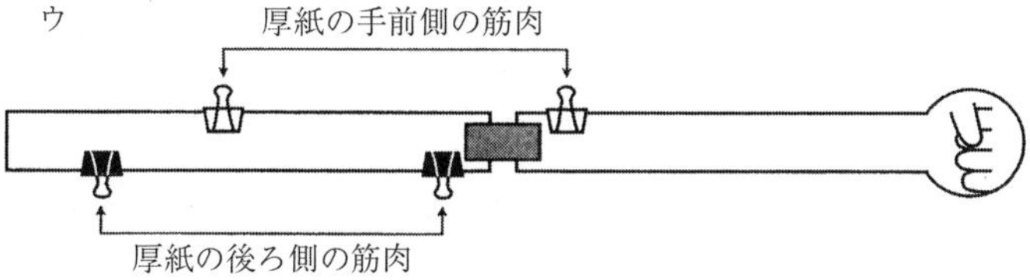

エ

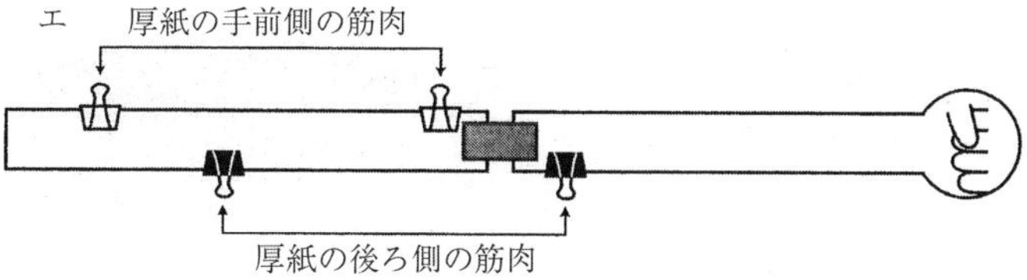

オ

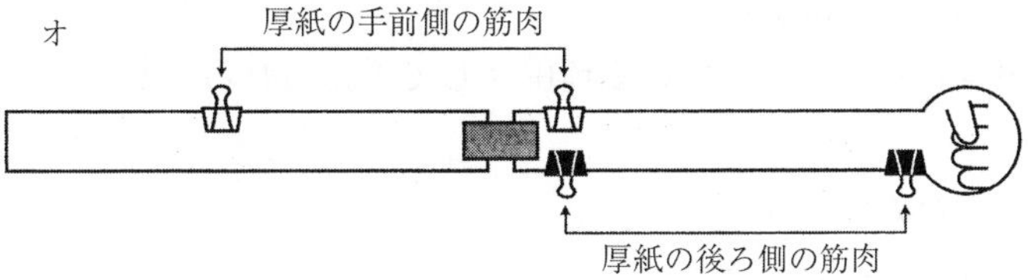

カ

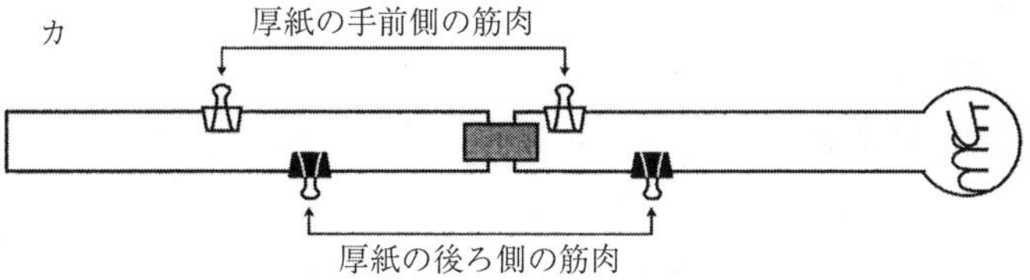

3．この模型から考えられる骨と筋肉のはたらきについて，次の文中の①～③にあてはまる語句を選びなさい。

「1つの筋肉の両はしは(①)についていて，うでの(②)の筋肉が(③)ことでひじが曲がる。」

ア 別の骨　イ 同じ骨　ウ 別の骨や同じ骨　エ 内側　オ 内側と外側の両方
カ のびる　キ ゆるむ　ク ねじれる　ケ ちぢむ

4 気象庁では1953年から植物34種，動物23種を対象に，全国各地において統一した方法で開花や落葉など生物の現象を観測する「生物季節観測」を行ってきた。開花や落葉の他にも，その季節に入る頃にその生物を初めて見たことを「初見《しょけん》」，鳴き声を初めて聞いたことを「初鳴《しょめい》」といい，各地でその現象が確認された月日が毎年記録されてきた。

私たちはこのような生物の現象によって，春夏秋冬の訪《おとず》れを知ることができる。ところが近年，生物の観測を行うことが難しくなってきており，生物季節観測は2021年1月より，植物6種をのぞいてすべてはい止されることになった。次の①～⑫は，これまで長年観測されてきた生物の現象の例である。後の各問いに答えなさい。

①　アキアカネ初見	②　アブラゼミ初鳴	③　ウグイス初鳴
④　エンマコオロギ初鳴	⑤　サクラ開花	⑥　イチョウ落葉
⑦　シオカラトンボ初見	⑧　タンポポ開花	⑨　ツバメ初見
⑩　ニホンアマガエル初鳴	⑪　ホタル初見	⑫　モンシロチョウ初見

1．①～⑫のうち，夏の訪れ，秋の訪れ，冬の訪れを知らせる現象はどれですか。適当な組み合わせを選びなさい。

＜夏＞

ア　②⑦　　イ　②⑩　　ウ　②⑪　　エ　⑦⑪　　オ　②⑦⑩

カ　②⑦⑪　　キ　⑤⑦⑪　　ク　②⑤⑦⑪

＜秋＞

ア　①④　　イ　①⑥　　ウ　①⑪　　エ　④⑥　　オ　①③④

カ　①④⑥　　キ　①④⑨　　ク　①⑥⑪

＜冬＞

ア　③　　イ　⑥　　ウ　⑧　　エ　⑨　　オ　⑫

カ　③⑥　　キ　③⑨　　ク　①～⑫にはない

2．近年，生物の観測を行うことが難しくなってきている理由として考えられることをすべて選びなさい。

ア　観測する生物の数が減っているため

イ　観測する生物を食べる生物が減っているため

ウ　観測する生物を採集する人が減っているため

エ　観測する生物のすみかが減っているため

オ　気温が氷点下になる日が減っているため

5　太さが均一な長さ60cmの棒《ぼう》Aを1本と30cmの棒Bを2本，黒いおもりを3個，白いおもりを5個と糸を何本か用意して，てこのつり合いを調べる実験を行った。棒Bの重さは棒Aの半分で，棒の両はしにとりつけた糸でおもりや他の棒をつるすことができる。糸の重さは考えないものとして，後の各問いに答えなさい。

【実験1】　棒Aの中央(棒Aの左はしから30cmの位置)を糸でつると，棒Aは水平につり合った(図1)。

【実験2】　棒Bの中央(棒Bの左はしから15cmの位置)を糸でつると，棒Bは水平につり合った(図2)。

【実験3】～【実験6】　棒Aまたは棒Bの両はしにおもりをつるし，棒が水平につり合うように棒をつる糸の位置を調整した。そのとき使った棒，棒の両はしにつるしたおもりの種類と数，棒をつる糸の位置をそれぞれ記録した(図3～6)。

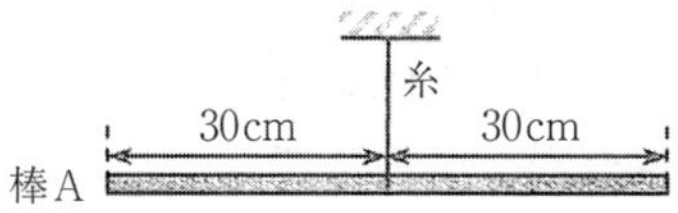

図1　【実験1】のようす

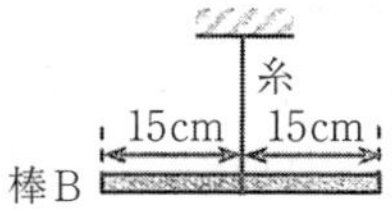

図2　【実験2】のようす

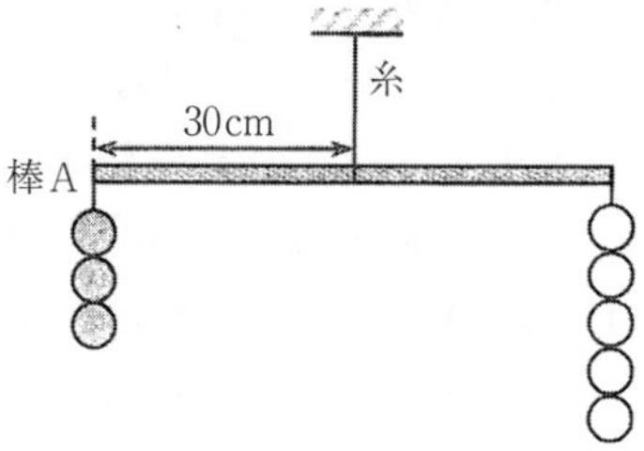

図3　【実験3】の記録

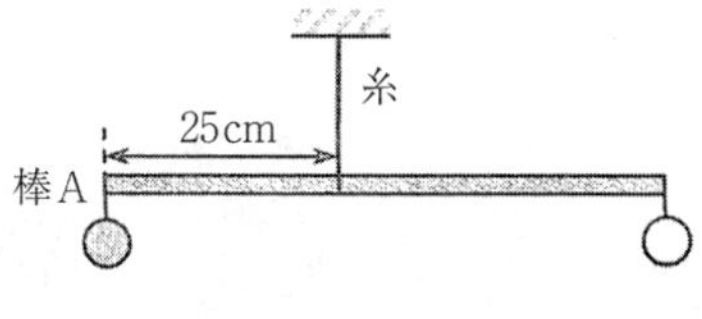

図4　【実験4】の記録

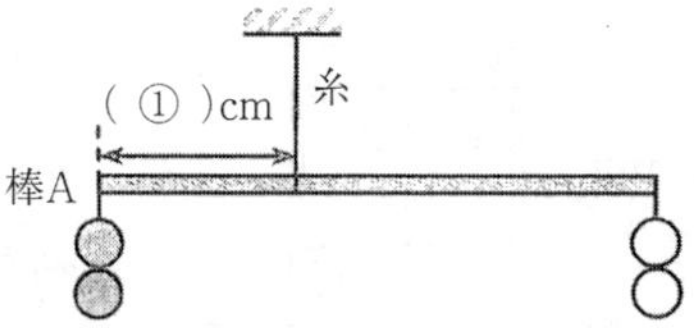

図5　【実験5】の記録

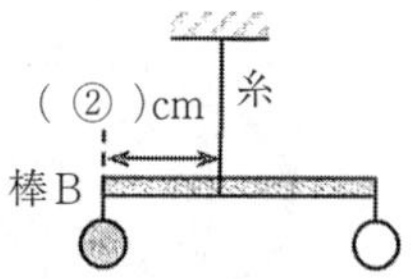

図6　【実験6】の記録

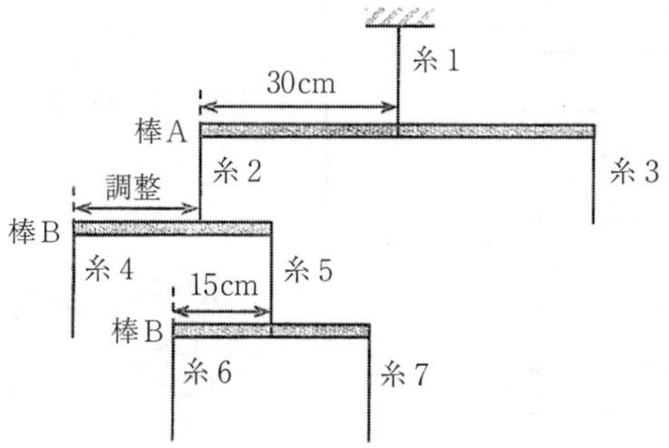

図7　【実験7】の装置

1．図5の①と図6の②に入る数をそれぞれ答えなさい。

2．【実験7】として行った内容と結果を記した次の文中の③，④，⑥，⑦，⑧，⑩に入る数と，⑤，⑨に入る色(黒か白)を答えなさい。

「棒Aと棒Bを組み合わせた装置(図7)を作った。糸3，4，6，7におもりをつるし，3本の棒が水平につり合うように，棒Bをつる糸2の位置を調整した。ただし，1つの糸に必ず1つ以上のおもりをつるした。

糸3につるしたおもりの重さの合計が最も小さくなるのは，糸3に黒いおもりを(③)個，白いおもりを(④)個，糸6，糸7には(⑤)いおもりを(⑥)個ずつつるしたときだった。黒いおもり3個，白いおもり5個のすべてをつるした場合，3本の棒が水平につり合ったのは，糸3に黒いおもりを(⑦)個，白いおもりを(⑧)個，糸6，糸7には(⑨)いおもりを(⑩)個ずつつるしたときだった。」

6　電磁石《でんじしゃく》，方位磁針《ほういじしん》，検流計《けんりゅうけい》と同じかん電池を2つ用意した。これらを回転するスイッチと導線《どうせん》を使って接続し，図1のような回路を組み立てた。スイッチは中央にある矢印が北(図では上)→東→南→西→北の順に90°ごとに回転でき，矢印の向きを12時とした場合，1，2，4，5，7，8，10，11時にあるたんし同士をスイッチ上であらかじめつないでおくことができる。図1の例では10時と11時がつながれているので，矢印が北向きなら電磁石の左側と上のかん電池の左側が，矢印が南向きなら下のかん電池の右側と検流計の右側が，それぞれスイッチを通してつながることになる。また，実験を行う前に方位磁針のN極は北を向いていた。この回路を使って以下の実験を行い，スイッチの向きによる検流計のふれかた，方位磁針のふれかたのちがいを調べた。後の各問いに答えなさい。

【実験１】　図２のようなスイッチに取りかえて，スイッチの向きによる検流計のふれかた，方位磁針のふれかたのちがいを調べ，表１に示した記号を用いて結果を表２にまとめた。

【実験２】　図３のような４つのスイッチを用意して，１つずつ，スイッチの向きによる検流計のふれかた，方位磁針のふれかたのちがいを調べた。

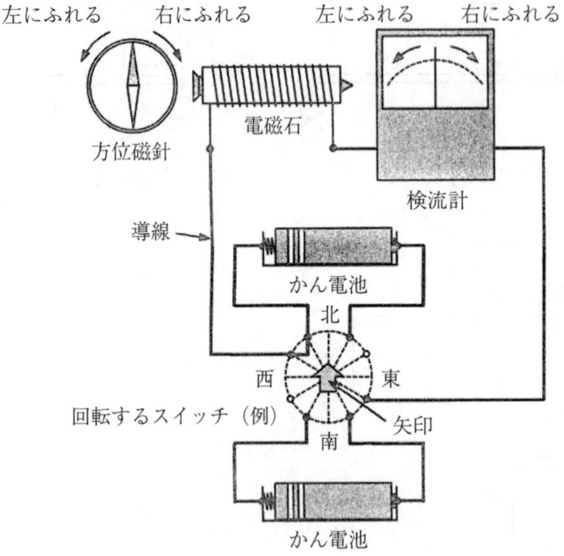

図１　実験で用意した回路

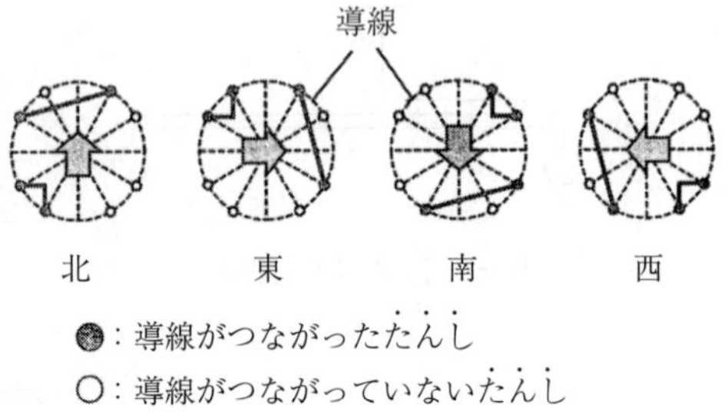

図２　【実験１】のスイッチと向きの関係

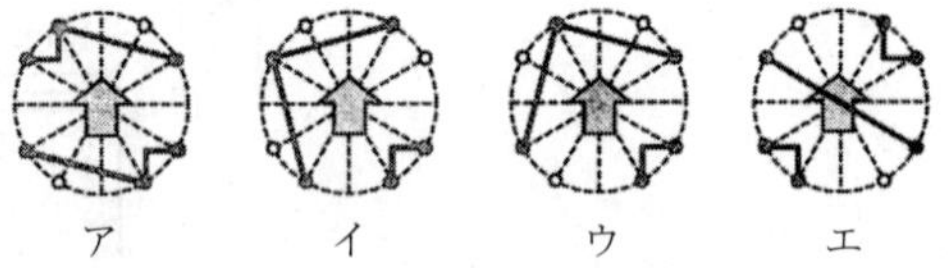

図３　【実験２】で用意したスイッチ

表１　実験の結果を表す記号

方位磁針と検流計のふれる向き	検流計のふれる大きさ
右：右にふれる	◎：大きくふれる
左：左にふれる	○：小さくふれる
×：ふれない	×：ふれない

表２　【実験１】の結果

スイッチの矢印の向き	方位磁針	検流計	
	ふれる向き	ふれる向き	ふれる大きさ
北			
東	**左**	**右**	○
南		①	
西	②	③	④

１．【実験１】の結果の一部が記入された表２の①～④に適当な**右**，**左**，×，◎，○を入れなさい。

２．【実験２】で次の結果が得られるスイッチをそれぞれすべて選びなさい。ただし，ない場合は「なし」と答えること。

①　スイッチがどの向きでも，検流計はふれることがなかった。

②　スイッチの向きによって，検流計は大きくふれることがあった。

③　スイッチの向きによって，方位磁針が右にふれるときと，左にふれるときがあった。

（五味太郎《ごみたろう》『ときどきの少年』による）

注　背板…座席《ざせき》の、背中《せなか》が当たる部分に取り付けられた板。
　　巡行…直進する線路を進むこと。順行。
　　服務規定…仕事を行う上で守らなければならない決まり。
　　ガンダム…日本のロボットアニメ「機動戦士ガンダム」のこと。また それに登場するロボットの名前。

問一　――①「何故かぼくに言った」とありますが、「何故か」と書かれている理由を説明しなさい。

問二　――②「なおさら罪である」とは、どんな点についてそう言っているのか、説明しなさい。

問三　――③「猫の目を三回も塗ってしまった」とありますが、ここからどんな様子が分かりますか。

問四　――④「悪気はないんだ」には筆者のどんな気持ちが込《こ》められていますか。

三

次の詩を読んで、後の問いに答えなさい。

体育　貞久《さだひさ》　秀紀《ひでみち》

ひとの世
には
こころをこめた体
があるように
体
をこめたこころも
ひとの世にはあるかもしれない
と
あるきながら
考えている
あるきながら考えていると
考えながらあるいてもいた
昼の
垣根《かきね》がある
むこうからひとがあるいてくる
すれちがいながら
垣根ごしに会釈《えしゃく》をかわし
それきりで
過ぎ
ふたたび会うこともなかった
けれど
会釈をするとき
こころ
には
体がこめられた
そんなふうに
かろやかにすれちがうのだった

問一　「こころをこめた体」とは、どういうことですか。

問二　「あるきながら考えていると／考えながらあるいてもいた」とは、どういうことを言っているのですか。

問三　「会釈をかわし」とありますが、この「会釈」はどのようなものだったのですか。

らす、そんな程度でいとも簡単《かんたん》、ぼくたちでもすぐ出来そうな気がした。

だからぼくたちは金属の棒の上に架空《かくう》のレバーを握《にぎ》り、運転手の真似《まね》をした。運転手の両脇に悪ガキが五人ずつぐらい並《なら》んで、あたかも見習い運転手みたいなことをやっていたわけだ。その一〇人ほどの、いや当の運転手を入れて一一人ほどの動作があっという間に揃《そろ》ってしまうほど、電車の運転というやつは単純なものであった。いや、少なくともぼくたちにはそう思えた。だから子供でもすぐにその真似っこ遊びには飽《あ》きてしまって、次には運転手のいわゆる口頭確認《かくにん》というやつを真似しはじめた。

たとえば駅の構内に入る時、「構内注意」と言う。あるいはカーブしている線路を行く時は「低速進行」、そして巡行《じゅんこう》しはじめるときは「ハヤ速進行」(ぼくの耳にはそう聴《き》こえたが、そのハヤが「早」あるいは「速」なのか、もしくは別の「ハヤ」なのか、あるいはまったくの聴き間違《まちが》いなのかはっきりとは判《わか》らないが)と言う。それを運転手が口にするたび、一〇人が揃ってリピートした。「場内注意」「ジョーナイ　チューイ」。「低速進行」「テーソク　シンコウ」。そして「テーソク　シンコウ」はだんだん「テーソク　チンコウ」とくずれて、大合唱になった。

今から考えれば、ヤレヤレである。そのヤレヤレが月に一度の楽しみで、それも往復たっぷりとなれば、中には運悪く、二度三度とその被害《ひがい》に遇《あ》った運転手がいたはずなのに、ぼくたちは一度として運転手から小言を言われた憶《おぼ》えがない。これはずっと後になって聞いたことなのだが、運転手は運転中、乗客に話しかけてはいけないし、話しかけられても答えてはいけないという服務規定があるのだそうだ。それならば②なおさら罪である。

そしていま思うのは、運転手の気持ちである。規則正しい運転操作《そうさ》も、口頭確認も、はたまた沈黙《ちんもく》も、すべて服務規定である。その罪深さを慮《おもんぱか》れば、いまガキに何を言われようとも、ぼくは黙《もく》して罰《ばっ》を受けるのが妥当《だとう》というものだろう。

「女の子みたいな絵が好きなんですね」

「ガンダムみたいなのは描かないんですか」

「ぼくはアニメが好きです」

ガキはいつの間にか机《つくえ》の端《はし》に肘をついて、勝手気ままに喋《しゃべ》りつづけている。ぼくは、ただひたすら筆を動かしつづけている。ひたすらの度が過ぎて、③猫の目を三回も塗ってしまった。

片方《かたほう》が目敏《めざと》くそれを見つけて、

「猫の目、また塗った」

と言った。ぼくとしては、ただ我慢《がまん》しなくてはならない。そして同時に、運転手さんに伝えておかなくてはならない。そう、ほんとうに悪気はないんだ。ただぼくたちは電車に乗ることがとても嬉《うれ》しかったから、ちょっとはしゃいでみたわけで、それにつられてあなたがニッコリとぼくたちに微笑《ほほえ》みかけ、「おいおまえたち、電車が好きか」などと声をかけてくれて、「よし、それじゃいっちょスピードアップとゆくか」などと言ってくれたら、さぞ素敵《すてき》だろうなと思っていただけなんだ。ただ仲よしになれたらと思っただけなんだ。ほんとうに、悪気なんてこれっぽっちもなかったんだ。ほんとうに。

悪気はなかった。悪気なんてないはずだ。そう、机に肘をかけながら、いつの間にかぼくのスケッチブックに悪戯《いたずら》書きを始めているこのガキにも、悪気なんてないんだ。ないに決まっている。そこのところは一応理解しておくとしても、幸いなことにぼくには服務規定というやつがないから、

「こら、いいかげんにしろ。あっちへいけ」

で片付《かたづ》けた。そう、これだって、④悪気はないんだ。

「仕事だもん」とぼく。すると大きいほうが、

「あ、ぼく知ってるよ。Mちゃん（娘のこと）のおとうさん、絵を描く人だよ」と①何故《なぜ》かぼくに言った。

「そう、知ってるのか。ぼくは絵を描くんだよ」とぼく。

「ぼく、知ってる」と大きい方が再び言った。

オレも変なこと言うもんだなと思いながら、ぼくは子供《こども》たちをなるべく無視《むし》して絵を描きつづけた。二人はしばらく黙《だま》ってぼくを見ていた。

割合《わりあい》と躾《しつけ》のいい子らしく、大人の仕事というものを案外理解している風で、それ以上やたらに話しかけたりはしない。むしろ邪魔《じゃま》をしないように心がけてさえいるように見える。健気《けなげ》なもんだとぼくは思った。思いながら描きつづけていた。するとどちらかが、フーッと溜《た》め息《いき》を漏《も》らすのが聞こえた。黙っているのが少し苦痛《くつう》なようだ。また何か話しかけるのかな、とぼくが思っていると、たぶん溜め息をした方が予想通り声を出した。でもそれは、ぼくに話しかけたのではなかった。

「赤を塗《ぬ》った」

「今度は茶色を塗る」

「猫《ねこ》の目を描いた」

という具合に、ぼくの作業をいちいち口にした。これはまさに解説、いや実況放送《じっきょうほうそう》だ。こちらとしては、これはしんどい。

「猫の目をまた塗った」

修正の筆まで実況放送である。その辛《つら》さに、もうひとつの辛さがくわわった。もう一人の方が、今度はぼくの部屋の中を見廻《みまわ》して、壁《かべ》にかけてある絵や、脇《わき》に並《なら》べてある描きかけの絵などを見ながら、

「船なんかも描くんですね」とか、

「白い鳥が多いんですね」

などとやり始めた。揚句《あげく》の果ては、

「うまいんですね」

などとお世辞になった。このごろのガキはなんてことを言うんだ、まったくあせるなあと、こちらは半ばあせって、半ば呆《あき》れて、さりとて心の裡《うち》を一端《いったん》でも覗《のぞ》かせてしまったら、次に何を言われるか判《わか》ったものではないので、懸命《けんめい》に無視を装《よそお》った。そして装いつつ、あることを思い出していた。

その時のぼくは、たぶん目の前の二人ほどの歳《とし》であっただろう。ぼくたちは時々、河へ遊びに行くために電車に乗った。電車に乗るために河へ行ったと言ってもいい。なにしろ時々一〇円を親から貰《もら》って電車に乗った。わずか五円で小人（ぼくたちはこれをコビトと呼《よ》んでいた。そしていつも気にしていた）が一区間乗れた時代、電車に乗ることはぼくたちの豪勢《ごうせい》なレジャーであって、月に一度ほど、そんなことが許された。

ぼくたちは電車に乗《の》り込《こ》むと、運転手の脇に我《わ》れ先に陣取《じんど》った。その当時の電車の運転席は、背板一枚《せいたいちまい》で仕切られていて、金属の棒《ぼう》が一本ずつ両脇《りょうわき》に渡《わた》してあるだけのもので、その棒に肘《ひじ》をかければ、運転手はすぐそこにいた。そして運転手と同じ視野《しや》で、ぼくたちは進行状況《じょうきょう》を見てとれた。今の電車はたぶん、かなり高度なものになって、そうとうに複雑な計器などがあるのだろうが、その当時の電車は、電車そのものがそう単純《たんじゅん》な構造をしていたとも思えないが、その計器や運転装置《そうち》に関しては、だいぶシンプルなものに見えた。わずか二つほどのメーターと、時々点滅《てんめつ》するランプが一つ、そして鑵《かん》切りの親分みたいなレバーと、足元にペダルがひとつあるばかり。そして運転手のすることといったら、その鑵切りを半分廻《まわ》して走りはじめると、しばらくしてもう半分廻し、あるところまで来るとそいつを全部もどす、そして時々、踏切《ふみきり》が見えてくるあたりで脇のひもを引き、警笛《けいてき》を鳴

ても、お母さんがすぐに反応しないと、泣き止んで、上手に眠るようになります。

「すぐに反応する親の子どもは、夜中に何度も起きて、親を困《こま》らせます」

――『フランスの子どもは夜泣きをしない』より――

赤ちゃんが、眠《ねむ》っているあいだによく動いたり、Dザツオンを発したりするのは、まったく正常な行為《こうい》ですから、抱《だ》き起《お》こしたりすると、目をさましてしまいます。それに、赤ちゃんには「睡眠のサイクル」があり、途中《とちゅう》に起こされては迷惑《めいわく》なのです。

赤ちゃんの、睡眠のサイクルは二時間。このサイクルをつなげる学習をしているうちは、赤ちゃんが泣くのはふつうです。泣くたびに、おなかがすいたか、苦しいのかと勝手に判断して、急いであやしてしまうと、「睡眠サイクルを自力でつなげる学習」をしているのが、邪《じゃ》魔《ま》されてしまいます。

赤ちゃんにとって必要なのは、サイクルが終わるころにあやしてもらい、眠りに戻《もど》るのを手伝ってもらうことです。

「ちょっと待つ」は、眠りのつなげ方を「教える」ことにもなっているのです。

フランスでは、③「躾《しつ》ける」といわず「教える」といいます。

二、三歳《さい》の子が、お母さんの電話中にぐずったりした場合、お母さんはかならず「待ちなさい」と言って「待つこと」を教えます。アメリカの女性ジャーナリストが、自分の子と違《ちが》うことに気づいて、悔《く》やんだ点でした。

Eヨダンになりますが、フランスにかぎらずヨーロッパでは、列車が遅《おく》れることがあっても、みんな黙《だま》って待ちます。駅の放送では、遅れることを知らせるだけです。

④「列車が遅れて、ご迷惑をおかけして、まことに申《もう》し訳《わけ》ありません」などとは、けっして言いません。

考えてみれば、迷惑をこうむったのは、鉄道会社のほうですよね。ああいう放送はしないほうがいいのです。

（小島俊明《こじまとしはる》『ひとりで、考える――哲学《てつがく》する習慣を』による）

問一 ――①「よろこびを与える」とは、ここではどういうことですか。

問二 ――②「『孤独』の味」とはどのようなものですか。

問三 ――③「『躾ける』といわず『教える』といいます」とありますが、日本で普段《ふだん》使われる「躾ける」という言葉と比べて、この文章にある「教える」にはどんな特徴《とくちょう》があると考えられますか。

問四 ――④「『列車が遅れて、ご迷惑をおかけして、まことに申し訳ありません』などとは、けっして言いません」とありますが、その理由を説明しなさい。

問五 ――A～Eのカタカナを漢字に直しなさい。

二

次の文章を読んで、後の問いに答えなさい。

開け放しにしておいた仕事部屋のドアの前に、見知らぬ男の子が二人、中を覗《のぞ》き込《こ》むようにして立っている。娘《むすめ》の部屋で先程《さきほど》から、だいぶ大勢の友達がわいわいがやがややっていたのは知っていたが、その中の二人だろう。たぶん部屋での遊びに飽《あ》きて、家の中を偵察《ていさつ》に出てきたに違《ちが》いない。ぼくが曖昧《あいまい》にニッと笑うと、待ってましたとばかりに向こうもニッと笑って、笑ったついでに半歩部屋の中へ進んで、

「何してるの」ときた。

「絵を描《か》いているんだ」とぼく。

「何で絵描いてるの」と小さい方。

二〇二一年度 筑波大学附属駒場中学校

【国語】〈四〇分〉〈満点：一〇〇点〉

［注意］本文は、問題作成上、表記を変えたり省略したりしたところがあります。

一 次の文章を読んで、後の問いに答えなさい。

イギリス人の男性と結婚《けっこん》して、パリに住み、出産して、子育てをしたアメリカ人女性がいます。彼女《かのじょ》（パメラ）は、フランス語会話がにがてで、パリに住む外国人の悲しみを味わい、子育てがフランス人のようにうまくいかず、悩《なや》みます。そして、何年かして一時帰国し、故《こ》郷《きょう》のニューヨークで、偶然《ぐうぜん》フランス人の小児《しょうに》科《か》の先生（英語を話す）に出会い、はじめてフランスの子育てのすばらしさに、遅《おそ》まきながら、目が覚めるのです。

『フランスの子どもは夜泣きをしない』というルポルタージュは、いわば自分のAシッパイ談がないまぜになっています。

さて、そのフランス人の小児科の先生はこう言います。

「最初にアドバイスするのは、赤ちゃんが産まれたら、夜にすぐにあやすのはやめてください、ということです。赤ちゃんにすぐに応じずに、赤ちゃんが自力で落ちつくチャンスを与《あた》えてやる。産まれたばかりのときから、そうするのです」
すぐあやさずにちょっと待って、赤ちゃんを観察するのです。

つまり、「赤ちゃんを待たせることに、意味がある」のです。

「待たせてから、①よろこびを与える」

赤ちゃんが泣いたとたんに抱《だ》き上《あ》げてあやしては、観察していることにはなりません。

ちょっと待つ。これがきわめて大切なのです。

そしてぐずる原因は、空腹《くうふく》だからか、オムツ替《が》えをしてほしいからか、お母さんの肌《はだ》が恋《こい》しいからか、からだが熱くて寝苦《ねぐる》しいからか、どこかに痛《いた》みがあるからか、等々、それを見極《みきわ》めるのです。

ちょっと待つあいだに、赤ちゃんが泣き止む場合がある。ここがキーポイント。

赤ちゃんが泣き止んで、眠《ねむ》りに入ったり、「待つ忍耐《にんたい》」を覚え、「ひとり遊び」をはじめることだってあるのだというのです。

これは、ぼくの考えでは、②「孤独《こどく》」の味を覚えさせてもいるのです。

待つことは、人生において大事なことです。

「待つのが上手な子は、とりわけ集中力と論理的《ろんりてき》思考に秀《ひい》でていた」と、本のなかで、心理学者の研究Bセイカが、紹介《しょうかい》されています。

フランスの子が「上手に待つ」ことに、パメラは驚《おどろ》き、その秘密《ひみつ》を赤ちゃんの育て方に見出《みいだ》したのです。

フランスは、島国の日本とちがってヨーロッパ大陸に属していますから、大陸的な気の長さが育つのか、とぼくは思っていたのですが、生まれた時からの育児法に秘密があったのです。驚きです。

乳《ち》飲《の》み子《ご》の時から「忍耐と気の長さ」を教え、ひとり遊びから「孤独の味」を教える育児法は、アメリカ人女性パメラばかりではなく、今では多くの日本人女性をも驚かせています。

さらに、「赤ちゃんを生まれたばかりの時から待たせる」というフランス式の育児法には、「孤独の味」を味わわせ、「忍耐」を覚えさせるほかに、今ひとつ、「だいじな睡眠《すいみん》時間のCカクホ」がからんでいるのです。

つまり、「泣いてもすぐにはあやさない」ことが、赤ちゃんの睡眠時間にも大きく影《えい》響《きょう》するのです。夜《よ》更《ふ》けに赤ちゃんが泣いてぐずっ

2021年度
筑波大学附属駒場中学校 ▶解説と解答

算　数　（40分）＜満点：100点＞

解　答

1 (1)　59.66cm^2　(2)　318秒後　(3)　46秒後　**2** (1)　20個　(2)　1004　(3)　2893けた　(4)　208けた　**3** (1)　4通り　(2)　24通り　(3)　132通り　**4** (1)　2.5秒後　(2)　(ア)　11秒後　(イ)　48cm^3，144cm^3

解　説

1 **図形と規則**

(1)　大円の半径をXcm，小円の半径をYcmとすると，X，Y，および，2つの円のあいだの部分の面積を求めるのに必要な$(X\times X-Y\times Y)$の値は，下の図1のようになる。よって，5秒後における2つの円のあいだの部分の面積は，19×3.14＝59.66(cm^2)とわかる。

(2)　$(X\times X-Y\times Y)$の値がはじめて，2021÷3.14＝643.6…をこえる時間を求めればよい。ここで，□秒後の$(X\times X-Y\times Y)$の値は，9＋2×□と表すことができるから，9＋2×□＞643.6…，2×□＞634.6…，□＞317.3…より，□にあてはまる最も小さい整数は318とわかる。つまり，2つの円のあいだの部分の面積がはじめて2021cm^2をこえるのは318秒後である。

図1

時間(秒後)	0	1	2	3	4	5
大円の半径X(cm)	5	6	7	8	9	10
小円の半径Y(cm)	4	5	6	7	8	9
$X\times X-Y\times Y$	9	11	13	15	17	19

図2

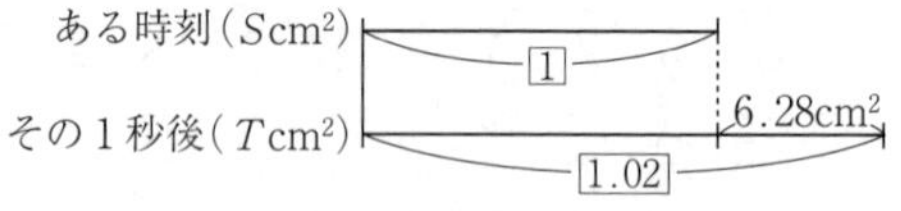

(3)　$(X\times X-Y\times Y)$の値は2ずつ増えるので，2つの円のあいだの部分の面積は，2×3.14＝6.28(cm^2)ずつ大きくなる。よって，$T\div S$の値がちょうど1.02になるときのSの値を[1]として図に表すと，上の図2のようになる。図2より，[1]＝6.28÷(1.02－1)＝314(cm^2)とわかるから，「ある時刻」の$(X\times X-Y\times Y)$の値は，314÷3.14＝100と求められる。ただし，$(X\times X-Y\times Y)$の値は奇数《きすう》なので，$T\div S$の値がはじめて1.02より小さくなるのは，「ある時刻」の$(X\times X-Y\times Y)$の値が101のときである。したがって，9＋2×□＝101，□＝(101－9)÷2＝46(秒)より，「ある時刻」は46秒後とわかる。

2 **場合の数**

図1

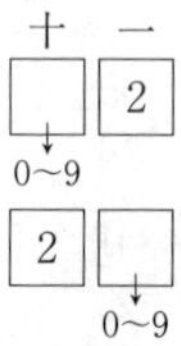

図2

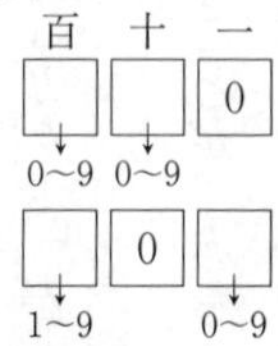

(1)　100に2は使われていないから，1から99までの整数で考えればよい。ここで，たとえば2を「02」のように十の位に0を補って表すと，1から99までの整数はすべて2けたになる。右の図1のように，一の位が2の場合，十の位には0～9の10通りの数字を入れることができるので，一の位が2の整数は10個ある。また，十の位が2の場合，一の位には0～9の10通りの数字を入れることができるから，十の位が2の整数も10個ある。よっ

て，全部で，10＋10＝20(個)とわかる。

⑵　はじめに，１から999までの整数に使われている０の個数を求める。⑴と同様に，たとえば８を「008」，35を「035」のように百の位と十の位に０を補って表すと，１から999までの整数はすべて３けたになる。上の図２のように，一の位が０の場合，百の位には０～９の10通り，十の位には０～９の10通りの数字を入れることができるので，一の位が０の整数は，10×10＝100(個)ある。ただし，この中には「000」がふくまれているから，これを除くと，100－１＝99(個)になる。次に，十の位が０の場合を考える。このとき，百の位を０にすると１けたの整数になってしまうので，百の位が０になることはない。よって，百の位には１～９の９通り，一の位には０～９の10通りの数字を入れることができるので，十の位が０の整数は，９×10＝90(個)あることがわかる。さらに，百の位を０にすると２けた(または１けた)の整数になってしまうから，百の位が０になることはない。したがって，１から999までに使われている０の個数は，99＋90＝189(個)と求められる。残りの個数は，200－189＝11(個)なので，1000から順に調べると，1000(…３個)，1001(…２個)，1002(…２個)，1003(…２個)，1004(…２個)より，ある数は1004とわかる。

⑶　１けたの整数は１～９の９個あるから，１けたの整数に使われている数字の個数は，１×９＝９(個)である。また，２けたの整数は10～99の，99－９＝90(個)あるので，２けたの整数に使われている数字の個数は，２×90＝180(個)となる。同様に，３けたの整数は100～999の，999－99＝900(個)あるから，３けたの整数に使われている数字の個数は，３×900＝2700(個)と求められる。これらの合計に，1000に使われている４個を加えると，全部で，９＋180＋2700＋４＝2893(けた)となる。

図３

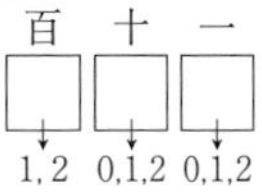

図４

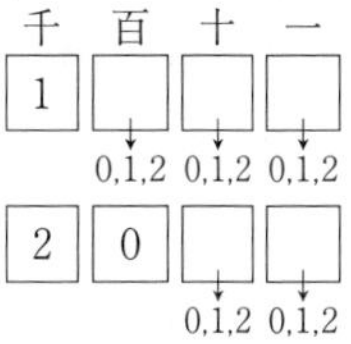

⑷　１けたの整数は{1，2}の２個なので，１けたの整数に使われている数字の個数は２個である。また，２けたの整数は{10，11，12，20，21，22}の６個あるから，２けたの整数に使われている数字の個数は，２×６＝12(個)となる。次に，３けたの整数について考える。右上の図３のように，百の位には２通り，十の位と一の位にはそれぞれ３通りの数字を使うことができるので，３けたの整数は，２×３×３＝18(個)ある。そこで，３けたの整数に使われている数字の個数は，３×18＝54(個)と求められる。また，右上の図４のように，千の位が１の整数は，３×３×３＝27(個)，千の位が２で百の位が０の整数は，３×３＝９(個)あるので，これらに使われている数字の個数は，４×(27＋９)＝144(個)とわかる。よって，１から2022までに使われている数字の個数は，２＋12＋54＋144＝212(個)となる。このうち，最後の2022に使われている４個を除くと，１から2021まで並べたときの数は，212－４＝208(けた)と求められる。

3　場合の数

⑴　下の図１の○のように，全部で４通りある。

⑵　下の図２で，長方形AEFDの辺上にある６個の●だけを通る場合を考えると，図１と同様に４通りあることがわかる。また，直方体のほかの側面(長方形DFLJ，JLKG，GKEA)についても４通りずつある。さらに，長方形AELJと長方形DFKGについても図１と同様に考えることができ，これ以外の場合はないから，全部で，４×６＝24(通り)と求められる。

⑶　下の図３で，かげをつけた長方形の辺上にある８個の●だけを通る場合を考える。このとき，

図1

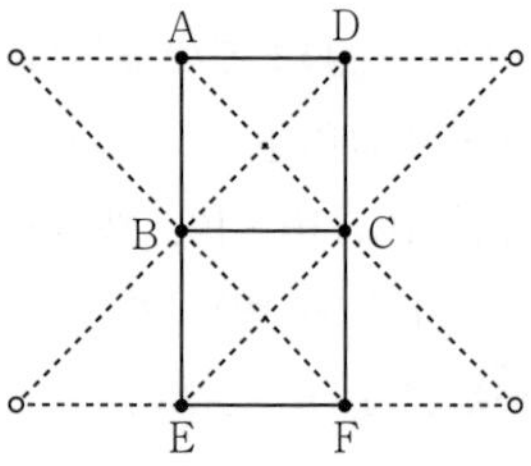

図2

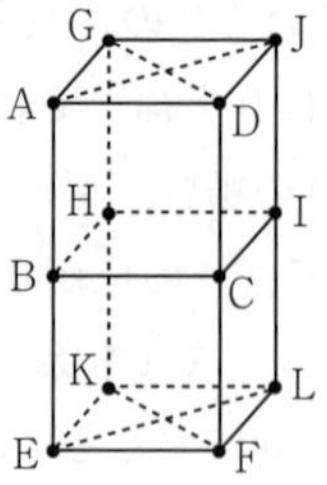

図3

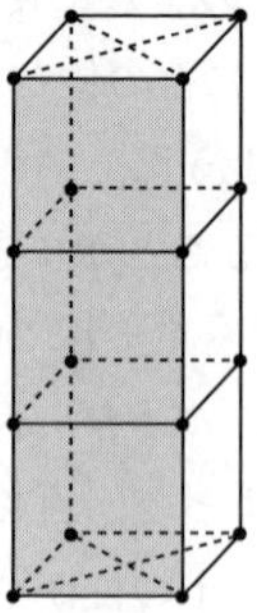

図4

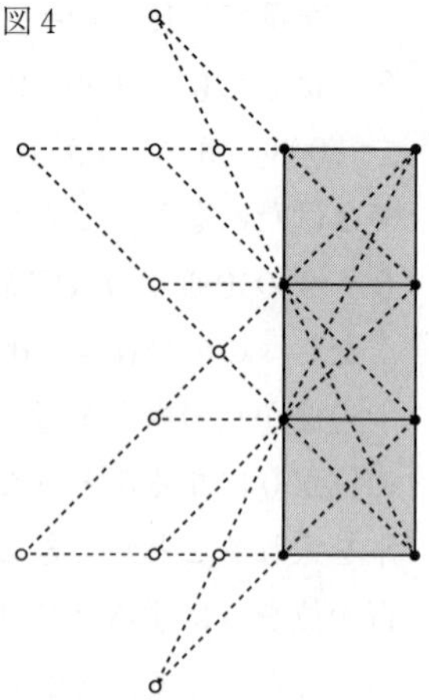

長方形の左側で交わる場合を調べると，上の図4の○のように11通りあることがわかる。また，長方形は線対称《せんたいしょう》な図形なので，長方形の右側で交わる場合も11通りあり，合わせて，$11\times2=22$(通り)となる。さらに，(2)と同様に，ほかの長方形についても22通りずつあるから，全部で，$22\times6=132$(通り)と求められる。

4 立体図形―図形上の点の移動，旅人算，体積

図1

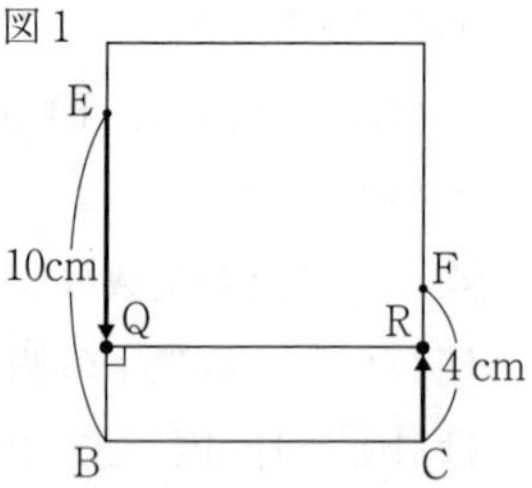

(1) 直線QRをふくむ長方形だけで考える。QとRの速さから，QRとBCがはじめて平行になるのは，右の図1のように，QとRが動いた長さの和が10cmになるときである。また，QとRが1秒間に動く長さの和は，$3+1=4$(cm)だから，図1のようになるのは動き始めてから，$10\div4=2.5$(秒後)である。

(2) (ア) Qは10cm進むのに，$10\div3=\frac{10}{3}$(秒)かかり，Rは4cm進むのに，$4\div1=4$(秒)かかるので，出発してからの時間とBQ，CRの長さの関係をグラフに表すと，下の図2のようになる。図2のグラフは20秒後を軸《じく》として線対称になり，APの長さを表すグラフは，$5\times2\div2=5$(秒)周期だから，0～20秒後だけを調べればよい。すると，この20秒間でBQとCRの長さが等しくなるのは，①～⑥の6回あることがわかる。①は(1)で求めた2.5秒後であり，そのときのBQ，CRの長さは，$1\times2.5=2.5$(cm)となる。また，②はQとRが合わせて，$10+4\times2=18$(cm)動いたときなので，$18\div4=4.5$(秒後)であり，そのときのBQ，CRの長さは，$3\times\left(4.5-\frac{10}{3}\right)=3.5$(cm)とわかる。同様に考えると，③はQとRが合わせて，$10\times3+4\times2=38$(cm)動いたときだから，$38\div4=9.5$(秒後)であり，そのときの長さは，$1\times(9.5-8)=1.5$(cm)と求められる。次に，④はQがRよりも，$10\times3-4\times2=22$(cm)多く動いたときである。ここで，QとRが1秒間に動く長さの差は，$3-1=2$(cm)なので，④のようになるのは，$22\div2=11$(秒後)であり，そのときの長さは，$3\times(11-10)=3$(cm)となる。さらに，⑤はQとRが合わせて，$10\times5+4\times4=66$(cm)動いたときだから，$66\div4=16.5$(秒後)であり，そのときの長さは，$1\times(16.5-16)=0.5$(cm)とわかる。最後に，⑥はQがRよりも，$10\times5-4\times4=34$(cm)多く動いたときなので，$34\div2=17$(秒後)であり，そのときの長さは，$3\times\left(17-\frac{50}{3}\right)=1$(cm)と求められる。つまり，グラフは下の図3のようになる。次に，BQとCRの長さが等しくなるときのAPの長さを求める。Pは2.5秒で，2×2.5＝5(cm)動くから，2.5秒後のAPの長さは，5－5＝0(cm)であり，立体㋐が三角柱になることはない。また，Pは4.5秒で，2×4.5＝9(cm)動くので，4.5秒後のAPの長さは，9－5＝4(cm)であり，やはり立体㋐が三角柱になることはない。同様にして，APの長さを求めると，9.5秒後は，2×9.5＝19(cm)より，19－5×3＝4(cm)，11秒後は，2×11＝22(cm)より，5×5－22＝3(cm)，16.5秒後は，2×16.5＝33(cm)より，5×7－33＝2(cm)，17秒後は，2×17＝34(cm)より，5×7－34＝1(cm)となるから，11秒後と17秒後に立体㋐が三角柱になることがわかる。したがって，立体㋐がはじめて三角柱になるのは，動き始めてから11秒後である。　(イ)　(ア)より，0～20秒後で立体㋐が三角柱になることは2回あり，そのときの高さは3cmと1cmとわかる。また，底面積は，8×12÷2＝48(cm^2)なので，そのときの体積はそれぞれ，48×3＝144(cm^3)，48×1＝48(cm^3)と求められる。

図2

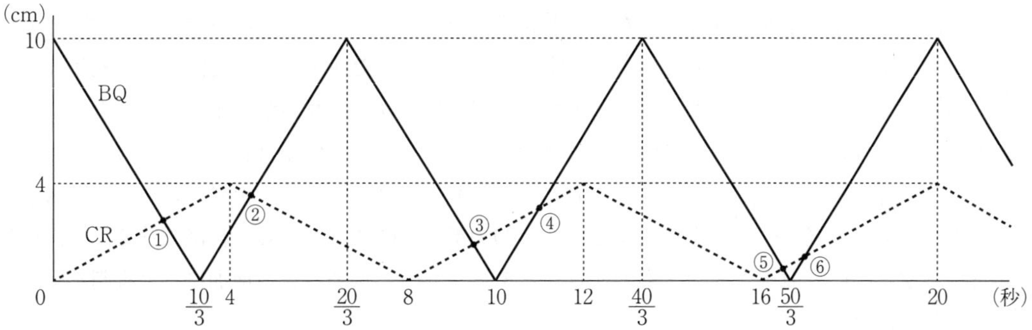

図3

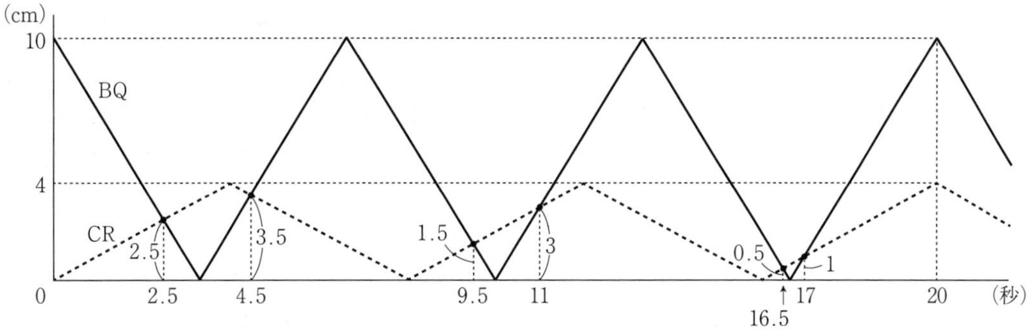

社　会　(40分)　＜満点：100点＞

解　答

1　**1**　ウ　**2**　ア，ウ　**3**　ウ，エ　**4**　ア，エ　**5**　**ドイツ**…ア　**香港**…エ　**6**　ウ，オ　**7**　ア，イ　2　**1**　エ　**2**　(例)　権力者として特別な地位にあることを示すため。　**3**　**名称**…(例)　中尊寺　**位置**…ア　**4**　ア，イ，ウ　**5**　ア，オ　**6**　④　d　⑮　c　㉔　m　㉖　p　㉞　g　**7**　ウ，エ，イ，キ，ク　3　**1**　オ　**2**　イ，オ　**3**　ウ，エ　**4**　ウ，カ　**5**　ア，イ　**6**　イ，ウ

解　説

1 東京国際空港(羽田空港)の新離着陸ルートを題材とした問題

1　「羽田新ルート」とよばれる「都心低空飛行ルート」は，「着陸時において，南風が吹《ふ》いていて，航空機が多く離発着する時間帯に～採用されます」とある。関東地方南部に位置する羽田空港周辺は，夏に南東の季節風が吹くことが多いから，このルートが採用される可能性が高い時期は夏と考えられる。

2　ア　2019年に日本を訪れた外国人は約3188万人で，国・地域別では，中国約959万人，韓国約558万人，台湾約489万人の順となっている。統計資料は「日本政府観光局(JNTO)」による。
イ　パスポート(旅券)は政府が発行する身分証明書。日本へ入国する外国人は，日系人もふくめ，入国のさいに必ずパスポートの提示を求められる。　　ウ 「民泊」とは，一般の住宅やマンションなどに観光客を泊めることの通称。これまで観光客を宿泊させることは，旅館業法により許可された旅館やホテルにしかできなかったが，2018年に施行された「住宅宿泊事業法(民泊新法)」により，自治体が制定した条例にもとづき，一定の条件を満たした住宅を宿泊施設として利用することが認められるようになった。これは，増加する外国人観光客への対応策の１つであった。　　エ　2020年は新型コロナウイルス感染症の拡大の影響により，海外への旅行客の数は激減し，国内旅行者数も大きく減少した。　　オ 「Go To トラベルキャンペーン」は，新型コロナウイルス感染症の拡大にともなう経済の停滞《ていたい》を打開するため，2020年７月に政府が始めた経済政策で，国内の旅行客を増やすために割引きクーポン券の発行などを行うもの。感染者数の増加により批判を受けたこともあり，同年12月に停止された。

3　埋《う》め立て地の造成は沿岸部の環境を大きく変えるため，漁場をせばめるなど沿岸漁業の操業に悪い影響をあたえることが多いから，ウは正しくない。また，高度経済成長期の1960年代以降に造成された埋め立て地の多くは，工場用地や商業地区などに利用されているから，エも誤りである。

4　ア　製鉄や石油化学の工場の多くは，原料の輸入や製品の輸送に都合のよい沿岸部につくられている。　　イ　工業地帯・地域で最も生産額が多いのは，自動車工業を中心とする中京工業地帯である。1990年代中ごろまで最も生産額が大きかった京浜工業地帯は，地価の安い郊外や海外へ多くの工場が移転したことなどから，近年は生産額が伸び悩んでいる。　　ウ　日本のすべての工業地帯・地域は，軽工業よりも重化学工業のほうが生産額が大きい。　　エ　IC(集積回路)などを生産する精密機械工業は，地方の空港の周辺や高速道路沿いの地域に工場が多く見られる。これらの地域に工場が多く建設されているのは，ICなどの電子部品が小型・軽量のわりに高価なため，航空機やトラックなどで長距離輸送しても採算が合うことや，広い土地やきれいな水・空気，良質の労働力が得やすいことなどによる。　　オ　2017年における北陸工業地域(新潟・富山・石川・福井の各県)の出荷額の工業種類別割合は，金属16.8%，機械40.7%，化学12.8%，食料品9.4%，繊維4.3%，その他16.0%となっており，ほかの工業地帯・地域に比べて繊維工業の割合が大きいことが特徴となっている。統計資料は『日本国勢図会』2020／21年版による。

5　ドイツについて述べた文はアで，2015年から16年にかけて，内戦が激化した中東やアフリカなどから大量の難民がヨーロッパに押し寄せたが，難民の入国を制限する国も多い中，ドイツはメルケル首相のもと，人道的な理由から多くの難民を受け入れた。また，香港について述べた文はエで，1997年にイギリスから中国に返還されて以来，一国二制度の原則のもと，特別行政区として資本主義の政治・経済のしくみを守ってきた。しかし，2019年に刑事事件の容疑者を中国本土へ引き渡すことを可能にする「逃亡犯条例」改正案を香港政府が制定しようとすると，これに反対する民衆が大規模なデモをくり返し，改正案は撤廃《てっぱい》に追いこまれたが，2020年には香港での反政府的な動きを取りしまる「香港国家安全維持法」を中国が制定するなどし，香港の民主派の人々への弾圧が強まっている。なお，イはイギリス，ウは韓国，オはアメリカ合衆国に，それぞれあてはまる。

6　東京スカイツリーは東京都墨田区にあるので，南風時の着陸の前には左手に見えることになる。したがって，ウは正しくない。また，富士山は山梨県と静岡県の県境にあるので，南風時の離陸の後には右手に見えることになる。したがって，オも誤りである。なお，横浜ベイブリッジは横浜港の近くに，東京ディズニーランドは千葉県浦安市に，東京タワーは東京都港区にある。

7　ア　新宿区上空での高度は「約900m」とある。東京スカイツリーの高さは634mであるから，それよりは高いことになる。　イ　「ロンドンやニューヨークで市街地上空がルートになっている」とある。ロンドンはイギリスの首都。　ウ　「都心低空飛行ルート」に該当《がいとう》するのは，東京都の練馬・中野・新宿・渋谷・港・目黒・品川の各区と羽田空港のある大田区。本文には，これに該当しない板橋・豊島・江戸川・江東の各区などでも住民による反対運動が起こっているとある。エ　本文中に「気温が高いとエンジンの性能が低下するため，より出力を上げることになり，騒音《そうおん》の大きさも約10%上がる」という記述がある。　オ　本文では航空機からの落下物発生件数について，「これは実際に落下物が確認されたものの件数であるため，実際はもっと多いかもしれません」と述べている。

2　**人と動物の歴史的なかかわりを題材とした問題**

1　ア　世界の歴史に関係する記述は，古代のウシの飼育について述べた①だけである。　イ　日本列島の自然環境と動物の関係について述べた文はない。　ウ　人がウシ，ウマ，イヌをどのように利用してきたかという内容の記述が多くを占《し》めているから，「動物愛護」という観点はふさわしくない。　エ　ウシ，ウマ，イヌはいずれも十二支に登場する動物であり，それらと日本列島の人々とのかかわりという観点は適切といえる。　オ　「戦いに利用された」という観点に該当する記述は，ウマでいくつか見られるのと，武芸の訓練として行われた「犬追物」が関係するぐらいである。

2　牛車については，平安時代に女性と高位の貴族が利用し，鎌倉・室町時代には将軍家だけが乗ったとある。したがって，豊臣秀吉や徳川家康が天皇に会うさいに牛車に乗ったのは，みずからを権威《けんい》づけるため，あるいは，みずからの力を広く人々に示すためであったと考えられる。

3　「東日本のある地域を拠点《きょてん》に繁栄《はんえい》した一族」は奥州藤原氏。その根拠地は平泉(岩手県)で，建立した代表的な寺院は中尊寺である。なお，⑴にある「二つの合戦」とは，11世紀に東北地方で起きた前九年の役(前九年合戦)と後三年の役(後三年合戦)のこと。

4　⑰は奈良時代，⑲は鎌倉時代である。アについて，平将門は桓武天皇の流れをくむ有力武士で，ウマの飼育の管理者から力をつけていったわけではないので適切でない。また，藤原京が都とされたのは694年から710年まで，馬車が乗り物として利用されるようになったのは明治時代であるから，イとウもふさわしくない。

5　ア　㉗に，縄文時代の墓から「イヌの全身の骨や骨折が治った跡がある老犬の骨が出土」したとあるから，イヌが老いて死ぬまで大切に飼われていたことがわかる。　イ　㉘の記述から，弥生時代にはイヌは食用にされ，埋葬《まいそう》されることはなかったと考えられる。　ウ　㉘に，弥生時代の銅鐸《どうたく》に猪《いのしし》を狩るイヌが描かれているとある。　エ　④と㉙に，675年に「ウシ・ウマ・イヌ・サル・ニワトリの肉を食べてはならない」とする肉食禁止令が出されたとあるから，７世紀の人々はイヌを食べる風習があったと考えられる。　オ　㉚に，奈良時代に狆《ちん》(小型犬)が「天皇・貴族が室内で飼うイヌとしてもてはやされた」という記述がある。

6　④　大化の改新は645年，東大寺の大仏の開眼式は752年のできごとであるから，ｄに入る。　⑮　卑弥呼《ひみこ》が中国に使いを送ったのは239年であるから，ｃにあてはまる。　㉔　日清戦争は1894～95年，日露戦争は1904～05年のできごと。大日本帝国憲法の発布は1889年，男子普通選挙制度が定められたのは1925年であるから，ｍがふさわしい。　㉖　広島・長崎への原爆投下は1945年，沖縄の日本復帰は1972年のできごとであるから，ｐとなる。　㉞　平清盛が太政《だいじょう》大臣になったのは1167年，元寇《げんこう》は1274年・1281年のできごとであるから，ｇに入る。

7　ア　日中戦争は1937～45年のできごと。㉕に，「第一次世界大戦(1914～18年)以降，騎兵は衰えていった」とある。　イ　㉟に，鎌倉時代に行われた闘犬についての記述がある。また，北条高時は鎌倉幕府の第14代執権《しっけん》である。　ウ　４世紀後半(古墳時代)のウマについて，⑭に「現在の小型馬ほどの大きさ」という記述がある。　エ　⑩に，９世紀末に牛車の利用が広がったとある。遣唐使の停止は894年のことである。　オ　㉑と㉒より，個人の願いをこめて絵馬を奉納《ほうのう》するようになったのは室町時代以降であることがわかる。　カ　⑦に牛乳が飲み物として普及《ふきゅう》したのは明治時代とあるが，⑤に奈良～平安時代に牛乳が供物として使用されていたという記述がある。　キ　㊱にあるように，生類憐《しょうるいあわれ》みの令は江戸幕府の第５代将軍徳川綱吉が17世紀後半に発したもの。幕府がキリスト教の禁止と鎖国を進めたのは1610～40年代である。　ク　㉜に「室内犬の飼育が一般化するのは1960年代以降」という記述がある。　ケ　⑨に「1950年代の耕うん機導入まで牛馬耕が一般的」とある。　コ　縄文時代の狩りについて述べた文であり，内容は正しいが，各班が調べた内容と直接の関係はない。

3　自転車事故を題材とした問題

1　Ａ　道路交通法では，児童または幼児が自転車に乗るときにはヘルメットをかぶらせるよう，保護者に努力義務があることを定めている。ここでいう「児童」は６歳以上13歳未満，「幼児」は６歳未満の子どものことである。　Ｂ　スマートフォン等を使ったり傘をさしたりしながらの自転車の運転を禁止することは，必要なルールであると考える人がいる一方で，人々の自由を制限するものと考える人もいる。

2　ア　裁判員裁判は，重大な刑事事件の第一審で行われるもので，民事裁判には取り入れられていない。　イ　遺産相続をめぐる争いなど，家族・親族間の争いを裁くのは民事裁判である。　ウ　裁判官としてふさわしくない行いのあった裁判官については，国会に弾劾《だんがい》裁判所を設置して，裁判官をやめさせるかどうかを決定する。　エ　自転車事故について，被害者側が損害賠償《そんがいばいしょう》などを求めて起こすのは民事裁判であるが，加害者側が過失致死傷罪《かしつちししょうざい》に問われるのは刑事裁判においてである。　オ　工場が出したばい煙などが原因で健康被害が生じた場合，工場を持つ企業を訴《うった》えるのは，民事裁判である。

3　ア　プライバシーの権利は，人に知られたくない個人の私的な情報を公開されない権利。日本国憲法には規定されていないが，新しい人権として広く認められており，個人情報保護法などの法律が制定されているほか，裁判でも認められるようになっている。　イ　裁判を受ける権利は，日本国憲法第32条で保障されている。　ウ 「五日市憲法」は，自由民権運動が広まった1880年代初めに東京・多摩地域の青年たちが作成した私擬憲法とよばれる憲法の草案である。　エ 「障害者権利条約」は，2006年に国連総会で採択《さいたく》されたもの。障がい者の権利を守るため，「合理的配慮《はいりょ》」を障がい者が受けられるよう加盟国へ求めている条約である。　オ 「子どもの権利条約」は1989年に国連総会で採択された条約で，子どもも人権を持つことを確認するとともに，「生きる権利」や「意見を表明する権利」，「休息し遊ぶ権利」などを定めている。

4　ここでの「法的な責任」とは，加害者である「自分のしたことが不法なもの」で，被害者に対する「責任」のことであるから，ウとカが選べる。ウについて，14歳以上の者は刑事罰の対象となるから，高校生は法的な責任が問われることになる。カについて，当人の責任能力の有無をふくめて，法的な責任があるかどうかを裁判所が判断することになる。

5　ア　香川県議会は2020年３月，子どものゲーム利用時間を制限するよう保護者に求める条例を可決・成立させ，４月に施行された。　イ　国籍や人種，民族などを理由として行われる排他的言動をヘイトスピーチという。川崎市は2019年12月，ヘイトスピーチを行った人に刑事罰を科す条例を全国で初めて制定。翌20年７月に施行された。　ウ　条例は地方議会が制定する，その地方公共団体の中だけで適用されるきまりである。　エ　条例の改正も地方議会が行う。条例について住民が持つ権利は，有権者の50分の１以上の署名により条例の制定・改正・廃止を求める権利である。　オ　地方議会議員も国会議員と同様に，18歳以上の有権者の投票によって選ばれる。

6　所得税は個人の所得に応じて課せられる国税であるから，イは正しくない。また，「ふるさと納税」はどの地方公共団体に対しても行うことができるから，ウも誤りである。

理　科　(40分)　<満点：100点>

解　答

[1] **1**　①　ア　②　ウ　③　イ　**2**　6　**3**　イ，ウ，カ　**4**　オ　**5**　石灰水
[2] **1**　①　イ，エ　②　ウ，オ　**2**　ア　**3**　ア　**4**　ウ　**5**　エ　[3] **1**　**入ったとき**…エ　**出たとき**…イ　**2**　①　イ，カ　②　ウ，オ　**3**　①　ア　②　エ　③　ケ　[4] **1**　**夏**　カ　**秋**　ア　**冬**　イ　**2**　ア，エ　[5] **1**　①　24cm　②　12cm　**2**　③　2　④　1　⑤　白　⑥　1　⑦　1　⑧　4　⑨　黒　⑩　1　[6] **1**　①　×　②　左　③　右　④　○　**2**　①　ア，ウ　②　エ　③　なし

解　説

[1] 物の燃え方についての問題

1　物が燃えるとは，物が酸素と結びついて熱や光を発する現象である。木片のような炭素と水素をおもな成分とする物質が空気中で燃えると，空気中の酸素の一部を使い，木片中の炭素は二酸化炭素，水素は水に変化する。よって，木片がすべて燃えたあとは燃える前と比べて，かんの中の酸素の割合が減り，二酸化炭素の割合は増えている。ただし，ちっ素は物が燃えることに関係しない

ので，その割合はほとんど変わらない。

2　木片は，新しい空気が絶え間なく供給され，それぞれの木片がその新しい空気と十分ふれ合うときに，もっともよく燃える。したがって，実験6のように，かんのふたと着火口を閉めないで空気の通りをよくしておき，木片を図3のようにたがいちがいに積み上げてすき間を十分あけておく場合に，もっともよく燃えると考えられる。

3　実験6のようにしておくと，かんの中であたためられた気体が周りの空気より軽くなって上《じょう》昇《しょう》するため，ふたを開けたかんの上から外に出ていく。すると，新しい空気が着火口からかんの中に入ってくる。この空気の流れにより，木片が燃えて発生した二酸化炭素はかんの上から外に出ていき，木片が燃えるために使われる酸素は着火口から入ってくる。また，木片が燃えるために使われないちっ素は着火口から入り，かんの上から出ていく。

4　ふたと着火口の開閉のしかたが実験1と同じで，木片を図3のようにたがいちがいに積み上げた実験5では木片が全部燃えたことから，木片の間にすき間を作ると燃え残った木片がすべて燃えると考えられる。

5　木片がすべて燃えたあとの空気には，二酸化炭素が多く残っていたと考えられる。石灰水に二酸化炭素を通すと，水にとけにくい炭酸カルシウムができて白くにごる。

2 「地球」分野の小問集合

1　都市部では，水を一時的にたくわえるはたらきをする田畑や林地が減少するとともに，水をたくわえる機能がほとんどない宅地や舗《ほ》装《そう》道路が増加している。そのため，ゲリラ豪《ごう》雨《う》などで雨が大量に降ると，都市部では雨水の大部分が一気に下水道に流入し，マンホールなどから雨水が逆流することで，浸水《しんすい》の被害《ひがい》が発生しやすい。

2　月は地球の周りを1回公転すると同時に同じ向きに1回自転しているため，つねに同じ面を地球に向けている。したがって，1回目も2回目も満月は同じ面が見える。また，月のうす暗く見える部分は「海」とよばれ，この部分は月の内部からふき出したゲンブ岩の溶岩《ようがん》によって作られた地形と考えられていて，クレーターが少ない。月の「海」はほとんどが地球に向けている面にある。

3　北斗《ほくと》七星はおおぐま座の一部で，北極星をはさんでカシオペヤ座とはおよそ反対方向に位置する。どちらも北の空で北極星を中心に回って見え，日本から見ると一部の地域を除いて地平線の下には沈《しず》まないため，どちらも一晩中見える。

4　川の流れで運ばれる土砂のうち，つぶが大きいれきは河口の近くで積もり，つぶが小さいどろは沈みにくいので，河口から遠い深い海まで運ばれて海底に積もる。

5　かたい土地の方がやわらかい土地よりもゆれにくいので，地震《じしん》によるゆれは小さい。

3 筋肉の動きとうでの動きについての問題

1　図4で，筋肉の模型は，ふくろに空気が入ったときの方が長さが短くなっている。したがって，ふくろに空気が入ったときは筋肉がちぢんでいる状態，空気が出たときは筋肉がゆるんでいる状態を表していることがわかる。なお，空気が出たときの筋肉の模型は，本来の長さよりも長くなっておらず，筋肉がのびている状態をしめしているわけではない。

2　①　うでの内側の筋肉と外側の筋肉は，それぞれ一方のはしが肩《かた》の近くにつながり，もう一方のはしがひじと手の間の骨につながっている。これによって，うでの内側の筋肉と外側の筋肉がちぢんだりゆるんだりすることで，ひじを曲げたりのばしたりすることができる。このようすを表しているのはイとカである。　②　ひじを曲げるためには，うでの内側の筋肉が①に述べたようなつながり方になっている必要がある。これにあてはまるのは①で答えたものを除くとウとオになる。この２つは，うでの外側の筋肉が①のようにつながっていないため，曲げたひじをのばせない。

３　①　２で述べたように，関節でうでの曲げのばしをするためには，筋肉の両はしは関節をまたいで別の骨についていなければならない。　②，③　ひじが曲がるときは，うでの内側の筋肉がちぢみ，外側の筋肉がゆるんでいる。

４　生物季節観測についての問題

１　関東地方でそれぞれの現象が初めて観測されるおよその月は，アキアカネ初見が９月，アブラゼミ初鳴が７月，ウグイス初鳴が３月，エンマコオロギ初鳴が８月，サクラ開花が３月，イチョウ落葉が12月，シオカラトンボ初見が６月，タンポポ開花が３月，ツバメ初見が４月，ニホンアマガエル初鳴が４月，ホタル初見が６月，モンシロチョウ初見が３月である。夏の訪れを知らせる現象としてアブラゼミ初鳴，シオカラトンボ初見，ホタル初見，秋の訪れを知らせる現象としてアキアカネ初見，エンマコオロギ初鳴，冬の訪れを知らせる現象としてイチョウ落葉があてはまる。

２　近年，都市化によって生物のすみかとなる場所が減り，動物にとってはえさとなる生物の数も減っているため，観察する生物の数が減ってきている。このため，生物季節観測を行うことが難しくなってきている。

５　てこのつり合いについての問題

１　図１と図２より，棒Ａと棒Ｂはそれぞれ，重心(棒の重さが集まっていると考えられる点)が棒の中央にある。図３で，棒Ａの中央を支点とすると，支点から棒のはしまでの長さは左右で等しいため，黒いおもり３個の合計の重さと白いおもり５個の合計の重さも等しいとわかる。よって，黒いおもり１個と白いおもり１個の重さの比は５：３になる。ここで，黒いおもりの重さを５，白いおもりの重さを３とすると，図４のつり合いのようすから，棒Ａの重さは，{５×25－３×(60－25)}÷(30－25)＝４と表すことができる。そして，棒Ａの半分の重さである棒Ｂの重さは，４÷２＝２と表せる。これらの重さの関係をまとめると右の表のようになり，以降はこの重さを用いて考える。図５について，棒Ａをつるす糸には，棒Ａの重さと棒Ａにつるしたすべてのおもりの重さの合計の重さがかかるため，

黒いおもり１個の重さを５としたときの重さ

黒いおもり１個の重さ	５
白いおもり１個の重さ	３
棒Ａの重さ	４
棒Ｂの重さ	２

４＋５×２＋３×２＝20の重さがかかっている。したがって，棒Ａの左はしを支点にすると，①は，(４×30＋３×２×60)÷20＝24(cm)と求められる。図６について同様に考えると，棒Ｂをつるす糸には，２＋５＋３＝10の重さがかかり，②は，(２×15＋３×30)÷10＝12(cm)となる。

２　③～⑥　糸３につるすおもりの重さの合計がもっとも小さくなるのは，糸２にかかる重さがもっとも小さい場合である。糸６と糸７には同じ重さのおもりをつるす必要があるので，白いおもりを１個ずつつるす。すると，糸５には，３×２＋２＝８の重さがかかる。そして，糸４に白いおもり１個をつるして糸２の位置を調整して下から２番目の棒Ｂを水平につり合わせる。このとき，糸２には，３＋２＋８＝13の重さがかかっているので，糸３にも13の重さがかかるようにすれば，棒Ａは水平につり合う。したがって，糸３には，５×２＋３＝13より，黒いおもり２個と白いおもり１個をつるせばよい。　⑦～⑩　おもりをすべてつるす場合には，糸２，糸３にかかる重さはそれぞれ，(５×３＋３×５＋２×２)÷２＝17となる。よって，糸３につるすおもりは，５＋３×４

＝17より，黒いおもり１個と白いおもり４個となる。残るおもりは黒いおもり２個と白いおもり１個で，糸６，糸７には同じ重さのおもりをつるす必要があるため，黒いおもりを１個ずつつるす。そして，糸４には白いおもり１個をつるすことになる。

6 回転スイッチによる回路についての問題

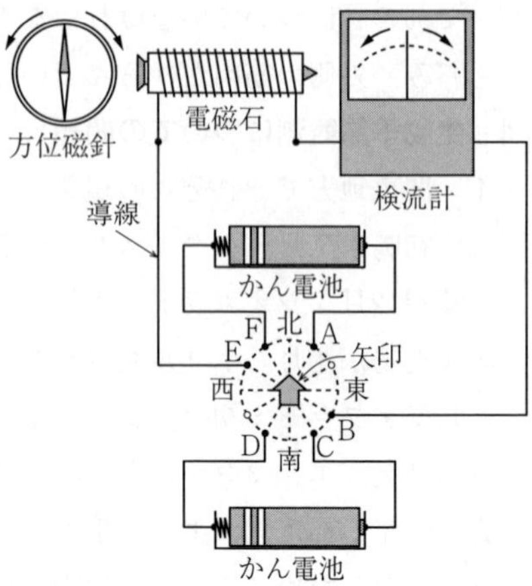

1 ① 図１のスイッチの周りにある導線のはしを，右の図のようにA～Fとする。図２の矢印が南を向いているスイッチを図１の回転するスイッチの位置にあてはめると，下側にあるかん電池について，BとDが導線でつながることになるが，Cがどこにもつながっていないので，検流計に電流は流れない。また，図１の上側にあるかん電池についても，Aにスイッチの導線がつながるがその先はつながらないので，上側にあるかん電池からも検流計には電流が流れない。　②～④ 図２の矢印が東を向いているスイッチを図１にあてはめると，上側のかん電池の＋極→A→B→検流計→電磁石→E→F→上側のかん電池の－極と電流が流れることになる。また，図２の矢印が西を向いているスイッチを図１にあてはめると，下側のかん電池の＋極→C→B→検流計→電磁石→E→D→下側のかん電池の－極と電流が流れる。したがって，どちらの場合も，検流計と電磁石に流れる電流の向きと大きさは同じであり，表２で方位磁針のふれる向きも，検流計のふれる向きとふれる大きさも，同じ結果になる。

2 ① アについて，スイッチの矢印の向きが北と南の場合には，BとC，EとFが導線でつながることになるが，AやDはつながる導線がなく，検流計に電流が流れない。また，スイッチの矢印の向きが東と西の場合も，AとC，DとFがそれぞれ導線でつながり，かん電池２個がつながることになるが，検流計に電流は流れない。ウについて，スイッチの矢印の向きをどの向きにしても，B→かん電池→Eや，E→かん電池→Bと電流が流れる道筋ができず，検流計に電流が流れない。なお，検流計に電流が流れない場合，電磁石にも電流が流れず，方位磁針はふれない。　② エについて，スイッチの矢印の向きを東と西にしたときに検流計に電流が流れる。どちらの向きの場合も，E→F→上側のかん電池→A→D→下側のかん電池→C→Bと電流が流れて，かん電池２個が直列つなぎになるため，回路に大きな電流が流れて検流計が大きくふれる。なお，スイッチの矢印の向きを北や南にしたときには，検流計に電流が流れない。　③ イについて，スイッチの矢印の向きが北の場合には，E→D→下側のかん電池→C→Bと電流が流れる道筋ができ，検流計に電流が流れる。また，スイッチの矢印の向きが南の場合には，E→F→上側のかん電池→A→Bと電流が流れる道筋ができ，検流計に電流が流れることになる。この２つの場合で，電磁石に流れる電流の向きは変わらない。スイッチの矢印の向きが東や西の場合には検流計に電流は流れない。①～③で述べたことより，電流が流れる場合はどの場合も，B→検流計→電磁石→Eと電流が流れている。したがって，実験２において，スイッチの向きによって方位磁針がふれる向きが変わるものはない。

国語 （40分）＜満点：100点＞

解答

一 **問１** （例） 赤ちゃんが泣いている原因を見極めて，それに適切に対処すること。 **問２** （例） 待つあいだにひとり遊びをし，集中して思考するのを楽しむというもの。 **問３** （例） 日本の「躾ける」は，手取り足取り教えるような意味合いがあるが，ここでの「教える」は，自発的に考えて，行動できるように導くという特徴がある。 **問４** （例） 列車が遅れることを謝罪されても，それが問題を解決するために何の役にも立たないことを理解しているから。 **問５** 下記を参照のこと。 二 **問１** （例） 小さいほうの子に向けて言うのならともかく，絵を描くことが仕事だと言っている本人に対して「絵を描く人だよ」と言っているから。 **問２** （例） 運転の邪魔をするだけでも罪なのに，「服務規程」にしばられ注意することさえできない運転手に対し，「ぼく」たちが好き勝手ふるまってしまった点。 **問３** （例） 子どもたちのはしゃぎように辛さを覚えながらも，悪気はないんだと思い，罰を受けるような思いで仕事を続けたが，全く集中できないでいるようす。 **問４** （例） 子どもたちに悪気がないのはわかっているが，それを許してしまったら自分自身が辛いので，自分の気持ちに素直にしたがって追い払うが悪く思わないでほしいという気持ち。 三 **問１** （例） 人はまずこころがあり，それによって肉体は動かされているということ。 **問２** （例） 歩くことと考えることは同時に並行して行われているのであり，人間は心身が一つになっている状態のものであるということに，気づいたということ。 **問３** （例） 思うよりも先に体が自然に反応して行われた会釈であるが，それによってささやかな触れ合いが生まれたように，満ち足りた気持ちになれるもの。

●漢字の書き取り

一 **問５** A 失敗 B 成果 C 確保 D 雑音 E 余談

解説

一 **出典は小島俊明《こじまとしはる》の『ひとりで，考える―哲学《てつがく》する習慣を』による。**フランスの子育ての仕方，赤ちゃんへの対応などについてその方法のよい点をあげながら，「『孤独《こどく》』の味」を覚え，上手に待つことの大切さを説《と》いている。

問１ フランスでは，ぐずった赤ちゃんにすぐ応じることをせず，「観察する」と述べられていることをおさえる。「ぐずる原因は，空腹だからか，オムツ替《が》えをしてほしいからか，お母さんの肌《はだ》が恋《こい》しいからか，からだが熱くて寝苦《ねぐる》しいからか，どこかに痛みがあるからか，等々，それを見極め」た後，原因に適切に対処することを，筆者は「よろこびを与《あた》える」と表現している。

問２ 「待つ」ことをきわめて大切にするフランスの育児法は，「『孤独』の味を覚えさせてもいる」と述べられていることに注目する。つまり，赤ちゃんは待たされるなかで「忍耐《にんたい》」を養うほか，「ひとり遊び」を通じて「集中力」や「思考」力を身につけることを楽しむようになるのである。

問３ 「赤ちゃんが泣いたとたんに抱《だ》き上げてあやし」たり，「泣くたびに，おなかがすいたか，苦しいのかと勝手に判断して，急いであやしてしま」ったりと，待たせることをせず，手取り足取り何かをしてやるような対応をしてしまうようすが，「躾《しつ》ける」という言葉からはうかがえる。一方，「教える」という言葉には，赤ちゃんが泣いても「待たせ」，「自力で落ちつくチャンスを与えて」

やり，そのなかで「『孤独の味』を味わわせ，『忍耐』を覚えさせ」たり，「睡眠サイクルを自力でつなげる学習」をさせたりといった，自発的に考えて行動し，学んでいけるよう導くという特徴《とくちょう》があることが読み取れる。

問４　フランスでは赤ちゃんのころから「待つ」ことを通じ，「忍耐と気の長さ」や「集中力と論理的思考」力を身につけさせていたことをおさえる。電車が遅《おく》れたときにおわびをすることは，赤ちゃんが泣いたときに，すぐにあやしてしまうことと通じている。ここで乗客が鉄道会社に求めているのは，電車が遅れた原因を突《つ》き止め適切に対処してほしいということであり，ただ単におわびをされても，それは問題の解決のためには何の役にも立たないということを理解しているので，フランス（ヨーロッパ）ではみな黙《だま》って待つし，鉄道会社もおわびを言ったりしないのである。

問５　**A**　ものごとをやりそこなうこと。　**B**　何かをした後に得られる良い結果。　**C**　しっかりと手に入れること。　**D**　不規則で不快に感じる音。　**E**　本論からはずれたよけいな話。

二　**出典は五味太郎《ごみたろう》の『ときどきの少年』による。**家に遊びにきた子どもたちが仕事部屋に入り込み，はしゃぎだしたことに辛《つら》さを感じながらも，「ぼく」自身，子どものころに悪気はないものの電車の運転手を困らせていたことを思い出す。

問１　自分の部屋にやってきた二人の子どもに対し，「ぼく」は「仕事」で「絵を描《か》いているんだ」と話している。それにもかかわらず，大きいほうの子どもが自分に向けて「知ってるよ。Ｍちゃん（娘《むすめ》のこと）のおとうさん，絵を描く人だよ」と言ってきた。小さいほうの子に「ぼく」のことを説明するのならばともかく，大きいほうの子どもは絵を描いている本人に言ってきたので「何故《なぜ》か」と疑問に思ったのである。

問２　子どものころの「ぼく」たちは，電車に乗り込むと「運転手の脇《わき》に我《わ》れ先に陣取《じんど》り」り，そのレバー操作を真似《まね》したり，口頭確認《かくにん》を大合唱したりしていた。しかもそれは電車の「往復たっぷり」行われていたため，ただでさえ安全運転の妨《さまた》げになっていただろうに，「運転手は運転中，乗客に話しかけてはいけないし，話しかけられても答えてはいけないという服務規程」があったと「ずっと後になって」から知った「ぼく」は，当時の自分たちが，「服務規程」にしばられ注意しようにも身動きのとれない運転手に対してどれほど好き勝手ふるまっていたのかを振《ふ》り返り，「なおさら罪」だったと心苦しく思ったのだから，「運転を妨げたばかりか，『服務規程』があって注意のできない運転手に対し，『ぼく』たちが興味本位で好き勝手なことをした点」のような趣旨《しゅし》でまとめるとよい。

問３　子どもたちのふるまいに「辛さ」を感じながら，「ぼく」自身も「ほんとうに，悪気なんてこれっぽっちもなかった」にもかかわらず運転手を困らせていた子どものころを思い出し，「黙《もく》して罰《ばつ》を受けるのが妥当《だとう》」という思いで「懸命《けんめい》に無視」を装《よそお》いながら「ひたすら筆を動かしつづけている」。しかし，全く集中できなかったため，猫《ねこ》の目を不要に「三回も塗《ぬ》ってしまった」のである。

問４　家にやってきた子どもたちのふるまいに悪気がないことは，「ぼく」も自身の子ども時代に照らし合わせ，理解している。だから，辛く腹立たしく思いながらも，彼《かれ》らに小言を言ったりしかったりせず，「黙して罰を受けるのが妥当」という思いで我慢《がまん》していた。しかし，子どもたちの行動がエスカレートし，仕事道具である「スケッチブックに悪戯《いたずら》書きを始め」たため，さすがに困った「ぼく」は自分自身の素直《すなお》な気持ちにしたがい，子どもたちを追い払《はら》っている。少し乱暴になってしまったが，仕事のためには仕方がないのだから，悪く思わないでほしいと思ったのである。

三 **出典は貞久秀紀《さだひさひでみち》の『昼のふくらみ』所収の詩「体育」による。**「こころ」（精神）と「体」（肉体・動作）について，無意識に行われた動作によっても，さまざまな気持ちが生まれてくることを表現している。

問１　「こころをこめる」という言葉には，思っていることや考えていることを行動に反映させるという意味がある。「こころ」は精神のことであり，「体」は肉体をともなった「あるき」や「会《え》釈《しゃく》」などの行動や動作を象徴《しょうちょう》するものと考えられる。人は思いや考えがこめられた行動や動きをするということを，作者は「こころをこめた体」と表現している。

問２　あるくとは「体」（肉体・動作）を表しており，考えるとは「こころ」（精神）を表していることをおさえる。「ながら」という助詞は二つの動作を同時並行に行うことを表すが，主要となる動作は「ながら」の後にくる。つまり，「あるきながら考えている」は「こころ」（精神）が主要な，「こころをこめた体」の状態だといえる。そうした状態と同時に「考えながらあるいてもいた」とは，あるくという「体」（肉体・動作）が主要な，「体／をこめたこころ」の状態にもなっていることを作者は表現したものと考えられる。

問３　「それきり」で「ふたたび会うこともなかった」とあるように，ここでの「会釈」は知人に対して行ったものではなく，ただ行きずりにすれちがった人に対してのものだったことをおさえる。「会釈をするとき／こころ／には／体がこめられた」とあることから，「体」が「こころ」に先行していることがわかる。つまり，ここでの会釈は，しようと思うより先に体が自然に反応してしたものだといえる。しかし，会釈というあいさつを見知らぬ人と交《か》わし合うことで，ささやかな触《ふ》れ合いが感じられ，うれしさや喜びで満ち足りたような気持ちになれたことから，「かろやかにすれちがう」ことができたのである。

Dr.福井の
入試に勝つ！脳とからだのウルトラ科学

寝る直前の30分が勝負！

みんなは，寝る前の30分間をどうやって過ごしているかな？　おそらく，その日の勉強が終わって，くつろいでいることだろう。たとえばテレビを見たりゲームをしたり──。ところが，脳の働きから見ると，それは効率的な勉強方法ではないんだ！

実は，キミたちが眠っている間に，脳は強力な接着剤を使って海馬《かいば》（脳の，知識をためる倉庫みたいな部分）に知識をくっつけているんだ。忘れないようにするためにね。もちろん，昼間に覚えたことも少しくっつけるが，やはり夜──それも“寝る前”に覚えたことを海馬にたくさんくっつける。寝ている間は外からの情報が入ってこないので，それだけ覚えたことが定着しやすい。

もうわかるね。寝る前の30分間は，とにかく勉強しまくること！　そうすれば，効率よく覚えられて，知識量がグーンと増えるってわけ。

では，その30分間に何を勉強すべきか？　気をつけたいのは，初めて取り組む問題はダメだし，予習もダメ。そんなことをしても，たった30分間ではたいした量は覚えられない。

寝る前の30分間は，とにかく「復習」だ。ベストなのは，少し忘れかかったところを復習すること。たとえば，前日の勉強でなかなか解けなかった問題や，１週間前に勉強したところとかね。一度勉強したところだから，短い時間で多くのことをスムーズに覚えられる。そして，30分間の勉強が終わったら，さっさとふとんに入ろう！

ちなみに，寝る前に覚えると忘れにくいことを初めて発表したのは，アメリカのジェンキンスとダレンバッハという２人の学者だ。

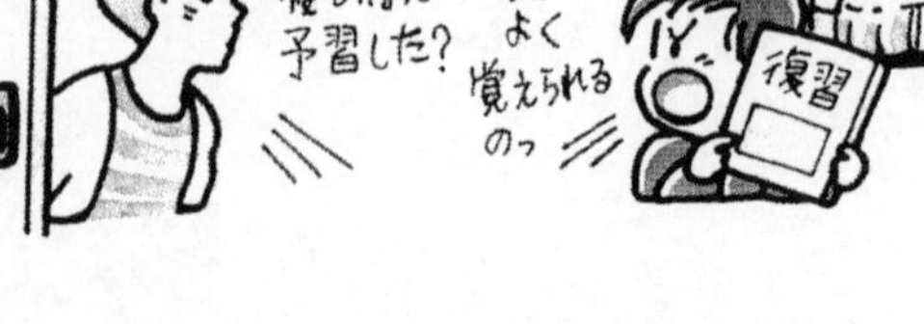

Dr.福井（福井《ふくい》一成《かずしげ》）…医学博士。開成中・高から東大・文Ⅱに入学後，再受験して翌年東大・理Ⅲに合格。同大医学部卒。さまざまな勉強法や脳科学に関する著書多数。

Memo

Memo

2020年度　筑波大学附属駒場中学校

〔電　話〕 (03) 3411－8521
〔所在地〕 〒154-0001　東京都世田谷区池尻4－7－1
〔交　通〕 京王井の頭線―「駒場東大前駅」より徒歩7分
東急田園都市線―「池尻大橋駅」より徒歩15分

【算　数】 （40分）〈満点：100点〉

【注意】 円周率は3.14を用いなさい。

1　次の問いに答えなさい。

(1)　1個50円の品物A《エー》，1個100円の品物B《ビー》をそれぞれ何個か買ったところ，代金は1000円でした。A，Bを買った個数の組み合わせとして考えられるものは何通りありますか。

ただし，どの品物もそれぞれ少なくとも1個は買うものとします。

(2)　1個50円の品物A，1個100円の品物B，1個150円の品物C《シー》をそれぞれ何個か買ったところ，代金は700円でした。A，B，Cを買った個数の組み合わせとして考えられるものは何通りありますか。

ただし，どの品物もそれぞれ少なくとも1個は買うものとします。

(3)　1個47円の品物X《エックス》，1個97円の品物Y《ワイ》，1個147円の品物Z《ゼット》をそれぞれ何個か買ったところ，代金は1499円でした。X，Y，Zを買った個数の組み合わせとして考えられるものは何通りありますか。

ただし，どの品物もそれぞれ少なくとも1個は買うものとします。

2　100から199までの100個の整数から1つ選び，それを「もとの数」と呼びます。「もとの数」の各桁《けた》の数字を入れかえてできる数と「もとの数」のうち，たがいに異《こと》なるものの和を「合計数」と呼びます。ただし，百の位が0となるものは2桁の数，百の位と十の位がともに0となるものは1桁の数として和を考えます。

例えば，「もとの数」が100のとき，「合計数」は100，10，1の和で，111になります。

「もとの数」が101のとき，「合計数」は101，110，11の和で，222になります。

「もとの数」が111のとき，入れかえても111だけなので，「合計数」は111になります。

このとき，選んだ「もとの数」と「合計数」との関係は次の表のようになります。

もとの数	100	101	102	103	104	…	111	…	199
合計数	111	222	666	888	1110	…	111	…	

次の問いに答えなさい。

(1)　「もとの数」が105のとき，「合計数」を求めなさい。

(2)　「合計数」が999となるような「もとの数」があります。そのような「もとの数」をすべて答えなさい。

(3)　「合計数」が2020より大きくなる「もとの数」があります。そのような「もとの数」は何個ありますか。

3 ある会社のタクシーでは，距離に関する料金が，2000mまでの利用で740円，そのあとは280mの利用につき80円ずつ加算されます。

したがって，利用した距離が2000m以下のときは，距離に関する料金は740円，
利用した距離が2000mをこえると，距離に関する料金は820円，
利用した距離が2280mをこえると，距離に関する料金は900円，
……

となります。

(1) このタクシーを利用した距離が5000mのとき，距離に関する料金はいくらですか。

この会社のタクシーでは，距離に関する料金に，時間に関する料金を加えて「運賃」としています。

時間に関する料金は，タクシーの利用開始から３分後に80円，その後も３分ごとに80円ずつ加算されます。

したがって，利用した時間が３分未満のときは，時間に関する料金は０円，
利用した時間が３分以上になると，時間に関する料金は80円，
利用した時間が６分以上になると，時間に関する料金は160円，
……

となります。

タクシーの速さはつねに時速42km であるとして，次の問いに答えなさい。

(2) このタクシーを利用した距離が7500mのとき，「運賃」はいくらですか。

(3) 「運賃」がはじめて3700円になるのは，このタクシーを利用した距離が何mをこえたときですか。

4 図１のように，長方形ＡＢＣＤ《エービーシーディー》において，辺 AB の長さが２m，辺 AD の長さが１mです。この長方形の内側に点Ｐ《ピー》を，４つの三角形 PAB，PBC，PCD，PDA の面積がすべて異《こと》なるようにとります。４つの三角形を，面積の小さい順に㋐，㋑，㋒，㋓としたところ，三角形 PAB が㋐となり，㋐と㋑，㋑と㋒，㋒と㋓の面積の差がすべて等しくなりました。下の問いに答えなさい。

図１
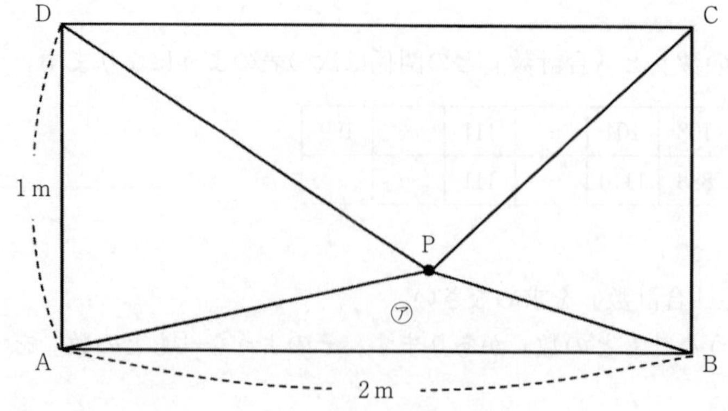

(1) ㋐の面積が $\frac{1}{6}\mathrm{m}^2$ のとき，㋓の面積を求めなさい。

(2)　点Pが図2の位置にあるとき，三角形PDAが㋑です。また図2で，点Q《キュー》は辺AD上，点R《アール》は直線PQ上にあり，PQとADは垂直です。さらに，斜線《しゃせん》で示した図形DRAPの面積は，㋐と㋑の面積の差に等しく，$\frac{1}{6}\,\mathrm{m}^2$ です。このとき，QRの長さを求めなさい。

図2
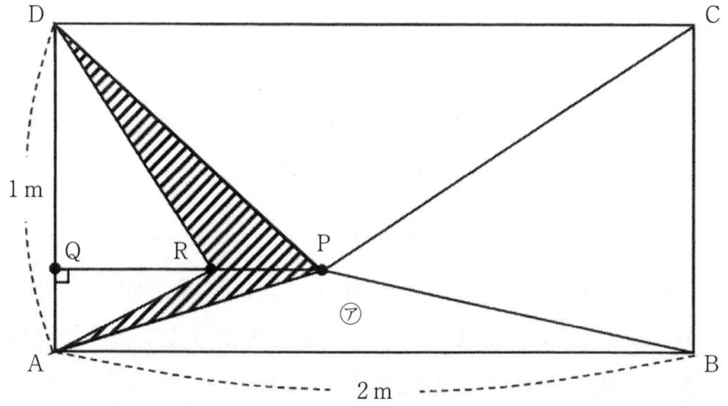

(3)　点Pとして考えられるすべての位置を解答欄《らん》の長方形ABCDの内側にかきなさい。ただし，㋐，㋑，㋒，㋓の面積はすべて異なるので，図3の点線部分は答えに含まれません。

図3
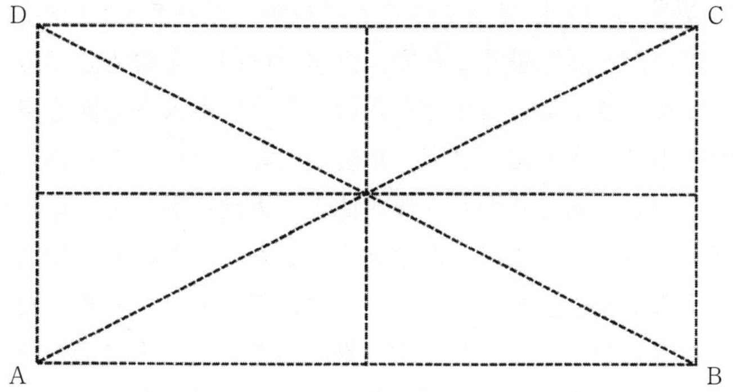

【社　会】（40分）〈満点：100点〉

1　つぎの文を読んで，あとの１から７までの各問いに答えなさい。

日本は自然災害が多い国です。毎年のように，洪水《こうずい》，地震《じしん》，噴火《ふんか》などの災害が起こっています。昔から，日本人はそのような災害と付き合いながら生活を営み，その予防と復興に関する知恵《ちえ》を豊富に持っていました。そしてそれらは，各地の伝承や風習，記念碑《きねんひ》として受け継《つ》がれてきたのです。

たとえば，木曽《きそ》川・揖斐《いび》川・長良《ながら》川という木曽三川のはんらんが付近の住民を苦しめていた濃尾《のうび》平野には，水害に関連する「やろか水」という伝承があります。

> 大雨の降り続いていたころの真夜中に，対岸の淵《ふち》のあたりから，しきりに「やろうかやろうか(欲《ほ》しいか欲しいか)」という声がする。土地の者は一同に気味悪がって黙《だま》っていたのに，一人が何を思ったのか「よこざばよこせ(もらえるならちょうだい)」と返事をしたところ，流れが急に増してきて，見る間に一帯の低地を海にした。

これは大雨の際に川の上流から不思議な声を聴《き》いたという伝承です。おそらくこの「声」は，山鳴りのことだと思われます。山鳴りは，山間部で発生した土石流やがけ崩《くず》れが沢《さわ》を流れ下ることで音が生じ，この音が反響《はんきょう》するために発生することがわかっています。「やろか水」は，増水した川からの音を何者かの声だと語り継ぐことで，洪水の危険性を警告しているのです。

自然災害による被害《ひがい》を少しでも小さくできるかどうかは，今日でも大きな関心事といえます。地震学者の今村明恒《いまむらあきつね》は，明治38年に発表した論文で，地震が大都市を襲《おそ》った際の火災の危険性について警告を発しました。しかし，ある新聞が「今村博士の大地震襲来説，東京市大罹災《りさい》の予言」と題して大々的に取りあげ，さらに直後に関東地方で数回にわたる強い地震が起こったことから，世の中に地震に対する不安や恐怖《きょうふ》が広がり，デマ騒《さわ》ぎまで起こりました。今村は，日ごろからの準備の重要性を強調したにもかかわらず，世の中をいたずらに騒がせたとしてその責任を厳しく問われました。しかしこの十数年後，関東大震災が発生します。正午直前に発生した地震は大火災を引き起こし，東京市街の大部分に広がったこともあり，犠牲《ぎせい》者の約９割が火災によって亡くなっています。地震による火災に注意をうながした今村の予想どおりのことが起こってしまったのです。関東大震災後に，今村は皮肉にも地震を予知した「地震の神様」とたたえられ，日本の地震研究を引っぱっていくことになります。今村はこれまで以上に地震観測の研究に力を入れ，そのうえで，防災や減災という考え方を普及《ふきゅう》させることも大切だと考えました。とくに，防災意識を持たせるには子どものころからの教育が重要だと考え，江《え》戸《ど》時代に起きた津波《つなみ》の実話にもとづいた小学校の授業づくりの研究にも取り組みました。

わたしたちの生活の身近な場所にも，災害の記憶《きおく》を忘れさせず，防災意識を高めてくれる記念碑などが存在します。岩手県宮古市重茂姉吉《おもえあねよし》地区に建てられた石碑には，「明治29年の津波で村の生存者はわずか２人，昭和８年の津波では４人だけだった」と過去の大津波の悲惨《ひさん》な状況《じょうきょう》を伝えたうえで，「大津波の悲劇を記憶し，何年たっても用心せよ」と戒《いまし》め，「津波はここまで来る。ここから下には，家を作ってはならない」と警告しています。実際に，東日本大震災の津波は，この石碑の手前にまで迫《せま》りましたが，警告どおり上にあった集落には至らず，建物被害はなかったといいます。

伝承はただの昔話ではなく，わたしたちに災害を生き抜《ぬ》くための知恵を授《さず》けてくれます。明治34年，のちに日本民俗《みんぞく》学の祖といわれる柳田国男《やなぎたくにお》は，岩手県遠野《とおの》地方の伝承を集めた『遠野物語』を発表します。『遠野物語』には，河童《かっぱ》や天狗《てんぐ》，座敷童子《ざしきわらし》など数々の妖怪《ようかい》が登場し，神隠《かみかく》しや臨死体験などの怪異現象，あるいは神やそれを祀《まつ》る行事や風習などが語られています。柳田は，その序文で「これは目前の出来事なり」「この書は現在の事実なり」と述べています。「目前」や「現在」はなにも柳田が生きた時代だけを指すのではありません。人々が言い伝えてきたことには，あらゆる時代の人々の「目前」や「現在」にとって学ぶべきことが含《ふく》まれていると柳田は指摘《してき》しているのではないでしょうか。現代の防災には，多くの科学技術が役立てられています。しかしそれだけでなく，伝承や記念碑などに込《こ》められた先人の思いを語り継いでいくことも，災害から身を守るうえで大切なことだといえるでしょう。「災害は忘れたころにやってくる」といいます。防災意識を高めるために，まずは，身近な災害伝承を集めてみてはいかがでしょうか。

1　自然災害に関連してのべた文として正しいものを，つぎのアからオまでの中から二つ選び，その記号を書きなさい。

ア　元号が「昭和」から「平成」にかわった年に起こった阪神《はんしん》・淡路《あわじ》大震災では，戦後初めて災害救助のために自衛隊が派遣《はけん》された。

イ　自然災害による被害が想定されるエリアや避難《ひなん》する場所などを表示した地図を防災マップ（ハザードマップ）といい，自治体のほか，防災学習として授業で作成する学校もある。

ウ　水防用の土砂などを備えておくほか，災害発生時には復旧基地にもなる砂防ダムの整備がすすんでいる。

エ　各都道府県では，地震が発生して大きな揺《ゆ》れが到達《とうたつ》する数分前に，緊急《きんきゅう》地震速報を出して，すばやい避難ができるようにしている。

オ　首都圏外郭《しゅとけんがいかく》放水路とは，洪水を防ぐために建設された巨大《きょだい》な地下放水路である。

2　木曽三川および濃尾平野に関連してのべた文として正しいものを，つぎのアからオまでの中から二つ選び，その記号を書きなさい。

ア　木曽三川が合流する地点には，戦国大名の武田《たけだ》氏が築いたという「信玄堤《しんげんづつみ》」とよばれる堤防《ていぼう》が残っている。

イ　木曽三川の下流地域では，集落を水害から守るために輪中を築いた。

ウ　木曽三川の下流地域は，大型の台風がやってくると高潮の被害を受けやすい。

エ　濃尾平野では，太平洋側から吹《ふ》いてくる湿《しめ》った季節風の影響《えいきょう》で冬には雪がたくさん降り，たびたび雪害が起こる。

オ　濃尾平野には，豊臣秀吉《とよとみひでよし》が朝鮮《ちょうせん》に水軍を送った際の拠点《きょてん》である名護屋城が築かれた。

3　江戸時代の文化に関連してのべた文として正しいものを，つぎのアからオまでの中から二つ選び，その記号を書きなさい。

ア　仏教がすたれ，この世が終わってしまうのではないかという不安や末法の考え方が広まった。

イ　将軍の保護を受けた観阿弥《かんあみ》・世阿弥《ぜあみ》父子によって能が大成され，江戸に多くの芝居《しばい》小屋がつくられた。

ウ　歌川広重《うたがわひろしげ》は，東海道の名所風景を題材とした「東海道五十三次」を描《えが》いた。

エ　天文学や測量学を学んだ伊能忠敬《いのうただたか》は，幕府から全国の測量を命じられた。

オ　蘭学《らんがく》を学ぶ人々が増えたため，本居宣長《もとおりのりなが》はオランダ語の入門書や辞典を出版した。

4　関東大震災に関連してのべた文として正しいものを，つぎのアからオまでの中からすべて選び，その記号を書きなさい。

ア　東京を中心とした震災の被害状況については，ラジオを通じて全国に伝えられた。

イ　朝鮮人が暴動を起こすというデマが流れ，多数の朝鮮人や中国人らが殺される事件が起きた。

ウ　東京では，地震の直後に発生した火災によって多くの人々が亡くなった。

エ　一刻も早い復興を成しとげるために，政府は震災発生の翌年に復興庁を新設した。

オ　関東大震災が発生した9月1日は「防災の日」に定められ，防災訓練などが行われている。

5　さまざまな地域の行事や風習に関連してのべた文として正しくないものを，つぎのアからオまでの中から二つ選び，その記号を書きなさい。

ア　日本では，端午《たんご》の節句や七夕といった今も続く年中行事が，室町《むろまち》時代からさかんに行われるようになった。

イ　日本では，新米を供《そな》え，天皇《てんのう》が自らもそれを食べて豊作や国の平安を祈る大嘗祭《だいじょうさい》という行事が毎年行われる。

ウ　日本では，８月15日は「終戦の日」とされており，平和集会や全国戦没《せんぼつ》者追悼《ついとう》式などが開かれる。

エ　中国の伝統行事である春節のときには，世界各地の中華《ちゅうか》街で盛大に祝われる。

オ　アメリカには，10月31日に祖先の霊《れい》を迎えて悪霊《あくりょう》を追い払《はら》い，秋の収穫《しゅうかく》を祝うハロウィンという風習がある。

6　柳田国男が『遠野物語』を発表した年から，今村明恒が地震と火災の関係性について警告した論文を発表した年の間の出来事として正しいものを，つぎのアからオまでの中から二つ選び，その記号を書きなさい。

ア　ロシアの南下政策を警戒《けいかい》したイギリスが，日本との間に同盟を結んだ。

イ　日清《にっしん》戦争の講和会議で，日本は清から賠償金《ばいしょうきん》を取り，台湾《たいわん》などを日本の植民地とすることが決まった。

ウ　小村寿太郎《こむらじゅたろう》が条約改正の交渉《こうしょう》を行い，関税自主権の回復に成功した。

エ　日露《にちろ》戦争の講和会議で，日本に樺太《からふと》の南部などが譲《ゆず》られることが決まった。

オ　陸奥宗光《むつむねみつ》が条約改正の交渉を行い，領事裁判権をなくすことに成功した。

7　つぎのアからカまでの文は，日本で起こった自然災害についてのべている。これらの文を時代順に並べかえ，２番目と４番目の記号を書き，また，その自然災害に関連する下線部の場所を下の地図の①から⑪までの中から一つ選び，番号を書きなさい。

ア　リオデジャネイロオリンピックの開催《かいさい》の年に起こった地震によって，ある城ではすべての重要文化財建造物が被災し，石垣《いしがき》が崩落《ほうらく》するなど大きな被害を受けた。

イ　応仁の乱がはじまってから31年後に起こった南海トラフ巨大地震と推定される明応地震で，津波によってある湖が太平洋とつながったと伝えられている。

ウ　平安京に都がうつってから75年後に，東北地方で貞観《じょうがん》地震が起こった。このときの津波が越《こ》えなかったと伝えられる「末の松山」は，のちに多くの歌人が和歌によみ，東日本大地震のときにも注目された。

エ　ソチオリンピックの年に起こったある火山の噴火は，噴火警戒レベル１の段階での噴火だったため，火口付近に居合わせた登山者ら58名が死亡し，日本における戦後最悪の火山災害といわれる。

オ　シドニーオリンピックの開催の直前に，ある島ではマグマ水蒸気爆発《ばくはつ》が起こったため全島民が島外に避難し，避難生活は長期化し，約４年後になってようやく避難指示は解除された。

カ　島原・天草一揆《いっき》発生の70年後に起こったある火山の大噴火について，当時江戸に住んでいた新井白石は，「雪のように白い灰が降り，西南の空をみると黒い雲が広がっていた」と記している。

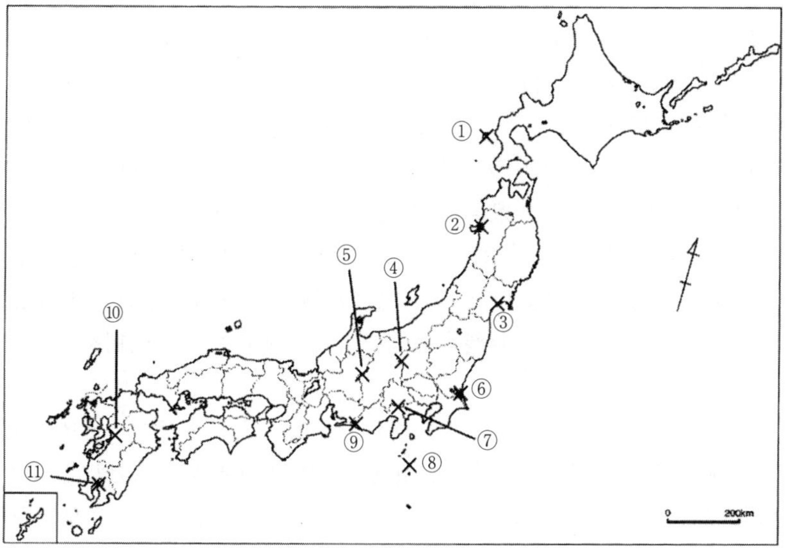

2　つぎの文を読んで，あとの１から７までの各問いに答えなさい。

2016年の世界経済フォーラムにおいて，「2050年までに海洋中に存在するプラスチックの量は，重量ベースで魚の量を超《こ》える」との試算が報告され，世界中に大きなショックを与《あた》えました。このことをきっかけに，海に大量にたまっているプラスチックごみの存在が知られるようになりました。2017年の国際自然保護連合（IUCN）が出したレポートによると，毎年950万トンものプラスチックごみが新たに海に流出しています。中でも直径５ミリ以下のプラスチックであるマイクロプラスチックは，海流によって世界中の海に広がっており，マリアナ海溝《かいこう》や北極，南極でも見つかっています。マイクロプラスチックには，洗顔料や歯磨《はみが》き粉などに入れられたもともと小さくつくられたプラスチックのほか，タイヤや衣類などが使われているうちにけずられ，細かくなったプラスチックがあります。

イギリスの調査会社の2016年のレポートによると，海に流出するプラスチックごみの80％は陸上由来のものと推計されており，ペットボトルや容器包装用のプラスチック，ビニール袋《ぶくろ》など，日用品が多くなっています。海洋由来のプラスチックには漁網《ぎょもう》など漁業にともなうものや，旅客《りょかく》船・貨物船から捨てられたものに加え生活排水《はいすい》に含《ふく》まれるマイクロプラスチックがあります。

汚染《おせん》は広範囲《はんい》に広がっていますが，プラスチックごみが集中する場所が明らかになってきました。世界の海には，輪のように流れる亜熱帯還流《あねったいかんりゅう》と呼ばれているものが5つあります。海洋を漂《ただよ》うプラスチックごみは，ぐるぐると回っているこれらの海流の大きなループに入ると，渦《うず》に巻かれながらだんだんと内側へと運ばれていきます。このようにして，おびただしい量のプラスチックごみがたまり続ける場所ができるのです。こうした場所で最大のものが，アメリカ合衆国カリフォルニア州の沖合《おきあい》にある「太平洋ごみ海域」です。オランダのNPO（非営利組織），オーシャン・クリーンアップなどの調査によると，ここは160万平方キロにわたってプラスチックごみに覆《おお》われており，その量は7万9千トンにのぼります。海域の一部を調査した結果，ラベルに書かれた言語が確認できた386個のプラスチックごみのうち，最も多かったのが日本語で約3分の1，ついで中国語であったそうです。

プラスチックごみを海に多く流出させているのはどこの国でしょうか。2010年のジョージア大学のジャムベック氏らの調査によると，陸上から海洋に流出したプラスチックごみを調べた結果，上位3カ国は中国（年間353万トン），インドネシア（129万トン），フィリピン（75万トン）でした。その他，20位以内にベトナム，スリランカ，タイ，マレーシア，北朝鮮《きたちょうせん》などアジアの国々が入っています。ちなみにアメリカ合衆国は20位，日本は6万トンで30位に入っています。ヨーロッパ諸国は対策が進んでおり，「2030年までに使い捨てプラスチック容器包装をEU域内でゼロにする」という目標を掲《かか》げました。レジ袋の規制は世界中で60カ国以上が行い始め，アフリカや中南米諸国，アジアなどの発展途上《とじょう》国でも日本よりも強い規制を行っている国があります。

プラスチックは自然に存在するものではなく，人間が作り出した人工物です。そのため分解されることはなく，自然に還《かえ》ることができないため，半永久的に海洋を漂うことになります。現時点においても，海に大量にたまっているプラスチックは，生物や経済に大きな影響《えいきょう》を与えています。

海に漂うプラスチックがもたらす最大の問題は，生物がエサと間違《まちが》えて食べてしまうことです。東京農工大学の高田氏らによる調査においてハシボソミズナギドリという渡《わた》り鳥の胃袋を調べたところ，調べた12羽すべてで胃の中からプラスチックが見つかり，最高で0.6グラムが検出された個体がいました。鳥の体重約500グラムを人間の体重50キログラムに換算《かんさん》すると，人間で60グラム分のプラスチックが胃の中にあることになります。そのほか，海に漂う漁網やロープが海洋生物を傷つけたり，ウミガメの産卵《さんらん》場所のような生物の生息地を荒《あ》らしたりするなどの問題や，船の故障や観光業の不振《ふしん》の原因になるなど，経済的な問題も起こっています。

プラスチックをエサとして間違えて食べた場合，直接からだや内臓を傷つけることがあります。また，プラスチックに含まれている様々な化学物質や，海洋中に残留しているPCB（ポリ塩化ビフェニール）などの汚染物質がプラスチックに吸着され，生物の体内に取り込《こ》まれることがわかっています。PCBは肝《かん》機能障害や免疫《めんえき》機能の低下，発がん性の疑いのほか，胎児《たいじ》への影響など強い毒性を持っています。これらの物質が魚の体内で濃縮《のうしゅく》され，人体にも影響を及《およ》ぼす危険が生じてきているのです。

世界経済フォーラムでの試算が現実にならないように，プラスチックごみへの対策が急がれています。海に漂うプラスチックを取り除くことのほか，海に流出する量を減らしていく取り組みが欠かせません。これ以上海に漂うごみを増やさないためには，現代に生きる私たち一人一人が，できることを考えて行動を始めなくてはならないでしょう。

(参考：枝廣《えだひろ》 淳子《じゅんこ》『プラスチック汚染とは何か』岩波書店 をもとに作成した)

1　北極・南極についてのべた文として正しくないものをつぎのアからオまでの中から二つ選び，その記号を書きなさい。

ア　北極点は大陸の上にあるが，南極点は海を覆った氷の上にある。

イ　北極点からみて南極点は，地球上で最も遠い地点にある。

ウ　地球の温暖化にともない，北極や南極にある氷が溶《と》けはじめている。

エ　日本からみて，北極は真北にあり，南極は真南にある。

オ　緯線《いせん》は北極と南極を通り，東西それぞれ０度から180度までである。

2　日本の漁業に関連してのべた文として正しいものをつぎのアからオまでの中から二つ選び，その記号を書きなさい。

ア　都道府県別で最も漁業生産額が多いのは，静岡《しずおか》県である。

イ　青森県では，イカやカニなどの養殖《ようしょく》業が盛《さか》んである。

ウ　寒流と暖流がぶつかるところで漁獲《ぎょかく》量が多い理由は，水温差でプランクトンが発生しやすいからである。

エ　漁船の大型化により，遠洋漁業の漁獲量は年々増えている。

オ　国民一人あたりの水産物の消費量を比べると，日本の方がアメリカよりも多い。

3　日本から出たプラスチックごみが，「太平洋ごみ海域」にたどり着くまでに最も大きく影響を受けると考えられる海流の名前をつぎのアからエまでの中から一つ選び，その記号を書きなさい。

ア　対馬《つしま》海流　　イ　リマン海流　　ウ　黒潮(日本海流)　　エ　親潮(千島海流)

4　中国についてのべた文として正しくないものをつぎのアからオまでの中から二つ選び，その記号を書きなさい。

ア　世界最高峰《ほう》を有するヒマラヤ山脈が，国土の一部に含まれている。

イ　国内産業を育成するため，経済特区において外国企業への規制を強化している。

ウ　一人っ子政策のために人口増加が抑《おさ》えられ，現在の人口はインドにつぎ世界で二位になっている。

エ　ウイグル族に対する弾圧《だんあつ》が行われ，国際的に非難されている。

オ　2019年に香港《ホンコン》において，若者を中心とした自由を求める大規模な運動が起こった。

5　プラスチックごみが海に流出する量を減らしていく方法についてのべた文として正しくないものをつぎのアからオまでの中から一つ選び，その記号を書きなさい。

ア　漁業で使う網《あみ》を，自然に分解される素材でつくる。

イ　スーパーのレジ袋をもらわないため，マイバッグを持参する。

ウ　ストローの素材を，プラスチックから紙へ変える。

エ　日本国内で回収されたペットボトルを，外国に買い取ってもらう。

オ　プラスチックごみのリサイクル率を高めるために，ごみの分別を徹底《てってい》する。

6　プラスチックのリサイクルに興味を持ったひさよし君は，工場の見学を通してより詳《くわ》しく知りたいと思いました。工場見学に関する手順についてのべたアからカまでの文を，適切な順番に並べかえ，解答欄《らん》に合わせてその記号を書きなさい。

ア　候補の中から場所や見学の条件などを見て，見学する工場を決める。

イ　訪問して見学し，必要に応じて質問する。

ウ　インターネットなどで，見学できそうな工場を探す。

エ　学んだことを，許可を得てとったメモや写真，音声記録を用いて整理する。

オ　電話やメールで申し込み，訪問日時を決める。

カ　書籍《しょせき》やインターネットの情報をもとに質問を考える。

7　本文の内容についてのべた文として正しくないものを，つぎのアからオまでの中から二つ選び，その記号を書きなさい。

ア　プラスチックごみは，深海の海底を含めて世界中の海でみられるようになった。

イ　「太平洋ごみ海域」で発見されたごみの多くは，アメリカから出されたと推定される。

ウ　漁船や貨物船，旅客船から出されるプラスチックごみは，海に出されるプラスチックごみ全体のおよそ20％であると推定される。

エ　レジ袋の規則において，日本はアジアの中で最も厳しい基準が用いられている。

オ　PCBは強い毒性を持ち，人体の健康に悪い影響をもたらすことがわかっている。

3　つぎの文を読んで，あとの１から６までの各問いに答えなさい。

みなさんが通う小学校には給食の時間がありますか。2018年の調査によると，完全給食(主食，おかず，牛乳がそろった内容)を実施《じっし》する学校の割合は，全国の小学校では98.5％，中学校では86.6％です。公立学校に限ったデータですが，実施率を都道府県別にみると，小学校では最も低い県でも96％台です。中学校では地域差が大きく，本校の通学圏《けん》でみても，東京都・埼玉《さいたま》県・千葉県ではほぼ100％に近いですが，神奈川《かながわ》県では44.5％となっています。ともあれ，現代日本の学校教育を受けたほとんどの人が，少なくとも小学校では学校給食を経験していることになります。

ニューヨーク在住の映像作家である佐竹敦子《さたけあつこ》さんは，2015年に，日本の学校給食の様子をおさめた９分ほどの動画を製作しました。その動画を動画共有サービス YouTube で公開したところ，世界各国で大きな反響《はんきょう》があり，今や再生回数が2,500万回を越《こ》えるほどになりました。日本の学校給食は，世界的にみても特徴《とくちょう》的なものであるようです。ここでは，日本の学校給食の意義を見直し，その課題について考えてみましょう。

そもそも，なぜ弁当の持参や食堂・売店の設置ではなく，給食が一般的になったのでしょうか。日本における給食の始まりは，1889年に山形県の鶴岡《つるおか》で，僧侶《そうりょ》たちが設立した私立小学校の取り組みだとされています。この学校は，寺の周辺に住む貧困《ひんこん》児童に教育を受けさせ，無《む》償《しょう》で食事を提供しました。1919年には，東京で自治体が提供する給食が始まり，全国に普及《ふきゅう》していきました。給食が始まったころの主な目的は，貧しさのために十分な食事をとることができない欠食児童に対する福祉《ふくし》でした。第二次世界大戦を経た後，1954年に制定された学校給食法は，給食を教育の一環《いっかん》ととらえました。こうして，クラス全員が一斉《いっせい》に同じ食事をとるという，わたしたちがよく知る給食の時間がつくられていったのです。それは教育活動の形であると同時に，貧富の差が教室内で目立たないようにする方法でもありました。現代日本では，子どもの貧困が重大な社会問題となっています。学校給食の福祉政策としての側面は，今日でも重要だといえるでしょう。

2000年代には「食育」ということばが広がり，教育活動としての給食の意義があらためて注目されました。学校が食育を期待される社会的背景には，高齢化《こうれいか》の進行や生活習慣病の増加などがあります。国民の健康な食習慣は，医療《いりょう》費を含《ふく》む社会保障費などの財政問題と関わり，国の政策上の関心事になってきました。また，食育が推進される背景には，食料問題・農業問題もあります。戦後，日本各地で食料不足が深刻な状況《じょうきょう》にあったとき，アメリカが自国内で消費しきれない小麦を無償の援助《えんじょ》物資として提供しました。それ以来，給食の主食は1970年代前半までパンなど小麦製品のみでした。日本人の食の好みは，こうした給食のあり方と無関係ではないでしょう。そして，食習慣の変化が食料自給率を低下させ，日本の農業や農村の衰退《すいたい》を招いている，という危機感から，食育への期待が高まっているのです。

このように重要な役割を担《にな》ってきた学校給食ですが，いくつかの課題も抱《かか》えています。その一つは，費用負担とのバランスをふまえて，地域の子どもたちや保護者が納得《なっとく》できるような運営の方法を探ることです。たとえば，給食の調理方式には，大きく分けて，自校方式(各学校内に設けた調理場でつくる)とセンター方式(複数の学校の分をまとめて校外の調理場でつくる)があります。傾向《けいこう》として，近年はセンター方式を採《と》る自治体が多くなっています。また，給食事業を民間業者に委託《いたく》する自治体や，民間業者による弁当デリバリー方式を採る自治体もあります。給食の運営に対しては，質の低下や安全性を心配する子育て世代の関心が高く，方式の変更《へんこう》等が地方議会で論題になることもあります。

その他，給食に関わる社会的課題として，世界的に関心を集めている食品ロスの問題も重要です。学校給食の食べ残しは，年間５万トンにものぼるとみられています。これはたしかにもったいないですが，給食本来の意義をふまえれば，残さず食べるよう強《し》いることにも問題があるでしょう。また，近年は外国にルーツをもつ児童が増え，宗教上の理由から特定の食材を避《さ》けることも珍《めずら》しくありません。たとえば，ムスリムの子どもがハラール給食を必要とした場合，どのように対応するのか，指針づくりが求められています。

日本の小学生にとって身近な生活の一部である給食は，わたしたちの社会が抱える様々な課題につながっています。社会について学ぶ視点をもちながら，給食の経験を振《ふ》り返ってみませんか。

1　佐竹さんが利用した動画共有サービスにおいて，利用者が多くの動画を無料で閲覧《えつらん》できるにもかかわらず，サービスの運営が成り立っているのはなぜか，20字以内で説明しなさい。

2　貧困や福祉政策に関連してのべた文として正しいものを，つぎのアからオまでの中から二つ選び，その記号を書きなさい。

ア　ユニセフの活動には，世界の子どもたちの貧困の状況を調べたり，支援策を立てたりすることが含まれる。

イ　人間として最低限の生活を営むことができない貧困層が世界人口に占《し》める割合は，グローバル化が進んだ1990年代から増加を続けている。

ウ　世界から貧困をなくすことは，国際連合による持続可能な開発目標(SDGs)に含まれている。

エ　日本各地で広がっている「子ども食堂」とは，子どもたちに無償で食事を提供するために，法律に基《もと》づいて国が設置した施設《しせつ》を指す。

オ　健康で文化的な最低限度の生活を保障するため，日本の義務教育では給食を無償で提供することが法律で決まっている。

3　日本の食料生産と食料自給率に関連してのべた文として正しいものを，つぎのアからオまでの中からすべて選び，その記号を書きなさい。

ア　1960年代から，コメの生産量が消費量を上回るようになり，生産調整が行われてきた。

イ　地産地消の取り組みは，食料自給率を上げることにつながると考えられる。

ウ　第二次世界大戦後の食料自給率の低下は，食生活の洋風化が一つの原因と考えられる。

エ　コメの消費量が増え，小麦の消費量が減った場合，食料自給率が低下すると考えられる。

オ　食料自給率は，生産額から計算した値《あたい》よりも，熱量(カロリー)から計算した値の方が高くなっている。

4　給食の調理方式について，自校方式と比較《ひかく》して，センター方式を採る利点と考えられることとして適切なものを，つぎのアからオまでの中から二つ選び，その記号を書きなさい。

ア　食材を一括《いっかつ》して大量に購入《こうにゅう》することで，食材費を安くすることができる。

イ　災害時に避難所《ひなんじょ》への炊《た》き出しをスムーズに行うことができる。

ウ　大規模《だいきぼ》で機械化された設備を用いて調理することで，人件費をおさえることができる。

エ　食中毒が発生したときに被害《ひがい》を最小限にとどめることができる。

オ　調理時間を長くとることができるので，より手間をかけておいしい料理を提供できる。

5　地方議会に関連してのべた文として正しいものを，つぎのアからオまでの中から二つ選び，その記号を書きなさい。

ア　地方議会の議員の中から，首長(都道府県知事や市区町村長)を選出する。

イ　その地域に限って効力をもつ法律を制定，改正，廃止《はいし》する権限をもつ。

ウ　議員選挙に立候補する際は，政党に所属しなければならない。

エ　専門的な審査《しんさ》や調査を行うため，委員会を設置することがある。

オ　国会や中央省庁に対して意見書を提出することができる。

6　本文中で示した学校給食の課題に関連してのべた文として正しくないものを，つぎのアからオまでの中から二つ選び，その記号を書きなさい。

ア　国民の健康づくりに関する政策全般《ぜんぱん》を中心的に担っている省庁は，文部科学省である。

イ　給食の民間委託のほか，ごみ収集，保育園，図書館など，様々な行政の仕事を民営化したり，民間企業に委《ゆだ》ねたりする動きが各地でみられる。

ウ　規格外で売れなくなった商品などを引き取って福祉施設に提供するフードバンクは，食品ロスを減らす取り組みの一つである。

エ　給食で食品ロスを減らすには，弁当のように全員が同じ品数・分量で効率的に提供することが有効である。

オ　イスラム教では豚肉《ぶたにく》を食べることが禁じられているほか，調理や加工の方法にも決まりがある。

【理　科】（40分）〈満点：100点〉

【注意】 指示されたもの以外の答えは，ア～シなどのなかから選んで答えなさい。

1 黒い積み木を10個，白い積み木A，B，C，Dを１個ずつと板で作ったてんびんを用意した(図１)。いずれの積み木も底面の大きさが等しい直方体で，黒い積み木とAの重さは等しく，B，C，Dの重さはそれぞれAの２倍，３倍，４倍である。てんびんは中央に支点があり，左右５か所ずつ区切った場所に，支点から外に向かって①～⑤と番号をつけた。この場所に黒い積み木を置いて土台とし，その上に白い積み木を積むこととする。また，何も置いていないとき，板は水平のままであった。以下の文に続く後の各問いに答えなさい。

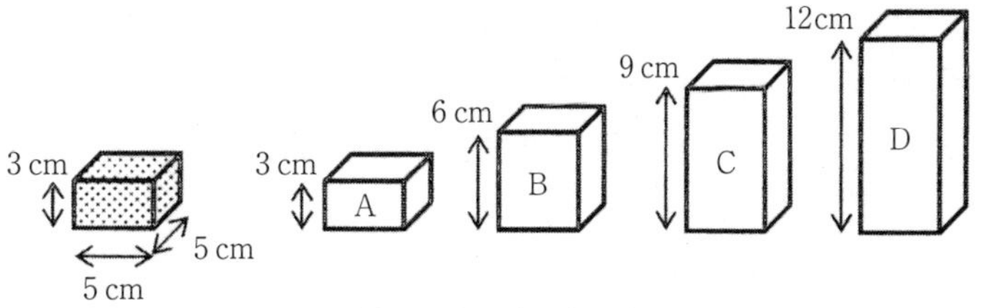

黒い積み木(左はし)と白い積み木(右４つ)

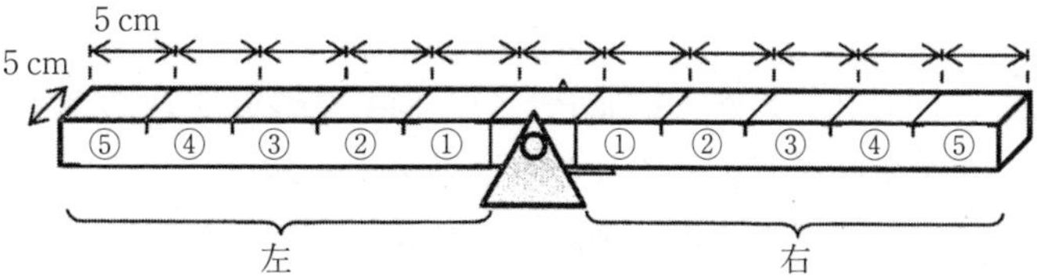

板で作ったてんびん

＜図１＞

【操作１】 黒い積み木を板に置いて土台を作る。次の(1)，(2)の場合，板が水平のままとなる土台が何通りできるか調べた。ただし，左右を入れかえただけのものは同じ置き方とし，１通りと数える。

(1) 板の左右に２個ずつ，４個ともちがう番号に置いた(左右で同じ番号に置かない)場合

(2) 板の左に２個，右に１個置いた場合

【操作２】 操作１の(1)で板が水平のままとなる土台を，次のルールにしたがって４けたの数で表した。

黒い積み木を左の①と⑤，右の②と③に置いた場合，板の左はしから順に⑤①②③と並んだことになる。これを４けたの数5123(図２の上)と表す。3215(図２の下)も同じ置き方と考えるので，大きい方の5123をこの土台を表す数とする。

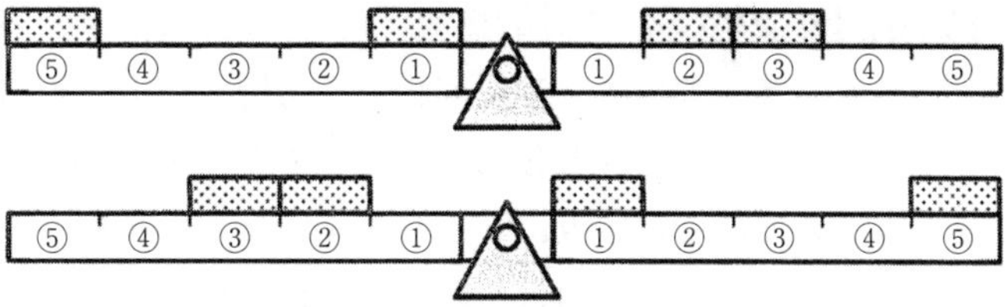

＜図２＞

【操作３】 操作１の(1)で板が水平のままとなる土台のうち，操作２で表した４けたの数が最も大きな土台を用意し，黒い積み木の上に白い積み木を積む。次の(3)，(4)の場合，板が水平のままとなる積み方が何通りあるか調べた。

(3) ４個の黒い積み木の上に，白い積み木A～Dを１個ずつ積んだ場合

(4) ４個の黒い積み木から選んだ３個の上に，白い積み木A，B，Cを１個ずつ積んだ場合

【操作４】 操作３の(4)で板が水平のままとなる積み方では，黒い積み木が置かれていない場所が６か所ある。このすべてに黒い積み木を１個ずつ置いた後，板がどうなるか調べた。

１．操作１の(1)，(2)では，板が水平のままとなる土台はそれぞれ何通りできますか。

２．操作３で用意した土台を表す４けたの数を書きなさい。また，操作３の(3)，(4)では，板が水平のままとなる積み方はそれぞれ何通りありますか。

3．操作4の結果，どうなると考えられますか。

ア　白い積み木の積み方によらず，板の左はしが下がる。

イ　白い積み木の積み方によらず，板は水平のままとなる。

ウ　白い積み木の積み方によらず，板の右はしが下がる。

エ　白い積み木の積み方によって，板の右はし，または左はしが下がるが，水平のままになることはない。

オ　白い積み木の積み方によって，板の右はし，または左はしが下がる。あるいは水平のままとなる。

2　同じ2つのかん電池PとQ，同じ2つのプロペラ付きモーターXとY，どう線を用意して以下の実験を行い，それらの結果をまとめた。ただし，モーターから出ている2本のどう線は，白と黒で区別する。後に続く各問いに答えなさい。

【実験1】　かん電池，モーター，どう線を使ったいろいろなつなぎ方(図1)で，プロペラの回転の「速さ」と「向き」を比べた。

【結果1】「速さ」：(1)と(2)で比べると，(2)の方が速かった。(3)のXとYは同じ速さで，(1)より遅かった。(4)，(5)のXとYは，それぞれ(1)と同じ速さだった。(6)のXとYは，(3)と同じ速さだった。

「向き」：(1)のXは右回り，(2)のXは左回りに回転し，(3)～(6)のXは右回り，Yは左回りに回転した。

【実験2】　次のページの図2のように，かん電池P，モーターX，モーターYを回転できる円板の上でつないだ。たんしAとBはもう1つのかん電池Qとつないである。円板にかかれた矢印は，いま12時を向いているが，円板を時計回りに回転して矢印が3時を指すと，今度はたんしBとCがかん電池Qと接続する。同様に，矢印が6時を指すとたんしCとDが，9時を指すとたんしDとAがそれぞれかん電池Qと接続する。4つの向きでプロペラのようすを調べた。

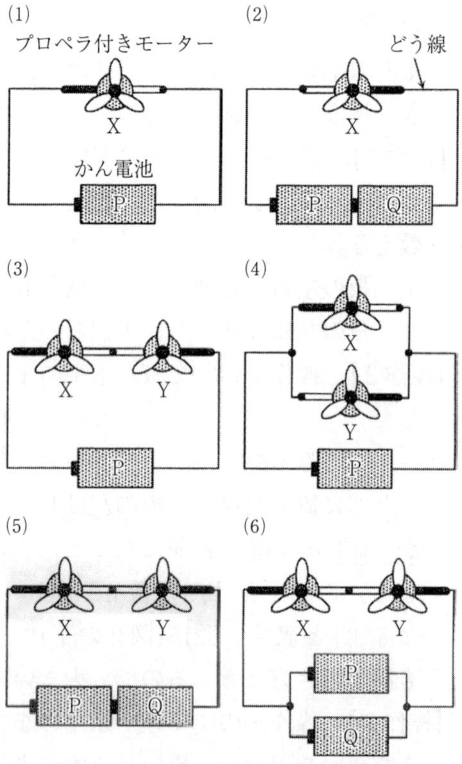

<図1>

【結果2】　表にまとめた(次のページの表1)。

「速さ」：プロペラが図1の(1)と同じ速さで回転した場合は“○”，(2)と同じ場合は“◎”，(3)のX，Yと同じ場合は“△”，回転しなかった場合は“×”と記した。

「向き」：右回りに回転した場合は“右”，左回りに回転した場合は“左”，回転しなかった場合は“×”と記した。

1．表1の①～⑥に，◎，○，△，×，右，左を入れなさい。

2．実験2の円板上で次のページの図3のようなつなぎ方をした。□にはかん電池P，モーターX，モーターYのいずれかが入る。その結果の一部が記された下の表2の①〜⑤に，◎，○，△，×，右，左を入れなさい。

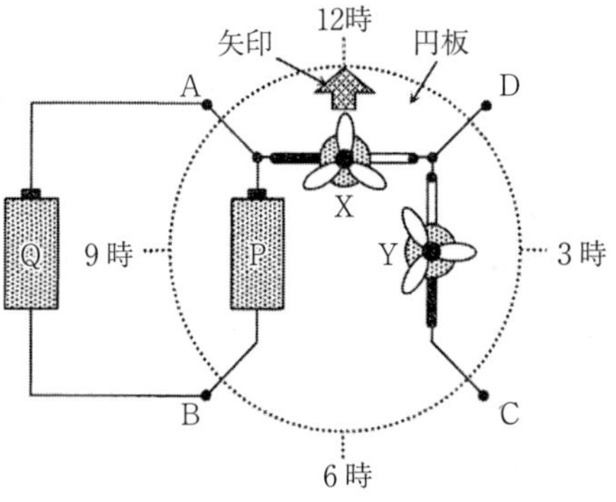

＜図2＞

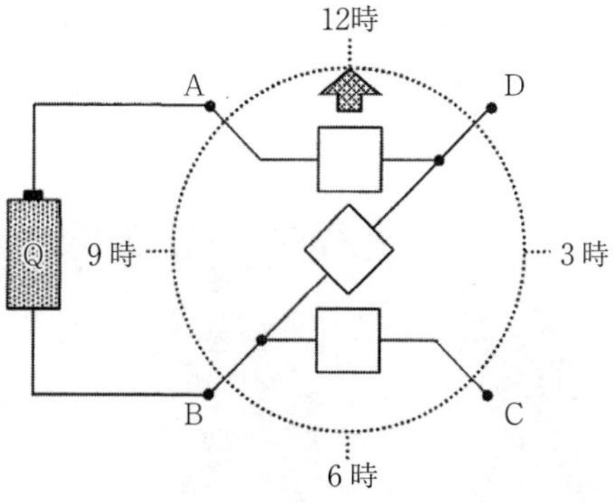

＜図3＞

表1　実験2の結果

矢印の向き	モーターX		モーターY	
	速さ	向き	速さ	向き
12時				
3時	①	②	③	
6時			④	⑤
9時	⑥			

表2　問題2の結果

矢印の向き	モーターX		モーターY	
	速さ	向き	速さ	向き
12時	①		②	③
3時			×	
6時			◎	右
9時	④		⑤	

3　あきらくん，さとしくん，けんたくんの3人は，学校からの帰り道で，受験が終わったら何をするかということについて，いろいろおしゃべりをした。以下の□内の3人の会話を読み，後の問いに答えなさい。

あきらくん：いよいよ受験まであとひと月を切ったね。
さとしくん：そうだね。ひと月後の受験が終わったら何する？
けんたくん：ぼくは思いっきりねたい。
さとしくん：え？　きみあまりねてないの？
けんたくん：いや，そういうわけじゃないけど，してみたくない？
あきらくん：まあ，ゲームのやり過ぎよりはいいかもね。

1．けんたくんがねぼうして起きたときには，もうすっかり明るくなっていた。その日が晴れていたとして，時計を使わないで起きたときのおおよその時刻を知る方法を10字以内で答えなさい。

さとしくん：ぼくは博物館に行ってみたいな。
けんたくん：ふ〜ん。何か見たいものがあるの？
あきらくん：そういえば，去年，北海道でほぼ全身の骨格が残っていたきょうりゅうが展示されたね。

さとしくん：むかわりゅうだよ。日本ではとてもめずらしいそうだから見てみたいな。

けんたくん：それはどんなものなの？

2．下の写真は，2018年に発表されたむかわりゅうの骨格である。むかわりゅうと同じころ海に生きていて，今はいない生物を１つあげなさい。

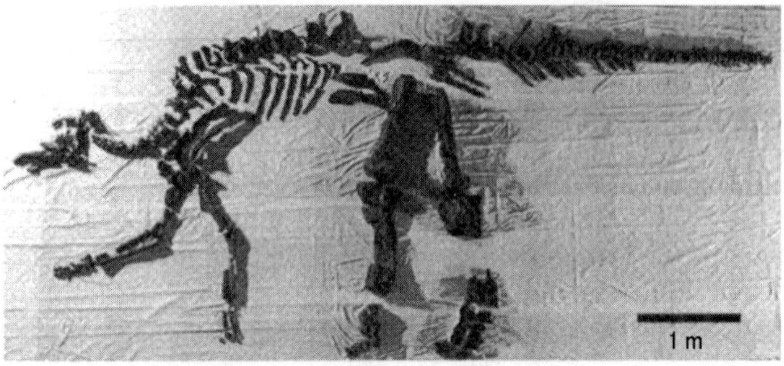

あきらくん：ぼくはスキーに行きたいな。

さとしくん：ああ，きみスキー上手だからね。

けんたくん：ぼく運動は得意じゃないから行かないな。

あきらくん：いや，バランスをうまく取ればだいじょうぶだよ。

さとしくん：でも，今年は雪が少ないんじゃなかったっけ。

3．雪を降らせる雲はどれですか。すべて選びなさい。

ア　あま雲　　イ　すじ雲　　ウ　わた雲　　エ　にゅうどう雲

けんたくん：ぼくは温泉に行きたいな。

さとしくん：ああ。受験校の修学旅行では，そういうコースもあるみたいだね。

けんたくん：え～！　いいなあ。ぼくもその学校に行きたい。

あきらくん：いや～，そうとう勉強しなきゃいけないね。

けんたくん：ぼく，がんばるもん。

4．いくつかの火山の近くには発電を行うし設があり，火力発電と同じしくみで発電機を回す。発電機を回すには，温泉のもとになる火山周辺の高温の水から発生する気体を使う。それは何ですか。

さとしくん：寒いけど，そのせいか星がきれいに見えるね。

けんたくん：本当だ。今，南の空に見えている星座はなあに？

あきらくん：オリオン座だね。冬の大三角形が良くわかるよ。

けんたくん：え～，どれがどの星なの？

5．冬の大三角形をつくる星Ａ～Ｃの名前はそれぞれどれですか。また，一番明るい星と赤い星をＡ～Ｃからそれぞれ選びなさい。

ア　リゲル　　イ　プロキオン　　ウ　アンタレス　　エ　ベテルギウス　　オ　シリウス

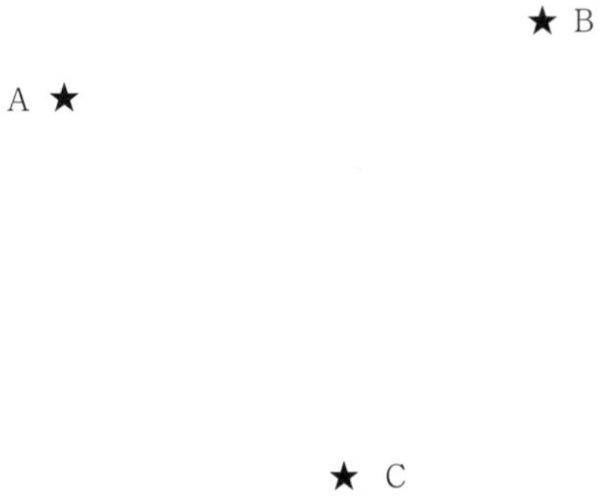

左の図は，ほぼ南中時の星の位置を表している。

4　春になると，草むらの草の先たんなどによくナナホシテントウが見られる。学校の草むらでナナホシテントウが卵を産んでいたので，成虫と卵をいっしょに飼育ケースに入れてしばらく観察してみることにした。2，3日たったころ，卵がふ化して幼虫がかえったので，そのまま飼育ケースで観察することにした。次の各問いに答えなさい。

1．ナナホシテントウの成虫の体についての説明で，正しいものを2つ選びなさい。

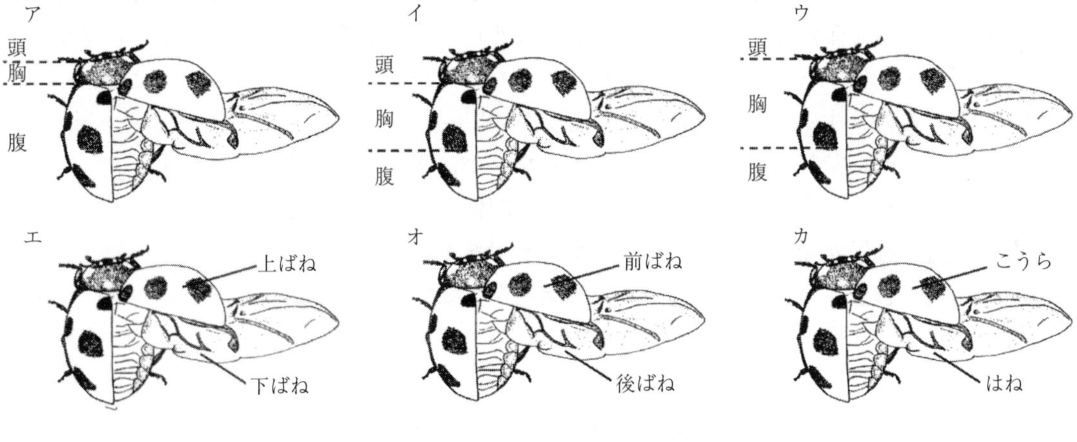

2．ナナホシテントウの幼虫のすがたとして正しいものを選びなさい。

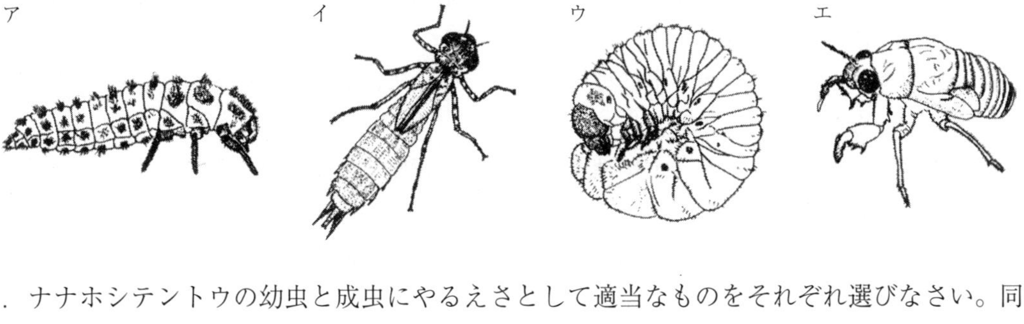

3．ナナホシテントウの幼虫と成虫にやるえさとして適当なものをそれぞれ選びなさい。同じものを選んでもよい。

ア　キャベツ　　イ　落ち葉　　ウ　アブラムシ
エ　どんぐり　　オ　花粉　　カ　砂糖水

4．ナナホシテントウの幼虫ははじめ15ひきいたが，数日後，さなぎになる前に幼虫は５ひきに減ってしまった。その理由として考えられることと，これ以上幼虫を減らさないための工夫としてできることを，それぞれすべて選びなさい。

〔理由〕

ア　えさをたくさん食べすぎた

イ　ケースのふたのすき間からにげた

ウ　成虫が幼虫の世話をしなかった

エ　幼虫がほかの幼虫を食べた

〔工夫〕

ア　成虫をケースからとりのぞく

イ　新しい成虫をつかまえてきてケースに入れる

ウ　幼虫を１ぴきずつ別のケースに分ける

エ　新しいえさをケースに入れる回数を減らす

オ　ケースのふたをガーゼと輪ゴムに変える

5　さとしくんは，インゲンマメの種子が発芽する条件について４つの予想Ａ～Ｄを立てた。次に条件ア～シを考え，４つの予想を確かめるのに必要な実験だけを選んで実行し，種子が発芽するかどうかを確かめることにした。室温は25℃，冷蔵庫の温度は４℃，１つのプラスチックカップに１つのインゲンマメの種子を入れ，バーミキュライトとだっし綿には肥料はふくまれていないものとする。後の各問いに答えなさい。

【予想Ａ】　水に肥料がふくまれているかいないかに関係なく，種子は発芽する。

【予想Ｂ】　種子がうまっているかいないかに関係なく，種子は発芽する。

【予想Ｃ】　種子が発芽するには，空気が必要である。

【予想Ｄ】　種子が発芽するには，適当な温度が必要である。

＜条件ア＞　バーミキュライトに種子をうめ，室温に置く。バーミキュライトを水でしめらせる。

＜条件イ＞　バーミキュライトに種子をうめ，室温に置く。バーミキュライトと同じ深さまで水を入れる。

＜条件ウ＞　バーミキュライトに種子をうめ，室温に置く。バーミキュライトを肥料入りの水でしめらせる。

＜条件エ＞　バーミキュライトに種子をうめ，冷蔵庫に置く。バーミキュライトを水でしめらせる。

＜条件オ＞　バーミキュライトに種子をうめ，冷蔵庫に置く。バーミキュライトと同じ深さまで水を入れる。

＜条件カ＞　バーミキュライトに種子をうめ，冷蔵庫に置く。肥料入りの水をバーミキュライトがしめるくらいやる。

＜条件キ＞　だっし綿の上に種子を置き，室温に置く。だっし綿を水でしめらせる。

＜条件ク＞　だっし綿の上に種子を置き，室温に置く。種子がすべてかぶるくらいの深さまで水を入れる。

＜条件ケ＞　だっし綿の上に種子を置き，室温に置く。だっし綿を肥料入りの水でしめらせる。

＜条件コ＞　だっし綿の上に種子を置き，冷蔵庫に置く。だっし綿を水でしめらせる。

＜条件サ＞　だっし綿の上に種子を置き，冷蔵庫に置く。種子がすべてかぶるくらいの深さまで水を入れる。

＜条件シ＞　だっし綿の上に種子を置き，冷蔵庫に置く。だっし綿を肥料入りの水でしめらせる。

1．次の文中の(①)～(⑤)にあてはまる条件はどれですか。

まず，さとしくんは予想Aを確かめるため，条件アと条件(①)をやってみた。その結果，どちらも同じように発芽したので，予想Aは正しかったと確かめることができた。

つぎに，さとしくんは予想Bを確かめるため，条件(②)や条件(③)をやって，条件アと条件(①)での結果と比べてみることにした。実験した結果，同じように発芽したので，予想Bも正しかったと確かめることができた。

さらに，さとしくんは予想Cを確かめるため，条件(④)と条件(⑤)をやって，これまでの4つの実験結果と比べてみることにした。実験した結果，条件(④)と条件(⑤)は発芽しなかったので，予想Cも正しかったと確かめることができた。

2．予想Dが正しいことを確かめるには，条件アと条件エのプラスチックカップにそれぞれ厚紙などでできた箱をかぶせて条件をそろえて実験しなければならない。その条件は何ですか。

6　食塩，ホウ酸，ミョウバンの3種類の薬品は，水の温度によってとける量が右の表のように変化する。表を参考にして，以下の文に続く後の各問いに答えなさい。

表　水100グラムにとける薬品の量(グラム)

	20℃	30℃	40℃	50℃	60℃
食塩	35.8	36.1	36.3	36.7	37.1
ホウ酸	5.0	6.8	8.9	11.4	14.9
ミョウバン	11.4	16.6	23.8	36.4	57.4

【操作1】　3つのビーカーA，B，Cに30℃の水25グラムを入れた。つぎにビーカーAには食塩4.0グラム，ビーカーBにはホウ酸4.0グラム，ビーカーCにはミョウバン4.0グラムを入れてガラス棒を使ってよくかき混ぜた。

【操作2】　操作1の結果，すべてとけた薬品の入っているビーカーには，さらに同じ薬品4.0グラムを入れてよくかき混ぜた。

【操作3】　操作1の結果，とけ残った薬品の入っているビーカーが1つだけあった。このビーカーに，とけ残りがなくなるまでよくかき混ぜながら30℃の水を少しずつ加えていった。

【操作4】　操作2の結果，とけ残った薬品の入っているビーカーだけを温めて，すべてとけたときの温度を測った。

1．操作1でとけ残った薬品はどれですか。また，操作2で，さらに入れた薬品がすべてとけた薬品はどれですか。

ア　食塩　　　イ　ホウ酸　　　ウ　ミョウバン

エ　食塩とホウ酸　　　オ　ホウ酸とミョウバン　　　カ　食塩とミョウバン

2．操作3の結果，加えた水の量に最も近いものはどれですか。

ア　25グラム　　イ　30グラム　　ウ　35グラム

エ　40グラム　　オ　45グラム

3．操作4の結果，とけ残りが見えなくなるのは何℃だったと考えられますか。

ア　30～40℃　　イ　40～50℃　　ウ　50～60℃　　エ　60℃～

7　底の開いたとうめいなびん(集気びんの底を切ったもの)，平らなねんど板，ガラス板を使って，ものの燃え方について調べる実験をおこなった。後の各問いに答えなさい。

【実験1】　ねんど板にろうそくを立てて火をつけ，びんをかぶせた(図1)。

【実験2】　ねんど板にろうそくを立てて火をつけ，びんをかぶせてからガラス板でふたをした。

【実験3】　一部分をけずったねんど板にろうそくを立てて火をつけ，びんをかぶせた。

【実験4】　一部分をけずったねんど板にろうそくを立てて火をつけ，びんをかぶせてからガラス板でふたをした(図2)。

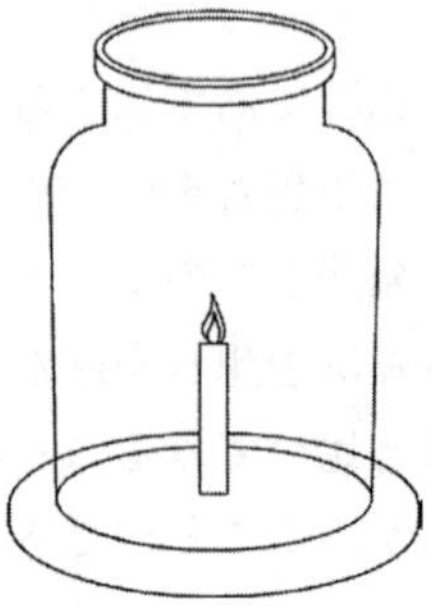

<図1>

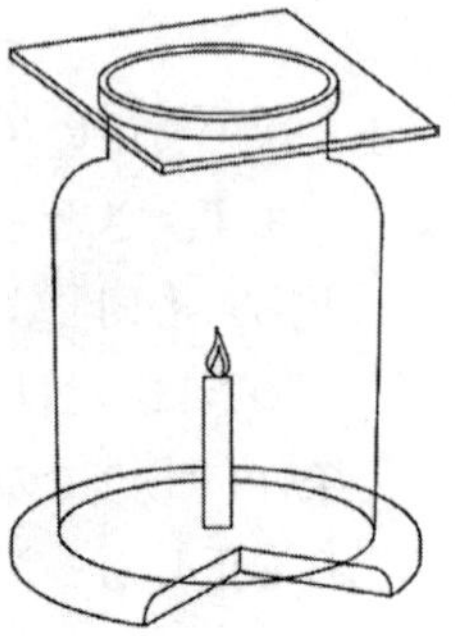

<図2>

1．実験をはじめてから，すぐにろうそくの火が消えるものを2つ答えなさい。

ア　実験1　　イ　実験2　　ウ　実験3　　エ　実験4

2．実験2でろうそくの火が消えた後のびんの中の気体の量は，ろうそくに火をつける前の気体の量と比べるとどのようになっているか。ちっ素，酸素，二酸化炭素についてそれぞれ選びなさい。

ア　多くなっている　　イ　変化していない

ウ　少なくなっている　　エ　なくなっている

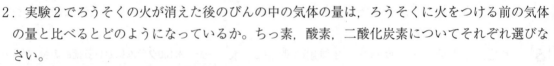

問一　「栞のようにあかるい」とはどういうことですか。

問二　(1)　この詩の行の配置には、どのような見た目の特徴《とくちょう》がありますか。

(2)　(1)の特徴は、どのようなことを表していると想像できますか。

だ、というようなことをつづけて思った。総じて女子のランドセルは男子よりきれいだが、もしお姉ちゃんをランドセルにたとえたら、六年生になっても交通安全の黄色い布がよく似合う新品みたいな状態ではないか。革《かわ》が硬くて、縫い目もほつれてないやつ。よほど丁寧《ていねい》に扱わないとそうはならない。

だからなのかもしれないが、お姉ちゃんは朝日がランドセルを手荒《てあら》に扱うのが我慢《がまん》できないようすだ。朝日の放り投げや踏んづけ行為《こうい》を見つけると、「なんてことするの！」とただでさえ大きな目をひんむいて怒鳴《どな》る。ややしばらくキーキー声で怒《おこ》ったあと、④低く、湿《しめ》った声に変え、「そんなことをしたら、お母さんが悲しむ」と朝日がいちばんこたえる言葉を言うのだった。

それを聞くと、朝日は自分がこの世でもっとも悪い人間になった気がしてくる。お姉ちゃんが朝日を叱《しか》るときには決まりごとのように「お母さんが悲しむ」と言うので、朝日にしてみれば聞き慣れた言葉なのだが、言われると、いつも新鮮《しんせん》に、こころが黒く塗《ぬ》りつぶされる。朝日は写真でしかお母さんを知らなかった。お母さんは、朝日を産んだときに天国にとられてしまった。

（朝倉《あさくら》かすみ『ぼくは朝日』より）

〈注〉 二年前のオリンピック…一九六八年、フランスのグルノーブルで行われた冬季オリンピック。次の一九七二年大会は札幌で開催《かいさい》された。

問一 ――①「わりと本気の声で言った」のはなぜですか。

問二 ――②「肝焼ける」とは方言の一つですが、話の流れから推測すると、どのような意味ですか。

問三 ――③「一年生の背負うランドセルみたいだ、というようなことをつづけて思った」とありますが、朝日はお姉ちゃんをどんな性格と考えていますか。

問四 ――④「低く、湿った声に変え」たのはなぜですか。

三

次の詩を読んで後の問いに答えなさい。

栞《しおり》　　蜂飼《はちかい》　耳《みみ》

どうしているかな
引《ひ》っ越《こ》したあの子
きっとげんきだと思うけれど
そしてあたしもげんきだけれど
離《はな》れていくのがわかるよね
パンゲア大陸のように
すこしずつ離れていく
居場所を変えない樫《かし》の木は
栞のようにあかるい
おなじページを何度でも読む
根もとに埋《う》めた箱のなかみを
いつまで憶《おぼ》えていられるのかな
ふたりで作ったものが
森には　まだまだ残っている
いっしょに掘《ほ》った穴ね
自分で落ちたよ　こないだ
しばらく出たくなかった

〈注〉 パンゲア大陸…古代の地球には一つの大陸だけがあったという考え方があり、この大陸が分裂《ぶんれつ》してユーラシア大陸やアメリカ大陸ができたとされる。

に達したく、毎日の放り投げはもちろん、必要以上の回数と乱暴さを以《もっ》てランドセルを開閉していた。たまに踏《ふ》んづけてみたりもした。

　それから朝日は水を飲む。使うコップは、ノルウェーの国旗のもようの入ったマグカップだ。

　おととい、島田《しまだ》さんにもらったお土産《みやげ》である。島田さんはお父さんの友だちで、普段《ふだん》は会社員をしているが、実はスキーの「距離《きょり》」の選手で、国内はもとより外国の大会にも出場している。二年前のオリンピックにも出たし、再来年の札幌《さっぽろ》オリンピックにも出るかもしれないほどの選手なのだが、朝日の家では単に「お父さんの友だち」として扱《あつか》われていた。

　島田さんは、年に数度やってきては、お父さんと無駄話《むだばなし》をして帰る。かならず外国のお土産を持参し、「これはどこそこで買ったもの」と地名を言い、朝日とお姉ちゃんにわたす。おととい持ってきたのは「ノルウェーのオスロで買ったマグカップ」で、お姉ちゃんには「フランスのグルノーブルで買ったハンカチ」だった。

　島田さんのお土産は、その年に行った外国のものではないところに特徴《とくちょう》があった。たぶん、島田さんの家には、あちこちの外国で買ったお土産がたくさんあり、そのなかから、適当に選んで持ってくるのだろう、というのがお姉ちゃんの意見だった。

　買ったばかりの新しいお土産を持ってこないのは、「なんとなくいたましい(もったいない)」からで、「そういうケチくさいところがあるから、スキーもパッとしないんでない?」と島田さんが帰ったあと、ビールジョッキを洗いながらつづけた。

「辛辣《しんらつ》だなあ」

　お父さんがかぶりを振《ふ》ったら、お姉ちゃんは、

「なーんか焦《じ》れ焦れすんだよね、あのひと見てると」

とそっけなく応じた。

「『あのひと』っておまえ」

　お父さんはちょっと無理した感じで苦笑いをし、

「おれの友だちなんだから、気ぃ使えや」

と、①わりと本気の声で言った。島田さんは国際大会で華々《はなばな》しく活《かつ》躍《やく》したことがなく、かといって国内でも無敵というわけではない選手だった。それをお父さんはいつも、なにかというとからかいの種にするのだが、自分が言うのとお姉ちゃんに言われるのでは話がちがうようだった。

　それは朝日も感じた。お父さんが島田さんに言う「パッとしない」には長年の友だちならではの親しみと、成績こそふるわなかったが国際大会に出られたのだからたいしたものだという尊敬と賞賛が込《こ》められているが、お姉ちゃんの口にした「パッとしない」には、「パッとしない」よりほかの意味がなさそうだった。

　でも、きっと、島田さんは、お姉ちゃんにそう言われても、お父さんに言われたときのように「いやー」と短い横分けの頭を掻《か》いて、日に灼《や》けた四角い顔をほころばせるんだろうな、と思った。眉毛《まゆげ》も目尻《めじり》も下げて、分厚い肩をすくめ、衿《えり》が片方なかに入ったポロシャツの胸《むな》元《もと》を上下させて、「は、は、は」と笑うんだろうな、と。

「あれでもいいとこはあるんだしよ」

　お父さんが言いかけたら、お姉ちゃんは、濡《ぬ》れた手をタオルで拭《ふ》いてから、ポニーテールのシッポの部分をふたつに分けてきゅっと引っ張り、結び目のゆるみを直して、

「気は使ってます。まさか面と向かって言うわけないじゃないの」

ただなんか②肝《きも》焼けるだけ、とシンクのふちを手のひらでトンと叩《たた》いた。

(お姉ちゃんはなー)

　朝日は胸のうちでつぶやいた。③一年生の背負うランドセルみたい

き、ぱくぱくと口に入れた。「ん、おいしい！」と口にはしたものの、なんだか微妙《びみょう》な顔。サーモンは確かにおいしいのだが、シャリに使われている米の種類がコシヒカリやあきたこまちではなく、こちらで主流のジャスミンライスで、「日本のとはなんか違《ちが》う」のだ。

　息子も最初は「なんか違う」派だった。日本の本物のお寿司が食べたい、いつものラーメンが食べたい、と駄々《だだ》をこねていた。けれどもお母さんがいかにしっぱいをしているか、そしてそれに対してこちらの人が寛容《かんよう》か、という話をしてから、態度が変わってきた。「本物／にせもの」「いつもの／へんな」という二分法が、いかに人を傷つけるかに気づいたのである。お母さんがしゃべるブロークンな英語もたくさんある英語のひとつだし、アメリカの粘《ねば》り気《け》のないお寿司もたくさんあるお寿司のひとつなのだ。どちらもしっぱいだし、同時にしっぱいじゃない。

　ダイバーシティとか寛容さということが言われるけれど、しっぱいとの付き合い方を考えることは、その第一歩なのかもしれない。自分のしっぱいを通して相手を知ること、そして相手のしっぱいを通して④自分をひろげること。

　いや、むしろ自分のしっぱいを経由しないダイバーシティなんて、単なる傲慢《ごうまん》でなくてなんだろう。しっぱいを通して、人は初めて自分にとっての「当たり前」を相対化するチャンスを得るのだから。「みんなちがってみんないい」もとい「みんなしっぱいしてみんないい」だ。

（伊藤亜紗《いとうあさ》「ゼロとお寿司」より）

〈注〉ダイバーシティ…性別、人種、国籍《こくせき》などの違いを受け入れ、尊重すること。

問一　――①「別の観点からすれば『せいこう』だ」とありますが、なぜ「せいこう」なのですか。

問二　――②「何が『柱』だったのか分かった」とありますが、この例ではどのようなことを「柱」と表しているのですか。

問三　――③「逆もまたしかりである」とありますが、ここではどういうことですか。

問四　――④「自分をひろげること」とはどういうことですか。

二

北海道の小樽市《おたるし》に住んでいる小学四年生の西村朝日《にしむらあさひ》は、お父さんと信用組合に勤めているお姉ちゃんとの三人で暮らしています。次の文章を読んで、後の問いに答えなさい。

学校から家に帰ると、朝日は素早《すばや》くランドセルを下ろし、肩《かた》ベルトを持って階段の下まで行って、腕《うで》を後ろに引いたのち、思いきり放り投げる。

　いくらどんなにがんばっても階段のいちばん上には届かない。朝日の家の階段は途中《とちゅう》で右に曲がっている。でもいつか届く日がくるのではないかと朝日は思っていた。ある日、なにかの拍子《ひょうし》に大きく右に曲がるランドセルの投げ方を会得《えとく》するかもしれないと期待しているからなのだった。

　朝日の「期待」にはもうひとつあった。こうやって毎日放り投げていれば、ランドセルが早く傷《いた》む。ランドセルは、古びていればいるほどかっこいい。ところどころの縫《ぬ》い目《め》がほころび、いくつか傷がつき、ふちがめくれ上がったかぶせのかっこよさは、一年生が背負うカブトムシみたいに硬《かた》くてつやつや光るそれの比ではない。

　朝日のランドセルは着実にその状態に近づいていた。ことに、かぶせに付いている、二本の時計バンドのようなもののくたびれ方なぞは相当いい線をいっているとひそかに自慢《じまん》しているのだが、六年生のランドセルを見かけたら、まだまだだと思わざるをえなく、早くあの域

二〇二〇年度
筑波大学附属駒場中学校

【国　語】（四〇分）〈満点：一〇〇点〉

［注意］　本文は、問題作成上、表記を変えたり省略したりしたところがあります。

一　次の文章を読んで、後の問いに答えなさい。

以前、目の見えない知人が、柱にぶつかるのは悪いことじゃない、と言っていた。目の見える側からすると、柱にぶつかるのは「あぶないこと」だ。けれども彼《かれ》らにしてみれば、ぶつかることだって「ああ、ここに柱があるのね」という知覚方法の一種である。ある観点からすれば「しっぱい」でも、①別の観点からすれば「せいこう」だ。

ここ二週間の私は、まさに「柱にぶつかりまくっている」状態である。三月末に桜の咲《さ》きかけた日本を離《はな》れ、アメリカのボストンに移住。家族とともに、半年ほどこちらに滞在《たいざい》する予定だ。慣れない土地にいると、自分にとって当たり前だと思っていたことが思わぬしっぱいであったりする。でもそのことによって「へーしっぱいなんだ！」とそこに柱があったことに気づく。

たとえば数字「0」の発音。美術館に行くと、来訪者の情報を集めるために居住地の郵便番号を聞かれることが多い。私が住んでいる地域は郵便番号が0から始まるので、「ゼロ、トゥー、……」と言うと、相手が聞き返してくる。それで、もう一度「ゼロ、トゥー、……」と言うが通じない。仕方なく、紙に書いて伝えるはめになった。

それから数日後。テレビのCM《シーエム》を見ていて②何が「柱」だったのか分かった。0の発音は「ゼロ」ではなくむしろ「ズィーロウ」のような感じなのである。まさか「ゼロ」がカタカナ英語だったとは。それ以来、そのタイミングがくるたびに、あのCMのコメディアンを真似《まね》て、思い切り「ズィーロウ」と発音している。

あるいはスーパーに行ったとき。アメリカはクラフトビールがおいしいと聞いていたので、夕食時に一杯《いっぱい》やりたくてぶらぶら店内を物色していた。ところがどこを探してもビールを売っていない！　ビールどころかワインもウイスキーも売っていない！　おかしいと思ってレジの店員さんにたずねると「うちはアルコールを売る店じゃないのよ」との返事。それならばと二軒目《にけんめ》のスーパーに入ったが、ここでも結果は同じ。結局、小さな酒屋を見つけて、やっとこさビールにありつくことができた。

あらためて調べてみると、ここマサチューセッツ州では、特別な許可がないかぎりスーパーや食料品店ではアルコールを扱《あつか》ってはいけないことになっているそうなのだ。つまり、それだけアルコールに対する警戒心《けいかいしん》が高いということ。夕暮れのスーパーで「ビールはないのか？」と訊《き》いてくるアジア人は、そうとうヤバい客に見えていたかもしれない。

救いなのは、こちらに来てから一度も、しっぱいを恥《は》ずかしいと思わずに済んでいることである。私がいくらおかしな発音をしたり、あやしい振《ふ》る舞《ま》いをしたとしても、相手は怪訝《けげん》な顔をしないのだ。「ゼロ！」と言い張っても、「なぜかしら、私には聞き取れなくて……」と本気で考えてくれている風だし、「ビール！」と質問しても笑顔《えがお》で首を振る。もしこれが、「何を言っているんだこいつは」という態度で返されていたら、わたしのしっぱいは恥《はじ》となり、次のチャレンジをする勇気を失っていただろう。

③逆もまたしかりである。ボストンは海辺の町ということもあり、ファストフード店などでもパックに入ったサーモンの寿司《すし》を売っている。サーモンマニアの九歳《きゅうさい》の息子は当然食卓《しょくたく》に並んだそれにとびつ

2020年度
筑波大学附属駒場中学校 ▶解説と解答

算 数 (40分) ＜満点：100点＞

解 答

[1] (1) 9通り (2) 10通り (3) 6通り [2] (1) 1332 (2) 144, 117, 171 (3) 47個 [3] (1) 1620円 (2) 2580円 (3) 10680m [4] (1) $\frac{5}{6}m^2$ (2) $\frac{1}{2}$ m (3) 解説の図⑥を参照のこと。

解 説

[1] つるかめ算，場合の数

(1) A，Bの個数をそれぞれⒶ，Ⓑとして式に表すと，50×Ⓐ＋100×Ⓑ＝1000となり，この式の等号の両側を50で割って簡単にすると，1×Ⓐ＋2×Ⓑ＝20となる。よって，ⒶとⒷの組み合わせは右の図1のように9通りあることがわかる。

図1

＋2 ＋2 ＋2 ＋2 ＋2 ＋2 ＋2 ＋2

Ⓐ	2	4	6	8	10	12	14	16	18
Ⓑ	9	8	7	6	5	4	3	2	1

−1 −1 −1 −1 −1 −1 −1 −1

(2) A，B，Cの個数をそれぞれⒶ，Ⓑ，Ⓒとして式に表すと，50×Ⓐ＋100×Ⓑ＋150×Ⓒ＝700となり，この式の等号の両側を50で割って簡単にすると，1×Ⓐ＋2×Ⓑ＋3×Ⓒ＝14となる。Ⓒ＝1とすると，1×Ⓐ＋2×Ⓑ＝14−3×1＝11となるから，ⒶとⒷの組み合わせは右上の図2のアのように5通りあることがわかる。同様に，Ⓒ＝2とすると，1×Ⓐ＋2×Ⓑ＝14−3×2＝8となるのでイのように3通り，Ⓒ＝3とすると，1×Ⓐ＋2×Ⓑ＝14−3×3＝5となるからウのように2通りあることがわかる。また，Ⓒ＝4とすると，1×Ⓐ＋2×Ⓑ＝14−3×4＝2となり，ⒶとⒷの組み合わせはなくなるから，全部で，5＋3＋2＝10(通り)と求められる。

図2

	ア					イ			ウ	
Ⓐ	1	3	5	7	9	2	4	6	1	3
Ⓑ	5	4	3	2	1	3	2	1	2	1
Ⓒ	1	1	1	1	1	2	2	2	3	3

(3) X，Y，Zの個数をそれぞれⓍ，Ⓨ，Ⓩとする。また，個数の合計を□個として図に表すと，右の図3のようになる。ここで，1個の値段の一の位はすべて7であり，代金の一の位は9なので，7×□の一の位は9になる必要がある。つまり，□の一の位は7である。また，最も安い品物Xだけを買うと，1499÷47＝31余り42より，31個まで買えることがわかるから，□は{7，17，27}のいずれかとなる。次に，図3の図形全体の面積は1499円なので，□が7のとき，かげをつけた部分の面積は，1499−47×7＝1170(円)になる。一方，かげをつけた部分の面積は，(97−47)×Ⓨ＋(147−47)×Ⓩ＝50×Ⓨ＋100×Ⓩ＝50×(Ⓨ＋2×Ⓩ)と表すことができる。これは50の倍数だから，1170になることはない。同様に考えると，□が17のとき，かげをつけた部分の面積は，1499−47×17＝700(円)になるので，50×(Ⓨ＋2×Ⓩ)＝700より，Ⓨ＋2×Ⓩ＝

図3

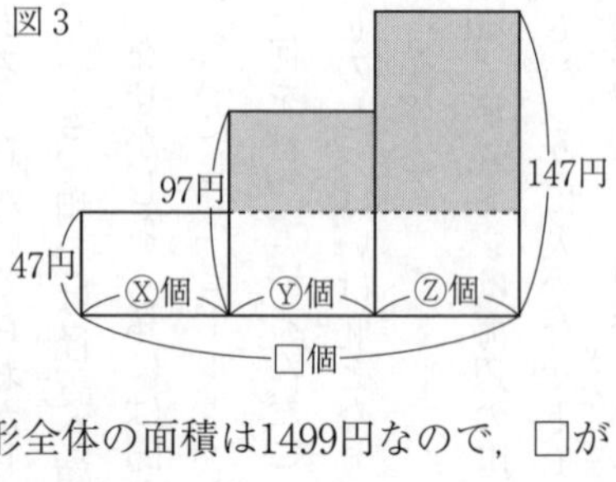

700÷50＝14とわかる。そこで，Ⓨ＋２×Ⓩ＝14となるⓎとⓏの組み合わせを調べると右の図４の太線のようになり，それぞれの場合について，Ⓧ＋Ⓨ＋Ⓩ＝17となるⓍの値を求めると，図４のようになる。さらに，□が27のとき，かげをつけた部分の面積は，1499－47×27＝230(円)になり，50の倍数ではないから条件に合わない。よって，考えられる組み合わせは図４の６通りである。

図４

Ⓨ	2	4	6	8	10	12
Ⓩ	6	5	4	3	2	1
Ⓧ	9	8	7	6	5	4

2 場合の数，調べ

⑴　105の各桁《けた》の数字を入れかえてできる数は，{15，51，150，501，510}の５個である。105とこれら５個の和を求めると，合計数は，105＋15＋51＋150＋501＋510＝1332とわかる。

⑵　もとの数を下の図１の㋐～㋒の場合に分けて考える(もとの数が111の場合の合計数は111だから，考える必要はない)。ここで，□と△は１以外の異なる数字を表していて，㋒は十の位が１の場合と一の位が１の場合をまとめたものである。合計数を求めるとき，㋐はどの位にも{1，□，△}が２個ずつ現れるから，各位の和は，(１＋□＋△)×２となる。また，㋑の各位の和は(１＋□×２)となり，㋒の各位の和はどちらも(２＋□)となるので，それぞれの場合の合計数は下の図２のようになる。次に，㋐が999になるとすると，(１＋□＋△)×222＝999より，□＋△＝999÷222－１＝3.5となるから，このような□と△の組はないことがわかる。また，㋑が999になるとすると，(１＋□×２)×111＝999より，□＝(999÷111－１)÷２＝４と求められる。同様に，㋒が999になるとすると，(２＋□)×111＝999より，□＝999÷111－２＝７となる。よって，合計数が999となるようなもとの数は，144，117，171である。

図１

	㋐	㋑	㋒
もとの数	1□△	1□□	1 1□ (1□1)
入れかえた数	1△□ □1△ □△1 △□1 △1□	□1□ □□1	1□1 □1 1 (□1 1) (1 1□)

図２

・㋐の合計数
　(１＋□＋△)×２×100＋(１＋□＋△)×２×10＋(１＋□＋△)×２×１
　＝(１＋□＋△)×(200＋20＋２)＝(１＋□＋△)×222
・㋑の合計数
　(１＋□×２)×100＋(１＋□×２)×10＋(１＋□×２)×１
　＝(１＋□×２)×(100＋10＋１)＝(１＋□×２)×111
・㋒の合計数
　(２＋□)×100＋(２＋□)×10＋(２＋□)×１
　＝(２＋□)×(100＋10＋１)＝(２＋□)×111

⑶　㋐が2020より大きくなるとすると，(１＋□＋△)×222＞2020，□＋△＞2020÷222－１＝8.09…より，□と△の和は９以上とわかる。ここで，□と△は１以外の異なる数字(０を含《ふく》む)であることに注意すると，□と△の組み合わせは右の図３のように，４＋３＋４＋３＋３＋２＋４＝23(通り)あることがわかる。また，□と△は入れかえることができるから，㋐の場合は，23×２＝46(個)と求められる。次に，㋑が2020より大きくなるとすると，(１＋□×２)×111＞2020，□＞(2020÷111－１)÷２＝8.5…より，□は９以上とわかるから，㋑の場合は199の１個だけである。さらに，㋒が2020より大きくなるとすると，(２＋□)×111＞2020，□＝2020÷111－２＝16.1…より，□は17以上とわかるので，㋒の場合はない。

図３

・和が９　(０，９)(２，７)(３，６)(４，５)
・和が10　(２，８)(３，７)(４，６)
・和が11　(２，９)(３，８)(４，７)(５，６)
・和が12　(３，９)(４，８)(５，７)
・和が13　(４，９)(５，８)(６，７)
・和が14　(５，９)(６，８)
・和が15～　(６，９)(７，８)(７，９)(８，９)

よって，全部で，46＋１＝47(個)となる。

3 植木算，周期算

⑴　距離《きょり》が5000mのとき，2000mをこえた分は，5000－2000＝3000(m)である。ここで，3000÷280＝10余り200より，右の図１のように表すことができる。料金が加算されるのは⬆をこえたときだから，料金が加算される回数は⬆の数と等しく，10＋１＝11(回)とわかる。よって，距離に関する料金は，740＋80×11＝1620(円)と求められる。

図１

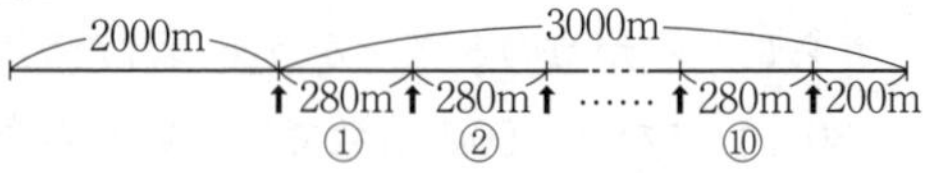

図２

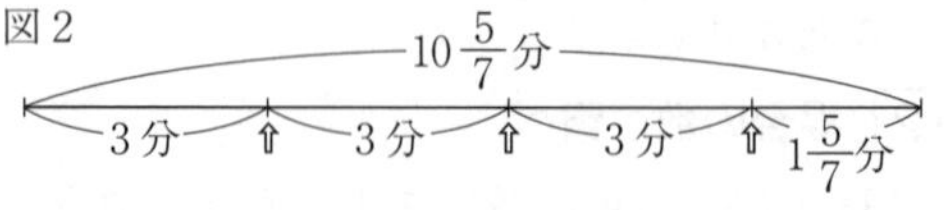

⑵　⑴と同様に考えると，距離が7500mのとき，2000mをこえた分は，7500－2000＝5500(m)なので，5500÷280＝19余り180より，料金が加算される回数は，19＋１＝20(回)とわかる。よって，距離に関する料金は，740＋80×20＝2340(円)になる。また，タクシーの速さは分速，42×1000÷60＝700(m)だから，7500m走るのにかかる時間は，7500÷700＝$\frac{7500}{700}$＝$10\frac{5}{7}$(分)となる。ここで，$10\frac{5}{7}$÷３＝３余り$1\frac{5}{7}$より，右上の図２のように表すことができる。料金が加算されるのは⇧の部分なので，料金が加算される回数は⇧の数と等しく３回とわかる。したがって，時間に関する料金は，80×３＝240(円)だから，このときの運賃は，2340＋240＝2580(円)と求められる。

⑶　距離に関する加算料金と時間に関する加算料金がどちらも80円なので，距離に関する最初の740円を除くと，加算回数の合計が，(3700－740)÷80＝37(回)になるときを求めればよいことになる。また，距離に関しては280mごとに１回加算され，時間に関しては３分ごと，つまり，700×３＝2100(m)ごとに１回加算されるから，2000mをこえる部分について，280mと2100mの最小公倍数を周期と考える。右上の図３の計算から，280と2100の最小公倍数は，10×７×２×２×15＝4200(m)と求められるので，１つの周期の中で，距離に関して，4200÷280＝15(回)と時間に関して，4200÷2100＝２(回)の，合わせて，15＋２＝17(回)加算されることがわかる(ただし，時間に関する料金が最初に加算されるのは１周期目の，2100－2000＝100(m)の地点であり，そこから2100mごとに加算される)。よって，37÷17＝２余り３より，これを２回くり返し，あと３回加算されるときを求めればよいことになる。そこで，３周期目のはじめの部分を図に表すと右の図４のようになるから，加算回数が37回になるのは，距離が，2000＋4200×２＋280＝10680(m)をこえたときとわかる。

図３

10)	280	2100
7)	28	210
2)	4	30
	2	15

図４

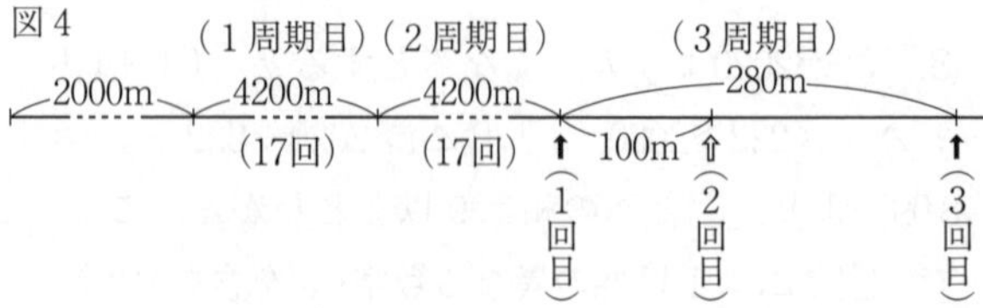

4 平面図形―和差算，辺の比と面積の比，相似

⑴　㋐，㋑，㋒，㋓の面積の和は長方形ABCDの面積に等しく，１×２＝２(m²)だから，㋐の面積を□m²，㋐と㋑の面積の差を△m²として図に表すと，右の図①のようになる。図①で，□＝$\frac{1}{6}$なので，△の，１＋２＋３

図①

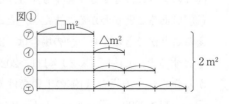

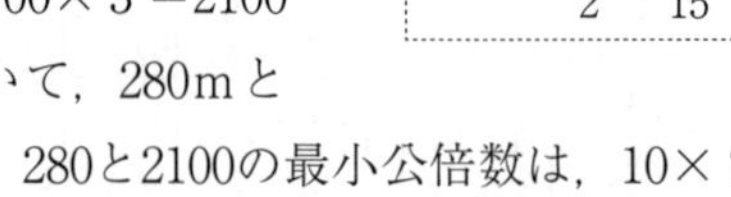

＝6（倍）が，$2-\frac{1}{6}\times4=\frac{4}{3}$となり，$\triangle=\frac{4}{3}\div6=\frac{2}{9}(\mathrm{m}^2)$と求められる。よって，㋓の面積は，$\frac{1}{6}+\frac{2}{9}\times3=\frac{5}{6}(\mathrm{m}^2)$である。

(2)　図①で，$\triangle=\frac{1}{6}$だから，□の4倍が，$2-\frac{1}{6}\times6=1$となり，$□=1\div4=\frac{1}{4}$とわかる。よって，右の図②のように表すことができる。図②で，㋐と㋑の面積の差が$\frac{1}{6}\mathrm{m}^2$なので，三角形RDAの面積は㋐の面積と等しく$\frac{1}{4}\mathrm{m}^2$となる。したがって，QRの長さは，$\frac{1}{4}\times2\div1=\frac{1}{2}(\mathrm{m})$と求められる。

図②

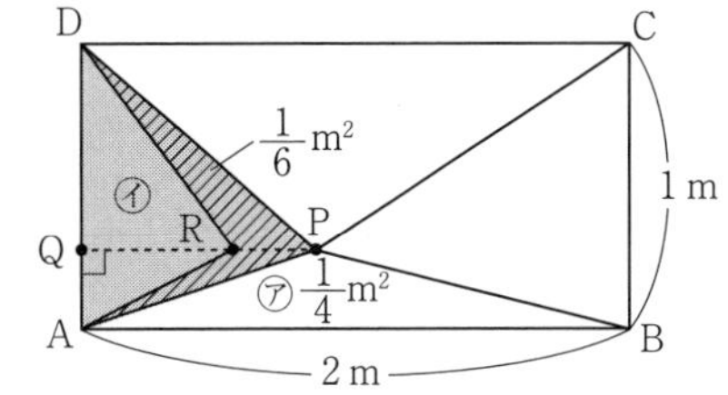

〔参考1〕　右の図③で，三角形PABと三角形PCDの面積の和と，三角形PDAと三角形PBCの面積の和は，どちらも長方形ABCDの面積の半分（つまり$1\mathrm{m}^2$）である。よって，これらの面積は等しいから，　三角形PABの面積が最小ならば，三角形PCDの面積が最大になる。つまり，三角形PABが㋐のとき，三角形PCDが㋓と決まる。このことから，(1)は，$1-\frac{1}{6}=\frac{5}{6}(\mathrm{m}^2)$と求めることもできる。

図③

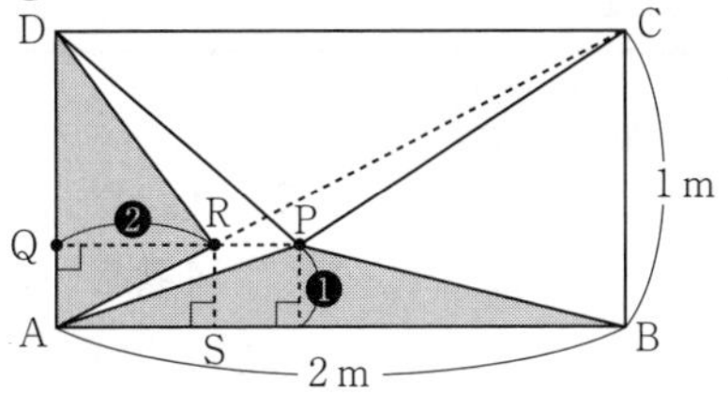

〔参考2〕　図③で，三角形PABと三角形RDAは，面積が等しく底辺の比が2：1なので，高さの比は，$\frac{1}{2}:\frac{1}{1}=1:2$となる。よって，RからABに垂直な線RSを引くと，RS：AS＝1：2になる。さらに，CB：AB＝1：2だから，点Rは長方形ABCDの対角線AC上にあることがわかる。

図④

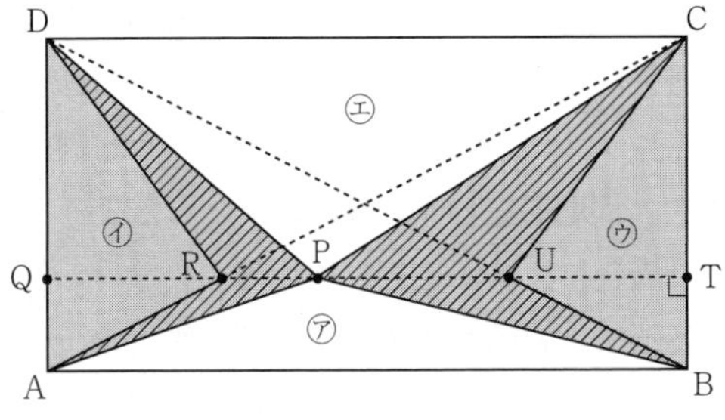

図⑤

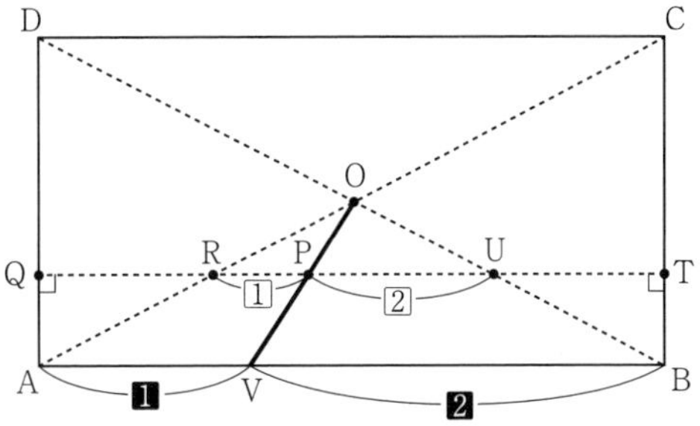

(3)　点Pは明らかに長方形ABCDの下半分の位置にある。はじめに，図②のように，点Pが長方形の左半分の位置にある場合について考える。上の〔参考2〕から，点Rは長方形ABCDの対角線AC上にあることがわかり，〔参考1〕から，三角形PBCが㋒，三角形PCDが㋓であることがわかる。また，上の図④のように，点PからBCに垂直な線PTを引き，直線PT上に，三角形PABと三角形UBCの面積が等しくなるような点Uをとると，〔参考2〕と同様に，点Uは長方形ABCDの対角線BD上の点になる。ここで，図①から，「㋒と㋐の差」は「㋑と㋐の差」の2倍であることがわかるので，図④の四角形CUBPの面積は四角形DRAPの面積の2倍であり，RP：PU＝1：2となる。そこで，上の図⑤のように，長方形ABCDの2本の対角線の交点をOとして，OPを延長した直線

がABと交わる点をVとすると，AV：VB＝１：２とわかる。つまり，点Pが直線OV上にあるとき，「㋑と㋐の差」と「㋒と㋑の差」が等しくなる。また，点Pが長方形ABCDの右半分の位置にある場合は，左右対称《たいしょう》に考えれば同様になる。さらに，〔参考１〕で，㋐＋㋓＝㋑＋㋒より，㋑－㋐＝㋓－㋒となることがわかるから，「㋑と㋐の差」と「㋒と㋑の差」が等しいとき，同時に「㋓と㋒の差」も等しくなる。よって，点Pとして考えられる位置は上の図⑥の太線部分である。

図⑥

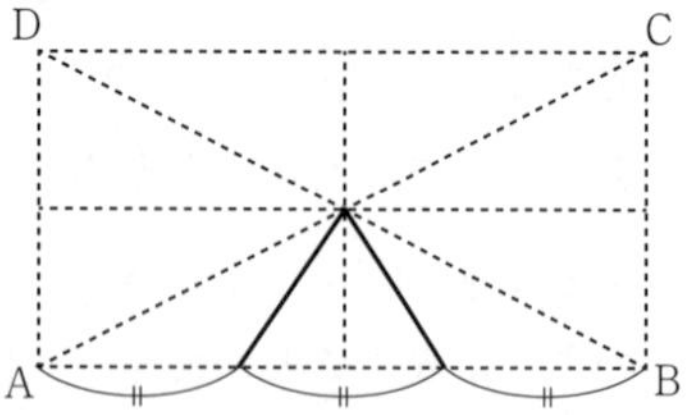

社　会　(40分)　<満点：100点>

解　答

[1]　**1**　イ，オ　**2**　イ，ウ　**3**　ウ，エ　**4**　イ，ウ，オ　**5**　ア，イ　**6**　省略　**7**　**2番目**…イ，⑨　**4番目**…オ，⑧　[2]　**1**　ア，オ　**2**　ウ，オ　**3**　ウ　**4**　イ，ウ　**5**　エ　**6**　ウ→ア→(カ)→オ→イ→エ　**7**　イ，エ　[3]　**1**　(例)　広告を掲載することで収入が得られるから。　**2**　ア，ウ　**3**　ア，イ，ウ　**4**　ア，ウ　**5**　エ，オ　**6**　ア，エ

解　説

[1]　自然災害を題材とした問題

1　ア　阪神・淡路大震災は，平成７年にあたる1995年に起こった。また，自衛隊が行う災害派遣(自然災害や大規模な事故などの被災地に自衛隊を派遣して救援活動を行うこと)は自衛隊の主要な任務の１つで，警察予備隊の時代から，地震や洪水などの被害にあった被災地で救援活動を行ってきた。　イ　ハザードマップについて述べた文であり，内容も正しい。津波や洪水，土砂災害，火山の噴火などの危険性がある自治体を中心として，さかんにつくられている。　ウ　砂防ダムは，土砂災害を防ぐため渓流《けいりゅう》などに設けられる施設で，災害発生時に復旧基地となるようなものではない。　エ　緊急地震速報は，地震が発生した場合に，震源に近い観測地点における初期微《び》動《どう》のデータから震源の位置や地震の規模を推定し，各地に主要動が到達する時刻や震度の予測を伝えるもの。主要動による大きな揺《ゆ》れが起きる数秒から数十秒前に出すことをめざしており，「数分前」に出すことは難しいので，誤りである。また，緊急地震速報は，自治体ではなく気象庁が発表する。　オ　首都圏外郭《がいかく》放水路は，埼玉県春日部《かすかべ》市を走る国道16号の地下につくられた，全長6.3kmの巨大地下放水路である。この付近には中川，倉松川，大落古《おおおとしふる》利根川，18号水路，幸松川といった中小の河川が集中して流れており，たびたび洪水の被害にあってきた。首都圏外郭放水路は，これらの川の水量が増えた場合，トンネルを通じて水を江戸川へと放水し，洪水の被害をおさえることができる。

2　ア　木曽三川とは木曽川・長良《ながら》川・揖斐《いび》川の３つの河川のことで，岐阜県南西部でそれぞれが接近し，三重県北東部で揖斐川と長良川が合流して伊勢湾に注ぐ。「信玄堤《しんげんづつみ》」は，戦国時代に武田信玄が，山梨県を流れる釜無《かまなし》川流域に築いた堤防《ていぼう》である。　イ　木曽三川の下流地域にあたる濃尾平野の南西部では，水害を防ぐため，集落の周囲に堤防をめぐらせた輪中が築かれてきた。
ウ　木曽三川の下流にあたる伊勢湾沿岸は，遠浅な海岸が続くことなどから高潮の被害を受けやすい。1959年の伊勢湾台風のさいには，低気圧によって海面が上昇し，海から暴風が吹《ふ》きつけたことで高潮が発生。大量の海水が堤防を越えたことで洪水となり，多くの死者を出した。また，このとき木曽川などでは水が逆流して河川の堤防が決壊し，洪水の被害を拡大させた。　エ　太平洋沿岸に位置する濃尾平野では，雪はほとんど降らない。ただし，濃尾平野西部にあたる岐阜県関ケ原町付近は，伊吹《いぶき》山の山ろくに位置することから，冬の北西の季節風の影響で雪が多く降る。　オ　豊臣秀吉が朝鮮出兵のさいに拠点《きょてん》とした名護屋城は，肥前国名護屋(佐賀県唐津市)に築かれた。

3　ア　平安時代には，1052年から，仏教の法が正しく行われなくなるという末法の世に入るという考え方が広がり，阿弥陀仏にすがって極楽往生をしようという浄土信仰が広まった。　イ　観《かん》阿弥《あみ》・世阿弥《ぜあみ》は室町時代前半，足利義満の保護を受け，田楽や猿楽などから能を芸能として大成した。　ウ　歌川広重は江戸時代後半に栄えた化政文化を代表する浮世絵師で，1832年に東海道を旅したときの印象を，55枚の連作版画「東海道五十三次」に描いた。　エ　伊能忠敬《ただたか》は50歳を過ぎてから江戸に出て測量術や天文学を学ぶと，測量の正確さなどが認められ，江戸幕府の命令によって1800年から1816年まで全国の沿岸を測量してまわった。こうしてつくられた正確な日本地図は忠敬の死後，弟子たちが「大日本沿海輿地《よち》全図」として完成させた。　オ　本居宣長《もとおりのりなが》は『古事記伝』を著すなどして国学を大成した人物。オランダ語の入門書や辞書を出版した人物としては，青木昆陽《こんよう》や大槻玄沢《おおつきげんたく》などが知られる。

4　ア　関東大震災は1923年９月１日に発生した。日本でラジオ放送が始まったのは1925年である。
イ　関東大震災が発生すると，混乱の中で「朝鮮人が暴動を起こす」などのデマが広まり，それを信じた人々により多くの朝鮮人や中国人が殺された。　ウ　関東大震災は正午近くに発生したため，多くの家庭が昼食の準備で火を使っていた。これによって各地で火災が発生し，特に木造家屋が密集する下町では火が燃え広がって被害が拡大した。　エ　復興庁は，2011年に発生した東日本大震災の復興対策にあたるために設置された行政機関である。関東大震災のさいには，後藤新平を総裁とする帝都復興院が置かれ，その後，復興局へと引き継《つ》がれた。　オ　関東大震災が発生した９月１日は「防災の日」とされ，全国の自治体などにより防災訓練が行われている。

5　ア　端午《たんご》の節句や七夕などの年中行事は，奈良時代から宮中で行われ，江戸時代になると現在行われているような形式で庶民《しょみん》の間に広まった。　イ　大嘗祭《だいじょうさい》は，新たに即位《そくい》した天皇がその年に行う宮中祭祀《さいし》で，11月中旬に行われる。皇居内で栽培・収穫《しゅうかく》した新米を供えるなどして，天皇が豊作や国の平安を祈る行事は新嘗祭《にいなめさい》とよばれ，毎年11月23日に宮中で行われる。　ウ　1945年８月15日，ポツダム宣言を受諾《じゅだく》して無条件降伏《こうふく》することを天皇がラジオ放送で国民に知らせた。このことから，日本では８月15日が「終戦記念日」とされ，全国戦没《せんぼつ》者追悼《ついとう》式などの行事が行われている。　エ　春節は中国や台湾などで祝われる旧正月(旧暦の正月)。現在の暦で１月中旬にあたることが多く，前後の１週間が休みとされる。　オ　ハロウィンは，ヨーロッパ各地に居住していた古代ケルト民族が秋の収穫を祝い，悪霊《あくりょう》を追い払うために行った祭りを起源とする行事で，毎年10月31日に行われる。現在，アメリカで行われるハロウィンには宗教色はほとんどなく，子どもたちが仮装して家々をまわり，お菓子をもらうなどする。

6　省略

7　アは2016年に起こった熊本地震について説明した文で，「ある城」は⑩の熊本城にあたる。イは，応仁の乱(1467～77年)が始まってから31年後にあたる1498年に起こった明応地震について説明した文。このとき，もともと海とはつながっていなかった⑨の浜名湖(静岡県)では，地震と津波によって堤が決壊し，「今切」という湾口ができて太平洋とつながった。ウは，平安京に都がうつった794年から75年後の869年に起こった貞観《じょうがん》地震について説明している。歌枕(和歌によまれる名所)として知られ，「波が越せないところ」として多くの歌人によまれた「末の松山」は，③の宮城県多賀城市にある宝国寺付近の高台とする説が有力で，東日本大震災のさいには，津波が近くまで押し寄せる中，高台が無事であったことから，再び注目された。エは2014年９月に起こった⑤の御《おん》嶽《たけ》山(長野県・岐阜県)の噴火について説明した文。行楽シーズンで登山客が多かった中，突然発生した水蒸気噴火だったため，噴石に当たるなどして58人が死亡，５人が行方不明となる戦後最悪の火山災害となった。オは2000年に起こった⑧の三宅島(東京都)の雄山の噴火について説明している。カは，「宝永の大噴火」とよばれる⑦の富士山(山梨県・静岡県)の噴火について説明した文で，この噴火は島原・天草一揆《いっき》(1637～38年)発生の70年後にあたる1707年に起きた。したがって，時代順にウ→イ→カ→オ→エ→アとなる。

2　プラスチックごみを題材とする問題

1　ア　北極点は北極海を覆《おお》う氷の上，南極点は南極大陸の中央付近にある。　イ　北極点と南極点は正反対に位置しているので，地球上でたがいに最も遠い地点にある。　ウ　地球温暖化の影響により，北極海や南極大陸の氷がとけ始めており，海水面の上昇を引き起こすことが心配されている。　エ　北極と南極を結ぶ線が経線で，どの経線を北にたどっても北極に，南にたどっても南極に着くのだから，地球上のどの地点から見ても北極は真北，南極は真南ということになる。　オ　北極と南極を通り，東西それぞれ180度まであるのは経線。緯線は赤道に平行に引かれた線で，南北それぞれ90度まである。

2　ア　2017年の海面漁業と海面養殖業を合わせた漁業生産額(漁業産出額)は北海道が最も多く，以下，長崎県，愛媛県，宮城県となっていた。静岡県は全国第７位であった。　イ　技術的に難しいことや，コストがかかりすぎることなどから，イカや，一部の種類を除くカニの養殖は行われていない。　ウ　寒流と暖流がぶつかる潮境(潮目)は，暖流系と寒流系の両方の魚が集まることや，水温の低い寒流の水が下にもぐりこんで海底付近の栄養分がまきあげられ，プランクトンの大量発生をもたらすことなどから，好漁場となる。　エ　各国が，沿岸から200海里以内の海域を排他的経済水域としているため，遠洋漁業が行える海域はせばめられており，漁獲量も減少を続けている。　オ　2013年の国民一人あたりの水産物の消費量は，日本が49.6kgだったのに対し，アメリカは21.5kgであった。なお，日本の一人あたりの水産物の消費量は世界有数であるが，近年は減少傾向《けいこう》にある。

3　日本から出たプラスチックごみがアメリカ合衆国カリフォルニア州の沖合にある「太平洋ごみ海域」に流れ着くのだから，日本の太平洋沿岸を南から北上し，関東地方から東北地方沖で東へと流れを変える黒潮(日本海流)と判断できる。日本を離れた黒潮は北太平洋海流と名を変えて太平洋を東へと向かい，北へ向かった流れはカリフォルニア海流という寒流となって北アメリカ大陸西岸を南下したのち，北赤道海流と合流して太平洋を西へと向かい，再び黒潮となる。

4　ア　世界最高峰《ほう》のエベレスト(チョモランマ・標高8848m)があることで知られるヒマラヤ山脈

は，パキスタン・インド・中国・ネパール・ブータンの５か国にまたがる大山脈である。なお，エベレストはネパールと中国の国境に位置している。　イ　経済特区は外国企業を誘致《ゆうち》するため，中国政府が国内各地に設けた地区で，外国企業には税を安くするなどの優遇措置《ゆうぐうそち》がとられている。ウ　2019年の中国の人口は約14億3000万人，インドの人口は約13億7000万人となっており，2020年代に逆転すると予測されているが，2020年２月時点では中国が世界第１位である。なお，中国の一人っ子政策は，人口増加をおさえるため1979年に始められたが，高齢化が急速に進んできたことなどから，2015年に廃止された。　エ　中国は人口の約９割が漢民族であるが，50以上の少数民族も住んでおり，おもに中国北西部の新疆《しんきょう》ウイグル自治区に住むウイグル族もその１つである。約1000万人といわれる住民の多くがイスラム教徒で，独自の言語と文化を持っているが，近年，中国政府はウイグル族への弾圧を強めており，国際的に非難されている。　オ　19世紀以来，イギリスの植民地とされてきた香港《ホンコン》は，1997年に中国に返還されたが，50年間はそれまでの資本主義体制を維持するという「一国二制度」がとられることとなり，自治政府も置かれた。しかし，近年，中国政府は香港への支配を強める政策を進めており，これに反発する人々が大規模なデモを行うなど，自由を求める運動が若者を中心とした住民の間に広がっている。

5　日本国内で回収されたペットボトルを外国に買い取ってもらっても，ペットボトルの総量は変わらず，プラスチックごみの海への流出の防止にはつながらないから，エが正しくない。

6　まず，見学できそうな工場を探し，候補の中から見学する工場を決める。ここでは，３番目として「質問を考える」が指定されているので，このあと，訪問日時を決めることになる。限られた見学時間を有効に使うためにも，事前にしっかり質問事項を考えておき，実際に訪問し，見学したさいに聞きたいことが聞けるようにしておく。工場には撮影禁止の場所もあるので，内容は許可を得たうえで記録に残し，それを帰ってから整理する。

7　ア「マイクロプラスチックは，海流によって世界中の海に広がっており，マリアナ海溝《かいこう》や北極，南極でも見つかっています」とある。　イ「太平洋ごみ海域」で見つかったごみについて，「海域の一部を調査した結果，ラベルに書かれた言語が確認できた386個のプラスチックごみのうち，最も多かったのが日本語で約３分の１，ついで中国語」だったとある。　ウ「海に流出するプラスチックごみの80％は陸上由来のものと推計されており」とあることから，残りの20％は漁船や貨物船，旅客船などから出された海洋由来のものと考えられる。　エ「レジ袋の規制は世界中で60カ国以上が行い始め，アフリカや中南米諸国，アジアなどの発展途上国でも日本よりも強い規制を行っている国があります」とある。　オ「PCBは肝《かん》機能障害や免疫《めんえき》機能の低下，発がん性の疑いのほか，胎児《たいじ》への影響など強い毒性を持っています」とある。

3 給食を題材とした問題

1　動画共有サービスの多くは，企業などの広告を掲載《けいさい》しており，そこから得る収入をもとに運営されている。そのため，利用者は無料で動画を閲覧《えつらん》できるのである。

2　ア　世界の子どもたちの貧困の状況を調べたり，支援策を立てたりすることは，ユニセフ(国連児童基金，UNICEF)の主要な活動の１つである。　イ　経済の発展を背景に，貧困層の割合は低下している。世界銀行の統計によると，貧困層が世界人口に占《し》める割合は，1990年が36％で，2015年が10％となっている。　ウ　持続可能な開発目標(SDGs)は2015年に国連総会で採択《さいたく》されたもので，17の目標と169のターゲット(達成基準)からなっている。その目標の１番目に，「貧困をなくそう」があげられている。　エ　さまざまな事情で栄養十分な食事がとれない子どもなどに無償《むしょう》，もしくは安価で食事を提供する「子ども食堂」が全国各地で設けられるようになっているが，それらは法律にもとづくものではなく，ほとんどがNPO(非営利団体)やボランティアなどの手で運営されている。　オ　日本国憲法第26条２項で「義務教育は，これを無償とする」と規定されているが，これは公立の小・中学校では授業料を徴収しないことと解釈《かいしゃく》されている。教科書については1963年に施行された「教科書無償措置法」により，小・中学校の教科書が無償で配布されているが，給食についてはそのような制度はない。

3　ア　食生活の洋風化や生産力の向上によって1960年代からコメの生産量が消費量を上回るようになったため，政府は1969年から米の生産調整を始めた。これにもとづいて1970年代から休耕や転作によるコメの減反が行われてきたが，2018年に停止された。　イ　地産地消とは，地元で生産された農水産物などをできるだけ地元で消費しようとする取り組みのこと。輸送費の削減《さくげん》になるだけでなく，食料自給率を上げることにもつながると期待されている。　ウ　第二次世界大戦後，パンや畜産物の消費が増えるなど食生活の洋風化が進み，小麦や肉類などの輸入が増加した。このことは，食料自給率が低下した原因の１つといえる。　エ　日本の自給率が高いコメの消費量が増え，多くを輸入にたよっている小麦の消費量が減れば，食料自給率は高くなると考えられる。オ　2018年の食料自給率は，生産額で計算した場合には66％になるが，熱量(カロリー)で計算した場合には37％になる。

4　ア　センター方式は複数の学校の給食をまとめて調理するので，食材を一括《いっかつ》して大量に購入することで，食材費を安くすることができる。　イ　公立の小・中学校の中には，災害時に地域の避難《ひなん》所とされるところも少なくない。もし避難所として使われ，炊《た》き出しを行う必要が生じた場合には，その学校に給食の調理場を持つ自校方式のほうが便利である。　ウ　大量の給食を調理するセンター方式は，大規模で機械化された設備を用いることによって人件費を削減することができる。　エ　センター方式はより広い地域の多くの児童・生徒に給食を提供するのだから，センターを発生源とする食中毒が起こった場合，被害が大きくなるおそれがある。　オ　センター方式は給食の時間までにつくって届けなければならないので，給食の時間の直前まで調理ができる自校方式に比べて，調理時間は短くなる。

5　ア　地方公共団体の首長は，住民による直接選挙で選出される。　イ　特定の地方公共団体だけに適用される法律を特別法という。国会が特別法を制定する場合には，対象となる自治体で住民投票を行い，その過半数の賛成を得る必要があるが，国の法律なので，地方議会に制定・改正・廃止する権限はない。　ウ　地方議会議員選挙には，国会議員の選挙と同様，政党に所属せず無所属で立候補することができる。　エ　地方議会では，専門的な審査や調査を行うため，必要に応じて常任委員会や特別委員会などの委員会を設けることができる。　オ　地方議会は，地方自治法にもとづき，国会や中央省庁に対して意見書を提出することができる。

6　ア　国民の健康づくりに関する政策全般を中心的に担う省庁は，厚生労働省である。　イ　財政難に直面する市町村の中には，経費の節減のため，給食，ごみ収集，保育園，図書館などの仕事を民営化したり，民間企業に委託《いたく》したりするところも出てきている。　ウ　規格外で売れなくなった食品や消費期限の近い食品などを引き取り，福祉施設などに提供する活動は，フードバンクとよばれる。まだ食べられる食品が大量に廃棄される「食品ロス」を減らすのに，非常に有効な取り組みということができる。　エ　個人で食べられる量は異なるのだから，全員が同じ品数・分量で食事を提供することは食べ残しにつながり，食品ロスが増えると考えられる。　オ　イスラム教では豚肉やアルコールを口にすることが禁じられているほか，ハラル(ハラール)とよばれる，適正な調理・加工によってつくられた食べ物を食べることとされている。

※編集部注…[1]の6につきましては，『遠野物語』の発表年が「明治34年」ではなく「明治43年」の誤りであり，受験生全員を正答としたとの発表がありましたので，本書では解答および解説を省略して掲載しております。

理　科　(40分)　<満点：100点>

解　答

[1] **1** (1)　3通り　(2)　4通り　**2**　**数**…5234　(3)　2通り　(4)　2通り　**3**　イ
[2] **1**　①　○　②　右　③　○　④　○　⑤　右　⑥　○　**2**　①　△　②　△　③　左　④　○　⑤　×　[3] **1**　(例)　太陽の方位を見る。　**2**　(例)　アンモナイト　**3**　ア，エ　**4**　水蒸気　**5**　**A**　イ　**B**　エ　**C**　オ　**明るい星**…C　**赤い星**…B　[4] **1**　ウ，オ　**2**　ア　**3**　**幼虫**…ウ　**成虫**…ウ　**4**　**理由**…イ，エ　**工夫**…ウ，オ　[5] **1**　①　ウ　②　キ　③　ケ　④　イ　⑤　ク　**2**　光　[6] **1**　**操作1**…イ　**操作2**…ア　**2**　ウ　**3**　イ　[7] **1**　イ，エ　**2**　**ちっ素**…イ　**酸素**…ウ　**二酸化炭素**…ア

解　説

[1] てこのつり合いについての問題

1　ここでは黒い積み木の重さを1とする。また，支点からてんびんに置いた積み木の重心(物体の重さが集まってはたらくと考えられる点)までの距離《きょり》は，すべて5cmの倍数になるので，てんびんにつけた①～⑤の番号の値を用いる。すると，黒い積み木によるてんびんを回転させるはたらき(以下，モーメントとよぶ)は，1～5の整数で表される(たとえば，⑤の場所に置いた黒い積み木によるモーメントは，1×5＝5となる)。　(1)　左右で同じ番号に置かないようにして左右に2個ずつ置くので，これら4個の黒い積み木によるモーメントは1～5の数字のうちの4つとなる。よって，1～5の数字のうち4つを選び，2つずつに分けたときのそれぞれの和が等しくなる場合を考えればよく，1＋4＝2＋3，1＋5＝2＋4，2＋5＝3＋4の3通りとわかる。　(2)　1～5の数字のうち3つを選び，2つの整数の和が残り1つの整数となる場合を考えるとよい。1＋2＝3，1＋3＝4，1＋4＝5，2＋3＝5の4通りある。

2　操作1の(1)で探した3通りについて土台を表す数を考えると，4123，5124，5234となる。よって，操作3で用意した土台を表す4けたの数は5234である。これより，白い積み木を積む場所は，板の左の⑤，②の場所と，板の右の③，④の場所である。　(3)　土台はすでに水平になっているので，その上に積む白い積み木のつり合いだけを考えればよい。白い積み木A～Dの重さをそれぞれ1～4とし，(ア)×5＋(イ)×2＝(ウ)×3＋(エ)×4というつり合いの式のア～エに1～4を

1つずつ当てはめて式が成り立つ場合を調べる。すると，（ア，イ，ウ，エ）=（3，2，1，4），（2，3，4，1）の2通りが見つかる。　**(4)**　（ア）×5＋（イ）×2＝（ウ）×3＋（エ）×4の式のア～エに0～3の数字を1つずつ当てはめて式が成り立つ場合を調べると，（ア，イ，ウ，エ）=（2，1，0，3），（1，2，3，0）の2通りあることがわかる。

3　操作3の(4)で白い積み木を積んだ状態で板は水平になっているので，ここでは操作4で新たに置く黒い積み木のつり合いだけを考えればよい。黒い積み木が置かれていない場所は，板の左では①，③，④，板の右では①，②，⑤となっており，これらの場所に黒い積み木を1個ずつ置くと，左回りのモーメントは，1×1＋1×3＋1×4＝8，右回りのモーメントは，1×1＋1×2＋1×5＝8となって，板は水平のままとなることがわかる。

2 電気回路とモーターの回転のしかたについての問題

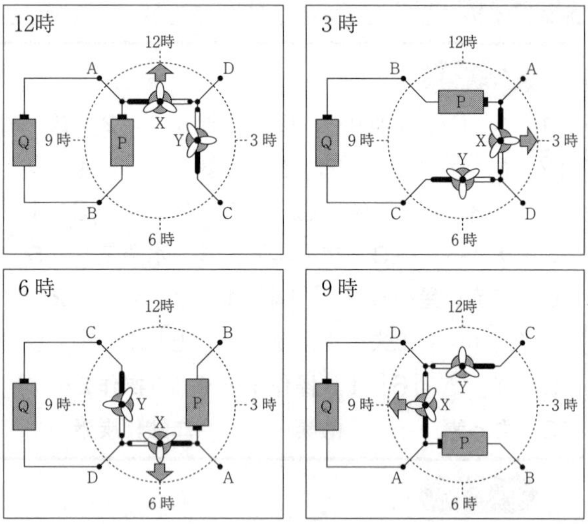

1　矢印の向きが12時，3時，6時，9時のときのようすは，それぞれ右の図のようになる。　①～③　3時の図で，モーターXとY，かん電池PとQはすべて直列につながっていて，モーターに流れる電流の向きもふくめて図1の(5)と同じ回路となっている。よって，モーターXのプロペラは右回りに「○」の速さで回転し，モーターYのプロペラは左回りに「○」の速さで回転する。　④～⑤　6時の図で，モーターYはかん電池Qにつながっていて，電流は図1の(3)などとは逆に黒のどう線から流れこんでいる。したがって，モーターYのプロペラは右回りに「○」の速さで回転する。　⑥　9時の図で，モーターXはかん電池Qにつながっているから，モーターXの回転の速さは「○」である。

2　図3の□の位置を上からa，b，cと呼ぶことにすると，矢印の向きが6時の場合，モーターYのプロペラの速さが「◎」となっているので，かん電池PとモーターYはb，cにあると考えられる。つまり，モーターXはaにある。また，矢印の向きが3時の場合，モーターYのプロペラの速さは「×」で，電流が流れていないことになるから，モーターYはcにはないといえる。したがって，モーターYはb，かん電池Pはcにある。さらに，モーターYの黒いどう線はたんしBの側，白いどう線はたんしDの側にある。　①，②　矢印の向きが12時の場合，モーターXとY，かん電池Qが直列につながるので，図1の(3)と同じ大きさの電流が流れる。よって，どちらのモーターのプロペラも「△」の速さとなる。　③　モーターYには白いどう線から電流が流れこむから，左回りに回転する。　④，⑤　矢印の向きが9時の場合，かん電池QとつながるモーターXのプロペラは「○」の速さで回転する。モーターYには電流が流れないので，プロペラの速さは「×」となる。

3「地球」分野の小問集合

1　太陽は朝に東からのぼり，正午ごろに南中するので，太陽の方向からおよその時刻を推定することができる。また，かげは太陽と反対の方向にできるので，かげがのびる方向から見当をつけることもできる。

2　きょうりゅうが栄えていた時代は中生代とよばれ，今からおよそ2億5000万年～6600万年前の時代である。このころ世界中の海にはアンモナイトという生物が栄えていたが，中生代の終わりに絶滅《ぜつめつ》したと考えられている。

3　あま雲は乱層雲，にゅうどう雲は積乱雲のことで，どちらも雨を降らせる雲であるが，上空の気温が低いなど，条件がそろえば雪を降らせる。

4　火力発電は，化石燃料を燃やし水を加熱してつくり出した水蒸気で，発電機につながるタービンを回して発電している。おもに火山の近くで見られる地熱発電の場合は，化石燃料を燃やすかわりに，地下の高温の水や水蒸気を取り出すなどの方法で水蒸気をつくり，これを発電に使っている。

5　冬の大三角形が南中したようすを示した図において，Aはうす黄色をしたプロキオン(こいぬ座)，Bは赤色のベテルギウス(オリオン座)，Cは白色のシリウス(おおいぬ座)である。シリウスは星座をつくる星の中で最も明るい。

4 ナナホシテントウについての問題

1　ナナホシテントウの頭・胸・腹の区切りはウのようになっている。前方の黒い部分は頭と胸の一部からなっていて，後方のナナホシのもようの部分は，前半分はあしが生えている胸，後ろ半分は腹である。また，前ばねがかたく，後ばねはうすい膜《まく》のようになっていて，飛ぶときには前ばねをあげ，後ばねを使って飛ぶ。

2　ナナホシテントウの幼虫はアである。イはトンボの幼虫のヤゴ，ウはカブトムシの幼虫，エはセミの幼虫と考えられる。

3　ナナホシテントウは幼虫も成虫も肉食性で，おもにアブラムシを食べる。

4　ナナホシテントウの幼虫は，えさとなるアブラムシなどが不足すると，自身のなかまの幼虫を食べることがあり(共食いという)，これが原因の1つと考えられる。よって，幼虫を1ぴきずつ別のケースに分ける工夫が必要となる。また，飼育ケースのすき間から外ににげたとも考えられ，それを防ぐにはケースのふたをガーゼにして輪ゴムでとめるなどの工夫をするとよい。

5 種子の発芽と条件についての問題

1　種子の発芽に必要な条件を調べる実験では，調べたい条件だけがちがい，ほかの条件は同じものどうしで比べる。　①　条件アには肥料がないので，条件アに肥料を加えた条件ウを行って比べる。　②，③　条件アと条件ウではバーミキュライトに種子をうめているので，予想Bを確かめるには，条件アに対しては条件キ，条件ウに対しては条件ケを行って比べる。　④，⑤　条件アに対して空気の条件だけをのぞくには，種子を水中にしずめることで空気をさえぎった条件イを行うとよい。同様に，条件キに対して空気の条件だけをのぞくには，条件クを行う。

2　条件エの冷蔵庫の中は暗いので，条件アも光が当たらないように，光を通さない箱などをかぶせて実験する必要がある。

6 もののとけ方についての問題

1　表より，30℃の水25グラムにとける薬品の量は，食塩が，$36.1\times\frac{25}{100}=9.025$(グラム)，ホウ酸が，$6.8\times\frac{25}{100}=1.7$(グラム)，ミョウバンが，$16.6\times\frac{25}{100}=4.15$(グラム)である。したがって，操作

1でとけ残りがあるのはホウ酸で，食塩とミョウバンは4.0グラムがすべてとける。そして，操作2で，食塩とミョウバンをさらに4.0グラムを加える（全部で8.0グラムになる）と，食塩はすべてとけるが，ミョウバンはとけ残りが出る。

2　操作1で，ホウ酸は，4.0－1.7＝2.3（グラム）がとけ残っている。この2.3グラムのホウ酸をすべてとかすには，30℃の水が，100×2.3÷6.8＝33.8…（グラム）必要となる。よって，ウの35グラムが選べる。

3　操作2の結果，とけ残りがあったのはミョウバンである。25グラムの水に8.0グラムのミョウバンがちょうどとけるときの温度は，100グラムの水にミョウバンがちょうど，$8.0\times\frac{100}{25}=32.0$（グラム）とけるときの温度であるから，表より，40℃と50℃の間であると考えられる。

7　ものの燃え方についての問題

1　ろうそくが燃え続けるためには，集気びんの中の空気が新しい空気（びんの外の空気）とつねに入れかわる必要がある。びんにふたをすると外の空気が入ってこないので，実験2と実験4ではすぐにろうそくの火が消える。

2　ろうそくが燃えるときには空気中の酸素が使われ，ろうの成分の炭素が酸素と結びついて，二酸化炭素が生じる。このとき空気中のちっ素はろうそくの燃焼に関わらない。したがって，ろうそくが燃える前後で，ちっ素はほとんど変化せず，酸素は少なくなり，二酸化炭素は増加する。

国　語　（40分）＜満点：100点＞

解　答

一　**問1**　（例）　柱にぶつかることで，ここに柱があるという情報を得ることができるように，失敗を通じて新しいことを知ることができるから。　**問2**　（例）「ゼロ」はカタカナ英語で，実際には「ズィーロウ」と発音しなければ通じないということ。　**問3**　（例）　アメリカのお寿司を「にせもの」「へんな」と決めつけるのではなく，それを認める寛容さを自分たちも持つべきだということ。　**問4**　（例）　失敗を通じて自分にとっての「当たり前」を相対化することができ，相手を認めるダイバーシティの考え方や寛容さを身につけることができるということ。

二　**問1**　（例）　自分の友だちであり，心の内では尊敬や賞讃の思いを抱いている島田さんのことを，辛辣に評する娘のことが多少不愉快だったから。　**問2**　（例）　じれったい，という意味。　**問3**　（例）　何ごとに対してもきちょうめんで，きっちりしていないと気がすまない性格。　**問4**　（例）　朝日がいちばんこたえる「お母さんが悲しむ」という言葉を，その効果が最も高まる言い方をすることで，朝日が反省するようにしむけるため。

三　**問1**　（例）　離れていく二人とは対照的に，「居場所を変えない樫の木」は，同じページを何度でも読むための目印となる栞のように，その姿を見ることで二人の思い出をあざやかによみがえらせる存在であるということ。　**問2**　⑴　（例）　左右が対称で，しおりがはさまれた部分で，本を開いたような見た目になっている。　⑵　（例）　本の形で表すことで，「おなじページを何度でも読む」ことができるように，「引っ越したあの子」との思い出をいつまでも忘れないでおきたいという「あたし」の切ない願いが表されている。

解　説

一　**出典は『飛ぶ教室』第58号（2019年夏）所収の「ゼロとお寿司（伊藤亜紗《いとうあさ》作）」による。**アメリカのボストンに移住した筆者が，自身の失敗体験を紹介《しょうかい》しながら，「しっぱい」は自分の持っている「当たり前」を相対化するチャンスであり，それを通じて「ダイバーシティ」の考え方や「寛容《かんよう》さ」を身につけることができることを伝えている。

問１　「柱にぶつかる」ことについて，「目の見える側」と「目の見えない知人」の観点から筆者が説明していることをおさえる。「目の見える側」からすれば，「柱にぶつかる」のは「あぶないこと」だから「しっぱい」だといえる。しかし，「目の見えない知人」にとってそれは「知覚方法の一種」であり，「ここに柱がある」という情報を得られるのだから「せいこう」といえるのだと筆者は述べている。つまり，実際の「柱にぶつかる」こと一つとっても，自分の中で「当たり前」だと思っていたことが覆《くつがえ》され，今後につながる新しい気づきがあるという意味で「せいこう」なのだと言っている。

問２　ここでの「柱」とは，「せいこう」と「しっぱい」の分岐《ぶんき》点に立つことを意味するものと考えられる。アメリカのボストンに移住した筆者が郵便番号をたずねられたとき，「ゼロ」と何度も言っても相手に通じなかったが，それは「ゼロ」という発音が「カタカナ英語」であって，実際には「ズィーロウ」と発音しなければ，数字の「０」として認識《にんしき》してもらえなかったからである。

問３　筆者は，アメリカで「いくらおかしな発音」や「あやしい振《ふ》る舞《ま》い」をしても，相手の寛容な態度によって「恥《は》ずかしいと思わずに済ん」だが，「逆もまたしかり」だと述べている。続く部分で，日本のものとは異なるという観点からアメリカの「お寿司《すし》」を，「本物」でも「いつもの」でもないと主張していた息子《むすこ》が，筆者からアメリカ人の寛容さを聞いたことで「本物／にせもの」「いつもの／へんな」という二分法に断じてしまう危険性に気づいたとあるように，日本人である筆者自身も息子も，自分にとっての「当たり前」を絶対化せず，違《ちが》いを寛容に受け入れることが必要だというのである。なお，「逆もまたしかり」は，“逆の場合でもまた同じである”という意味。

問４　問３でみたように，「しっぱい」とは，自分の「当たり前」を基準にして，さまざまな差異を「にせもの」や「へんな」ものだと断じてしまうことをいう。続く部分で，「しっぱいを通して，人は初めて自分にとっての『当たり前』を相対化するチャンスを得る」と述べられているとおり，人は「しっぱい」を通じて自分にとっての「当たり前」が絶対的なものではなく，さまざまな見方の一つだと考えられるようになり，「ダイバーシティ」の考え方や「寛容さ」を身につけることができるというのである。このことを筆者は「自分をひろげる」と表現している。

二　**出典は朝倉《あさくら》かすみの『ぼくは朝日《あさひ》』による。**主人公の朝日と，お父さん，お姉ちゃんの三人家族のようすが描《えが》かれている。

問１　お姉ちゃんが，お父さんの友人である島田《しまだ》さんのことを「パッとしない」と「辛辣《しんらつ》」に評していることをおさえる。実は，「パッとしない」という言葉は，お父さんも島田さんにかけている言葉だが，そこには「友だちならではの親しみ」があるし，内心では島田さんに対する「尊敬と賞賛」の思いがこめられている。しかし，お姉ちゃんは単に「辛辣」に評しているだけなので，自分の友だちのことを悪く言われたと感じて，お父さんは気分を悪くしているものと想像できる。

問２　島田さんに対し，お姉ちゃんは「なーんか焦《じ》れ焦れすんだよね，あのひと見てると」と話していることに着目する。たとえお姉ちゃんから「パッとしない」と言われても，「短い横分けの頭を掻《か》いて，日に灼《や》けた四角い顔をほころばせるんだろうな」と朝日が思っているように，島田さんはのんびりとして穏《おだ》やかな性格であることがうかがえる。きっちりとした性格のお姉ちゃんからすれば，そのような島田さんのようすは，もどかしくて仕方がないのだろうと推測できる。

問3　「ランドセルは，古びていればいるほどかっこいい」という考えから，わざと乱暴に扱《あつか》っている朝日は，「お姉ちゃんをランドセルにたとえたら，六年生になっても交通安全の黄色い布がよく似合う新品みたいな状態」ではないかと想像している。また，そんな状態を保つためには「よほど丁寧《ていねい》に扱わないと」ならないとも思っている。つまり，朝日はお姉ちゃんのことを，きちょうめんで，何ごともきっちりとしないと気がすまない性格だと考えているものとわかる。

問4　朝日にとって「お母さんが悲しむ」と言われることがいちばんこたえることをお姉ちゃんはよく知っている。つまり，「キーキー声」で言うよりも，「低く，湿《しめ》った声」で「お母さんが悲しむ」というほうがより朝日を反省させる効果が高くなることをわかっていて，わざと声を変えているものと想像できる。

三　**出典は蜂飼耳《はちかいみみ》の詩「栞《しおり》」による**。引っ越《こ》した子との思い出を大切にしながらも，だんだんと二人の心が離《はな》れてしまうことへの不安やさびしさをつづった詩である。

問1　「引っ越したあの子」と「あたし」が「すこしずつ離れていく」のとは対照的に，「居場所を変えない樫《かし》の木」が，ちょうど「おなじページを何度でも読む」ための「栞」のようだと表現されていることに注目する。「おなじページを何度でも読む」とは，二人の思い出を何度でも思い出すということである。つまり，樫の木は，「あの子」との思い出をあざやかによみがえらせることができる存在なので「あかるい」のだと言っている。

問2　(1)　詩の題名ともなっている「栞」という言葉が，詩のちょうど真ん中にあたる部分に置かれ，その行を中心に，ほぼ左右対称《たいしょう》の形になっていることに注目する。この行の並び方からは，ちょうど本を開いた状態の形を想像させるような特徴《とくちょう》が生み出されていることがわかる。　(2)　「あたし」は，「引っ越したあの子」との思い出を「いつまで憶《おぼ》えていられるのかな」と考えている。「パンゲア大陸のように／すこしずつ離れていく」とあることからもわかるとおり，「あたし」はいつか，「引っ越したあの子」との思い出を忘れてしまうのではないかという不安やさびしさを覚えているのである。そのうえで，「おなじページを何度でも読む」ために，「栞」が本の間にはさまれていることをおさえる。つまり，「あたし」と「引っ越したあの子」との間には，これ以上新しいページが増えることはないのだから，せめて「おなじページを何度でも読む」ことで，思い出をいつまでも忘れないでおきたいと思っているのである。そんな「あたし」の切ない願いが，開いた本の形のように配置された詩全体から伝わってくる。

2019年度　筑波大学附属駒場中学校

〔電　話〕 (03) 3411－8521
〔所在地〕 〒154-0001　東京都世田谷区池尻4－7－1
〔交　通〕 京王井の頭線―「駒場東大前駅」より徒歩7分
東急田園都市線―「池尻大橋駅」より徒歩15分

【算　数】（40分）〈満点：100点〉

【注意】 円周率は3.14を用いなさい。

1　0から2048までの数がひとつずつ書かれた，2049本の看板《かんばん》があります。

これらの看板[0]，[1]，[2]，…，[2048]を，この順で，東西にまっすぐのびる長さ1kmの道路に，1本ずつ立てる工事を行います。

まず，西の端《はし》に[0]，東の端に[1]の看板を立てます。

続いて，次のように工事1，工事2，工事3，…，工事11を行います。

工事1：[0]と[1]の看板のちょうど中間地点に，[2]の看板を立てます。

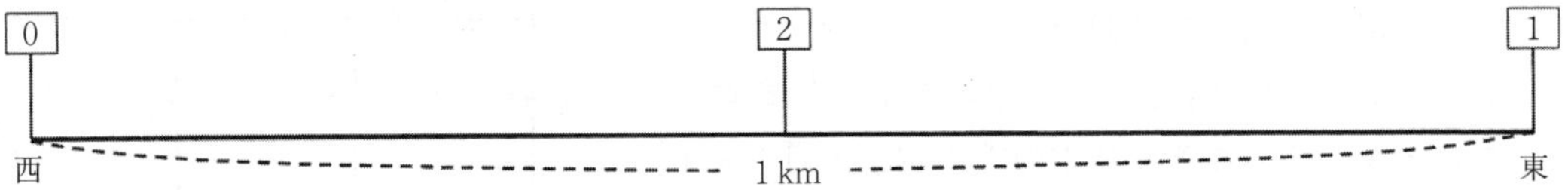

工事2：工事1までで立てた看板のちょうど中間地点に，西から順に[3]，[4]の看板を立てます。

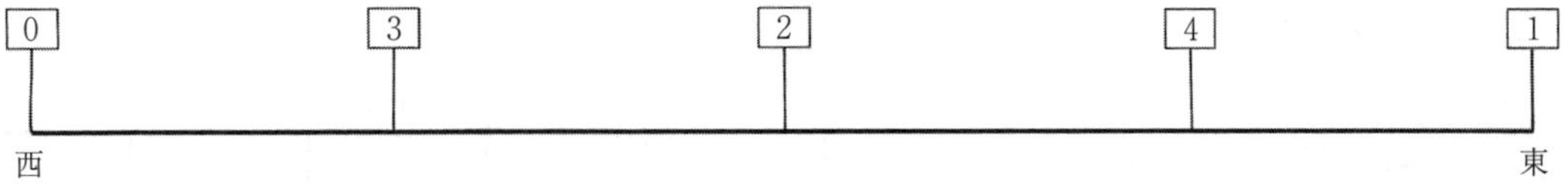

工事3：工事2までで立てた看板のちょうど中間地点に，西から順に[5]，[6]，[7]，[8]の看板を立てます。

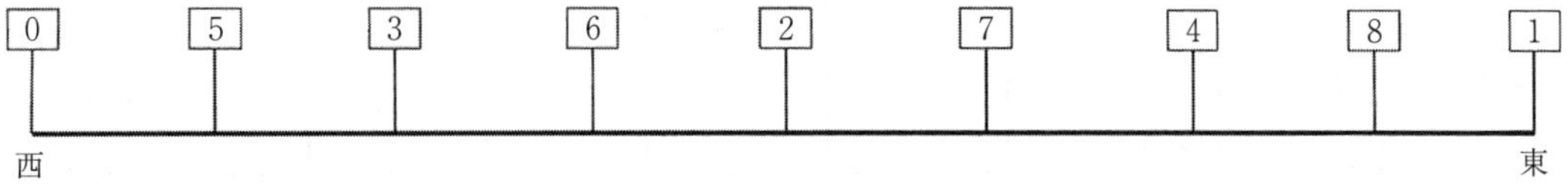

同じように，前の工事までで立てた看板のちょうど中間地点すべてに，西から順に新しい看板を立てる工事を続け，工事11で[2048]の看板まで立てました。

このとき，[0]の看板と[2]の看板の間の距離《きょり》は$\frac{1}{2}$km，[0]の看板と[3]の看板の間の距離は$\frac{1}{4}$kmです。

(1)　[0]の看板と[31]の看板の間の距離は何kmですか。

(2)　[31]の看板から東西どちらに何km進めば，[2019]の看板に着きますか。方角と進んだ距離を答えなさい。

(3)　この道路を[0]の看板から東へ進みながら，看板の個数を数えていきます。ちょうど2019個目の看板に書かれた数は何ですか。ただし，[0]の看板を1個目と数えます。

2　長さが１cmのまっすぐな線をいくつか紙にかいて図形をつくります。

紙から鉛筆《えんぴつ》をはなさずに，この図形上のある１点Ａから，すべての線をなぞってＡに戻《もど》ることを考えます。

例えば，４本の線でつくった図形１は，Ａからすべての線を１回ずつなぞってＡに戻れます。このとき，なぞった線の長さは４cmです。

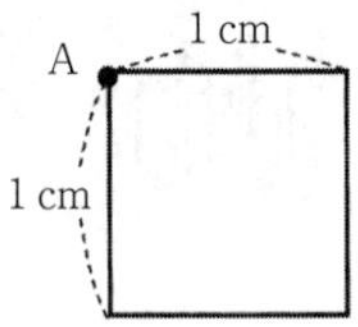

図形１

また，(あ)～(き)の７本の線でつくった図形２は，Ａからすべての線を１回ずつなぞってＡに戻ることはできませんが，(え)の線を２回なぞれば，他の線を１回ずつなぞってＡに戻れます。このとき，なぞった線の長さは８cmです。

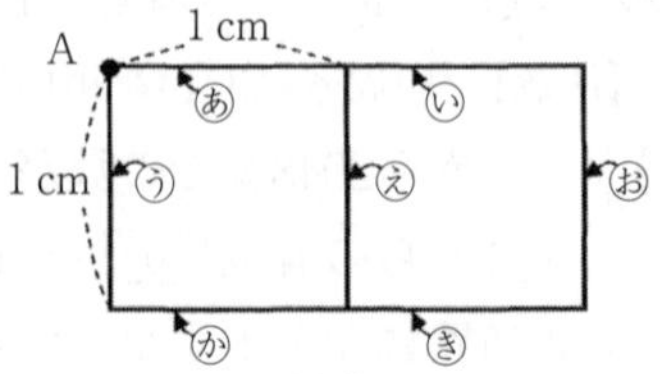

図形２

次の問いに答えなさい。

なお，すべての線をなぞってＡに戻るまでの間で，Ａを何度通ってもよいものとします。

(1)　㋐～㋙の10本の線でつくった図形３には，そのうち２本の線を２回，他の線をちょうど１回ずつなぞってＡに戻る，長さ12cmのなぞり方があります。

このとき，２回なぞる２本の線の選び方は２通りあります。それぞれの選び方で，２回なぞる２本の線はどれですか。２回なぞる２本の線の組み合わせを，㋐～㋙の記号で答えなさい。

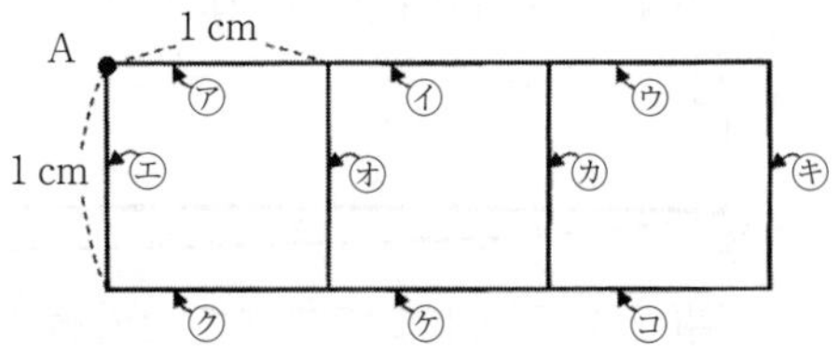

図形３

(2)　12本の線でつくった図形４には，そのうち４本の線を２回，他の線をちょうど１回ずつなぞってＡに戻る，長さ16cmのなぞり方があります。このとき，２回なぞる４本の線の選び方は何通りありますか。

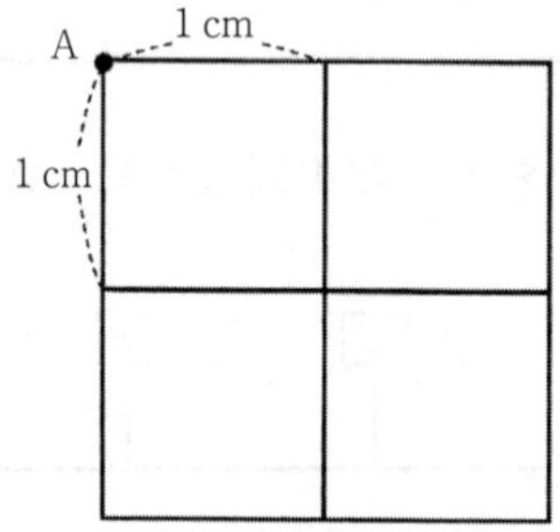

図形４

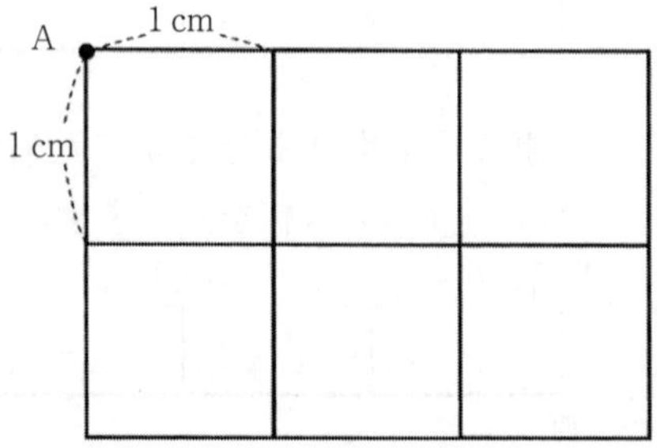

図形５

(3)　17本の線でつくった右上の図形５には，そのうち５本の線を２回，他の線をちょうど１回ずつなぞってＡに戻る，長さ22cmのなぞり方があります。このとき，２回なぞる５本の線の選び方は何通りありますか。

3　15m離《はな》れた２点Ａ，Ｂをまっすぐにつなぐ電飾《でんしょく》ケーブルがあります。

赤色，白色，青色の光の点が，次の⑴，⑵，⑶のようにそれぞれ動きます。同時に動き始めてから，点灯しているすべての光の点が初めて重なるまでの時間と，Ａから重なった地点までの距離《きょり》をそれぞれ答えなさい。

⑴

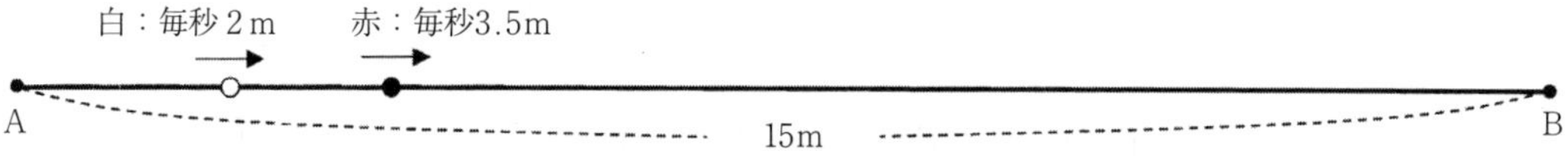

赤色の光：Ａを出発して，毎秒3.5ｍの速さでＢに向かって進む。
　　　　　Ｂに到着《とうちゃく》した瞬間《しゅんかん》に再びＡで点灯し，同じ動きをくり返す。
白色の光：Ａを出発して，毎秒２ｍの速さでＢに向かって進む。
　　　　　Ｂに到着した瞬間に再びＡで点灯し，同じ動きをくり返す。
青色の光：点灯しない。

⑵

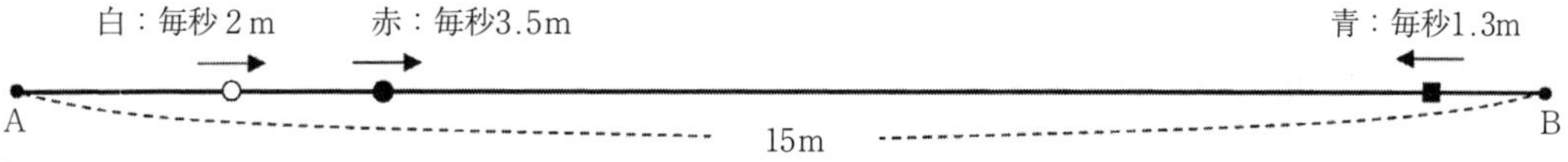

赤色の光：⑴と同じ動き。
白色の光：⑴と同じ動き。
青色の光：Ｂを出発して，毎秒1.3ｍの速さでＡに向かって進む。
　　　　　Ａに到着した瞬間に再びＢで点灯し，同じ動きをくり返す。

⑶

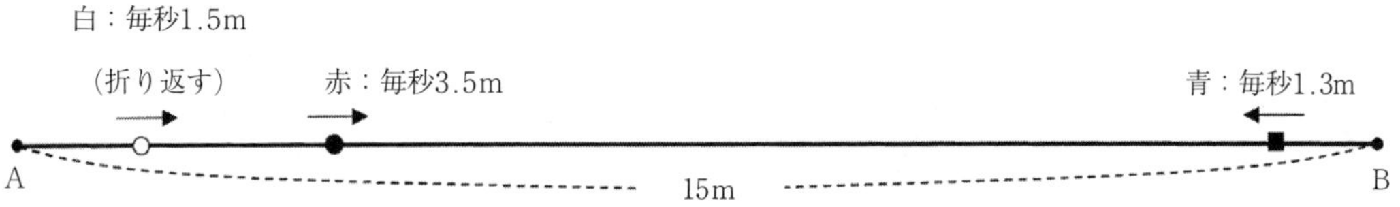

赤色の光：⑴と同じ動き。
白色の光：Ａを出発して，毎秒1.5ｍの速さでＢに向かって進む。
　　　　　Ｂに到着した瞬間に折り返して，毎秒1.5ｍの速さでＡに向かって進む。
　　　　　Ａに到着した瞬間に折り返して，同じ動きをくり返す。
青色の光：⑵と同じ動き。

4　半径5cmの円があります。図1のように，この円の内側に三角形ABCがあります。AB，ACの長さはどちらも5cm，3つの角の大きさはそれぞれ30°，75°，75°です。

また，B，Cは円周上にあります。

この三角形ABCを次の(ア)，(イ)，(ウ)の順に動かします。

(ア)　Cを中心とし，Aが円周上にくるまで時計回りに回転する。

(イ)　Aを中心とし，Bが円周上にくるまで時計回りに回転する。

(ウ)　Bを中心とし，Cが円周上にくるまで時計回りに回転する。

次の問いに答えなさい。

図1

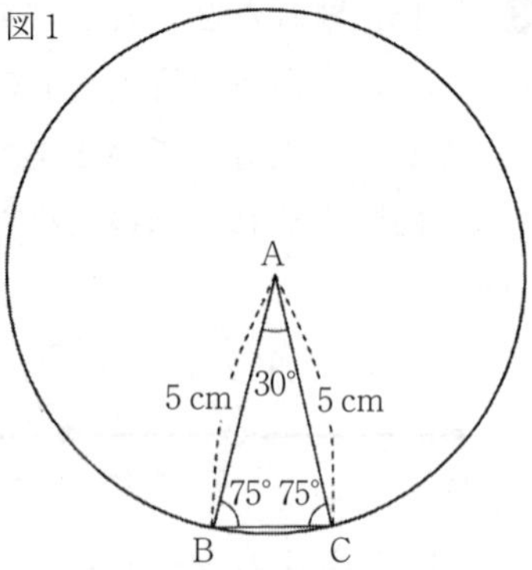

図2

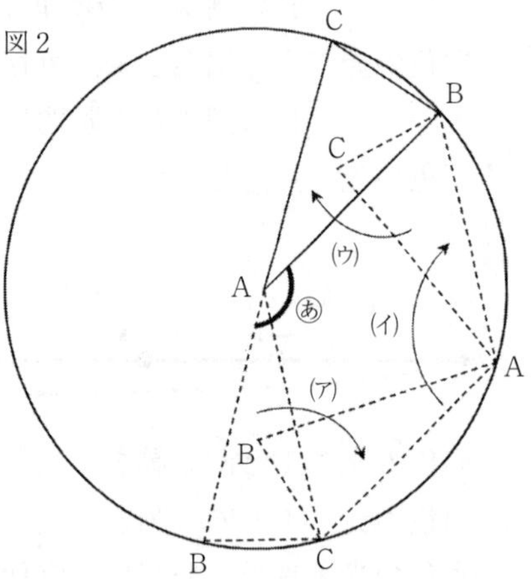

(1)　三角形ABCを，図1の位置から(ア)，(イ)，(ウ)の順に動かすと，図2のようになります。ⓐの角度を答えなさい。

(2)　三角形ABCを，図1の位置から

(ア)，(イ)，(ウ)，(ア)，(イ)，(ウ)，…

の順に，元の位置に戻《もど》るまでくり返し動かします。このとき，Aがえがく線の長さは何cmですか。

(3)　三角形ABCを図1の位置から(ア)だけ動かします。このとき，三角形ABCが通過する部分の面積を求めなさい。

ただし，BCの長さを2.6cmとして計算しなさい。

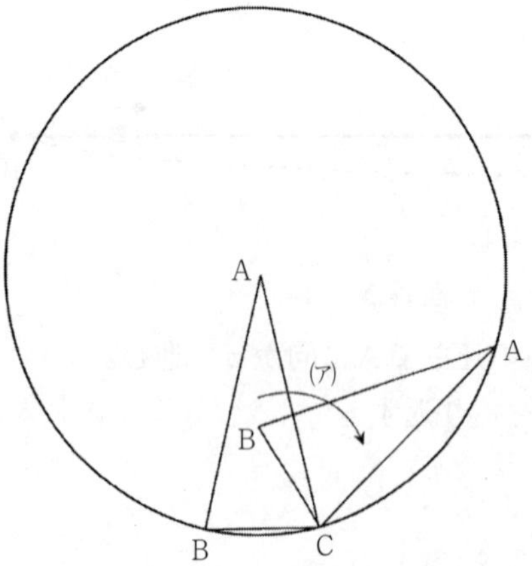

【社　会】（40分）〈満点：100点〉

1　つぎの文と地図を読んで，あとの１から７までの各問いに答えなさい。

あらた君はテレビのニュースで，2018年は小笠原《おがさわら》諸島が日本に返還《へんかん》されて50年目にあたることを知りました。調べてみると，小笠原諸島が独特な自然や歴史をもつことがわかりました。

図１

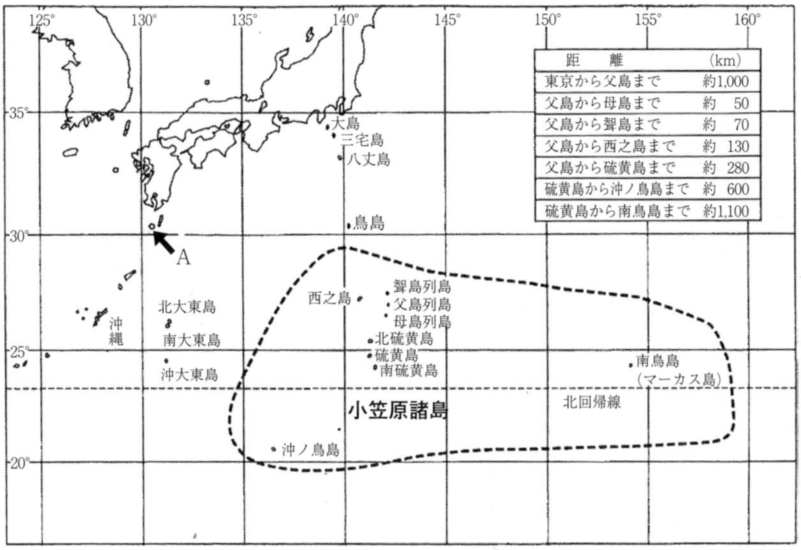

距　離	(km)
東京から父島まで	約1,000
父島から母島まで	約　50
父島から聟島まで	約　70
父島から西之島まで	約　130
父島から硫黄島まで	約　280
硫黄島から沖ノ鳥島まで	約　600
硫黄島から南鳥島まで	約1,100

郭南燕，ガバン・マーコック 編著
『小笠原諸島—アジア太平洋から見た環境文化』より

位置について

小笠原諸島は本土から南へ約1,000kmのあたりにある。聟島《むこじま》列島・父島列島・母島列島・硫黄《いおう》火山列島の四列島に南鳥島・沖ノ鳥《おきのとり》島・西之《にしの》島などを加えた，30余りの島々からなっている。このうち，民間人が住んでいるのは父島と母島の２島だけだという。

生き物について

小笠原諸島は固有の動植物に恵《めぐ》まれている。「東洋のガラパゴス」とも呼ばれ，独自の進化をした生物たちを観察することができる。しかし，島の動植物は生態系の繊細《せんさい》なバランスの上になりたっており，環境《かんきょう》の変化に弱い。植物では約400種のうちの40％が固有種であるが，絶《ぜつ》滅《めつ》した，あるいは絶滅が心配される種類が多い。動物でも鳥類・貝類・昆虫《こんちゅう》などの固有種で絶滅・激減の危機にあるものが多い。観光客に人気のあるアオウミガメは，かつて個体数を大きく減らし，その回復のために人工的な繁殖《はんしょく》や放流が取り組まれていたが，個体数の回復は実現できていない。

交通について

小笠原諸島への交通手段は，東京—父島を25時間で結ぶ週一便のフェリーだけだ。島民の生活の便を考えて，飛行場の建設や時速70kmで走ることができる高速船の就航など，交通手段の改善が検討されてきたが，現在まで実現しないままでいる。

歴史について

200年前までの小笠原には人が住んでいなかったと言われていたが，1991年の発掘《はっくつ》調査で約2,000年前に人が住んでいたことが証明されたという。ただ，定住は長く続かなかったようだ。1820年代に欧米《おうべい》各国が捕鯨《ほげい》のために日本近海へ進出し，母島・父島が発見され，停泊《ていはく》地に使われた。その後，1830年に欧米人と太平洋諸島の人々によって最初の入植が行われた。1876年に日本が小笠原への主権を宣言し，そこから日本人の入植が始まった。

太平洋戦争では父島・母島・硫黄島などが戦場となり，多くの死者を出した。住民は義勇兵を除き，本土へ引き揚《あ》げていた。戦後はアメリカ軍の占領《せんりょう》下に置かれ，まず欧米系住民の帰島が許された。父島や硫黄島は軍事基地としての役割を担《にな》った。1972年の沖縄《おきなわ》に先立ち，1968年に返還され，すべての住民が戻《もど》れることになった。

1　小笠原諸島に関連してのべた文のうち正しくないものを，次のアからオまでの中から二つ選び，その記号を書きなさい。

ア　硫黄島は太平洋戦争において戦場になり，その戦いで両軍に多くの死者を出した。

イ　南鳥島は日本の最南端《たん》に位置している。

ウ　沖ノ鳥島は波の力によって崩《くず》れてしまう危険があるため，護岸工事が行われた。

エ　西之島は活発な火山活動の結果，島の面積が増加した。

オ　小笠原諸島は沖縄県に属している。

2　小笠原諸島で見られる環境の変化についてのべた文のうち正しいものを，次のアからオまでの中から二つ選び，その記号を書きなさい。

ア　観光施設《しせつ》の増加にともなって大気汚染《おせん》が見られるようになった。

イ　工場が増加したことで，海水が汚染されるようになった。

ウ　人々の入植が始まってから，狩猟《しゅりょう》や伐採《ばっさい》によって生物種が減少した。

エ　建築用の木材を得るために森林が伐採され，洪水《こうずい》が起こるようになった。

オ　海水温の上昇《じょうしょう》で台風が大型化し，大きな被害《ひがい》が心配されるようになった。

3　小笠原諸島における飛行場の建設や高速船の就航に関連してのべた文として正しくないものを，次のアからオまでの中から二つ選び，その記号を書きなさい。

ア　山を切り崩して飛行場をつくる場合，動植物や生活用水への影響《えいきょう》が心配される。

イ　海を埋《う》め立てて飛行場をつくる場合，魚介《ぎょかい》類など海の生物への影響が心配される。

ウ　飛行場の建設により，島で出た急病人を東京へ搬送《はんそう》しやすくなる。

エ　高速船の就航で農産物を本土へ早く運べるようになり，島内の酪農《らくのう》業が盛《さか》んになる。

オ　高速船の就航で東京からの日帰り旅行が可能になり，島への観光客の増加が期待される。

4　あらた君は，父島に残る太平洋諸島の文化を調べてみようと思いました。そのときの方法として適切でないものを，次のアからオまでの中から二つ選び，その記号を書きなさい。

ア　役場に行き，この50年の父島全体の人口の増減を調べる。

イ　人々の居住地を歩き，外国語表記の看板や住居を観察する。

ウ　太平洋諸島の文化に詳《くわ》しい人に，インタビューを申し入れる。

エ　島のお祭りに参加し，民謡《みんよう》や踊《おど》りなどを観察する。

オ　1960年と2014年の地形図を手に入れ，土地利用の変化を見る。

5　沖縄に関連してのべた文として正しくないものを，次のアからオまでの中から二つ選び，その記号を書きなさい。

ア　台風や梅雨前線の影響で，飲料水や農業用水に恵まれている。

イ　日本最西端の与那国《よなぐに》島は，沖縄県に属している。

ウ　東京よりも平均気温が高く，サトウキビなど気候に合った作物が栽培《さいばい》されている。

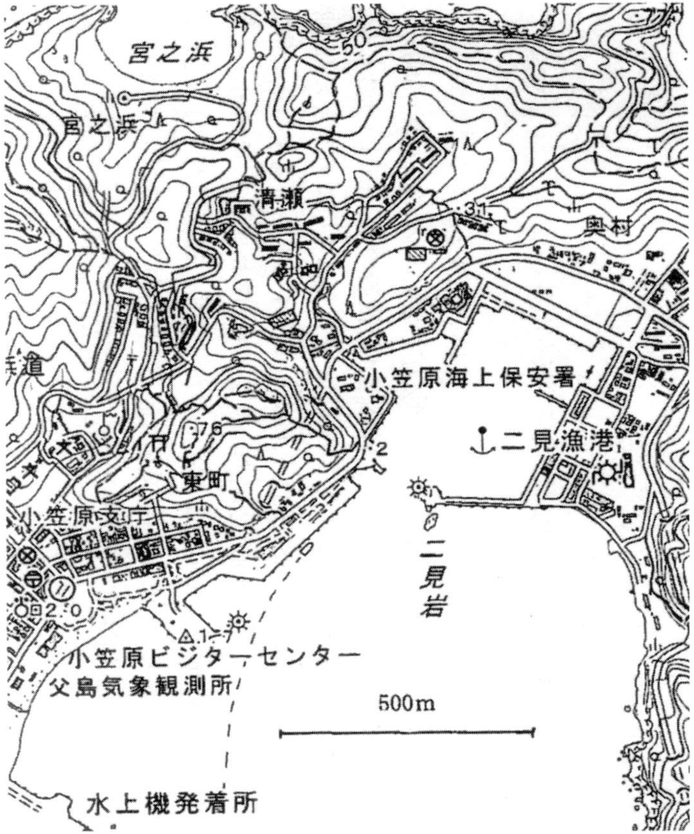

国土地理院地形図　2万5千分の1　「父島」「母島北部」を拡大した

エ　琉球《りゅうきゅう》王国時代は鎖国《さこく》をしており，独自の文化を育んできた。

オ　太平洋戦争でアメリカ軍が上陸し，多くの住民を巻き込《こ》んだ戦闘《せんとう》が行われた。

6　現在，日本には小笠原諸島以外に３カ所の世界自然遺産が存在する。図１のＡで示した場所にある自然遺産で評価されている点について，価値と動植物からそれぞれ一つずつ選び，その記号を書きなさい。

価値　ア　海氷がもたらす豊富な栄養，豊かな生態系

　　　イ　標高差がもたらす多様な植生

　　　ウ　固有種が多い独特な生態系

　　　エ　生き残った原生林，マタギ文化

動植物　a　アオウミガメ　アブラヤシ

　　　　b　ヒグマ　サケ

　　　　c　シカ　スギ

　　　　d　ツキノワグマ　ブナ

7　あらた君は，父島の二見《ふたみ》港と母島の沖《おき》港周辺の地形図を手に入れ，見比べることにしました。７ページの二枚の地形図から読み取れることについてのべた文として正しいものを，次のアからカまでの中から二つ選び，その記号を書きなさい。

ア　父島よりも母島に住む人の方が多い。

イ　二見港と沖港がある湾《わん》は，ともに南を向いている。

ウ　父島・母島ともに，コメ作りが盛んである。

エ　父島には，アメリカ軍専用の水上機発着所がある。

オ　父島・母島ともに，魚を加工する工場を持っている。

カ　父島・母島ともに小中学校があり，父島には高等学校もある。

2　つぎの文と図表を参考にして，あとの１から４までの各問いに答えなさい。

総務省統計局の人口推計によると，日本の総人口は2007～2010年の間に１億2,800万人台でしたが，2011年からは毎年減少するようになり，2018年４月段階の総人口は１億2,650万人となっています。日本は2010年代に人口減少社会になったと考えられているのです。2053年には総人口が１億人を下回って，2065年には8,808万人にまで減少するという将来の推計値も示されています（国立社会保障・人口問題研究所2017年４月公表）。日本の人口の移りかわりをみていくと，それぞれの時代の特徴《とくちょう》を示していることがわかります。総人口が１億人を超《こ》えたのは1967年，１億2,000万人を超えたのは1984年でした。1960年代は（　Ａ　）が続いて国民の生活水準は向上し，また，1980年代は経済大国として世界から評価された時期でした。右の表は，国勢調査がおこなわれるようになった1920年以降の総人口を５年おきに示したものです。なお，1945年から1970年まで（　Ｂ　）の人口は含《ふく》まれていません。この表をみると，2010年まではずっと人口が増加し続けているかのようですが，もう少し細かくみてみましょう。それぞれの年の

年	総人口	年	総人口	年	総人口
1920	55,963	1955	89,276	1990	123,611
1925	59,737	1960	93,419	1995	125,570
1930	64,450	1965	98,275	2000	126,926
1935	69,254	1970	103,720	2005	127,768
1940	71,933	1975	111,940	2010	128,057
1945	72,147	1980	117,060	2015	127,095
1950	83,200	1985	121,049	（単位　千人）	

人口が，その5年前の人口からどれだけ増えたかを計算してください。そうすると，数字が特に小さなものがいくつか出てきます。例えば，〈 ① 〉年と〈 ② 〉年の差は84万2,000人で，100万人を下回っています。〈 ② 〉年は出生率の最低値1.26を記録した年でした。すでに1990年代から人口の増え方はゆるやかになっていましたが，2000年代にはさらに人口の伸《の》びが小さくなり，2010年代にはとうとう減少に転じました。この他に数字が小さいのが，〈 ③ 〉年と〈 ④ 〉年の差です。これは（ C ）の影響《えいきょう》と考えられ，（ C ）の終わった〈 ④ 〉年は，この年だけで前年より200万人以上も人口が減少しています。逆に数字が特に大きいのが，〈 ④ 〉年と〈 ⑤ 〉年の差と〈 ⑥ 〉年と〈 ⑦ 〉年の差です。この時期は，いわゆる「ベビーブーム」にあたります。

さらに歴史をさかのぼり，日本列島にはそれぞれの時代にどれだけの人びとが住んでいたのかみてみましょう。なお，ここでいう日本列島とは，北は樺太《からふと》・千島《ちしま》列島・北海道，南は奄美《あまみ》群島から先島《さきしま》諸島までを含みます。明治時代のおわりごろの人口はおよそ5,000万人，今から150年ほど前が3,300万人でした。全国的な統計のない時代は，戸籍《こせき》や税に関する書類などをもとに推定されますが，17世紀初めが1,200万人，1450年ごろが1,000万人，1300年ごろが600万人，1200年ごろが700万人，900年ごろが600万人，8世紀はおよそ500万人と推定されています。文字史料のない時代の人口は，出土した人骨や集落あとなどから推定されますが，3世紀が60万人，およそ5000年前の縄文《じょうもん》時代中期が最大でも30万人程度と考えられています。

それでは，日本列島のどこにどれだけの人びとが住んでいたのでしょうか。右の図は，各時代の「人口重心」を表しています。人口重心とは，ある時期の各地域の人口を調べ，一人ひとりの体重が同じと仮定し，全体としてどこでバランスを保つことができるかを示した点です。各時代の政治・経済の中心地がどこかによっても異なってきます。図に示された時代の他，例えば，縄文時代の重心は，現在の＿＿＿＿あたりにあったと推定されています。木の実をつける落葉広葉樹林の広がっていた東日本は，照葉樹林が年中しげっていた西日本よりも食料を得ることが容易でした。そのため，東日本に人口が集中しており，現在よりもさらに東に重心があったと考えられています。重心が西に大きく移動するのは，西日本で（ D ）が始まってからです。

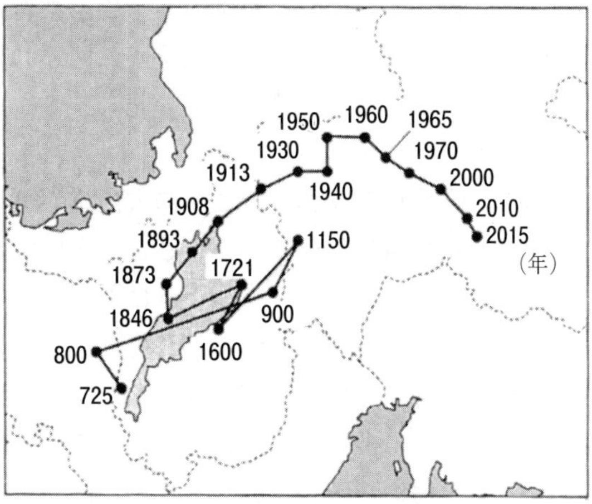

斎藤成也『日本列島人の歴史』をもとに作成

こうしてみると，日本列島の人口は必ずしも増え続けてきたわけではなく，また，人口の多い地域も変化してきたことがわかります。人口減少社会をむかえ，これからの日本を考える上で，人口の歴史を知っておくのも大切でしょう。

1 （A）～（D）にあてはまることばを書きなさい。ただし，（B）にあてはまるのは都道府県名である。

2 〈①〉～〈⑦〉にあてはまる年を，本文中の表から選んで答えなさい。

3 それぞれの時代について，つぎの(1)(2)の問いに答えなさい。

(1) 本文で示された人口とそれぞれの時代のできごとに関連してのべた文として正しくないも

のを，つぎのアからオまでの中から二つ選び，その記号を書きなさい。

ア　日本の人口が60万人だったころ，ある女王が中国に使いを送って皇帝《こうてい》から銅鏡などをあたえられた。

イ　日本の人口が700万人だったころ，地方から都に運ぶ税には木製の荷札がつけられていた。

ウ　日本の人口が1,200万人だったころ，江戸《えど》の城下町が広がり，武士や町人など多くの人が住むようになった。

エ　日本の人口が3,300万人だったころ，製糸工場の女性など，工場で働く人の労働条件が社会問題となった。

オ　日本の人口が１億人だったころ，国民総生産額がアメリカに次いで世界第２位になった。

(2)　推定される人口のうち，８世紀のものには，日本列島の北部と南部の人口が含まれていない。それはなぜだと考えられるか。当時の日本列島の状況《じょうきょう》と本文の内容をふまえながら，30字程度で説明しなさい。

4　人口重心に関連して，つぎの(1)(2)の問いに答えなさい。

(1)　本文中の＿＿＿にあてはまる場所としてもっとも適切なものを，つぎのアからオまでの中から一つ選び，その記号を書きなさい。

ア　岡山《おかやま》県　　イ　京都府　　ウ　滋賀《しが》県　　エ　三重《みえ》県　　オ　長野県

(2)　各時代のできごとと人口重心に関連してのべた文として正しいものを，つぎのアからキまでの中からすべて選び，その記号を書きなさい。ただし，それぞれの重心の位置は現在の都道府県名で示している。

ア　奈良《なら》に都があったころの人口重心は，奈良県の北部に位置していた。

イ　平安京に都がうつったころ，人口重心が京都府内に移動した。

ウ　平氏が強い力をもつようになったころ，人口重心はそれまでより西の方に移動した。

エ　近松門左衛門《ちかまつもんざえもん》が活やくしていたころの人口重心は，琵琶《びわ》湖の東岸に位置していた。

オ　京都から東京に都がうつったころ，人口重心は大きく東の方に移動した。

カ　満州に多くの人が移住したころ，人口重心は満州のある北西の方に移動した。

キ　東海道新幹線が開業したころから現在にいたるまで，人口重心はしだいに南東の方に移動している。

3　つぎの文を読んで，あとの１から６までの各問いに答えなさい。

私たちは毎日のように，新聞やテレビで紛争《ふんそう》のニュースを目にします。現代の紛争では，民族や宗教，資源をめぐる対立などで多くの人が殺されたり，難民になったりするなど，人道的な問題が起こることがあります。このようなとき，国際社会はその国の同意なしに武力で介《かい》入《にゅう》して，その国の人びとの安全を守るべきでしょうか。

この問題については，大きく二つの立場があります。第一に，内政不干渉《ふかんしょう》の原則を重んじる立場です。内政不干渉の原則とは，国の政治や経済，外交政策などについては，国民が決めることなので他国の干渉は受けないという考え方です。この立場は，多くの戦争や紛争は内政干渉から起こったため，平和を保つためには内政不干渉の原則に反するべきではないとします。第二に，人道的介入を行うべきとする立場です。人道的介入とは，内戦や地域紛争で多くの人の命が失われたり，ある国の政府が国民を迫害《はくがい》したりするとき，迫害をやめさせるために他国が武力介入することです。この立場は，人権や命はとても重要であるため，他国の介入以外に危機をとめる手段がない場合は介入するべきとします。

人道的介入をするべきかという問題に直面した事例として，1990年代のコソボ，2010年代のリビアがあります。セルビア共和国の自治州だったコソボでは，1998年，独立を求める住民を政府が弾圧《だんあつ》し，はげしい内戦が始まりました。アメリカやイギリスは仲介《ちゅうかい》をしようとしましたがうまくいかず，1999年にNATO（北大西洋条約機構）軍がセルビアなどに空爆《くうばく》を行いました。この空爆に中国やロシアは反対しましたが，NATOは虐殺《ぎゃくさつ》をやめさせるための人道的介入であると説明しました。国際社会の合意がなく行われた空爆は，大きな議論をよびました。空爆は78日間におよび，その後，和平が結ばれました。リビアでは，2011年に，独裁《どくさい》をしていたカダフィ大佐《たいさ》をやめさせようとするデモが始まると，政府はそのデモを武力で弾圧しました。これに対処するため，アメリカやフランスなどの多国籍《たこくせき》軍が空爆を行いました。その後，NATOが引きついで，空爆は約半年間行われました。空爆の結果，カダフィ政権は事実上崩《ほう》壊《かい》しました。

これらの事例では，人道的介入の是非《ぜひ》が問題になりました。コソボでの空爆について，おもに先進国からなる「コソボに関する独立国際委員会」は「違法《いほう》だが正当なものだった」としましたが，内政不干渉の原則に反するとして反発する国々もありました。その後，カナダ政府が主導した「介入と国家主権に関する国際委員会」は，2001年の報告書で，人びとを保護する責任は国家にあるが，それが果たされない時は国際社会が「保護する責任」を負うとして，人道的介入を正当化しました。2005年の国際連合首脳会合の成果文書は，「保護する責任」の対象を，多くの命が失われたり人道的な危機が起きたりする場合のみにすること，武力の行使には国際連合安全保障理事会が認めることが前提であることを確認しました。2011年のリビアへの介入は，安全保障理事会が「保護する責任」にもとづいて介入を決定したものでした。

「保護する責任」にもとづいて行動したとしても，どのような行動が人びとを救い，人権を保障することになるのかという判断はとても難しいものです。一方で，じっくりと時間をかけて判断すると，危機を放置することになりかねません。「保護する責任」にもとづいてどのように行動していくのか，という問題は残されたままです。

1　難民に関連してのべた文として正しいものを，つぎのアからオまでの中から二つ選び，その記号を書きなさい。

ア　難民を保護するために，国際連合の加盟国は，助けを求めて自国に来るすべての人びとを受け入れる義務がある。

イ　イスラエルとパキスタンとの間では領土の主張などをめぐって争いが続き，多くの難民が発生した。

ウ　近年，「ロヒンギャ」とよばれる人びとがミャンマーで迫害を受けて国外に逃《のが》れたことで多くの難民が発生した。

エ　近年，シリアから逃れた人びとの多くは，政府が難民を積極的に受け入れているブラジルへと渡《わた》っている。

オ　「国境なき医師団」などのNGO（非政府組織）は，感染症《かんせんしょう》の予防，安全な水の確保などをして難民を助けている。

2　日本の政治や経済，外交政策に関連してのべた文として正しいものを，つぎのアからオまでの中から二つ選び，その記号を書きなさい。

ア　大きな災害が起きたとき，人びとのくらしを守るために，国会・内閣・裁判所の権限を一つに集中させて政治がうまく働くようにすることができる災害救助法がつくられた。

イ　成人年齢《ねんれい》を18歳《さい》に引き下げる改正民法が成立したため，改正民法が施行《しこう》されれば18歳や19歳は保護者の同意がなくてもスマートフォンを買うことができる。

ウ　世田谷区は，同性パートナーシップ宣誓《せんせい》の制度を取り入れており，同性カップルの結婚《けっこん》を認めることを法律で定めている。

エ　日本の人口にしめる高齢者の割合が増加しており，現在，国の支出にしめる社会保障の費用の割合は国債《こくさい》費や公共事業の費用に比べて大きくなっている。

オ　ソマリア沖《おき》の海賊《かいぞく》が大きな問題となったが，日本国憲法の平和主義にもとづいて，日本政府はソマリア沖に自衛隊を派遣《はけん》しなかった。

3　つぎの図はいくつかの内戦や地域紛争の場所を示したものである。図中の場所Ａ～Ｄと説明①～④の組み合わせとして正しいものを，あとのアからエまでの中から一つ選び，その記号を書きなさい。

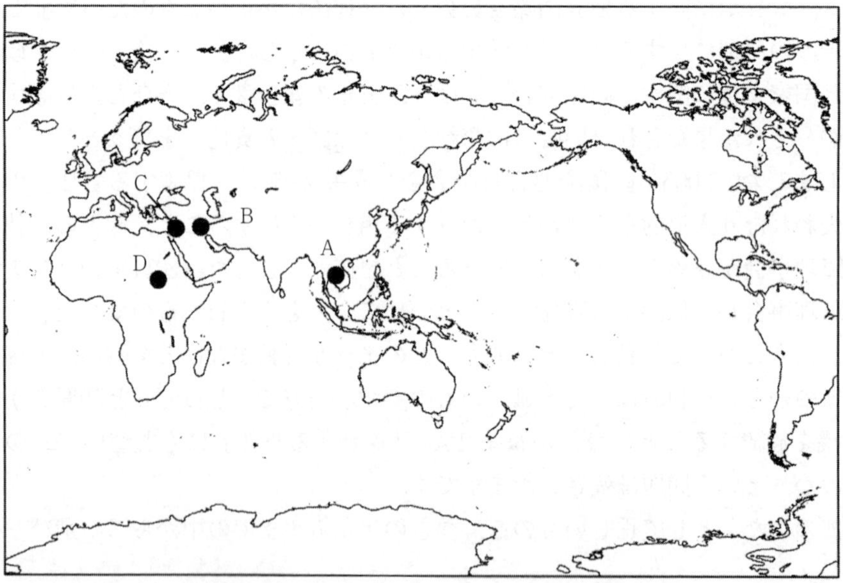

①　南北の住民の間で対立が続いていたが，南部の地域は新しい国家として独立した。

②　アメリカが攻撃《こうげき》した後，日本の自衛隊が復興を助けるために派遣された。

③　日本の自衛隊が初めて国際連合のPKO(平和維持《いじ》活動)の一環《いっかん》として活動した。

④　三つの宗教の聖地をかかえ，アラブ人とユダヤ人の対立が続いている。

ア　Ａ―①　　イ　Ｂ―②　　ウ　Ｃ―③　　エ　Ｄ―④

4　人権に関連してのべた文として正しくないものを，つぎのアからオまでの中からすべて選び，その記号を書きなさい。

ア　日本国憲法では，教育を受ける権利が保障されているため，義務教育は無償《むしょう》となっている。

イ　日本に住んでいて税金をおさめている外国人は，日本国憲法で国政選挙の選挙権があると定められている。

ウ　日本では，法律の定める手続きによらなければ，刑罰《けいばつ》をかせられることはない。

エ　日本国憲法では，国民の三つの義務のすべてを果たしていない人には，刑罰がかせられると定められている。

オ　日本国憲法には，くらしやすい環境のもとで生活する権利である環境権が条文として書かれている。

5　本文中にあるアメリカ，イギリス，中国，ロシアに関連してのべた文として正しくないものを，つぎのアからオまでの中からすべて選び，その記号を書きなさい。

ア　アメリカと北朝鮮《きたちょうせん》の首脳会談が，2018年に史上初めて行われた。

イ　国際連合本部はアメリカにあるが，分担金の割合は中国，アメリカ，日本の順番で多い。

ウ　イギリスの女性大統領は，2019年にイギリスがEU(ヨーロッパ連合)から離脱《りだつ》することを表明している。

エ　中国には，言葉や習慣がちがう50以上の民族がくらしているが，漢民族が人口全体の約50%をしめている。

オ　ロシアは，2010年代にサッカーワールドカップとオリンピックを開催《かいさい》した。

6　本文でのべられている「保護する責任」の意味をふまえた文として正しいものを，つぎのアからオまでの中から二つ選び，その記号を書きなさい。

ア　近年のシリア内戦において，国際連合事務総長は安全保障理事会に「保護する責任」にもとづく積極的な行動を求めたが，各国の利害が関係して国際社会で一致《いっち》した行動はとれていない。

イ　アメリカは，日本や東アジアを「保護する責任」があるため，沖縄《おきなわ》にアメリカ軍基地をおいて，日本や東アジアの平和と安全を守っている。

ウ　NATO 軍が1999年にセルビアなどに対して行った空爆は，国際連合の安全保障理事会が「保護する責任」にもとづいて認めたものであった。

エ　独裁国家から民主的な国になるために，リビア国民は自らを「保護する責任」があるとしてデモを行い，カダフィ政権を事実上崩壊させた。

オ　人道的な危機が起きている国の人びとを救うために，国際社会が「保護する責任」にもとづいて行動する場合，その国の同意なしに武力で介入することができる。

【理　科】（40分）〈満点：100点〉

【注意】 指示されたもの以外の答えは，ア～サなどのなかから選んで答えなさい。

1 春になるとさまざまな鳥を野外でよく見かけるようになる。ツバメは春，つがいになって巣をつくり，そこで子育てをする。カラスもツバメと同じように春，つがいになって巣をつくり子育てをする。どちらも身近な鳥だが，ツバメとカラスに対する人々の接し方は対照的で，ツバメはかんげいされる一方，カラスはきらわれやすい。次の各問いに答えなさい。

1．次の図のうち，ツバメとカラスをそれぞれ選びなさい。

2．カラスは巣をつくるとき，高い木の上に，枝や針金などで巣の土台をつくり，中にかれ草や他の動物の毛や羽をしきつめる。ツバメはどのような場所に，どのような材料で巣をつくるか。最も適当な場所を1つ選びなさい。また，おもな材料を2つ選びなさい。

〔場所〕

ア　高い木の上

イ　川のそばの草むら

ウ　低木の植えこみの中

エ　家や駅舎などののき下

オ　屋根裏

カ　木の幹の中

〔材料〕

ア　小石	イ　どろ	ウ　木の枝
エ　木の落ち葉	オ　細いかれ草	カ　他の動物の毛や羽
キ　自分のだ液	ク　自分のふん	ケ　針金

3．ツバメとカラスの行動について，次の中からあてはまるものをすべて選びなさい。

ア　ツバメもカラスも，電線に止まることがある。

イ　ツバメもカラスも，ハトと同じようによく地面に降り立って歩く。

ウ　ツバメは木の実をよくエサにしているが，カラスは生ゴミをよくエサにしている。

エ　ツバメは昼間に活動するが，カラスは夜間に活動する。

オ　ツバメは飛びながらエサを得るが，カラスは枝や地面に止まってエサを得る。

カ　ツバメは他の鳥をおそうことはしないが，カラスは他の鳥をおそうことがある。

4．次の(①)と(②)にあてはまるものをそれぞれ選びなさい。

カラスは1年中見られるのに対して，ツバメは春あたたかくなると(①)から日本にわたってくる。ツバメと同じようにわたりをする鳥には，ほかにハクチョウやカモの仲間などがいる。ハクチョウやカモの仲間は(②)のために日本にわたってくる。

ア　東南アジア　　イ　西アジア　　ウ　ハワイ諸島　　エ　ヨーロッパ
オ　シベリア　　カ　はんしょく　　キ　ひ暑　　ク　冬ごし

2　筑波《つくば》大学《だいがく》附属《ふぞく》駒場《こまば》中学校では，中学1年生が学校の田んぼでイネを育てている。4月に種もみを1つぶずつ専用の容器にまいて発芽させて苗床《なえどこ》をつくり，6月には田植えをする。1つぶの種もみが1本の苗《なえ》になり，これが水田に植えつけられると，イネ1株にまで成長する。イネは8月には開花し，花はやがて稲穂《いなほ》になる。稲穂の種子はだんだんふくらんで成熟し，10月には収かくの時期をむかえる。イネがどれくらい大きくなったのか，稲《いね》刈《か》りの直前に調べてみた。調査したことと調査結果は，以下の通りである。後に続く文の(①)と(②)に最も近いものをそれぞれ選びなさい。

【調査したこと】
・1株あたりの穂《ほ》の数
・穂1本あたりの種子の数

表　調査結果

	株1	株2	株3
穂の数	11	12	9
種子の数	180	141	114
	167	130	168
	168	132	146
	205	171	128
	66	173	170
	176	144	170
	120	121	111
	144	115	145
	129	102	161
	199	152	
	195	150	
		132	

穂《ほ》から外した種子のもみがらをとって玄米《げんまい》にしたところ，調査した3株分で玄米の重さは105gだった。玄米を精米して白米にすると重さは9割になるといわれている。お米はたくと水を吸って重さが2.3倍になるとすると，茶わん1ぱい分の白いご飯を150gとしたとき，茶わん1ぱいは精米した白米の約(①)つぶ分になり，これはイネの約(②)株分であるといえる。

ア　330　　イ　1100　　ウ　2900　　エ　3300　　オ　7600
カ　0.2　　キ　0.7　　ク　1.8　　ケ　2.1　　コ　4.8

3 　あきらくん，けんたくん，さとしくんの３人は，いろいろな中学校の文化祭に出かけて，おもに理科に関する展示を見学した。□内の文を読んで，後の各問いに答えなさい。

> あきらくん：この学校には日時計が設置されていて，展示にも説明があったね。
> けんたくん：シンプルだけど分かりやすいね。
> さとしくん：どうやったら正確につくることができるのかな。

１．同じ時こくに日時計のぼうがつくるかげの方角とかげの長さについて，正しいのはどれですか。

ア　夏と冬で，日時計のぼうがつくるかげの方角は同じで，日時計のぼうがつくるかげの長さも同じである。

イ　夏と冬で，日時計のぼうがつくるかげの方角は同じだが，日時計のぼうがつくるかげの長さは変わる。

ウ　夏と冬で，日時計のぼうがつくるかげの方角が逆だが，日時計のぼうがつくるかげの長さは同じである。

エ　夏と冬で，日時計のぼうがつくるかげの方角が逆で，日時計のぼうがつくるかげの長さも変わる。

> けんたくん：すごい！　この学校ではプラネタリウムが制作されているよ。
> さとしくん：え～。作るのはすごくたいへんじゃない。
> あきらくん：何等星まで見えるようにしてあるのかな。
> けんたくん：ぼく，星座にくわしくないから，よく分からないよ。北極星はどれなの？

２．プラネタリウムで星の動きを再現したとき，投えいされた星の中で北極星を見つける一番かんたんな方法について，10字以内で書きなさい。

> けんたくん：へぇ～。この学校には地形についてのジオラマの展示があるよ。
> さとしくん：見てよ。川に見立てて水が流れているよ。リアルだなぁ。
> あきらくん：本当だ。川が曲がりくねっているね。
> けんたくん：あんまり水を流しすぎると，こわれないかな。

３．実際の川で，水がたくさん流れたときに予想される，川の曲がりくねる流路のようすはどれですか。

ア　水がたくさん流れても，曲がりくねる川の流路のようすは変わらない。

イ　曲がりくねる川の流路の外側がけずられて，深さが深くなる。

ウ　曲がりくねる川の流路の外側に土砂がたまって，はばがせまくなる。

エ　曲がりくねる川の流路の内側がけずられて，深さが深くなる。

オ　曲がりくねる川の流路の内側に土砂がたまって，はばがせまくなる。

> あきらくん：おや，この学校では，校門のすぐそばに百葉箱があるよ。
> けんたくん：本当だ。でも道路のそばだから，空気が良くないかも。
> さとしくん：とにかく，科学部の人にいろいろ聞いてみようよ。
> けんたくん：今年の夏は，最高気温の記録もぬりかえられたしね。

4．百葉箱を設置する条件について，正しくないのはどれですか。

ア　地面から1.2〜1.5mの高さに設置する。

イ　近くに建物がない開けた場所に設置する。

ウ　地面からの照り返しを防ぐために草地の上などに設置する。

エ　風通しの良いところに設置する。

オ　観測用のとびらを南向きに設置する。

けんたくん：あれ，この学校では火山のふん火の実験をするらしいよ。
さとしくん：ばく発でもするのかな。こわいよ。
あきらくん：何か注射器に赤いものを入れているよ。ばく発ではなさそうだな。
けんたくん：スライムだね。よう岩が火口からふきだすように見せるためだと思うよ。
さとしくん：でも実際に火山がふん火したら何が出てくるの。

5．実際の火山のふん火では，流れ出てくるよう岩のほかに，ばく発によって火山灰や軽石も火口からふき出てくる。軽石の特ちょうはどれですか。

ア　黒っぽくて，表面がなめらかである。

イ　黒っぽくて，表面に小さな穴がたくさんある。

ウ　白っぽくて，表面がなめらかである。

エ　白っぽくて，表面に小さな穴がたくさんある。

4　日本では，昔も今も塩は海水から作られている。現在の塩作りのおもな方法は，イオン交換膜《こうかんまく》法とよばれるもので，電気のエネルギーを利用して効率よくこい塩水を作り，それをにつめて塩を作っている。一方，昔の塩づくりは，塩田とよばれる平らな土地に海水を運んで行っていた。

揚《あ》げ浜《はま》式塩田では，早朝，おけを使ってくみあげてきた海水を砂地に均等になるようにまき，午後にその砂地の砂を集め，そこに海水を流しこんで砂に付いた塩分をとかしだし，それをにつめて塩を作っていた。以下の各問いに答えなさい。

揚《あ》げ浜《はま》式塩田(能登《のと》)

1．海水は，海からくみあげておけに入れたままにするよりも，塩田の砂地にまいておくほうが早く塩分がこくなる。その理由を述べた次の文の(①)〜(③)にあてはまる語を答えなさい。

海水を砂地にまくと，水の(　①　)が起こりやすくなるため，早く塩分がこくなる。その理由は２つあり，１つは，(　②　)を受ける面積が広くなること。もう１つは，(　③　)とふれる面積が広くなることである。

2．海水には塩のほかににがりとよばれるものがとけている。塩作りでは，海水をにつめて塩のつぶが出てきたとき最後まで水を蒸発させず，「塩床《しおどこ》」とよばれる下に小さなみぞ(穴)がある貯蔵場に何日か置き，にがりがとけた水を流しだして取り除いている。

1kgの水に28gの塩と７gのにがりがとけている海水の水の重さを何gまで減らせば，にがりのつぶを出さないようにして最も多くの塩のつぶを取り出せますか。ただし，海水の温度は30℃とし，同じ温度の水100ｇにとける塩は最大で36ｇ，にがりは最大で56ｇとし，塩とにがりは混ざっても，それぞれがとける最大の量は変わらないものとする。

3．夏には，１日２回海水をまいて塩作りをすることができる。$100\mathrm{m}^2$の塩田に，400kgの海水を１日２回まいて塩を作ったとき，１日に$1\mathrm{m}^2$あたり最大で何ｇの純すいな塩が作れますか。最も近いものを選びなさい。ただし，塩を取り出す方法や海水の温度と成分は問２と同様とする。

ア　17ｇ　　イ　27ｇ　　ウ　35ｇ　　エ　55ｇ　　オ　90ｇ
カ　110ｇ　　キ　140ｇ　　ク　180ｇ　　ケ　220ｇ　　コ　280ｇ

5　次の文を読んで，以下の各問いに答えなさい。

鉄の粉末とアルミニウムの粉末が混ざったものがある。この２種類の金属の粉末を分けるには，磁石を使って（ ① ）だけを引きつける方法がある。そのほか，（ ② ）をとかした水よう液にこの粉末を加えると（ ③ ）だけがとけるので，これを（ ④ ）して（ ⑤ ）だけを取り出すことができる。

1．(①)～(⑤)に当てはまるものを答えなさい。ただし，同じ記号を何回選んでもよい。

ア　鉄　　イ　アルミニウム　　ウ　*塩化水素　　エ　食塩
オ　水酸化ナトリウム　　カ　冷や　　キ　ろ過

＊塩化水素の水よう液は，塩酸である。

2．下線部の実験を行ったとき，実験中に観察できることや(④)した液の性質について述べた文で正しいものはどれですか。すべて選びなさい。ただし，(③)を完全にとかしきるために(②)の水よう液は必要な量よりも多く用いたものとする。

ア　(③)がとけるとき，あわが出る。
イ　(③)がとけるとき，あわが出ない。
ウ　液をスライドガラスに取って弱火であたためると，あとに何も残らない。
エ　液をスライドガラスに取って弱火であたためると，(②)だけが残った。
オ　液をスライドガラスに取って弱火であたためると，(②)と(③)が残った。
カ　液をスライドガラスに取って弱火であたためると，(③)だけが残った。
キ　液をスライドガラスに取って弱火であたためると，(②)が残り，とけた(③)とはちがう別のものも残った。
ク　液をスライドガラスに取って弱火であたためると，とけた(③)とはちがう別のものだけが残った。

6　白黒２種類のたくさんの積み木と１枚の板を用意した（<図１>）。積み木は白黒とも１辺が５cmの立方体で重さは等しく，色だけが違う。板は長さが35cmで，５cmごとに区切ったＡ～Ｇの積み木を積む場所がある。まず，机の上に黒い積み木を１つ置き，Ｄが重なるように板をのせた（<図２>）。次に，この上にいろいろな積み方で積み木をのせて観察した。以下の文の(①)～(⑦)に当てはまる数値を答えなさい。

【操作１】　白い積み木を１つ使う。これをＡに積むと，板の左はしが下がった。Ｂに積むと，板は水平のままだった。Ｃ～Ｇに順番に積んでみると，Ｃ，Ｄ，Ｅ，Ｆでは板は水平のままだったが，Ｇでは板の右はしが下がった。

【操作２】 Ａ～Ｇに黒い積み木を１つずつ，計７個積んだ状態を「土台１段」とする(＜図３＞左)。【操作１】と同じように，白い積み木を１つ積んでみたが，Ａ～Ｇのどこでも板のはしが下がることはなかった。次に，白い積み木をＡにだけ積み，その数を１個から２個，３個と増やしてみた。すると，全部で(①)個積んだとき，板の左はしが下がった。今度は，Ａ～Ｇに黒い積み木を２つずつ，計14個積んだ状態を「土台２段」とする(＜図３＞右)。「土台１段」と同じように，Ａに積む白い積み木の数を１個から２個，３個と増やしてみると，全部で(②)個積んだとき，板の左はしが下がった。

【操作３】 白い積み木をつかって，＜図４＞のような階段状の積み方を考える。＜図４＞の左から「２段」，「３段」，…「７段」となる。それぞれの「段」をその形のまま板の上に積んでみた。「２段」では，階段の左はしがＡ～Ｆになる６通りの積み方があるが，このうち板のはしが下がらないのは２通りあった。「３段」では，５通りの積み方のうち，板のはしが下がらないのは(③)通りあった。「４段」では，４通りの積み方のうち，板のはしが下がらないのは(④)通りあった。「５段」では，３通りの積み方のうち，板のはしが下がらないのは１通りあった。「６段」では，２通りの積み方のうち，板のはしが下がらないのは１通りあった。「７段」では，１通りの積み方しかないが，これをのせると板の右はしが下がった。

【操作４】 「７段」の下に黒い積み木で「土台１段」，「土台２段」，…のように，土台を１段ずつ追加してみた。すると，「土台(⑤)段」となったとき，板が水平のままとなった。同じように，「６段」では，「土台(⑥)段」となったとき，すべての積み方で板のはしが下がらなかった。また，「５段」では，「土台(⑦)段」となったとき，すべての積み方で板のはしが下がらなかった。

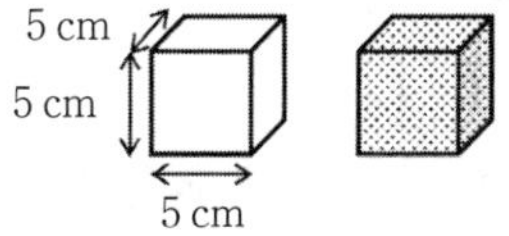

白い積み木（左）と黒い積み木（右）

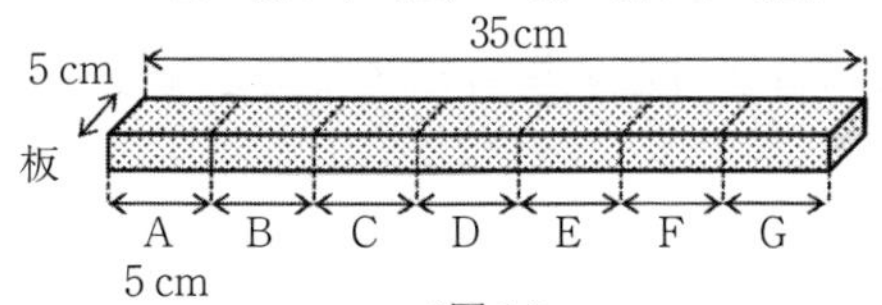

＜図１＞

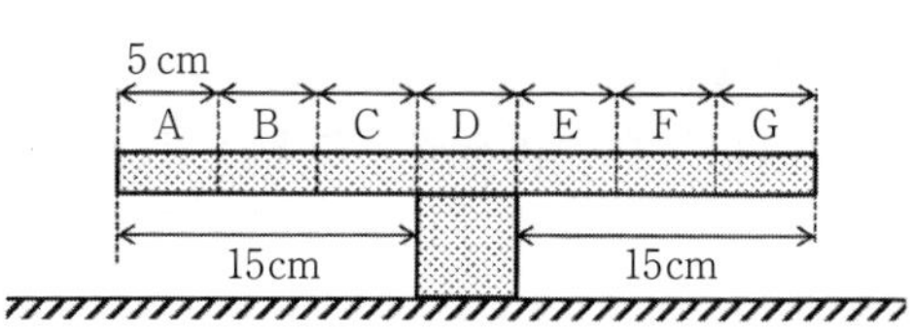

＜図２＞

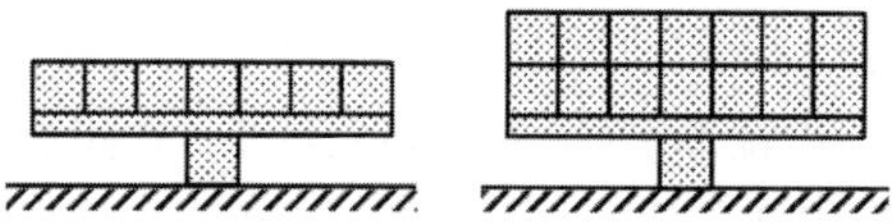

土台１段　土台２段

＜図３＞

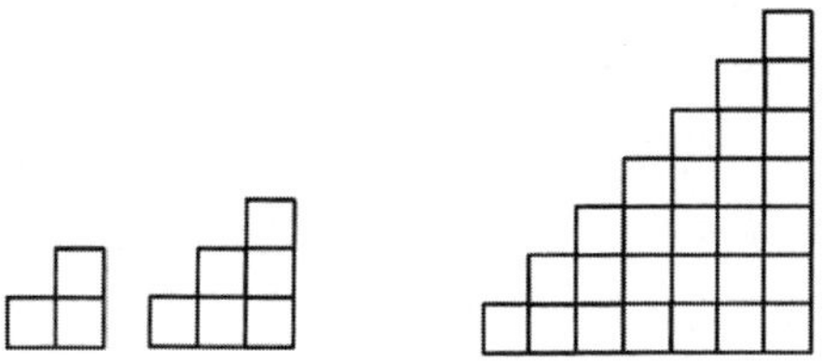

２段　３段　…　７段

＜図４＞

7 鏡の面の向きを変えられる6つの鏡1～鏡6を用意して，理科室で実験を行った。まず，下の図のように鏡1を机の「ケ」に置き，窓から入ってくる日光を鏡の面に当て，はね返した光が天じょうの位置Kに当たるように鏡の面の向きを調整した。

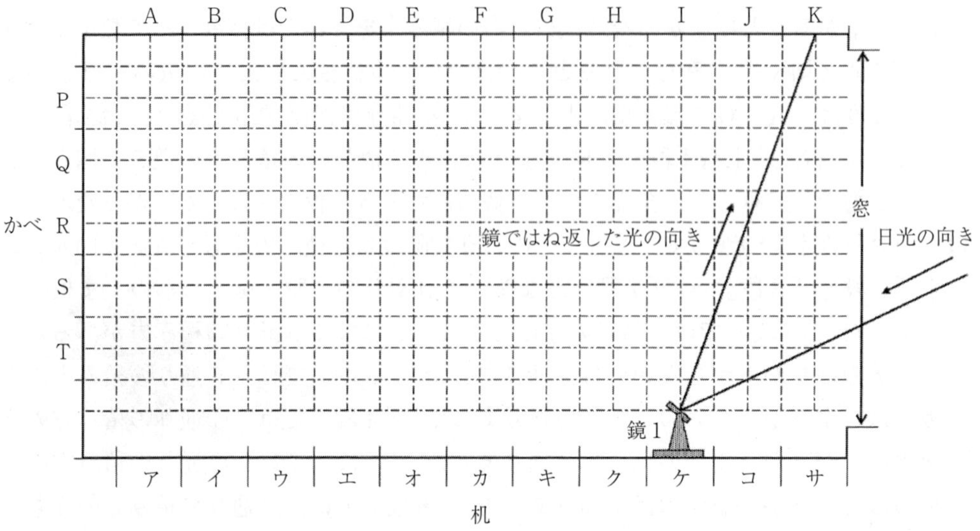

図　理科室のようす

次に，鏡2～鏡6についても，机の「ケ」に置いたとき，はね返した光が当たる天じょうの位置が下の表のようになるように，それぞれ鏡の面の向きを調整した。これ以降，いずれの鏡も鏡の面の向きは変えない。後の各問いに答えなさい。ただし，光の向きを観察している間に，日光の差しこむ向きは変わらないとする。また，鏡1～鏡6は，机のア～サに1つずつしか置くことができない。

表　鏡を机の「ケ」に置いたとき，はね返した光が当たる天じょうの位置

鏡	鏡1	鏡2	鏡3	鏡4	鏡5	鏡6
はね返した光が当たる天じょうの位置	K	I	G	E	C	A

1．6つの鏡のうち，できるだけ多くの鏡を用いて，それぞれの鏡ではね返した光がすべて同じ位置に当たるようにしたい。次の①，②の位置にすべての光が当たるためには，6つの鏡をそれぞれ机のどこに置けばよいですか。ただし，どこにも置けない場合は×と書きなさい。

① 天じょうの位置D

② かべの位置R

2．6つの鏡のうち，鏡1～鏡4の4つを用いて，天じょうの4つの位置A，B，C，Dにはね返した光を当てたい。4つの鏡がそれぞれ別の位置に光をはね返すように，鏡1～鏡4を机に置く置き方は何通りありますか。ただし，同じ机の位置に複数の鏡を置くことはできない。

三　次の詩（Ⅰ）と文章（Ⅱ）を読んで後の問いに答えなさい。

Ⅰ

シジミ　　石垣《いしがき》りん

夜中に目をさました。
ゆうべ買ったシジミたちが
台所のすみで
口をあけて生きていた。

「⑴夜が明けたら
ドレモコレモ
ミンナクッテヤル」

鬼《おに》ババの笑いを
私は笑った。
それから先は
⑵うっすら口をあけて
寝《ね》るよりほかに私の夜はなかった。

Ⅱ

買ってきたシジミを一晩水につけて置く。夜中に起きたらみんな(ア)口をあけて生きていた。あしたはそれらをすっかり食べてしまう。その私もシジミと同じ口をあけて寝るばかりの夜であることを、詩に書いたことがあります。

一人暮らしには五十円も買うと、一回では食べきれないシジミ。長く生かしてあげたいなどと甘《あま》い気持ちで二日おき、三日たつ間に、シジミは元気をなくし、ひとつ、またひとつ、パカッパカッと(イ)口をあけて死んでゆきました。

どっちみち死ぬ運命にあるのだから、シジミにとっては同じだろう、と思いましたが、ある日、やっぱりムダ死にさせてはいけないと身勝手に決めました。シジミをナベに入れるとき語りかけます。「あのね、私といっしょに、もう少し遠くまで行きましょう」

（石垣りん『ユーモアの鎖国《さこく》』による）

問一　四角で囲まれた「ムダ死に」とは、シジミがどうなることですか、簡潔に書きなさい。

問二　――⑴「夜が明けたら／ドレモコレモ／ミンナクッテヤル」について、

(A)　「ドレモコレモ／ミンナクッテヤル」は、なぜカタカナで書かれているのですか。

(B)　Ⅱの文章を踏《ふ》まえて、――⑴に込《こ》められた気持ちを説明しなさい。

(C)　Ⅱの文章がなかったとすると、――⑴に込められた気持ちは、(B)の解答とは異なるものも考えられます。それはどのような気持ちですか。

問三　――(ア)「口をあけて生きていた」とあり、――(イ)「口をあけて死んでゆきました」とありますが、この二つの「口をあけて」は、どのように違いますか。「(ア)は……だが、(イ)は……である。」という一つの文で説明しなさい。

問四　――⑵「うっすら口をあけて／寝るよりほかに私の夜はなかった」とありますが、これはどういうことですか。

握《にぎ》り方も、紙への力の掛《か》け方も非常に不安定で、言い換《か》えれば均質ではありません。この力の抜《ぬ》き差しが、大人にはどうしても真似《まね》ができないのです。スーッと引かれたただの一本線でも、同じ線を引こうとすると、微妙《びみょう》に濃《こ》さや折れ具合や速さが変わる子供の線は、単純なようでいて恐《おそ》ろしく複雑です。

とにかく、一事が万事《ばんじ》こうなのです。子供の絵は、(3)こうした複雑きわまりない丸や線の集積からできています。線でさえそうなのですから、無数の毛を束ねた筆のような面の描写《びょうしゃ》が加わると、事態はもっと複雑になります。さらにここに色が加わります。こうして成り立つ子供の絵は、(注)無垢《むく》な感性などではなく、絶対に変えることができない身体的な特性から、大人では計り知れない細部を持つ絵になっているのです。

ちょっと微妙な心境になるのは、こうした絵の魅力《みりょく》は義務教育を経るにしたがって、どんどんなくなっていくからです(からだの成長もあるでしょう)。でも、それは図画工作の教育の影響《えいきょう》というより、(4)子供が小学校に入って最初にならう「こくご」や「さんすう」の影響なのです。

こくごやさんすうの初等教育の特徴《とくちょう》は、なによりもまず、均質なマス目のなかに文字や数字を入れることにあります。計算ができるか、意味がわかるかは、そのあとの話です。同じ大きさのマスのなかに入るということは、数字や文字が一字ごとに同じ権利をもつということです。でもこれは仕方がないことで、一字一字が別々のものにならなければ、そもそも計算や読み書きは成り立ちません。

けれども、子供の絵は文字と区別されていません。子供が自由に描《えが》けば描くほど、一本一本の線や丸、三角、四角はそれぞれが(5)別の権利をもって動き始めます。文字をきちんとマス目に収めるということは、この能力を抑制《よくせい》してしまうのです。息子《むすこ》は最近やっと、マス目に文字をはみ出さずに収めることができるようになりました。喜ばしいことです。でも、本当のことを言うと、(6)私はそれがどこかでちょっと残念なのです。

(椹木《さわらぎ》野衣《のい》「子供の絵」による)

注　スケール＝大きさの程度。
無垢な＝清らかで汚《けが》れがない

問一　――(1)「以前は私も『この手の話はご勘弁《かんべん》』と思っていた」とありますが、

(A)「ご勘弁」とはどういう気持ちですか。

(B)私はなぜ「ご勘弁」と思っていたのですか。

問二　――(2)「単純きわまりない線だけの絵です」とあり、――(3)「こうした複雑きわまりない丸や線の集積からできています」とありますが、前者はどのような点で「単純」で、後者はどのような点で「複雑」なのですか。

問三　――(4)「子供が小学校に入って最初にならう『こくご』や『さんすう』の影響なのです」とありますが、「こくご」や「さんすう」はなぜひらがなで書かれているのですか。

問四　――(5)「別の権利をもって動き始めます」とありますが、「別の権利をもって動き始め」るとは、どうなることですか。

問五　――(6)「私はそれがどこかでちょっと残念なのです」とありますが、なぜ残念なのですか。説明しなさい。

二

次の文の、カタカナは漢字に直し、全体をていねいに大きく一行で書きなさい。

タるをシるモノはトむ。

二〇一九年度　筑波大学附属駒場中学校

【国語】（四〇分）〈満点：一〇〇点〉

［注意］　本文には、問題作成上、表記を変えたところがあります。

一　次の文章を読んで後の問いに答えなさい。

子供の描《えが》く絵を見ていると、思わず「いいな！」と声に出してしまうことがあります。立派な美術では、ほぼそんなことはありません（ごくたまにはあります）。でも子供の絵は、本当にいいのです。

よく、だれそれが子供の絵を褒《ほ》めたとか、そういう話を聞きます。子供はみな絵の天才だとか、子供にはかなわないとか、その手の話です。(1)以前は私も「この手の話はご勘弁《かんべん》」と思っていたのですが、自分に子供が生まれてからはコロッと考えが変わりました。子供の絵は、子供の絵としてではなく、美術として本当にいいからです。

こういう場合、わが子が描く、というひいき目はどうしても入ってきます。でも、そのことを差し引いてなお、それでもやっぱりどの絵にも感動してしまいます。それまでは、子供の絵は子供の絵だと思い込《こ》んで、ちゃんと真正面から見ていなかったのです。先入観があったのは、こちらのほうでした。それからは、保育園や小学校の絵の発表会に足を運ぶことが増えました。子供を持つ親の特権です。いや、誰《だれ》でも見ることができるように会場は一般《いっぱん》に公開されています。けれども、縁《えん》もゆかりもない人がふらっとひとりで入れるものではなかなかありません。独身時代の私が入ろうものなら、まちがいなく不審《ふしん》な目で見られたでしょう。苦笑《くしょう》するしかありませんが、特権というのは、まあ、そういうことです。

それで、自分の子供だけでなく、同年代の子供たちの絵をたくさん見比べる機会を得たわけです。そこで確信しました。我《わ》が子可愛《かわい》さの手前味噌《みそ》だけではない。子供の絵は美術としてどれも本当にいいのだ、と。

私は美術批評家ですから、いいと思ってそれで終わりにするわけにはいきません。なぜ子供の絵がいいのか、きちんと言葉にしてみたくなりますし、そうでなければなりません。日頃《ひごろ》、美術館などでたくさんの作品を見るときの、批評する土台にも影響《えいきょう》しないではないからです。本当にいいと思うというのは、そういうことです。

まずわかったのは、大人が子供のように描こうとしても、絶対に同じようには描けない、ということです。それは「幼い」というのとは決定的に違《ちが》っているのです。試みに、息子《むすこ》の描いた絵を真剣《しんけん》に模写してみました。(2)単純きわまりない線だけの絵です。ところが、これがひどくむずかしいのです。

なぜでしょうか。大人には子供のような感性がもう失われて久しいからでしょうか。いや、ぜんぜんそういうことではないのです。

わかったのは、もっと単純なことでした。まず、子供は大人に比べて、手が圧倒的《あっとうてき》に小さいのです。子供はその小さな手に特段に小さくもない筆記用具を持って、紙に線を引きます。小さな手で描かれた線は、大きな手に筆記用具を持って描いた線とは、これはもう物理的に(注)スケール感が違っているのです。たとえば同じ丸を描こうとしても、子供ならすらすらと描ける小さな丸でも、同じサイズの丸を大人が描こうとすると、ひどく窮屈《きゅうくつ》なのです。だから模写しようとしても、スピード感がないし、だいいちぎこちない。しかも、子供の描く丸は大きさがまちまちです。およそ統一感というものがない。なかには丸かどうか迷うようなものもあります。大人はどうしても丸という概念《がいねん》を基準にそれを崩《くず》そうとしますから、やっぱり同じにはなりません。

これに加えて筆圧があります。子供は握力《あくりょく》も乏しく、筆記用具の

2019年度 筑波大学附属駒場中学校 ▶解説と解答

算 数 (40分) ＜満点：100点＞

解 答

$\boxed{1}$ (1) $\frac{29}{32}$km (2) **方角**…東，**距離**…$\frac{133}{2048}$km (3) 1017 $\boxed{2}$ (1) ㋑と㋘，㋔と㋕ (2) 7通り (3) 9通り $\boxed{3}$ (1) **重なるまでの時間**…10秒後，**Aからの距離**…5 m (2) **重なるまでの時間**…50秒後，**Aからの距離**…10m (3) **重なるまでの時間**…75秒後，**Aからの距離**…7.5m $\boxed{4}$ (1) 150度 (2) 125.6cm (3) 19.4122cm^2

解 説

$\boxed{1}$ 数の性質，植木算

(1) 各工事の最後に立てた看板に書かれている数は，$\boxed{2}$，$\boxed{4}$，$\boxed{8}$，$\boxed{16}$，…のように次々と2倍になるから，工事5のようすを図に表すと，下の図1のようになる。また，各工事の最後に立てた看板と$\boxed{1}$の看板の間の距離《きょり》は，$\frac{1}{2}$km，$\frac{1}{4}$km，$\frac{1}{8}$km，…と次々と$\frac{1}{2}$倍になるので，図1のアの距離は，$1\times\frac{1}{2}\times\frac{1}{2}\times\frac{1}{2}\times\frac{1}{2}\times\frac{1}{2}=\frac{1}{32}$(km)である。さらに，イの距離はアの距離の2倍だから，$\frac{1}{32}\times2=\frac{1}{16}$(km)とわかる。よって，$\boxed{1}$の看板と$\boxed{31}$の看板の間の距離は，$\frac{1}{32}+\frac{1}{16}=\frac{3}{32}$(km)なので，$\boxed{0}$の看板と$\boxed{31}$の看板の間の距離は，$1-\frac{3}{32}=\frac{29}{32}$(km)と求められる。

図1

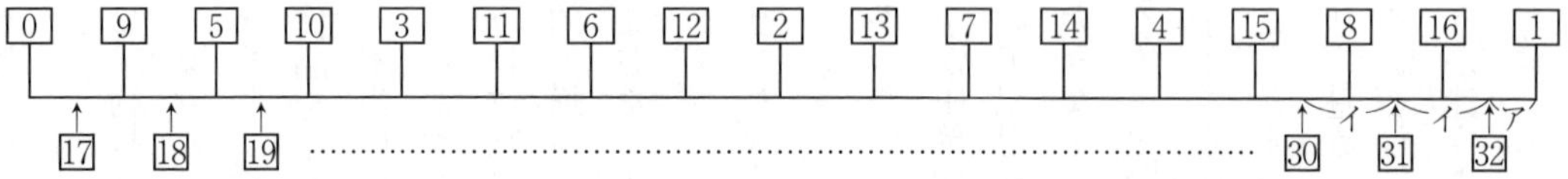

(2) 最後に立てた看板に書かれている数は$\boxed{2048}$だから，$\boxed{2019}$の看板は最後の工事11で立てた看板とわかる。そこで，工事11の終わりの方で立てた看板だけを図に表すと，右の図2のようになる。図2で，ウの長さは$\frac{1}{2048}$km，エの長さは，$\frac{1}{2048}\times2=\frac{1}{1024}$(km)である。また，エの部分の数は，2048－2019＝29(か所)なので，$\boxed{1}$の看板と$\boxed{2019}$の看板の間の距離は，$\frac{1}{2048}+\frac{1}{1024}\times29=\frac{59}{2048}$(km)とわかる。一方，$\boxed{1}$の看板と$\boxed{31}$の看板の間の距離は，$\frac{3}{32}$km＝$\frac{192}{2048}$kmだから，上の図3のようになる。よって，$\boxed{31}$の看板から見て東に，$\frac{192}{2048}-\frac{59}{2048}=\frac{133}{2048}$(km)進めば，$\boxed{2019}$の看板に着く。

図2

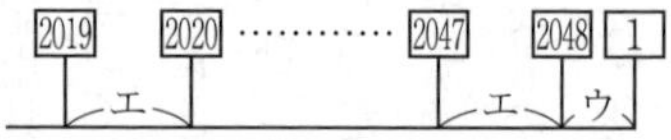

図3

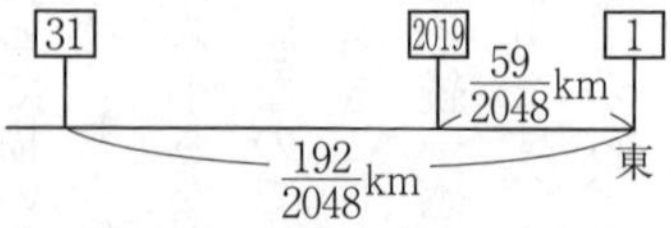

(3) 全部で2049個の看板を立てたので，$\boxed{0}$の看板から数えて2019個目の看板は，$\boxed{1}$の看板から数えると，2049－2019＋1＝31(個目)になる。また，工事11まで終えたとき，2049個の看板が$\frac{1}{2048}$kmの間かくで立っているから，下の図4のように，$\boxed{1}$の看板と求める看板$\boxed{X}$の間の距離は，$\frac{1}{2048}\times$

(31－1)＝$\frac{15}{1024}$(km)とわかる。ところで，図2のウの距離は$\frac{1}{2048}$kmであり，エの距離はその2倍なので，$\boxed{1}$の看板と工事11で立てた看板の間の距離は$\frac{(\text{奇数《きすう》})}{2048}$kmと表すことができ，これは約分することができない。同様に，$\boxed{1}$の看板と工事10で立てた看板の間の距離は$\frac{(\text{奇数})}{1024}$kmと表すことができ，これも約分することができない。よって，

図4

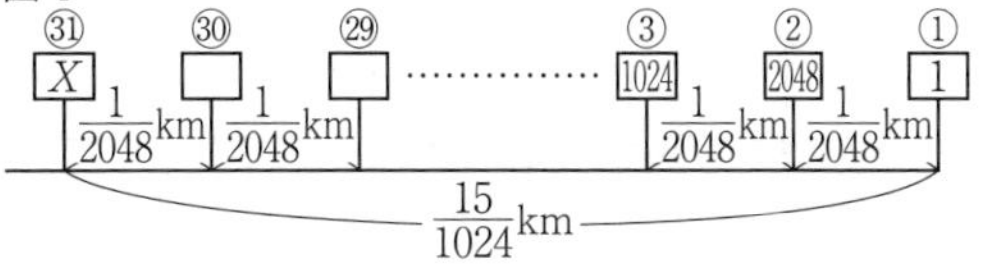

図5

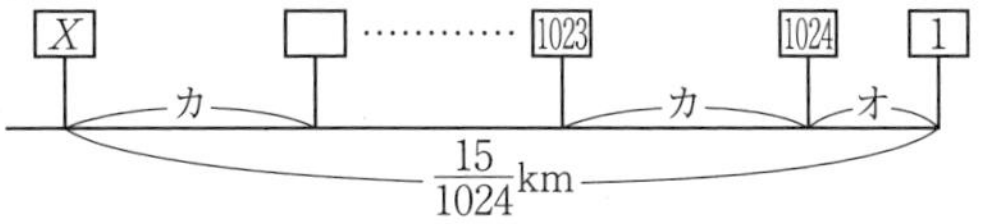

$\boxed{1}$の看板からの距離が$\frac{15}{1024}$kmになるところにある看板$\boxed{X}$は，工事10で立てたものとわかる。そこで，工事10の終わりの方で立てた看板だけを図に表すと，上の図5のようになる。図5で，オの距離は$\frac{1}{1024}$km，カの距離は，$\frac{1}{1024}\times 2=\frac{1}{512}$(km)だから，カの数は，$\left(\frac{15}{1024}-\frac{1}{1024}\right)\div\frac{1}{512}=7$(か所)と求められる。したがって，$\boxed{X}$にあてはまる看板の数は，1024－7＝1017である。

2 場合の数，調べ

(1) たとえば，右の図1，図2の2つの場合がある。よって，2回なぞる2本の線の組み合わせは，㋑と㋘，㋔と㋕である。なお，どちらの場合もなぞり方は1つの例を示している。

図1

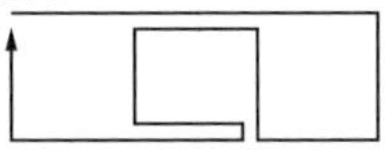

図2

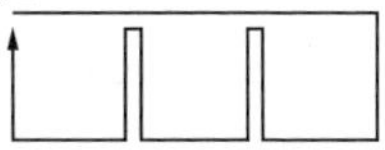

〔参考〕 この問題は，「一筆がき」の性質を利用して考えることができる。一筆がきができるのは，下の図3のように，すべての点から出ている線の数が偶数《ぐうすう》本の場合と，下の図4のように，2つの点から出ている線の数が奇数本で，残りの点から出ている線の数がすべて偶数本の場合である。ここで，偶数本の線が出ている点のことを偶数点，奇数本の線が出ている点のことを奇数点と呼ぶことにすると，図3の場合は，どの偶数点からかき始めてもよく，必ずかき始めた偶数点でかき終わる。また，図4の場合は，一方の奇数点からかき始めて，もう一方の奇数点でかき終わる。問題文中の図形3は下の図5のようになるから，このままでは一筆がきができない。そこで，すべての奇数点が偶数点になるように線を加えると，一筆がきができるようになる。図1で㋑と㋘を2回なぞることは，㋑と㋘に線を加えるのと同じことであり，たとえば下の図6のようになる。なお，この問題ではかき始める点とかき終わる点がAと決まっていて，また加える線の数は2本なので，下の図7のような場合は認められない(一筆がきそのものはできる)。

図3

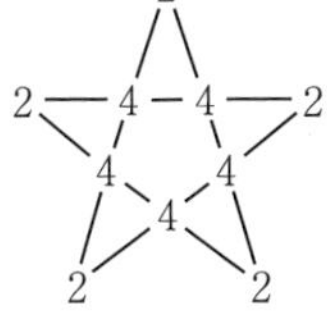

図4

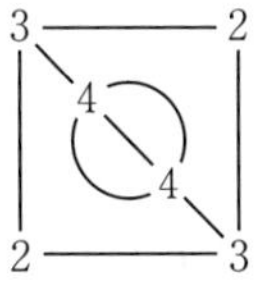

図5

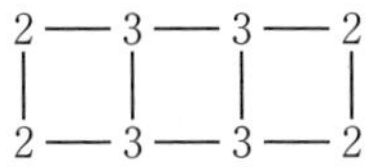

図6

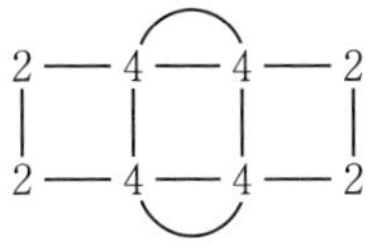

図7

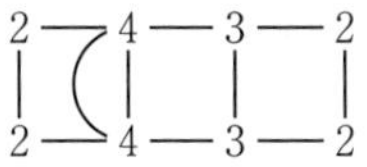

(2) 上の考え方を利用して求める。問題文中の図形4は下の図8のようになるから，すべての奇数点が偶数点になるように4本の線を加えればよい。すると，下の図9の7通りが考えられる(●印をつけた部分に加える)。

(3) (2)と同様に考える。問題文中の図形5は下の図10のようになるので，すべての奇数点が偶数点

図8

図9

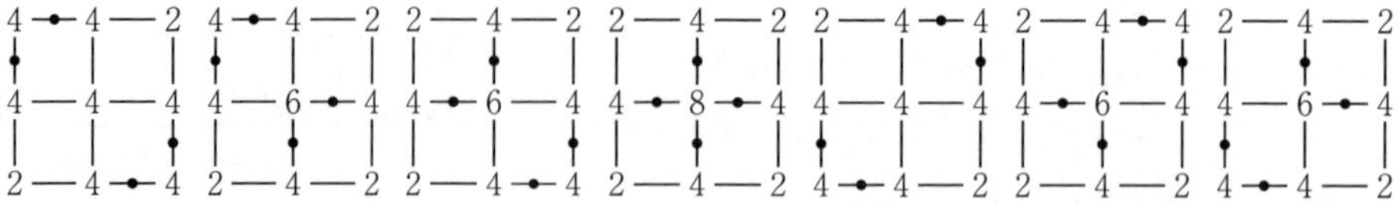

になるように，５本の線を加えればよい。ⓐとⓑのうちⓐに加えてⓑに加えない場合は下の図11の４通りある。また，ⓑに加えてⓐに加えない場合は，図11を上下対称《たいしょう》にすればよいから，下の図12の４通りになる。さらに，ⓐとⓑの両方に加える場合は，下の図13の１通りだけである。ⓐにもⓑにも加えない場合はないので，全部で，４＋４＋１＝９（通り）と求められる。

図10

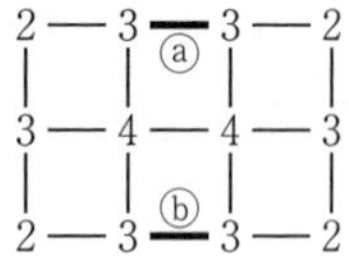

図11

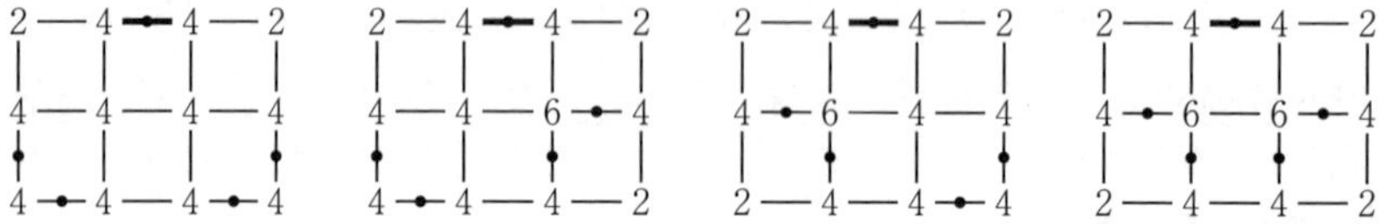

図12

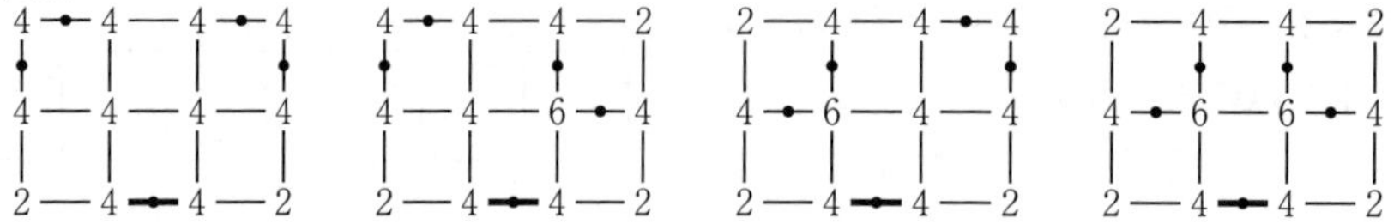

図13

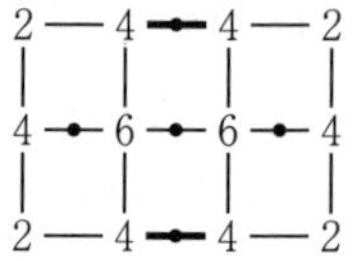

3 平面図形―点の移動，調べ

⑴　赤と白が初めて重なるのは，赤と白の動いた長さの差が初めて15ｍになるときである。よって，動き始めてから，15÷(3.5－２)＝10(秒後)とわかる。また，この間に白は，２×10＝20(ｍ)動くから，20÷15＝１あまり５より，Ａから重なった地点までの距離は５ｍとわかる。

⑵　⑴の後も赤と白の動いた長さの差が15ｍになるごとに重なるので，赤と白は10秒ごとに重なる。また，赤と青が初めて重なるのは，赤と青の動いた長さの和が初めて15ｍになるときである。よって，動き始めてから，15÷(3.5＋1.3)＝$\frac{25}{8}$(秒後)とわかる。その後も赤と青の動いた長さの和が15ｍになるごとに重なるから，赤と青は$\frac{25}{8}$秒ごとに重なる。つまり，赤と白は，10秒＝$\frac{80}{8}$秒ごとに重なり，赤と青は$\frac{25}{8}$秒ごとに重なることになる。右下の図１の計算から，分子の80と25の最小公倍数は，５×16×５＝400と求められるので，赤，白，青が初めて重なるのは，$\frac{400}{8}$＝50(秒後)とわかる。さらに，この間に白は，２×50＝100(ｍ)動くから，100÷15＝６あまり10より，Ａから重なった地点までの距離は10ｍである。

図１

5) 80　25
　　16　 5

⑶　初めに赤と白について考える。赤と白の速さの比は，3.5：1.5＝７：３だから，赤がAB間を７回進む間に，白はAB間を３回進む。ただし，このとき白はＢにいるので，これをもう１度くり返したときに最初の状態に戻《もど》る。つまり，赤が14回，白が６回進んだときに最初の状態に戻る。その時間は，15×14÷3.5＝60(秒)だから，出発してから60秒間の赤と白の動きをグラフに表すと，下の図２のようになる(14と６の最小公倍数は42なので，横軸《よこじく》を42等分している)。すると，60秒間でア～スの13回重なることがわかる。それぞれの時間を求めると，アは赤が白より15ｍ多く進んだときだから，15÷(3.5－1.5)＝7.5(秒後)，イは赤と白が合わせて，15×４＝60(ｍ)進んだときなので，60÷(3.5＋1.5)＝12(秒後)となる。また，０～30秒後のグラフはウの点を中心として点対称な形をしているから，ウは，30÷２＝15(秒後)である。さらに，出発してからイまでの時間と，エから30

秒後までの時間は同じになる。このことを利用すると，エは，30－12＝18(秒後)，オは，30－7.5＝22.5(秒後)と求められる。次に，カ～キの時間は赤と白が合わせて15m進んだ時間なので，15÷(3.5＋1.5)＝3(秒)とわかる。また，平行線の性質から，カ～キ，キ～ク，ク～ケの時間はすべて同じになる。さらに，30～60秒後のグラフはコの点を中心として点対称な形をしている。これらのことから，キは，30＋3＝33(秒後)，クは，33＋3＝36(秒後)，ケは，36＋3＝39(秒後)，コは，30＋15＝45(秒後)，サは，60－3×3＝51(秒後)，シは，51＋3＝54(秒後)，スは，54＋3＝57(秒後)と求められる。よって，60秒を周期とすると，1周期目に赤と白が重なる時間は下の図3のようになる。また，(2)から赤と青は$\frac{25}{8}$秒ごとに重なることがわかるが，図3の中には$\frac{25}{8}$秒の整数倍になっている時間はない。そこで，1周期目の時間に60秒ずつ加えると，2周期目に赤と白が重なる時間は下の図4のようになる。すると，$\left(\frac{25}{8}\times24=\right)$75秒後に赤，白，青が初めて重なることがわかる。これは図2のウの位置なので，Aから重なった地点までの距離は，15÷2＝7.5(m)となる。

図2

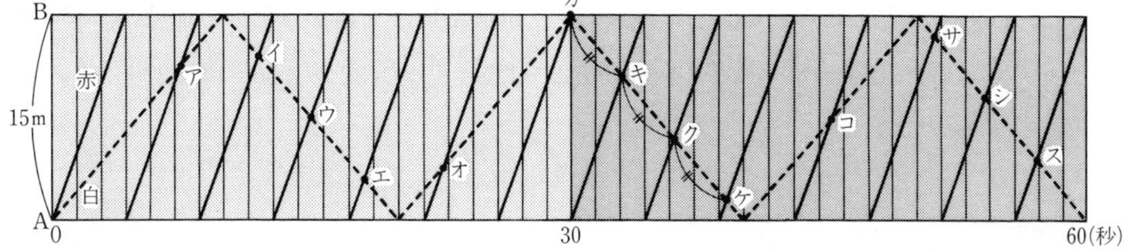

図3(1周期目)

	最初	ア	イ	ウ	エ	オ	カ	キ	ク	ケ	コ	サ	シ	ス	最後
時間(秒後)	0	7.5	12	15	18	22.5	30	33	36	39	45	51	54	57	60

図4(2周期目)

	最初	ア	イ	ウ	エ	オ	カ	キ	ク	ケ	コ	サ	シ	ス	最後
時間(秒後)	60	67.5	72	75	78	82.5	90	93	96	99	105	111	114	117	120

4 平面図形—図形の移動，角度，長さ，面積

(1) 下の図①で，かげをつけた2つの三角形の1辺の長さはすべて5cmだから，この2つの三角形は正三角形である。よって，㋐の角度は，30＋60＋60＝150(度)とわかる。

(2) (ア)，(イ)，(ウ)の順に1回ずつ動かすことを1セットとすると，三角形ABCは1セットで反時計回りに150度回転することになる。また，下の図②の計算から，150と360の最小公倍数は，10×3×5×12＝1800(度)とわかるので，三角形ABCが元の位置に戻るのは，三角形ABCが反時計回り

図①

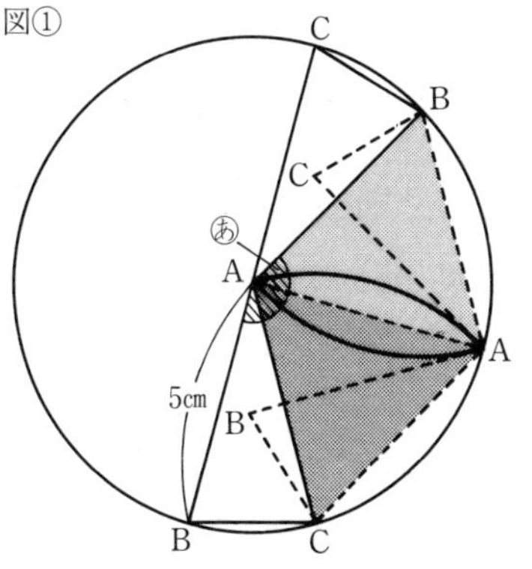

図②

10) 150 360
3) 15 36
5 12

図③

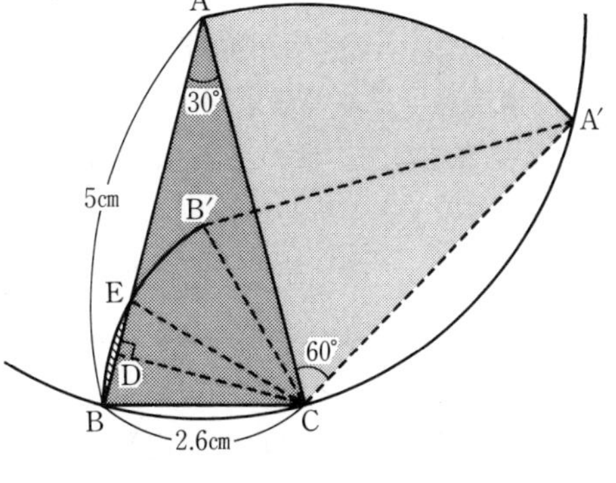

に，1800÷150＝12(セット)回転したときである。さらに，Aが1セットでえがくのは図①の太線部分であり，その長さは，$5\times2\times3.14\times\frac{60}{360}\times2=\frac{10}{3}\times3.14$(cm)となる。よって，正三角形ABCが元の位置に戻るまでにAがえがく線の長さは，$\frac{10}{3}\times3.14\times12=40\times3.14=125.6$(cm)と求められる。

(3) 上の図③で，かげをつけたおうぎ形CA′Aと，三角形ABCと，斜線《しゃせん》をつけた弓形の部分の面積の合計を求めればよい。初めに，おうぎ形CA′Aの面積は，$5\times5\times3.14\times\frac{60}{360}=\frac{25}{6}\times3.14$($cm^2$)である。また，CからABと直角に交わる直線CDを引くと，三角形ACDは正三角形を半分にした形になるから，CDの長さは，5÷2＝2.5(cm)となり，三角形ABCの面積は，5×2.5÷2＝6.25(cm^2)と求められる。次に，三角形ABCと三角形CEBは相似であり，相似比は，AC：CB＝5：2.6＝25：13なので，面積の比は，(25×25)：(13×13)＝625：169とわかる。よって，三角形CEBの面積は，$6.25\times\frac{169}{625}=1.69$($cm^2$)となる。さらに，角BCEの大きさは30度だから，おうぎ形CEBの面積は，$2.6\times2.6\times3.14\times\frac{30}{360}=\frac{169}{300}\times3.14$($cm^2$)となり，斜線をつけた弓形の部分の面積は，$\frac{169}{300}\times3.14-1.69$($cm^2$)と求められる。したがって，三角形ABCが通過する部分の面積は，$\frac{25}{6}\times3.14+6.25+\frac{169}{300}\times3.14-1.69=\left(\frac{25}{6}+\frac{169}{300}\right)\times3.14+6.25-1.69=\frac{473}{100}\times3.14+4.56=14.8522+4.56=19.4122$($cm^2$)である。

社会 (40分) ＜満点：100点＞

解答

[1] **1** イ，オ　**2** ウ，オ　**3** エ，オ　**4** ア，オ　**5** ア，エ　**6** イ，c　**7** イ，カ　[2] **1** **A** 高度経済成長　**B** 沖縄県　**C** 第二次世界大戦(太平洋戦争)　**D** 稲作　**2** ① 2000　② 2005　③ 1940　④ 1945　⑤ 1950　⑥ 1970　⑦ 1975　**3** (1) イ，エ　(2) (例) 東北地方の北部や南西諸島などには朝廷の支配がおよんでいなかったから。　**4** (1) オ　(2) イ，エ，キ　[3] **1** ウ，オ　**2** イ，エ　**3** イ　**4** イ，エ，オ　**5** イ，ウ，エ　**6** ア，オ

解説

[1] 小笠原諸島の地理や歴史を題材とした問題

1 ア　太平洋戦争末期，アメリカ軍は日本本土への空襲《くうしゅう》の拠点《きょてん》の一つとするため硫黄《いおう》島の占領を計画。1945年2～3月に行われた戦闘《せんとう》のすえ，日本軍の守備隊はほぼ全滅《ぜんめつ》し，アメリカ軍が同島を占領した。このときの戦闘で日本軍の死者は約2万人，アメリカ軍の死者は約6800人に達した。　イ　南鳥島は日本の最東端に位置している。　ウ　日本の最南端に位置する沖ノ鳥島はさんご礁《しょう》からなる島で，波の浸食《しんしょく》により消滅するおそれがあったことから，1980年代に巨額の工費を費やして護岸工事が行われた。　エ　西之島《にしのしま》では2013年に活発な火山活動が始まり，火山噴出物や溶岩流によって陸地が拡大し，島の面積が増大した。　オ　小笠原諸島は東京都に属している。

2 ア　大気汚染の原因となるのは自動車の排気ガスや工場から排出される有害物質などであるが，小笠原諸島ではどちらもきわめて少なく，観光施設の増加が大気汚染を引き起こすことも考えにくい。　イ　小笠原諸島の主産業は農業，漁業と観光業である。工業はラム酒の生産と水産加工業

が行われているぐらいで，海水が汚染されるような状況にはない。　ウ　小笠原諸島では第二次世界大戦前に飼育されていたヤギが野生化し，植物を食い荒《あ》らす被害が発生している。また，1968年にアメリカから返還されたあと，開発が進んだことや外来種の生物が持ちこまれたことなどから，固有種など希少な動植物が数を減らすという問題が起きている。　エ　小笠原諸島では開発により森林が減少する問題が発生しているが，それが原因で洪水《こうずい》が起きたということはない。　オ　台風は海水が蒸発してできる水蒸気をエネルギーとして発達する。したがって，海水温が高いと水蒸気の量が増えるので，台風の勢力も強まることになる。近年，地球温暖化の影響と考えられる海水温の上昇が各地で見られる。太平洋西部では，赤道付近で発生した大型の台風が強い勢力を保ったまま小笠原諸島付近を通過することが増え，大きな被害の発生が心配されている。

3　小笠原諸島に飛行場を建設する問題については，急病人の搬送《はんそう》などに必要とされることや，観光客の増加が見こまれることなどからこれに賛成する意見と，環境破壊につながるとしてこれに反対する意見がある。アとイは反対意見の根拠，ウは賛成意見の根拠となるものであり，いずれも正しい。小笠原諸島では酪農は行われていないので，エは誤り。小笠原諸島は東京から約1000km離れており，時速70kmで走る高速船を就航させても日帰り旅行はできないので，オも誤りである。

4　太平洋諸島の文化に詳《くわ》しい人に直接話を聞けばいろいろなことがわかると考えられるので，ウは正しい。また，本文中に，小笠原諸島では日本人の入植が始まる前に欧米人や太平洋諸島の人々による入植が行われたことが記されているから，居住地に残る外国語表記の看板や古い住居，民謡《みんよう》や踊《おど》りなどを調べると，太平洋諸島の文化の影響が見られる可能性がある。よって，イとエも正しい。島の人口の増減や土地利用の変化から文化のようすを直接読み取ることはできないから，アとオは適切ではない。

5　沖縄は降水量は多いが，石灰岩の地質が多いため地中に水をたくわえる力が弱いことや，大きな川がないことなどから，利用できる水の量は少なく，水不足になりやすい。したがって，アは誤り。琉球《りゅうきゅう》王国時代の沖縄は，日本，中国，東南アジアなどとの間で中継《ちゅうけい》貿易を行い，江戸時代に薩摩藩(鹿児島県)の支配を受けるようになってからも中国との朝貢《ちょうこう》貿易は続けられたから，鎖国していたとあるエも誤りである。

6　2019年2月現在，日本にある世界自然遺産登録地は，「知床《しれとこ》」「白神山地」「屋久島」「小笠原諸島」の4か所あり，図1のAはこのうちの屋久島である。屋久島が世界遺産に登録されたのは，樹齢数千年におよぶヤクスギの原生林のほか，亜《あ》熱帯から亜寒帯までの植物が垂直に分布する特別な地域であることや，多くの動植物が生息する豊かな生態系が保たれていることが評価されたからで，ヤクシカ(ニホンジカの亜種)やサルなどの動物は，人々の生活と共存する形で独自の生態系をつくり上げてきた。したがって，ここではイとｃがあてはまる。なお，アとｂは知床，ウとａは小笠原諸島，エとｄは白神山地にあてはまる。マタギとは，東北・北越地方，特に秋田県の山間部に住み，おもに狩猟《しゅりょう》を仕事として暮らしてきた人々のこと。

7　ア　地形図からは人口の多さはわからない。なお，小笠原諸島の中で一般住民が住んでいるのは父島と母島だけであり，2018年4月における人口は父島2140人，母島470人となっている。

イ　特に方位記号がないので，どちらの地形図も上が北を指す。よって，二見港と沖港がある湾はともに南を向いていることがわかる。　ウ　地形図には田(ＩＩ)の地図記号は見られない。小笠原諸島の農業は野菜，果実，花きの生産が中心で，稲作はほとんど行われていない。　エ　日本に返還されたあと，小笠原諸島にはアメリカ軍の施設はおかれていない。父島にある水上機発着所は自衛隊の施設である。なお，水上機とは水上で離着水ができるように設計された飛行機のこと。　オ　2つの島にはそれぞれ発電所・変電所(-☼-)はあるが，工場(☼)の地図記号はない。また，工場の地図記号があったとしても，それだけでは何の工場かはわからない。　カ　小中学校の地図記号は(文)，高等学校の地図記号は(⊗)である。父島には両方の記号が，母島には小中学校の記号が見られる。

2 日本の人口の移り変わりを題材とした問題

1　**A**　1960年代の日本は高度経済成長が続いた時代で，重化学工業を中心に産業・経済が発展し，国民生活は豊かになった。　**B**　第二次世界大戦末期にアメリカ軍に占領された沖縄は，戦後もアメリカの統治下におかれ，1972年にようやく日本に返還された。したがって，1945年から1970年までの国勢調査に沖縄県の統計はふくまれていない。　**C**　表中で人口の増え方が最も少ないのは1940年と1945年の間。1945年は第二次世界大戦が終わった年なので，戦争の影響であると判断できる。　**D**　弥生時代には大陸から伝わった稲作が広がり，人々は低地にムラをつくって定住するようになった。稲作はまず西日本で広まり，大陸から日本に移り住む人々も多かったから，人口の重心が西に大きく移動したと考えられる。

2　①，②　人口の差が84万2000人であるのは2000年と2005年の間。2005年の出生率(一人の女性が一生の間に生む子どもの数の平均。正式には合計特殊《とくしゅ》出生率という)1.26は，現在にいたるまでの最低値となっている。　③，④　上で述べたように，人口の増加数が最も少ないのは1940年と1945年の間。第二次世界大戦中の日本の死者は約310万人(軍人約230万人，民間人約80万人)とされるが，その多くは戦争が終わるまでの1年間に集中していたといわれる。　⑤～⑦　人口の増加の幅が大きいのは，1945年と1950年の間と，1970年と1975年の間。それぞれ第一次ベビーブームと第二次ベビーブームが起きた時期であり，出生数の大幅な増加が人口増につながった。

3　(1)　ア　本文中に「3世紀が60万人」とある。中国の歴史書『魏志《ぎし》』倭人伝《わじんでん》には，239年に邪《や》馬台国《またいこく》の女王卑弥呼《ひみこ》が魏(中国)に使いを送り，皇帝から「親魏倭王」の称号と金印・銅鏡などを授けられたことが記されている。　イ　本文中に「1200年ごろが700万人」とある。地方から都に運ぶ税(調)に木製の荷札(木簡《もっかん》)がつけられていたのは，8世紀ごろである。　ウ　本文中に「17世紀初めが1200万人」とある。17世紀初めに幕府が開かれた江戸では城下町の建設が進み，多くの武士や町人が住むようになった。　エ　本文中に「明治時代のおわりごろの人口はおよそ5000万人，今から150年ほど前が3300万人でした」とある。「今から150年ほど前」は明治時代初めにあたるが，製糸工場の女性など，工場で働く人の労働条件が問題になったのは明治時代のおわりごろである。　オ　日本の総人口が1億人を超《こ》えたのは1967年。翌年，日本の国民総生産(GNP)がアメリカにつぐ世界第2位となった。　(2)「全国的な統計のない時代は，戸籍や税に関する書類などをもとに推定」されるとある。8世紀に朝廷の支配がおよんでいたのは東北地方の南部まで，九州地方も隼人《はやと》などの帰順が進みつつある段階で，南西諸島はまだ支配下におかれていなかった。よって，朝廷の支配がおよんでいなかった当時の日本列島の北部と南部の人口は推定できないことになる。

4　(1)　8世紀以降，人口の重心は京都府・滋賀県・岐阜県の中で移動しているが，縄文時代には東日本に人口が集中しており，現在よりもさらに東に重心があったと考えられるとあるから，長野県と判断できる。　**(2)**　ア　奈良(平城京)に都がうつったのは710年。725年の人口の重心は滋賀県西部にある。　イ　平安京に都がうつったのは794年。800年の人口の重心は，滋賀県から京都府内に移動している。　ウ　平氏が強い力をもつようになったのは12世紀後半。1150年の人口の重心は，滋賀県から岐阜県へと東に移動している。　エ　近松門左衛門《もんざえもん》が活やくしていたのは17世紀後半から18世紀初めにかけて。1600年と1721年の人口の重心は，ともに琵琶湖の東岸に位置している。　オ　京都から東京に都がうつったのは1869年。1846年と1873年の人口の重心はともに琵琶湖の西岸にあり，東には移動していない。　カ　満州国建国が宣言され，多くの日本人が満州に移住したのは1930年代。1930年から1940年にかけて，人口の重心は岐阜県内で東に移動している。　キ　東海道新幹線が開業したのは1964年。それ以降，2015年にいたるまで，人口の重心はしだいに南東に移動している。

3 国際紛争と難民を題材とした問題

1　ア　国際連合が採択した「難民条約」(1951年に調印された「難民の地位に関する条約」と1967年に調印された「難民の地位に関する議定書」の2つを合わせてこうよばれる)によれば，難民とは人種，宗教，国籍や政治的信条などを理由に自国で迫害《はくがい》を受けるおそれがある人のことであり，同条約はそうした人々を保護することを各国に義務づけている。しかし，仕事やよりよい生活を求めて海外に移住しようとする人は難民とは認定されないから，「助けを求めて自国に来るすべての人びとを受け入れる義務」があるわけではない。なお，戦争や自然災害などが原因で住む場所を失い，外国に避難《ひなん》するような人も広い意味で難民とされるが，そうした人々の保護についても明確な規定はなく，各国政府の判断にゆだねられているのが現状である。　イ　イスラエルとパレスチナとの間で長く続いている紛争により，多くの難民(パレスチナ難民)が発生している。なお，カシミール地方の帰属をめぐりパキスタンと対立を続けているのはインドである。　ウ　ロヒンギャはミャンマー北西部に住むベンガル系イスラム教徒で，仏教徒の多いミャンマーで迫害を受けており，難民となって隣国《りんごく》のバングラデシュなどに逃《のが》れる人々が多数出ている。　エ　2011年からアサド政権側の政府軍と反政府勢力，それにISなどのイスラム過激派や少数民族のクルド人などが入り乱れて戦う内戦が続くシリアでは，これまでに500万人以上の難民が発生している。彼らの多くはトルコなどを経由してドイツなどヨーロッパ諸国へ避難しようとしているが，難民の受け入れを拒否《きょひ》する国もあり，深刻な状況が続いている。　オ　NGO(非政府組織)の中には，医療《いりょう》活動や感染症の予防，安全な水の確保など，難民を支援するための活動を世界各地で行っているものがある。このうち，1971年に結成された「国境なき医師団」は，世界各地に事務局をおき，国際的な医療活動を行うNGOで，自然災害や戦争などが発生した場合，世界中のあらゆる場所にかけつけて被災者や難民のために緊急《きんきゅう》医療活動を行っている。

2　ア　1947年に制定された災害救助法は，地震や火山の噴火，風水害などの自然災害が発生した場合の行政機関の対応のしくみを規定したもので，都道府県知事が日本赤十字社などの協力を得て救助活動を指揮することや，その期間や方法などについて必要な事項は内閣が政令で定めることなどが規定されている。「国会・内閣・裁判所の権限を一つに集中させて」政策を進めるようなことは，三権分立の原則に照らしてあり得ない。　イ　2018年6月に民法が改正され，成人年齢がそれまでの20歳から18歳に引き下げられた。これにより，18歳や19歳の人は保護者の同意がなくても「契約《けいやく》」ができることになったため，たとえばスマートフォンを購入したり，クレジットカードをつくったりすることが自分自身でできるようになった。なお，飲酒や喫煙《きつえん》などができるのは従来通り20歳以上とされている。　ウ「同性パートナーシップ制度」とは，同性のカップルにも異性間の夫婦やカップルと同等もしくはそれに近い権利を認めようとするもの。東京都の渋谷区は条例で，世田谷区は要綱《ようこう》(事務上の手続きを定めた自治体のきまり)でこれを認める制度を取り入れたが，国はそのような制度を法律で定めていない。　エ　高齢化の進行にともない，社会保障にかかる費用の増加傾向《けいこう》が続き，国の歳出で最も大きな割合を占《し》めるようになっている。2018年度の歳出は，社会保障関係費33.7%，国債《こくさい》費23.8%，地方交付税交付金等15.9%，公共事業関係費6.1%の順となっている。　オ　ソマリアはアフリカ東端にある国。1980年代から内戦が続く同国の混乱を背景に，ソマリア周辺海域では海賊《かいぞく》の活動が活発化しており，貨物船やタンカーなどを襲《おそ》って船員を人質にとり，船会社に身代金を要求する事件が多発している。付近の海域は日本船も多く通過することから，これを護衛するため2009年から自衛隊が派遣されている。

3　①は南スーダン。2011年にスーダンから分離独立した。位置は地図中のDである。②はイラク。2003年に起きたイラク戦争のさい，アメリカ軍などの攻撃によりフセイン政権が崩壊《ほうかい》し，臨時政府がつくられた。同年，日本ではイラク復興支援特別措置《そち》法が成立。同法にもとづいて自衛隊がイラクに派遣された。位置は地図中のBである。③はカンボジア。同国では長く続いた内戦状態がおわり，国連によるPKO(平和維持活動)が行われていたが，1992年に成立した国連PKO協力法にもとづき，日本の自衛隊もこれに参加することとなった。位置は地図中のAである。④はイスラエル。中心都市のエルサレムはユダヤ教・キリスト教・イスラム教という三つの宗教の聖地であり，これがイスラエルとパレスチナの対立の原因の一つとなっている。位置は地図中のCである。

4　ア　日本国憲法第26条1項では教育を受ける権利が，2項では保護する子女に普通教育を受けさせる義務と，義務教育を無償《むしょう》とすることが規定されている。　イ　日本国憲法第15条1項では「公務員を選定し，及《およ》びこれを罷免《ひめん》(辞めさせること)することは，国民固有の権利である」と規定されており，外国籍の人に参政権は認められていない。　ウ　日本国憲法第31条では，「何人《なんぴと》も，法律の定める手続によらなければ，その生命若《も》しくは自由を奪は《(わ)》れ，又《また》はその他の刑罰を科せられない」と規定されている。　エ　日本国憲法が定める，保護する子女に普通教育を受けさせる義務(第26条2項)，勤労の義務(第27条1項)，納税の義務(第30条)の三つは国民の三大義務とよばれるが，義務を果たさない人に対する刑罰は規定されていない。ただし，税金の滞納《たいのう》があった場合には差し押さえなどの行政処分が行われる。　オ　環境権は日本国憲法第13条が保障する幸福追求権などを根拠として主張され，広く認められるようになった新しい人権の一つであるが，憲法で定められているわけではない。

5　ア　2018年6月，アメリカのトランプ大統領と北朝鮮の金正恩《キムジョンウン》朝鮮労働党委員長による史上初めての米朝首脳会談が，シンガポールで開かれた。　イ　2019年から3年間の国連分担金の割合は，アメリカ22.0%，中国12.005%，日本8.564%の順となっている。　ウ　立憲君主制をとるイギリスの行政府の長は首相である。なお，2019年2月時点では保守党のテリーザ・メイが首相を務めていたが，自身が掲げたEUとの離脱協定法案がイギリス議会で3度にわたって否決されたことや，自身への批判が高まったことなどから，5月には首相を辞任すると表明し，EU離脱の先行きは不透明なものとなっている。　エ　中国には50以上の民族がくらしているが，漢民族が人口の90%以上を占めている。　オ　2018年6月から7月にかけて，サッカーのワールドカップがロシアで開かれた。また，2014年２月には，ロシアのソチでオリンピック冬季大会が開かれている。

6　ア　本文中に，国際連合首脳会合の成果文書は，「保護する責任」の対象を，多くの命が失われたり人道的な危機が起きたりする場合のみとすることや，武力の行使は安全保障理事会が認めることが前提であることを確認したとある。こうした考えにもとづき，シリア内戦の問題に対し国連事務総長は安全保障理事会に積極的な行動を求めてきたが，シリアの反政府勢力を支援するアメリカやイギリスと，アサド政権を支援するロシア・中国の対立から，安全保障理事会は一致した行動をとれていない。　イ　アメリカが日米安全保障条約にもとづき沖縄などに軍事基地をおいているのは，自国を中心とした集団安全保障体制を維持するためであり，日本や東アジアを「保護する責任」があるからではない。　ウ　本文中に，NATO軍がセルビアなどに対して行った空爆には中国やロシアが反対していたことや，「国際社会の合意がなく行われた空爆」であったことなどが書かれている。　エ　リビア国民によるデモを政府が弾圧したことに対処するため，アメリカやフランスなどの多国籍軍やNATOが空爆を行い，その結果，「カダフィ政権は事実上崩壊しました」とある。　オ　人道的介入を行うべきとする立場からは，「人権や命はとても重要であるため，他国の介入以外に危機をとめる手段がない場合は介入するべき」であるとされる。また，「『介入と国家主権に関する国際委員会』は，2001年の報告書で，人びとを保護する責任は国家にあるが，それが果たされない時は国際社会が『保護する責任』を負うとして，人道的介入を正当化しました」とも書かれている。

理　科　（40分）<満点：100点>

解　答

[1]　**1**　**ツバメ**…カ　**カラス**…ウ　**2**　**場所**…エ　**材料**…イ，オ　**3**　ア，オ，カ　**4**　①　ア　②　ク　[2]　①　エ　②　ケ　[3]　**1**　イ　**2**　（例）動かない星をさがす。　**3**　イ　**4**　オ　**5**　エ　[4]　**1**　①　蒸発　②　日光　③　空気　**2**　12.5 g　**3**　ク　[5]　**1**　①　ア　②　オ　③　イ　④　キ　⑤　ア　**2**　ア，キ　[6]　①　3　②　4　③　2　④　1　⑤　4　⑥　5　⑦　5　[7]　**1**　右の図　**2**　6通り

	鏡1	鏡2	鏡3	鏡4	鏡5	鏡6
①	イ	エ	カ	ク	コ	×
②	×	×	ア	イ	ウ	エ

解　説

[1]　ツバメとカラスについての問題

1　ツバメの多くは，カのような二またに分かれた長い尾をもつ。カラスは，ウのように大きめの頑丈《がんじょう》なくちばしをもっている。

2　ツバメは，家や駅舎など，人の出入りが多い建物ののき下に巣をつくる。そのような場所に巣をつくるのは，人が頻繁《ひんぱん》に姿をあらわすので，卵や幼鳥をねらうヘビなどが近づきにくいからといわれている。また，ツバメはふつう，どろと細いかれ草を混ぜて固めることによって巣をつくる。

3　一般に，ツバメやカラスなどの鳥は電線に止まっても感電しないので，電線に止まることはよくある。ツバメは飛びながら，エサとなる小さな虫などをとる。カラスは雑食性で，果実をつけて

いる木の枝に止まって果実を食べたり，地面に降りて人が出したゴミなどをあさったりし，スズメなどの他の鳥をおそうこともある。また，ツバメもカラスも昼間に活動する。

4 ① ツバメは，春になると日本より南の地域(おもに東南アジア)から日本にわたってくるわたり鳥である。日本にやってくると卵をうみ，子育てをして，秋になると南の地域へもどっていく。

② ハクチョウやカモなどは，冬になると日本より北の地域から日本へやってくるわたり鳥である。冬には北の地域でエサがとれなくなるので，エサがとれる日本にわたって冬をこす。

2 イネの種子の数についての問題

種子の数は，株１全体では，180＋167＋168＋205＋66＋176＋120＋144＋129＋199＋195＝1749(つぶ)，株２全体では，141＋130＋132＋171＋173＋144＋121＋115＋102＋152＋150＋132＝1663(つぶ)，株３全体では，114＋168＋146＋128＋170＋170＋111＋145＋161＝1313(つぶ)であり，３株すべての合計が，1749＋1663＋1313＝4725(つぶ)となる。これを玄米にしたときの重さが105ｇで，精米すると，105×0.9＝94.5(ｇ)になる。この米をたくとその重さは，94.5×2.3＝217.35(ｇ)になるため，茶わん１ぱいの白いご飯150ｇにふくまれる白米のつぶの数は，$4725\times\frac{150}{217.35}=3260.8$…より，約3300つぶである。３株の種子の数を平均すると，4725÷３＝1575(つぶ)となるので，3300つぶの種子の数は，3300÷1575＝2.09…より，約2.1株分にあたる。

3 天体や大地の変化，気象についての問題

1 日時計がつくるかげの方角は，太陽のある方角と正反対の方角となるので，夏と冬でほぼ同じといえる。かげの長さは太陽の高度が低いほど長くなり，同じ時刻における太陽の高度は日にちがたつにつれて変化するため，かげの長さは日にちによって変わる。

2 北極星は，およそ地球の地じくを北の方向に延長したところにある。地球が地じくを回転のじくとして自転しているため，北極星の位置は北の空でほとんど変化しないで一定の位置に見える。

3 川の水の量が増えると，川の曲がりの外側では流れる水による土地をけずるはたらきが強くなり，川岸や川底がけずられて，曲がりが急になったり川底が深くなったりする。

4 とびらを開いたときに日光が中に差しこまないようにするため，百葉箱のとびらは北向きに設置されている。

5 軽石は，おもにりゅうもん岩やあんざん岩をつくるマグマが，ふん火のときにマグマにふくまれていた気体成分がぬけていき，表面に小さな穴を多数つくりながら冷え固まった岩石である。りゅうもん岩などをつくるマグマは無色鉱物の成分の割合が高いため，冷えてできた岩石は白っぽい色をしている。

4 塩田での塩づくりについての問題

1 海水を砂地にまくとおけに入れたままにするよりも広がるため，同じ重さあたりの日光(太陽光)を受ける面積が広くなり，水分の蒸発が起こりやすくなる。また，空気とふれる面積が広くなることも，水分の蒸発をさかんにする原因となり，風がふくとさらに水分の蒸発がさかんになる。

2 ７ｇのにがりをとかす最小の水の重さは，$100\times\frac{7}{56}=12.5$(ｇ)なので，１kgの水を12.5ｇまで減らしてもにがりのつぶは出てこない。このとき，にがりのつぶを出さないようにして取り出せる塩のつぶの量は最大となる。

3 １日に１m^{2}あたり，400×２÷100＝８(kg)の海水をまくことになる。２より，１＋28÷1000＋７÷1000＝1.035(kg)の海水から得られる純すいな塩の重さは，$28-36\times\frac{12.5}{100}=23.5$(ｇ)なので，

8kgの海水からは，$23.5\times\frac{8}{1.035}=181.6\cdots$より，約180gの塩が得られると求められる。

5 金属と水よう液についての問題

1　アルミニウムは磁石に引きつけられないが，鉄は磁石に引きつけられるため，アルミニウムと鉄の粉末を分けることができる。また，アルミニウムと鉄の粉末が混ざったものを十分な量の水酸化ナトリウム水よう液に加えると，アルミニウムはとけて水素を発生するが，鉄はとけないで残る。これをろ過することによって，鉄を取り出せる。

2　アルミニウムが水酸化ナトリウム水よう液にとけると，気体の水素が発生し，アルミニウムとはちがう別の物質ができる。この物質は水にとけるので，水よう液中にとけている。また，水酸化ナトリウム水よう液はアルミニウムをすべてとかす量よりも多く加えてある。そのため，ろ過したあとの液をあたためると，水が蒸発して，とけたアルミニウムとはちがう別の物質と水酸化ナトリウムの固体が残る。

6 てこのつり合いについての問題

①　積み木1つの重さを$\boxed{1}$とする。操作1で，図2の板のAに積み木を1つ積むと，板はDの部分の左はし下を支点(以下，支点Xとする)としてかたむく。積み木および板の重心(重さが1点に集まったと考えられる点)の位置はそれぞれの中央としてよいので，Aに置いた積み木の重心は支点Xから12.5cm，板の重心は支点Xから2.5cmのところにある。板の重さを□とすると，1×12.5は$□\times2.5$より大きいために板の左はしが下がったことになり，□は，$1\times12.5\div2.5=\boxed{5}$より小さい。また，積み木をBに積むとその重心は支点Xから7.5cmの位置となり，板は水平のままであったので，1×7.5は$□\times2.5$以下である。よって，□は，$1\times7.5\div2.5=\boxed{3}$以上になる。これらのことより，$\boxed{3}\leqq$(板の重さ)$<\boxed{5}$とわかる。積み木をGやFに置いたときも左右が入れかわっただけであり，上に述べたことが同様に成り立つ。操作2で「土台1段」の板全体の重さは，$3+7=\boxed{10}$，$5+7=\boxed{12}$より，$\boxed{10}\leqq$(「土台1段」の板全体の重さ)$<\boxed{12}$であり，重心の位置はDの真ん中である。Aに積む白い積み木を増やしていき，△個積んだときに初めて板の左はしが下がったとき，支点Xを回転の中心としたモーメントは，$1\times△\times12.5$が12×2.5以上であれば左はしが下がることになる。よって，△は，$12\times2.5\div(1\times12.5)=\boxed{2.4}$以上より，3個積んだときとわかる。　②　操作2で「土台2段」の板全体の重さは，$3+7\times2=\boxed{17}$，$5+7\times2=\boxed{19}$より，$\boxed{17}\leqq$(「土台2段」の板全体の重さ)$<\boxed{19}$となる。Aに○個積んだときに初めて左はしが下がったとすると，支点Xを回転の中心としたモーメントは，$1\times○\times12.5$が19×2.5以上となる。したがって，○は，$19\times2.5\div(1\times12.5)=\boxed{3.8}$以上となればよいので，4個積んだときである。　③　操作3の「3段」の積み木全体の重さは，$1+2+3=\boxed{6}$で，重心はいちばん下の段の左はし(以下，底辺の左はしとよぶ)からの水平距離《きょり》で，$(1\times2.5+2\times7.5+3\times12.5)\div6=9\frac{1}{6}$(cm)の位置なので，階段の左はしがAのとき，支点Xを回転の中心にして，「3段」の積み木による左回りのモーメントが，$6\times\left(15-9\frac{1}{6}\right)=35$，板の重さによる右回りのモーメントが，$3\times2.5=7.5$，$5\times2.5=12.5$より，$7.5\leqq$(右回りのモーメント)$<12.5$で，左回りのモーメントの方が大きいため，左はしが下がる。階段の左はしがBのときは，「3段」の積み木の重心の位置は支点Xから，$10-9\frac{1}{6}=\frac{5}{6}$(cm)なので，支点Xを回転の中心にして，左回りのモーメントが，$6\times\frac{5}{6}=5$となり，右回りのモーメントより小さくなるので，板のはしは下がらない(板の重心はDの中央の位置にあるため，支点Xを回転の中心とする右回りのモー

メントの方が大きいときは板が水平のままとなる)。階段の左はしがCのときは,「３段」の積み木の重心がDの中に位置するため，板のはしは下がらない。階段の左はしがDのときは，板のDの右はし下が支点(以下，支点Yとする)となり，支点Yを回転の中心にしたモーメントを考えると，板の重さによる左回りのモーメントが，$3\times2.5=7.5$，$5\times2.5=12.5$より，7.5≦(左回りのモーメント)<12.5で,「３段」の積み木による右回りのモーメントが，$6\times\left(9\frac{1}{6}-5\right)=25$となるので，板の右はしが下がる。階段の左はしがEになると重心の位置がさらに支点Yから遠ざかるため，階段の左はしがDのときと同様に右はしが下がる。したがって，板のはしが下がらないのは，階段の左はしがBのときとCのときの２通りになる。　④「４段」の積み木全体の重さは，$1+2+3+4=\boxed{10}$で，その重心は底辺の左はしから，$(1\times2.5+2\times7.5+3\times12.5+4\times17.5)\div10=12.5$(cm)の位置にある。したがって，階段の左はしがAのとき，支点Xを回転の中心とした「４段」の積み木による左回りのモーメントが，$10\times(15-12.5)=25$で，板の重さによる右回りのモーメントよりも大きいので，左はしが下がる。階段の左はしがBのときは,「４段」の積み木の重心の位置がDの中に位置するので，板は水平のままである。階段の左はしがCのときは,「４段」の積み木の重心が支点Yから，$12.5-10=2.5$(cm)の位置となり，支点Yを回転の中心とした右回りのモーメントが，$10\times2.5=25$なので，左回りのモーメントよりも大きくなり，板の右はしが下がる。階段の左はしがDのときはさらに右回りのモーメントが大きくなるので，右はしが下がる。これらにより，板のはしが下がらないのは階段の左はしがBのときの１通りだけである。　⑤「７段」の積み木全体の重さは，$1+2+3+4+5+6+7=\boxed{28}$，その重心は底辺の左はしから，$(1\times2.5+2\times7.5+3\times12.5+4\times17.5+5\times22.5+6\times27.5+7\times32.5)\div28=22.5$(cm)の位置，つまり支点Yからは右に，$22.5-20=2.5$(cm)の位置にある。土台を追加した板の全体の重心は支点Yから左に2.5cmの位置にあるので，土台と板の重さの和が$\boxed{28}$より大きくなると板が水平のままとなる。よって，$\boxed{3}$≦(板の重さ)<$\boxed{5}$だから，土台の段数は，$(28-3)\div7=3$余り４より，操作４で土台を１段ずつ追加していくと,「土台４段」になったときに水平のままとなる。　⑥「６段」の積み木全体の重さは，$28-7=\boxed{21}$であり，その重心は底辺の左はしから，$(1\times2.5+2\times7.5+3\times12.5+4\times17.5+5\times22.5+6\times27.5)\div21=19\frac{1}{6}$(cm)の位置にある。したがって，階段の左はしがBのとき，重心の位置は支点Yから，$19\frac{1}{6}-15=4\frac{1}{6}$(cm)のところで，支点Yを回転の中心にした「６段」の積み木による右回りのモーメントが，$21\times4\frac{1}{6}=87.5$となる。よって，板全体の重さによる左回りのモーメントが87.5以上になればよいので，$87.5\div2.5=35$から，土台の段数は，$(35-3)\div7=4$余り４より,「土台５段」になったときに水平のままになるとわかる。　⑦「５段」の積み木の左はしがCのときに板が水平のままであればよい。「５段」の積み木全体の重さは，$1+2+3+4+5=\boxed{15}$で，重心の位置は底辺の左はしから，$(1\times2.5+2\times7.5+3\times12.5+4\times17.5+5\times22.5)\div15=15\frac{5}{6}$(cm)の位置である。支点Yを回転の中心とした「５段」の積み木による右回りのモーメントは，$15\times\left(15\frac{5}{6}-10\right)=87.5$となるので，左回りのモーメントが87.5以上になればよい。$87.5\div2.5=35$より，ここでの土台の段数は⑥と同じく「土台５段」となる。

7 光の反射と進み方についての問題

1　①　ここでは，鏡で反射した光が天じょうに当たる位置が鏡の真上に当たる天じょうの位置から右に□目もりの場合，鏡の位置から天じょうまでの高さ12目もりと合わせて，(右に□，12)のように表すことにする。すると，鏡１～鏡６による反射光はそれぞれ，(右に４，12)，(右に０，12)，(左に４，12)，(左に８，12)，(左に12，12)，(左に16，12)の位置に当たる。反射光をＤに当てるためには，鏡１はその真上の天じょうの位置が左に４目もりのＢになればよいのでイ，鏡２はＤの真下の位置のエ，鏡３は真上の天じょうの位置がＤから右に４目もりのＦになればよいのでカに置く。同様に考えると，鏡４はク，鏡５はコに置けばよい。なお，Ｄから右に16目もりとなる場所はないので，鏡６を置く位置はない。　②　かべ上のＲは，机から天じょうまでの高さの半分の高さにあるので，鏡で反射した光が鏡の真上に当たる位置からずれる目もりが，天じょうに当たるときの半分になる。つまり，鏡１は(右に２，６)，鏡２は(右に０，６)，鏡３は(左に２，６)，鏡４は(左に４，６)，鏡５は(左に６，６)，鏡６は(左に８，６)の位置に反射光が届く。鏡１と鏡２では，反射光が鏡より右や真上に進むので，Ｒに届くような置き方はできない。鏡３はかべより２目もり右のア，鏡４はかべより４目もり右のイ，鏡５はかべより６目もり右のウ，鏡６はかべより８目もり右のエに置けばよい。

２　鏡１～鏡４を用いて，天じょうのＡ～Ｄに反射光を当てるとき，鏡をどの位置に置けばよいかをまとめると，下の図ⅰのようになる。これをもとに，鏡を置く位置→反射光が当たる位置の組み合わせを調べると，下の図ⅱのような①～⑥の６通りが考えられる。

図ⅰ

	Ａ	Ｂ	Ｃ	Ｄ
鏡１	×	×	ア	イ
鏡２	ア	イ	ウ	エ
鏡３	ウ	エ	オ	カ
鏡４	オ	カ	キ	ク

図ⅱ

	鏡１	鏡２	鏡３	鏡４
①	ア→Ｃ	イ→Ｂ	ウ→Ａ	ク→Ｄ
②	ア→Ｃ	イ→Ｂ	カ→Ｄ	オ→Ａ
③	ア→Ｃ	エ→Ｄ	ウ→Ａ	カ→Ｂ
④	イ→Ｄ	ア→Ａ	エ→Ｂ	キ→Ｃ
⑤	イ→Ｄ	ア→Ａ	オ→Ｃ	カ→Ｂ
⑥	イ→Ｄ	ウ→Ｃ	エ→Ｂ	オ→Ａ

国語　(40分)＜満点：100点＞

解答

一　**問１**　**Ａ**　(例)　子供の描いたつたない絵を褒める話には付き合いきれない気持ち。　**Ｂ**　(例)　美術批評家の筆者にとって，大人のひいき目もふくまれる子供の絵など，美術として正面から向き合う価値はないという先入観があったから。　**問２**　(例)　(前者は)統一したり形を考えたりする意識がなく，造形的にこみいっていない点で単純である。／(後者は)子供の身体的な特性で，濃さ，折れ具合，速さなどが微妙に変わる点で複雑である。　**問３**　(例)　一字一字を同じ権利をもつ別々のものととらえ，それを均質なマス目のなかにいれていくという，初等教育の特徴を強調するため。　**問４**　(例)　描かれた一つひとつの線や図形が，濃さや折れ具合や速さに変化のある自由なものとして，存在感を示すということ。　**問５**　(例)　子供がマス目に字をはみださずに収めることができるようになるということは，大人では計り知れない細部を持つ魅力的な絵を描けなくなることを意味するから。　**二**　下記を参照のこと。

三　**問１**　(例)　シジミが食べられることのないまま死に，捨てられてしまうこと。　**問２**　**(A)**　(例)　人間がほかの命を奪わなければ生きられない罪深さを，おどけたような表現でごまかすため。　(B)（例）あらゆる生き物がほかの命のうえに成り立っているのだから，自分も命をいただこうと前向きに思う気持ち。　(C)（例）自分もシジミ同様，いつか死を迎える存在であることに皮肉なものを感じる気持ち。　**問３**（例）((ア)は)けんめいに生きようと呼吸のために「口をあけて」いるの(だが，(イ)は)，もはや死にかけて「口をあけ」た状態のままになっているの(である。)　**問４**（例）自分とシジミの姿を重ね，自分もシジミ同様，自然のサイクルにくみこまれたものとして，やがて死にゆく存在でしかないと自覚しているということ。

●漢字の書き取り

三 足るを知る者は富む。

解　説

一 出典は椹木《さわらぎ》野《の》衣《い》の『感性は感動しない―美術の見方，批評の作法』所収の「子供の絵」による。
子供が描《えが》く絵の魅力《みりょく》を知った筆者が，その魅力について語り，そういう絵を描く能力は初等教育とともに抑制《よくせい》され，急速に失われていくことを説明している。

問１　筆者が「美術批評家」である点と，筆者に子供が生まれる前か後かで，子供の描く絵に対する見方が異なる点をおさえる。　**A**　直前に注目する。「この手の話はご勘弁《かんべん》」とは，「子供はみな絵の天才だとか，子供にはかなわない」といった，子供の絵を褒《ほ》める話にうんざりする筆者の心情を表す。つたない子供の絵を必要以上に褒める話は，美術の専門家である筆者にとって聞き苦しいものだったというのである。　**B**　筆者が「子供の絵は～美術として本当にいい」と思うようになったのは，「自分に子供が生まれてから」である。つまり，それ以前の筆者は，「子供の絵は子供の絵」だという先入観に加え，大人の「ひいき目」の入ったものなど美術として評価に値しないと，「真正面から見ていなかった」のだと書かれている。これらをもとに，「美術批評家である筆者には，子供の絵など美術として評価するほどのものではないという先入観があったから」のようにまとめる。

問２　ぼう線(2)については，続く二つの段落で説明されている。子供によって，「統一感」や「概《がい》念《ねん》」などを意識することなく描かれた「線」や「丸」は，形もこみいったものではないため「単純きわまりない線」になるのだと説明されている。一方，ぼう線(3)については，前の部分で述べられている。子供は握力《あくりょく》が乏《とぼ》しく，筆記用具や紙に対する力のこめ方も不安定なので，丸や線を描くと微妙《びみょう》に「濃《こ》さや折れ具合や速さ」が変わり，「複雑きわまりない丸や線」になるのだとしている。

問３　続く段落に，小学校で行われる初等教育の特徴《とくちょう》として「均質なマス目のなかに文字や数字を入れること」があげられている。さらに，これを「数字や文字が一字ごとに同じ権利をもつ」「別々のもの」になることだと説明している。たとえば漢字で「算数」と書くと，音としての「さ」と「ん」，あるいは「す」と「う」が「同じ権利をもつ」「別々のもの」であるという印象をあたえづらく，それらを「均質なマス目のなかに」一字ずつ入れていくという初等教育の特徴をじゅうぶんに表しきれない。そのため，それぞれをひらがなで表記することで，別々の文字であることを強調する効果をねらったのだと考えられる。

問４　「こくごやさんすうの初等教育」が子供にもたらす弊害《へいがい》をおさえる。「同じ大きさのマスのなか」に入れる訓練を受けることで，子供たちは「均質」な「数字や文字」を書くことができるようになるが，反面，たとえば丸や三角ひとつとっても，大きさや折れ具合などを「自由」に描く能力は失われてしまうのだと言っている。同じ図形や線であっても，折れ具合や濃さ，大きさなどが異なっていることを，「それぞれ」がもつ「別の権利」だと言っているのだから，「描かれた一つひとつの線や図形が，濃さや折れ具合に変化のある自由なものとして，絵のなかで躍動《やくどう》するようになるということ」のように書くとよい。

問５　筆者の息子《むすこ》が訓練によって「マス目に文字をはみ出さずに収めることができるように」なったことは「喜ばしい」が，一方で，子供の「自由」な絵を描く「能力」が「抑制」されることになる。それを「ちょっと残念」だと言っているのだから，「計算や読み書きに必要な技術を身につけたことは喜ぶべきだが，同時に子供にしか描けない絵を描く能力が失われるから」のようにまとめる。

二　**漢字の書き取り**

「足るを知る者は富む」とは，“満足できる者は心豊かに生きられる”という意味。

三　**出典は石垣《いしがき》りんの『ユーモアの鎖国《さこく》』による。**翌朝には食べられる運命の「シジミ」と，それを食べる立場の「私」のようすが描かれている。

問１　「ムダ死に」は，死んだことが結果的に何の役にも立たないさま。Ⅱの最後で，これから食べるシジミに「私と～遠くまで行きましょう」と語りかけており，シジミは人に食べられることで役立つと筆者が考えていることがわかる。つまり，食べないまま死なせたシジミは「ムダ死に」したのだといえる。

問２　(A)　カタカナ表記は視覚的に異質な印象を与《あた》え，場合によって，軽快な感じ，ユーモラスな感じ，生々しさや深刻さなどを軽減または強調する感じ，無機的な感じなどが生まれる。筆者は，「生きて」いるシジミを食べる自分を「鬼《おに》ババ」と認識《にんしき》しており，ぼう線(1)は，鬼ババとして生き物を「クッテヤル」という覚悟《かくご》である。カタカナ表記が，たかがシジミを食べることに覚悟の表明をする悲壮感や滑稽《こっけい》味《み》，ほかの命を食って生きる悲哀《ひあい》や不気味さ，恥《は》じ入る気持ちなどを醸《かも》し出しているものと推測できる。これらをもとに，「生き物を食う鬼ババらしさを，不気味にかつおどけて表すため」のようにまとめる。　(B)　Ⅱでは，生き物はほかの生き物の命のうえに成り立っているという，罪深くもあるが受け入れなければならない自然のサイクルについて語られているものと考えられる。これをふまえ「生き物の命を頂くという行為《こうい》は仕方のないことなので，前向きにとらえようと思う気持ち」のようにまとめればよい。　(C)　「私」自身を「鬼ババ」と認識したのは，生きているシジミを食べることに気づいたからである。この後に続く，「鬼ババの笑いを／私は笑った」，シジミ同様「口をあけて」寝《ね》るほかはなかったという行為に着目する。ほかの命を食べて生きる自分もまた，食べられる「シジミ」同様に，いつか死んでいく存在であることを受け入れなければならないという皮肉を感じ，「笑った」のだろうと考えられる。これをふまえ，「シジミ同様，自分もいつか死ぬ存在であることに皮肉なものを感じる気持ち」のようにまとめる。

問３　(ア)のシジミは「生きて」いるのだから，酸素を取りこむために口をあけている。(イ)は「死んで」いくシジミなので，口を閉じる機能が衰《おとろ》えている状態にあるといえる。

問４　「私」が「口をあけて～寝る」ようすは，第一連の「口をあけて生きていた」シジミたち，Ⅱの「口をあけて死んで」いったシジミたちのようすと「同じ」である。問３でも検討したように，開いた「口」は生と死の両方を表す。つまり，今はシジミを食べて生きている自分も，やがてシジミと同じように死んでいく運命にあることを思っているという趣旨《しゅし》でまとめればよい。

Dr.福井の

入試に勝つ! 脳とからだのウルトラ科学

勉強が楽しいと，記憶力も成績もアップする！

みんなは勉強が好き？　それとも嫌い？――たぶん「好きだ」と答える人はあまりいないだろうね。「好きじゃないけど，やらなければいけないから，いちおう勉強してます」という人が多いんじゃないかな。

だけど，これじゃダメなんだ。ウソでもいいから「勉強は楽しい」と思いながらやった方がいい。なぜなら，そう考えることによって記憶力がアップするのだから。

脳の中にはいろいろな種類のホルモンが出されているが，どのホルモンが出されるかによって脳の働きや気持ちが変わってしまうんだ。たとえば，楽しいことをやっているときは，ベーターエンドルフィンという物質が出され，記憶力がアップする。逆に，イヤだと思っているときには，ノルアドレナリンという物質が出され，記憶力がダウンしてしまう。

要するに，イヤイヤ勉強するよりも，楽しんで勉強したほうが，より多くの知識を身につけることができて，結果，成績も上がるというわけだ。そうすれば，さらに勉強が楽しくなっていって，もっと成績も上がっていくようになる。

でも，そうは言うものの，「勉強が楽しい」と思うのは難しいかもしれない。楽しいと思える部分は人それぞれだから，一筋縄に言うことはできないけど，たとえば，楽しいと思える教科・単元をつくることから始めてみてはどうだろう。初めは覚えることも多くて苦しいときもあると思うが，テストで成果が少しでも現れたら，楽しいと思えるきっかけになる。また，「勉強は楽しい」と思いこむのも一策。勉強が楽しくて仕方ない自分をイメージするだけでもちがうはずだ。

Dr.福井(福《ふく》井《い》一成《かずしげ》)…医学博士。開成中・高から東大・文Ⅱに入学後，再受験して翌年東大・理Ⅲに合格。同大医学部卒。さまざまな勉強法や脳科学に関する著書多数。

2018年度　筑波大学附属駒場中学校

〔電　話〕（03）3411－８５２１
〔所在地〕〒154-0001　東京都世田谷区池尻４－７－１
〔交　通〕京王井の頭線─「駒場東大前駅」より徒歩７分
東急田園都市線─「池尻大橋駅」より徒歩15分

【算　数】（40分）〈満点：100点〉

【注意】 円周率は3.14を用いなさい。

1 縦《たて》５段，横50列の250個のマス目のついた表があり，１列目のマス目には１段目から順に１，２，３，４，５が書いてあります。２列目以降のマス目に，次のように２つの数をたしてできる１桁《けた》の数を書いていきます。

ただし，たしてできる数が２桁になったときは，一の位だけを書くことにします。

２列目　１段目には，１列目の５段目の数に，２をたしてできる数を書きます。
２段目から５段目には，すぐ上の段にある数に１をたしてできる数を書きます。

３列目　１段目には，２列目の５段目の数に，３をたしてできる数を書きます。
２段目から５段目には，すぐ上の段にある数に１をたしてできる数を書きます。

４列目　１段目には，３列目の５段目の数に，４をたしてできる数を書きます。
２段目から５段目には，すぐ上の段にある数に１をたしてできる数を書きます。

……

50列目　１段目には，49列目の５段目の数に，50をたしてできる数を書きます。
２段目から５段目には，すぐ上の段にある数に１をたしてできる数を書きます。

下の表はこの規則に従って，４列目まで数を書いたときのものです。

	１列目	２列目	３列目	４列目	５列目				50列目
１段目	1	7	4	2			…		
２段目	2	8	5	3			…		
３段目	3	9	6	4			…		
４段目	4	0	7	5			…		
５段目	5	1	8	6			…		

すべてのマス目に数を書いた表について，次の問いに答えなさい。

(1)　10列目の５段目のマス目に書かれた数を答えなさい。

(2)　１段目の50個のマス目のうち，１が書かれているものは何個ありますか。

(3)　表にある250個のマス目のうち，０が書かれているものは何個ありますか。

(4)　それぞれの段で，マス目に書かれた50個の数の合計を求めます。求めた合計が最も大きいのは何段目ですか。また，その合計も答えなさい。

2　Aと書かれたカードが何枚かと，Bと書かれたカードが1枚，Cと書かれたカードが1枚あります。これらのカードから何枚かを選ぶとき，その選び方が何通りあるかを考えます。

例えば，Aと書かれたカードが1枚のとき，選んだカードに書かれた文字を｛ ｝に書くことにすると，カードの選び方は，

｛A｝　｛B｝　｛C｝　｛AB｝　｛AC｝　｛BC｝　｛ABC｝

の7通りです。

次の問いに答えなさい。なお，Aと書かれたカードが2枚以上あるとき，それらは区別しません。

(1)　Aと書かれたカードが2枚のとき，選び方は何通りですか。
　　また，Aと書かれたカードが3枚のとき，選び方は何通りですか。

(2)　Aと書かれたカードが100枚のとき，選び方は何通りですか。

(3)　Aと書かれたカードが何枚のとき，選び方がちょうど3023通りになりますか。

3　三角形ABCの内側に点Pがあり，Pから辺BC，AC，ABにそれぞれ垂直な線を引き，交わった点を順にD，E，Fとします。次の問いに答えなさい。

(1)　三角形ABCが二等辺三角形であり，辺ABと辺ACの長さが28cm，辺BCの長さが14cmです。図1のように，Pを通りBCに平行な直線を①，Pを通りACに平行な直線を②，Pを通りABに平行な直線を③とし，③と辺BCが交わる点をGとします。AFの長さは16cm，DGの長さは2.5cmです。

(ア)　BDの長さを求めなさい。

(イ)　CEの長さを求めなさい。

図1

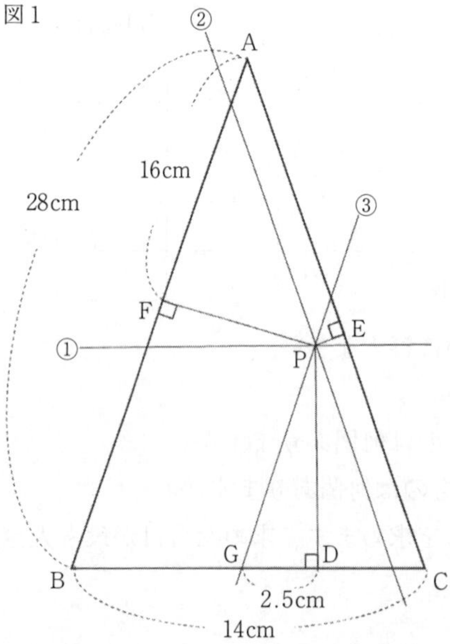

図2

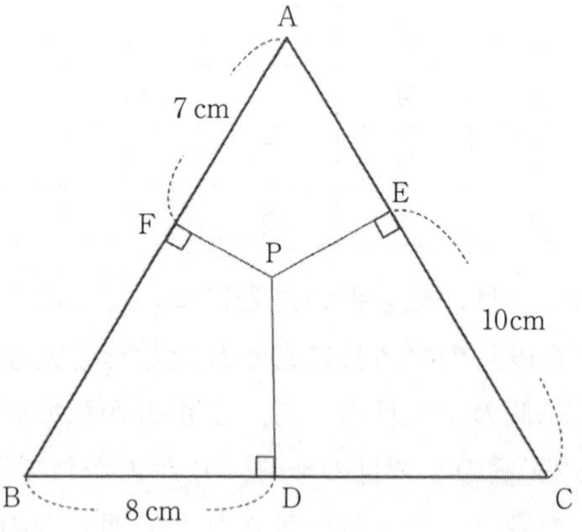

(2)　図2のように，三角形ABCは正三角形であり，AFの長さは7cm，BDの長さは8cm，CEの長さは10cmです。このとき，正三角形の一辺の長さを求めなさい。

4　幅《はば》80cm，奥《おく》行き10cm，高さ55cmの直方体の水槽《そう》が水平に置かれています。この水槽は，図1のように，底面に垂直な2つの仕切りによって，3つの区画に分けられています。仕切りの高さはそれぞれ50cmで，区画の幅は左の区画が30cm，中央の区画が20cm，右の区画が30cmです。なお，それぞれの区画の底面は長方形です。

左の区画の上に蛇口《じゃぐち》Aがあり，蛇口Aから水槽に入る水の量は，毎分1.6Lです。また，右の区画の上に蛇口Bがあり，蛇口Bから1分あたりに水槽に入る水の量は，5分ごとに変化します。図2のグラフは，水を入れ始めてからの時間と，蛇口Bから1分あたりに入る水の量の関係を表しています。

図1

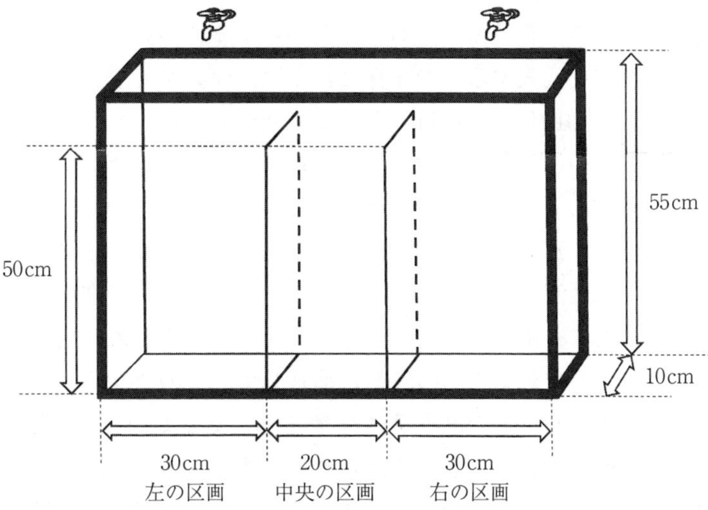

図2

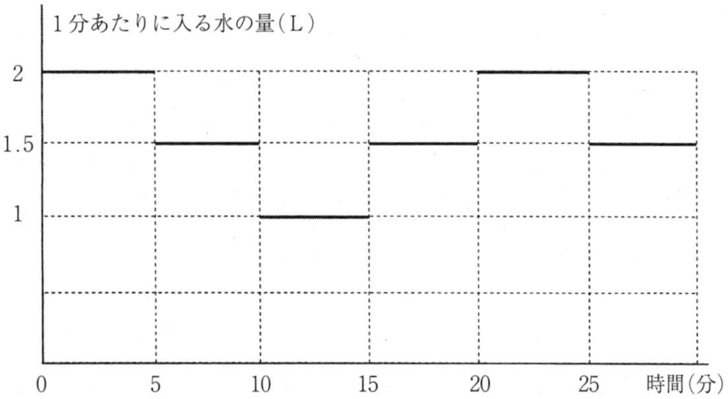

水槽と仕切りの厚さは考えないものとして，次の問いに答えなさい。

(1)　水槽が空の状態から蛇口Aだけを使って水を入れます。水を入れ始めてから20分後のそれぞれの区画の水の高さは何cmですか。

(2)　水槽が空の状態から蛇口A，蛇口Bの両方を使って水を入れます。2つの蛇口から同時に水を入れ始めるとき，

(ア)　左の区画と右の区画の水の高さが初めて同じになるのは，水を入れ始めてから何分後ですか。

(イ)　水を入れ始めてから10分後，中央の区画の水の高さは何cmですか。

(ウ)　水槽から水があふれ始めるのは，水を入れ始めてから何分後ですか。

【社　会】（40分）〈満点：100点〉

1　つぎの文を読んで，あとの１から７までの各問いに答えなさい。

日本を代表する秋の味覚と言えば，サンマです。日本のサンマの漁獲《ぎょかく》量は2007年の約30万トンから2016年には約11万トンまで減少しています。サンマに何が起こっているのでしょうか。サンマの漁獲量が減少している背景を確認《かくにん》し，サンマ漁業の未来について考えてみましょう。

日本の食卓《しょくたく》にとって，サンマはとても身近な魚です。私たちは，サンマを日本の魚と考えがちですが，実はそうではありません。サンマは日本近海だけにいるのではなく，北（　A　）全体の広い海域に分布しています。北のえさ場で豊富なプランクトンを食べて成長したサンマは，秋になると南の産卵《さんらん》場に回遊します。産卵のために回遊する一部の群れが，日本の近海を通りかかり，それを日本の漁船が捕獲《ほかく》しているのです。

日本のサンマの漁獲量に影響《えいきょう》をあたえる要因として，サンマの資源量，サンマの回遊ルート，外国船の漁獲の三点があげられています。この三点それぞれについて，順番に見てみましょう。

まずは，サンマの総数である資源量についてです。日本の研究機関は毎年６月から７月に，サンマの資源量を調べるための調査を行っています。サンマの回遊ルートをたどり，（　A　）全体をその対象としている大規模な調査です。この調査の結果，サンマの資源量は減少傾向《けいこう》にあることがわかりました。2017年の資源量は約100万トンと見積もられましたが，これは，2003年の資源量の５分の１ほどにとどまっています。

二つ目のポイントは，回遊ルートです。日本のサンマの漁獲にとって，サンマが日本近海を通過するかどうかも重要な要素です。外国船は，排他《はいた》的経済水域である日本の（　B　）カイリ内では操業できないので，外洋で漁業を行っています。一方，日本の船はサイズが小さく，遠出ができないので，漁場は日本近海に限定されます。サンマは低い水温を好んで回遊するので，日本周辺の水温が低い年には，より日本に近いルートで回遊し，日本周辺に好漁場が形成されます。逆に日本周辺の水温が高い年には，日本に近づく前に南下してしまいます。その場合，沿岸で待っている日本の漁船は待ちぼうけということになります。ここ数年は日本周辺の水温が高く，サンマが近海に入りづらい状況《じょうきょう》が続いていました。

三つ目のポイントは，外国船の漁獲です。ここ数年，「中国・台湾《たいわん》の乱獲でサンマが減少している」という報道を頻繁《ひんぱん》に見かけるようになりました。しかし，データを見ると，現在の漁獲の影響は限定的であることがわかります。外国船によるサンマの漁獲量は，資源量全体の５分の１ほどであり，現在まで低い水準にあります。成長が早く，生産力が高いサンマにとって，問題になるようなレベルではありません。2016年の中国の漁獲量は６万３千トンで資源量全体の５％，台湾は14万６千トンで12％です。これをみると，「中国・台湾の乱獲で日本のサンマ漁獲量が激減している」という主張には無理があることがわかります。現在の漁獲量では乱獲になる可能性が低いので，サンマの資源量が減少しているのは，自然現象と考えられます。サンマの資源量はこれまでも変動を繰《く》り返してきました。過去には，日本しか漁獲していなかった1960年代の10年間に，漁獲量が約48万トンから約５万トンまで変動したこともあります。ここ10年のサンマ漁獲量の減少は，過去の変動の範囲《はんい》に収まっています。

では，このまま漁獲を続けて問題がないかというと，そうではありません。今後も地球温暖化などで日本近海の水温が上がると，日本周辺ではますますサンマが獲《と》りづらくなります。サンマの水揚《あ》げを確保するために，日本も漁船を大型化して，外洋までサンマを獲りに行くことになるかもしれません。資源が減少しているなかで，各国がこれまでと同じ量のサンマを漁獲すると，資源に対する影響は大きくなります。このままサンマが減少していけば，そう遠くない将来，漁獲を規制せざるを得なくなるでしょう。サンマ食文化を守るには，サンマ資源の持続性が不可欠です。いざというときにサンマの漁獲にブレーキがかけられるように準備をしておく必要があります。

2016年，日本は国際的な漁獲枠《わく》を提案したのですが，他国の支持が得られませんでした。日本が提案した漁獲枠は全体で56万トンです。最近のサンマの漁獲量は合計で35万トン程度なので，現状の1.5倍に漁獲量を増やすことになり，資源保護効果は期待できません。また，国別の漁獲枠配分にも問題があります。日本提案では，日本のみが漁獲量を大幅《おおはば》に増やし，他国はこれ以上漁獲量を増やせないという，一方的な内容でした。これでは他国の合意が得られるはずがありません。

忘れてはならないのは，サンマは日本が所有する資源ではなく，国際的な共有資源だということです。日本には，他国が外洋でサンマを漁獲するのを規制する権限はありません。関係漁業国が合意をして，国際的な漁獲規制を導入できるように，粘《ねば》り強く交渉《こうしょう》する必要があります。

勝川俊雄「サンマ不漁　原因と対策」（『NHK　視点・論点』）を一部改めた

1　（A）（B）に入れるのに最も適する語句を書きなさい。

2　漁獲してから食卓にサンマが届くまでの行程についてのべた文として正しいものを，つぎのアからオまでの中から二つ選び，その記号を書きなさい。

ア　漁獲は夜，集魚灯を使って網《あみ》で行われることが多い。

イ　工場では，水揚げしたサンマを常温の海水に入れることで，新鮮《しんせん》さを保ちながら箱づめしている。

ウ　東京方面への輸送は，おもにトラックや新幹線を使って行われる。

エ　築地《つきじ》などの消費地市場を通さず，産地から直接届いたサンマを小売店で買うこともできる。

オ　近年，サンマの養殖《ようしょく》がさかんになり，養殖サンマが食卓へ届く機会が増えている。

3　日本近海における秋のサンマの回遊ルートと重なって流れる海流の名前を書きなさい。

4　地球温暖化に関連してのべた文として正しくないものを，つぎのアからオまでの中から二つ選び，その記号を書きなさい。

ア　沖縄《おきなわ》では温暖化による海水温の上昇《じょうしょう》により，サンゴの白化現象がおこっている。

イ　日本海側の地域では，温暖化にともない気温が上昇し，降雪量は減少している。

ウ　ハイブリッド車やクリーンディーゼル車は，二酸化炭素の排出《はいしゅつ》量が少ないため，温暖化への対策となる。

エ　森林に対して間伐《かんばつ》などの手入れをすることは，温暖化への対策となる。

オ　温暖化によって北海道のコメの生産量が増え，結果として日本の食料自給率は上昇している。

5　日本の食文化についてのべた文として正しくないものを，つぎのアからオまでの中から二つ選び，その記号を書きなさい。

ア　沖縄では，生産量の多いゴーヤーがチャンプルーなどとして食べられている。

イ　四国地方には，近海で獲れるニシンを使った郷土料理がある。

ウ　関西地方では，お雑煮《ぞうに》の具として鮭《さけ》を入れることが多い。

エ　新潟《にいがた》では，餅《もち》づくりや日本酒づくりがさかんである。

オ　北海道《ほっかいどう》では，水揚げ量の多いホタテガイやカニなどの海産物が食べられている。

6　魚介《ぎょかい》類の資源保護についてのべた文として正しくないものを，つぎのアからオまでの中から二つ選び，その記号を書きなさい。

ア　出漁する日を制限することは，魚の獲りすぎを防ぐことになる。

イ　埋《う》め立て地の造成は魚の住みかを増やすため，資源の増加につながる。

ウ　栽培《さいばい》漁業とは，マグロなど高級魚の稚魚《ちぎょ》を育て，大きくしたのちに放流することである。

エ　川の上流にある山に植林したり，海中にアマモを植えたりすることは，資源の増加につながる。

オ　漁をする網の目を大きくすることで，小さな魚がかかりにくくなる。

7　本文の内容についてのべた文として正しいものを，つぎのアからオまでの中からすべて選び，その記号を書きなさい。

ア　日本の研究機関の調査によると，15年前のサンマの資源量は約500万トンであった。

イ　外国船の漁獲でサンマの資源量が激減したために，日本の漁獲量も減っている。

ウ　日本はサンマ資源の保護のため，日本を含む関係漁業国に対し，漁獲量を減らす提案を行った。

エ　ここ10年の日本におけるサンマ漁獲量の減少幅は，かつてないほどの大きさになっている。

オ　サンマは国際的な共有資源であるため，今後は関係漁業国で協力して資源の保護を行う必要がある。

2　つぎの文を読んで，あとの１から７までの各問いに答えなさい。

わたしたちの生活は，紙なしでは成り立ちません。紙の三大機能は，記録すること，ものを包むこと，ふき取ることだといいます。情報のデジタル化が急速にすすみ，書物や書類などを紙で作成しないペーパーレス社会が到来《とうらい》して紙の使用量は減少するのではないかといわれています。確かに記録するという機能に関しては，紙はデジタル化の影響《えいきょう》を強く受けました。より多くの情報をより速く伝えるという点では，紙はデジタル媒体《ばいたい》には到底かないません。しかし，2015年の世界の紙生産量は約４億トンにも及び，前年比では0.4％増加しています。わたしたちの毎日は紙であふれているのです。冷蔵庫を開ければ紙のパックに入った牛乳があるでしょうし，ティッシュペーパーやトイレットペーパーは遠慮《えんりょ》なく消費され，財布《さいふ》には紙幣《しへい》が入っています。インターネットで買い物をしたときも，商品は段ボール箱や封筒《ふうとう》などの紙に包まれて届きます。いまこうして入試問題に取り組んでいるあなたの目の前にあるのも，やはり紙です。

紙は中国で発明されました。ここでいう紙とは，植物の繊維《せんい》などを水中で薄《うす》く平らにからみ合わせて乾燥《かんそう》させたもののことをいいます。紀元105年に蔡倫《さいりん》という人物が発明し，皇帝《こうてい》に献上《けんじょう》したという記述が中国の歴史書にあり，これを紙のはじまりとするのが通説でした。しかし，それよりも古い時期のものとみられる紙が，20世紀にはいってから中国の遺跡《いせき》であいついで発見されています。これらは，麻布《あさぬの》や麻縄《あさなわ》などを原料とする麻紙でした。現在最も古いとされる紙片《しへん》は，紀元前２世紀の小さな墓の棺《ひつぎ》の中から発見されたものです。縦2.6センチ，横5.6センチの小さな断片ですが，川の流れや道路などを表す図形が描《えが》かれていました。

紙が発明される前，中国の人びとは記録材料として，牛や豚《ぶた》の骨，亀《かめ》の甲羅《こうら》，青銅器，木，竹，石，絹布《けんぷ》などを用いていました。この中で，最も重要な役割を担《にな》ったのは竹です。文字を縦書きにする細い竹片（竹簡）の上に文字を書いたのです。竹簡はたがいに結びあわせて丸め，巻物のようにしました。これは経済的で頑丈《がんじょう》でしたが，重いうえに場所を取ってしまいました。文字を書くのに適していたのは，薄い素材である絹でした。巻物状にした絹布の本は，紀元前4世紀にはすでに存在していたといいます。しかし，絹は非常に高価なので，日常的に用いるのには適していません。竹よりも軽く，絹よりも安価な紙が発明され，それまでの竹簡などにかわって行政文書や仏教の経典《きょうてん》に用いられた結果，アジアの各地に広がりました。日本列島に紙づくりがもたらされたのは，7世紀のこととされています。

「和紙」という言葉は，もともと日本では使われていませんでした。19世紀以降，日本の紙と中国や西洋の紙とを区別するために使われるようになったのです。コウゾなどを主原料とする和紙は，記録素材としての耐久性《たいきゅうせい》をそなえているだけでなく，強い性質をいかして，さまざまな生活用品に加工され，幅《はば》広い用途《ようと》に用いられてきました。江戸《えど》時代の学者は，和紙は情報伝達の記録材料として優《すぐ》れているだけでなく，障子《しょうじ》・防水衣料・傘《かさ》・武具など日常生活で用いることができ，さらにききんのときには非常食にもなると述べています。漆《うるし》や柿渋《かきしぶ》で固めた印《いん》籠《ろう》・水筒・弁当箱なども生み出されました。木材や金属などの代用でありながら，耐久性はそれらに勝《まさ》るともいわれています。世界各地の紙の産地をめぐったアメリカの紙史研究家ダード・ハンターは，1933年には日本，朝鮮《ちょうせん》，中国にも現地調査にきています。その著書の中で和紙を世界最高級の紙とたたえています。その後も受けつがれてきた日本の和紙技術は，歌舞《かぶ》伎《き》や和食と同じように，ユネスコ無形文化財に登録されています。

2000年以上の道のりをへて，紙は今のかたちになりました。今後，少しずつその役割をかえながらも，それぞれの時代と場所に合わせたかたちで，わたしたちの生活によりそい続けてくれるに違《ちが》いありません。

1　書物に関連してのべた文として正しくないものを，つぎのアからオまでの中からすべて選び，その記号を書きなさい。

ア　国の成り立ちを示す『古事記』や『日本書紀』は，天皇の命令でつくられ，6世紀に完成した。

イ　『蒙古襲来絵詞《もうこしゅうらいえことば》』は，源義経《みなもとのよしつね》が自らの戦いぶりをうったえて土地をもらうまでの様子を描いている。

ウ　杉田玄白《すぎたげんぱく》らはオランダ語の医学書を翻訳《ほんやく》し，『解体新書』と名づけて出版した。

エ　福沢諭吉《ふくざわゆきち》の『学問のすすめ』は，新しい国づくりを目指す幕末の運動に大きな影響を与えた。

オ　戦後まもないころの学校では，戦争中の教科書がそのまま使われたが，戦争に関する内容は墨《すみ》で消された。

2　日本にある遺跡に関連してのべた文として正しくないものを，つぎのアからオまでの中から二つ選び，その記号を書きなさい。

ア　福岡《ふくおか》県板付《いたづけ》遺跡からは，水田のあとや土偶《どぐう》が見つかっている。

イ　青森県三内丸山《さんないまるやま》遺跡からは，石包丁やはにわが見つかっている。

ウ　佐賀《さが》県吉野ヶ里《よしのがり》遺跡は弥生《やよい》時代の遺跡で，集落のまわりには大きなほりやさくがめぐらされていた。

エ　博多湾《はかたわん》周辺には，元軍からの攻撃を防ぐために鎌倉《かまくら》時代につくられた防塁《ぼうるい》のあとがのこっている。

オ　原爆《げんばく》ドームは，太平洋戦争のあとをのこす戦争遺跡である。

3　青銅器，木，竹，石，絹布に関連してのべた文として正しいものを，つぎのアからオまでの中から二つ選び，その記号を書きなさい。

ア　ワカタケル大王《おおきみ》の名がきざまれた青銅製の剣《けん》は，日本で最大の前方後円墳《ぜんぽうこうえんふん》から出土した。

イ　聖徳太子《しょうとくたいし》によって建てられた法隆寺《ほうりゅうじ》は，世界最古の木造建築として，世界文化遺産に登録された。

ウ　鎌倉時代の農村では，竹でつくった備中《びっちゅう》ぐわや千歯こきなど新しい農具が普及《ふきゅう》し，生産力が高まった。

エ　室町《むろまち》時代には，石や砂を用いて，水の流れや山の風景を表現する枯山水《かれさんすい》と呼ばれる様式の庭園がつくられた。

オ　日露戦争《にちろせんそう》後の日本では貿易額が急増し，絹織物が輸入品目の第一位となった。

4　情報伝達に関連してのべた文として正しいものを，つぎのアからオまでの中から二つ選び，その記号を書きなさい。

ア　行基は，中国の政治のしくみや文化，仏教などを伝えるための遣唐使《けんとうし》として日本にやってきた。

イ　都に納められた租《そ》には，木簡をつけて生産地がわかるようにしていた。

ウ　平安時代，漢字をくずしたひらがなや漢字の一部をとったかたかながつくられた。

エ　江戸時代，町人や百姓《ひゃくしょう》のこどもたちは，読み書きそろばんなど生活に必要な知識を寺子屋で学んだ。

オ　1945年８月15日，日本の降伏《こうふく》を伝える昭和天皇の放送をみるために，人々はテレビのある街頭《がいとう》に集まった。

5　日本，朝鮮，中国に関連してのべた文として正しいものを，つぎのアからオまでの中から二つ選び，その記号を書きなさい。

ア　江戸時代，日本と朝鮮との貿易や外交は，対馬藩《つしまはん》を通して行われた。

イ　19世紀末に中国で内乱がおこると，日本は中国に軍隊をおくり，日清戦争《にっしんせんそう》がはじまった。

ウ　第一次世界大戦によって日本は巨額《きょがく》の賠償金《ばいしょうきん》を獲得《かくとく》し，台湾などを日本の植民地にした。

エ　1937年に日本軍と中国軍が北京郊外《ぺきんこうがい》で戦いを始め，日中戦争がおこった。

オ　1951年にサンフランシスコ平和条約が結ばれ，日本と中国・韓国《かんこく》との国交が正常化した。

6　つぎのアからオまでの文を時代順に並べた時，１番目と３番目となるものをそれぞれ選び，その記号とその文でのべた場所がある都道府県名を書きなさい。ただし，ひらがなで書いてもよい。

ア　ポルトガル人を乗せた船が流れ着き，鉄砲《てっぽう》が日本に伝わった。

イ　徳川家光は，家康《いえやす》をまつる神社を何度もお参りし，大規模な建て直しもおこなった。

ウ　極楽浄土《ごくらくじょうど》へのあこがれから，奥州藤原氏《おうしゅうふじわらし》が寺院をつくった。

エ　織田信長《おだのぶなが》が日本で最初の本格的な天守を築いた。

オ　ペリーが４隻《せき》の軍艦《ぐんかん》を率《ひき》いてあらわれ，幕府に開国をせまった。

7　本文を参考に，人と紙のかかわりに関連してのべた文として正しいものを，つぎのアからオまでの中から二つ選び，その記号を書きなさい。

ア　世界の紙の生産量は，電子書籍《しょせき》が普及したことにより2015年以降毎年減少している。

イ　世界最古とされる紙が使用されていたころ，日本列島では縄文《じょうもん》土器が使われ始めるようになった。

ウ　紙が発明される前の中国では，行政文書などには竹簡が広く用いられた。

エ　日本列島には，仏教と紙づくりが同時に伝わり，経典もつくられるようになった。

オ　江戸時代には，紙は記録材料としてだけでなく，傘や衣料など日用品としても使われた。

3　つぎの文を読んで，あとの1から6までの各問いに答えなさい。

ミシェル・ウェルベックの小説『服従』がフランスの書店に並んだのは，2015年1月7日のことでした。ちょうど同じ日の午前11時30分頃《ころ》，パリ11区にあるシャルリー・エブド本社が銃《じゅう》をもった3人のイスラム過激派による襲撃《しゅうげき》を受け，12人が命を落とす事件が起こりました。この日，駅の売店に並んだシャルリー・エブド紙の一面には，ウェルベックの顔を漫画《まんが》風に描《えが》いた絵が掲載《けいさい》されていました。これらの出来事《できごと》が同じ日に起こったのは偶然《ぐうぜん》にすぎません。しかし，その偶然は，現代そして未来の社会が抱《かか》える重大な課題を私たちに示しているようにも思えます。

『服従』は近未来のフランスを描いた小説です。その舞台《ぶたい》設定は，2022年の大統領選挙でイスラム教をかかげる政党の党首が勝利し，フランスにイスラム政権が誕生する，というものです。主人公は，社会制度やライフスタイルが次々に「イスラム化」され，周囲の人々が静かにそれに順応していく様を目にします。この作風にも現れたウェルベックの視点は，「イスラム恐怖《きょうふ》症《しょう》」的と評されてきました。長きにわたって北アフリカからの移民を労働力としてきたフランスでは，人口に占《し》めるイスラム教徒の割合が7％を超《こ》えています。その多くは低所得層ですが，出生率が高いため，将来的には数の力で影響《えいきょう》力を強めるとみられています。『服従』で描かれた世界をただの作り話とは思えない人も少なくないのです。

こうした動向を受けての「恐怖症」は，フランスに固有のものではないでしょう。たとえば，アフリカ大陸の人口は今世紀半ばまでに現在の倍以上になると推定されています。このことは，文化を異にする移民・難民が，現在を上回る規模《きぼ》でヨーロッパにやってくる事態を予想させます。また，フランスと同じく移民大国であるアメリカでは，人口に占める白人の割合が今世紀半ばには50％を切り，中南米系の人々やイスラム教徒の割合は激増するとみられています。いわゆるトランプ現象は，この事実抜《ぬ》きには理解できません。近年の国境を越える人の移動や人口の変動は，各国の民主主義において多数者となる集団が入れ替《か》わる可能性をもたらしているのです。その中で，現在多数派として影響力をもつ人々は，その座を奪《うば》う勢力に「服従」を余《よ》儀《ぎ》なくされる未来を思い描き，「恐怖症」に陥《おちい》ってしまうのかもしれません。

『服従』の発売と同日にテロの被害《ひがい》を受けたシャルリー・エブドは，社会的に注目を集める人物や事件への風刺《ふうし》で有名な週刊新聞を発行する会社です。風刺画は，ヨーロッパの歴史において，権力や権威《けんい》をもつ者へ異議を申し立てる役割を担《にな》ってきました。しかし，シャルリー・エブドの記事の内容は，下品なものや差別的と感じられるものも多く，フランス国内でも必ずしも評判のよいものとは言えません。以前から，この新聞はイスラム教の預言者《よげんしゃ》ムハンマドの風刺画をたびたび載《の》せ，イスラム教徒の怒《いか》りをかってきました。そもそも，イスラム教では偶像《ぐうぞう》崇拝《すうはい》が禁じられており，神や預言者の像を描くこと自体を認めていないのです。

事件の翌週，1月14日に発行されたシャルリー・エブド紙の一面には，「すべてをゆるした」という見出しとともに，ムハンマドらしき人物が「私はシャルリー」と書かれた看板を手に涙《なみだ》する絵が掲載されました。「私はシャルリー」ということばは，事件後にパリで100万人を超える人々が参加したデモ行進のスローガンでした。このデモの参加者には，日頃シャルリー・エブド紙の表現を快く思っていない人々も多くいたと報じられています。人々は，言論や報道などの表現の自由を守ることをかかげ，立場を超えた（　A　）をめざしたのです。その一方で，特に国外からは，フランスの表現の自由はいきすぎではないか，信者が宗教を侮辱《ぶじょく》されたと感じる表現は慎《つつし》むべきだ，という声もありました。

シャルリー・エブド襲撃事件は「フランスの9・11」と呼ばれました。もちろん，いかなる社会的背景も暴力を正当化するものではありません。しかし，9・11同時多発テロ後の世界をみればわかるように，直接的なテロ対策だけでは問題の根本に向き合うことができないのも事実でしょう。「私はシャルリー」に象徴《しょうちょう》される（　A　）の理念は，社会の分断を乗り越《こ》え，民族・宗教・文化をめぐる共生の課題にこたえられるのでしょうか。かつてのフランス大統領シャルル・ド・ゴールは，フランス人とイスラム教徒を「油と酢《す》」にたとえました。同じ瓶《びん》に入れて混ぜたとしても，すぐに分離《ぶんり》してしまう，という意味です。しかし，油と酢からドレッシングができるように，決して溶《と》け合わずとも調和しながら共存する，そのような社会のあり方を探《さぐ》っていくことは必要なのです。

1　イスラム教についてのべた文として正しいものを，つぎのアからオまでの中から二つ選び，その記号を書きなさい。

ア　聖典「コーラン(クルアーン)」はアラビア語で書かれている。

イ　エジプトにある聖地メッカには，多くの信者が巡礼《じゅんれい》に訪《おとず》れる。

ウ　1年のうちに一定期間，日中に断食《だんじき》を行うことが信者のつとめとされる。

エ　神アッラーの聖像に向けて礼拝をすることが信者のつとめとされる。

オ　特定の民族を救済する教えであるため，日本人がイスラム教徒になることはできない。

2　国境を越える人の移動や人口の変動に関連してのべた文として正しいものを，つぎのアからオまでの中から二つ選び，その記号を書きなさい。

ア　世界全体の人口は現在も増加を続けており，今世紀のうちに倍以上になると見込まれる大陸もある。

イ　フランスはヨーロッパの外から移民労働者を受け入れてきた歴史をもち，民族や宗教の多様化が進んでいる。

ウ　イスラム教徒は平均的に子どもをもつ数が少ないため，ヨーロッパ諸国の人口に占める割合は減少する傾向《けいこう》にある。

エ　中南米からの移民が多いアメリカでは，今世紀半ばにはイスラム教徒の割合が全人口の半分を超えるとされる。

オ　平均寿命《じゅみょう》が長い日本では，高齢《こうれい》化が進行しつつ，人口は今後もゆるやかに増加していくと予想されている。

3　テロに関連してのべた文として正しくないものを，つぎのアからオまでの中から二つ選び，その記号を書きなさい。

ア　ニューヨークで起こった同時多発テロの後，アメリカはアフガニスタンへの空爆《くうばく》を行った。

イ　近年の大規模なテロ事件のほとんどは，特定のテロ組織のメンバーが国外から侵入《しんにゅう》することで引き起こされている。

ウ　ハッキングなど情報ネットワークを対象とした攻撃もテロの中に含《ふく》まれ，対策が求められている。

エ　テロ対策のために日本の防衛費は増加しており，近年の国家予算では20兆円を超える支出となっている。

オ　駅構内からゴミ箱を撤去《てっきょ》したり，コインロッカーを閉鎖《へいさ》したりすることはテロ対策の一つとされる。

4　表現の自由に関連してのべた文として正しいものを，つぎのアからオまでの中から二つ選び，その記号を書きなさい。

ア　表現の自由は健全な民主主義のために欠かせないものであることから，重要な基本的人権とされる。

イ　多数者の常識からみて好ましくない考え方を表明している場合，表現の自由による権利保障は受けられない。

ウ　他人の名誉《めいよ》やプライバシーをおかす可能性がある表現については，憲法上の規定がないため裁判で争えない。

エ　インターネット上のサイトに記した表現については，内容にかかわらず法的に規制されない。

オ　ヘイトスピーチと呼ばれる差別表現・憎悪《ぞうお》表現について，日本ではその解消に向けた対策法が設けられている。

5　文中の空欄(A)にあてはまる語として最も適するものを，つぎのアからオまでの中から一つ選び，その記号を書きなさい。

ア　平等　　イ　連帯　　ウ　世界平和　　エ　国民主権　　オ　差別のない社会

6　民族・宗教・文化をめぐる共生の課題に関連してのべた文として正しいものを，つぎのアからオまでの中から二つ選び，その記号を書きなさい。

ア　先進各国では，少数者が多数者の文化や宗教に同化できるように支援《しえん》することが求められている。

イ　近年の日本では，宗教の教えにしたがった食材と調理法で作られた食品を提供《ていきょう》するビジネスが生まれている。

ウ　日本政府は，民泊を促進《そくしん》することで，外国人定住者が安定した住居を得て共同で生活できるようにしている。

エ　多様な人に対応するため，公共施設《しせつ》での外国人向け案内標示を共通語である英語に統一することが進められている。

オ　日本語がわからない外国籍《がいこくせき》の子どもに対する識字教育は，基本的人権である「教育を受ける権利」の保障である。

【理　科】（40分）〈満点：100点〉

【注意】 指示されたもの以外の答えは，ア～コなどのなかから選んで答えなさい。

1　あきら君とさとし君は，図１のような装置と100グラムのおもりを３個，30グラムのおもりをたくさん用意し，てこのはたらきを学習した。装置は，長さ50cmの棒の位置ＣとＤに糸を取り付けて棒全体を水平につるし，位置Ａ，Ｂ，Ｅ，Ｆに取り付けた糸にはおもりをつるすことができる。次の文を読んで，後の各問いに答えなさい。ただし，【操作１】～【操作４】は，装置に何もつるしていないところから始める。

【操作１】 Ｂに100グラムのおもりを１個つるすと，棒の左はしが下がり，かたむいた。

【操作２】 Ｅに30グラムのおもりを１個つるすと，棒は水平のままだった。Ｅにつるす30グラムのおもりの数を増やすと，３個までは棒は水平のままだったが，４個つるすと棒の右はしが下がり，かたむいた。

【操作３】 Ｂに100グラムのおもりを２個つるすと，棒の左はしが下がり，かたむいた。続けて，Ｆに１個ずつ30グラムのおもりをつるしていくと，（ ① ）個で棒は水平にもどった。おもりの数を増やしていくと，（ ② ）個になったとき棒の右はしが下がり，かたむいた。

【操作４】 最初に，さとし君がＥに30グラムのおもりを８個つるす。次に，あきら君がさとし君から見えないよう，ＡとＢのいずれか，あるいは両方に100グラムのおもりをつるし，棒を水平にする。そして，３つある100グラムのおもりをいくつ使ってどの位置につるしたか分からないよう，装置の左部分を図２のようについたてでおおった。さとし君は次のように考え，あきら君がＡとＢにつるしたおもりの数をあてた。

まず，Ｅにつるした30グラムのおもりの数を８個から１個ずつ減らしていくと，２個になったとき棒の左はしが下がり，かたむいたので，〔　　Ｘ　　〕のいずれかになる。次に，８個のおもりをすべてＦだけにつるしてみたが，棒の右はしが下がることはなく，水平のままだった。このことから〔　　Ｙ　　〕と分かった。

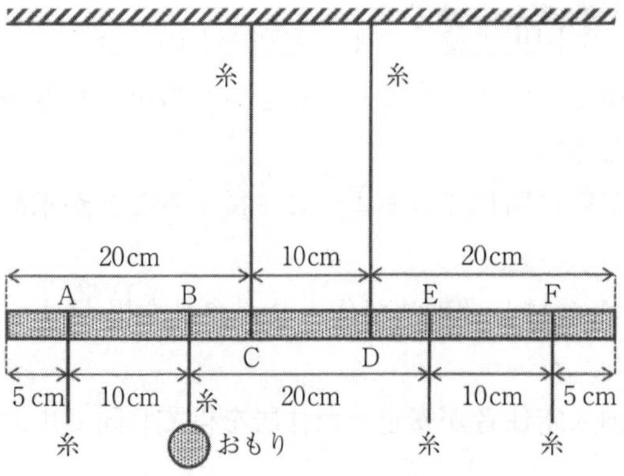

図１

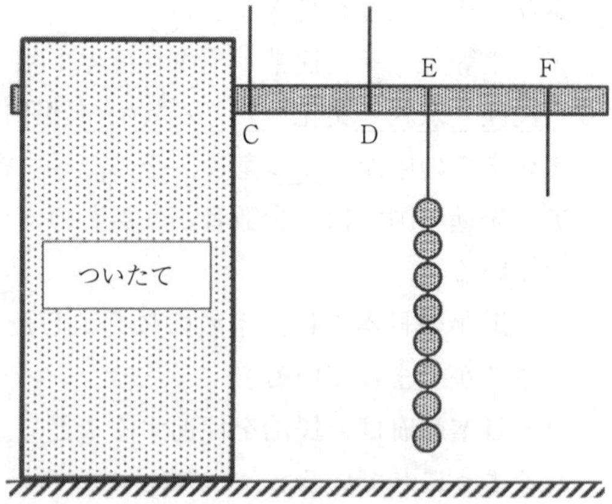

図２

1．【操作３】の(①)と(②)に入る数をそれぞれ答えなさい。

2．【操作４】の〔Ｘ〕に入る位置Ａと位置Ｂにつるした100グラムのおもりの数を，下の組み合わせのなかからすべて選びなさい。

ア　Ａ：0，Ｂ：1　　イ　Ａ：0，Ｂ：2　　ウ　Ａ：0，Ｂ：3

エ　Ａ：1，Ｂ：0　　オ　Ａ：1，Ｂ：1　　カ　Ａ：1，Ｂ：2

キ　A：2，B：0　　ク　A：2，B：1　　ケ　A：3，B：0

3．【操作4】の〔Y〕に入る位置Aと位置Bにつるした100グラムのおもりの数を，問2の組み合わせのなかから選びなさい。また，この後Fにつるした8個のおもりに加え，30グラムのおもりを何個追加すると棒の右はしが下がり，かたむきますか。

2　あきら君とさとし君は，木の板に金属棒の「たんし」4本と豆電球2個が備わった図1のような装置を用意し，電気のはたらきを学習した。豆電球は導線付きソケットに取り付けられ，ソケットの導線を「豆電球の導線」と呼ぶことにする。

まず，2人は以下のルールでいろいろなつなぎ方を考えた。

【ルール】　1つの豆電球からのびる2本の導線のうち，1本は必ず「たんし」につなぐ。もう1本は別の「たんし」か，もう1つの「豆電球の導線」につなぐ。

次に，さとし君から見えないように，あきら君が木の板の下で豆電球の導線をつなぎ，さとし君は装置を真上から見て，あきら君がどのようにつないだのか，以下の手順であてることにした。

【手　順】　かん電池とスイッチを導線でつないだ図2のような装置を用意し，4本の「たんし」から選んだ1本に導線の先たんAを，残りの3本から選んだ1本に先たんBをそれぞれつなぎ，スイッチを入れたときの豆電球のつき方を調べる。AとBを入れかえてつないでも結果は同じになるので，2本の「たんし」を選びなおし，6通りのつなぎ方すべてで，スイッチを入れたときの豆電球のつき方を結果としてまとめる。

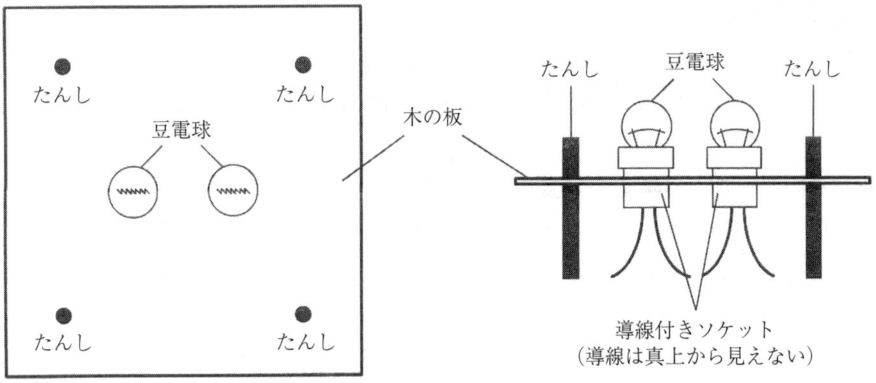

〈真上から見た図〉　〈真横から見た図〉

図1

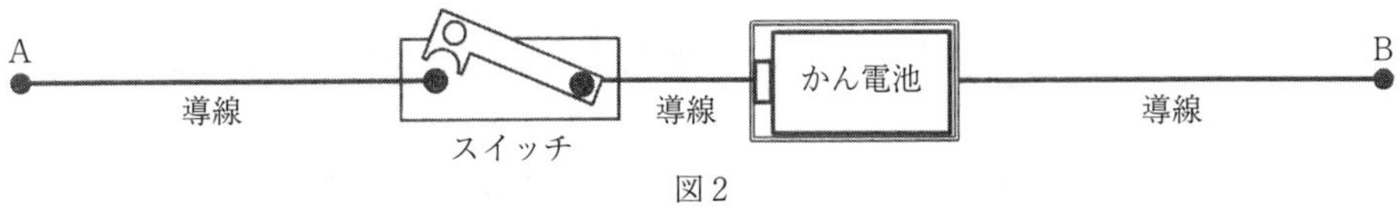

図2

さとし君のまとめた結果が次の〈結果1〉，〈結果2〉の場合，あきら君は豆電球の導線をどのようにつないだと考えられますか。それぞれあてはまるものを，後の〈つなぎ方〉からすべて選びなさい。

〈結果1〉　豆電球がついたのは，6通りのうち2通りのつなぎ方だった。いずれも2つの豆電球のうち1つだけが明るくつき，もう片方はつかなかった。

〈結果2〉　豆電球がついたのは，６通りのうち３通りのつなぎ方だった。そのうち２通りは２つの豆電球のうち１つだけが明るくつき，もう片方はつかなかった。もう１通りは２つの豆電球とも暗くついた。

〈つなぎ方〉

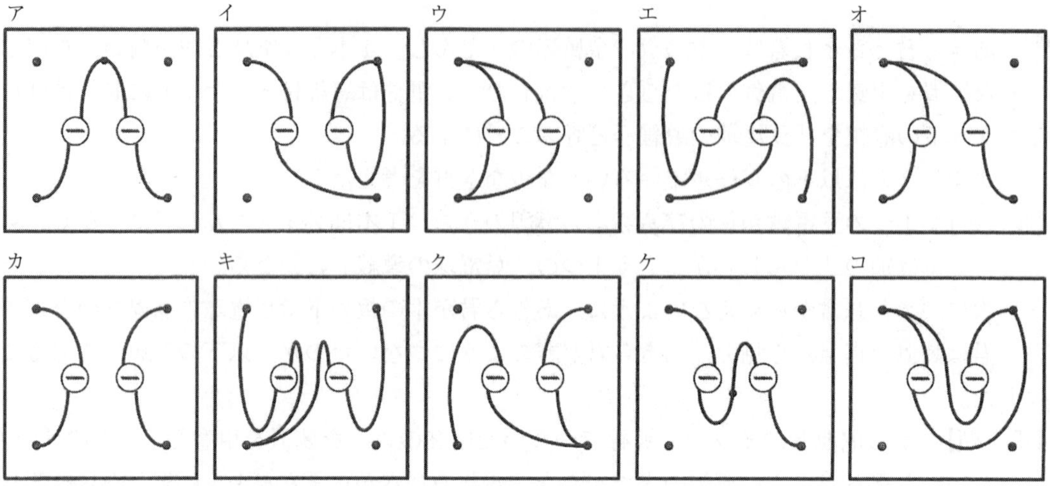

3　「とかす」という言葉で表されるＡとＢの操作について，後の各問いに答えなさい。

Ａ．うすい塩酸にスチールウール(鉄)をとかす。

Ｂ．水に食塩をとかす。

1．ＡとＢには，とけたものが別のものに「変化する」か「変化しない」かのちがいがある。ＡとＢの「とける」にちがいがあることの説明に利用できる実験・観察はどれですか。すべて選びなさい。

ア　スチールウールは金属だが，食塩は金属ではない。

イ　水はリトマス紙の色を変化させないが，うすい塩酸は青色のリトマス紙を赤く変化させる。

ウ　うすい塩酸にスチールウールをとかすときあわが出てくるが，水に食塩をとかしてもあわは出ない。

エ　食塩水を熱するとあとに食塩が残るが，スチールウールをとかす前の塩酸を熱すると何も残らない。

オ　食塩水を熱するとあとに食塩が残るが，スチールウールをとかした塩酸を熱すると鉄とはちがう固体が残る。

2．次の操作①～④のうち，とけたものが「変化する」場合はア，「変化しない」場合はイとそれぞれ答えなさい。

①　うすい水酸化ナトリウム水よう液にアルミニウムはくをとかす。

②　うすい食塩水に砂糖をとかす。

③　水にミョウバンをとかす。

④　石灰水に二酸化炭素をとかす。

4　ものの燃え方について調べるために，底が開いているびん，ガラスのふた，びんの下に置くねんどを使って4種類の実験方法(A～D)でろうそくを燃やし，観察した。後の各問いに答えなさい。

【実験方法】

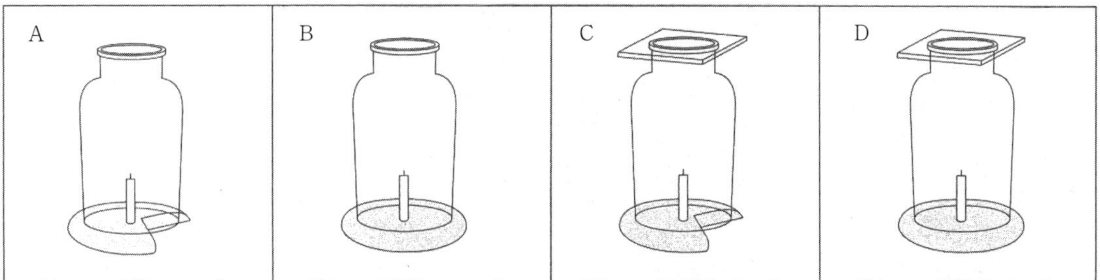

A　びんの口は開いている。底の一部も開いている。

B　びんの口は開いている。底は閉じている。

C　びんの口は閉じている。底の一部は開いている。

D　びんの口は閉じている。底も閉じている。

【観察結果】　ろうそくに点火すると，実験方法(①)のろうそくは勢いよく燃え続け，実験方法(②)のろうそくは時間がたつと火が小さくなったが燃え続けた。しかし，実験方法(③)とDのろうそくは，まもなく火が消えた。

1．(①)～(③)にそれぞれあてはまる実験方法を記号で答えなさい。

2．(①)や(②)のろうそくが燃え続けることができたのは，びんの中の空気が入れかわったからである。空気が入れかわるしくみを説明した次の文の(④)～(⑥)にそれぞれあてはまるものを答えなさい。

「びんの中でろうそくを燃やすと，びんの中の空気が暖められる。暖められた空気は，暖める前よりかさが(④)なる。そのため，同じかさで比べると暖かい空気はまわりの冷たい空気より(⑤)なったので，(⑥)のほうへ動いてびんから出ていった。かわりに，びんのまわりの空気が入りこんできた。」

ア　大きく　　イ　小さく　　ウ　うすく　　エ　こく

オ　重く　　カ　軽く　　キ　上　　ク　下

3．次にしめす，ものを燃やす実験X，ものを水にとかす実験Yの結果は，見方によっては同じように考えて理解することができる。実験Xと実験Yで起こることについて，関連が深い組み合わせを3組選びなさい。

〈実験X〉　①　口を閉じたびんの中でろうそくを燃やすと，しばらくして火が消える。

②　木を燃やすときは，木と木の間にすきまをあけたほうがよく燃える。

③　木を燃やしているとき，風を送るとほのおが大きくなる。

〈実験Y〉　①　一定量の水に塩をとかしていくと，やがてそれ以上とけなくなる。

②　塩を水にとかすとき，よくかき混ぜるとはやくとける。

③　塩は大きなかたまりよりも，細かくしたほうがとけやすい。

ア　X：①，Y：①　　イ　X：①，Y：②　　ウ　X：①，Y：③

エ　X：②，Y：①　　オ　X：②，Y：②　　カ　X：②，Y：③

キ　X：③，Y：①　　ク　X：③，Y：②　　ケ　X：③，Y：③

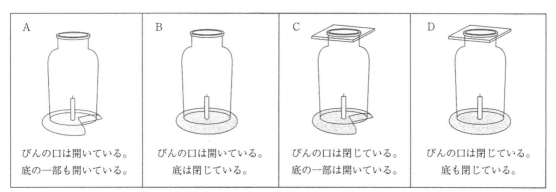

5　あきらくん，けんたくん，さとしくんの３人は，あるスタンプハイクに参加することになった。□内の文を読んで，後の各問いに答えなさい。

あきらくん：朝の６時30分を過ぎたよ。そろそろ太陽が出てくるね。
けんたくん：もうすぐ１年で一番昼の時間が短くなる時期だからね。
さとしくん：あっ，太陽と反対の方角に月が見えるよ。
あきらくん：本当だ。これから山に登るまでの間，ずっと月が見えるかな？

1．さとしくんが見た月の様子と，この後の月の見え方はどれですか。
ア　三日月のような月で，見える高さが高くなる。
イ　三日月のような月で，見える高さが低くなり，やがてしずんで見えなくなる。
ウ　半月のような月で，見える高さが高くなる。
エ　半月のような月で，見える高さが低くなり，やがてしずんで見えなくなる。
オ　満月のような月で，見える高さが高くなる。
カ　満月のような月で，見える高さが低くなり，やがてしずんで見えなくなる。

けんたくん：あれ！　この先にがけくずれの場所があって，回り道をしなきゃならないみたいだよ。
さとしくん：え～。先が思いやられるなぁ。
あきらくん：とにかく気をつけて登ろうよ。
けんたくん：でもどうしてがけくずれが起きたのかな？

2．がけくずれの原因として考えられるものをすべて選びなさい。
ア　火山のふん火　　イ　地しん　　ウ　かみなり
エ　火事　　　　　　オ　大雨　　　カ　強風

けんたくん：少しずつ高度が上がってきたね。
さとしくん：おや？　谷に水が流れているよ。
あきらくん：本当だ。この水飲めるのかな？
けんたくん：やめた方がいいよ。飲むとおなかがいたくなるかも。
さとしくん：この水は谷をずっと下に流れていくんだね。

3．水が流れているこのような谷の様子はどれですか。
ア　せまくて急な谷
イ　せまくてゆるやかな谷
ウ　広くて急な谷
エ　広くてゆるやかな谷

あきらくん：10時を過ぎたよ。体もあたたまってきたし，ゴールまでもうひとがんばりだ。
けんたくん：でも日かげに入ってしまったから寒いよ。ぼく寒いのきらい！
さとしくん：しかたないよ。登っているときはあせをかくから，少し寒いくらいがいいらしいよ。
けんたくん：寒いことは寒いの！　早く日なたに出たいよ。

4．けんたくんたちが登っているしゃ面が向いている方角として考えられるものをすべて選びなさい。
ア　東　　イ　西　　ウ　南　　エ　北

けんたくん：やれやれ。やっとゴールに着きそうだ。
さとしくん：本当によくがんばったね。食べる弁当もおいしいと思うよ。
あきらくん：弁当の中身は何かな。楽しみ。
けんたくん：やっぱり山のてっぺんは気温が低いね。あちこちまだこおってるみたいだよ。
さとしくん：そうだね。しもばしらができて，まだ残っている感じだね。

5．しもばしらができやすい土に多くふくまれているのはどれですか。
ア　れき　　イ　砂　　ウ　ねんど　　エ　軽石　　オ　火山灰

6　卵の中や母体内にいる誕生する前の生物を「はい」と呼び，特にヒトの「はい」は「たい児」と呼ばれる。ヒトのたい児の血管は，母親のたいばんへのびている。たいばんの中には母親の血液が流れていて，たい児の血管が細かい枝のように広がっている。以下の各問いに答えなさい。

1．ヒトのたい児が成長していく様子を直接観察することは難しいが，メダカのはいが成長していく様子を観察することで，たい児の成長についてもいくつかわかることがある。メダカとヒトで共通しているものをすべて選びなさい。
ア　受精したばかりの卵は１つの球体のように見え，まだ体はできていない。
イ　はいやたい児は，母親とへそのおでつながっている。
ウ　むなびれやうでよりも先に，目のもとになる部分がつくられる。
エ　ふ化したり母体から生まれたりする前から，心臓が動いて血液が流れている。
オ　受精したあとに母親がとりこむ養分が不足すると，はいやたい児も養分が不足する。
カ　ふ化したり母体から生まれたりする直前では，すでにえらや肺で呼吸しはじめている。
キ　骨や筋肉が成長して，ふ化したり母体から生まれたりする前でも体を自分で少し動かす。
ク　ふ化したり母体から生まれたりしたあと，体に養分の入ったふくろがあるうちは自分で養分をとらない。
2．メダカのはいやヒトのたい児の育ち方について，あてはまるものをそれぞれ１つずつ選びなさい。

ア　母親が吸収した養分は，はいやたい児の周りの水にとけこみ，はいやたい児はその水から養分をとる。

イ　母親が吸収した養分は母親の血液にとけこみ，母親の血液がはいやたい児の体の中を流れて養分をとる。

ウ　母親が吸収した養分は母親の血液にとけこみ，はいやたい児はたいばんにある自分の血管を通して養分をとる。

エ　母親が吸収した養分は卵の中やたい児をつつむまくの中にたくわえられ，はいやたい児は何も食べない。

オ　母親が吸収した養分は卵の中やたい児をつつむまくの中にたくわえられ，はいやたい児はたくわえられた養分を食べる。

3．生まれる直前のはいやたい児が育つのに必要な酸素について，次の文の(①)と(②)にあてはまる言葉をそれぞれ答えなさい。

「メダカのはいは，卵のうすいまくを通して(①)にとけている酸素をとりこむ。ヒトのたい児は，へそのおを通して(②)にとけている酸素をとりこむ。」

7　学校のいろいろな植物について季節ごとにどう変化するか1年間かけて調べたところ，植物の種類によって開花する時期や体全体が大きく成長する時期，冬ごしの様子などがだいぶ異なることがわかった。図1は東京におけるヘチマ，タンポポ(セイヨウタンポポ)，サクラ(ソメイヨシノ)，ヒマワリの4種類の植物の開花時期，図2は東京の月平均気温をまとめたものである。これら4種類の植物について，後の各問いに答えなさい。

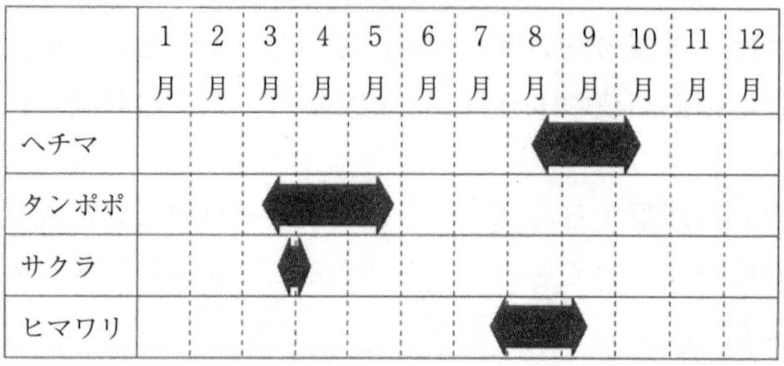

図1　いろいろな植物の開花時期(東京)

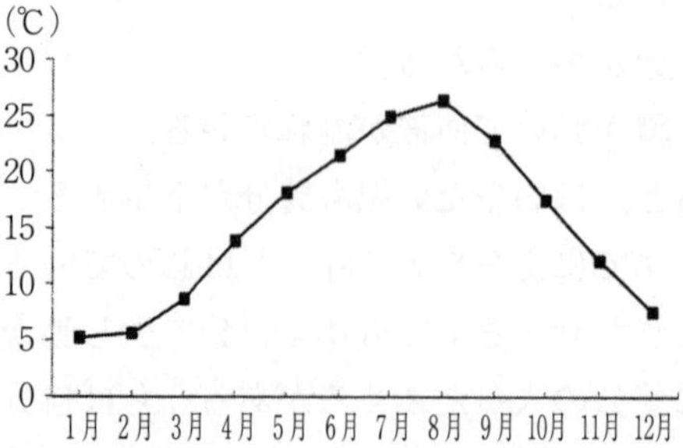

図2　東京の月平均気温(1980年～2010年)

1．植物のいろいろな特ちょう①～⑩について，ヘチマ，タンポポ，サクラ，ヒマワリにあてはまる組み合わせをそれぞれ1つずつ選びなさい。

〈特ちょう〉 ①　黄色い花びらを持つ。
②　お花とめ花がある。
③　小さな花がたくさん集まり１つの花のようになる。
④　生きた葉をつけたまま冬ごしする。
⑤　開花した後に葉が出てくる。
⑥　くきからつるをのばす。
⑦　気温が上がるにつれて葉やくきを大きく成長させる。
⑧　暖かくなると種から芽生える。
⑨　冬芽をつくる。
⑩　１年以上生きている。

ヘチマ：ア　①②⑥⑦　イ　①②⑦⑧　ウ　②⑥⑦⑧
エ　①②⑥⑦⑧　オ　②③⑥⑦⑧
タンポポ：ア　①③④⑩　イ　①③⑤⑩　ウ　①④⑦⑧
エ　①④⑦⑩　オ　①⑦⑧⑩
サクラ：ア　②⑤⑦⑨　イ　②⑤⑦⑩　ウ　③⑤⑦⑨
エ　③⑦⑨⑩　オ　⑤⑦⑨⑩
ヒマワリ：ア　①②③⑦　イ　①②③⑧　ウ　①③⑦⑧
エ　①⑥⑦⑧　オ　①⑦⑧⑨

2．花がさく前には，植物の体の中で花芽となる部分がつくられる。これら４種類の植物の中で，15℃以下のような低い気温が，花芽がつくられるのに必要な条件であると予想される植物はどれですか。すべて選びなさい。

ア　ヘチマ　イ　タンポポ　ウ　サクラ　エ　ヒマワリ

四　次の詩を読んで、あとの問いに答えなさい。

あけがたには　　藤井《ふじい》　貞和《さだかず》

夜汽車のなかを風が吹《ふ》いていました
①ふしぎな車内放送が風をつたって聞こえます
……よこはまには、二十三時五十三分
とつかが、零時《れいじ》五分
おおふな、零時十二分
ふじさわは、零時十七分
つじどうに、零時二十一分
ちがさきへ、零時二十五分
ひらつかで、零時三十一分
おおいそを、零時三十五分
にのみやでは、零時四十一分
こうずちゃく、零時四十五分
かものみやが、零時四十九分
おだわらを、零時五十三分
…………
②ああ、この乗務車掌《しゃしょう》さんはわたしだ、日本語を
苦しんでいる、いや、日本語で苦しんでいる
日本語が、苦しんでいる
③わたくしは眼《め》を抑《おさ》えてちいさくなっていました
あけがたには、なごやにつきます

問一　――①「ふしぎな車内放送」とありますが、どういうことが「ふしぎ」なのですか。

問二　――②「ああ、この乗務車掌《しゃしょう》さんはわたしだ」とは、どういうことですか。

問三　――③「わたくしは眼《め》を抑《おさ》えてちいさくなっていました」とありますが、なぜですか。

言語がしゃべれなくなる」「一般的《いっぱんてき》に字も読めなくなる」「想像力や考える力は耳が優位《ゆうい》である」という講演をし、ろう者の全国組織が抗議《こうぎ》したという事件がありました。このような②手話に向き合う気のない人こそ、まず、手話の世界での参与《さんよ》観察の経験を積んでほしいものです。

音声を話すことが人間としての幸福につながるはずだ、手話を話す生き方などなるべくない方がいいと信じて疑《うたが》わない、聴者たちの幸せの押《お》し付けがおそろしいと感じるのです。（中略）

また、手術や装用後の生活に身体的な負担《ふたん》があること、手術をしても必ずしも聴者になるとは限らないこと、部分的な聴力を得てもすぐに音声言語を話せるわけではないことなど、いろいろと課題があります。実際、手術をした子どもたちがみな聞こえるようになるのなら、普通学校《ふつうがっこう》に通えばいいことでしょう。人工内耳を装用した子どもたちがろう学校に通っている理由はなぜなのかを考えたいと思います。

いくつかの短所や不確実さを考えると、そこまで無理して聞こえるようにならなくても、自然な手話での暮らしを続ける方がいい、むしろ、聴者が手話に対する誤解や否定の態度をあらためるほうが先だろうと考えるろう者は少なくありません。

みなさんがテレパシーの国の数少ない音声話者として暮らしているとき、テレパシーができるかもしれない、でも確実とは言えない、身体的な負担をともなう新しい手術があると知らされたとします。「声で話して暮らすのは不幸です、早く手術しないと手遅《ておく》れになってしまう、あなたのような人たちがなるべく社会に増えないようにするのが医療の務めです」と善意の笑顔《えがお》で勧められたら、どうでしょう。私だったら、医療技術はさておいて、「まず君たちのその③傲慢《ごうまん》な考え方をあらためることから始めてくれ」と求めると思います。

自分たちが少数派《は》となり、多数派の幸せを強要される側になったときに、初めてその気持ちは理解できるのかもしれません。人工内耳を警戒《けいかい》するろう者たちのことを、「医療の恩恵《おんけい》を拒否《きょひ》する偏屈《へんくつ》な人たち」のように見るのは、聴者の立場を一歩も出ていない自文化中心主義の姿勢《しせい》です。ろう者が受けてきた受難《じゅなん》の歴史や、それゆえに共有されている歴史観を含《ふく》めて、文化全体の中で理解する文化相対主義の視点をもちたいものです。

（亀井伸孝《かめいのぶたか》『手話の世界を訪《たず》ねよう』による）

〈注〉ろう…耳が聞こえないこと。「ろう者」とは耳が聞こえない人のこと。

聴者《ちょうしゃ》…耳が聞こえる人。

参与《さんよ》観察…研究対象とする社会や集団の一員となって、ともに生活しながらその社会や集団を観察すること。

問一　――①「耳鼻科《じびか》の医師は、この手術を、聞こえない本人や、聞こえない子どもの親に勧《すす》めます」とありますが、「医師」はどういう気持ちで手術を勧めるのですか。

問二　――②「手話に向き合う」とは、どういうことですか。

問三　――③「傲慢《ごうまん》な考え方」とありますが、「私」はどのようなところを「傲慢」だと思っていますか。

三　カタカナは漢字に直し、全体をていねいに大きく一行で書きなさい。

センリのミチもイッポから

した。椅子にその指の先が届《とど》くと、ピアノのほうを向いたまま左手で椅子を引き寄せ、すわった。そうして、両手でドから一音ずつ丁寧《ていねい》に一オクターブ鳴らしていった。

試し弾《び》きをされている間は、普段《ふだん》なら気が抜《ぬ》けない。自分の仕事を目の前で品定めされる緊張感《きんちょうかん》だ。でも、今日は、調律前よりも空気が和《なご》んでいた。

青年が、椅子にすわったまま肩越《かたご》しにこちらをふりむいた。

「いかがですか」

聞くまでもない。笑っていた。青年は笑っていた。まるで、あの写真の中の少年のようだった。よかった、と思うまもなく、またピアノのほうを向いたかと思うと、何か曲を弾きはじめた。

ねずみ色のスウェットの上下で、髪《かみ》は起きぬけのぼさぼさのままで、大きな身体を丸めて弾いている。テンポがゆっくり過ぎてわからなかったが、ショパンの子犬のワルツだった。

曲はしばらく像を結ばなかった。それが、だんだん、子犬の姿《すがた》が見えるようになった。調律道具を片づけはじめていた僕は、驚いて青年の後ろ姿を見た。大きな犬だ。ショパンの子犬はマルチーズのような小さな犬種のはずだったけれど、この青年の子犬は、たとえば秋田犬や、ラブラドール・レトリーバーの、大きくて少し不器用な子犬なのだ。テンポは遅《おそ》いし、音の粒《つぶ》も揃《そろ》ってはいないけれども、青年自身が少年のように、あるいは子犬のように、うれしそうに弾いているのがよく伝わってくる。ときどき鍵盤《けんばん》に顔を近づけて、何か口ずさんでいるようにも見えた。

④こういう子犬もいる。こういうピアノもある。

一心にピアノを弾く青年の背中を眺《なが》め、やがて短い曲が終わったとき、僕は心からの拍手《はくしゅ》を贈《おく》った。

（宮下奈都《みやしたなつ》『羊と鋼《はがね》の森』による）

問一 ——①「それでも、望みがある」とは、どういうことですか。

問二 ——②「その目は一度たしかに僕の目と合い、それからまた外された」とありますが、ここから「青年」のどのような気持ちが読み取れますか。

問三 ——③「左手を身体の後ろで振《ふ》るようにして」とありますが、ここから「青年」のどのような気持ちが読み取れますか。

問四 ——④「こういう子犬もいる」とは、どういうことですか。

二　次の文章を読んで、あとの問いに答えなさい。

「人工内耳《じんこうないじ》」という医療《いりょう》技術について、ふれておきます。これは、特別な機器を手術で頭に埋《う》めることで、部分的な聴力《ちょうりょく》の獲得《かくとく》を期待できることがあるという医療技術のひとつです。最近では、聞こえないおとなだけでなく、聞こえない子どもたちにも手術をし、音声言語の習得をさせようとする考えが広まりつつあり、ろう学校にも人工内耳を装用《そうよう》した子どもたちの姿《すがた》が見られるようになりました。

①耳鼻科《じびか》の医師は、この手術を、聞こえない本人や、聞こえない子どもの親に勧《すす》めます。しかし、ろう者たちのなかに「手話とろう文化を否定するものだ」と強く反発する人たちが現れ、議論となりました。

「耳が聞こえないより聞こえた方が幸せだ」と思う人にとっては、この手術は朗報《ろうほう》ということになります。実際、人生の途中で聴力を失い、音を聞く暮らしに戻《もど》りたいという気持ちが強い人などの場合には、試してみたいと思える技術でしょう。

最大の問題は、この技術の背景に見え隠《かく》れしている、手話への誤解《ごかい》と否定《ひてい》の思想です。「聞こえないことは不幸だ」「早く手を打たないと、手話しか話せなくなってしまう」と、手話を話すろう者たちをまるで欠陥品《けっかんひん》のようにとらえる見方が、今なお聴者たちのなかにあります。最近も、耳鼻科医の団体の幹部が「五歳《さい》までに難聴《なんちょう》が治らないと、

二〇一八年度 筑波大学附属駒場中学校

【国　語】〈四〇分〉〈満点：一〇〇点〉

〔注意〕本文には、問題作成のための省略や表記の変更《へんこう》があります。

一　次の文章は、ピアノの音の調子をととのえる仕事（調律師）をしている「僕《ぼく》」が、ある「青年」の家を仕事で訪れた場面をえがいたものです。これを読んで、あとの問いに答えなさい。

弦《げん》にこびりついた汚《よご》れを落とそうともう一度ティッシュに手を伸《の》ばしたとき、ふと、さっきの写真が目に入った。瞬《まばた》きをする。この少年。似ても似つかないのに、このかわいらしい少年が、この家の青年であることに気がつく。顔がよく見えなかったから、そしてあまりにも雰《ふん》囲気《いき》が変わってしまっていたから、わからなかった。

手に取って、写真を見る。やはり、面影《おもかげ》があった。長い年月の間に何があったのかは知らない。でも、たしかにこの写真に写っている笑《え》顔《がお》の少年が、何年か後にすっかり風貌《ふうぼう》を変えてピアノの調律を依頼《いらい》する。青年に、笑《え》みはない。交《か》わす視線も、言葉も、ない。はっとした。①それでも、望みがある。ピアノを調律しようとしている。どんなに状態の悪いピアノでも、調律を依頼するということは、これからまた弾《ひ》こうとしているということだ。希望があるということだ。

長く部屋の隅《すみ》に忘れられたピアノがあり、ひどい環境《かんきょう》下に打ち捨てられたピアノがあり、それでもこの仕事に希望があるのは、これからのための仕事だからだ。僕たち調律師が依頼されるときはいつも、ピアノはこれから弾かれようとしている。どんなにひどい状況でも、これからまた弾かれようとしているのだ。

僕にできることは、何だ。考えるまでもない。迷いもない。このピアノをできる限りいい状態に戻《もど》すことだけだ。

小さな家だ。青年の気配は常にどこかにあった。作業に没頭《ぼっとう》していても、音の波を数えるために耳を澄《す》ませていても、隣《となり》の部屋で、青年が一緒《いっしょ》に耳を澄《す》ませている気配が伝わってきた。

調律を済《す》ませたらピアノを売るのかもしれない。半分くらい、そう思っていた。そうであったとしてもいい。このピアノが、ここへ来たときの状態に戻すのは無理でも、ここで過ごした長い年月を味方につけて、今出せる精いっぱいの音を出せるようになればいい。

「終わりました」

声をかけると、青年はすぐにこちらへ来た。視線は外したままだ。

「ハンマーが歪《ゆが》んでしまっているものがいくつかと、弦を止めるピンが緩《ゆる》んでしまっているものがありました。修理することも可能ですが、今はとりあえず応急処置《しょち》だけにしてあります」

説明をしているときも、うつむいたままだったが、

「試しに弾いてみていただけますか」

聞くと、しばらく間を置いて、かすかにうなずいた。

人と目を合わせもしない人が、人前でピアノを弾くとは思えなかった。だから、右手の人差し指一本で、鍵《かぎ》穴の上のドを叩《たた》いたときに、その一音だけでも弾いてくれてよかったと思ったのだ。

ド、は思いがけず力強かった。青年はピアノの前に立って、一本の指でドを弾いたまま動かなかった。ドだけでは調律の具合はわからないだろう。できればもう少し弾いてもらえないか、と声をかけようとしたとき、彼はゆっくりとふりかえった。顔に驚《おどろ》きが表れていた。

②その目は一度たしかに僕の目と合い、それからまた外された。彼は人差し指を親指に替《か》え、もう一度ドを弾いた。それから、レ、ミ、ファ、ソ、と続けた。③左手を身体の後ろで振《ふ》るようにして、椅子《いす》を探《さが》

2018年度

筑波大学附属駒場中学校 ▶解説と解答

算 数 (40分) <満点：100点>

解 答

1 (1) 5 (2) 12個 (3) 22個 (4) 3段目，**合計**…270 2 (1) **Aが2枚のとき**…11通り，**Aが3枚のとき**…15通り (2) 403通り (3) 755枚 3 (1) (ア) 10.5cm (イ) 10.25cm (2) $16\frac{2}{3}$cm 4 (1) **左の区画**…50cm，**中央の区画**…50cm，**右の区画**…$23\frac{1}{3}$cm (2) (ア) $9\frac{3}{8}$分後 (イ) 17.5cm (ウ) $14\frac{1}{26}$分後

解 説

1 表―数列

(1) 20列目まで数を書くと右の表のようになるから，10列目の5段目のマス目に書かれた数は5である。

列	1	2	3	4	5	6	7	8	9	10	11	12	13	14	15	16	17	18	19	20
1段目	1	7	4	2	1	1	2	4	7	1	6	2	9	7	6	6	7	9	2	6
2段目	2	8	5	3	2	2	3	5	8	2	7	3	0	8	7	7	8	0	3	7
3段目	3	9	6	4	3	3	4	6	9	3	8	4	1	9	8	8	9	1	4	8
4段目	4	0	7	5	4	4	5	7	0	4	9	5	2	0	9	9	0	2	5	9
5段目	5	1	8	6	5	5	6	8	1	5	0	6	3	1	0	0	1	3	6	0

(2) 20列目の5段目のマス目の数は0なので，21列目のマス目の数は1段目から順に1，2，3，4，5であり，22列目の数は1段目から順に7，8，9，0，1となる。つまり，21列目から40列目までの数の並びは，1列目から20列目までの数の並びと同じになる。ここで，1段目の1が書かれたマス目は1列目から10列目までに4個，11列目から20列目までは0個である。よって，1段目の50個のマス目のうち，1が書かれているものは，$4+0+4+0+4=12$(個)ある。

(3) 0が書かれているものは，1列目から10列目までに2個，11列目から20列目までに8個ある。したがって，250個のマス目のうち，0が書かれているものは全部で，$2+8+2+8+2=22$(個)ある。

(4) 1列目から5列目までの数の和は，1段目が，$1+7+4+2+1=15$，2段目は，$2+8+5+3+2=20$，3段目は，$3+9+6+4+3=25$，4段目は，$4+0+7+5+4=20$，5段目は，$5+1+8+6+5=25$である。また，6列目から10列目までの数の並びは，1列目から5列目までの数の並びと対称になる。同様に，11列目から15列目までの数の和は，1段目が30，2段目は25，3段目は30，4段目は25，5段目は10であり，16列目から20列目までの数の和も同じである。よって，それぞれの段でマス目に書かれた50個の数の合計を求めるとき，最も大きくなるものは3段目で，その合計は，1列目から10列目までが，$25\times2=50$，11列目から20列目までが，$30\times2=60$なので，$50+60+50+60+50=270$となる。

2 場合の数

(1)　Aと書かれたカードが2枚のとき，カードの選び方は，{A}，{B}，{C}，{AA}，{AB}，{AC}，{BC}，{AAB}，{AAC}，{ABC}，{AABC}の全部で11通りある。また，Aと書かれたカードが3枚のとき，カードの選び方は，{A}，{B}，{C}，{AA}，{AB}，{AC}，{BC}，{AAA}，{AAB}，{AAC}，{ABC}，{AAAB}，{AAAC}，{AABC}，{AAABC}の全部で15通りある。

(2)　Aと書かれたカードが1枚から2枚になるとき，カードの選び方は，{AA}，{AAB}，{AAC}，{AABC}の4通りだけふえる。また，Aのカードが2枚から3枚になるとき，カードの選び方は，{AAA}，{AAAB}，{AAAC}，{AAABC}の4通りだけふえる。同様に，Aと書かれたカードの枚数が1枚ふえるごとにカードの選び方は4通りずつ多くなる。よって，Aと書かれたカードの枚数が100枚のとき，選び方は全部で，7＋4×(100－1)＝403(通り)となる。

(3)　(2)と同様にして，カードの選び方は4通りずつふえていくから，カードの選び方が3023通りになるのは，(3023－7)÷4＝754より，Aと書かれたカードが，1＋754＝755(枚)のときである。

3　平面図形—長さ，相似

(1)　(ア)　直線①，②，③はそれぞれ辺BC，辺AC，辺ABと平行なので，右の図アの三角形AHBと右の図イの三角形PDG，三角形PFK，三角形PELはすべて相似とわかる。よって，PG：GD＝AB：BH＝28：$\frac{14}{2}$＝4：1だから，PGの長さは，2.5×4＝10(cm)である。さらに，KB＝PG＝10cmより，FKの長さは，28－16－10＝2(cm)で，PK：KF＝4：1なので，PKの長さは，2×4＝8(cm)となる。したがって，GB＝PK＝8cmだから，BDの長さは，8＋2.5＝10.5(cm)と求められる。　(イ)　GD＝DM＝2.5cmなので，MCの長さは，14－8－2.5×2＝1(cm)である。よって，PL＝MC＝1cmで，PL：LE＝4：1より，LE＝1×$\frac{1}{4}$＝0.25(cm)とわかる。したがって，LC＝KB＝10cmだから，CEの長さは，10＋0.25＝10.25(cm)となる。

図ア

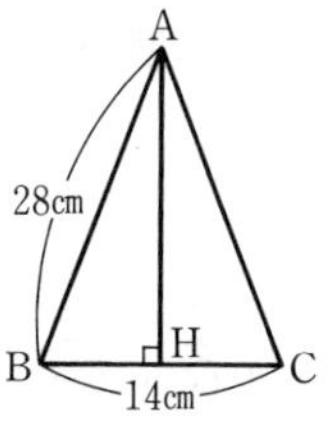

図イ

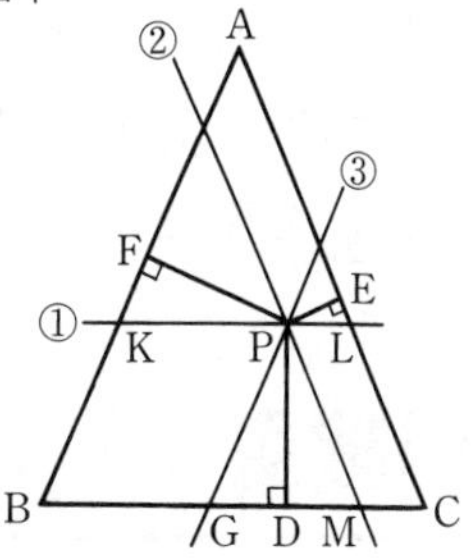

(2)　(1)と同様に，点Pを通り，辺BC，辺CA，辺ABに平行な直線を引くと，右の図ウで，三角形PJK，三角形PGM，三角形PLNはすべて正三角形になる。ここで，JK，GM，LNの長さをそれぞれ$a$cm，$b$cm，$c$cmとすると，BG＝KP＝JK＝$a$cm，MC＝PL＝LN＝$c$cmなので，BCの長さは，$a+b+c$である。また，BG＋GD＝8cmだから，$a+b\times\frac{1}{2}$＝8…(i)となり，同様に，$b+c\times\frac{1}{2}$＝10…(ii)，$c+a\times\frac{1}{2}$＝7…(iii)とわかる。よって，(i)＋(ii)＋(iii)より，$a+b+c+(a+b+c)\times\frac{1}{2}=(a+b+c)\times\frac{3}{2}$＝8＋10＋7＝25なので，このとき，正三角形ABCの1辺の長さは，25÷$\frac{3}{2}$＝25×$\frac{2}{3}$＝$\frac{50}{3}$＝16$\frac{2}{3}$(cm)と求められる。

図ウ

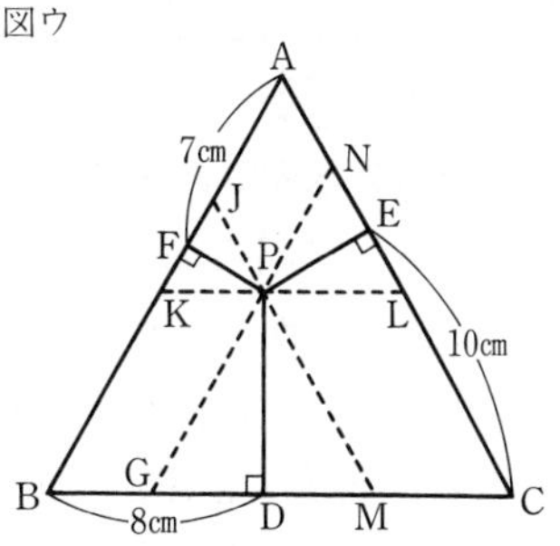

4　グラフ—水の深さと体積

(1)　蛇口《じゃぐち》Aから20分間に入る水の量は，1.6×20＝32(L)である。また，1Lは1000cm^3だから，左の区画に仕切り板の高さまで入ったときの水の体積は，30×10×50÷1000＝15(L)，中央の区画に仕切り板の高さまで入ったときの水の体積は，15×$\frac{20}{30}$＝10(L)とわかる。よって，蛇口Aだけを使うとき，水を入れ始めてから20分後の右の区画の水の体積は，32−(15+10)＝7(L)なので，左の区画，中央の区画の水の高さはどちらも50cmで，右の区画の水の高さは，$7\times1000\div(30\times10)=\frac{70}{3}=23\frac{1}{3}$(cm)となる。

(2)　(ア)　左の区画に50cmの高さまで水が入るのに，$30\times10\times50\div(1.6\times1000)=\frac{150}{16}=\frac{75}{8}=9\frac{3}{8}$(分)かかる。また，右の区画の5分後の水の体積は，2×5＝10(L)だから，50cmの高さまで水が入るのに，さらに，$(15-10)\div1.5=\frac{10}{3}=3\frac{1}{3}$(分)かかる。よって，左の区画と右の区画では，右の区画の方が先に仕切り板の高さまで水が入るので，左の区画と右の区画の水の高さが初めて同じになるのは，水を入れ始めてから$9\frac{3}{8}$分後である。　(イ)　水を入れ始めてから10分後の中央の区画の水の体積は，$1.6\times\left(10-9\frac{3}{8}\right)+1.5\times\left(10-5-3\frac{1}{3}\right)=\frac{8}{5}\times\frac{5}{8}+\frac{3}{2}\times\frac{5}{3}=1+2.5=3.5$(L)だから，このとき，中央の区画の水の高さは，$3.5\times1000\div(20\times10)=\frac{35}{2}=17.5$(cm)となる。　(ウ)　この水《すい》槽《そう》の容積は，80×10×55÷1000＝44(L)であり，水を入れ始めてから10分後の水の体積は，15×2＋3.5＝33.5(L)となる。また，10分後から15分後まで2つの蛇口から合わせて毎分，1.6＋1＝2.6(L)の割合で水が入る。よって，残りの，44−33.5＝10.5(L)の水が入るのに，さらに，$10.5\div2.6=\frac{105}{26}=4\frac{1}{26}$(分)かかるので，水槽から水があふれ始めるのは，水を入れ始めてから，$10+4\frac{1}{26}=14\frac{1}{26}$(分後)と求められる。

社会　(40分)　＜満点：100点＞

解答

1　1　A　太平洋　B　200　2　ア，エ　3　千島海流(親潮)　4　イ，オ　5　イ，ウ　6　イ，ウ　7　ア，オ
2　1　ア，イ，エ　2　ア，イ　3　イ，エ　4　ウ，エ　5　ア，エ　6　1番目…ウ，岩手県　3番目…エ，滋賀県　7　ウ，オ
3　1　ア，ウ　2　ア，イ　3　イ，エ　4　ア，オ　5　イ　6　イ，オ

解説

1　日本の水産業と食文化を題材とした総合問題

1　A　「日本近海」にも広がる「広い海域」であること，「中国・台湾」の漁場になりえる海であることなどから，太平洋だとわかる。サンマは北太平洋に広く分布する回遊魚で，産卵のため夏の終わりごろから日本の太平洋沖を南下する。　**B**　排他《はいた》的経済水域は，領海(沿岸から12カイリの範囲《はんい》)を除く沿岸から200カイリ(約370km)までの海域をいい，沿岸国には海域内の水産資源や海底資源の主権的権利が認められている。ただし，外国船の航行は自由である。

2　ア　サンマの多くは「棒受け網《あみ》」とよばれる，漁船の横に張り出した網を用いる漁で漁獲される。また，光に集まる習性を利用するため，夜間に集魚灯を用いて行われる。　イ，ウ　水揚《みずあ》げされたサンマのうち，特に鮮度が重要な生鮮向けのものは，水氷に入った状態で船からトラックに積みかえられ，輸送される。また，2018年現在，新幹線は貨物輸送には用いられていない。　エ　小売店が直接漁港などから魚を仕入れ，それを販売している場合もある。　オ　サンマはまだ生態がくわしくわかっておらず，飼育も困難であることから，養殖には適していない。

3　サンマは秋になると「北のえさ場」から「南の産卵場」へと回遊するのだから，日本の太平洋沿岸を南下する千島海流(親潮)があてはまる。

4　ア　サンゴは光合成を行う褐虫藻《かっちゅうそう》と共生しているが，海水温の高い状態が続くと，この褐虫藻がサンゴからぬけ出てしまい，サンゴは成長することができずに死んで白い死骸《しがい》となる。これが白化現象で，沖縄だけでなく全世界で問題となっている。　イ　降雪量は年による変動が大きく，地球温暖化との因果関係はまだ明らかにされていない。　ウ　ガソリンエンジンと電気モーターを組み合わせたハイブリッド車や，軽油を燃料とするクリーンディーゼル車は，従来のガソリンエンジン車に比べると二酸化炭素の排出量が少なく，電気自動車や燃料電池車とともに地球温暖化対策に貢献《こうけん》する次世代自動車として普及《ふきゅう》が進んでいる。　エ　植物は光合成によって二酸化炭素を吸収するので，森林の手入れをすることは温暖化対策となる。　オ　減反政策が続けられたため，北海道のコメの生産量は増えていない。また，日本の食料自給率も40％前後で推移している。

5　ニシンも鮭《さけ》も水温の低い海域に生息する魚で，日本ではおもに北海道で水揚げされる。そのため，沿岸を暖流の日本海流(黒潮)が流れる四国で，郷土料理の食材にニシンを用いることはないと考えられる。また，関西で鮭を雑煮《ぞうに》の具に入れることも考えにくい。よって，イとウが正しくない。

6　埋《う》め立て地の造成は，沿岸部における魚の住みかをうばうことになるから，イは正しくない。また，高価であっても，マグロのように大きな範囲を回遊する魚は，大きくしたのちに放流しても，育てた事業者が回収(漁獲)することが難しく，採算が合わないため，栽培漁業には適さない。よって，ウも正しくない。なお，栽培漁業では，ヒラメやマダイ，クルマエビが多く放流されている。

7　ア　「2017年の資源量は約100万トン」と見積もられたが，これは「2003年の資源量の５分の１ほど」だから，2003年のサンマの資源量は約500万トンだとわかる。　イ　外国船によるサンマの漁獲量は「低い水準」かつ「影響《えいきょう》は限定的」で，「サンマの資源量が減少しているのは，自然現象と考えられます」と述べられている。　ウ　2016年に日本が提案した「国際的な漁獲枠《わく》」では，「漁獲量を増やすことになり，資源保護効果は期待できません」としている。　エ　「ここ10年のサンマ漁獲量の減少は，過去の変動の範囲に収まっています」とあるので，「かつてないほどの大きさ」とはいえない。　オ　最後の段落から，サンマは「国際的な共有資源」であり，「関係漁業国が合意をして，国際的な漁業規制を導入」し，資源を保護する必要があるという筆者の考えが読み取れる。

2　紙の歴史を題材とした総合問題

1　ア　８世紀初めの712年に『古事記』，720年に『日本書紀』が完成した。いずれも天武天皇の命によって編さんされた歴史書である。　イ　『蒙古襲来絵詞《もうこしゅうらいえことば》』は，肥後(熊本県)の御家人竹崎季長《すえなが》が，元寇《げんこう》における自らの活躍《かつやく》を伝えるために描かせたものといわれる。　ウ　1774年，杉田玄白や前野良沢《りょうたく》らがオランダ語の医学解剖《かいぼう》書『ターヘル・アナトミア』を苦心の末に翻訳《ほんやく》し，『解体新書』として出版した。　エ　福沢諭吉の『学問のすすめ』は明治時代初期の1872～76年に17編が刊行された書物なので，「幕末の運動」に影響を与えたとは考えられない。　オ　太平洋戦争終結後，当時の文部省の指導で，戦時中の教科書のうち，軍国主義や戦争をほめる内容を塗《ぬ》りつぶした「墨《すみ》塗り教科書」が用いられた。

2　福岡県板付遺跡は縄文時代晩期から弥生時代にかけての遺跡で，土器や石包丁などの農具とともに水田のあとが発掘《はっくつ》されたが，土偶《どぐう》は出土していない。土偶は東日本の縄文時代の遺跡から出土することが多い。また，縄文時代中期の大型集落あとである青森県三内丸山遺跡からは，弥生時代の遺物である石包丁や古墳時代の遺物であるはにわは見つからない。よって，アとイが正しくない。

3　ア　稲荷山《いなりやま》古墳(埼玉県)出土の鉄剣と，江田船山《えたふなやま》古墳(熊本県)出土の鉄刀には，「ワカタケル大王(雄略《ゆうりゃく》天皇と推定される)」の名が刻まれていた。日本最大の前方後円墳は大仙(大山)古墳(大阪府)である。　イ　607年に聖徳太子が建てた法隆寺は670年に焼失し，その後間もなく再建されたものだといわれているが，それでも世界最古の木造建築物であり，1993年にユネスコ(国連教育科学文化機関)の世界文化遺産に登録されている。　ウ　備中ぐわや千歯こきは，江戸時代に普及した鉄製農具である。　エ　室町時代には，龍安寺《りょうあんじ》の石庭で知られるような枯山水《かれさんすい》の庭園がつくられるようになった。　オ　日露戦争後，輸出額は増えたが，輸入額は下がった。この時期，産業の発展とともに貿易額全体は増えたが，「急増し」たとまではいえない。また，絹織物は生糸や綿糸と並ぶ当時の輸出品で，輸入品目の第１位は紡績業の原料となる綿花であった。

4　ア　行基は渡来人系の僧で，和泉《いずみ》(大阪府南西部)に生まれ，早くから各地を回って民衆に仏の教えを説くとともに，人々を指導して橋や用水路などをつくって信心を集め，「行基菩薩《ぼさつ》」としてあがめられた。聖武天皇の大仏づくりに協力したことでも知られる。　イ　租は国衙《こくが》(地方の国ごとにおかれた国司のいる役所)に納める税。荷札である木簡をつけて都に送られたのは，地方の特産物を都に納める調である。　ウ　平安時代には，漢字をもとにかな文字(ひらがなとかたかな)が発明された。かな文字は漢字と異なり，日本人の感情を自由に表現しやすかったことから，これによって多くの文学作品が著された。　エ　江戸時代，庶民《しょみん》の子どもたちは，武士や僧侶，医師らを教師として，寺子屋で読み書きそろばんを学んだ。　オ　日本でテレビ放送が始まったのは1953年である。また，昭和天皇の玉音放送は，ラジオを通じて行われた。

5　ア　江戸時代初期の1609年，対馬《つしま》藩の宗《そう》氏と朝鮮との間で己酉《きゆう》条約が結ばれ，日本と朝鮮の窓口は対馬藩に限ることなどが取り決められた。　イ　日清戦争(1894～95年)は，朝鮮で起きた農民の反乱(甲午《こうご》農民戦争)に対し，日本と清が軍隊を派遣したことがきっかけではじまった。　ウ　日本は日清戦争の講和条約である下関条約によって，巨額の賠償《ばいしょう》金や台湾などの植民地を獲得した。　エ　1937年，北京郊外の盧溝橋《ろこうきょう》において日中両軍が衝突《しょうとつ》したことで，日中戦争がはじまった。　オ　1951年，日本は連合国48か国とサンフランシスコ平和条約を結び，独立を回復した。韓国とは1965年の日韓基本条約によって，中華人民共和国とは1972年の日中共同声明によって，それぞれ国交を正常化している。

6　それぞれの時期と場所は，アが1543年で場所は鹿児島県(種子島)，イが1634～36年で場所は栃木県(日光東照宮)，ウが12世紀初めで場所は岩手県(中尊寺金色堂など)，エが1576年で場所は滋賀県(安土城)，オが1853年で場所は神奈川県(浦賀)である。

7　ア「2015年の世界の紙生産量は約４億トンにも及《およ》び，前年比では0.4％増加しています」とある。　イ「現在最も古いとされる紙片は，紀元前２世紀の小さな墓の棺《ひつぎ》の中から発見された」とある。紀元前２世紀は日本では弥生時代にあたる。　ウ　古代中国で発明された紙は，「それまでの竹簡などにかわって行政文書や仏教の経典に用いられた」とある。　エ「日本列島に紙づくりがもたらされたのは，７世紀のこと」とされているが，百済《くだら》から日本に仏教が伝えられたのは６世紀半ばのことである。　オ　江戸時代，紙は情報伝達の記録材料としてだけでなく，「障《しょう》子《じ》・防水衣料・傘《かさ》・武具など日常生活で」用いられたと説明されている。

3　民族，宗教，文化の対立を題材とした総合問題

1　ア　イスラム教の聖典である『コーラン(クルアーン)』は，開祖ムハンマドが神アラーから受けたとされる啓示《けいじ》をまとめたもので，アラビア語の散文詩体で書かれている。　イ　イスラム教の聖地メッカはサウジアラビアにある。ムハンマドの生誕地で，世界中のイスラム教徒は毎日5回，この地にある神殿の方角に向かって礼拝する。　ウ　イスラム暦の第9月(ラマダン)の1か月，イスラム教徒は日の出から日没までの間は食べ物や飲み物を口にしない。欲を断ち，身を清めるために行われる。　エ「イスラム教では偶像崇拝《すうはい》が禁じられており，神や預言者の像を描くこと自体を認めていない」とあるので，「聖像に向けて礼拝」することもない。　オ　イスラム教は仏教，キリスト教とともに「世界三大宗教」に数えられ，全世界に多くの信者がいるので，「特定の民族を救済する教え」というのは正しくない。

2　ア　世界の人口は増え続けており，特に「アフリカ大陸の人口は今世紀半ばまでに現在の倍以上になると推定されています」とある。　イ　フランスは「長きにわたって北アフリカからの移民を労働力としてきた」こともあり，民族や宗教の多様化が進んでいる。　ウ　フランスは「人口に占《し》めるイスラム教徒の割合が7％を超《こ》えて」おり，「その多くは低所得者層ですが，出生《しゅっしょう》率が高いため，将来的には数の力で影響力を強めるとみられています」と述べられている。　エ　アメリカでは「人口に占める白人の割合が今世紀半ばには50％を切り，中南米系の人々やイスラム教徒の割合は激増するとみられています」とあるが，「イスラム教徒の割合が全人口の半分を超える」とは書かれていない。　オ　日本の総人口は少子高齢化の影響で2015年から減少に転じており，21世紀半ばには1億人を下回ると予想されている。

3　ア　2001年にアメリカで起きた同時多発テロの直後，アメリカはアフガニスタンが犯人グループをかくまっているとして同国への空爆を行い，イスラム原理主義組織タリバンからなる政府を倒《たお》した。　イ　近年の大規模なテロ事件は，国外から侵入《しんにゅう》したテロ組織のメンバーによって引き起こされることもあるが，その主張に共鳴する国内の人間によるものも多い。　ウ　ハッキング(クラッキング)とは，コンピュータシステムやコンピュータネットワークへの不正侵入や，それによるプログラムの改ざん，破壊などのこと。こうしたコンピュータネットワークへの攻撃《こうげき》は「サイバーテロ」とよばれ，国家レベルでの対策が進められている。　エ　日本の防衛費は近年，増加の傾向《けいこう》にあるが，おおむね国家予算の5％程度で推移しており，2017年の防衛費は5.1兆円だった。オ　駅のゴミ箱やコインロッカーは爆発物が設置されるおそれがあるため，特にサミットのような国家的行事がある場合などには撤去《てっきょ》されたり閉鎖《へいさ》されたりすることがある。

4　ア　表現の自由は日本国憲法第21条でも保障されており，健全な民主主義の実現のための最も重要な基本的人権の一つだといえる。　イ「多数者の常識」が常に正しいとは限らないので，それに反する行為や思想が制限されうるかどうかは，慎重《しんちょう》に判断されなければならない。　ウ　他人の名誉やプライバシーをおかす表現や行為は，日本国憲法第13条が保障する個人の尊重や幸福追求権などを侵害する可能性が高いので，裁判で争うことができる。　エ　インターネット上のサイトに記した表現についても，著作権の侵害や名誉毀損《きそん》の疑いがある場合などは法的に規制の対象となる。　オ　人種や出身国，宗教，性別，社会的立場，障害など，特定の人たちに対する憎《にく》しみや暴力，差別をあおったり，さげすんだりする表現をヘイトスピーチという。日本では2016年に「ヘイトスピーチ対策法」とよばれる法律が制定され，差別的言動の解消に向けた取り組みが行われている。

5　「民族・宗教・文化」といった「社会の分断」を乗り越《こ》え，「立場を超えた」人々が表現の自由を求めて「デモ行進」を行う理由としては，「連帯」がふさわしい。

6　ア　少数者の文化や宗教は尊重されるべきであり，多数者のそれへの同化を強制することは望ましいことではない。　イ　イスラム教の戒律《かいりつ》(おきて)では，豚肉やアルコールを口にすることができず，そのほかにも食べ物についてのきまりが多い。イスラム教徒が食べることを許された食べ物はハラル(ハラール)とよばれ，日本国内でもイスラム教徒の増加にともなって，ハラルをあつかう業者や専門店が増えている。　ウ　近年，日本政府が推進している「民泊《みんぱく》」は，一般の住居やマンションの空き部屋を利用し，年180日を限度として観光客などを宿泊させる制度であり，外国人の定住を目的とするものではない。　エ　英語は世界の多くの地域で通じる言語であるが，世界の共通語ではない。また，日本では外国人にもわかるよう，絵文字(ピクトグラム)や英語・中国語・韓国語を併記《へいき》した表示が増えている。　オ　日本で働く外国人労働者の増加にともない，日本の学校に通う外国人の子どもも増えている。そうした子どもたちに日本語を教える識字教育は，子どもが持つ「教育を受ける権利」を保障するために必要なことである。

理　科　(40分) ＜満点：100点＞

解　答

[1]　**1**　①　1　②　8　**2**　ウ，エ　**3**　ウ，4個　[2]　**結果1**…エ，カ　**結果2**…オ，キ，ク　[3]　**1**　オ　**2**　①　ア　②　イ　③　イ　④　ア　[4]　**1**　①　A　②　B　③　C　**2**　④　ア　⑤　カ　⑥　キ　**3**　ア，カ，ク　[5]　**1**　カ　**2**　イ，オ　**3**　ア　**4**　イ，エ　**5**　オ　[6]　**1**　ア，ウ，エ，キ　**2**　**メダカ**…エ　**ヒト**…ウ　**3**　①　水　②　血液　[7]　**1**　**ヘチマ**…エ　**タンポポ**…ア　**サクラ**…オ　**ヒマワリ**…ウ　**2**　イ，ウ

解　説

[1]　てこのはたらきについての問題

1　ここでは，図1より棒は太さが一様なものとして考える。太さが一様な棒の重心は棒の中心(左はしから25cmの位置)にある。操作1で，棒がCを支点に左はしが下がるようにかたむき，おもりをつるしたBと棒の重心の位置はどちらも支点からの長さが5cmで等しいことから，棒の重さは100グラムより軽いとわかる。操作2では，Eに30グラムのおもりを4個つるしたときはDを支点に棒がかたむくが，3個つるしたときは棒が水平である。Eと棒の重心の位置はどちらもDからの長さが5cmなので，おもりの重さは，30×3＝90(グラム)以上といえる。操作3で棒が水平にもどるとき，Cを支点に，Bにつるしたおもりによる左回りのモーメント(てこをかたむけるはたらき)は，100×2×5＝1000である。Fに30グラムのおもりを1個つるすと，このおもりにより，30×(10＋5＋10)＝750，棒の重さにより，90×5＝450以上，100×5＝500未満の右回りのモーメントが得られ，その和は1000よりも大きくなり，棒が水平にもどる。操作3で棒の右はしが下がるときは，Dを支点に，Bにつるしたおもりにより，100×2×(10＋5)＝3000，棒の重さにより450

以上500未満の左回りのモーメントが得られるため，この和よりも右回りのモーメントが大きくなればよい。Ｆにつるす30グラムのおもりを増やしていき，はじめてこの条件を満たすのは８個つるしたときで，このときの右回りのモーメントは，30×８×(10＋５)＝3600となる。

２　操作４で，Ｅにつるした30グラムのおもりが３個のときは水平で，２個のときは左はしが下がることから，Ｃを支点に，左回りのモーメントは，30×３×(10＋５)＝1350と棒の重さによるモーメント(450以上500未満)の和以下で，30×２×15＝900と棒の重さによるモーメントの和より大きいことがわかる。この条件にあてはまるものは，左回りのモーメントが，100×３×５＝1500のウと，100×(10＋５)＝1500のエである。

３　操作４で，Ｆに30グラムのおもりを８個つるすと棒の右はしが下がることなく水平だったので，このときＤを支点にした左回りのモーメントは，30×８×15＝3600以上になっている。ウでは，おもりによる左回りのモーメント，100×３×15＝4500と棒の重さによる左回りのモーメント(450以上500未満)の和が3600以上になるが，エでは，おもりによる左回りのモーメント，100×(10＋15)＝2500と棒の重さによる左回りのモーメントの和が3600以上にならない。おもりの組み合わせがウのとき，Ｆにつるしたおもりを８個よりさらに追加して，Ｄを支点にした右回りのモーメントが4500と棒の重さによる左回りのモーメントの和より大きくなると，棒の右はしが下がる。追加したおもりが３個の場合は，30×(８＋３)×15＝4950，４個の場合は，30×(８＋４)×15＝5400の右回りのモーメントが得られることより，追加したおもりが４個になると，棒の右はしが下がる。

２　豆電球のつなぎ方についての問題

結果１…図１の装置内で４つある豆電球の導線の先がすべて別のたんしにつながっているものがあてはまる。つまり，エとカのつなぎ方が選べる。　**結果２**…豆電球がついた３通りのうち，１通りは２つの豆電球が直列になってかん電池につながっているため，２つの豆電球が暗くつく。残りの２通りは，かん電池に明るくつく豆電球１つだけがつながっている。図２の装置のＡ，Ｂを図１の４つのたんしのうち２つを選んでつないだとき，２つの豆電球が直列につながっている回路は，ア，オ，キ，ク，ケであり，このうち，たんしの選び方によって豆電球１個だけがかん電池につながるのは，オ，キ，クである。

３　「とかす」のちがいについての問題

１　Ａは，うすい塩酸とスチールウール(鉄)が反応し，水素が発生するとともに塩化鉄という鉄とは異なる物質ができる変化(化学変化)である。一方，Ｂは，水のつぶの間に食塩のつぶが散らばって広がる変化(溶解《ようかい》)で，食塩自体は変化していない。このため，食塩水を加熱して水を蒸発させると，はじめにとかした食塩があとに残るが，スチールウールを塩酸にとかしたあとの溶液を加熱して水を蒸発させると，スチールウールではなく塩化鉄という別の物質が残る。なお，ウについて，あわが出てもとけたものが別のものに変化しているとは限らず，また，あわが出なくてもとけたものが別のものに変化している可能性がある。

２　①　アルミニウムは，うすい水酸化ナトリウム水溶液にとけて水素を発生し，アルミニウムはアルミニウムとは異なる物質に変化する。　②　うすい食塩水に砂糖をとかした場合は，砂糖のつぶが水や食塩のつぶの間に散らばって広がる変化をする。よって，水を蒸発させると，はじめにとかした食塩や砂糖があとに残る。　③　ミョウバンを水にとかす場合も，食塩や砂糖などが水にとける場合と同じように，ミョウバンのつぶが水のつぶの間に広がっていく。　④　石灰水に二酸化炭素をとかすと，石灰水にとけている水酸化カルシウムと二酸化炭素が反応して炭酸カルシウムという，水酸化カルシウムとは別の物質ができる。

4 ものの燃え方についての問題

1，2　ろうそくの火で暖められた空気は，重さは変化しないが体積(かさ)が大きくなるため，まわりの冷たい空気よりも同じ体積あたりの重さが軽くなり，上に移動する。そして，ろうそくの火のまわりでは，下の方から上の方へ向かう空気の流れができる。この空気の流れによって，ろうそくの火が燃えるのに必要な新しい空気(酸素)が送られてくるほど，ろうそくは勢いよく燃える。A～Dのうち，Aは底の一部が開いているため，そこから新しい空気が流れこみ，びんの口から燃えたあとの空気が出ていく。また，Bも底が閉じてあるが，びんの口が開いているので，ここから燃えたあとの空気が出ていき，さらにここから新しい空気が入ってくることになる。ただし，Aに比べて新しい空気が入りにくいため，ろうそくは燃え続けるが火は小さい。一方，Cでは，びんの口が閉じていて，ろうそくが燃えたあとの空気が出ていきにくく，新しい空気がびんの中にほとんど入らないため，ろうそくの火は新しい空気にふれることができなくなっていく。そのため，ろうそくの火はまもなく消える。DもCと同じ理由で火が消えてしまう。

3　実験Xの①と実験Yの①は，変化には限界が存在することを示しているといえる。また，実験Xの②と実験Yの③は，変化にかかわる物質の表面積を広げると，変化(反応)が速くなることを示している。実験Xの③と実験Yの②は，変化に関係する物質どうしをよりふれやすくすると，変化が速くなることを示しているといえる。

5 月や太陽，地形についての問題

1　日の出のころ，太陽が昇《のぼ》る東の反対側の西にしずむ月は満月である。満月は，日の入りのころ東から昇り，真夜中に南中し，日の出のころ西にしずむ。

2　がけくずれは，地震《じしん》で大地がゆれることでしゃ面の土砂がくずれたり，大雨のときに地中に多量の水がしみこみ，しゃ面の土砂がゆるんでくずれたりすることで起こる。

3　山の中で高度が上がり谷が見えるような場所の川は，川の上流と考えられる。川の上流の谷は，両側のがけが急で川幅《かわはば》がせまく，断面がVの字に似たV字谷であることが多い。

4　10時を過ぎたころの太陽は南東の方角にあり，そのとき3人は影《かげ》の中にいる。影は太陽の方向とは逆の方向にできるので，3人が登っているしゃ面は南東とは反対の西～北の方角と考えられる。

5　土の表面の水がこおり，そこへ土にふくまれている水が毛管現象(毛細管現象)によって上昇《じょうしょう》してきて冷えてこおることをくり返すと，しもばしらとなる。関東ロームなどの細かいつぶの火山灰を多くふくむ土は，すき間が適度にあり毛管現象が起こりやすく，しもばしらができやすい。

6 ヒトとメダカの誕生についての問題

1　ヒトは，母親の体内で受精し受精卵ができ，その後受精卵が子宮内で育ち，たい児となる。たい児は母親のたいばんとへそのおでつながっていて，母親から養分や酸素を得ている。一方，メダカは，体外で受精して受精卵ができ，これが水草の葉などに産み付けられる。その後，受精卵にある養分を使ってはいは成長していく。よって，イとオは誤りである。また，ヒトのたい児は，生まれ出た直後に産声をあげて肺呼吸を開始するため，カも誤りとわかる。ふ化した直後の子メダカは腹の下に養分の入ったふくろをもち，2～3日はえさをとらずに生活するが，ヒトは生まれた後，母親の乳をあたえられて育つので，クも誤り。

2　1で述べたように，メダカのはいは，卵の中にたくわえられた養分を使って育つ。一方，ヒトのたい児は，母親の血液にふくまれる酸素や栄養分をたいばんで自分の血液中に取りこむ。

3　メダカの卵は水中に産み付けられる。卵の中のはいは育つのに必要な酸素を，水にとけている酸素を取りこむことで得る。一方，ヒトのたい児は，へそのおを通して母親側の血液にとけている酸素を自分の血液の中に取りこんでいる。

7　植物の特ちょうと育ち方についての問題

1　**ヘチマ**…ヘチマの花は黄色の花びらをもち，お花とめ花に分かれている。葉のつけ根の部分でくきからつるをのばし，支え棒などにまき付いて体を支える。気温が上がるにつれて葉やくきを大きく成長させ，図1からわかるように夏の時期に開花する。秋には種子をつくって枯《か》れ，種子で冬をこす。種子は春に暖かくなると芽を出す。　**タンポポ，ヒマワリ**…タンポポとヒマワリはどちらもキク科の植物で，小さな花がたくさん集まって1つの花のように見える。そして，どちらの花も黄色い花びらをもつ。タンポポは地面に葉を広げたロゼットの姿で冬をこし，1年以上生きているが，ヒマワリは秋には種子をつくって枯れて種子で冬をこし，春に暖かくなると芽生える。

サクラ…サクラの花は，お花やめ花に分かれず，1つの花の中におしべ，めしべ，花びら，がくがある。ソメイヨシノなどのサクラは，春になると短い間に花をいっせいにつけ，花が散るころに新しい葉が出てくる。そして，気温が上がるにつれて，葉などが大きく成長する。前年の夏ごろには花や葉になる芽を用意していて，冬芽をつけて冬ごしする。また，新しい枝をのばし，ふつう長年生きている。

2　15℃以下のような低い温度が花芽をつくることに必要であるのは，ここではその後，春になって花をつけるタンポポとサクラと考えられる。夏に開花するヘチマとヒマワリの場合は，その前に数か月の暖かい時期がある。

国語　(40分)　<満点：100点>

解答

一　**問1**　(例)　調律を依頼してきたのだから，青年にはまたピアノを弾こうという気持ちがあるということ。　**問2**　(例)　ドの音を弾いただけで，「僕」のピアノの調律のすばらしさに気がつき，その驚きで思わず「僕」を見たが，すぐにほかの音も確かめたいという気持ちになった。　**問3**　(例)　きちんと椅子を探すのももどかしいと思うほど，早くピアノを弾きたいと思う気持ち。　**問4**　(例)　青年は，不器用でうまく世間になじめないような生き方をしてきたのかもしれないが，うれしそうにピアノを弾く姿からは，ピアノを心から愛し，演奏を純粋に楽しむ心がしっかりと伝わってきたということ。　二　**問1**　(例)　耳が聞こえないことは不幸なことだから，人工内耳を装用し，耳が聞こえるようになることで幸せになってほしいという気持ち。　**問2**　(例)　手話の世界での参与観察の経験を積み，手話に対する誤解や否定の態度をあらためること。　**問3**　(例)　多数派であることがあたり前であって，そうでない人々を不幸であると決めつけ，自分たちの一方的な価値観だけを正しいと信じて多数派になることを勧めるような態度を取るところ。　三　下記を参照のこと。　四　**問1**　(例)　一つひとつの駅の到着時刻を知らせるのに，それぞれ助詞を変えたりして，異なる言い方をしていること。　**問２**　(例)　乗務車掌さんと同じように，自分もまたどのような言葉遣いをすればよい詩の表現になるのか悩み苦しんでいるということ。　**問３**　(例)　詩人として，日本語での表現がいまだ未熟であることにはずかしさを感じ，がっかりするような気持ちになったから。

●漢字の書き取り

三　千里の道も一歩から

解説

一　**出典は宮下奈都《みやしたなつ》の『羊と鋼の森』による。**ピアノの音の調子をととのえる仕事をしている「僕《ぼく》」は，ある青年の家のピアノの調律をすることになった。

問１　青年には「笑《え》み」も「交《か》わす視線」も「言葉」もないが，「ピアノを調律しようとしている」ことが「望み」なのだと言っている。それは，「僕たち調律師が依頼《いらい》されるときはいつも，ピアノはこれから弾《ひ》かれようとしている」からなので，ピアノを「これからまた弾」こうという気持ちがまだ青年に残っているかもしれないと「僕」は思ったのである。

問２　前後の内容から読み取る。青年はドを弾いた直後，驚《おどろ》いた表情で「僕」と目を合わせたものの，すぐに視線を外して再度ドを弾き，レ，ミ，ファ，ソ，と続けている。つまり，青年は調律を終えたピアノの音がとてもよくなっていたことに驚いて「僕」を見たが，ドの音だけではなくほかの音の調子も確かめたいと思い，ピアノに向き直ったのだと考えられる。

問３　青年はピアノから右手や視線を離《はな》すことなく，左手だけを身体の後ろに回して手さぐりで椅《い》子《す》を探していたが，「椅子を引き寄せ，すわった」後は，「両手でドから一音ずつ丁寧《ていねい》に一オクターブ鳴らし」，続けて「ショパンの子犬のワルツ」を演奏し始めている。ここからは，きちんと椅子を探すことさえももどかしいと思うほどピアノの鳴らす音に引きこまれ，早く演奏したいと思う気持ちが高まっている青年のようすが読み取れる。

問４　青年に対して，「僕」が「大きくて少し不器用な子犬」と表現していることに注目する。幼いときは「かわいらしい少年」であった青年が，今では「笑み」も「交わす視線」も，「言葉」さえもなく，どこか世間になじめないでいるような雰囲気《ふんいき》を漂《ただよ》わせていることを，「僕」は「不器用」なのだと言っている。しかし今，「少年のように，あるいは子犬のように，うれしそうに」ピアノを弾きはじめた青年からは，純粋にピアノが好きで，心から演奏を楽しんでいるようすがうかがえる。つまり，不器用で，うまく世間になじめないような人ではあるかもしれないが，まっすぐにピアノを愛し，無邪気《むじゃき》に演奏を楽しもうとする心を持っているように思え，「僕」は青年について「こういう子犬もいる」と表現したのだと思われる。

二　**出典は亀井伸孝《かめいのぶたか》の『手話の世界を訪ねよう』による。**「人工内耳《ないじ》」という医療《いりょう》技術が勧《すす》められる背景には，「耳が聞こえないより聞こえた方が幸せだ」という思いこみや，手話とろう文化への誤解と否定の思想があることを述べている。

問１　「この手術」とは，「部分的な聴力《ちょうりょく》」を「獲得《かくとく》」するために，「特別な機器」を「頭に埋《う》める」手術のことを指す。耳鼻《じび》科の医師は「耳が聞こえないより聞こえた方が幸せだ」とか，「聞こえないことは不幸だ」という考えを持っているため，この手術を「聞こえない本人や，聞こえない子どもの親」に勧めるのである。

問2　「手話に向き合う気のない人」とは，「聞こえないことは不幸だ」とし，「手話を話すろう者たちをまるで欠陥《けっかん》品のようにとらえ」，「手話への誤解と否定の思想」を持つ人たちのことを言っている。そのような人たちに対して，筆者は「手話の世界での参与《さんよ》観察の経験を積んで」，「手話に対する誤解や否定の態度をあらためる」べきだと主張している。

問3　「傲慢《ごうまん》」とは，えらぶって他人を見下した行動を取るようす。直前で「テレパシーの国の数少ない音声話者」という例をあげ，少数派は不幸であり多数派こそが幸せだと考える人たちが，自分たちだけの価値観を一方的に押《お》し付けてくることを，筆者は「傲慢な考え方」だと言っている。

三　漢字の書き取り

「千里の道も一歩から」は，“大きな目標を達成しようとするためには，小さく身近にあることから始めるべきである”という意味。

四　出典は藤井《ふじい》貞和《さだかず》の詩「あけがたには」による。夜汽車に乗った「わたし」は，車内でふしぎな車内放送を聞く。そして，詩人の立場から日本語の表現のむずかしさに思いをはせている。

問1　「車内放送」は，停車する駅の名前と，それぞれの駅の到着《とうちゃく》時刻を伝えている。駅の名前と時刻だけを並べるのではなく，駅名をそのまま伝えたり，「が」「は」「に」「へ」「で」「を」など助詞を変えたりと，さまざまな言い回しで行われる一風変わった放送になっていることを，「わたし」は「ふしぎ」だと言っている。

問2　直後で，「わたし」が「日本語を苦しんでいる」，「日本語で苦しんでいる」，「日本語が，苦しんでいる」と思っていることに注目する。少しでも異なった言い方をしようとして苦心する「乗務車掌《しゃしょう》さん」と同じように，詩人である「わたし」も，よい詩の表現を求めて言葉の使い方に悩《なや》み苦しんでいるものと想像できる。だからこそ，「この乗務車掌さんはわたしだ」と共感を覚えたのである。

問3　「わたし」は，「乗務車掌さん」が表現に苦心するようすをうまく言葉にしようと，「日本語を苦しんでいる」，「日本語で苦しんでいる」，「日本語が，苦しんでいる」などと何度も言いかえてはみたものの，しっくりとした表現が思いつかず「眼《め》を抑《おさ》えてちいさくなって」いる。つまり，「わたし」は，詩人という言葉の表現者でありながら，日本語での表現に未熟なところがあることを痛感し，はずかしく，やりきれない思いを抱《いだ》いたのである。

Memo

平成29年度　筑波大学附属駒場中学校

〔電　話〕(03) 3411－8521
〔所在地〕〒154-0001　東京都世田谷区池尻4－7－1
〔交　通〕京王井の頭線―「駒場東大前駅」より徒歩7分
東急田園都市線―「池尻大橋駅」より徒歩15分

【算　数】（40分）〈満点：100点〉

【注意】 円周率は3.14を用いなさい。

1 扉《とびら》のついたロッカーが200個あり，それぞれのロッカーに1から200までの番号がひとつずつ書いてあります。最初，すべてのロッカーは扉が閉まっています。これら200個のロッカーに，次の100回の操作《そうさ》を行います。

なお，以下で『開閉する』とは，ロッカーが閉まっていれば開け，開いていれば閉めることです。

1回目　すべてのロッカーを開ける
2回目　番号が2の倍数であるすべてのロッカーを閉める
3回目　番号が3の倍数であるすべてのロッカーを開閉する
4回目　番号が4の倍数であるすべてのロッカーを開閉する
……
100回目　番号が100の倍数であるすべてのロッカーを開閉する

例えば2回目の操作の直後は，番号が奇数である100個のロッカーが開いていて，番号が偶数である100個のロッカーは閉まっています。

100回目の操作が終わったとして，次の問いに答えなさい。

(1) 番号が1から10までの10個のロッカーのうち，開いているロッカーの番号をすべて書きなさい。

(2) 番号が99，100，101のロッカーは，それぞれ何回開閉されましたか。開けた回数と閉めた回数の合計を答えなさい。

(3) 200個のロッカーのうち，開いているロッカーは何個ありますか。

2 立方体の各頂点に0または1をおきます。立方体のそれぞれの面について，頂点においた4つの数の和を『面の値《あたい》』ということにし，6個の『面の値』の合計を考えます。

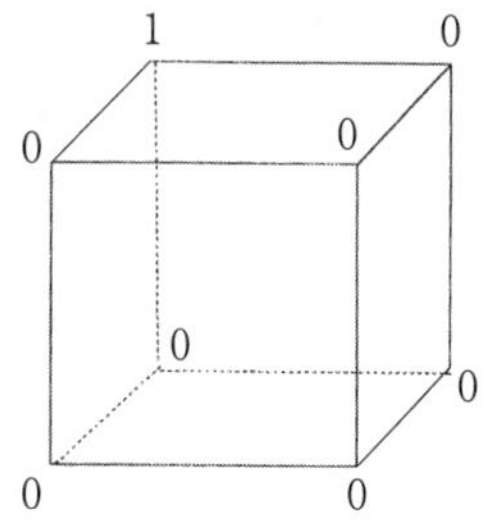

例えば，1個の1と7個の0を右図のように頂点においたとき，『面の値』が1である面が3個，0である面が3個なので，6個の『面の値』の合計は3です。

次の問いに答えなさい。

(1) 6個の『面の値』の合計が6になりました。

(ア) 1をおいた頂点は何個ありますか。

(イ) 『面の値』が奇数である面は何個ありますか。考えられる個数をすべて答えなさい。

(2) 6個の『面の値』の合計が12になりました。8個の頂点への0と1のおき方は何通りありますか。

ただし，立方体を動かすと重なるものや，鏡にうつすと重なるものは同じおき方とします。例えば，下の 例1 ， 例2 はそれぞれ同じおき方です。

例1

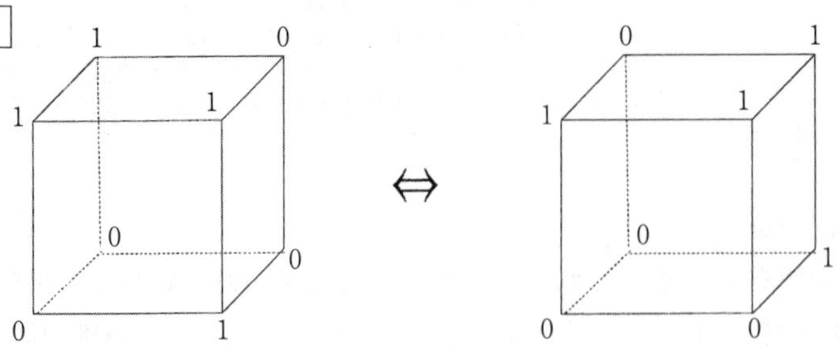

（動かすと重なる）

例2

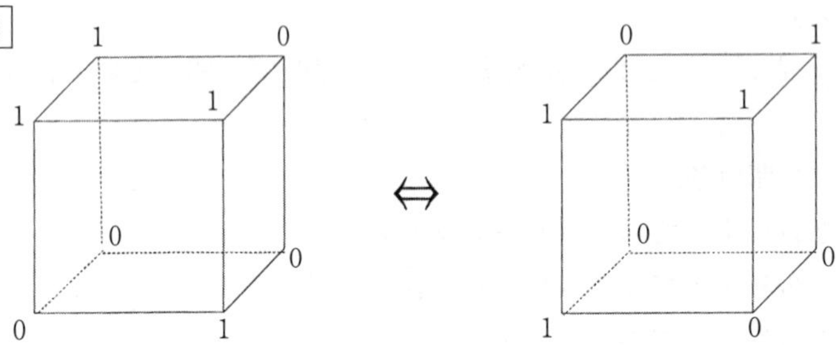

（鏡にうつすと重なる）

3　下の図1のように，同じ大きさの正三角形をしきつめて，それぞれの三角形に規則的に1，2，3，4，…と数を書きこみます。

例えば，5は3段目の左から2番目の三角形に書かれています。また，4段目の左から5番目の三角形に書かれている数は15です。

次の問いに答えなさい。

(1)　10段目の一番左にある三角形に書かれている数を答えなさい。

(2)　2017が書かれている三角形は，何段目の左から何番目の三角形ですか。

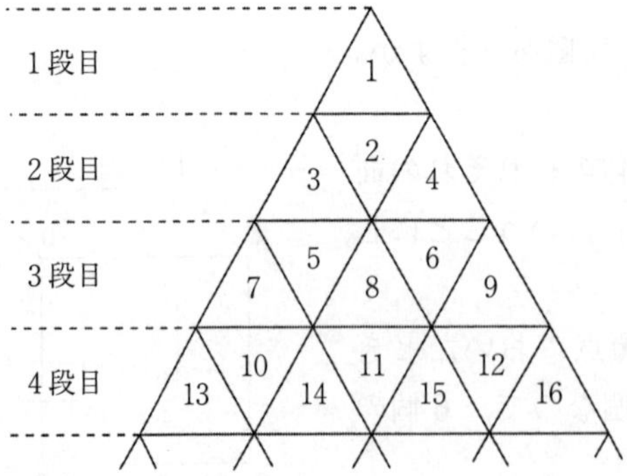

図1

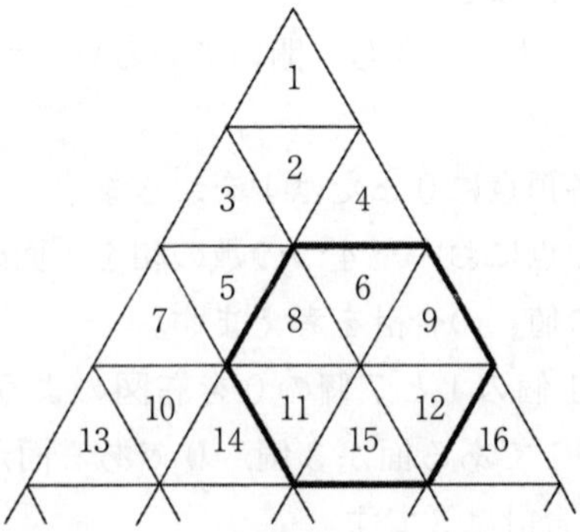

図2

(3)　しきつめられた図形の一部で，6個の正三角形からなる正六角形に注目し，その中の6つの数のうち最も大きい数と，6つの数の和を考えます。

例えば，上の図2の太線で囲まれた正六角形において，6つの数のうち最も大きい数は15であり，6つの数の和は61です。

6つの数の和が610であるとき，6つの数の中で最も大きい数を答えなさい。

4　正六角形の紙に次のような操作《そうさ》を行います。

操作

①　図1の点線で半分に折ってから，図2の点線で両側の正三角形を真ん中に折り重ね，図3のような正三角形にする。

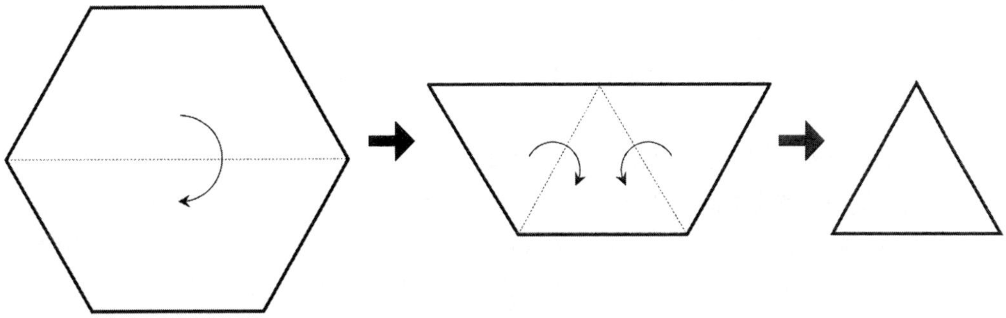

図1　図2　図3

②　①でできた正三角形を図4のようにはさみで切り，図5のような正六角形を残す。

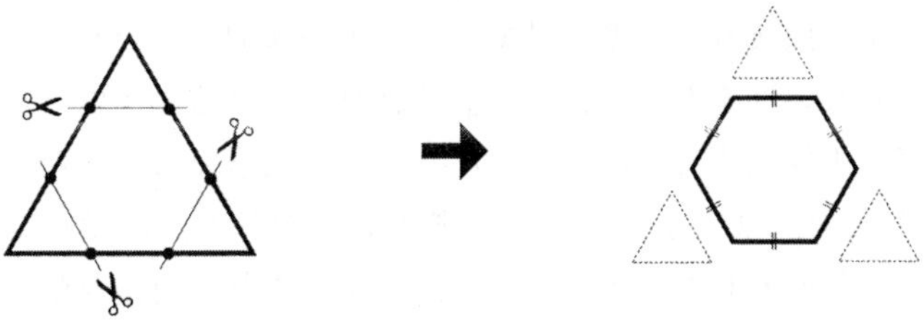

図4　図5

上の操作を1回とかぞえ，操作のあとに残った正六角形に対して，続けて操作を行っていきます。

はじめの正六角形の紙は，面積が81cm^{2}です。次の問いに答えなさい。

(1)　1回目の操作のあとに残った正六角形の紙を，全部ひろげます。どのような形の紙になりますか。解答欄《らん》の点線をはじめの正六角形として，ひろげた紙の形をかきなさい。

(2)　2回目の操作のあとに残った正六角形の紙を，全部ひろげます。ひろげた紙の面積を求めなさい。

(3)　3回目の操作のあとに残った正六角形の紙を，全部ひろげます。ひろげた紙には穴がいくつか開いています。面積が最も大きい穴は，何cm^{2}の穴ですか。

（下書き用）

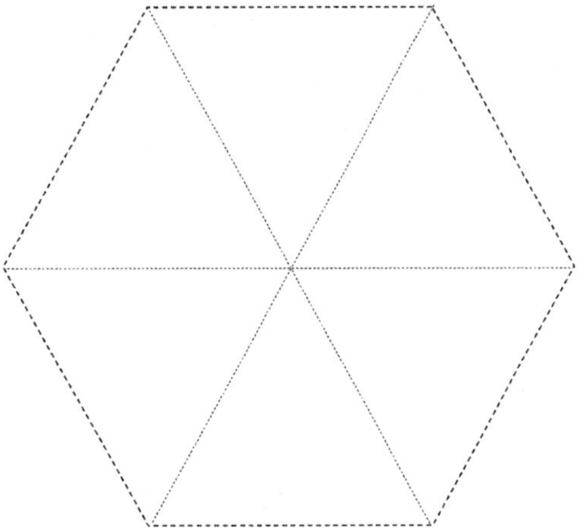

【社　会】（40分）〈満点：100点〉

1　つぎの文を読んで，あとの１から７までの各問いに答えなさい。

2016年は，水俣《みなまた》病が公式に報告されてからちょうど60年目にあたります。夏休み，和彦《かずひこ》君は水俣病に関する本をさがして読んでみることにしました。図書室でさがしていると『よかたい先生』という一冊の本をみつけました。この本は水俣病の研究に生涯《しょうがい》をささげた原田正純《はらだまさずみ》というお医者さんのお話でした。さっそく，和彦君は本を読んでみました。するとこの本の終わりのほうに，次のような文章がありました。

水俣病事件が，医学的に患者《かんじゃ》の症状《しょうじょう》を特定することだけを問題にしてきたことが，水俣病の解明や救済，解決を遅《おく》らせた原因だとぼくは思っとるんだ。今後の社会のことを考えて，何か起こった時にいろんな方面にわたる専門家のネットワークがあれば，早く原因の究明と解決，救済ができるはず。そのための学問を「水俣学」ということにした。

1901年（明治34年）に，田中正造《しょうぞう》が天皇《てんのう》に直訴《じきそ》した事件で有名になった（　a　）鉱毒事件があったころ，「谷中《やなか》学」というものをしていたことをもとに考えたんだ。鉱毒で田畑があらされ被害《ひがい》をうけていた谷中村の「谷中」だよ。

（　a　）鉱毒事件の研究会は全国に広まり，学者だけでなく市民が参加し，いろんな研究会が生まれて，日本の近代文化のよくない面を明らかにした。それならできる，と思ったんだ。歴史上，今までにないひどい公害，水俣病事件も次の世代に残したい大事なことがたくさんある。水俣に起こったことは，多くの人が病気になり，環境《かんきょう》が破壊《はかい》されたことだけではない。漁業をはじめ，水俣の産業や経済，文化やくらしが傷つけられ，さまざまな「負の遺産」を背負ってしまったんだ。この事件がどんなふうに報道され，伝えられたか。そのことで社会はどのように変わったか，変わらなかったかも，大きな目でとらえ直さなくては。そうすることで，政治，経済，文化，法律，社会学，福祉《ふくし》，科学技術，あらゆる面から未来に生かせることがある。だから水俣学は決して，水俣病学ではないんだ。考えるときの立つ位置は，必ず弱者におき，専門家・非専門家，当事者・非当事者，国を越《こ》えて自由に参加できるようにした。だから，講義といっても先生と名のつく人ばかりが話をするわけではないの。患者《かんじゃ》さんもいれば，チッソ労働者側の人や，法律の専門家がおり，漁業をしとる人もおる。そうして，その話を聞きたい人はだれでも聞けるようにしたんだよ。（中略）

ぼくはね，熊本《くまもと》大学から熊本学園大学に移って，大きな病気をしたんだ。脳梗塞《のうこうそく》やら，がんやらね。長く入院している間にいろいろ考えたんだ。今のぼくたちは本当に豊かになったのだろうかってね。戦後，ぼくたちは信じられないほど便利で快適なくらしを手に入れた。夢のようなことができるようになったよね？　食べ物を温められる電子レンジ。生肉も何日か，買い置きができる冷蔵庫，そして，ラップ，アルミホイルやら，数えきれんほどの便利さを手にしたぼくたちが，逆に手ばなしたものがあるんだよ。それは心と頭ですよ。そう思わんですか？　時間をかけずに何でも便利にできるようになったぼくたちは，心を使うことも，頭を使う回数も減ってしまったね。それは想像力が弱くなったということなんだ。たとえば，豆腐《とうふ》を入れて持って帰った容器を処分するのに，むかしだったらなべからざーっと水を捨てて洗うだけだったのが，今はプラスチックのパックに入り，それが不燃ごみになったりする。高熱処理で焼かなければ自然にもどすことができないものを，毎日，あたりまえのように使うとる。どこが環境にやさしいくらしなんだか，教えてくれといいたくなる。家族の状態を細やかに考える心は弱くなって，できるだけむだを出さない買い物をしなきゃ，という頭も使わなくなっていると思うんだよ。

今，公害問題という言葉はなくなりかけとるね。環境問題を研究しますというと，予算がおりる。でも，公害というとだれもふりむかん。おかしいでしょう？　「公害」というと，どうしても水や空気，土を汚染《おせん》した企業《きぎょう》のあり方を非難することになるからね。世界ではもっと水銀公害の研究は進められとるよ。大勢《おおぜい》の被害者を出したこの国が，なぜ，先頭にたって研究をせんのか？　失敗を未来に生かそうとしない考え方に，ぼくは見のがせない大きな問題を感じるね。これからの君たちは，どうか，心を育ててほしい。思いやりと想像力も。

この部分を読んで，和彦君はなぜ原田先生が水俣病の研究に生涯をささげたのかが少しわかったような気がしました。そして水俣病のことをさらに深く知りたくなりました。

（学研『よかたい先生』から引用し，表記を一部改めた。）

1　文中の（ａ）にあてはまる語句を書きなさい。

2　水俣病に関連した文として正しくないものを，つぎのアからカまでの中から二つ選び，その記号を書きなさい。

ア　水俣病は熊本県水俣市を中心に発生した公害病である。

イ　水俣病の原因物質は，チッソの工場排水《はいすい》にふくまれていたカドミウムである。

ウ　水俣病の発病原因は，おもに魚介《ぎょかい》類を食べることによって原因物質が体内に入ったことである。

エ　水俣病の患者は現在一人も生きておらず，水俣病は終わった出来事となっている。

オ　新潟《にいがた》県でも水俣病と同じ原因物質により公害病が発生し，新潟水俣病と呼ばれている。

カ　水俣病が公式に報告されたのは，1956年のことである。

3　水俣学に関連した文として正しいものを，つぎのアからオまでの中から二つ選び，その記号を書きなさい。

ア　水俣学の考え方は「谷中学」の活動を参考にしている。

イ　水俣学はおもに水俣病の原因を研究することが目的であった。

ウ　水俣学の研究に海外の研究者は参加できなかった。

エ　水俣学の講義は水俣病の患者やチッソの労働者も行った。

オ　水俣学は国や原因企業であるチッソの立場にたった研究であった。

4　つぎのページの図は，日本における漁業種類別生産量の推移をあらわしたものである。この図を参考にして，漁業に関連してのべた文として正しくないものを，つぎのアからカまでの中からすべて選び，その記号を書きなさい。

ア　1970年代はじめは，遠洋漁業が最も多く生産をあげていたが，200カイリ漁業水域の影響《えいきょう》により減少した。

イ　1964年以降でみると，1980年代に日本の生産量は最も多い時期をむかえており，その中心は沖合《おきあい》漁業だった。

ウ　沿岸漁業は減少しているものの，現在最も多く生産をあげている。

エ　海面養殖《ようしょく》業は2011年に生産量が下がっているが，それは東日本大震災《しんさい》の影響と考えられる。

オ　海面養殖業で育てているものとしては，ホタテガイやカキなどがあり，最近ではマグロの養殖も行われている。

カ　内水面養殖業で育てているものとしては，ウナギやコイなどのほか，ワカメやノリがある。

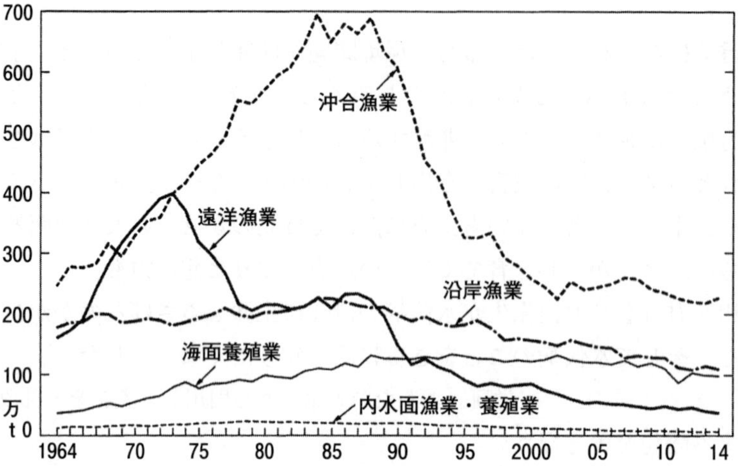

※内水面漁業とは，池・沼・川などの漁業をさす。

（出典：日本国勢図会　2016/17）

5　快適なくらしについて，つぎの図は，100世帯あたりの耐久《たいきゅう》消費材保有台数の変化をあらわしたものである。この図に関連してのべた文として正しいものを，下のアからオまでの中から二つ選び，その記号を書きなさい。

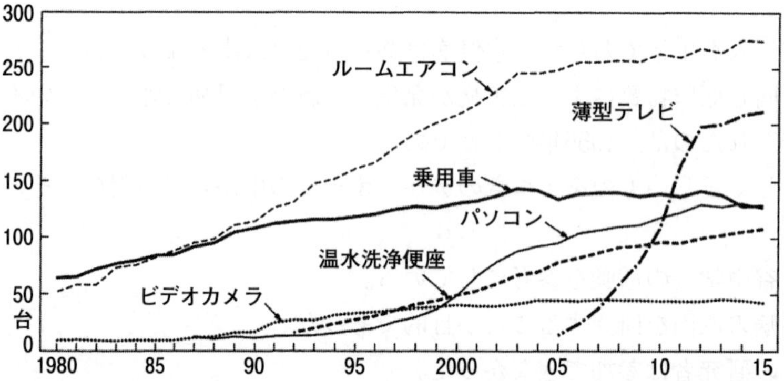

（出典：日本国勢図会　2016/17）

ア　ルームエアコンは，2000年代になると，平均で1世帯に3台以上はあることが読み取れる。

イ　乗用車の保有台数は，2003年ころが最も多く，近年は減少傾向《けいこう》にある。

ウ　近年，ビデオカメラはおおよそ一家に一台あると考えられる。

エ　薄型《うすがた》テレビは，商品として世の中に出回りはじめたころからグラフに登場する。

オ　温水洗浄《せんじょう》便座は保有台数がじょじょに増加し，今やパソコンを上回っている。

6　公害問題に関連して，つぎのページの**ア**から**ス**までの場所から，四大公害の発生地域を四つ選び，その記号を書きなさい。

7　環境問題に関連して，以下の表は日本の公害苦情処理件数を示したものである。典型7公害の一つとされる表中の(　)にあてはまる語句を書きなさい。ひらがなで書いてもよい。

公害の種類	件数(2014年)	公害の種類	件数(2014年)
1．(　　)	17,202	6．土壌汚染《どじょうおせん》	174
2．大気汚染	15,879	7．地盤沈下《じばんちんか》	26
3．悪臭《あくしゅう》	9,962	それ以外の公害	22,873
4．水質汚濁《おだく》	6,839	うち廃棄《はいき》物投棄	10,367
5．振動《しんどう》	1,830	計	74,785

(出典：日本国勢図会　2016/17)

2　つぎの文を読んで，あとの1から6までの各問いに答えなさい。

私たちの日々のくらしからどれぐらいのごみが出ているか，調べたことはありますか。ごみは，汚泥《おでい》や廃油《はいゆ》など法令で定められた20種類の「産業廃棄《はいき》物」と，その他の「一般廃棄物」に分類されます。日本で1年間に出る産業廃棄物の量は3億8,470万トン(2013年)で，その処理責任はごみを出した事業者にあります。家庭ごみをふくむ「一般廃棄物」の量は4,432万トン(2014年)で，その処理責任は市区町村にあります。日本における一般廃棄物の排出《はいしゅつ》量の推移をみると，高度経済成長期に急増した後，おおむね右肩《かた》上がりで増え続け，2000年の5,483万トンをピークとして，それ以降は減少しています。2014年の排出量をピーク時と比較《ひかく》すると，2割ほど減っていることになります。

ごみが増え続けていた時代に，自治体は，焼却施設《しょうきゃくしせつ》の建設と，焼却灰や不燃ごみを埋《う》め立てる最終処分場の整備に追われました。「燃やして埋める」というのがごみ処理の唯一《ゆいいつ》の方法だったのです。ごみ処理問題は，しばしば地域社会に深刻な対立をもたらしました。愛知県の藤前《ふじまえ》干潟《ひがた》は，渡《わた》り鳥が集まる場所として知られ，現在はラムサール条約にも登録されています。かつて，この貴重な干潟をごみの処分場として埋め立てる計画がありました。1990年代，以前からごみの増加に悩《なや》んできた名古屋《なごや》市は，干潟の近くに１日1,500トンの焼却能力をもつ新しい焼却工場を完成させました。こうして焼却施設の確保を進めたものの，岐阜《ぎふ》県多治見《たじみ》市にある処分場は2001年に満杯《まんぱい》になる見通しでした。そこで，干潟を埋め立てて新たな処分場にしようとしたのです。この動きに対して，環境《かんきょう》保護をうったえる市民運動が活発に行われ，環境庁（当時）も反対の姿勢を強く示しました。結局，1999年に市は埋め立て計画の断念を発表しました。続けて市は「ごみ非常事態」を宣言し，ごみの減量と分別収集に徹底《てってい》的に取り組みました。あふれるごみを「燃やして埋める」だけの処理から，リデュースとリサイクルへと大きくかじをきったのです。その後，資源ごみを除くごみの量は大きく減りました。1998年に99.7万トンだったごみ処理量は，そのわずか２年後に76.5万トンまで減り，2014年には62万トンとなっています。しかし，ごみの処理費用が減ったわけではありませんでした。リサイクルのしくみをつくって維持《いじ》するために多くの費用がかかり，名古屋市関係者が自らの自治体を「リサイクル貧乏《びんぼう》」と呼ぶこともありました。

名古屋市の経験は，都市が抱《かか》えるごみ処理の課題を明らかにしたといえるかもしれません。最終処分場の確保は，近年でも，都市部の自治体を悩ませる課題の一つです。ごみの焼却施設は多くの自治体がもっていますが，最終処分場を確保できず，トラックで遠方に運んで民間業者に処理を任せている場合が少なくありません。都市のごみが運ばれてくる自治体では，とくに産業廃棄物の処分場の建設をめぐって住民投票にまで発展することがあり，その結果の多くは「建設反対」が多数派となっています。ごみ処理施設の確保は，ＮＩＭＢＹ《ニンビー》問題，つまり「（必要なのはわかるが）わが家の裏には来ないでくれ」という反応を引き起こす社会問題になることがあります。

リサイクルにかかる費用を誰がどれくらい負担すべきか，ということも重要な課題です。名古屋市のように，リサイクル費用が財政を苦しくしている自治体は，「ごみになるもの（プラスチック容器など）を販売《はんばい》している事業者（メーカーやスーパーなど）が処理費用を負担すべきだ」と主張します。このような考え方は，生産者に対して，製品の生産だけでなく，処理の責任までその一部を負わせるもので，「拡大生産者責任」といいます。これを制度的に実現した先駆《さきが》けであるドイツでは，容器包装の回収を事業者に義務付け，事業者団体らがリサイクル会社を設立して回収と処理を担《にな》っています。日本でも，循環《じゅんかん》型社会形成推進基本法などにその考え方が示されているものの，本格的な導入には至っていません。

ごみ問題は，私たちの誰もが毎日の生活の中でかかわり，一人ひとりの行動が直接影響《えいきょう》を与《あた》えるという意味で，最も身近な社会問題といえるでしょう。そして同時に，放置すれば早々に処理が追い付かなくなることが確実な，「待ったなし」の問題でもあります。いま，日本のリサイクル技術，たとえばプラスチックごみを燃料油に変える装置などが，ごみ問題に悩む世界の各地で注目されています。私たちは，こうした技術開発だけでなく，国内外の様々な地域の経験に学びつつ，社会のしくみについても知恵《ちえ》をしぼって議論していく必要があるでしょう。

1　一般廃棄物の排出量が減ってきていることの背景と考えられる説明として適切でないものを，つぎのアからオまでの中から二つ選び，その記号を書きなさい。

ア　景気が回復し，商品の輸出が増えた。

イ　人口が右肩上がりで増加する時代が終わった。

ウ　家庭ごみを庭で燃やすなど，自分で処理する人が増えた。

エ　家電リサイクル法など，リサイクルを進める法律の整備が進んだ。

オ　レジ袋《ぶくろ》を有料化するなど，ごみ減量に向けた取り組みが広がった。

2　高度経済成長期のできごとについてのべた文として正しいものを，つぎのアからオまでの中からすべて選び，その記号を書きなさい。

ア　円の価値が上昇《じょうしょう》し続け，貿易摩擦《まさつ》が発生した。

イ　エネルギー資源の中心が石炭から石油に移行した。

ウ　日本銀行が国民所得倍増計画を発表し，経済成長を加速させた。

エ　アジア初のオリンピックが東京で開かれた。

オ　ソ連との間に平和条約が結ばれ，北方領土が２島のみ返還《へんかん》された。

3　ごみ処理に関連してのべた文として正しいものを，つぎのアからオまでの中から二つ選び，その記号を書きなさい。

ア　産業廃棄物は危険物をふくむため，政府と地方自治体のみが処理を認められている。

イ　燃えないごみのうち，リサイクルできないものは，最終処分場に埋められる。

ウ　ごみを燃やした後の灰は，セメントやスラグに加工して，工事材料などに使うことができる。

エ　ごみを燃やしたときに出る熱は，大気中に放出されてしまうため，発電などに利用することはできない。

オ　ごみの焼却施設と最終処分場の多くは，財政にゆとりのある大都市に立地している。

4　環境保護に関連してのべた文として正しいものを，つぎのアからオまでの中からすべて選び，その記号を書きなさい。

ア　持続可能な社会を実現するためには，豊かな生活と環境保護とのバランスを考えることが求められる。

イ　太陽光や風力などのエネルギーは環境にやさしい特長をもち，温暖化や大気汚染の原因になりにくいとされている。

ウ　温暖化対策の国際的な枠《わく》組みとしてパリ協定が採択《さいたく》されたが，アメリカと中国はこれに参加していない。

エ　国際連合は，ユニセフを中心として地球の環境保護に取り組んでいる。

オ　環境保護のためには，政府や国際機関だけでなく，ＮＧＯや市民団体などの協力も重要である。

5　ＮＩＭＢＹ問題に関連してのべた文として正しくないものを，つぎのアからオまでの中から二つ選び，その記号を書きなさい。

ア　日本では，これまでに原子力発電所や在日米軍基地などの施設が問題になってきた。

イ　ごみの処分場建設の場合，自然環境への悪影響や衛生環境の悪化が問題になる。

ウ　施設によって利益を受ける人々と被害《ひがい》を受ける人々が異《こと》なる場合，問題は起こりにくい。

エ　大都市圏《けん》と地方，政府と地方自治体の対立に発展している問題もある。

オ　施設の受け入れをめぐって住民投票を行う場合，衆議院議員選挙の投票権をもつ全国の有権者が投票する。

6　拡大生産者責任の考え方を導入するねらいとして適切でないものを，つぎのアからオまでの中から二つ選び，その記号を書きなさい。

ア　リサイクルしやすい素材でつくった製品が開発される。

イ　容器包装がコンパクトになったり無包装になったりして，ごみの量が減る。

ウ　販売価格が引き下げられ，消費者が得をする。

エ　製品の使用によって健康被害を受けた消費者を保護する。

オ　製品の設計や性質を知る生産者の取り組みによって，効果的なリデュースとリサイクルを実現する。

3　つぎの年表と文章を参考にして，あとの１から７までの各問いに答えなさい。

【沖縄《おきなわ》に関する年表】

前30000～	旧石器時代	1634	初めて幕府《ばくふ》に使節を送る
前5000～	貝塚《かいづか》時代	1853	（ C ）が那覇《なは》に来航
605	中国の歴史書に初めて「流求国」の記事(『隋《ずい》書』)	1854	琉米《りゅうべい》修好条約が締結《ていけつ》される
753	（ A ）・阿倍仲麻呂《あべのなかまろ》が沖縄島に漂着《ひょうちゃく》	1879	「大きな変化」
1314頃	三山(北山・中山・南山)が分立	1898	（ D ）施行《しこう》→日露《にちろ》戦争に従軍する
1372	中山王が明皇帝《ミンこうてい》に使いを送る→大交易時代へ	1912	初の衆議院議員選挙が実施される
1429	尚巴志《しょうはし》が三山を統一する＝琉球《りゅうきゅう》王国が成立	1940	方言撲滅《ぼくめつ》運動が起こる
1570	南方貿易が途絶《とだ》える→大交易時代が終わる	1944	沖縄島を中心に（ E ）を受け500名以上が犠牲《ぎせい》に
1592	（ B ）から軍役(米と資金)を求められる	1945	沖縄戦
1609	島津氏の侵攻《しんこう》を受け支配下に入る→琉球を介《かい》した日明貿易復活の交渉《こうしょう》は失敗	1951	（ F ）調印→沖縄はアメリカの占領《せんりょう》がつづく
		1972	沖縄返還《へんかん》
		1996	普天間《ふてんま》飛行場返還と代替《だいたい》基地建設が日米間で合意
		2000	「琉球王国のグスク及び関連遺産群」が世界遺産に登録

伊波普猷《いはふゆう》という人を知っていますか。普猷は，故郷の沖縄について，歴史，文化，言語，宗教など様々な分野にわたる研究を生涯《しょうがい》かけて行いました。学問のわくをこえ，沖縄をまるごとつかもうとした普猷は「沖縄学の父」と呼ばれています。彼がどのような状況《じょうきょう》のなかで沖縄に着目していったのかについてみてみましょう。

伊波普猷は1876(明治９)年，現在の那覇市の裕福《ゆうふく》な家の長男として生まれ，何ひとつ不自由なく育ちました。ところが，普猷が生まれた３年後，沖縄には大きな変化が起こります。こののち，学校では日本人としての教育がすすめられるようになっていきました。1891年，小学校を卒業した普猷は中学校(当時は尋常《じんじょう》中学校という名で，５年間通いました)に入学しますが，この中学校時代に普猷が沖縄研究に向かうきっかけとなった２つのできごとが起こります。一つは，田島利三郎先生との出会いです。1893年，田島先生は国語の先生として普猷の通っていた中学校に赴任《ふにん》してきました。田島先生は教師を務めるかたわら，沖縄の言語に関する資料の発掘《はっくつ》や研究を進めていました。沖縄の古い歌『おもろさうし』を研究し，「沖縄にはすばらしい文化がある」と教えていた人で，生徒たちに人気がありました。もう一つは，1895年に中学校で起こったストライキ事件です。校長先生が生徒の前で「みなさんは標準語さえまともに話せないのに，英語まで勉強しなければならず気の毒だ」と語り，英語の授業をなくそうとしました。そして，自分の意見に反対する教頭先生や田島先生を辞《や》めさせてしまいました。これに怒《おこ》った普猷たちはストライキを起こし，「沖縄をばかにしている」と校外の人々も普猷たちを応援《おうえん》しました。校長先生は沖縄から出ていったものの，普猷たちも学校を辞めさせられてしまいました。

その後，普猷は京都の第三高等学校在学中に沖縄の郷土史研究を始め，1903年に東京帝国大学に入学し，「沖縄を知るには，まず古い言葉がわからなければ」と言語学を学びました。また，普猷は田島先生と再会し，先生が集めた沖縄研究の資料をゆずり受け，沖縄の歴史や文化への研究を本格化させていきました。1906年，大学を卒業するとすぐに沖縄にもどり，資料の収集や古老からの聞き取りを積み重ねる一方，沖縄の歴史や文化を人々に伝える活動を始めました。1924(大正13)年，研究中心の生活を送るため約14年間続けた図書館長を辞めて再び上京し，研究成果を本や新聞に発表しました。こうした普猷の一連の活動は，しだいに沖縄の人たちに自信をあたえ，沖縄のすばらしさが見直されるようになりました。沖縄学の基礎を築いた普猷は，1947(昭和22)年に72歳《さい》でこの世を去りました。

普猷は「汝《なんじ》の立つところを深く掘《ほ》れ，そこには泉あり」というドイツの哲学者《てつがくしゃ》ニーチェのことばを借りて，自分の生まれ育った地域について学ぶことの大切さをのべています。沖縄を学ぶことだけが沖縄学の目的ではありません。地域には先人の知恵《ちえ》や自分自身の存在理由をときあかしてくれるヒントがうまっており，それらを掘り起こして見つめ直すことが，すべてのものの見方，考え方を養う礎《いしずえ》となるのです。

1　年表中の(A)～(C)にあてはまる人物を考え，その人物に関する文として正しいものを，つぎのアからコまでの中から<u>二つずつ</u>選び，その記号を書きなさい。

ア　弟子《でし》たちとともに大仏づくりに協力した。

イ　漂流民の保護などを求める大統領からの国書を幕府に差し出した。

ウ　朝廷《ちょうてい》から関白に任じられた。

エ　上海《シャンハイ》を経由して浦賀《うらが》に来航した。

オ　検地や刀狩《かたながり》を行った。

カ　唐招提寺《とうしょうだいじ》を開いた。

キ　将軍足利義昭《あしかがよしあき》を京都から追放した。

ク　朝廷から征夷大将軍《せいいたいしょうぐん》に任じられた。

ケ　日米修好通商条約を結んだ。

コ　度重《たびかさ》なる航海の失敗の後，ようやく日本にたどり着いた。

2　年表中の(D)～(F)にあてはまることばを考え，そのことばに関する文として正しいものを，つぎのアからカまでの中から一つずつ選び，その記号を書きなさい。

ア　条約を結んだ同じ日に日米安全保障条約が結ばれた。

イ　20歳以上の男子に兵役《へいえき》の義務を定めた。

ウ　東北地方や北海道の都市は被害《ひがい》を受けなかった。

エ　アメリカ軍は太平洋の島々を占領し，爆撃機《ばくげきき》による日本本土への攻撃を始めた。

オ　アメリカ合衆国の他，ソビエト連邦《れんぽう》や中華《ちゅうか》人民共和国などの国々と調印した。

カ　20歳になった男子のもとへは，兵役につくための検査を受けるよう書かれた「赤紙」が届いた。

3　つぎは大交易時代の琉球王国と他国との交易のようすをあらわした地図と表である。これらから読み取れることとして正しくないものを，下のアからオまでの中からすべて選び，その記号を書きなさい。

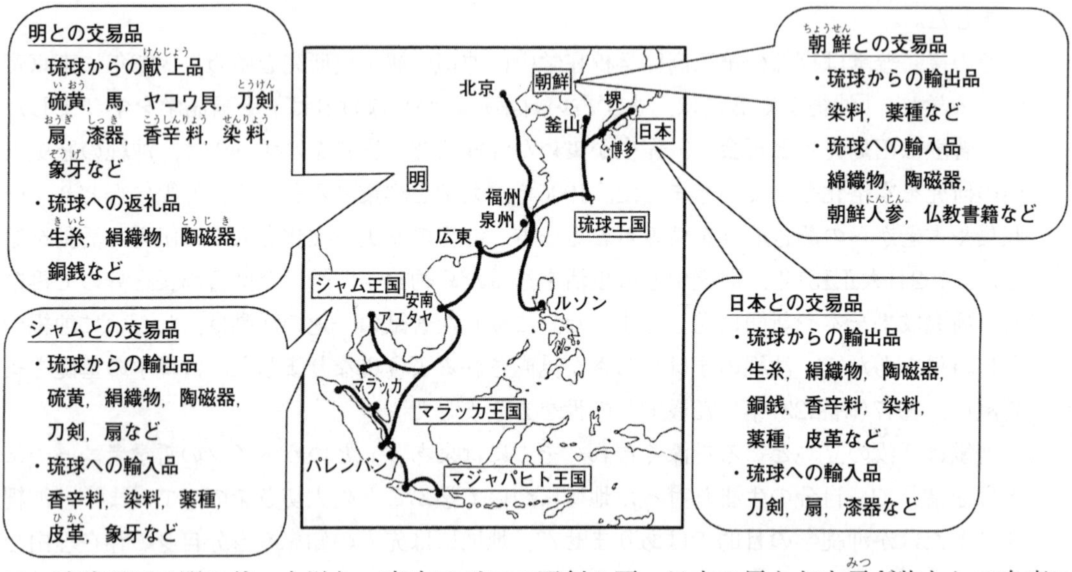

ア　琉球王国は明に使いを送り，東南アジアの刀剣や扇，日本の馬などを貢《みつ》ぎ物として皇帝に献上した。

イ　琉球王国は明から得た生糸や陶磁器，銅銭などを，日本などへ輸出していた。

ウ　琉球王国の輸出品のうち，硫黄やヤコウ貝は琉球産だった。

エ　琉球王国の貿易ルートの南端《なんたん》は安南やアユタヤであった。

オ　日本は琉球王国を通じて，東南アジアの染料や薬種などを得ていた。

4　つぎは島津氏の侵攻後の琉球王国のようすをあらわした文である。琉球王国と薩摩藩《さつまはん》はなぜこのような「隠《かく》しごと」をしたのか。その理由についてのべた下の文の＿①＿，＿②＿にあてはまる漢字２字を，年表あるいは本文中から選んで答えなさい。

> 琉球に中国からの使いがやってくると，薩摩の役人は身を隠した。日本の年号や日本人名の入った書類は隠したり，日本のお金を使ったり歌をうたったりすることも禁止した。もし，日本との関係をうたがわれたら「日本の支配下にある宝島(現在の鹿児島県トカラ列島の一部)と交流しているためである」とごまかすことにしていました。

(「隠しごと」をした理由)

中国は皇帝へ使いを送って来ない日本との＿①＿を認めなかった。そのため，薩摩藩は琉球王国に中国との＿①＿を続けさせてその利益を得ようと考えた。また，琉球王国は薩摩藩に

＿②＿されていることを隠してこれまで通り中国との関係を維持《いじ》し，王国を存続させようと考えた。

5　文中の大きな変化とはなにか。次の文の＿①＿，＿②＿にあてはまることばを答えなさい。

明治政府によって＿①＿が設置され，＿②＿がなくなった。

6　つぎは沖縄戦の戦没者《せつぼつしゃ》数の表である。沖縄戦がどのような戦争であったかをふまえ，表の(　)にあてはまることばを答えなさい。

日本側戦没者	188,136人
県外出身日本兵	65,908人
県出身軍人・軍属	28,228人
(　　　)	(推定)94,000人
米軍戦没者	12,520人
合計	200,656人

7　右は伊波普猷の生涯を表にまとめたものである。年表中の①から⑦それぞれの時期に起こったできごとをアからコまでの中から１つ以上選び，その記号を書きなさい。

ア　日清《にっしん》戦争が起こる。

イ　日本国憲法が公布される。

ウ　「本土」で第一回衆議院議員選挙が行われる。

エ　日中戦争が起こる。

オ　ロシアと条約を結んで韓国《かんこく》に対する支配を強める。

カ　関東大震災《しんさい》が起こる。

キ　男子普通選挙の制度が定められる。

ク　朝鮮戦争が起こる。

ケ　自由民権運動の影響《えいきょう》を受け，政府が国会を開くことを約束する。

コ　「本土」で最初の学校制度が定められる。

①
伊波普猷が生まれる
②
伊波普猷が中学校に入学する
③
伊波普猷がストライキ事件を起こす
④
伊波普猷が図書館の館長になる
⑤
伊波普猷が再上京する
⑥
伊波普猷が亡《な》くなる
⑦

【理　科】（40分）〈満点：100点〉

【注意】 指示されたもの以外の答えは，ア～ケなどのなかから選び，記号で答えなさい。

1 植物が根から吸い上げた水は，植物の体内のどこを通ってどこへいくのか，花だんに植えてある花がさいたホウセンカを使って調べることにした。以下の各問いに答えなさい。

1．根をつけたままホウセンカをほり出し，着色した水を根から１時間ほど吸わせた後，くきの断面で水の通り道を調べた。水の通り道を正しくぬりつぶしているのはどれですか。

ア　イ　ウ　エ　オ

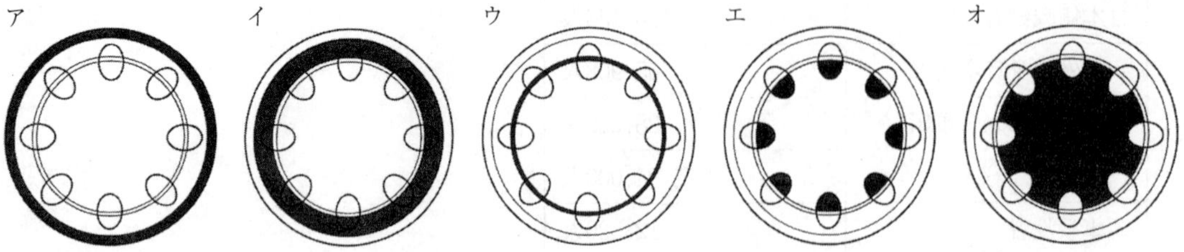

2．気温が高い晴れの日の正午ごろ，地上に出た植物の体全体にとう明なポリエチレンのふくろをかぶせ，30分間放置した。その結果，ふくろの中にたくさんの水てきがたまっていた。この水が主に植物の葉から出たものかどうかを調べるために，この実験のほかにどんなものを組み合わせるとよいですか。２つ選びなさい。

ア　気温が低いくもりの日の正午ごろ，植物の体全体にポリエチレンのふくろをかぶせ30分間放置したもの

イ　気温が高かった晴れの日の夜10時ごろ，植物の体全体にポリエチレンのふくろをかぶせ30分間放置したもの

ウ　気温が高い晴れの日の正午ごろ，すべての葉を切り落とした植物の体全体にポリエチレンのふくろをかぶせ30分間放置したもの

エ　気温が高い晴れの日の正午ごろ，植物の葉の部分だけを一枚ずつ小さいポリエチレンのふくろでおおい30分間放置したもの

オ　気温が低いくもりの日の正午ごろ，すべての葉を切り落とした植物の体全体にポリエチレンのふくろをかぶせ30分間放置したもの

カ　気温が高かった晴れの日の夜10時ごろ，植物の葉の部分だけを一枚ずつ小さいポリエチレンのふくろでおおい30分間放置したもの

キ　気温が高い晴れの日の正午ごろ，すべての葉の表側に白色ワセリンをぬって30分間放置したもの

ク　気温が高い晴れの日の正午ごろ，すべての葉の裏側に白色ワセリンをぬって30分間放置したもの

ケ　気温が低いくもりの日の正午ごろ，すべての葉の表側と裏側に白色ワセリンをぬって30分間放置したもの

※白色ワセリンはややねばり気のあるペースト状の油で，水を通さず短時間ではほとんど植物に害がない。

3．植物が根から吸い上げた水が，葉から水蒸気となって出ていくことを何といいますか。漢字で答えなさい。

2　ヒトの体にあるさまざまな臓器について調べた。以下の各問いに答えなさい。

1．体の中に２個ある臓器を下のわく内からすべて選びなさい。

2．消化，吸収，はい出に関係する主な臓器を下のわく内からすべて選びなさい。

ア　心臓	イ　じん臓	ウ　かん臓	エ　肺
オ　胃	カ　小腸	キ　大腸	

3　実験室に，ラベルがはがれている３つの容器(ボンベ)があった。それぞれの容器には気体Ａ，Ｂ，Ｃのどれかが入っていて，「酸素」「ちっ素」「二酸化炭素」のいずれかであることが分かっている。それぞれの容器に入っている気体を確かめるために実験を行った。後の各問いに答えなさい。

実験１　それぞれの気体を入れた集気びんに，火のついたろうそくを入れた。

実験２　水を５分の１程度入れたやわらかいペットボトルにそれぞれの気体を入れてから，フタをしてよくふった。

【表：実験結果】

気体	A	B	C
実験１	消えた	激しく燃え続け，しばらくして消えた	消えた
実験２	つぶれた	変化なし	変化なし

1．実験１の後で，気体Ｂを入れた集気びんに残っていた気体の名前をすべて答えなさい。

2．実験の結果から，気体Ａ，Ｂ，Ｃの名前をそれぞれ答えなさい。

4　ビーカーＡ，Ｂ，Ｃに，水50グラムを入れて温度をはかったところすべて20℃だった。ビーカーＡには水酸化カルシウム，ビーカーＢにはホウ酸，ビーカーＣには食塩を，それぞれ5.0グラムずつ入れてよくかき混ぜた。右上の表を参考にして，以下の各問いに答えなさい。

【表：水100グラムにとける固体の量(グラム)】

	20℃	30℃	40℃	50℃	60℃
ホウ酸	5.0	6.8	8.9	11.4	14.9
食塩	35.8	36.1	36.3	36.7	37.1

1．ビーカーＡは，白くにごってしまったがしばらく放置すると上ずみがとうめいな水よう液になった。この上ずみが水酸化カルシウム水よう液であり，生物のはいた息に含まれている気体などを調べるために使われるが，実験などで使うときには別の名前で呼ばれている。この名前を答えなさい。

2．ビーカーＢは，ホウ酸のつぶがとけ残ってしまった。とけ残ったホウ酸のつぶをすべてとかすために，20℃の水を少しずつ加えていった。ホウ酸のつぶが見えなくなるまでに加えた水は何グラムですか。実験中に水の温度は変わらなかったものとする。

3．ホウ酸をとかすために，水の量を変えずに温度を上げてとかすとしたら何度でホウ酸のつぶが見えなくなりますか。

ア　20℃から30℃の間　　イ　30℃から40℃の間

ウ　40℃から50℃の間　　エ　50℃から60℃の間

4．ビーカーCは，食塩がすべてとけた。さらに食塩を1.0グラムずつ加えていったとき，何グラムの食塩を加えたときにとけ残りのつぶが見えるようになりますか。

5　あきらくん，ひろしくん，まさしくんの３人は，科学コンテストに参加するための実験について相談することにした。□内の文を読んで，後の各問いに答えなさい。

あきらくん：先生にすすめられて科学コンテストに参加することになったんだけど，何かいい実験ないかな。

ひろしくん：う～ん，何かいい実験と言われてもねぇ。よくある実験を改良してみるのはどうかな。

まさしくん：そういえば小学校５年のときに，川のはたらきについて流水で実験したよね。

あきらくん：どんな実験装置だったかな。もう忘れちゃってるよ。

まさしくん：「流水のはたらき実験器」を使ってやったじゃない。(右図) どんな改良ができるかな。

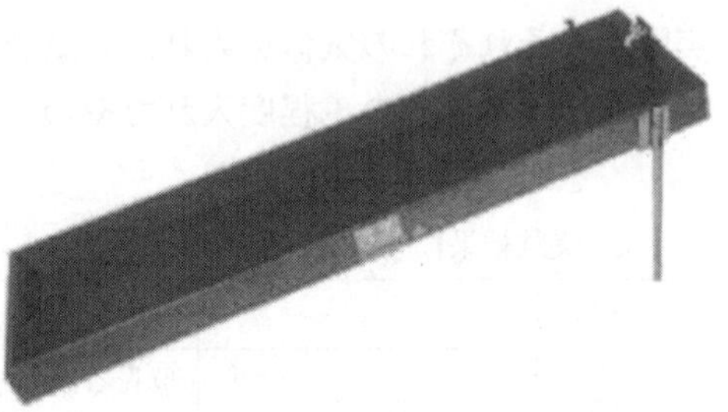

(長さ約150cm)

1．「流水のはたらき実験器」では，３つの条件を変えて実験することが多い。実験器に入れる土や砂のつぶの大きさ，流す水の量の２つの条件に加えて，もう１つの条件を答えなさい。

あきらくん：もう少しかんたんにできる実験はないの？

ひろしくん：ひなたとひかげの地面の温度の上がり具合は調べやすいかな。

まさしくん：理科実験室にあった地中温度計を使うのかい？

ひろしくん：あれははかり方がむずかしいんだ。地面のしめり気も関係するからね。

2．晴れた日にひなたになる場所Aとひかげになる場所Bの２つの場所で，地面の温度としめり気について調べてみた。正しくない変化はどれですか。ただし，晴れた日もくもった日も風がふいていないものとする。

ア　晴れた日のAの地面の温度は，昼に近づくにつれて上がり，朝にしめっていた地面はかわいていく。

イ　くもった日のAの地面の温度は，晴れた日ほどではないが，昼に近づくにつれて上がっていく。また，地面はあまりかわかない。

ウ　晴れた日のBの地面の温度は，Aほどではないが昼に近づくにつれて上がっていく。朝にしめっていた地面もかわいていく。

エ　くもった日のBの地面の温度は，あまり変化しない。地面もしめったままである。

まさしくん：もっとおもしろいものないのかな。もう実験でなくて観察でもいいから。

あきらくん：そうだ。この前スーパームーンっていう現象があったよね。

ひろしくん：ああ，月が大きく見えるやつね。
あきらくん：何だ，感動しないの？
ひろしくん：だって天気が悪くて見えなかったじゃない。

3．ひろしくんが見たかった月の形と明るさはそれぞれどれですか。

（形）　ア　三日月
　　　　イ　右側が欠けた月
　　　　ウ　左側が欠けた月
　　　　エ　満月
（明るさ）　オ　ふだんと同じ明るさ
　　　　カ　ふだんより少し明るく感じる
　　　　キ　ふだんより少し暗く感じる

あきらくん：もっと現実的なものを考えようよ。
ひろしくん：そういえば，東日本大しん災のときに富士山のふん火の可能性があるって言われてたよね。
まさしくん：そうだ，関東ローム層って富士山や箱根《はこね》山のふん火でできたんだってね。
あきらくん：じゃあ，それを採集して何でできているか調べてみない？
ひろしくん：でも，それどこで採集したらいいの？　難しくないかな。

4．関東ローム層が厚く積もっていると思われる場所はどこですか。

ア　小田原《おだわら》
イ　川崎《かわさき》
ウ　世田谷《せたがや》
エ　上野《うえの》
オ　千葉《ちば》

まさしくん：そうそう，今年(2016年)は台風がたくさん日本にきたよね。
ひろしくん：８月末に台風10号が東北地方に直接上陸したんだけど，こんなこと初めてだったそうだよ。
あきらくん：台風の進路について，古い記録から順に調べてみない？
まさしくん：何か特ちょうがあるとおもしろいね。

5．上陸前の台風10号の進路はどれですか。

ア　南の方から北上して東北地方に上陸した。
イ　東の方から接近して東北地方に上陸した。
ウ　日本海で発生し，西の方から東へ進んで東北地方に上陸した。
エ　東北地方の太平洋側で発生し，そのまま上陸した。

6　あきら君は，粉末の薬品を１グラム，２グラム，３グラム，……というように１グラム刻みで量り取るために，下図の装置を考案した。重さが等しい皿を用意し，２枚の皿を糸で上下につないだものを４セット用意した。上にある皿は薬品用で，その中の右はしだけに薬品をのせることができる。下にある皿は分銅用で，同じ皿に２個以上の分銅をのせてもよい。また，のせない皿や使用しない分銅があってもよい。いろいろな重さの分銅を用意し，以下の４つの方法で薬品を量り取る作業を行った。後の各問いに答えなさい。

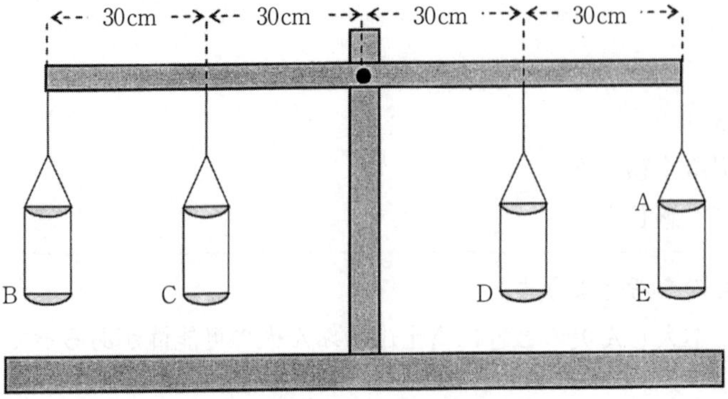

【図：皿にのせていない状態（棒は水平のまま静止）】

【表：使用できる皿】

	薬品用(上)	分銅用(下)
方法１	A	B
方法２	A	BとE
方法３	A	B～E
方法４	右はしの皿	すべての皿

1．方法１と方法２のそれぞれで，１グラム刻みでできるだけ重いものまで量り取れるように４つの分銅を選んだ。

⑴　方法１では，何グラムまで量り取ることができますか。

⑵　方法２では，分銅をどのように選びましたか。軽い方から順に答えなさい。

2．方法３で，１グラム刻みでできるだけ重いものまで量り取れるように４つの分銅を選んだ。

⑴　分銅をどのように選びましたか。軽い方から順に答えなさい。

⑵　この方法で77グラムを量り取りたい。B～Eの皿に選んだ分銅をどのようにのせればよいですか。それぞれの皿にのせる分銅の重さを，【解答例】にならって答えなさい。ただし，分銅をのせない場合は「×」と答えなさい。

【解答例】　B：100グラム，C：10と５グラム，D：１グラム，E：×グラム

3．つぎに，あきら君は上下につないだ皿のセットを増やし，①と②の２通りについて方法４で作業を行った。そして，１グラム刻みでできるだけ重いものまで量り取れるように３つの分銅を選んだ。それぞれ何グラムまで量り取ることができますか。

①　支点を中心に20cm 間かくで６セットつるす

②　支点を中心に12cm 間かくで10セットつるす

7 あきら君は，４個のかん電池と３つのスイッチを使って下図の回路を組み立てた。さらに，豆電球と発光ダイオードを２つずつ用意し，その中から２つを選んでア～ケのように位置Ａと位置Ｂにつないだ。そして，「回路１：スイッチ２だけを入れる」「回路２：スイッチ２と３を入れる」「回路３：スイッチ１と２を入れる」の３つについて，どのように光るかを調べた。すると，「ＡもＢも光る」「Ａだけ光る」「Ｂだけ光る」「ＡもＢも光らない」の４通りの光り方があることが分かったので，表にまとめた。このとき，豆電球も発光ダイオードも光るときは電気が通り，光らないときは電気が通らないと考えられる。また，発光ダイオードには長さの異なる２本の金属製のたんしがあり，かん電池の＋極と－極とのつなぎ方で光ったり光らなかったりする。後の各問いに答えなさい。

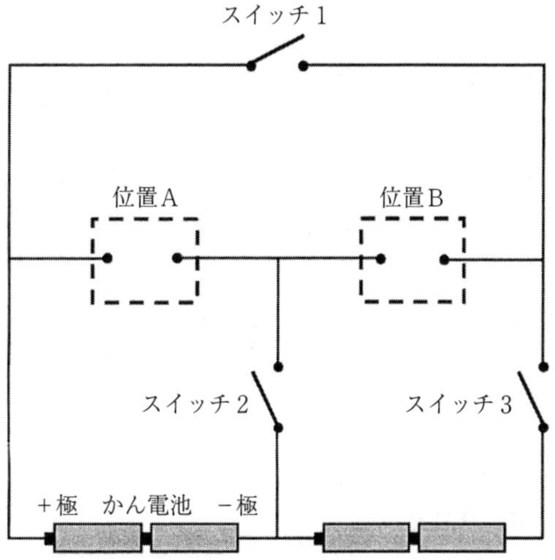

【図：組み立てた回路】

【表：実験結果（光ると○，光らないと×，一部だけを記入）】

スイッチの入れ方	光り方 A	光り方 B	つなぎ方
＜回路１＞ スイッチ２だけを入れる	○	○	なし
	○	×	ア，イ，ウ，エ，カ，キ
	×	○	なし
	×	×	オ，ク，ケ
＜回路２＞ スイッチ２と３を入れる	○	○	①
	○	×	②
	×	○	③
	×	×	④
＜回路３＞ スイッチ１と２を入れる	○	○	⑤
	○	×	⑥
	×	○	⑦
	×	×	⑧

【豆電球や発光ダイオードのつなぎ方（左が位置Ａ，右が位置Ｂ）】

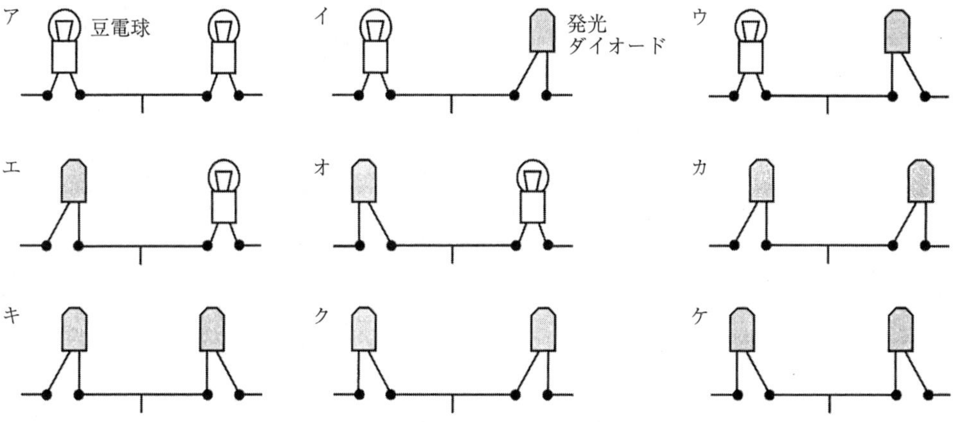

1．表の①～⑧に入る記号を，すべて答えなさい。そのようなつなぎ方がない場合は，「なし」と答えなさい。

2．つぎに，「回路４：スイッチ３だけを入れる」について，発光ダイオードを２つ使ったカ～ケの４つのつなぎ方で実験し，光り方を調べてみた。その結果を解答らんに，「ＡもＢも光る」場合は(○，○)，「Ａだけ光る」場合は(○，×)，「Ｂだけ光る」場合は(×，○)，「ＡもＢも光らない」場合は(×，×)と記入しなさい。

た。二人はまるで違《ちが》うのに、孤独という意味では仲間だった。

（小池昌代《こいけまさよ》「雲雀《ひばり》」による）

問一 ——①「鈴世は少し警戒《けいかい》した」のは、なぜですか。

問二 ——②「でも人間は、雲雀《ひばり》ではない」とは、どういうことですか。

問三 ——③「鈴世のからだを強く意識した」とありますが、なぜ「からだ」を意識したのですか。

三 カタカナは漢字に直し、全体をていねいに大きく一行で書きなさい。

ワラう門《かど》にはフク来《きた》る

四 次の詩を読んで、あとの問いに答えなさい。

名乗るほどの者ではない　伊藤芳博《いとうよしひろ》

ゲームセンターで恐喝《きょうかつ》があった
それを止めて
丸く収《おさ》めた高校生がいたということだ
彼《かれ》は店主に名前を聞かれると
「名乗るほどの者ではない」とだけ言って
そそくさと立ち去ったそうだ
しかし　感激《かんげき》した店主によって
すぐに彼の身元は判明し
本校の2年生の生徒　小山君だと分かった
言うまでもないことだが
（言う必要があって言えば）
本県では高校生のゲームセンター出入りは禁止されている
「名乗るほどの者ではない」だなんて
実は名乗れなかったんだ
本校の生徒指導担当《たんとう》である僕《ぼく》は
この話が大いに好きだ
店主のお礼の言葉を背《せ》に受けながら
ドアの向こうに消えてゆく少年の名前を
僕も知らない

〈注〉恐喝…おどして金品を無理に出させること。
生徒指導担当…ここでは、生徒に規則を守るよう指導する役割《やくわり》の先生。

問一 「感激した店主」とありますが、なぜ「店主」は感激したのですか。

問二 「この話が大いに好きだ」とありますが、なぜ「僕」はこの話が好きなのですか。

りは心細いだろう。
鈴世《すずよ》とは保育園時代からずっといっしょに大きくなった。どこかに兄弟姉妹のような感覚がある。実は鈴世のほうが、よほどしっかりもので、現実認識《にんしき》に長《た》けていたが、頼《たよ》られると、智樹《ともき》は自分が強くなったような気がし、そうして、いいよと胸《むね》を張って答えた。
二人は並んで歩き始めた。
「智樹くんってさ、歌うまいよね。うちで特訓しているの?」
「まさか。別に。何もしていない」
何もしていないというその言葉を、①鈴世は少し警戒《けいかい》した。けれどすぐに、智樹の場合は、ほんとうに何もしていないのだろうと思い直した。
実際、彼《かれ》は「練習」ということを知らなかった。なにかをうまくやるためには、くりかえし努力し、何段階かを経たのちに、ようやく達成できるのだということを知らなかった。
歌に関してだけは、彼は、いきなり、初めから、できた。それで、歌に関してだけは、できないということがわからなかった。誰《だれ》もが自分のように、いきなり、歌えるものだと思っていたのだった。
②でも人間は、雲雀《ひばり》ではない。
「あたしさあ、歌うの、大嫌《きら》い」
「なんで」
「だって、うまく歌えないんだもん」
鈴世は暗い目を、公園の樹木《じゅもく》に向けた。視線《しせん》の先には大きな蜘蛛《くも》の巣があって、夕陽にきらきら輝《かがや》いている。
智樹は思わず、「きれいだな」と言った。
「え? 何が」
「蜘蛛の巣だよ、蜘蛛の巣がある」
「あ、ほんとだ」
「すげえな。こんなに大きな蜘蛛の巣、初めて見たよ」
「ほら、虫がかかってるよ、まだ、生きてるよ。蜘蛛、食べるかな、食べるかな」
「うん」
二人は、じっと蜘蛛の巣を見詰《みつ》めた。捕《とら》えられた虫のほかに、枯葉《かれは》が何枚も、ひっかかっていたが、肝心《かんじん》の主《あるじ》の姿《すがた》がない。
みごとな蜘蛛の巣を眺《なが》めながら、智樹は去年のキッズフェスタを思い出していた。
担任《たんにん》だった小松《こまつ》先生は、一人ひとりの生徒に、それぞれ短い独唱部分を受け持たせたのだったが、鈴世はおおきく音程をはずし、みんなのからかいの的になったのだった。
男どもは、「オンチ、オンチ」と、鈴世を馬鹿《ばか》にしてわらっていたっけ。女子たちは、「えー、いけないんだよ、そういうこと言ったら」などと、一応は男子をいさめながらも、くすくすわらいながら鈴世が歌うのを聞いていた。
鈴世の声はフラット、つまり、あるべき音程より、常にかすかに低かった。先生は、練習のときから、もう一度、もう一度と、鈴世にやり直させたが、結局、音程が正しくなることはなかった。
智樹はそのとき、鈴世を意識した。③鈴世のからだを強く意識した。智樹には容易にできることがどうしてもできない肉体がそこにあった。ほかのひとの音程に合わせることができない、それ自体だけでしか存《そん》在《ざい》できない、とにかく独特の肉体なのだった。
歌えないからだを初めて目《ま》の当たりにして、智樹はただ驚《おどろ》き、不思議に思った。他の友達のように鈴世をわらわなかったのは、それは智樹がいい子だからではなく、歌えない子もいるという現実に驚いていたからだ。
歌えない鈴世を孤独《こどく》だと思ったが、誰よりも歌える自分も孤独だっを見《み》のがさない山賊なのだそうです。
山賊《さんぞく》はいつでも得をしていて、農民よりたくさんえさをとっているでしょうか。必ずしもそうではありません＝グラフ参照。
グラフは山賊をするムクドリの割合を横軸《よこじく》にとっています。縦軸《たてじく》は、農民と山賊の、それぞれの利益を表しています。
　百羽中一羽だけが山賊なら、山賊はもうかります。周りのすべての鳥からえさを横取りできるからです。あまりにもうかるので、農民をやめて山賊になろうとする鳥が出てきます。山賊は二羽になりますね。それでも農民は九十八羽いますから、山賊は③まだまだいい商売ができます。
　このように、山賊がどんどんふえていくとどうなるでしょう。[ア]のに、横取りする山賊はふえていく一方です。そのうち、山賊として生きるより、農民として生きる方がよくなってきます。そこで、「足をあらって」農民にもどるムクドリが出てきます。シャチの場合と同じようなことが起こっているのです。山賊と農民、どちらがより得をする、ということはありません。実際、ムクドリの場合は、何割かの鳥が山賊としてふるまった状態で、つりあいがとれています。
　このように、生物として正しい行動は一つではありません。仲間をつくるとき、進化の働きは、一人ひとり(一頭一頭、一羽一羽)にちがった行動を生み出す力を持っているのです。

（松島俊也《まつしまとしや》『動物に心はあるだろうか？』による）

問一　――①「この結果」について、本文から読み取れるものを二つ選びなさい。
ア　一頭あたりの獲得量《かくとくりょう》は、十頭の群れで狩りをしたときがもっとも多い。
イ　一頭あたりの獲得量は、三頭の群れで狩りをしたときがもっとも多い。
ウ　一頭あたりの獲得量は、一頭で狩るよりも十一頭の群れで狩るほうが多い。
エ　一頭あたりの獲得量は、一頭で狩るよりも八頭の群れで狩るほうが多い。
オ　一頭あたりの獲得量は、二頭の群れで狩るよりも四頭の群れで狩るほうが多い。
問二　――②「決して『得』をしないのに、『損』をすることはさけたい」とは、どういうことですか。
問三　――③「まだまだいい商売ができます」とありますが、ここではどういうことですか。
問四　[ア]にふさわしい内容を考えて答えなさい。ただし、「農民」・「えさ」という語を両方用いること。

[二]　次の文章を読んで、あとの問いに答えなさい。

　秋の陽《ひ》は落ちるのが早い。あたりはすでに薄暗《うすぐら》く、風も出てきた。足元で、枯葉《かれは》が、がさがさ音をたてている。一人公園を抜《ぬ》けようとして、智樹《ともき》は思わず小走りになった。すると、背後《はいご》から、同じように走ってくる足音が聞こえる。
「智樹くん」
　同じクラスの鈴世《すずよ》だった。家がちょうど同じ方角にある。鈴世ははあはあ、息を荒《あら》げていた。わざわざ追いかけてきたのだろうか。
「よかった、暗くなると怖《こわ》いもん。いっしょに帰ろうよ」
　そうだ、鈴世は女の子なのだった。女の子が困《こま》っていたら、助けてやりなさい、その子が可愛《かわい》いなら、なおさらね、とお父さんはふざけていつも言う。鈴世は可愛いというタイプではないが、それでもひと

平成二十九年度
筑波大学附属駒場中学校

【国語】（四〇分）〈満点：一〇〇点〉

〔注意〕 本文には、問題作成のための省略や表記の変更《へんこう》があります。

一 次の文章を読んで、あとの問いに答えなさい。

友だちといっしょにいると楽しいですよね。動物も同じでしょうか。海のギャングと呼ばれるクジラの仲間、シャチは集団で狩《か》りをすることが知られています。かれらは十頭ほどの群れをつくって魚の群れを狩ります。獲得量《かくとくりょう》は、一頭より二頭、二頭より三頭と、群れの大きさが大きくなるほどふえていきます。

ところが、三頭を超《こ》えると、一頭あたりの獲得量が減っていきます。とれるえさがふえても仲間で分け合うので、一頭のとりぶんが減ってしまうのです。それでも、一頭だけで狩るよりたくさんえさがとれるので、群れにはどんどん仲間が加わってきます。

十頭を超えると、今度は群れからはなれるシャチが出てきます。一頭あたりの獲得量がひどく小さくなってしまうからです。

①この結果から、シャチはいつも「ましな方」を選んでいることがわかります。みんなが利益をもとめてかしこく行動すると、だれも利益を得ない、という皮肉な事態につながるのですが。

不思議に思うかもしれませんが、これが仲間をつくる理由のひとつです。②決して「得」をしないのに、「損」をすることはさけたい。「損」がさけられる限り、仲間をつくろうとします。

また、もうひとつ理由があります。いいえさがあるか、どこにあるのか。これらのことを、ほかの仲間から学ぶことができるということです。

たとえば、ネズミは初めて出合ったえさは、すぐに食べません。毒があるかもしれないからです。近くにいるネズミの口のにおいをかいで、同じにおいがすれば食べ始めます。仲間をつくれば、たいせつな情報が手に入ります。

カナダの鳥学者、ルーク・ジラルドゥーさんは、ムクドリの実験をして、かくれたえさを手に入れる方法が二つあることをつきとめました。直径十メートルの大きな鳥かごを用意し、十羽のムクドリを入れます。地面にはせまい穴が四十個ほってあります。穴の中には、人間がえさを入れておくのですが、えさが入っているのはその一部分の十個ほどです。

この実験から、一羽のムクドリが「農民」と「山賊《さんぞく》」の二つを使い分けていることがわかりました。

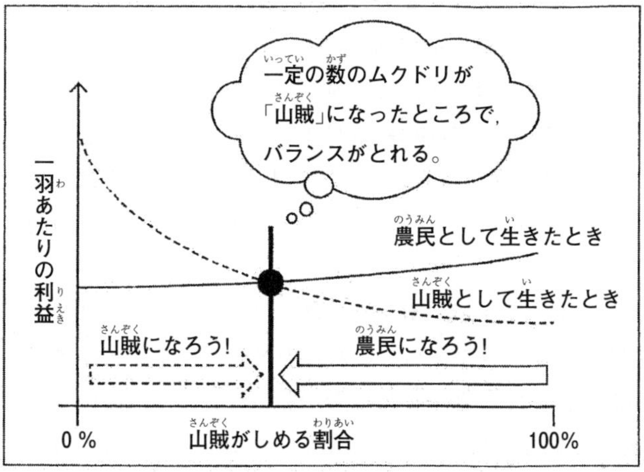

農民とは、一羽でえさを探してとることです。

山賊とは、農民の行動を見つめているほかの鳥たちのことです。近くにいる農民がえさを見つけると、とびついてそのムクドリのえさを横取りするのです。

ジラルドゥーさんによると、農民か山賊かは目で見分けることができます。

目線が低いムクドリは、地面にかくしているえさを探す農民、目線が高いムクドリは、農民がえさを見つけた瞬間《しゅんかん》、

平成29年度

筑波大学附属駒場中学校 ▶解説と解答

算　数　(40分)＜満点：100点＞

解　答

[1] (1)　1，4，9　(2)　**99**…6回，**100**…9回，**101**…1回　(3)　106個　[2] (1)　(ア)　2個　(イ)　2個，4個，6個　(2)　6通り　[3] (1)　91　(2)　45段目の左から73番目　(3)　117　[4] (1)　解説の図①の㋐を参照のこと。　(2)　36cm^2　(3)　$14\frac{7}{9}$cm^2

解　説

[1] 約数と倍数

(1)　5回目までの操作を終えたとき，番号が1から10までのロッカーの扉《とびら》の開閉のようすを調べると右の表のようになる。このとき，番号が1，4，6，7，8，10のロッカーは開き，2，3，5，9のロッカーは閉じている。さらに，6回目の操作で6，7回目の操作で7，8回目の操作で8，9回目の操作で9，10回目の操作で10の番号のロッカーが開閉され，11回目以後の操作で番号が1から10までのロッカーの扉は開閉されない。よって，番号が1から10までのロッカーのうち，扉が開いているロッカーの番号は1，4，9である。

	1	2	3	4	5	6	7	8	9	10
1回目	○	○	○	○	○	○	○	○	○	○
2回目		○		○		○		○		○
3回目			○			○			○	
4回目				○				○		
5回目					○					○

(2)　99＝3×3×11より，99の約数は1，3，9，11，33，99である。つまり，99は1，3，9，11，33，99の倍数である。よって，番号が99のロッカーは，1，3，9，11，33，99回目の操作の合計6回開閉される。同様に，100＝2×2×5×5より，100の約数は1，2，4，5，10，20，25，50，100の9個だから，番号が100のロッカーの扉は9回開閉される。また，101の約数は1と101の2個であるが，100回目の操作で終わるので，番号が101のロッカーは1回目の1回だけ開閉される。

(3)　1，2×2＝4，3×3＝9，4×4＝16，5×5＝25，6×6＝36，7×7＝49，8×8＝64，9×9＝81，10×10＝100の約数の個数はすべて奇数《きすう》だから，これらの番号のロッカーはすべて奇数回開閉される。つまり，100回目の操作を終えたとき，これらの10個のロッカーは開いている。次に，11×11＝121の約数は1，11，121の3個なので，番号が121のロッカーは1回目と11回目の2回開閉される。また，たとえば，11×13＝143の約数は1，11，13，143の4個だから，番号が143のロッカーは，1，11，13回目の3回開閉される。つまり，101以上の番号について，約数の個数が奇数個であるものは偶数《ぐうすう》回，約数が偶数個であるものは奇数回開閉される。ここで，番号が101から200までの100個のロッカーについて，番号の約数の個数が奇数個であるものは，121に加えて，12×12＝144，13×13＝169，14×14＝196の全部で4個あり，この4個のロッカーは閉じている。したがって，200個のロッカーのうち，開いているものは，番号が1から100までの中に10個，101から200までの中に，100－4＝96(個)あるから，全部で，10＋96＝106(個)となる。

2 場合の数

図1

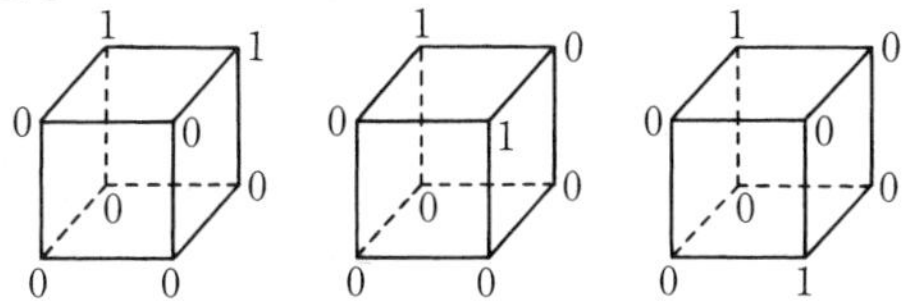

（i）　（ii）　（iii）

図2

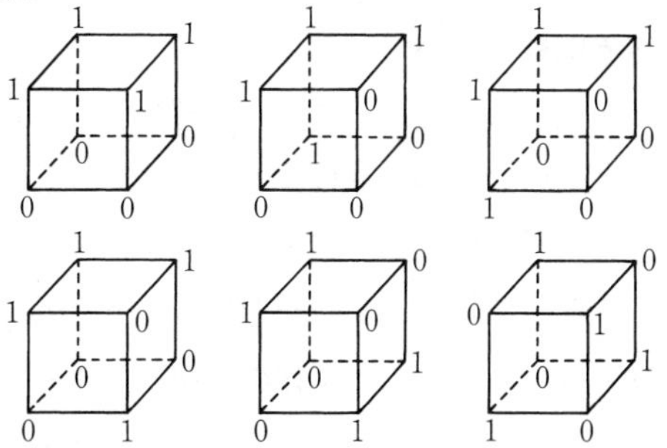

(1) (ア)　1を置いた頂点が1個のとき，6個の『面の値』の合計は3である。次に，1を置いた頂点が2個のとき，1の置き方は上の図1の(i)，(ii)，(iii)の3通りある。また，(i)の場合，『面の値』が0，1，2である面が2個ずつあるので，その合計は，$(1+2)\times 2=6$ である。(ii)の場合は，『面の値』が0，1，2であるものがそれぞれ1個，4個，1個あり，その合計は，$1\times 4+2\times 1=6$ になる。(iii)の場合は，『面の値』が1であるものが6個ある。よって，6個の『面の値』の合計が6になるとき，1を置いた頂点は2個とわかる。　(イ)　(ア)より，『面の値』が奇数であるものは，(i)が2個，(ii)は4個，(iii)は6個である。

(2)　1つの頂点は3つの面にふくまれるから，1を置いた頂点1個について『面の値』の合計は3ずつ大きくなる。よって，6個の『面の値』の合計が12になるとき，1を置いた頂点の数は，$12\div 3=4$（個）で，このとき，8個の頂点への0と1の置き方は上の図2の6通りある。

3 図形と規則，分配算

(1)　2段目，3段目，4段目の一番右にある三角形に書かれている数はそれぞれ，$4=2\times 2$，$9=3\times 3$，$16=4\times 4$ なので，N段目の一番右にある三角形に書かれている数は$(N\times N)$となる。よって，9段目の一番右にある三角形に書かれている数は，$9\times 9=81$であり，その下の三角形に書かれている数は，$81+9=90$だから，10段目の一番左の三角形に書かれている数は，$90+1=91$である。

図1

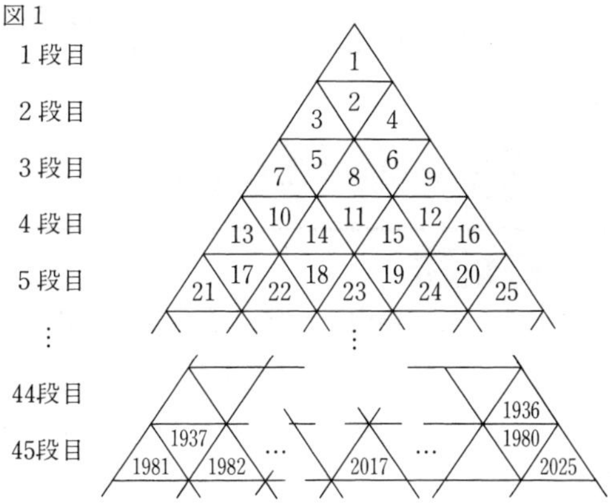

(2)　右の図1で，$44\times 44=1936$より，44段目の一番右にある三角形に書かれている数は1936なので，その下にある三角形に書かれている数は，$1936+44=1980$である。よって，$2017-1980=37$より，2017が書かれている三角形は，45段目の上向きの37番目の三角形である。つまり，45段目の左から，$37\times 2-1=73$（番目）の三角形とわかる。

(3)　右下の図2で，E，DはそれぞれC，Fより1だけ大きいから，CとDの和はEとFの和と等しい。また，AとBの和はCとDの和より1だけ大きくなる。よって，6個の数の和が610であるとき，AとBの和は，$(610+2)\div 3=204$である。さらに，Aは100より小さく，Bは100より大きいから，$10\times 10=100$より，Aは10段目の数である。つまり，E

図2

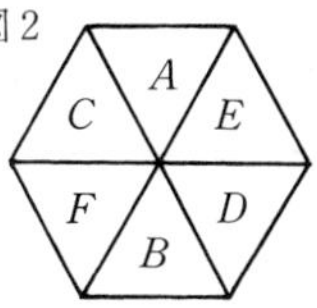

はAより10，DはEより10，BはDより10それぞれ大きいから，AとBの差は，$10\times3=30$になる。したがって，このとき，6個の数の中で最も大きい数は，$(204+30)\div2=117$とわかる。

4 平面図形―面積

⑴　1回目の操作の後に残った部分を順にひろげていくと右の図①のようになるので，全部ひろげたときの紙の形は図①のⓐのようになる。

図①

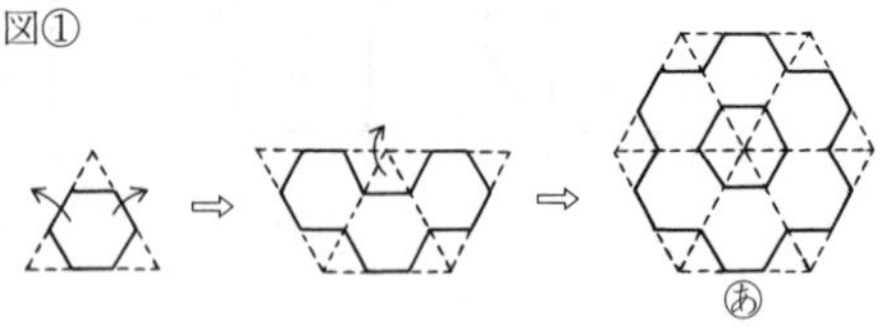

⑵　1回目の操作で全体の面積の，$\frac{1}{3}\times\frac{1}{3}\times3=\frac{1}{3}$が切り取られるから，全体の面積の，$1-\frac{1}{3}=\frac{2}{3}$が残る。同様に，2回目の操作のあと，1回目の面積の$\frac{2}{3}$が残る。よって，2回目の操作のあとに残った紙を全部ひろげると，ひろげた紙の面積は，$81\times\frac{2}{3}\times\frac{2}{3}=36(\text{cm}^2)$である。

⑶　3回目の操作のあとに残った紙をひろげると，右の図②のようになる。ここで，㋐の面積は全体の，$\frac{1}{6}\times\frac{1}{9}=\frac{1}{54}$だから，$81\times\frac{1}{54}=\frac{3}{2}(\text{cm}^2)$である。次に，㋑の部分のひし形の面積は，㋐の部分の面積の，$\frac{1}{9}\times2=\frac{2}{9}$であり，㋒の部分のひし形の面積は㋑の部分の面積の$\frac{1}{9}$である。また，真ん中の一番大きい穴の面積の$\frac{1}{6}$は，㋐1個，㋑2個，㋒8個を合わせたものである。よって，3回目の操作のあとに残った紙を全部ひろげたとき，面積が最も大きい穴の面積は，$\left\{\frac{3}{2}\times\left(1+\frac{2}{9}\times2+\frac{2}{9}\times\frac{1}{9}\times8\right)\right\}\times6$
$=9\times\left(1+\frac{4}{9}+\frac{16}{81}\right)=9\times\left(1+\frac{36}{81}+\frac{16}{81}\right)=9\times\frac{133}{81}=\frac{133}{9}=14\frac{7}{9}(\text{cm}^2)$となる。

図②

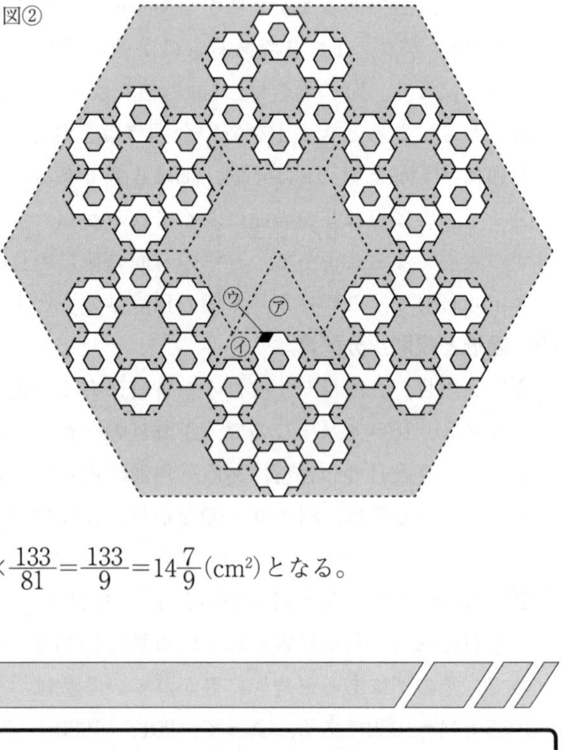

社　会　(40分)　<満点：100点>

解　答

1　**1**　足尾銅山　**2**　イ，エ　**3**　ア，エ　**4**　ウ，カ　**5**　イ，エ　**6**　ウ，オ，ケ，ス　**7**　騒音　2　**1**　ア，ウ　**2**　イ，エ　**3**　イ，ウ　**4**　ア，イ，オ　**5**　ウ，オ　**6**　ウ，エ　3　**1**　**A**　カ，コ　**B**　ウ，オ　**C**　イ，エ　**2**　**D**　イ　**E**　エ　**F**　ア　**3**　ア，エ　**4**　①　交易(貿易)　②　支配　**5**　①　沖縄県　②　琉球藩(王国)　**6**　民間人(一般住民)　**7**　①　コ　②　ウ，ケ　③　ア　④　オ　⑤　カ　⑥　イ，エ，キ　⑦　ク

解　説

1　水俣《みなまた》病を題材とした問題

1　明治時代，足尾銅山(栃木県)の工場から流された鉱毒で渡良瀬《わたらせ》川流域の田畑が汚染され，流域の人々が大きな被害を受けた。栃木県選出の衆議院議員であった田中正造はこの問題を議会で取り上げて政府にその対策をせまったが，政府の対応は誠意を欠くもので被害がやまなかったため，1901年，正造は議員を辞職して天皇に直訴《じきそ》をこころみるなど，問題解決のために一生をささげた(足尾銅山鉱毒事件)。

2　水俣病は熊本県水俣市を中心として発生した公害病。1956年，医師が「原因不明の奇病」として市の保健所に報告したことが最初の公式報告とされる。その後，化学肥料を生産していたチッソ(当時の社名は「新日本窒素《ちっそ》肥料株式会社」)の水俣工場から水俣湾に流出した有機水銀が魚介《ぎょかい》類を通して人体に入ったことが原因であるとわかり，裁判の結果，企業側の責任が認定された。なお，同じころ，新潟県の阿賀野《あがの》川下流域でも同様の公害病が発生し，新潟水俣病(第二水俣病)とよばれた。カドミウムは富山県の神通《じんずう》川流域で発生したイタイイタイ病の原因物質であるから，イは正しくない。2016年9月末の時点で国によって水俣病の患者《かんじゃ》と認定されたのは2282人(すでに8割以上が死亡)であるが，約7万人の被害が認められており，現在も2000人以上が患者認定を求めているから，エもふさわしくない。

3　本文中に「(足尾銅山鉱毒事件があったころ，)『谷中《やなか》学』というものをしていたことをもとに考えたんだ」とあるから，アは正しい。水俣学は「いろんな方面にわたる専門家のネットワーク」をつくり，「原因の究明」だけでなく「解決，救済」をめざすための学問なのだから，イは誤り。本文の中ほどにある「考えるときの立つ位置は，必ず弱者におき～その話を聞きたい人はだれでも聞けるようにしたんだよ」という部分から，エが正しく，ウとオは誤りであることがわかる。

4　現在，最も大きな生産量をあげているのは沖合《おきあい》漁業であるから，ウは正しくない。内水面養殖業は池や沼，河川などの淡水《たんすい》で行われるが，ワカメやノリは海面養殖業で育てられるから，カも誤りである。

5　ア　2000年代におけるルームエアコンの保有台数は，100世帯あたり250～280台程度であるから，平均して1世帯あたり3台以上にはならない。　イ　乗用車の保有台数は2003年まで増加を続けていたが，近年は減少傾向にある。　ウ　ビデオカメラの保有台数は，近年は100世帯あたり40～50台程度であるから，「一家に一台」とまではいかない。　エ　薄型《うすがた》テレビが本格的に市場に出回るようになったのは，地上デジタル放送が開始された2003年ごろから。その後，2011年のテレビのアナログ放送の停止を前にテレビを買いかえる動きが広がったことから，急速に普及《ふきゅう》が進んだ。　オ　2015年における100世帯あたりの保有台数は，温水洗浄便座が約110台，パソコンが約130台となっている。

6　四大公害とよばれるのは1950～60年代に発生した水俣病，四日市ぜんそく，イタイイタイ病，新潟水俣病の4つの公害病。それぞれの発生場所は，熊本県の水俣湾周辺，三重県四日市市，富山県の神通川下流域，新潟県の阿賀野川下流域である。

7　典型7公害とは1967年に制定された公害対策基本法(1993年には自然環境保全法とともに環境基本法に改正・統合される)で指定された，大気汚染・水質汚濁《おだく》・土壌《どじょう》汚染・騒音《そうおん》・振動《しんどう》・悪《あく》臭《しゅう》・地盤沈下《じばんちんか》の7つの公害。したがって，空らんにあてはまるのは騒音とわかる。これらの公害のうち苦情処理件数が特に多いのは，騒音と大気汚染である。

2 ごみの処理を題材とした問題

1　イ，エ，オは一般廃棄《はいき》物の排出量が減ってきている背景として正しい。特にエについては，1995年制定の容器包装リサイクル法，1998年制定の家電リサイクル法，2002年制定の自動車リサイクル法など，法律の整備が進められてきた。日本経済は1990年代初めのバブル経済の崩壊《ほうかい》，さらには2008年のリーマン・ショックによる世界的な金融《きんゆう》危機などを要因として景気が低迷する時期が続いたから，アは適切でない。煙《けむり》により近隣《きんりん》住民から苦情が出ることや，有害物質が発生する危険性があることなどから，ごみを自宅の庭や田畑などで燃やす野外焼却行為《しょうきゃくこうい》は，一部の例外を除き法律で禁止されているので，ウも誤りである。

2　高度経済成長期とよばれるのは，1950年代後半から1970年代初めにかけての時期。この時期にはエネルギー資源の中心が石炭から石油に移行した。また，1964年に開かれた東京オリンピックはこの時代を象徴《しょうちょう》するできごとである。したがって，イとエは正しい。アは1980年代にあてはまることがら。ウの国民所得倍増計画は，1960年に池田勇人《はやと》内閣が発表した経済政策。オについて，ソ連との間で平和条約は締結《ていけつ》されておらず，北方領土の返還も実現していない。

3　ア　事業活動によって生じたごみのうち，金属くずや廃《はい》プラスチック類，廃油などは政令で産業廃棄物に指定されており，都道府県から認可を受けた処理業者が処理を行うものとされている。費用は排出事業者が負担する。　イ　燃えないごみのうち，リサイクルできないものは最終処分場に埋《う》められることとなる。　ウ　スラグとは金属の製錬のさいに出るかすのことで，道路の舗《ほ》装《そう》材やコンクリートの素材などに用いられる。　エ　ごみを燃やしたさいに出る熱を利用して蒸気タービンを回し，発電する方法はごみ発電(廃棄物発電)とよばれ，各地で行われている。　オ　ごみの焼却施設と最終処分場は地方自治体が設置する(複数の自治体が共同で設置する場合もある)が，大都市では設置できる場所が限られていることから，はなれた自治体と協定を結ぶなどしてこれを設置するケースが増えており，設置に反対する地元住民との間でしばしば対立が生じている。

4　パリ協定は2015年11～12月にパリで開かれた気候変動枠組《わくぐ》み条約の第21回締約国会議(COP21)で結ばれたもので，すべての締約国に温室効果ガスの排出に向けて努力することを義務づけた。アメリカと中国もこれに調印したから，ウは誤り。地球の環境保護に取り組む活動の中心となる国連の自治的機関は国連環境計画(UNEP)であるから，エもふさわしくない。なお，ユニセフ(国連児童基金，UNICEF)は，紛争や飢《う》えに苦しむ発展途上国の恵まれない子どもたちを救済するための基金で，世界の人々の募金や各国の拠出金をもとに活動する国連の自立的補助機関である。

5　NIMBY(ニンビー)とは「Not In My Back Yard(わが家の裏庭には来ないで)」の頭文字をとったもの。日本ではこうした問題は，ごみ処分場や原子力発電所，在日米軍基地などの施設の建設や存続をめぐってしばしば起きており，それらは大都市圏《けん》と地方，政府と地方自治体および地元住民の対立に発展することも多い。したがって，アとエは正しい。また，特にごみの処分場建設の場合は，水源林をかかえる山間部に建設される場合もあり，自然環境への悪影響や衛生環境の悪化を心配してこれに反対する声が高まるケースも多い。したがって，イも正しい。こうした問題は施設を必要とする人々と被害を受ける人々が異なる場合に起きやすいので，ウは誤り。こうした施設の受け入れをめぐって住民の意思を問う場合は，地元住民を対象とした住民投票が行われることになるから，オも正しくない。

6　拡大生産者責任とは，生産者に対して，製品の生産だけでなく，処理の責任の一部も負わせるもの。こうした制度が定着すれば，企業がごみの削減やリサイクルの推進により努力するようになる。その場合，ごみの削減などにかかる経費の分が商品の価格に上乗せされることはあっても，価格が引き下げられることは考えにくいから，ウは適切でない。製品の使用によって健康被害などを受けた消費者を保護するのは1994年に制定された製造物責任法(PL法)で，拡大生産者責任と直接の関係はないから，エもふさわしくない。

3　沖縄を題材とした歴史の問題

1　**A**　唐(中国)の高僧であった鑑真《がんじん》は，日本の招きに応じて日本に渡ることを決意し，5度の渡航失敗と失明するという不運を乗りこえ，753年に，6度目の航海で念願の来日をはたした。鑑真は正式な戒律《かいりつ》(僧が守るべきいましめ)を伝え，都に唐招提寺を建てるなど，日本の仏教発展に力をつくした。なお，753年に鑑真とは別の船で沖縄島に到着した阿倍仲麻呂《あべのなかまろ》は，乗っていた船が沖縄を出港後に難破して唐にもどり，帰国の望みをはたせないまま長安で亡くなった。　**B**　豊臣秀吉は支配下においた土地で検地(太閤《たいこう》検地)を行い，農民を農業に専念させて土地にしばりつけるとともに，刀狩《かたながり》令を出して農民から武器を取り上げ，武士と農民の身分をはっきり分ける兵農分離政策を進めた。また，全国統一の過程で，1585年には関白，翌86年には太政大臣に任じられている。その後，明(中国)の征服をくわだてて，その道筋にあたる朝鮮(李氏《りし》朝鮮)に協力を求めたが断られたため，1592～93年(文禄《ぶんろく》の役)と1597～98年(慶長《けいちょう》の役)の2度にわたり朝鮮に大軍を送った(朝鮮出兵)。そのさい，秀吉は薩摩《さつま》(鹿児島県)の島津氏を通して琉球《りゅうきゅう》(沖縄県)に軍役(米と資金を出すこと)を要求し，琉球は明に朝貢《ちょうこう》してきた立場であることから表面的には拒否したが，実際は日本軍への補給に協力した。　**C**　アメリカの東インド艦隊司令長官ペリーは，1853年，上海《シャンハイ》(中国)や那覇《なは》(琉球，沖縄県)を経由して浦賀(神奈川県)に来航し，幕府に開国を要求する大統領の親書を提出した。要求の内容は，日本に寄港したアメリカ船に水や燃料などを提供することや，難破船や漂流《ひょうりゅう》民を保護することなどであった。幕府が1年後の回答を約束したことからペリーはいったんもどったが，翌54年に再び来航し，幕府と日米和親条約を締結した。その帰路には再び琉球に寄航し，琉米修好条約を結んでいる。

2　**D**　「日露戦争に従軍する」ことにつながっているので，20歳以上のすべての男子に兵役の義務を課す「徴兵令」があてはまる。徴兵令は1873年に出されていたが，沖縄で徴兵令が適用されたのは1898年になってからのことであった。なお，カの文中にある「赤紙」は国が国民を軍隊に召《しょう》集《しゅう》する「召集令状」のことで，太平洋戦争(1941～45年)時に大量に発行された。　**E**　太平洋戦争後期の1944年という時期から，アメリカ軍による日本本土への「空襲《くうしゅう》」であることがわかる。この年の7月，日本が統治していたサイパン島が陥落《かんらく》し，アメリカ軍はこの島を根拠地として日本本土への空襲を本格化させた。なお，アメリカ軍による空襲は日本の全都道府県に対して行われており，中でも1944年10月10日の沖縄大空襲(十・十空襲)では500名以上の死者が出ている。また，1945年7月の空襲では根室《ねむろ》・釧路《くしろ》(いずれも北海道)・青森・仙台(宮城県)などの都市も大きな被害を受けているから，ウは誤りである。　**F**　1951年に日本が調印したのは「サンフランシスコ平和条約」である。アメリカなど連合国48か国とこの条約を調印したことで連合国軍の占領《せんりょう》が終わり，日本は独立を回復したが，沖縄は引き続きアメリカの統治下におかれることとなった。また，このとき同時に結ばれた日米安全保障条約により，アメリカ軍が日本国内に駐留《ちゅうりゅう》することも決められた。なお，ソ連は講和会議には出席したが平和条約には調印せず，中国は会議に招かれなかったから，オは誤り。

3　ア　馬は琉球から明への献上《けんじょう》品の中にあるが，ほかの地域との交易品には見られないから，琉球産のものと考えられる。なお，琉球と明との間の交易品が「献上品」「返礼品」となっているのは，琉球が宗主国である明に使節を派遣して行う朝貢貿易であったためである。　イ　生糸・陶磁器《とうじき》・銅銭は，明から琉球への返礼品と琉球から日本への輸出品に見られるから，琉球は中継《ちゅうけい》貿易により明から手に入れたそれらの品を日本へ輸出していたと考えられる。　ウ　硫黄《いおう》やヤコウ貝は琉球から明への献上品と琉球からシャム(現在のタイ)への輸出品だけに見られるから，それらは琉球産のものと考えられる。　エ　琉球の貿易ルートの最南端《さいなんたん》は，現在のインドネシアにあたるマジャパヒト王国の島々である。　オ　染料と薬種は琉球のシャムからの輸入品と琉球から日本への輸出品に見られるから，それらも琉球の中継貿易によって日本に持ちこまれたと考えられる。

4　明は原則として朝貢形式以外での交易(貿易)を認めていなかったため，皇帝に使いを送ってこない日本との交易は認めなかった。一方，薩摩藩(島津氏)は17世紀初め，琉球に軍隊を送りこれを征服していたが，対外的には琉球が独立国であるように見せかけ，中国(明・清)との交易(貿易)を続けさせ，その利益を得ようとした。琉球側も，薩摩藩に支配されていることを隠《かく》して中国との関係を維持することで，琉球王国の存続をはかろうとしたと考えられる。

5　明治政府は1871年，琉球王国を鹿児島県に編入すると，翌年，琉球藩をおき琉球国王を藩王とした。1879年には琉球藩を廃止し，沖縄県を設置した(琉球処分)。

6　沖縄県では太平洋戦争末期の1945年3～6月に日本国内で唯一《ゆいいつ》の地上戦(沖縄戦)が行われ，住民を巻きこんだ激しい戦闘の末，アメリカ軍が沖縄全域を占領した。空らんにあてはまるのは，民間人(一般住民)である。

7　アは1894年，イは1946年，ウは1890年，エは1937年，オは1905年(ポーツマス条約の調印)，カは1923年，キは1925年，クは1950年，ケは1881年，コは1872年(学制の発布)のできごと。なお，ウやコの文中に「本土」とあるのは，沖縄県で初めて衆議院議員総選挙が行われたのが1912年，沖縄県に小・中学校が設けられたのが1880年以降のことだからである。

理　科　(40分) ＜満点：100点＞

解　答

[1]　**1**　エ　**2**　ウ，エ　**3**　蒸散　[2]　**1**　イ，エ　**2**　イ，ウ，エ，オ，カ，キ
[3]　**1**　水蒸気，酸素，二酸化炭素　**2**　**A**　二酸化炭素　**B**　酸素　**C**　ちっ素
[4]　**1**　石灰水　**2**　50グラム　**3**　ウ　**4**　13.0グラム　[5]　**1**　実験器の面のかたむき　**2**　イ　**3**　**形**…エ　**明るさ**…カ　**4**　ア　**5**　イ　[6]　**1**　(1)　15グラム　(2)　1グラム，3グラム，9グラム，27グラム　**2**　(1)　2グラム，10グラム，50グラム，250グラム　(2)　B：2グラム，C：250グラム，D：×グラム，E：50グラム　**3**　①　171グラム　②　665グラム　[7]　**1**　①　ア，イ，エ，カ　②　ウ，キ　③　オ，

ク　④ ケ　⑤ ア，ウ，エ，キ　⑥ イ，カ　⑦ オ，ケ　⑧ ク　**2** **カ**（○，○）　**キ**（×，×）　**ク**（×，×）　**ケ**（×，×）

解　説

1 植物の体のつくりと蒸散についての問題

1　ホウセンカは双《そう》子葉類のなかまなので，くきの中では道管と師管が形成層をはさんで集まり，維管束《いかんそく》をつくっている。この維管束は輪になって並び，形成層より外側には光合成によってつくられた栄養分が通る師管の集まり，内側には根から吸収した水と肥料分が通る道管の集まりがある。したがって，着色した水は形成層の内側の道管を通り，断面はエのようになる。

2　葉についての条件だけを変えて，他の条件(天候や時刻など)はそろえた実験を組み合わせればよい。ウは葉をすべて切り落としているので，ふくろの中に水がほとんどたまらない結果となる。このことにより，はじめの実験でふくろの中にたまった水は主に葉から出たものといえる。また，エはそれぞれの葉をおおった小さいふくろの中に水がたまる結果となり，その水を集めた量からはじめの実験でたまった水の多くは葉から出たものとわかる。なお，キやクなどではふくろをかぶせておらず，葉から出た水蒸気がそのまま空気中に逃げてしまうので，水がたまるかどうかを確認できない。

3　葉の表面などには気孔《きこう》とよばれる小さなすき間が多数ある。この気孔から水蒸気を放出することを蒸散という。

2 ヒトの体のつくりとはたらきについての問題

1　肺とじん臓は，左右に１個ずつ対となって存在する。

2　かん臓と胃は消化液をつくり，小腸のかべには消化こう素があるので，これらは消化に関係する。また，小腸は消化された栄養素などを吸収し，大腸はその残りから水などを吸収する。血液中にある不要となった二酸化炭素は肺からはい出され，その他の不要物はじん臓でこし取られる(はい出される)。なお，肺では酸素の吸収も行われている。

3 気体の性質についての問題

1　実験１で火のついたろうそくが激しく燃えたＢは，助燃性をもつ酸素である。ろうそくの主な成分は炭素と水素で，ろうそくが燃えると，これらの成分に酸素が結びついて水蒸気(水)と二酸化炭素が生じる。酸素で満たされた集気びんの中に火のついたろうそくを入れると，酸素が使われて減っていき，十分な量の酸素がなくなるとろうそくの火は消える。このとき，集気びんの中には酸素が残った状態である。

2　実験２でＡがつぶれたのは，気体が水にとけこみ，ペットボトルの内側の気圧が低くなったからである。よって，３つの気体のうち水にとけやすい二酸化炭素がＡとなり，Ｃはちっ素と決まる。

4 もののとけ方についての問題

1　水酸化カルシウム水よう液は石灰水とよばれ，二酸化炭素の確認に用いられる。石灰水に二酸化炭素を通すと，炭酸カルシウムの白い固体のつぶができるため，石灰水が白くにごる。

2　表より，ホウ酸5.0グラムは20℃の水100グラムにちょうどとけるので，20℃の水をあと，100－50＝50(グラム)加えればホウ酸のつぶがすべてとける。

3　50グラムの水に5.0グラムのホウ酸がすべてとけるとき，100グラムの水には，$5.0\times\frac{100}{50}=10$

(グラム)のホウ酸がとけることになる。表で，水の温度を上げていき水100グラムに10グラムのホウ酸がすべてとけるのは，水の温度が40℃と50℃の間になったときである。

4　表より，20℃の水100グラムには食塩は35.8グラムまでとけるので，50グラムの水には，35.8×$\frac{50}{100}$＝17.9(グラム)までとける。したがって，食塩を5.0グラムから1.0グラムずつ加えていくと，(17.9－5.0)÷1.0＝12余り0.9より，12＋1＝13(回)食塩を加えたとき，つまり，13.0グラムの食塩を加えたときにとけ残りのつぶが見えるようになる。

5　流水のはたらき，地温，月，関東ローム層，台風についての問題

1　流水のはたらきを調べる実験器ではふつう，川底のかたむき方と流水のはたらきの関係を調べるために，土砂などを流す面のかたむきを変えられるようになっている。

2　晴れた日の場合，ひなたの地面の温度は正午過ぎまでしだいに上がる。また，ひかげの地面の温度もひなたの地面から伝わる熱により，ひなたより低いが温度は上がっていく。晴れて気温が上がると空気がかわきやすいので，朝にしめっていた地面もかわいていくことになる。一方，くもった日の場合，日光が地面をあまり照らさないので，ひなたもひかげも地面の温度はあまり変化せず，朝にしめっていた地面はかわきにくい。

3　ふだんよりも大きく見える満月を，スーパームーンとよぶことがある。これは，月が地球に少し近くなったときに見られ，ふだんより少し明るく感じる。

4　関東ローム層は，富士山や箱根山などが過去にふん火したときにふん出した火山灰が偏西風《へんせいふう》にのって東へ運ばれて，関東平野に広く積もってできた。関東平野において，この層の厚さはおよそふん火した火山に近いほど厚く，遠ざかるほどうすくなっている。

5　2016年の台風10号は，気象庁の記録上初めて，東北地方の太平洋側に直接上陸した台風であった。この台風は八丈島《はちじょうじま》の東で発生して西よりに移動し，その後Uターンするように東よりに移動したのち，北西方向に進路を変えて東北地方の太平洋側から上陸した。

6　てこのつり合いについての問題

1　(1)　方法1では，AとBの支点からの距離《きょり》が等しいので，Bにのせた分銅と同じ重さの薬品をAで量り取ることができる。そのため，Bにのせる分銅は1グラムから1グラム刻みになるように選んで用意すればよい。まず，1グラムと2グラムの分銅を用意すると，1グラム，2グラム，1＋2＝3(グラム)を量り取ることができる。つぎに，そのつぎの重さである4グラムの分銅を用意する。この分銅と先ほどの2つの分銅の組み合わせによって，4＋3＝7(グラム)まで1グラム刻みで量り取れる。そして，4つめとしてそのつぎの重さである8グラムの分銅を用意すれば最大で，8＋7＝15(グラム)まで1グラム刻みで量り取ることができる。　(2)　方法2では，方法1のときに加えてAの下にあるEに分銅をのせることができる。まず，1つめとして1グラムの分銅を用意してBにのせると，1グラムが量り取れる。つぎの重さである2グラムを量り取るために，2つめとして3グラムの分銅を用意し，Bに3グラムの分銅，Eに1グラムの分銅をのせる(以後，＿＿はBに，……はEにのせた分銅の重さとする)。すると，Aでは，3－1＝2(グラム)が量り取れる。この式より，2つめに用意した分銅は，つぎに量り取りたい重さと，1つめの分銅で量り取れる最大の重さの合計の重さとなっていることがわかる。1グラムと3グラムの分銅では，1グラム，3－1＝2(グラム)，3グラム，3＋1＝4(グラム)を量り取ることができる。3つめに用意する分銅は，そのつぎに量り取りたいのは5グラムで，2つめまでの分銅で最大で4グラムが量り取れる

ので，５＋４＝９(グラム)である。すると，９－１－３＝５(グラム)以降も１グラム刻みで，９＋１＋３＝13(グラム)まで量り取れる。同様に考えると，４つめに用意する分銅は，14＋13＝27(グラム)となる。

2　⑴　ＣとＤは，支点からの距離が支点から棒のはしまでの長さの，30÷(30＋30)＝$\frac{1}{2}$(倍)である。そのため，ＣやＤに分銅をのせた場合はそれぞれ，その分銅の$\frac{1}{2}$(倍)の重さにあたる分銅をＢやＥにのせたものとして使うことができる。まず，１つめとして２グラムの分銅を用意する。すると，この分銅をＣにのせると，２×$\frac{1}{2}$＝１(グラム)，Ｂにのせると２グラムが量り取れる。つぎの重さである３グラムは，１の⑵で考えたようにすると，Ｂに，３＋２＝５グラムの分銅をのせればよいことになるが，ここではＣがあるため，２つめの分銅として，５÷$\frac{1}{2}$＝10(グラム)のものを用意すればよい。すると，10×$\frac{1}{2}$－２＝３(グラム)以降も，10＋２＝12(グラム)まで１グラム刻みで量り取れる。同様に，３つめの分銅は，(13＋12)÷$\frac{1}{2}$＝50(グラム)のものとすれば，50＋２＋10＝62(グラム)まで量り取ることができる。そして，４つめの分銅は，(63＋62)÷$\frac{1}{2}$＝250(グラム)のものを用意すればよい。　⑵　⑴で述べたように，３つめの分銅では50グラムまでしか量り取れないので，77グラムを量り取るためには，必ず４つめの250グラムの分銅を用いることになる。この250グラムの分銅はＣにのせる。すると，Ｂに，250÷２＝125(グラム)の分銅をのせていることになり，これは77グラムより，125－77＝48(グラム)分多いため，50グラムの分銅をＥに，２グラムの分銅をＢにのせると，125－50＋２＝77(グラム)を量り取れる。

3　①　２の⑴に述べたように考えると，支点からの距離が支点から棒のはしまでの長さの，20÷(30＋30)＝$\frac{1}{3}$(倍)である。そのため，１つめの分銅は，３グラムのものとなり，この分銅で３グラムまで量り取れる。２つめの分銅は，(４＋３)÷$\frac{1}{3}$＝21(グラム)のものとなり，２つの分銅により，21＋３＝24(グラム)までは量り取ることができる。そして，３つめの分銅として，(25＋24)÷$\frac{1}{3}$＝147(グラム)のものが選べ，３つの分銅で，147＋３＋21＝171(グラム)まで量り取れる。　②　支点からの距離が支点から棒のはしまでの長さの，12÷(30＋30)＝$\frac{1}{5}$(倍)である。そのため，１つめの分銅は，５グラムのものとなり，２つめの分銅は，(６＋５)÷$\frac{1}{5}$＝55(グラム)のものとなる。２つの分銅により，55＋５＝60(グラム)までは量り取ることができるので，３つめの分銅は，(61＋60)÷$\frac{1}{5}$＝605(グラム)のものとなり，３つの分銅で，605＋５＋55＝665(グラム)まで量り取ることができる。

7　豆電球と発光ダイオードの回路についての問題

1　電流を流すとき，豆電球は電流の向きにかかわらず電流を通して光るが，発光ダイオードは電流の向きによって電流を通したり通さなかったりするので，光ったり光らなかったりする。スイッチ２だけを入れると，Ｂには電流が流れず，Ａには左から右へ電流が流れようとするので，表の回路１より，発光ダイオードは，エ，カ，キのＡのように，長いたんし側から電流を流すと電流が流れて光り，オ，ク，ケのＡのように，短いたんし側から電流を流そうとしても電流が流れずに光らない。回路２で，スイッチ２とスイッチ３を入れる場合，ＡとＢにはそれぞれ単独に左から右に電流が流れようとしていると考えてよい。このとき，ウのＢ，オのＡ，キのＢ，クのＡ，ケのＡとＢは光らず，その他はすべて光る。そして，回路３で，スイッチ１とスイッチ２を入れるときには，

AとBは並列つなぎとなるので，AとBはそれぞれ単独の回路として考えてよい。電流の流れようとする向きは，Aでは左から右，Bでは右から左になる。ここでは，イのB，オのA，カのB，クのAとB，ケのAが光らず，その他はすべて光る。

2　スイッチ3だけを入れると，AとBは直列つなぎになり，どちらにも電流が左から右に流れようとする。このとき，電流が流れない向きにつながる発光ダイオードが1つでもあると，回路全体に電流が流れず，AもBも光らない。カ～ケでは，カのAとBは光るが，キ～ケはどちらも光らない。

国　語　（40分）＜満点：100点＞

解　答

一　**問1**　イ，エ　**問2**　（例）群れで狩りをすると獲得したえさを仲間で分け合うので自分だけが得をすることはできないが，一頭あたりの獲得量がひどく小さくなってしまうまでは仲間をつくっていくということ。　**問3**　（例）山賊のムクドリが二羽になっても，農民のムクドリは九十八羽もいるのだから，いぜんとしてたくさんのえさを横取りすることができるということ。　**問4**　（例）えさを探してとる農民は減る　二　**問1**　（例）練習など何もしていないと言いながら，智樹が実際は歌の練習をしているのではないかと疑ったから。　**問2**　（例）どの雲雀も生まれつき美しくさえずることができるが，人間は誰もが初めから歌を上手に歌えるわけではないということ。　**問3**　（例）誰もが自分のように，いきなり歌えるものだと思っていた智樹にとって，鈴世のように歌えない子もいるという現実に驚き，不思議に思ったから。　三　下記を参照のこと。　四　**問1**　（例）ゲームセンターであった恐喝を止めて丸く収めた高校生が，たいしたことをしたわけではないというような態度で，名前も告げずに立ち去ったから。　**問2**　（例）ゲームセンターで恐喝を止め，丸く収めるという正義感あふれる行動をした少年が，実は規則違反を気にしてそそくさと立ち去ったことを知って，どこかにくめない少年のふるまいに，ほほえましさと人間らしさを感じたから。

●漢字の書き取り

三　笑う門には福来る

解　説

一　**出典は松島《まつしま》俊也《としや》の『動物に心はあるだろうか？—初めての動物行動学』による。**動物が群れをつくる理由について，シャチやムクドリなどの例をあげて説明している。

問1　直前の三段落から読み取る。シャチが群れで狩《か》りをするとき，「獲得《かくとく》量は，一頭より二頭，二頭より三頭と，群れの大きさが大きくなるほどふえて」いくが，「三頭を超《こ》えると，一頭あたりの獲得量が減って」いく。つまり，三頭の群れで狩りをしたときが「一頭あたりの獲得量」は最も多いと考えられるから，イは正しい。また，「三頭を超える」と「一頭あたりの獲得量」は減っていくが，「それでも，一頭だけで狩るよりたくさんえさがとれるので，群れにはどんどん仲間が加わって」くる。ただし，「十頭を超える」と，「一頭あたりの獲得量がひどく小さくなってしまう」ので，「群れからはなれるシャチ」が出てくる。つまり，「一頭だけで狩るよりたくさんえさがとれる」のは，十頭以下の群れに加わった場合だとわかるので，エも選べる。

問2　群れをつくってえさをとっても「仲間で分け合う」ので，自分だけが「得」をすることはない。それでも「一頭だけで狩るよりたくさんえさがとれる」ので，群れをつくるのである。ただし，群れが「十頭を超える」と，「一頭あたりの獲得量がひどく小さくなって」しまい，群れに加わっていても「損」なので，「損」をさけるためにシャチは群れをはなれると筆者は指摘《してき》している。

問3　「いい商売」ができるとは，「山賊《さんぞく》」のムクドリが「農民」のムクドリから十分にえさを「横取り」することができるということ。それまで一羽だった「山賊」が二羽になったとしても，「農民」は九十八羽もいるので，たくさんのえさを「横取り」することができることに変わりはないというのである。

問4　「山賊がどんどんふえていく」ということは，「農民」がどんどん減っていくということを表す。「農民」は「えさを探してとる」ムクドリであり，それが減るということは，「山賊」が「横取り」できるえさの量が減ってしまうということである。

二　**出典は小池昌代《こいけまさよ》の『黒蜜《くろみつ》』所収の「雲雀《ひばり》」による。**雲雀のように生まれつき上手に歌を歌うことができる智樹《ともき》は，鈴世《すずよ》が上手に歌を歌えないということに驚《おどろ》き，不思議に思う。

問1　すぐ続けて，「けれどすぐに，智樹の場合は，ほんとうに何もしていないのだろうと思い直した」とあることに注目する。歌の練習など「何もしていない」と言う智樹の言葉を受けて，鈴世は最初，うそなのではないかと疑いの気持ちを持ったのだと読み取れる。

問2　「雲雀」は生まれつき，みな美しい鳴き声でさえずることができる。そんな「雲雀」と同じように，智樹は「歌に関してだけは」，「いきなり，初めから」上手に歌うことができた。しかし，「人間」の場合は，誰《だれ》もが智樹のように「いきなり，歌える」わけではなく，鈴世のように「歌えない子」もいるという点で，「雲雀」とは違《ちが》うというのである。

問3　「鈴世のからだを強く意識した」のは，鈴世が正しい音程で歌を歌うことができないでいるようすを見たときである。智樹にとっては，歌を歌うことは「いきなり，初めから，できた」ことであり，「誰もが自分のように，いきなり，歌えるものだと思っていた」が，鈴世という「歌えないからだ」を「初めて目《ま》の当たりに」したことで，「歌えない子もいるという現実」を智樹は初めて知った。「智樹には容易にできることがどうしてもできない肉体」が存在することに対する驚きや不思議な思いが，鈴世という人間を強く意識させたのだと推測できる。

三　**漢字の書き取り**

“笑いの絶えない家には，自然と幸運がめぐってくる”という意味。

四　**出典は伊藤芳博《いとうよしひろ》の『他人の恋人《こいびと》であっただろう少女に』所収の詩「名乗るほどの者ではない」による。**ゲームセンターで起こった恐喝《きょうかつ》を止め，店主から感謝されながらも，規則違反《いはん》を気にしてそそくさと立ち去った少年のふるまいを，「生徒指導担当である僕《ぼく》」はあたたかな思いで見守っている。

問1　店主が「感激した」のは，ゲームセンターで起こった「恐喝」を止めて丸く収めた高校生が，名前を聞いたのに「名乗るほどの者ではない」と言って，名前も告げずに「立ち去った」からである。正義感あふれる行動をしながら，それをほこるわけでもなく，たいしたことをしたわけではないというような謙遜《けんそん》した態度に見えたから，店主は「感激した」のだと考えられる。

問2　「恐喝」を止めた高校生は「本校の２年生の生徒　小山君」で，詩の作者は「本校の生徒指導担当」であったことをおさえる。「本県では高校生のゲームセンター出入りは禁止されている」のだから，小山君はどんなに正義感あふれる行動をし，店主から感謝されたとしても，「実は名乗れなかった」のである。高校生の身元が「本校の２年生の生徒　小山君」だとわかった以上は，「本校の生徒指導担当である僕」は，何らかの処罰《しょばつ》をしなければならない立場である。しかし，小山君が正義感あふれる行動をしたことや，そうでありながら「名乗るほどの者ではない」と言わざるをえなかったことで，よけいに店主に「感激」されて，身元が判明する結果になってしまったことなどを，「僕」はほほえましく人間らしい話だと受け止めている。だから「この話が大いに好きだ」と思い，その結果，「店主のお礼の言葉を背に受けながら／ドアの向こうに消えてゆく少年の名前を／僕も知らない」と，身元がわかっていながら素知らぬ顔をしているのだと推測できる。

平成28年度　筑波大学附属駒場中学校

〔電　話〕（03）3411－８５２１
〔所在地〕〒154-0001　東京都世田谷区池尻４－７－１
〔交　通〕京王井の頭線－「駒場東大前駅」より徒歩７分
東急田園都市線－「池尻大橋駅」より徒歩15分

【算　数】（40分）〈満点：100点〉

【注意】円周率は3.14を用いなさい。

1　右の図のように，４桁《けた》の数字が表示される，ボタンがついた機械があります。

ボタンをおすと，次の規則にしたがって，数字が変わっていきます。

・一の位は，０→１→０→１→…の順で，ボタンを１回おすごとに，数字が変わります。
・十の位は，０→１→２→０→１→２→…の順で，一の位が１から０に変わるときに，数字が変わります。
・百の位は，０→１→２→３→４→０→１→２→３→４→０→…の順で，十の位が２から０に変わるときに，数字が変わります。
・千の位は，０→１→２→３→４→５→６→０→１→２→３→４→５→６→０→…の順で，百の位が４から０に変わるときに，数字が変わります。

例えば，「００００」が表示された状態から，ボタンを４回おすと，

「００００」→「０００１」→「００１０」→「００１１」→「００２０」

のように変わり，表示される数は順に，０，１，10，11，20です。

次の問いに答えなさい。

(1)　機械に０が表示されています。
この状態から始めて，ボタンを10回おしたときに表示される数を答えなさい。

(2)　機械に０が表示されています。
この状態から始めて，ボタンを何回かおしたら，再び０が表示されました。
ボタンを何回おしましたか。考えられる回数のうち，最も小さいものを答えなさい。

(3)　機械に表示できる８の倍数のうち，最も小さい数と最も大きい数を，それぞれ答えなさい。
ただし，０は８の倍数とみなさないことにします。

(4)　機械に，ある８の倍数が表示されています。
この状態から始めて，ボタンを何回かおしたら，初めて，別の８の倍数が表示されました。
ボタンを何回おしましたか。考えられる回数をすべて答えなさい。
ただし，０は８の倍数とみなさないことにします。

2　正多角形の内側にいくつか点があるとき，正多角形の頂点やこれらの点をまっすぐな線で結び，正多角形の内側をできるだけ多くの三角形に分割《ぶんかつ》します。ただし，頂点や内側の点を結ぶ線は交わってはいけません。また，内側の点が３個以上一直線に並《なら》ぶことはありません。

正三角形の内側にいくつか点があるとき，たとえば図のように三角形に分割できます。

なお例1では，内側にできた三角形の個数は7個です。

例1．正三角形と3点　　　　例2．正三角形と4点

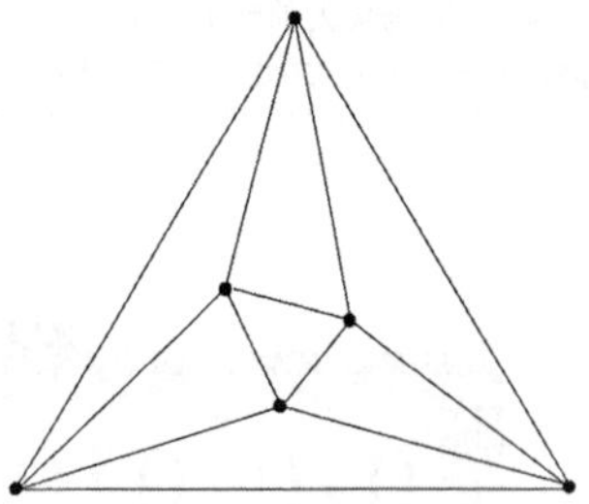

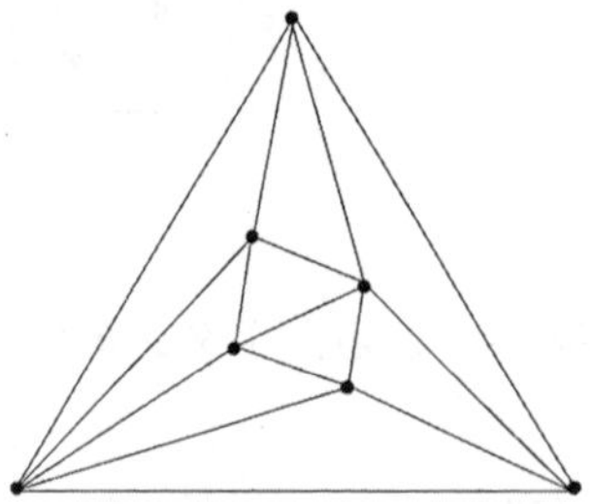

次の問いに答えなさい。

(1)　次のそれぞれの場合で，内側にできる三角形の個数を求めなさい。

(ア)　正方形と4点

(イ)　正五角形と5点

(2)　正2016角形と28個の点のとき，内側にできる三角形の個数を求めなさい。

(3)　正多角形の頂点の個数と内側の点の個数が等しいとき，内側に2016個以上の三角形ができました。このような正多角形のうち，最も頂点の数が少ないものは正何角形ですか。

3　図のように，点O《オー》を中心とする円と，その円周上に点A《エー》，B《ビー》があり，OAとOBは垂直《すいちょく》です。

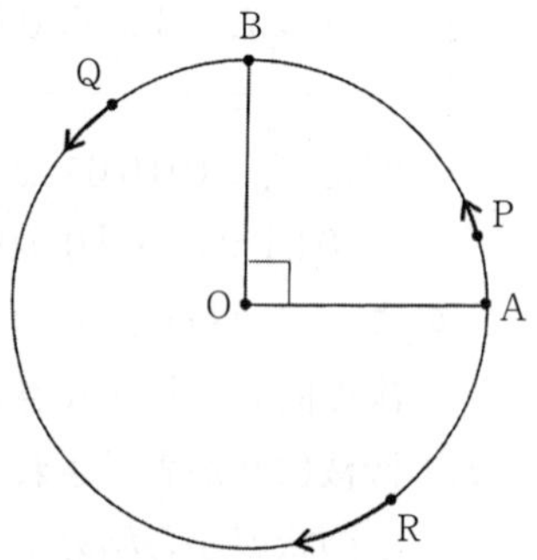

3点P《ピー》，Q《キュー》，R《アール》は，次のように円周上を動きます。

Pは Aを出発して，反時計回りに動き，6分で円を1周します。

Qは Bを出発して，反時計回りに動き，6分で円を2周します。

Rは Aを出発して，時計回りに動き，6分で円を3周します。

P，Q，Rは同時に動き始め，それぞれ一定の速さで円周上を動き，6分後に3点とも止まります。

PとQ，QとR，RとPをまっすぐな線で結んで作った図形PQRについて，次の問いに答えなさい。

(1)　P，Q，Rのうちの2点が重なり，図形PQRが三角形にならないことが何度もあります。初めて三角形にならないのは，動き始めてから何秒後ですか。

また，2度目，3度目に三角形にならないのは，動き始めてから，それぞれ何秒後ですか。

(2)　図形PQRが三角形で，その辺上に中心Oがあるのは，動き始めてから何秒後ですか。考えられるものをすべて答えなさい。

(3)　図形PQRが正三角形になるのは，動き始めてから何秒後ですか。考えられるものをすべて答えなさい。

4　正三角形ＡＢＣ《エービーシー》の辺上に点Ｄ《ディー》，Ｅ《イー》があり，AD と DB の長さの比は3：2，AE と EC の長さの比は2：3です。また，点Ｐ《ピー》は次の(1)，(2)，(3)のように，正三角形 ABC の内側にあります。

正三角形 ABC の面積が100cm^{2}のとき，三角形 PBC の面積を，それぞれ求めなさい。

(1)　P は DE 上にあり，DP と PE の長さの比は2：1

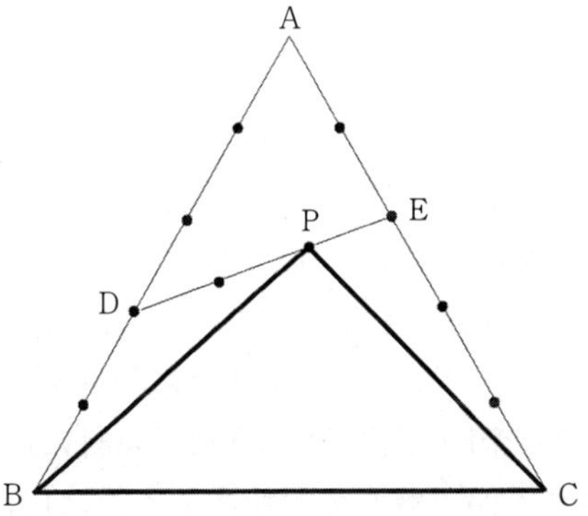

(2)　F《エフ》は辺 AB 上にあり，AF と FB の長さの比は1：4
　　G《ジー》は辺 AC 上にあり，AG と GC の長さの比は4：1
　　P は DE と FG が交わった点

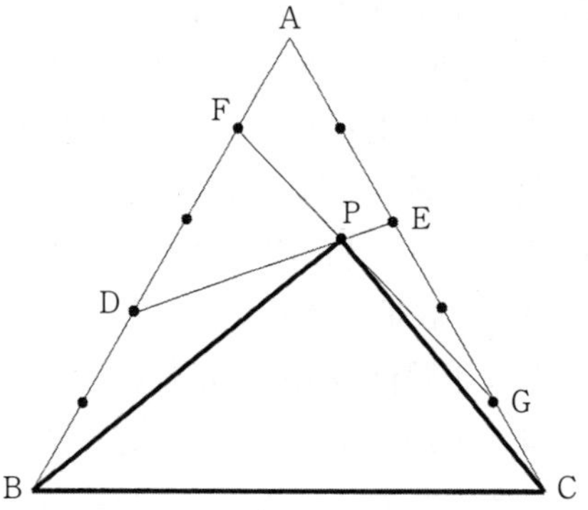

(3)　PD と AB，PE と AC はそれぞれ垂直《すいちょく》

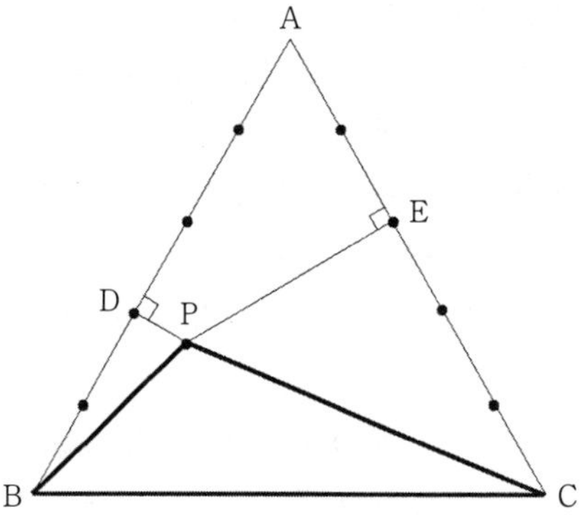

【社　会】（40分）〈満点：100点〉

1　つぎの文を読んで，あとの1から7までの各問いに答えなさい。

みなさんは，稲塚権次郎《いなづかごんじろう》という人を知っていますか。今日は，世界を飢《う》えから救った一人の日本人のお話をしましょう。権次郎さんは，1897(明治30)年，現在の(A)県南砺《なんと》市西明《さいみょう》という小さな農村の貧しい家に生まれました。権次郎さんは尋常《じんじょう》高等小学校を卒業した後，家の農作業を手伝って働かなくてはなりませんでした。しかし成績がとても優秀《ゆうしゅう》だったので，県立農学校に進学しました。このころ，権次郎さんは学校までの道を片道2時間かけて毎日歩いて通いました。農学校での成績は1年から3年まで1番でしたが，貧しい生家を助けるために，卒業後は家の手伝いをしていました。しかし，農学校の恩師から借りた1冊の本を読んでいくうちに，勉強への意欲が高まってきたのです。その本は生物学者ダーウィンの記した『種の起源』でした。優秀な成績で農学校を卒業し，家業を手伝いながらも進化論に熱中する権次郎さんを見て，恩師の堀口《ほりぐち》先生は自身の母校でもある東京帝国《ていこく》大学農科大学農学実科に進学することを勧《すす》めました。両親の反対を先生や本家の当主さんが説得して，権次郎さんは1914(大正3)年，進学のために上京しました。ちなみに，農学実科は現在の東京大学の駒場《こまば》キャンパスにありました。

農学実科では，当時日本に入ってきた実験遺伝学や育種学を学びました。育種学とは交配(かけあわせ)によって新しい品種を育成していく学問です。卒業後は，東京都の北区西ヶ原にあった農事試験場に就職しました。そして軍隊勤務を経て，22歳《さい》のときに，(B)県陸羽《りくう》支場に転勤となります。ここでは7年間にわたって，稲《いね》の育種に取り組みます。ここで権次郎さんは稲について二つのことを確かめました。一つは，稲の収量が多いとはどういうことか，もう一つは，日本の地域別の稲の特徴《とくちょう》はなにかということでした。当時は収量について「大粒《おおつぶ》の種子の方が収量が多くなる」という説と，「小粒の種子の方が収量が多くなる」という二つの説が対立していました。権次郎さんは調査の結果，収量に一番関係の深いのは粒の大きさよりも穂数《ほすう》であること，草たけの高いものは倒《たお》れてしまい収量が上がらないことを確認《かくにん》しました。また，東北地方では晩稲《おくて》(収穫《しゅうかく》時期が遅《おそ》い)品種は冷害にあいやすいこと，一方当時の栽培《さいばい》の中心となっていた早稲《わせ》(収穫時期が早い)品種は，穂の数が少ないので収量が上がらず，草たけも高いことも確認しました。陸羽支場では，寺尾博《ひろし》という技師がさまざまな品種の稲を交配して，東北地方に適した稲を作り出そうと研究していました。そして病気に強く収量の多い「陸羽20号」と食味のよい「亀《かめ》の尾」を交配して，1913年に新しい品種の稲を作り出していました。この稲は1924年になって「陸羽132号」と命名され，県の奨励《しょうれい》品種となりました。昭和のはじめへ続くこの時期，東北地方は冷害と凶作《きょうさく》続きで農民は貧困《ひんこん》の苦しみの中にいました。「陸羽132号」はそうした東北の凶作を低減させましたが，その開発に権次郎さんも関わっていました。

1926年，権次郎さんは(C)県立農事試験場に転勤になり，小麦の品種改良に取り組むことになりました。このころ，日本の農作物の品種改良事業は大きな転換《てんかん》期を迎《むか》えていました。それまで，全国各地でばらばらに行われていた研究のやり方が，組織的な運営に改められたのです。新しい組織では，まず中央の農事試験場で交配を行い，2～3年後にその種子を各地の試験場に送り，その地方に適した新品種に仕上げることとしました。中央が認定した新品種には通し番号がつけられ，稲なら「水稲《すいとう》農林○号」，小麦なら「小麦農林○号」と命名されていくことになりました。これまで稲の研究を行ってきた権次郎さんにとって，小麦の品種改良は新しい挑戦《ちょうせん》でした。こうして，3年後に「小麦農林1号」と「小麦農林2号」を誕生させました。1935(昭和10)年には，ついに「小麦農林10号」を誕生させたのです。かつては人の肩《かた》ほどの高さがあった小麦の草たけが，52cmと人のひざ上くらいの高さになりました。草たけが低くなることで，倒れにくく収穫しやすい小麦となったのです。

さて，この「小麦農林10号」は，第二次世界大戦後アメリカ合衆国にわたり，小麦の品種改良に役立てられました。その後，メキシコでも品種改良に役立てられ，小麦の大増産へとつながっていきます。さらにそれは，インドやパキスタンにも送られ，「緑の革命」と言われる世界の食料増産に役立っていったのです。こうした地域では，小麦の大凶作に苦しんでおり，それを救うために「小麦農林10号」が大きく貢献《こうけん》したのです。メキシコでの品種改良に従事し，各地を食料自給に導いたボーローグ博士はその功績をたたえられ，1970年のノーベル平和賞を受賞しました。権次郎さんが自分の手がけた「小麦農林10号」のその後の活躍《かつやく》を知ったのは1968年のことです。そして1981年，来日したボーローグ博士と権次郎さんは金沢《かなざわ》で会うことができました。金沢は戦後，育種の現場から離《はな》れていた権次郎さんが農地改良で活躍した場所です。そのときの二人の話し合いの内容は残されていませんが，たがいの努力をたたえあったことでしょう。

現代では，品種改良は（ D ）くみかえの技術が用いられるようになってきました。それまでの品種改良の方法に比べて短い期間で特定の性質をもった作物をつくることができますが，安全性などの問題もふくんでいます。

さて，ここまでの話を読んでみなさんは気がつきましたか。権次郎さんが学んだ農学実科は駒場にありました。そして駒場農学校時代から続いているケルネル田んぼを筑駒《つくこま》生は現在も耕作しています。ひょっとすると，権次郎さんもケルネル田んぼで稲作をしたかもしれませんね。

（『NORIN　TEN　稲塚権次郎物語』を参考にした。）

1　以下の表を参考にして，(A)～(C)にあてはまる県名を考え，空欄《くうらん》(ア)～(ウ)にあてはまる語句を書きなさい。ひらがなで書いてもよい。

	（ A ）	（ B ）	（ C ）
県内で人口第二位の都市	高岡《たかおか》	横手	一関《いちのせき》
県内を流れるおもな河川《かせん》	黒部《くろべ》川	雄物《おもの》川	（ ア ）
県内を通る新幹線のおもな列車名	かがやき・はくたか	こまち	はやぶさ・はやて
県内にある世界遺産	五箇山《ごかやま》の（ イ ）集落	白神《しらかみ》山地	平泉
江戸《えど》時代の国名	越中《えっちゅう》	羽後	陸中
おもな伝統的祭り	おわら風の盆《ぼん》	（ ウ ）	さんさ踊《おど》り

2　文中にある「陸羽132号」はその後品種改良され，今では全国で最も作付《さくつけ》面積の大きな稲となっている。その品種名をつぎのアからオまでの中から一つ選び，その記号を書きなさい。

ア　コシヒカリ　　イ　つがるロマン

ウ　どまんなか　　エ　ササニシキ

オ　ゆめぴりか

3　本文に関連した文として正しくないものを，つぎのアからカまでの中からすべて選び，その記号を書きなさい。

ア　大正時代，東北地方で作られていた稲は，晩稲品種が中心で，冷害にあいやすかった。

イ　権次郎さんの研究の結果，稲の収量には粒の大きさが深く関わることがわかった。

ウ　昭和初期の東北地方では，天候にめぐまれて稲の収量も多く，農家は豊かな生活をしていた。

エ　「陸羽132号」は，収量が多く，食味のよい稲である。

オ　「小麦農林10号」は，草たけが低く倒れにくいので，収穫がしやすい小麦であった。

カ　「緑の革命」に関わるメキシコでの小麦の品種改良に権次郎さんは直接たずさわった。

4　文中の(D)に入れるのに適した語句を答えなさい。ひらがなで書いてもよい。

5　ノーベル賞の受賞者としてあてはまらないものを，つぎのアからオまでの中から二つ選び，その記号を書きなさい。

ア　朝永振一郎《ともながしんいちろう》

イ　新《に》渡《と》戸《べ》稲造《いなぞう》

ウ　川端康成《かわばたやすなり》

エ　北里柴三郎《きたざとしばさぶろう》

オ　山中伸《やまなかしん》弥《や》

6　権次郎さんが，ケルネル田んぼを耕していたかどうかを調べるための方法として適しているものを，つぎのアからオまでの中から二つ選び，その記号を書きなさい。

ア　1914年ころ，農学実科の学生が受けていた授業をくわしく調べる。

イ　ケルネル田んぼが1914年ころ，どのくらいの広さがあったのかを調べる。

ウ　1914年ころのケルネル田んぼの稲の収穫量や，栽培していた品種名を調べる。

エ　1914年ころ，権次郎さんが書いていた日記や手紙をさがして読む。

オ　権次郎さんの生まれた農家が何を栽培していたかを調べる。

7　つぎのアからカまでの写真の中から稲と小麦をそれぞれ一つずつ選び，その記号を書きなさい。

ア

イ

ウ

エ

オ

カ

2 つぎの文を読んで，あとの１から６までの各問いに答えなさい。

2015年，東大寺南大門の両脇《りょうわき》に立つ金剛力士像《こんごうりきしぞう》の修理が完了《かんりょう》し，像に魂《たましい》を入れる儀式《ぎしき》が行われました。口を開いた阿形《あぎょう》像と口を閉じた吽形《うんぎょう》像が久しぶりにそろって人々の前に姿をあらわしたのです。南大門と金剛力士像は，もともとは奈良《なら》時代につくられましたが，台風などの被害《ひがい》にあい，何度かつくり直されています。現在の南大門と金剛力士像は，鎌倉《かまくら》時代につくられたものです。東大寺の建造物の多くは，創建された奈良時代よりもあとの時代の再建や修理を経て，いまに伝えられています。その代表例が，大仏および大仏殿《だいぶつでん》です。ここでは，東大寺の大仏と大仏殿の創建から再建・修理の歴史についてみていきましょう。

８世紀中ごろ，都では伝染病《でんせんびょう》が流行し，地方でも災害や反乱がつぎつぎに起こるなど，社会全体に不安が広がっていました。そこで(　A　)天皇《てんのう》は，仏教の力で国を守ろうと考えました。全国に国分寺・国分尼寺《にじ》を建て，大仏をつくるという命令を出したのです。この命令には，貴族や役人，庶民《しょみん》が一体となって取り組もうという願いがこめられていました。大仏は，全国の国分寺の中心である東大寺に置かれることになります。(　B　)は，弟子《でし》たちとともに大仏づくりに協力し，人々の力を集めるうえで重要な役割をはたしました。大仏は752年に完成しますが，半世紀もたたないうちに大仏の背部には亀裂《きれつ》が生じはじめていたようです。855年には，近畿《きんき》地方で発生した地震《じしん》によって大仏の頭部が落下しています。すぐに修復事業がはじまり，完了したのは861年のことでした。

源氏と平氏の争乱の最中《さなか》に，大仏は大きな被害を受けました。1180年，平氏の軍勢が奈良を攻め，東大寺では大仏殿をはじめ，建物の大半が焼失《しょうしつ》してしまいます。この惨状《さんじょう》を目《ま》の当たりにした重源《ちょうげん》という僧侶《そうりょ》が，後白河法皇に復興を進言し，中国の技術者を含《ふく》めたさまざまな人々の協力を得て，1185年，大仏修復を成し遂《と》げました。その後，大仏殿も再建されることになりました。材木の調達に苦慮《くりょ》しながら，台風や地震の揺《ゆ》れに強い中国の建築様式を導入し，1195年に大仏殿は完成しました。完成式典には，天皇や関白《かんぱく》をはじめ，将軍 源　頼朝《みなもとのよりとも》と妻の(　C　)も参加しています。

戦国時代にも東大寺は戦乱に巻き込《こ》まれることになります。大仏殿に陣《じん》が構えられたため，夜討《よう》ちにあって炎上《えんじょう》し，大仏は原形をとどめないほどに溶《と》け崩《くず》れてしまいました。上半身を失った大仏の前には，焼け落ちた大仏殿の灰が山のように積もっていたと記録されています。復興の動きがすぐさま起こり，大仏頭部は木造のものに銅板を貼《は》るかたちでつくられ，大仏殿の仮堂も建てられました。しかし，資金が思うように集まらず，修復はあまり進みませんでした。江戸時代に入り，1610年には台風で仮堂が倒壊《とうかい》し，以降しばらく大仏は雨ざらしのままに置かれました。

東大寺の本格的な再建がはじまるのは，17世紀後半です。1684年に公慶《こうけい》という僧侶が，再建費用を集めるための許可を幕府から得ます。公慶の再建のスローガンは「一紙半銭」といい，志のある人はわずかな紙・銭でも協力してほしいという思いが込められていました。公慶の思いに共感した多くの人々が，５文，10文という少額ながらも寄付をしていたことが記録に残っています。小さな額を積み重ねた結果，1692年には大仏の修復が完了しました。『奥の細道』を著した（　Ｄ　）は，奈良を訪れた際に雨ざらしの大仏を見て，「初雪やいつ大仏の柱立《はしらだて》」「雪かなしいつ大仏の瓦葺《かわらぶき》」という俳句を詠《よ》んでいます。続いてはじまった大仏殿の再建のときには，公慶の働きかけにより，ようやく幕府からの資金援助《えんじょ》が得られることになりました。大木がなかなか見つからなかったり，責任者であった公慶が亡くなったりとさまざまな問題に直面しながら，大仏殿は1708年に完成します。これが，いまわたしたちが目にすることのできる大仏殿です。資材と資金の不足によって，奈良時代のものよりも，間口が30メートルほどせまくなっていますが，それでも世界最大級の木造建築であることには違《ちが》いありません。

こうしてようやく完成した大仏殿でしたが，ほどなくして各所に補修を必要とする傷《いた》みがみられるようになりました。とりわけ，約3,000トンもの重量がかかる大屋根はその重さゆえに，18世紀後半には下がりはじめ，軒先《のきさき》が波打ってきていました。そのため，19世紀に入ってから，屋根を支えるための柱が四隅《よすみ》に入れられたり，大仏殿内の柱の根継《ねつ》ぎが行われたりしています。このような応急処置的な補修によってなんとか維持《いじ》されていたものの，明治時代に入るころには本格的な修理が必要になっていました。しかし，新政府にはこれを援助する余裕《よゆう》はありませんでした。結局，修理がはじまったのは1903年でした。このときの修理では，屋根にかかる重量を軽減するため，瓦の間隔《かんかく》を広げて枚数を約２万枚減らしました。また屋根の重量により湾《わん》曲《きょく》してしまった梁《はり》の下にイギリスから輸入した鋼材を用いて支えることにしました。屋根の一部はセメントで補強するなど，当時の最新技術を導入して修理は進められました。いわゆる「明治大修理」です。完成式典が行われたのは1915年でした。

1950年代後半になると大仏殿の各所で雨漏《あまも》りが目立ち，しみこむ雨によって屋根の部材の一部が朽《く》ちはじめていました。これは，明治の修理で屋根の重量を軽くするため瓦の枚数を減らして間隔を広げたことが原因でした。そこで1973年からはじまった昭和の修理では，瓦の枚数と間隔を江戸時代のものに戻《もど》すことになりました。新たにつくられた瓦は軽量化がはかられ，明治の修理のときよりも枚数自体は増えましたが，総重量が増加することはありませんでした。1980年に修理は完了し，大仏造立の命令が出された10月15日を選んで完成記念式典が盛大《せいだい》に行われました。

1998年，「古都奈良の文化財」が世界遺産に登録されました。これは，東大寺をはじめ平城宮跡《あと》，唐招提寺《とうしょうだいじ》などによって構成されています。東大寺の価値は，奈良時代の寺院ということだけにあるのではありません。これまでみてきたように，1250年をこえる東大寺の歴史は，罹災《りさい》と復興のくり返しであったといえるでしょう。いまにいたるまで残し伝えようとしてきた多くの人々の営みこそが，世界遺産として人類が共有すべき「顕著《けんちょ》な普遍的《ふへんてき》価値」なのではないでしょうか。

1　文中の（A）から（D）までにあてはまる語句を書きなさい。ひらがなで書いてもよい。

2　東大寺の大仏と大仏殿についてのべた文として正しいものを，つぎのアからオまでの中から二つ選び，その記号を書きなさい。

ア　現在の大仏殿は，奈良時代につくられたものと同じ大きさである。

イ　鎌倉時代に再建された大仏殿は，宋《そう》の建築技術を導入し，地震の揺れに強い構造となった。

ウ　17世紀から18世紀にかけてのおよそ100年間にわたって，大仏は雨ざらしとなっていた。

エ　江戸時代に大仏を修復することができたのは，幕府が資金の大半を出したからである。

オ　大仏殿は，第二次世界大戦で空襲《くうしゅう》にあい焼失した。

3　源氏や平氏に関連してのべた文として正しいものを，つぎのアからオまでの中から二つ選び，その記号を書きなさい。

ア　保元《ほうげん》の乱で勝利した平氏は，貴族をおさえて政治の実権をにぎった。

イ　平清盛《たいらのきよもり》は，娘《むすめ》を天皇のきさきとし，武士で初めて関白の地位についた。

ウ　平治の乱で敗れて伊豆《いず》に流された源頼朝は，関東の有力な武士たちを味方につけて挙兵した。

エ　源氏の軍は，平氏を一ノ谷や屋島の戦いで破って西国に追いつめ，壇ノ浦《だんのうら》で滅《ほろ》ぼした。

オ　鎌倉時代，源氏の将軍は承久《じょうきゅう》の乱ののち三代で絶えた。

4　戦国時代のことがらについてのべた文として正しくないものを，つぎのアからオまでの中から二つ選び，その記号を書きなさい。

ア　足利義満《あしかがよしみつ》のとき，将軍の後継者《こうけいしゃ》をめぐる争いを発端《ほったん》に戦国時代がはじまった。

イ　種子島《たねがしま》を通じて火縄銃《ひなわじゅう》が伝わり，堺《さかい》などで大量につくられるようになった。

ウ　長篠《ながしの》の戦いで，徳川《とくがわ》と織田《おだ》の連合軍が武田《たけだ》軍を破った。

エ　スペインやポルトガルから宣教師がやってきて，戦国大名らに文物をもたらした。

オ　相撲《すもう》・花火・落語などが庶民の娯楽《ごらく》となった。

5　江戸時代のことがらについてのべた文として正しいものを，つぎのアからオまでの中から二つ選び，その記号を書きなさい。

ア　徳川家康は，大名に対して武家諸法度《ぶけしょはっと》を発布し，参勤交代を制度化した。

イ　百姓《ひゃくしょう》は，名主など有力者を中心に村を運営し，幕府や藩《はん》に年貢《ねんぐ》を納めた。

ウ　幕府は当初，外国との貿易をさかんにしようとし，中国沿岸に日本町をつくらせた。

エ　大塩平八郎は，ききんで苦しんでいる人々を救わない政治に抗議《こうぎ》して，打ちこわしを起こした。

オ　伊能忠敬《いのうただたか》は，国学の研究を進め，幕末の政治に大きな影響を与えた。

6　明治大修理のあいだに起こったつぎのアからオまでの出来事《できごと》を時代順に並べたとき，2番目と4番目となる出来事をそれぞれ選び，その記号を書きなさい。

ア　ヨーロッパで第一次世界大戦がはじまり，日本は連合国の一員として参戦した。

イ　外務大臣の小村寿太郎《こむらじゅたろう》が条約改正に成功し，関税自主権を回復した。

ウ　与謝野晶子《よさのあきこ》は，戦場の弟を思い「君死にたまふことなかれ」という詩を発表した。

エ　日本は，樺太《からふと》の南半分と南満州の鉄道や鉱山の権利を得た。
オ　日本は，条約を結んで韓国《かんこく》を併合《へいごう》した。

3　つぎの文を読んで，あとの１から７までの各問いに答えなさい。

今から30年前の1985年には，**湾岸戦争**も，**イラク戦争**も，**リーマンショック**も，**アメリカ同時多発テロ**も，そして**チェルノブイリ原発事故**も，まだ起こっていませんでした。あの頃《ころ》，線状降水帯と呼ばれる南北に延びた積乱雲から多量の雨が降り注ぎ，「これもまた温暖化の影響《えいきょう》なのでは」と思うこともありませんでした。大規模店の出店には規制がかかり，ア本屋・米屋・酒屋さんなどが通りに店を出し，「シャッター通り」がマスコミなどで社会問題として扱《あつか》われることもなく，多くの子どもたちが公園で遊び，町角には公衆電話ボックスがあり，国鉄(現 JR)の駅の改札口には駅員さんが立って切符《きっぷ》に鋏《はさみ》をいれていました。イ地方にはたくさんの人々が暮らし，国政選挙の一票の格差をめぐって裁判が起こることはなく，家電製品や自動車などの輸出製品によって日本は多額の外貨を稼《かせ》ぎ，ウ５％の消費税が1985年に導入されたことで，豊富な財源から公共事業投資や社会保障費へと財政資金が支出されていました。

日航ジャンボ機が御巣鷹山《おすたかやま》に墜落《ついらく》して１カ月余り後の1985年９月22日，ニューヨークのプラザホテルで５か国蔵相《ぞうしょう》会議が秘密裏《ひみつり》に開催《かいさい》され，各国通貨当局は外国為替市場《がいこくかわせしじょう》へ協調介入《かいにゅう》することに合意しました。当時の円とドルとの交換《こうかん》レートは１ドル＝240円前後でしたが，１ドル＝180円の水準へと為替相場を変動させることに日本の通貨当局は同意したのです。ここに歴史的なエ円高ドル安への通貨価値の変動が起こりました。この会議の後，日本は本格的なグローバリゼーションの時代を迎《むか》えることで，オ数多くの企業が海外へと進出し，モノばかりでなくヒトやカネの往《ゆ》き来が盛《さか》んになっていくのです。

それから30年が経《た》ちましたが，この間に，冷戦の終結，バブル経済の破綻《はたん》，ソ連の崩壊《ほうかい》，(　A　)の誕生などが起こり，IT 技術の進化や中国経済の拡大などにより，市場競争は熾烈化《しれつか》し，グローバリゼーションの波は世界の隅々《すみずみ》まで及び，規制緩和《きせいかんわ》にしたがう市場主導型《しゅどうがた》の政策が進み，これまでとは違《ちが》う暮らしぶりが姿を現してきました。国際的には，世界内戦とも呼べる紛争《ふんそう》やテロがいろいろな地域で起こっています。国内的に眺《なが》めても，福祉《ふくし》で保障された国民生活の枠組《わくぐ》みを維持《いじ》していくことがしだいに困難になっていく一方，東京圏《とうきょうけん》への過度な人口集中など，日本社会を支えてきた枠組みに変化が生じてきています。

総務省の住民基本台帳に基づく2014年人口移動報告によると，都道府県別では，東京などの７都県を除いて転出数が超過《ちょうか》となっているのが実情で，転出超過数が一番多かったのは北海道でした。また市町村別に眺める転入超過数の上位では，東京23区，札幌《さっぽろ》市，福岡《ふくおか》市，大阪《おおさか》市，川崎《かわさき》市の順となり，政令指定都市などへ人口が集まっていることがわかります。転出や転入にしたがう人口移動は，地方経済に大きな影響を与《あた》えるだけでなく，その地域社会が衰亡《すいぼう》していく可能性さえも予測させるのです。「2010年からの30年間で，896の市区町村が，20～39歳《さい》の女性人口が2010年の半分以下に減少することで，消滅《しょうめつ》するかもしれない」と，2014年に民間研究機関「日本創成会議」は衝撃的《しょうげきてき》な報告を出しましたが，その896の「消滅可能性都市」の内，100市町村を対象に選挙結果を調べてみると，実に52町村の自治行政の長を選ぶ選挙で無投票になっていることもわかっています。中には５回連続無投票で(　B　)が選ばれている自治体もありました。無投票が続く市町村はいずれも高齢化《こうれいか》や過疎化《かそか》が深刻になり，将来に対応した政策の立案すら難しくなっているのが実情です。「全国自治体アンケート」によれば，政策条例の積極度は，議員の平均年齢の低さ，女性議員の比率の高さ，人口集中度などと一定の相関関係が見られるそうです。また国政調査のデータに基づいた有権者の平均年齢で分析《ぶんせき》しても，政策条例に積極的な議会を持つ自治体では，有権者も比較的《ひかくてき》若いことが判明しています。「地方自治は民主主義の学校である」といわれますが，人口の推移は，地域経済の盛衰《せいすい》だけでなく，町づくりのあり方に，ひいては民主主義のあり方にも影響しているのです。人口流出が続くことで，人口の50％以上が65歳以上の高齢者によって占《し》められる，基礎的《きそてき》条件の厳しい集落(限界集落とも呼ばれる地域)も増加しているのです。

2015年現在，（　A　）は移民や難民の受け入れ問題に揺《ゆ》れています。８月の終わり，難民問題を協議する「西バルカン会議」の最中，オーストリアの高速道路の路肩《ろかた》に駐車された冷凍車《れいとうしゃ》から，ドイツを目指していた70人を超《こ》える人々の遺体《いたい》が見つかり，会議中の首脳たちにそのむごたらしいようすが知らされました。同じ日，イタリアへ密航中の難民船がアフリカ沖《おき》で沈没《ちんぼつ》し，200人以上が死亡したとロイター通信は伝えました。紛争地域では，宗教的対立や貧困《ひんこん》などに助長され，多くの虐殺《ぎゃくさつ》が起こり，多くの人々が移民や難民へと化しているのです。戦争状態ではない（　C　）を求め，貧しい暮らしからの脱却《だっきゃく》を求め，多くの人々が移民や難民と化し，ヨーロッパへ渡っていこうとしています。2001年のアメリカ同時多発テロ直後にアルカイダやタリバン勢力に対する軍事的介入が行われた（　D　）から，またIS勢力が浸透《しんとう》し内戦が続くシリアから，そしてアフリカの紛争地のソマリアなどから膨大《ぼうだい》な数の人々の移動が生じ，実にさまざまな悲劇が起こっているのです。しかしながら，移民や難民となった人々が無事目的地に到着《とうちゃく》したとしても，宗教的に寛容《かんよう》で豊かな暮らしが待っているわけではありません。2015年１月に起こったフランスの週刊新聞「シャルリ・エブド」襲撃《しゅうげき》事件を通して，その地での貧しい暮らしや文化的分断により，移民などでやって来た人々の中で，「ホームグロウン・テロ」と呼ばれる犯罪へと駆《か》られる若者が存在している現実が映し出されました。多様な人種や文化を受け入れ，統合を推進してきたヨーロッパ社会の理想は，多数の移民や難民を目の前にして，今強く揺れているのです。

ヨーロッパで起こっていることは日本にも無縁《むえん》ではありません。人々の暮らし方は大きく変化し，孤独死《こどくし》，貧困へ落ちる家庭，老老介護《ろうろうかいご》など，記そうとすれば枚挙にいとまがないほど深刻な事例が身近で起こっているのです。競争を助長する規制緩和が進めば進むほど，私たちの間に（　E　）が広がり，生活保護政策などのセーフティーネットの拡充《かくじゅう》が必要となっています。安定した生活の基盤《きばん》なしに，自由や平等といった（　F　）の確保は難しいのが現実です。30年前と比較して，世界は狭《せま》くなり便利になったようにも見えます。コンビニへ行けば，米やお酒が容易に手に入ります。ネットで注文すれば，本や生活用品や宅配の食事が手に入ります。公衆電話に代わってスマホが利用され，街でも電車の中でも，スマホを手にする人々を頻繁《ひんぱん》に見かけます。しかしながら，そのスマホを通して人々には何が見えているのでしょう。その液晶《えきしょう》画面に見えているものが，動画サイトの戦争生中継《ちゅうけい》だったり，温暖化による大洪水《だいこうずい》の生中継だったりしたならば，それは本当に恐《おそ》ろしいことです。

（注）　本文は2015年現在で記しています。

1　1985年には，**湾岸戦争**も，**イラク戦争**も，**リーマンショック**も，**アメリカ同時多発テロ**も，そして**チェルノブイリ原発事故**も，まだ起こっていませんでしたとあるが，下線部の太字で記した各出来事《できごと》を年代順に並べたとき，２番目と４番目となる出来事を書きなさい。

2　30年前をふりかえってのべた文として正しくないものを，本文の下線部アからオまでの中から二つ選び，その記号を書きなさい。

3　人口の推移に関連してのべた文として正しくないものを，つぎのアからオまでの中から二つ選び，その記号を書きなさい。

ア　少子高齢化により，現在日本の65歳以上の高齢者人口の割合は３分の１を超える。

イ　北海道では，周辺農村部などから人口の転出が生じていることがうかがえる。

ウ　都道府県別では，2014年に転入超過数が一番多かったのは東京都であった。

エ　65歳以上の高齢者が人口の50％以上を占める地域が増加している。

オ　都道府県別に眺めると，2014年転入超過となったのは，東京，神奈川《かながわ》，埼玉《さいたま》，愛知《あいち》，大阪，千葉《ちば》，沖縄《おきなわ》である。

4　民主主義に関連してのべた文として正しくないものを，つぎのアからオまでの中から二つ選び，その記号を書きなさい。

ア　人々の意見が多様となる中，政策を円滑《えんかつ》に実現していくために，無投票で首長が選ばれることが増えている。

イ　住民の思いを暮らしに活《い》かし，住民にとって住みよい町づくりを実現していくには，女性の政治への参加は不可欠になっている。

ウ　産業基盤を整えて若者を地域にとどめていくことは，地域の活性化ばかりか民主政治を維持していく上でも必要となっている。

エ　住民自身が地域の政治に参加することは，民主政治の担《にな》い手としての能力を育成することにつながる。

オ　国務大臣や国会議員などの政治家には，憲法の尊重や憲法擁護《ようご》の義務は課せられてはいないが，憲法にしたがい民主主義を実現していく姿勢は必要である。

5　移民や難民に関連してのべた文として正しくないものを，つぎのアからオまでの中から二つ選び，その記号を書きなさい。

ア　アメリカ合衆国は移民として渡ってきた人々を中心に建国された。

イ　日本はこれまで多数の移民や難民を受け入れてきた。

ウ　難民問題に取り組む国際機関や国際条約がないことが，難民の増加につながっている。

エ　人種差別や宗教的迫害《はくがい》，政治に関する意見の違いや戦争などによって，逃《のが》れたり強制的に追われたりした人々を，難民という。

オ　第二次世界大戦におけるユダヤ人などへの迫害の反省に立ち，ドイツは難民を積極的に受け入れてきた。

6　本文中の（Ａ）から（Ｆ）までに入る言葉を考え，それぞれをあてはめた文として正しくないものを，つぎのアからカまでの中から二つ選び，その記号を書きなさい。

ア　二度にわたる世界大戦などの戦争に対する反省から，経済統合を進めることで，（　Ａ　）が誕生してきた。

イ　各自治体の（　Ｂ　）は，国の指示にしたがわなければならない。

ウ　（　Ｃ　）は，貧しさなどの理由で困っている人々の生活をよくするために，政府が行う援助《えんじょ》である。

エ　(D)では，「武器」ではなく「畑と水」による安定を目指し，日本人の手で荒野《こうや》に用水路がつくられてきた。

オ　(E)の拡大は，子どもたちから教育の機会を奪《うば》っていく可能性をもつ。

カ　(F)は，「現在及び将来の国民に対して侵《おか》すことの出来ない永久の権利として信託《しんたく》された」と，日本国憲法は定めている。

7　多様な人種や文化を受け入れ，統合を推進してきたヨーロッパ社会の理想を揺さぶることがらに関連してのべた文として正しくないものを，つぎのアからオまでの中から二つ選び，その記号を書きなさい。

ア　難民や移民の受け入れに反対する政党が，ヨーロッパ各地で勢いを伸《の》ばしている。

イ　2015年には，フランスで大きなテロが起こり，ヨーロッパ全体に大きな衝撃《しょうげき》を与えた。

ウ　ヨーロッパの統合から離脱《りだつ》する動きがイギリスなどで生じている。

エ　西アフリカで広がったエボラ出血熱に対し，関係の深いイギリスやフランスは自国内への感染症《かんせんしょう》の蔓延《まんえん》を恐れて，支援体制をつくることが出来なかった。

オ　ロシアによるウクライナ問題への干渉《かんしょう》に対して，ウクライナからの移民流入を防ぐため，ヨーロッパ社会は沈黙《ちんもく》を余儀《よぎ》なくされた。

【理　科】（40分）〈満点：100点〉

【注意】 指示されたもの以外の答えは，ア～カなどのなかから選び，記号で答えなさい。

1　コウモリ，リス，ハムスター，ヤマネ，ツキノワグマなど，ほ乳類のなかまには真冬の寒い時期に活動をやめてほとんど動かずに過ごすものがいる。ある小型のほ乳動物の場合，このときの体温は0℃ぐらいまで低下し，体中が低温にたえられるように変化する。次の文を読み，後の各問いに答えなさい。

【実験1】 この変化のようすを調べるため，ある小型のほ乳動物を使って1ひきずつ飼育かごに入れて水もえさも十分にあたえながら屋外で飼育し，体の表面温度をサーモグラフィー(物体の表面温度をふれずに測定し色のちがいで表す機器)で毎日決まった時刻に測定した。下図は，ある1ひきの1年間の測定結果をグラフにしたものである。10月28日から3月3日までの間は，この動物は活動をやめてほとんど動かずに過ごしている日が多く見られた。このような時期を「低温期」，それ以外の時期を「高温期」と呼んで区別することにした。

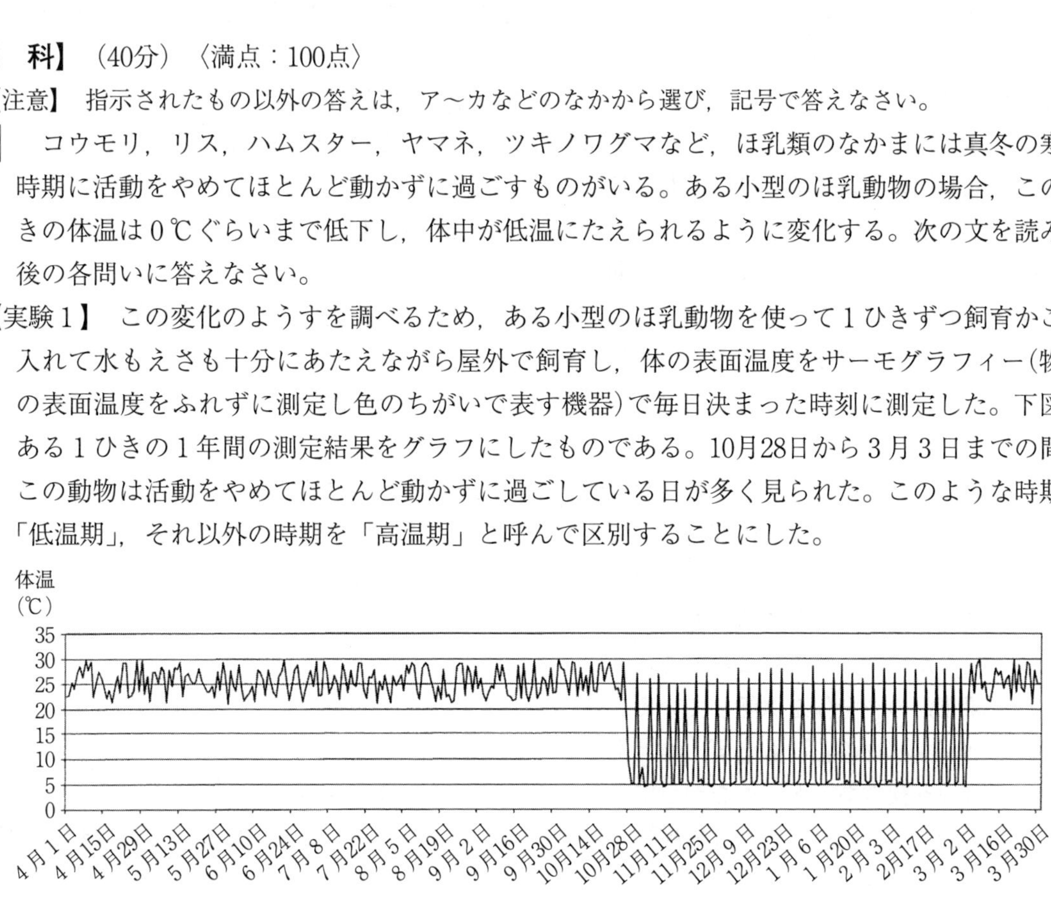

【実験2】 この動物を1ひきずつ入れた飼育かごを用意し，明暗や気温の変化する屋外に置いたもの(個体①)，常に5℃に保ちながら暗く光の入らない装置の中に入れたもの(個体②～⑤)，常に25℃に保ちながら暗く光の入らない装置の中に入れたもの(個体⑥)，常に25℃に保ちなが

ら12時間ごとに明暗を切りかえる装置の中に入れたもの(個体⑦)に分け，水もえさも十分にあたえながら飼育した。それぞれの体の表面温度を【実験１】と同じ方法で５年間調べたら，高温期と低温期の見られる時期は下図のようになった。

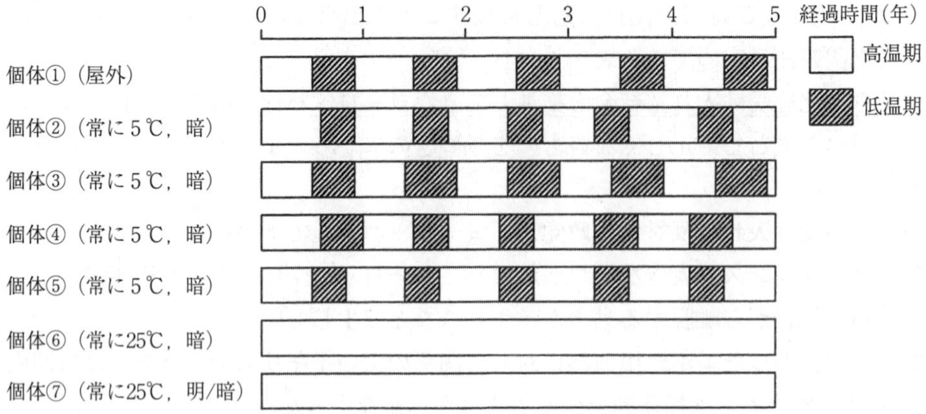

１．低温期の状態をふつう何といいますか。ひらがなで答えなさい。

２．次の文章の空らんに最も適切な語句を入れなさい。

「野外で生きるほ乳動物が真冬の寒い時期に活動をやめて体温を下げて過ごす主な理由は，この時期には(　　)が少ないからである。」

３．実験結果から考えられることとして正しいものをすべて選びなさい。

ア　高温期にもおよそ３日のうち１日は低温期と同じくらいに体温が下がるときがある。

イ　低温期にもおよそ６日のうち１日は高温期と同じくらいに体温が上がるときがある。

ウ　気温が５℃ぐらいまで下がっていないと低温期が見られない。

エ　周囲が暗くなっていないと低温期が見られない。

オ　気温が５℃ぐらいまで下がることが低温期に移るための条件で，気温が25℃ぐらいまで上がることが高温期に移るための条件である。

カ　気温の変化以外にも低温期や高温期に移るための要因がある。

2　花のつくりとはたらき，その観察について，以下の各問いに答えなさい。

１．多くの植物の花は４つの部分からできている。中心から周囲に向かって順にＡ，Ｂ，Ｃ，Ｄが存在する。Ａ～Ｄの説明としてそれぞれ正しいのはどれですか。

ア　受粉が見られるところである。

イ　花粉がつくられるところである。

ウ　開花前の花全体を保護している。

エ　どんな植物の花にも必ず１つはある。

オ　ふつう複数あるが，つながって全体が１つに見える場合もある。

カ　花粉が風によって運ばれる植物では目立つものが多いが，こん虫によって運ばれる植物ではついていないか，ほとんど目立たない。

２．花粉を観察するためには少なくともどんな実験器材や用具が必要ですか。２つ答えなさい。

3　液体に固体を入れると，とけて見えなくなってしまうことがある。そこで，50グラムの水が入ったビーカーAにミョウバン５グラムを入れてとかした場合と，50グラムのうすい塩酸が入ったビーカーBに小さく切ったスチールウール(鉄)２グラムを入れてとかした場合について調べてみた。以下の各問いに答えなさい。

1．２つのビーカーの水よう液をそれぞれ別の蒸発皿に少量取って，ガスバーナーでおだやかに温めた。このときの変化として正しいものをビーカーA，Bそれぞれについて選びなさい。

ア　とかす前と同じ固体が取り出せた。

イ　とかす前とは別の固体が取り出せた。

ウ　何も取り出せなかった。

2．ビーカーAに入れるミョウバンとビーカーBに入れるスチールウールの量を，それぞれ少しずつ増やしていったとき，いずれはどちらのビーカーでも入れた固体がとけ残ってしまう。どちらのビーカーでもとけ残りがあるのを確かめてから，それぞれのビーカーをお湯にひたしてゆっくりと温めた。このときの，とけ残りの量の変化として正しいものをビーカーA，Bそれぞれについて選びなさい。

ア　増える　　イ　減る　　ウ　変化しない

4　水の温度が変わるときのようすを調べるための実験を行った。ビーカー内の水には温度の変化を分かりやすくするために，40℃よりも冷たいときには青色，40℃よりも熱いときには赤色に変化する液体を加えてある。以下の各問いに答えなさい。

1．20℃くらいの水が入っているビーカーの一部分をガスバーナーを使っておだやかに熱したとき，どのように色が変化しますか。

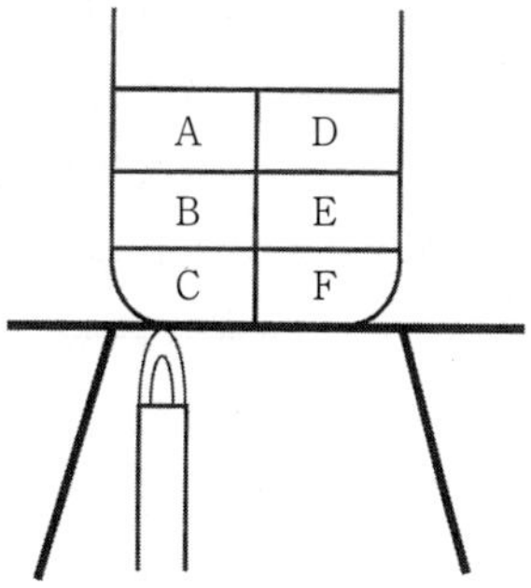

ア　C→F→Eの順に赤くなる。

イ　C→B→Aの順に赤くなる。

ウ　A→D→Eの順に赤くなる。

エ　A→B→Cの順に赤くなる。

2．50℃くらいに温めて全体が赤くなったビーカーに，氷を入れたポリエチレンのふくろをAの部分にうかべて固定した。ビーカー内の液体の色はどのように変化しますか。ただし，ポリエチレンのふくろの位置はAから変わらないものとする。

ア　C→F→Eの順に青くなる。

イ　C→B→Aの順に青くなる。

ウ　A→D→Eの順に青くなる。

エ　A→B→Cの順に青くなる。

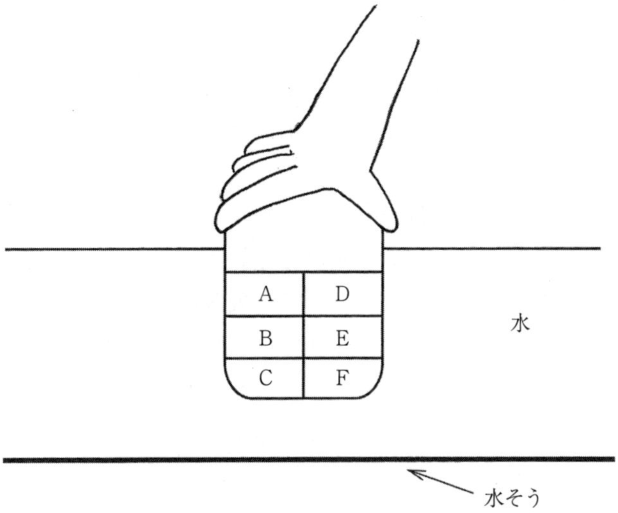

3．50℃くらいに温めて全体が赤くなったビーカーを，図のように手で持ったまま水そうに入れてゆっくりと冷やした。ビーカー内の液体の色は

どのように変化しますか。ただし，水そう内には冷たい水が入れてあり，どの部分も同じ温度であるものとする。

ア　水面(AとD)が青くなり，中層(BとE)，底(CとF)の順に青くなる。

イ　全体がゆっくりと青くなる。

ウ　A→B→C→F→E→D→A……のように青くなった液体が回転する。

エ　底(CとF)が青くなり，中層(BとE)，水面(AとD)の順に青くなる。

5　あきらくん，ひろしくん，まさしくんの３人は，先生から理科教室にある実験器具の整理をまかされた。以下の文を読んで，後の各問いに答えなさい。

あきらくん：全くなんてこった。実験器具の整理なんて。
ひろしくん：しょうがないよ。この前の実験で試験管を何本もだめにしちゃったからね。
まさしくん：それにしてもひどいよ。こんなにごちゃごちゃになってるんだもん。
ひろしくん：とりあえず一つ一つ片付けていこうよ。
あきらくん：これは何だろう？（右の写真）

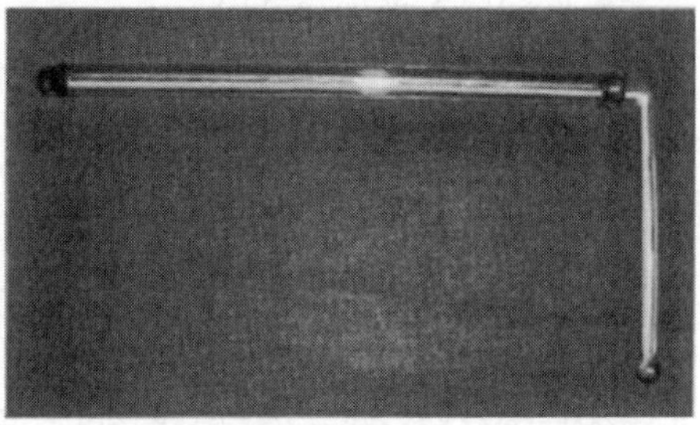

ひろしくん：ああ，これは地中温度計といって，地中の温度をはかるのに使うんだよ。折れ曲がった先にある液だめを地面にさすのさ。温度計の目盛りの部分がガラス管におおわれていて，日光によるえいきょうを受けにくくなっているんだ。
まさしくん：じゃ，土に浅くさせば地面の温度もはかれるよね。

1．風のない晴れた日におけるひなたの地面の温度と気温の正しい関係はどれですか。

ア　地面の温度も気温も正午ころ最も高くなり，同じ温度である。

イ　地面の温度も気温も正午ころ最も高くなるが，地面の温度の方が気温より高い。

ウ　地面の温度も気温も正午ころ最も高くなるが，気温の方が地面の温度より高い。

エ　地面の温度も気温も正午を過ぎてから最も高くなり，同じ温度である。

オ　地面の温度も気温も正午を過ぎてから最も高くなり，地面の温度の方が気温より高い。

カ　地面の温度も気温も正午を過ぎてから最も高くなり，気温の方が地面の温度より高い。

まさしくん：お～っと，これはなつかしい。星座早見だよ。
あきらくん：今でも使い方を覚えてる？
ひろしくん：当然だよ。でも裏側には明るい星しかのってないね。
あきらくん：ああ，これは東京限定の仕様だからね。
まさしくん：え～と，今日は８月20日で，南の空の夜８時ころの星はどんな感じに見えるかな？

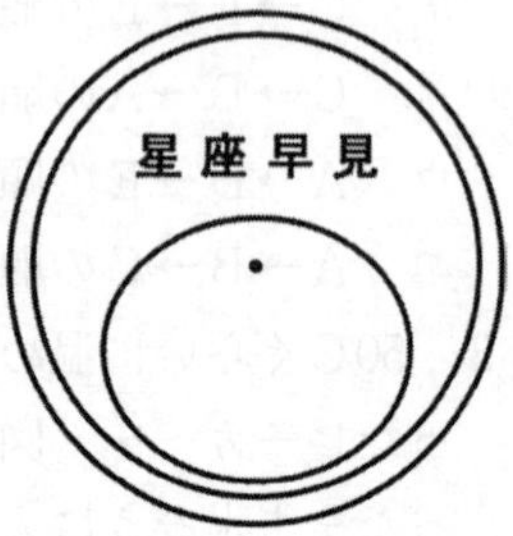

2．夜8時から3時間後の南の空に見える星を調べる正しいやり方はどれですか。

ア　上側の時間の目盛りがある小さなシートを少しずつ右に回して，23時の目盛りを下側の日付の目盛りのある大きなシートの8月20日の日付に合わせる。そして上側のシートにある南の方角を手前にして持つ。

イ　上側の時間の目盛りがある小さなシートを少しずつ右に回して，23時の目盛りを下側の日付の目盛りのある大きなシートの8月20日の日付に合わせる。そして上側のシートにある南の方角を外側にして持つ。

ウ　上側の時間の目盛りがある小さなシートを少しずつ左に回して，23時の目盛りを下側の日付の目盛りのある大きなシートの8月20日の日付に合わせる。そして上側のシートにある南の方角を手前にして持つ。

エ　上側の時間の目盛りがある小さなシートを少しずつ左に回して，23時の目盛りを下側の日付の目盛りのある大きなシートの8月20日の日付に合わせる。そして上側のシートにある南の方角を外側にして持つ。

まさしくん：今度は地しん計が出てきたよ。ほこりだらけだな。

ひろしくん：別に宝探しをやっているわけじゃないんだけど。

あきらくん：まぁそう言わずに，ちょっと見せてよ。あれ，これこわれてるんじゃないの？

ひろしくん：あぁ，そうみたいだね。たぶん大きな地しんが起きたとき，はりがふり切れちゃったのかな？

3．大きな地しんが起きたときに見られる土地の変化を1つあげなさい。

ひろしくん：ふるいのセットもあるね。これどうやって使うか知ってる？

まさしくん：確か，ふるいのあみの目が大きいものから順に下から重ねて，上から土を入れるんだっけ？

あきらくん：ちがうよ。逆だよ。ふるいのあみの目が小さなものから順に下から重ねるんだよ。

ひろしくん：そうだね。一番上のふるいに土を入れてトントン横からたたいて，つぶの大きさがあみの目より小さなものが順番に下に落ちていくんだ。

まさしくん：なるほど地層みたいだね。じゃあ，水の中だとどうなるんだろう？

4．下にせんをしたとう明な長い管(右の図)に水を入れ，上からいろいろな大きさのつぶが混ざった土を入れてみた。しばらく置いた後に見られるつぶの大きさの変化はどれですか。

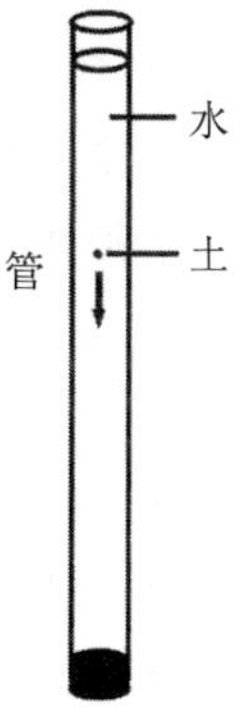

ア　管の下から順につぶの小さなものからだんだん大きなものに変化する。

イ　管の下から順につぶの大きなものからだんだん小さなものに変化する。

ウ　管の下から順に見ると，つぶの大きさは大きくなったり小さくなったりする。

エ　管の下から順に見ても，つぶの大きさに変化は見られない。

あきらくん：この箱の中にしまってあるものも出していいの？
まさしくん：え〜っ。出さなくて良くない？
ひろしくん：何と三球ぎだ！（右の図）
まさしくん：何それ？
ひろしくん：つまり，太陽と地球・月の位置関係を調べるときに使うんだ。でもすごく古い器具だね。
あきらくん：ふ〜ん。ちょっと動かしてみない？

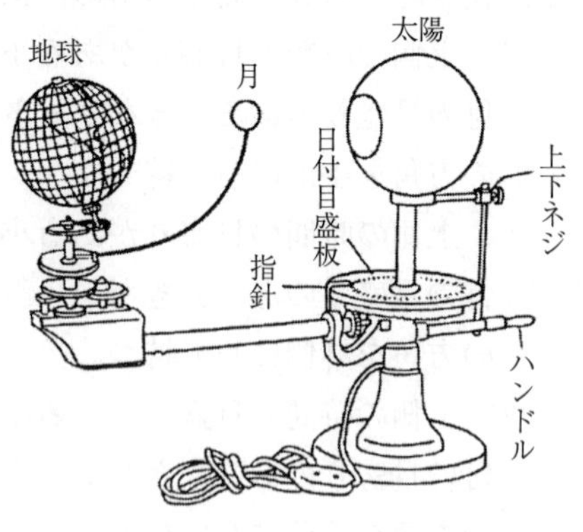

5．図に示す太陽と地球・月が一直線上にならんだときの月はどれですか。（ただし図は横から位置関係を見たものとする）
ア　三日月　　イ　上げんの月　　ウ　満月　　エ　下げんの月　　オ　新月(月は見えない)

6　長さ40cm の棒と６つの皿を使って，下図のような天びんを利用した両替《りょうがえ》機を作った。１円玉(１グラム)，５円玉(3.75グラム)，10円玉(4.5グラム)をたくさん用意し，指定された皿にのせた。すると，棒がつりあったときは，左側の３つの皿(皿Ａ〜Ｃ)にのっている硬貨《こうか》の合計金額と右側の３つの皿(皿Ｄ〜Ｆ)にのっている硬貨の合計金額が必ず等しくなった。【天びんの作り方】と【天びんの使用方法】を読んで，後の各問いに答えなさい。

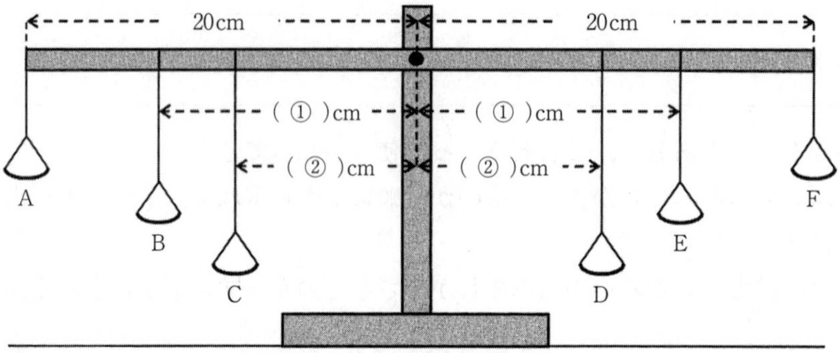

硬貨《こうか》	１枚の重さ
１円玉	１グラム
５円玉	3.75グラム
10円玉	4.5グラム

＊図は天びんのようすを示したもので，実際の長さに従って縮尺したものではありません。

【天びんの作り方】
・棒の両はしに糸で皿Ａと皿Ｆをつるした。
・棒の中心から(①)cm だけはなれた左右の位置に，皿Ｂと皿Ｅをつるした。
・棒の中心から(②)cm だけはなれた左右の位置に，皿Ｃと皿Ｄをつるした。なお，②は①よりも小さい。
・皿がぶつからないように，糸の長さを変えて皿をつるした。
・以上のように６つの皿をつるしたら，棒はつりあった。

【天びんの使用方法】
・(③)円玉は，皿Ａあるいは皿Ｆの一方だけにのせることができる。
・(④)円玉は，皿Ｂあるいは皿Ｅの一方だけにのせることができる。
・(⑤)円玉は，皿Ｃあるいは皿Ｄの一方だけにのせることができる。

1．①～⑤に入る数を答えなさい。

2．棒がつりあったとき，合計金額だけでなく，左側の３つの皿にのっている硬貨の合計枚数と右側の３つの皿にのっている硬貨の合計枚数が等しくなる場合がある。このときに使用した硬貨の総枚数(皿Ａ～Ｆにある硬貨の合計枚数)が最も少ないときの各硬貨の枚数を答えなさい。

3．硬貨の総枚数が50枚でつりあった。このときに使用した硬貨の総金額(皿Ａ～Ｆにある硬貨の金額合計)が最も多い場合と最も少ない場合について，各硬貨の枚数を答えなさい。なお，必要があれば下の図を利用しなさい。

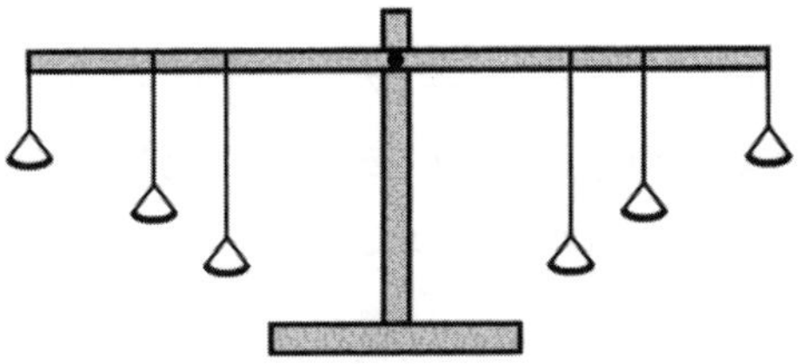

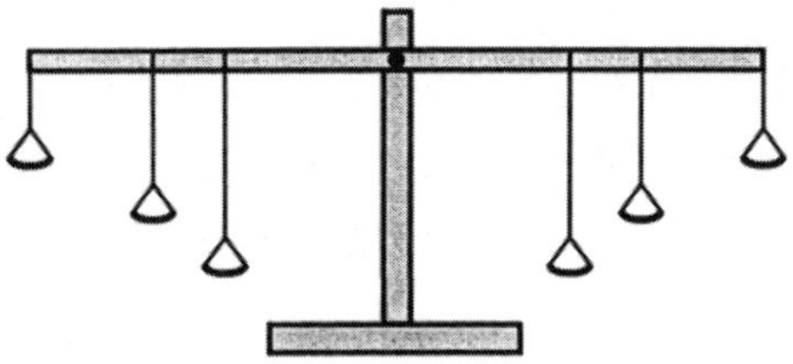

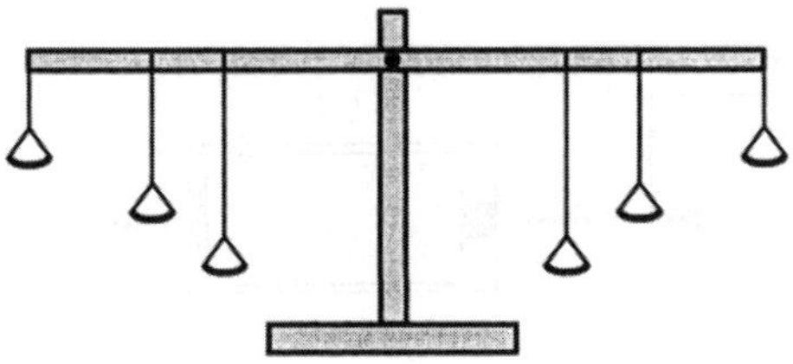

7　同じ種類の２つのプロペラ付きモーターと豆電球を用意し，下図のようにつないだ。それらの間にあるたんしＡ～Ｃのうち１つをかん電池の＋極に，残りのうち１つをかん電池の－極に導線でつないだ。そして，６通りのつなぎ方それぞれについて，モーターの回転する向きと速さ，豆電球の明るさを調べて表にまとめた。後の各問いに答えなさい。

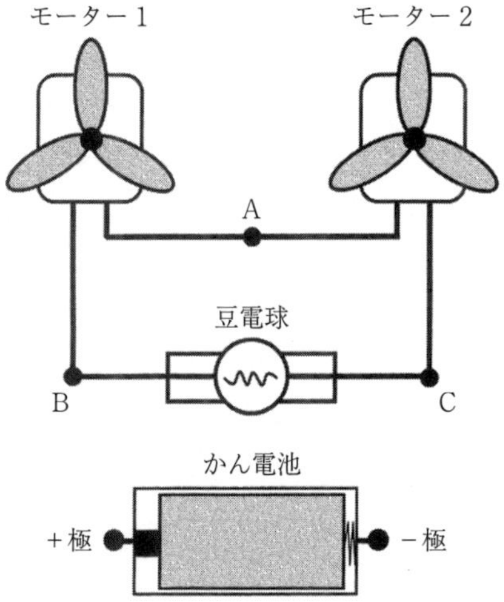

表：モーターと豆電球のようす(一部だけが記入されている)

つなぎ方			モーター１	モーター２	豆電球
記号	＋極	－極			
ア	A	B		時計まわりに	
イ	A	C			暗くつく
ウ	B	A	時計まわりに		
エ	B	C			
オ	C	A			
カ	C	B			

1．表のつなぎ方の記号ア～カのうち，①～⑤のそれぞれにあてはまるつなぎ方をすべて選びなさい。また，あてはまるつなぎ方がない場合には「なし」と答えなさい。

①　豆電球がイよりも明るくなるつなぎ方

②　２つのモーターの回転する向きが異なるつなぎ方

③　２つのモーターの回転する向きも速さも同じつなぎ方

④　２つのモーターの回転する向きが異なり，速さが同じつなぎ方

⑤　２つのモーターの回転する向きが異なり，時計まわりに回転するモーターの方が速いつなぎ方

2．次に，かん電池と切りかえスイッチを下図のようにつないだものを用意した。そして，３本の導線を使ってたんしＡ～ＣのどれかとたんしＤ～Ｆのどれかをつないだ。すると，下のような結果になった。３本の導線のつなぎ方を例にならって答えなさい。

例：Ａと○，Ｂと□，Ｃと△

【結果】　切りかえスイッチをＤに入れたら豆電球はつき，２つのモーターは同じ速さで回転した。次に，切りかえスイッチをＥに入れたら豆電球はつき，２つのモーターは異なる向きに回転した。そして，反時計まわりに回転するモーターの方が速かった。

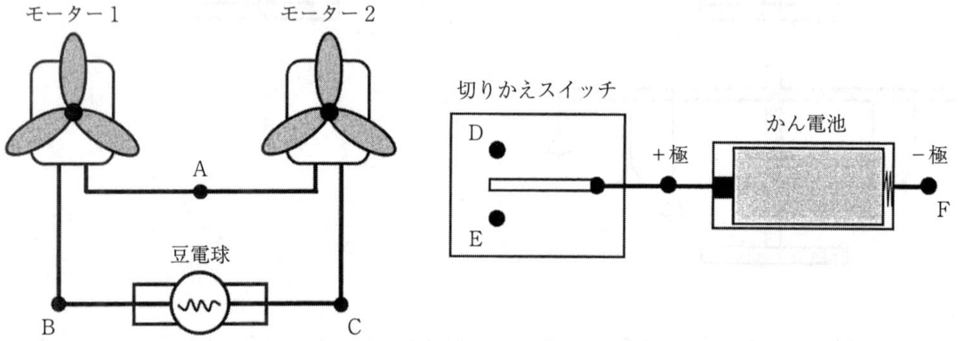

四　次の詩を読んで、あとの問いに答えなさい。

秋の砂　　木坂《きさか》　涼《りょう》

そんなに
いいことはないよ　と

海に
言ってみる

海が
波のさきを
砂浜《すなはま》にひっかけ
ひっかけ
陸へ
あがりたそうにしているから

わたしは
足あとを
波のさきにのこした
ひんやり湿《しめ》った
秋の砂に

海に嫌味《いやみ》を言ったあとの
苦笑《くしょう》で
すこし軽くなった足あとを

問一　「そんなに／いいことはないよ」と言ったときの「わたし」の気持ちを答えなさい。

問二　「足あとを／波のさきにのこした」のはなぜですか。

わかりっこないんだよ」と僕は友人の息子に言いました。

「死ぬのはいつも他人ばかりだから、他人の死についてああだ、こうだ、考えても、結局、堂々巡《どうどうめぐ》りだ。それよりも今日、君がどう生きたかを考えたらどうだろう。今日という二度と来ない一日を、どう生きたか、そして君は今日、どう死んでゆくのか」

「僕は今日、もうじき死ぬの？」

「そうだよ、君は毎日死ぬ。今日という日も死ぬ。君がいようといまいとおかまいなしに今日は終わる。そして今日生きた君は、明日にはいない。二〇一三年八月一日に生きた君は、今、午後十時だから、あと二時間で死ぬんだ。だから問題は死にざまじゃなく、今だ。今、どう生きているかだ。それも長さじゃない。さっきテレビで見た動物の赤ちゃんだって三か月生きたあと食われた。その三か月をどう過ごしたか。百年生きるのも三か月も、生きた事にかわりはない。日々、どう生きたかだけが問題なんだ。〝輝《かがや》ける生〟を生きるかどうか」

「ならばあの赤ちゃんも、もしかしたら〝輝ける生〟を生きたかもしれないということ？」

「まさしくその通り、だから誰もが平等に、死を持っているのだよ」

「不完全な死体として生まれた」僕たちは何十年かかって「完全な死体となる」と、寺山修司は書きました。すべての死には、必ず何か意味があると僕は思うのです。つまり、すべての生に、何か人間には到《とう》底《てい》理解できない「秘密」があって、④完全な死体になった時、「秘密」は熟すんだと思います。

（園《その》　子温《しおん》「死を刻む」による）

〈注〉　刹那《せつな》…きわめて短い時間。
憶測《おくそく》…自分でかってにおしはかること。
放棄《ほうき》…投げ捨ててかえりみないこと。

問一　――①「『小さな死』」とはどのようなものですか。

問二　――②「死は、いつだって僕《ぼく》たちをふりだしに戻《もど》してきた」とはどういうことですか。次のア～エからもっともふさわしいものを一つ選び、記号で答えなさい。

ア　人間の死の訪《おとず》れは日々《ひび》、一瞬《いっしゅん》一瞬のできごとなので、終わったと思っても次の瞬間にはまた始まっている。

イ　人間は死の恐《おそ》ろしさを克服《こくふく》するための様々《さまざま》な解決のしかたを考えたが、どれもうまくいかなかった。

ウ　人間の死の目的を他人が理解するのは難しく、理解したと思ってもそれが不十分だとすぐわかってしまう。

エ　人間は死の訪れに影響《えいきょう》をあたえることができないので、自分の生き方だけを真剣《しんけん》に考えるべきだ。

問三　――③「『小さな自殺』」とはどのようなものですか。

問四　[1]～[4]にあてはまるもっともふさわしい語を次のア～ウからそれぞれ一つ選び、記号で答えなさい。同じ記号を何度用いてもかまいません。

ア　知人　　イ　他人　　ウ　本人

問五　――④「完全な死体になった時、『秘密』は熟す」とは、どういうことですか。

三

カタカナは漢字に直し、全体をていねいに大きく一行で書きなさい。

リョウヤクはクチにニガし。

最後に完全に死体になる瞬間も、貴重な一瞬ですが何気なく通り過ぎていく今日という永遠にやってこない一日の刹那《せつな》もまたとても貴重だし、考えれば考えるほど……恐ろしくも切ない。こうやって人は日々、死を重ねて、生きていく。

それが年齢《ねんれい》となるのです。五歳《さい》の人は、一年を五回死んで五歳になったんです。

僕は今年五十一歳なので、夏が五十一回も死んだ。一年が五十一回過ぎて死んで五十一歳になった。

春夏秋冬が毎年やってきて、今日は今年の夏が死んでゆく。毎年死んでいった夏が、また今年新しくやってきて、五十一回目の真新しい夏が、やがて去年のように再び死んでいきます。こうして、人は年をとっていき、最後に本当に死にます。寺山修司《てらやましゅうじ》という詩人にこんな詩があります。

「昭和十年十二月十日に
ぼくは不完全な死体として生まれ
何十年かかって
完全な死体となるのである」

人間という考える生きものが生まれてきてこのかた、無数の人々が死にうろたえ、死をおそれたことでしょう。そして死を哲学《てつがく》し、宗教をつくり、あの世を考え、天国と地獄《じごく》について考え、あの手この手をつかって、死という不条理に対して、何とか着地点を見つけようとしてきた。

でも、②死は、いつだって僕たちをふりだしに戻《もど》してきた。

だって、死んだ後のことは誰も知らないから、死について大部分が憶測《おくそく》にすぎないままで終わってしまうんだ。死はたしかに恐ろしい。

毎年、季節が巡《めぐ》り、死んでゆくのも切ない。泡《あわ》のように消えていく日々も、空《むな》しい。それでも、もっとも恐ろしいのは考えることをやめる、という死であると僕は思います。自殺はよくない、とみんなは言いますが、考えることをやめること、生きたいように生きる事をあきらめる事、放棄《ほうき》する事もまた「小さい自殺」。

③「小さな自殺」の積み重ねは、物理的に自殺することへと少しずつ移動していきます。

詩人の寺山修司の「完全なる死体」になるためにも、不完全な死体の日々、生きる事をあきらめずに、妥協《だきょう》せずに、ゆっくりと歩いていこうと僕はいつも思っている。

「何の目的で生きているんだ？」

友人の息子《むすこ》さんは、他の動物に食べられてしまった生まれたて三か月の動物の赤ちゃんについて考えて悩《なや》みました。

「目的は食べられること？　そんなの目的？」

死ぬのはいつも他人ばかり　マルセル・デュシャン（芸術家）

マルセル・デュシャンという芸術家の放った一言は、大変、興味深いと思います。

いくら考えても、[1]や見知らぬ動物の赤ちゃんの生の目的がわかるわけがないのです。一年前、突然《とつぜん》、自殺してしまった僕の知人も、何の理由で死んだかはっきりしませんでした。「死ぬのはいつも他人ばかり」であって、彼らが何を思っていたかもわかりません。だって[2]だから。「生きている喜び」を生前感じていたか、「生きていてよかったなあ」と実感したかは、[3]にしかわからない。[4]にわかりっこない。

「僕や君が、どう考えても、動物の赤ちゃんが、何をどう感じてたかチエコさんが私の方を見上げてる。私は両手でぎゅっと抱《だ》きしめた。タカさんの家のお線香の匂《にお》いが、ふーっとのぼってきた。

私はトンネルの方へよろよろと歩いていった。トンネルの中はいつものように暗い。まわりに吹《ふ》いている風が、ひゅーっと中に吸い込まれていく。誰《だれ》かが中から引っ張っているみたい。私はきをつけをした。だれもいないから思い切って大きな声を出した。

「わたしは松田村国民学校　四年二組西田イコでーす。ここに疎開してます。今日もこれからお歌を歌います」

「ももたろうさん」

歌いかけて、自分でも変なことをしているような気がした。この間は鼻歌みたいだったけど、④今日は声を張り上げている。でもかまわず続けた。

「ももたろうさん　ももたろうさん
おこしにつけた　きびだんごー
ひとつ　わたしにくださいな」

小さい時、タカさんのお茶の間で踏《ふ》み台に乗って歌ったときのことを思い出した。あの時のように、タカさんの拍手《はくしゅ》はないけど、声は森の中に流れ込んでいった。不安や、心配を、森が少し吸い取ってくれてるような感じがする。

恐《こわ》くていやな森なのに。いつも、「イコが通ります」っておまじない言ってるのが良かったのかもしれない。私がここにいるって、知ってもらえたのかもしれない。気持ちが少し元気になってきた。

（角野栄子《かどのえいこ》『トンネルの森　１９４５』による）

〈注〉供出…政府などの要請《ようせい》によって物資をさし出すこと。

チエコさん…タカが手ぬぐいを縫《ぬ》って作ってくれた人形の名前。

トンネル…イコの家の近くにある、周りの木々がしげってトンネルのようになった道。

国民学校…現在の小学校にあたる。

問一　――①「『きれい』と思わず言いかけて、口を押《お》さえた」のはなぜですか。

問二　――②「私は半分横を向きながら聞いていた」とありますが、このときの「私」の気持ちを答えなさい。

問三　――③「光子《みつこ》さんは苦笑いをした」とありますが、このときの「光子さん」の気持ちを答えなさい。

問四　――④「今日は声を張り上げている」のはなぜですか。

二

次の文章を読んで、あとの問いに答えなさい。

この文章を僕《ぼく》が書いている今日の日付は、二〇一三年八月一日です。来年再び八月一日はやってきますが、それは二〇一四年の八月一日であって、まったく同じ日ではない。この二〇一三年の八月一日という今日は今日死ぬのです。

これもまた一つの死です。小さな死。小さな不条理。

死とは、いつか訪《おとず》れる呼吸の止まる時、心臓が停止して、死体になる時だけではありません。死は日々《ひび》、一瞬《いっしゅん》一瞬、やってきている。生まれてきた瞬間から、常に死に向かってものすごい速度で近づいていて、小さな死は日々、一瞬一瞬、訪れている。今日というこの日は、今日死ぬのです。

この八月一日は今日しかなく、永遠にやってこない。

明日になったら別の日。八月二日には、八月一日は死んでしまったんです。だけど誰《だれ》もが①「小さな死」を見過ごして生きている。最後の最後に「物理的にやってくる」死体になる瞬間以外でも、常に、死を刻んでいることが、僕には最も恐《おそ》ろしい事に思えるのです。

平成二十八年度 筑波大学附属駒場中学校

【国 語】（四〇分）〈満点：一〇〇点〉

〔注意〕本文には、問題作成のため、省略や表記を変えたところがあります。

一　主人公の西田《にしだ》イコは、東京から少し離れた松田村に疎開《そかい》しました。そして、東京に残った父のセイゾウや父方の祖母のタカと別れ、実母の死後に継母《ままはは》となった光子《みつこ》、異母弟《いぼてい》のヒロシと三人で暮らしはじめます。次の文章を読んで、あとの問いに答えなさい。

一年とちょっと前、アッツ島という北の方の小さな島で、日本は初めて戦いに負けたと発表された。今まで、負けたことがなかったから、みんな驚《おどろ》いた。日本が負けるなんて、そんなこと起こるわけがない。すぐに取り返す、大人たちはみんなそう思っていた。でもなんでもないと強がりを言いながらも、ここにきてみんなの気持ちも少しずつ変わってきたように見える。

村の人が食べ物を売ってくれなくなったのだ。政府からの供出も厳しくなったうえに戦争が長引くのではないかと心配して、自分の家の蓄《たくわ》えに回してしまう。

「ない、ないって言いながら、しまいこんでるのよ。この頃《ごろ》、お金じゃ売ってくれないの。セイゾウさんは、自分の洋服や着物で換《か》えてもらったらいいと言うけど、男の人の着物はほしがらないの」

光子さんはお米が少なくなった米櫃《こめびつ》を覗《のぞ》くたびに不安そうに言った。

そして箪笥《たんす》の引き出しをあけて、あれこれひっくり返し、自分の着物を一枚引っ張り出すと、座《すわ》り込《こ》んで、膝《ひざ》の上にさっと広げた。きれいな着物がごつごつしたむしろのうえに広がった。

①「きれい」と思わず言いかけて、口を押《お》さえた。光子さんはゆっくりめの調子で、着物をさすりながらつぶやく。

「これね、おかあさんがね、なくなるちょっと前に、上野《うえの》のデパートで、私に誂《あつら》えてくれたのよ。京都《きょうと》の友禅《ゆうぜん》。この薄《うす》紅色きれいでしょ。模様はおめでた尽《づ》くし。お正月の初もうでに、浅草《あさくさ》の浅草寺《せんそうじ》に着ていったの。懐《なつ》かしいわ。いい時代だった。ちょっと前のことなのにね」

懐かしさたっぷり、未練たっぷりだ。②私は半分横を向きながら聞いていた。

そうですか、よかったですね、優《やさ》しいおかあさんがいて。

「しょうがないわ。思い切ってお米に換えましょう。急いで行ってくるわね。何軒《けん》もまわらないといけないかもしれないから、イコちゃん、ヒロシをおんぶして待っててくれる」

「うん、いいよ」

私は答えた。私の食べる分も、この光子さんの着物に入っていると思うと、気が重い。

私はこのおんぶが大嫌《きら》い。ヒロシはもうとっとと歩けるのに、光子さんは出掛《でか》けるときは必ず私におんぶをたのむ。怪我《けが》でもしたら大変と思っているのだ。

「ヒロシ、イコちゃんとお留守番、お願いね」

光子さんは私の背中に、ヒロシを括《くく》りつけようとする。私はあわててチエコさんをまえに抱《かか》え込《こ》んだ。

「あら、またなの、イコちゃん」

③光子さんは苦笑いをした。いつも私にはイコちゃんと「ちゃん」をつける。ヒロシは呼び捨てなのに。遠慮《えんりょ》してるんだ。

背中がもわっと温かくなる。ヒロシはおんぶされると、いつもすぐ寝てしまう。動かなくて、楽だけど、なぜかすごく重くなる。抱えた

平成28年度

筑波大学附属駒場中学校　▶解説と解答

算　数　(40分)＜満点：100点＞

解　答

1 ⑴ 120　⑵ 210回　⑶ **最も小さい数**…120，**最も大きい数**…6400　⑷ 2，6，10，16回　**2** ⑴ ㋐ 10個　㋑ 13個　⑵ 2070個　⑶ 正673角形　**3** ⑴ **最初**…54秒後，**2度目**…90秒後，**3度目**…126秒後　⑵ 18，45，135，162，225，234，306，315秒後　⑶ 30，150秒後　**4** ⑴ $53\frac{1}{3}$cm²　⑵ 56cm²　⑶ $33\frac{1}{3}$cm²

解　説

1 ***N*進数，倍数**

⑴　表示される数は1回目から順に，1，10，11，20，21，100，101，110，111，120，…となるから，ボタンを10回おしたときに表示される数は120である。

⑵　一の位の数はボタンを2回おすごとに0になり，十の位の数は，一の位の数が0に変わるごとに，0→1→2→0→1→…と変わるので，ボタンを，2×3＝6(回)おすごとに0になる。さらに，百の位の数は，十の位の数が0に変わるごとに，0→1→2→3→4→0→…の順に変わるから，ボタンを，6×5＝30(回)おすごとに0になり，同時に，千の位の数は，0→1→2→3→4→5→6→0→1→…の順に変わる。よって，千の位の数が6から0に変わるのは，ボタンを，30×7＝210(回)おしたときなので，機械に0が表示されてから次に再び0が表示されるのは，ボタンを210回おしたときになる。

⑶　(1)より，最も小さい8の倍数は120である。また，8の倍数は下3桁《けた》が8の倍数だから，最も大きい8の倍数は6400となる。

⑷　表示できる3桁の8の倍数は，120，200，320，400で，これらの数を10進数で表すとそれぞれ，10，6×2＝12，6×3＋2×2＝22，6×4＝24だから，0が表示されてからこれらの数が表示されるまでのボタンをおす回数はそれぞれ10回，12回，22回，24回となる。また，1000はボタンを30回おしたときに表示される。さらに，6400はボタンを，30×6＋24＝204(回)おしたときに表示され，その次に120が表示されるのは，あと，(210－204)＋10＝16(回)おしたときになる。よって，別の8の倍数が表示されるまでにおしたボタンの回数は，12－10＝2(回)，22－12＝10(回)，30－24＝6(回)，16回の場合が考えられる。

2 **平面図形―図形と規則，構成**

(ア)

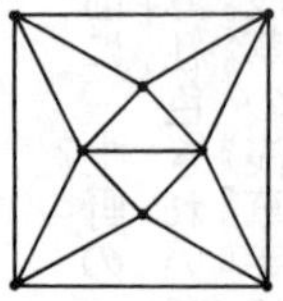

(イ)

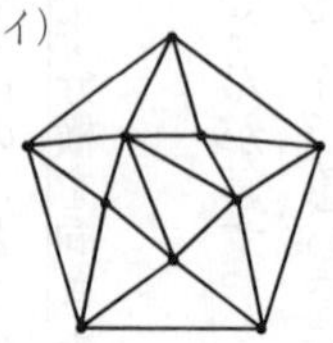

⑴　㋐　左の図㋐のように，正方形と4点の場合，正方形の1辺を底辺とする三角形が4個，4個の点を結んでできる四角形の1辺を底辺とする三角形が，四角形の外側に4個，内側に2個できるから，三角形は全部で，4＋4＋2＝10(個)できる。　㋑　左の図㋑のように，正五角形と

5点の場合，正五角形の1辺を底辺とする三角形が5個，5個の点を結んでできる五角形の外と内にそれぞれ5個，3個できるから，三角形は全部で，5×2＋3＝13(個)できる。

(2)　正2016角形と28個の点のとき，正2016角形の1辺を底辺とする三角形が2016個，28個の点を結んでできる28角形の1辺を底辺とする三角形は，28角形の外側に28個，内側に，28－2＝26(個)できるから，三角形は全部で，2016＋28＋26＝2070(個)できる。

(3)　正多角形の頂点の個数と内側の点の個数をNとすると，正多角形の1辺を底辺とする三角形がN個，内側のN個の点を結んでできるN角形の1辺を底辺とする三角形が，N角形の外側にN個，内側に(N－2)個できるから，三角形は全部で，N＋N＋(N－2)＝N×3－2(個)できる。よって，正多角形の内側に三角形が2016個以上できるとき，(2016＋2)÷3＝672.6…より，このような正多角形のうち，最も頂点の数が少ないものは正673角形である。

3　旅人算

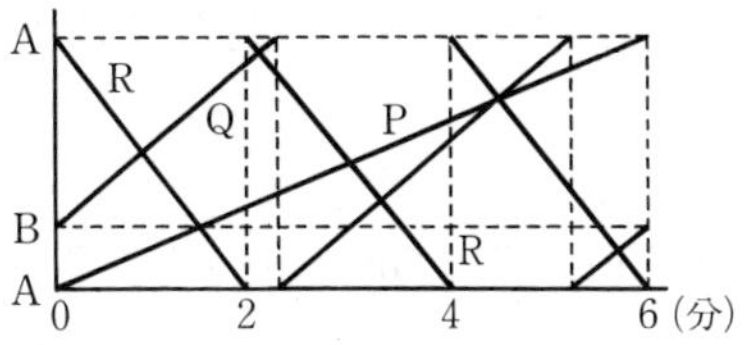

(1)　3点P，Q，Rの動きをグラフにすると左のようになる。ここで，円周の長さを360とすると，1秒間にP，Q，Rはそれぞれ，360÷6÷60＝1，360×2÷6÷60＝2，360×3÷6÷60＝3だけ動く。よって，QとRが初めて重なるのは，270÷(2＋3)＝54(秒後)，PとRが初めて重なるのは，360÷(1＋3)＝90(秒後)，QとRが2度目に重なるのは，54＋360÷(2＋3)＝54＋72＝126(秒後)なので，図形PQRが初めて三角形にならないのは，動き始めてから54秒後であり，2度目，3度目はそれぞれ90秒後，126秒後となる。

(2)　三角形PQRの辺上に中心Oがあるのは，P，Q，Rのうちの2点が半周分だけ離《はな》れたときである。ここで，PQが中心Oを通るのは，(180－90)÷(2－1)＝90(秒後)の1回であるが，(1)より，このとき，PとRは重なっているから，ふさわしくない。次に，PRが初めて中心Oを通るのは，180÷(1＋3)＝45(秒後)で，360÷4＝90(秒)ごとに中心Oを通るから，2度目は，45＋90＝135(秒後)，3度目，4度目はそれぞれ225秒後，315秒後である。また，QRが初めて中心Oを通るのは，(270－180)÷(2＋3)＝18(秒後)で，360÷5＝72(秒)ごとに中心Oを通るから，18＋72＝90，90＋72＝162より，2度目は162秒後である。同様に，3度目，4度目はそれぞれ234秒後，306秒後である。したがって，三角形PQRの辺上に中心Oがあるのは，動き始めてから，18秒後，45秒後，135秒後，162秒後，225秒後，234秒後，306秒後，315秒後となる。

(3)　図形PQRが正三角形になるのは，3点P，Q，Rが，360÷3＝120ずつ離れたときである。ここで，PとQが初めて120離れるのは，(120－90)÷(2－1)＝30(秒後)で，このとき，PとRは，(1＋3)×30＝120離れるから，三角形PQRは正三角形になる。PとQが次に120離れるのは，(270－120)÷(2－1)＝150(秒後)で，このとき，PとRは，(1＋3)×150＝600，360×2－600＝120より，120だけ離れるから，このときも正三角形になる。また，この後PとQが120だけ離れることはない。よって，図形PQRが正三角形になるのは，動き始めてから30秒後と150秒後の2回である。

4　平面図形―辺の比と面積の比，相似

(1)　下の図1で，三角形EPHと三角形EDIの高さの比は，EP：EDと等しく1：3であり，三角形EDIの高さは三角形ABCの高さの$\frac{1}{5}$である。よって，三角形PBCと三角形ABCの高さの比は，(3

図１
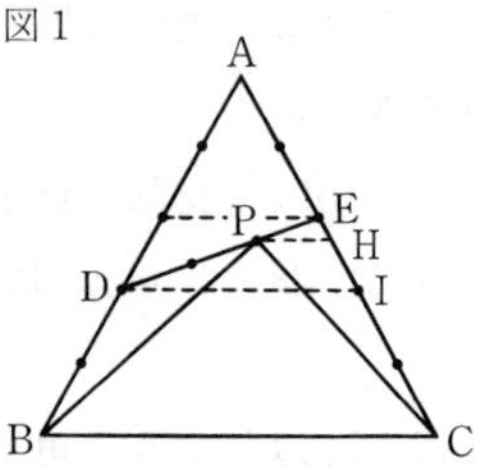

図２
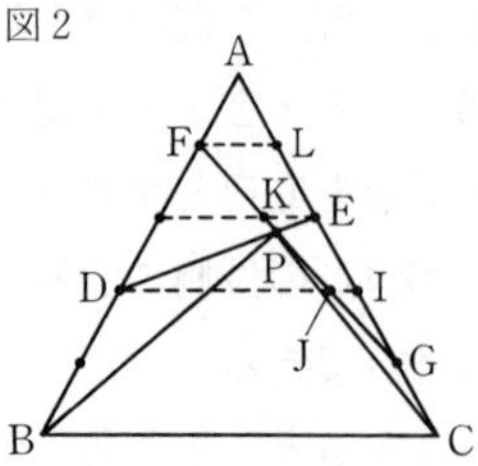

図３
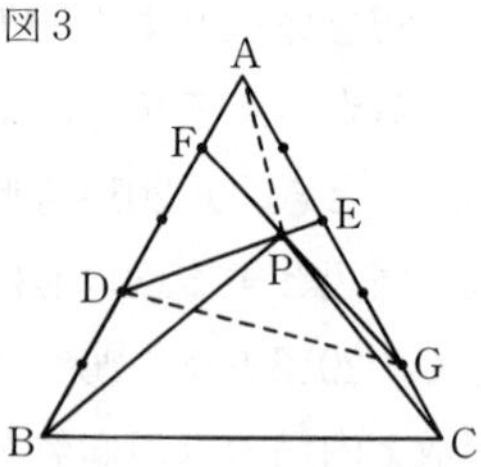

図４
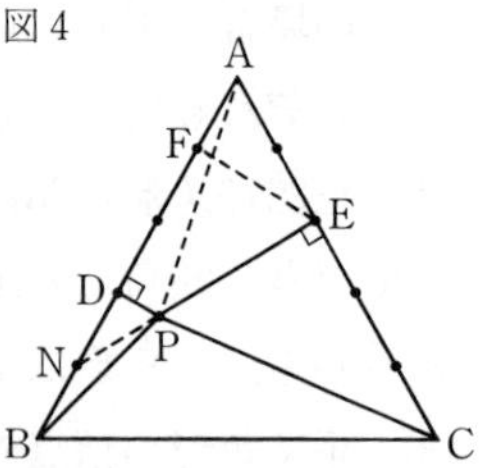

×３－１）：（３×５）＝８：15で，面積の比と等しいから，三角形PBCの面積は，$100\times\frac{8}{15}=\frac{160}{3}=53\frac{1}{3}$(cm²)となる。

〔ほかの解き方〕 三角形ADEの面積は，$100\times\frac{3}{5}\times\frac{2}{5}=24$(cm²)，三角形DBE，三角形DCEの面積はそれぞれ，$24\times\frac{2}{3}=16$(cm²)，$24\times\frac{3}{2}=36$(cm²)なので，三角形PDB，三角形PCEの面積はそれぞれ，$16\times\frac{2}{3}=10\frac{2}{3}$(cm²)，$36\times\frac{1}{3}=12$(cm²)である。よって，このとき，三角形PBCの面積は，$100-\left(24+10\frac{2}{3}+12\right)=53\frac{1}{3}$(cm²)となる。

⑵ 上の図２で，DI，KE，FLはBCと平行になるから，JI：KE：FL＝GI：GE：GL＝１：２：３であり，FL：DI＝１：３なので，KE：DJ＝２：（３×３－１）＝１：４となる。よって，三角形PKEの高さを１とすると，三角形PDJの高さは４，三角形PBC，三角形ABCの高さはそれぞれ，（１＋４）×３－１＝14，（１＋４）×５＝25だから，三角形PBCの面積は，$100\times\frac{14}{25}=56$(cm²)となる。

〔ほかの解き方〕 上の図３で，三角形APEの面積を１とすると，三角形APGの面積は２で，AF：FD＝１：２だから，三角形PDGの面積は，$2\times\frac{2}{1}=4$である。また，AE＝EGより，三角形ADPの面積も４であり，三角形ABP，三角形APCの面積はそれぞれ，$4\times\frac{5}{3}=\frac{20}{3}$，$1\times\frac{5}{2}=\frac{5}{2}$となる。さらに，⑴より，１＋４＝５は24cm²である。よって，このとき，三角形PBCの面積は，$100-\frac{24}{5}\times\left(\frac{20}{3}+\frac{5}{2}\right)=100-\frac{24}{5}\times\frac{55}{6}=100-44=56$(cm²)とわかる。

⑶ 上の図４で，EPの延長線とABとの交点をＮとすると，角BACは60度，角AENは90度なので，AE：AN＝１：２＝２：４である。つまり，Ｎは辺ABの５等分点の１つで，BN＝DNになる。次に，角BACは60度で，AF：AE＝１：２より，角AFEは90度だから，PDとEFは平行になる。よって，NP：NE＝ND：NF＝１：３，三角形ANEの面積は，$100\times\frac{4}{5}\times\frac{2}{5}=32$(cm²)なので，三角形ANP，三角形APEの面積はそれぞれ，$32\times\frac{1}{3}=\frac{32}{3}$(cm²)，$32\times\frac{2}{3}=\frac{64}{3}$(cm²)となる。したがって，三角形ABP，三角形APCの面積はそれぞれ，$\frac{32}{3}\times\frac{5}{4}=\frac{40}{3}=13\frac{1}{3}$(cm²)，$\frac{64}{3}\times\frac{5}{2}=\frac{160}{3}=53\frac{1}{3}$(cm²)だから，このとき，三角形PBCの面積は，$100-\left(13\frac{1}{3}+53\frac{1}{3}\right)=33\frac{1}{3}$(cm²)とわかる。

社　会　(40分)　＜満点：100点＞

解　答

[1]　**1**　**ア**　北上川　**イ**　合掌造り　**ウ**　竿燈(秋田竿燈まつり)　**2**　ア　**3**　ア，イ，ウ，カ　**4**　遺伝子　**5**　イ，エ　**6**　ア，エ　**7**　**稲**　イ　**小麦**　ア　[2]　**1**　**A**　聖武　**B**　行基　**C**　北条政子　**D**　松尾芭蕉　**2**　イ，ウ　**3**　ウ，エ　**4**　ア，オ　**5**　イ，エ　**6**　**2番目**…エ　**4番目**…イ　[3]　**1**　**2番目**…湾岸戦争　**4番目**…イラク戦争　**2**　イ，ウ　**3**　ア，オ　**4**　ア，オ　**5**　イ，ウ　**6**　イ，ウ　**7**　エ，オ

解　説

[1]　穀物の品種改良を題材とした問題

1　**ア**　Cは岩手県。県内第一の河川は北上川である。全国第5位の長さをもつ大河川で，岩手県を南北に貫くように流れ，追波《おっぱ》湾(宮城県)で太平洋に注いでいる。　**イ**　Aは富山県。県内の五《ご》箇山《かやま》に残る合掌《がっしょう》造り集落は，岐阜県白川郷の同集落とともに1995年にユネスコ(国連教育科学文化機関)の世界文化遺産に登録された。合掌造りは豪雪地帯にみられる民家の建築様式で，茅葺《かやぶ》き屋根の傾《かたむ》きを急にすることで，屋根に雪が積もって家がつぶれることがないようにしている。屋根裏部屋は養蚕などに利用される。　**ウ**　Bは秋田県。おもな伝統的祭りとしては秋田市の竿燈《かんとう》まつり(秋田竿燈まつり)が有名である。竿燈は毎年8月3日から6日にかけて行われる行事で，長い竹竿《たけざお》の先に多くの提灯《ちょうちん》をつり下げたものを腰や肩，額などで支え，町内を練り歩く。青森市のねぶた，仙台市の七夕とともに東北の三大祭りに数えられる。

2　味のよい代表的な銘柄《めいがら》米(ブランド米)として知られるコシヒカリは，「陸羽132号」をもとに品種改良を重ねてつくられた米の品種で，1956年に福井県の農業試験場で生み出され，その後，新潟県などで盛んに栽培されるようになった。現在は全国各地で栽培され，米の収穫量の36.5％を占《し》めている。統計資料は『日本国勢図会』2015／16年版による。なお，イは青森県，ウは山形県，オは北海道産の銘柄米で，エは東北地方を中心に栽培されている。

3　第2段落の中ほどに「収量に一番関係の深いのは粒《つぶ》の大きさよりも穂数である」「当時(大正時代)の栽培の中心となっていた早稲《わせ》(収穫時期が早い)品種」とあるので，アとイは正しくない。また，第2段落の最後の方には「昭和のはじめへ続くこの時期，東北地方は冷害と凶作《きょうさく》続きで農民は貧困の苦しみの中にいました」とあるので，ウも正しくない。また，第4段落より，メキシコでの小麦の品種改良にたずさわったのは「ボーローグ博士」で，「権次郎さんが自分の手がけた『小麦農林10号』のその後の活躍を知ったのは1968年のこと」だと読み取れるので，カも正しくない。なお，エについて，第2段落の後半に「病気に強く収量の多い『陸羽20号』と食味のよい『亀の尾』を交配して」つくり出されたのが「陸羽132号」だとあるので，この文は正しいと考えられる。オは，第3段落の最後の内容と合う。

4　生物の細胞内にある遺伝子に別の生物の遺伝子をくみこんだり，一部を置きかえたりしてその生物の性質に変更を加える技術を「遺伝子くみかえ」という。1990年代以降，野菜などさまざまな農産物でこの技術が用いられ，病害虫に強い品種や除草剤に強い品種などが生み出されてきた。し

かし，本来の生物の進化とは異なる方法でつくられたものであるため，安全性や，生態系に与える影響などを問題視する声もある。

5　アは1965年にノーベル物理学賞を，ウは1968年にノーベル文学賞を，オは2012年にノーベル医学・生理学賞を受賞した人物。イは国際連盟の事務次長を務めるとともに『武士道』などを著して日本文化を海外に紹介した科学者・教育者，エは破傷風《はしょうふう》の血清療法を発見するなどした細菌学者で，ともに世界的な活躍をした人物であるが，ノーベル賞は受賞していない。

6　権次郎さんが東京帝国大学に入学した1914年ころに農学実科の学生が受けていた授業の内容や，当時，権次郎さんが書いていた日記や手紙を調べれば，権次郎さんとケルネル田んぼとの関わりについての手がかりが得られるかもしれないので，アとエはあてはまる。他の３つからは，権次郎さんとケルネル田んぼの関わりについて読み取ることはできないと考えられる。

7　アの小麦，イの稲，ウのとうもろこしの３つは，世界三大穀物と呼ばれる。

2　奈良時代から大正時代までの歴史的なことがらについての問題

1　**A**　貴族間の争いやききん，伝染病などが続き，社会不安が高まる中で，仏教を厚く信仰した聖武《しょうむ》天皇は，仏の力で国を安らかに治めようと考え，741年に国分寺・国分尼《に》寺建立の詔《みことのり》を，743年には大仏造立の詔を出した。　**B**　行基は民間に布教活動をしながら，弟子や信者とともに橋やかんがい用の池・溝をつくるなど社会事業を行って人々の信望を集めたが，その活動が人心を惑《まど》わすとして当初，朝廷から弾圧された。しかし，その後に許され，大仏をつくる際にはその土木技術と動員力を買われて協力し，最高僧位の大僧正《だいそうじょう》に任じられた。　**C**　源頼朝の妻であったのは北条政子。頼朝の死後も「尼《あま》将軍」と呼ばれて大きな力をもち，承久の乱(1221年)の際には動揺《どうよう》する御家人たちを前に頼朝の御恩を説き団結を訴《うった》え，勝利に貢献《こうけん》した。　**D**　松尾芭蕉《ばしょう》は江戸時代前半に栄えた元禄文化を代表する俳人で，『奥の細道』などの著作で俳諧《はいかい》を芸術の域に高めた。

2　第５段落からは，大仏殿が「奈良時代のものよりも，間口が～せまくなってい」ることや，江戸時代の大仏の修復が「公慶《こうけい》の思いに共感した多くの人々」の「寄付」で成り立っていたことがわかるので，ア，エは正しくない。また，第７段落には，第二次世界大戦(1939～45年)の後に行われたのが「再建」ではなく「修理」であることがのべられているので，「焼失した」とあるオも正しくない。京都や奈良の文化財は，第二次世界大戦の際のアメリカ軍の空襲をまぬがれている。イについて，第３段落に，鎌倉時代に再建された大仏殿には「地震の揺れに強い中国の建築様式」が導入されたとあるので，正しい。このとき導入されたのは宋(中国)から伝わった天竺様《てんじくよう》という様式で，現在の南大門はこのとき再建されたものである。ウについて，第４・５段落より，1610年から「大仏は雨ざらしのままに置かれ」，その後大仏殿が再建されたのは1708年であることが読み取れるので，正しい。

3　ア，イ　平清盛は平治の乱(1159年)で源義朝《よしとも》を破ると，1167年には武士として初めて太政大《だいじょうだい》臣《じん》となって政治の実権をにぎった。その後も娘を天皇のきさきとしたり，後白河法皇の院政を停止したりするなど，強い権力をほこった。なお，清盛は太政大臣にはなったが，関白にはついていない。　　ウ，エ　平治の乱で敗れて伊豆に流されていた源頼朝は，北条氏など関東の有力な武士たちを味方につけ，1180年，打倒平氏の兵を挙げた。頼朝は鎌倉で指揮をとり，弟の義経を派遣して平氏を追討《ついとう》させた。義経率いる源氏の軍は一ノ谷(兵庫県)や屋島(香川県)で平氏を破り，1185年，壇ノ浦の戦い(山口県)でこれを滅ぼした。　オ　源氏の将軍は1219年に第３代将軍の源実朝《さねとも》が暗殺されたことで絶えた。承久の乱は，これを好機とみた後鳥羽《ごとば》上皇が1221年におこしたものである。

4　ア　戦国時代がはじまるきっかけとなった応仁の乱(1467～77年)は，第８代将軍足利義政の後継者をめぐる対立などが原因でおこった。　イ　1543年，種子《たねが》島に中国船が漂着し，乗っていたポルトガル人により日本に鉄砲が伝えられた。火縄銃《ひなわじゅう》と呼ばれた鉄砲はたちまち各地に広まり，堺(大阪府)や国友(滋賀県)などで大量に生産されるようになった。　ウ　1575年におきた長篠の戦いで，織田信長と徳川家康の連合軍は，鉄砲を巧みに用いた戦法で武田勝頼《かつより》の軍勢を破った。　エ　16世紀後半，スペインやポルトガルから多くの宣教師や商人が来日。彼らにより，地球儀《ぎ》・望遠鏡・活版印刷といった西洋の文物がもたらされた。ポルトガルがキリスト教の布教を認めた大名の領地に貿易船を寄港させたこともあり，大名の中にはみずから信者となる者(キリシタン大名)も現れた。　オ　相撲《すもう》・花火・落語が庶民の娯楽となったのは江戸時代のことである。

5　ア　参勤交代は1635年，江戸幕府の第３代将軍・徳川家光が武家諸法度《しょはっと》を改定した際に制度化された。　イ　江戸時代の農村は，名主(庄屋《しょうや》)・組頭・百姓代という村方三役や，本百姓らを中心に運営された。　ウ　江戸時代初期に行われた朱印船貿易では，東南アジア各地に日本人居留区である日本町が形成された。当時，明(中国)は鎖国政策をとっており，かつて行われた勘合《かんごう》貿易のような朝貢《ちょうこう》形式の貿易しか認めていなかったから，中国沿岸部には日本町はつくられていない。　エ　天保のききんのさなかの1837年，元大坂(大阪)町奉行所の与力であった大塩平八郎は，ききんに苦しむ人々の救済を奉行所に訴えたが拒否されたため，門弟や周辺の百姓などとともに挙兵し，大砲などで武装して市中に火をはなつなどした。これを大塩の乱というが，打ちこわしの一つと考えることもできるので，正しい。　オ　国学を研究し，幕末の政治に影響を与えた人物としては，本居宣長《もとおりのりなが》や平田篤胤《あつたね》らがあげられる。伊能忠敬は西洋の天文学や測量術などを学び，全国の沿岸を測量して正確な日本地図をつくった人物である。

6　アは1914年，イは1911年，ウは1904年，エは1905年，オは1910年の出来事。

3　現代の世界と日本の課題を題材とした問題

1　1990年，イラクが隣国《りんごく》のクウェートへ侵攻した。これに対して国連の安全保障理事会は軍事制裁を決議。翌91年，これに基づいてアメリカ軍を中心とする多国籍軍がイラクを攻撃し，イラク軍をクウェートから撤退《てったい》させた(湾岸戦争)。その後の2003年，イラクが大量破壊兵器を所持しているとしてアメリカ軍とイギリス軍などがこれを攻撃し，フセイン政権を崩壊《ほうかい》させた(イラク戦争)。リーマンショックは2008年，アメリカの大手投資銀行リーマンブラザーズが経営破たんし，これをきっかけに金融不安が広がり，投資や消費が大きく落ちこんで世界経済が不況に陥《おちい》った出来事である。アメリカ同時多発テロは2001年９月11日，アメリカでハイジャックされた４機の大型旅客機がニューヨークの高層ビルなどに突入し，多くの犠牲《ぎせい》者を出した事件で，世界中に大きな衝撃《しょうげき》を与えた。チェルノブイリ原発事故は1986年，旧ソ連(現在のウクライナ)のチェルノブイリ原子力発電所でおきた爆発・火災事故で，多数の死傷者を出したほか，ヨーロッパ諸国を含む広大な地域に放射性物質を拡散させた。

2　1980年代にはすでに都市部では過密，農山村では過疎《かそ》が社会問題となっていた。また，国政選挙における一票の格差をめぐる訴訟《そしょう》は1960年代からおこされているから，イは正しくない。また，財政不足を補う目的で消費税が導入されたのは1989年４月で，そのときの税率は３％であった。税率が５％に引き上げられたのは1997年４月からのことである。よって，ウも正しくない。

3　ア　2014年の時点で日本の総人口に占める65歳以上の高齢者の割合は26.0％であるから，総人口の３分の１には達していない。　イ　第４段落より，北海道は転出超過数が全都道府県の中で最も多いものの，札幌市は東京23区につぐ転入超過数なのだから，周辺の農村部から札幌市への転出が多いことがうかがえる。　ウ　2014年に転入超過数が一番多かったのは東京都で，その数はおよそ73300人となっている。　エ　第４段落の最後に「人口の50％以上が65歳以上の高齢者によって占められる，基礎的条件の厳しい集落(限界集落とも呼ばれる地域)も増加しているのです」とある。　オ　都道府県別にみると，2014年の転入超過数が多いのは，東京都・埼玉県(約14900人)・神奈川県(約12900人)・千葉県(約8400人)・愛知県(約6200人)・福岡県(約3900人)・宮城県(約2400人)である。統計資料は『データでみる県勢』2016年版による。

4　第４段落の中ほどに「無投票が続く市町村はいずれも高齢化や過疎化が深刻になり，将来に対応した政策の立案すら難しくなっているのが実情です」とあるように，首長が無投票で選ばれることは，民主主義の精神からも，さらには地域の発展を考える上でも望ましいことではないから，アは誤り。日本国憲法第99条は「天皇又《また》は摂政及《およ》び国務大臣，国会議員，裁判官その他の公務員は，この憲法を尊重し擁護《ようご》する義務を負う」と定めているから，オも誤り。

5　ア　アメリカはイギリスなどヨーロッパからの移民を中心に建国された国で，近年はメキシコなど中南米諸国からの移民が急増している。　イ　日本は移民の受け入れを高度な専門性や技術をもつ人材に限り認め，単純労働者については原則として認めていないことから，その数は極めて少ない。難民についても，その定義を厳格に解釈していることから，他の先進諸国と比べて受け入れの数は極めて少ないのが現状である。　ウ　国際連合は1951年に「難民の地位に関する条約」を，1967年に「難民の地位に関する議定書」を採択した。この２つを合わせて「難民条約」と呼んでいる。また，専門機関として国連難民高等弁務官事務所(UNHCR)が設けられている。　エ　難民条約に記されている難民の定義であり，この文は正しい。　オ　ドイツは人道的観点から，欧米諸国の中でも特に多く難民を受け入れているが，これは，同国が第二次世界大戦中に多数のユダヤ人などを迫害《はくがい》したことへの反省に基づくものといえる。

6　ア　Aにあてはまるのは「EU(欧州連合)」。経済統合を進めることで対立や国際紛争を防ぐねらいがあるから，この文は正しい。　イ　Bは「首長」。日本国憲法は地方自治を原則としているので，国が地方公共団体の首長に指示を出すことは認められない。　ウ　Cには「平和」などがあてはまると考えられるが，この文は政府開発援助(ODA)についてのべている。　エ　Dは「アフガニスタン」。日本は同国に対し，道路や用水路の建設といった援助を積極的に行っている。　オ　Eは「格差」。家庭間での経済格差が拡大すると，貧しいことが理由で子どもたちから教育の機会が奪《うば》われるおそれがある。　カ　Fは「基本的人権」。日本国憲法は第11条で，基本的人権を「侵すことのできない永久の権利」として保障している。

7　ア　ヨーロッパでは，テロへの恐怖《きょうふ》や失業率の悪化などを理由に，難民や移民の受け入れを拒否する動きも出ており，これを主張する政党も議席を伸ばしつつある。　イ　2015年11月，パリの商業施設やコンサート会場でIS(イスラム国)の戦闘員とみられるテロリストによる銃撃や爆破事件が起こり，多数の死者を出す惨事《さんじ》となった。　ウ　ギリシャの金融危機や難民問題の発生など，深刻な問題があいついでいることもあり，EU加盟国の中にもEUからの離脱に賛成する国民が増加する国が出てきている。イギリスでは，EUにとどまるかどうかを問う国民投票が，2016年6月に行われる。　エ　エボラ出血熱は熱帯地方で発生するウィルスを原因とする感染症で，致死率が極めて高いことで知られる。2014年には西アフリカのギニアやシエラレオネなどで広がったが，これに対し，イギリスやフランスはEUを通して資金援助や専門家の派遣などを行い，感染の拡大防止につとめた。　オ　2014年，ウクライナで親ロシア派の政権が倒れ，EU寄りの政権が発足すると，ロシアが軍事介入し，ウクライナ東部で戦闘となるとともに，ウクライナ領のクリミア自治共和国のロシアへの編入を強行するなどした。これに対しEUはロシアへの経済制裁を決定した。

理　科　(40分)　＜満点：100点＞

解　答

[1]　**1**　とうみん　**2**　えさ　**3**　ウ，カ　[2]　**1**　**A**　ア　**B**　イ　**C**　オ　**D**　ウ　**2**　顕微鏡，スライドガラス　[3]　**1**　**A**　ア　**B**　イ　**2**　**A**　イ　**B**　ウ　[4]　**1**　イ　**2**　エ　**3**　エ　[5]　**1**　オ　**2**　ア　**3**　(例)　断層　**4**　イ　**5**　オ　[6]　**1**　①　12　②　9　③　10　④　5　⑤　1　**2**　1円…5枚，5円…9枚，10円…4枚　**3**　**最多**　1円…10枚，5円…26枚，10円…14枚　**最少**　1円…45枚，5円…1枚，10円…4枚　[7]　**1**　①　エ，カ　②　ア，イ，ウ，オ　③　エ，カ　④　なし　⑤　イ，ウ　**2**　AとE，BとF，CとD

解　説

[1]　ほ乳類の冬眠についての問題

1　実験1で，ある小型のほ乳動物が活動をやめてほとんど動かずに過ごしている日が多く見られた時期を低温期とよんでいるので，低温期の状態は冬眠(とうみん)の時期にあたる。

2　動物は，えさ(食べ物)をとることで生活するためのエネルギーを得られる。野外で生きるほ乳動物が冬に冬眠状態になるのは，寒い冬の時期にはえさが不足するからである。

3　ア　実験1で，3月～10月の高温期には，低温期と同じくらいに体温が下がった時期はない。　イ　実験1より，低温期にも高温期と同じくらいに体温が上がるときがある。ただし，その周期は2週間に3～4回ほどなので，およそ4日に1度くらいの割合になっている。　ウ　実験2より，実験に用いたほ乳動物に低温期が見られるためには，気温が5℃くらいに下がることが必要であると考えられる。　エ　実験2で，明暗の変化する屋外に置いた個体①にも低温期が見られるため，周囲が暗くなくても低温期となる。　オ，カ　実験2の個体①のように明暗と気温が変化する屋外に置いたものでも，個体②～⑤のように常に5℃で暗い状態に置いたものでも，1年のうちに高温期と低温期がほぼ周期的に見られる。そのため，高温期に移るための条件が，気温が25℃ぐらいまで上がることとはいえない。また，低温期や高温期に移るための条件は気温だけではなく，他の要因もあると考えられる。

[2]　花のつくりと観察についての問題

1　多くの植物は，中心から周囲に向かって順に，めしべ(A)，おしべ(B)，花びら(C)，がく(D)がある。アはめしべの柱頭，イはおしべの先のやく，ウはがく，オは花びらについての説明になっている。なお，植物によっては，花に花びらやがくのないもの，め花のようにおしべのないもの，お花のようにめしべのないものがあり，エにあてはまるつくりはない。また，カについて，一般に，花粉が風によって運ばれる植物は目立つ花びらを持たず，花粉がこん虫によって運ばれる植物は目立つ花びらを持つという特ちょうがある。

２　花粉は非常に小さいので，観察するには顕《けん》微《び》鏡《きょう》が必要である。花粉を観察するときには，花粉をセロハンテープにつけてスライドガラスにはりつけたり，スライドガラスの上に水をたらし，筆の先で採った花粉をその上に落としてカバーガラスをかけたりしたものを，顕微鏡で観察する。

3　もののとけ方についての問題

１　ビーカーＡではミョウバンが水にとけているだけであり，この水よう液を蒸発皿で加熱すると，水が蒸発してミョウバンの固体が取り出せる。一方，ビーカーＢでは塩酸とスチールウール(鉄)が反応して，水素が発生し，塩化鉄というスチールウールとは別の物質ができて水にとけている。そのため，この水よう液を蒸発皿に取って温めると，塩化鉄の黄色い固体が出てくる。

２　ビーカーＡに入れたミョウバンは，水の温度が高くなるととける量が増える。よって，ビーカーＡを温めると，とけ残っているミョウバンの一部がさらにとけて，とけ残りの量が減る。ビーカーＢでスチールウールがとけ残ったのは，スチールウールと反応するうすい塩酸がなくなったためなので，水よう液を温めてもとけ残っているスチールウールは反応せず，その量は変化しない。

4　水の温まり方についての問題

１　温められた水は体積が大きくなるので，同じ体積あたりの重さがまだ温まっていないまわりの水よりも軽くなり，上に移動する。したがって，加熱部分に近い方からＣ→Ｂ→Ａの順に温まり，色が赤くなっていく。

２　冷やされた水は体積が小さくなるため，同じ体積あたりの重さがまわりの水よりも重くなり，下に移動していく。50℃くらいに温められたビーカーの水をＡの部分で冷やすと，Ａ→Ｂ→Ｃの順に色が青くなる。

３　はじめに，冷たい水と接している面積が最も大きい，ビーカーの底の部分にあるＣとＦが冷やされて青くなり，続いて中層のＢとＥ，水面のＡとＤの順に冷えて青色になっていく。温かい水は上に移動するので，水面付近は中層や下層よりも冷えにくい。

5　地温と気温，星座早見，地しん，月についての問題

１　太陽の熱は，大気を素通りしてまず地面を温め，地面の熱でその上の空気が暖められる。太陽からとどく熱の量が最も多いのは正午ごろで，地面の温度も気温も正午を過ぎてから最も高くなる。地面の温度は13時ごろ，気温は14時ごろ最高になる。また，地面は空気よりも温まりやすいので，地面の温度の方が気温より高くなる。

２　一般の星座早見の時間の目盛りは上側の小さなシートに反時計回りに，日付の目盛りは下側の大きなシートに時計回りに記されている。20時(夜の８時)から３時間後の23時の星空を観察するときには，小さなシートを少しずつ右に回して23時の目盛りを大きなシートの８月20日の日付にあわせればよい。また，星座早見で空の星を観察するときは，観察したい方角に向かって立ち，星座早見のその方角を下にして手で持ち，頭上にかざして空と見比べる。

３　大きな地しんが起きると，大地がずれて断層が地表に現れたり，地割れが起こったりすることがある。他にも，液状化現象や土地の隆《りゅう》起《き》などが見られる。

4　水中では，つぶが大きいものほどはやく沈《しず》み，つぶが小さいものはゆっくりと沈むので，つぶの大きさによって層に分かれてたい積し，上にいくほどつぶが小さくなる。

5　図のように，地球―月―太陽の順にならんだとき，月は地球から見ると太陽と同じ方向にあり，新月となる。

6　天びんのつりあいについての問題

1　天びんの作り方と使用方法より，同じ金額の硬貨《こうか》は，棒の中心(支点)から同じ距離《きょり》だけはなれた左右の皿どちらかにのせることになる。このとき，両替《りょうがえ》機として棒の左右で硬貨の合計金額が同じになってつりあうようにするためには，１つの皿に同じ金額だけ硬貨をのせたとき，どの皿も棒をかたむけるはたらき(モーメント)が等しくなるようにすればよい。たとえば，それぞれの硬貨で10円になるときの重さを考えると，１円玉10枚では，１×10＝10(グラム)，５円玉２枚では，3.75×２＝7.5(グラム)，10円玉１枚では4.5(グラム)となる。このことから，最も軽い10円玉が棒の中心から最もはなれた皿Ａと皿Ｆにのせることがわかり，最も重い１円玉が皿Ｃと皿Ｄ，５円玉が皿Ｂと皿Ｅにのせることになる。このとき，皿Ａや皿Ｆでのモーメントは，4.5×20＝90なので，棒の中心からの距離は，皿Ｂと皿Ｅが，90÷7.5＝12(cm)，皿Ｃと皿Ｄが，90÷10＝９(cm)と求められる。

2　棒のつりあいを考えるとき，同じ金額の硬貨をのせるとモーメントは等しくなるから，左右にのせた硬貨の金額より棒のつりあいを考えることができる。ここでは２種類の硬貨だけ用いると，棒の左右で硬貨の合計枚数が同じになることはないため，３種類の硬貨を用いることになる。なるべく少ない枚数でつりあわせるには，１円玉の枚数をなるべく少なくし，棒の左右どちらか一方に10円玉と１円玉，もう一方に５円玉をのせてつりあわせばよい。１円玉の枚数は５の倍数でないと左右の合計金額が等しくならないため，１円玉を５枚のせたときのつりあいを考えると，１円玉５枚と５円玉５枚をのせたとき，棒の左右では，５×５－１×５＝20(円)の差がある。この差を５円玉と10円玉を１枚ずつのせて同じ金額になるようにすると，20÷(10－５)＝４より，さらに４枚ずつ硬貨をのせたときとわかる。つまり，１円玉を５枚，５円玉を，５＋４＝９(枚)，10円玉を４枚のせたときとなる。

3　硬貨の総金額が最も多いときは，10円玉を多く用いた場合である。棒の左右で10円玉と５円玉を用いてつりあわせるとき，10円玉と５円玉の枚数は１：２となることから，50÷(１＋２)×１＝16.6…より，10円玉の枚数は16枚以下である。10円玉16枚のとき，５円玉と１円玉は合計，50－16＝34(枚)用いることになる。１円玉の枚数は５の倍数であることから右の表のような組みあわせが考えられるが，棒の左右で合計金額が同じになる組みあわせはない。10円玉15枚の場合も同様である。10円玉14枚にすると，棒の左右の一方に10円玉，もう一方に５円玉26枚と１円玉10枚をのせるとつりあい，これが硬貨の総金額が最も多いときの硬貨ののせ方になる。一方，硬貨の総金額が最も少ないときは，１円玉を最も多く用いた場合である。このとき，棒の左右のどちらか一方は１円玉をのせ，もう一方に10円玉と５円玉をのせればよい。１円玉の枚数は５の倍数でないと，

10円玉	５円玉	１円玉
16枚(160円)	34枚(170円)	０枚(０円)
	29枚(145円)	５枚(５円)
	⋮	⋮
15枚(150円)	35枚(175円)	０枚(０円)
	30枚(150円)	５枚(５円)
	25枚(125円)	10枚(10円)
	⋮	⋮
14枚(140円)	36枚(180円)	０枚(０円)
	31枚(155円)	５枚(５円)
	26枚(130円)	10枚(10円)
	⋮	⋮

棒の左右で同じ合計金額になることはないため，50－５＝45より，１円玉45枚のときのつりあいを考える。すると，10円玉４枚，５円玉１枚をのせれば，硬貨の合計枚数が50枚となってつりあうことになる。

7 モーターと豆電球の回路についての問題

1　ア～カのつなぎ方それぞれについて，モーター１の回転する向き，モーター２の回転する向き，モーター１とモーター２の回転する速さ，豆電球の明るさをまとめると，下の表のようになる。

つなぎ方			モーター１（回転の向き）	モーター２（回転の向き）	モーター１とモーター２の回転の速さ	豆電球
記号	＋極	－極				
ア	A	B	反時計回り	時計回り	モーター１の方が速い	暗くつく
イ	A	C	反時計回り	時計回り	モーター２の方が速い	暗くつく
ウ	B	A	時計回り	反時計回り	モーター１の方が速い	暗くつく
エ	B	C	時計回り	時計回り	どちらも同じ速さ	明るくつく
オ	C	A	時計回り	反時計回り	モーター２の方が速い	暗くつく
カ	C	B	反時計回り	反時計回り	どちらも同じ速さ	明るくつく

①　イは，豆電球とモーター１が直列につながる道すじと，モーター２につながる道すじが並列につながっていて，豆電球は暗くつく。エとカは，直列につながるモーター１とモーター２の道すじと，豆電球につながる道すじが並列につながっているため，豆電球はかん電池に単独でつないだときの明るさになり，明るくつく。　②　アとウより，モーター１とモーター２はどちらも図の左側から電流が流れると，時計回りに回転する。AとB，AとCの間にかん電池をつないだア，イ，ウ，オのとき，モーター１とモーター２で電流の流れる向きが逆になり，回転する向きも反対になる。　③　エとカは，モーター１とモーター２が直列につながるので，同じ大きさの電流が同じ向きから流れこみ，回転する向きも速さも同じである。　④　ア，イ，ウ，オの場合，２つのモーターは回転の向きが異なるが，一方は必ず豆電球と直列につながるので，回転の速さを同じにすることはできない。　⑤　イは反時計回りに回転するモーター１，ウは反時計回りに回転するモーター２が豆電球と直列につながるため，時計回りに回転するもう一方のモーターの方が大きな電流が流れて速く回転する。

2　モーターと切りかえスイッチを使った回路でのモーターの回転のようすから，スイッチをDに入れたときは上の表のエまたはカのつなぎ方，スイッチをEに入れたときは上の表のアまたはオのつなぎ方になっていると考えられる。かん電池と切りかえスイッチのたんしは，かん電池の－極側がFのみなので，スイッチを切りかえたときに，上の表で－極が同じたんしにつながるアとカのつなぎ方になればよい。よって，FとBを導線でつなぎ，DとC，EとAを導線でつないでいるとわかる。

国　語　(40分) <満点：100点>

解　答

一　**問１**　(例)　お米を手に入れるために手放さなければならない着物を「きれい」とほめてしまうと，光子さんによけいにつらい思いをさせると感じたから。　**問２**　(例)　実の母親と死に別れた自分の前で，優しい母親の思い出を懐かしさたっぷりに話す光子さんに対して，少しいじけるような気持ち。　**問3**　(例)　いつまでも祖母の作ってくれた人形を手放そうとしないイコのようすを見て，なかなか自分になじんでくれないことをさびしく思う気持ち。　**問4**　(例)　父や祖母と離れて，まだなじむことができない光子さんとヒロシとともに疎開生活を続けなければならないことから感じる不安や心配をふりはらい，自分がここにいることをだれかに知ってもらうことで，元気を取り戻したかったから。　**二**　**問1**　(例)　過ぎ去ってしまえば永遠にやってくることのない，とても貴重な一瞬一瞬の日々。　**問2**　イ　**問3**　(例)　生きる意味について考えることをやめたり，生きたいように生きることをあきらめたり，よりよく生きようとすることを放棄したりすること。　**問4**　**1**　イ　**2**　イ　**3**　ウ　**4**　イ　**問5**　(例)　生きる事をあきらめずに，妥協せずに，今をどう生きるかということを意識しながら〝輝ける生〟を生きていけば，やがて本当の死が訪れた時に，生きることや死の意味を実感することができるということ。　**三**　下記を参照のこと。　**四**　**問1**　(例)　生きていくことに疲れたような思いを自分自身が抱いているために，しきりに陸へとあがりたそうにしている海に対して，この世界はそれほどまでに追い求めるほどすばらしいものではないよと嫌味を言いたくなるような気持ち。　**問2**　(例)「そんなに／いいことはないよ」と海に嫌味を言ったものの，そんな世界の中で，自分もまた海のように何かを追い求めて生きていることに気づかされ，苦笑を覚えながらも気持ちが軽くなり，海に対する共感の思いを示したくなったから。

●漢字の書き取り

三　良薬は口に苦し。

解　説

一　**出典は角野栄子《かどのえいこ》の『トンネルの森　1945』による。**実の母親と死に別れた「私」(イコ)は，継《まま》母《はは》となった光子《みつこ》と，異母弟のヒロシと三人で疎開《そかい》生活を続けている。

問1　光子さんが「自分の着物」を出したのは，戦況《せんきょう》が悪化する中で，村でもお米をお金では売ってくれなくなったために，着物をお米に「換《か》えて」もらおうとしたためだということをおさえる。「私」はその着物を見て「きれい」と「言いかけ」たが，その言葉をあわててのみ込《こ》んだ。「私」もまた，その着物は，お米に「換え」るために手放さざるをえないことを理解しているのであり，「きれい」とほめてしまえば，光子さんによけいつらい思いをさせてしまうということを感じ取ったのだと推測できる。

問2　実の母親との思い出を「懐《なつ》かしさたっぷり，未練たっぷり」に話す光子さんに対して，「私」が「そうですか，よかったですね，優しいおかあさんがいて」と皮肉めいた感想を抱いていることに注意する。実の母と死に別れて，さびしい思いをしている「私」は，まだなじむことができないでいる継母の光子さんの思い出話を素直に聞くことができず，いじけたような気持ちになっているのである。

問3　「苦笑い」は，心の中では困ったことだと思いながらも，それを素直に表すこともできず，無理して笑うこと。ここでは，「私」が「チエコさん」を手放そうとしないようすを見て，「苦笑い」していることをおさえる。「チエコさん」は，「私」の祖母であるタカが手ぬぐいを縫《ぬ》って作ってくれた人形で，「私」にとっては血のつながった祖母や父とのきずなを感じられるものである。「私」がいつまでも「チエコさん」を手放そうとしないことは，それだけ光子さんになじんでくれていないことを感じさせる姿だといえる。光子さんはそのことをさびしく感じながらも，自分自身にもまだ「遠慮《えんりょ》」があるために，「苦笑い」するほかなかったのだと考えられる。

問4　「声を張り上げて」歌を歌うことで，「不安や，心配を，森が少し吸い取ってくれてるような感じ」がし，「私がここにいるって，知ってもらえたのかもしれない。気持ちが少し元気になってきた」と感じている点に注目する。父や祖母と離《はな》れ，継母の光子さんや異母弟のヒロシと三人だけで疎開生活を送らなければならないことで感じている「不安や，心配」，また，見知らぬ土地で心を通い合わせられる人がいないことをさびしく思う気持ちが「私」にはあった。それらの気持ちをふりはらいたいという思いが無意識のうちにあったために，「今日は声を張り上げて」歌ってしまったのだと読み取れる。

二　**出典は『特別授業　“死”について話そう』所収の「死を刻む(園子温《そのしおん》作)」による。**人生は，一度過ぎ去ってしまえば永遠にやってこない一瞬《いっしゅん》一瞬を生きることなのだとのべている。

問1　本文の最初で，「二〇一三年八月一日」は，来年またやってくる「八月一日」とは異なる日であって，「二〇一三年の八月一日という今日は今日死ぬ」と指摘《してき》した後，「これもまた一つの死です。小さな死」とのべていることに注目する。「何気なく通り過ぎていく今日」であっても，過ぎてしまえば「永遠にやってこない」という点で，「小さな死」と表現しているのである。

問2　「死にうろたえ，死をおそれた」人々が，「死を哲学《てつがく》し，宗教をつくり，あの世を考え，天国と地獄《じごく》について考え，あの手この手をつかって，死という不条理に対して，何とか着地点を見つけようとしてきた」とすぐ前にある。これは，「死」とは何かを理解し，そのおそろしさを克服《こくふく》しようとしたということである。それにもかかわらず，「死は，いつだって僕たちをふりだしに戻《もど》してきた」，つまり，死についてうろたえたり，おそれたりすることを克服することはできないままでいるというのである。その理由については，「死んだ後のことは誰《だれ》も知らないから，死について大部分が憶測《おくそく》にすぎないままで終わってしまう」からだと筆者はのべている。

問3　直前の部分に注目する。筆者は，物理的な自殺でなくとも，「考えることをやめること，生きたいように生きる事をあきらめる事，放棄《ほうき》する事もまた『小さい自殺』」だとのべている。どのようなことに対して「考えることをやめる」のかや，何を「放棄」するのかを補いながら解答をまとめる。

問4　**1**　いくら考えても「他人」の生の目的はわからないということである。筆者がこの後，「他人の死についてああだ，こうだ，考えても，結局堂々巡《めぐ》りだ」と言っていることにも注意する。「堂々巡り」は，同じようなことが繰《く》り返され，少しも前に進まないこと。　**2**　たとえ知人であっても「他人」なのだから，「彼らが何を思っていたのかもわかりません」というのである。　**3**　生前に「生きていてよかったなあ」と実感していたかどうかわかるのは，「本人」だけだと考えられる。　**4**　本人以外の「他人」には，わからないということ。

問5　「完全な死体」になるまでの時間を，どのように生きていくべきだと筆者がのべているかをおさえる。筆者は本文の中ほどで，「『完全なる死体』になるためにも～生きる事をあきらめずに，妥協《だきょう》せずに，ゆっくりと歩いていこうと僕はいつも思っている」とのべている。また，友人の息子との会話の中で，「君がどう生きたかを考えたらどうだろう」「問題は死にざまじゃなく，今だ。今，どう生きているかだ」「日々，どう生きたかだけが問題なんだ。〝輝《かがや》ける生〟を生きるかどうか」と語っている。そのように生きていくことで，生きることや死ぬことの「意味」という「何か人間には到底《とうてい》理解できない『秘密』」も見えてくるのではないかと考えているのである。

三 漢字の書き取り

「良薬は口に苦し」は，忠告は聞くのがつらいが，自分にとってためになるということ。

四 出典は木《き》坂《さか》涼《りょう》の詩「秋の砂」による。生きることに疲《つか》れたような思いでいた「わたし」が，陸へあがりたそうにしている海を見ることで，気持ちを軽くするようすをつづっている。

問1　「そんなに／いいことはないよ」とは，「陸へ／あがりたそうにしている」「海」に対してかけた言葉である。陸へあがったとしても，つまり，「わたし」が今生きている世界へ入ってきたとしても，「そんなに／いいことはない」と思うのは，「わたし」自身が今の世界をそのようにとらえているからである。「わたし」自身の疲れたような思いが感じられる表現である。そうであるのに，波を次々と打ち寄せて，しきりに陸へあがることを追い求めているようにも見える「海」に対して，「わたし」は「嫌味《いやみ》」の一つも言いたくなったのだと読み取れる。

問2　この「足あと」は，「海に嫌味を言ったあとの／苦笑で／すこし軽くなった足あと」であることに注意する。「嫌味」とは，陸にあがることを追い求めているように見える「海」に対して，「そんなに／いいことはないよ」と言ったことを指す。そのあとの「苦笑」とは，そう言いながらも，自分自身も「海」と同じように，「そんなに／いいことはない」にもかかわらず，何かを追い求めようとしてもがいているではないかということに気づかされたことによるものと推測できる。「嫌味」の一つも言いたくなるほどに何かを追い求めている「海」の姿は自分自身と重なって，何か仲間を見たような思いがして疲れていたような気持ちが軽くなったのであり，その共感の思いを伝えるために「足あと」をのこしたと考えることができる。

Dr.福井の

入試に勝つ！脳とからだのウルトラ科学

睡眠時間や休み時間も勉強!?

みんなは寝不足になっていないかな？　もしそうなら大変だ。睡眠時間が少ないと，体にも悪いし，脳にも悪い。なぜなら，眠っている間に，脳は海馬《かいば》という部分に記憶をくっつけているんだから。つまり，自分が眠っている間も頭は勉強しているわけだ。それに，成長ホルモン（体内に出される背をのばす薬みたいなもの）も眠っている間に出されている。昔から言われている「寝る子は育つ」は，医学的にも正しいことなんだ。

寝不足だと，勉強の成果も上がらないし，体も大きくなりにくく，いいことがない。だから，睡眠時間はちゃんと確保するように心がけよう。ただし，だからといって寝すぎるのもダメ。アメリカの学者タウブによると，10時間以上も眠ると，逆に能力や集中力がダウンしたという研究報告があるんだ。

睡眠時間と同じくらい大切なのが，休み時間だ。適度に休憩するのが勉強をはかどらせるコツといえる。何時間もぶっ続けで勉強するよりも，50分勉強して10分休むことをくり返すようにしたほうがよい。休み時間は，散歩や体操などをして体を動かそう。かたまった体をほぐして，つかれた脳を休ませるためだ。マンガを読んだりテレビを見たりするのは，頭を休めたことにならないから要注意！

頭の疲れに関連して，勉強の順序にもふれておこう。算数の応用問題や理科の計算問題，国語の読解問題などを勉強するときには，脳のおもに前頭葉という部分を使う。それに対して，国語の知識問題（漢字や語句など）や社会などの勉強では，おもに海馬《かいば》という部分を使う。したがって，それらを交互に勉強すると，１日中勉強しても疲れにくい。

Dr.福井（福井《ふくい》一成《かずしげ》）…医学博士。開成中・高から東大・文Ⅱに入学後，再受験して翌年東大・理Ⅲに合格。同大医学部卒。さまざまな勉強法や脳科学に関する著書多数。

平成27年度　筑波大学附属駒場中学校

〔電　話〕 (03) 3411－８５２１
〔所在地〕 〒154-0001　東京都世田谷区池尻４－７－１
〔交　通〕 京王井の頭線―「駒場東大前駅」より徒歩７分
東急田園都市線―「池尻大橋駅」より徒歩15分

【算　数】 （40分）〈満点：100点〉

【注意】 円周率は3.14を用いなさい。

1　分母と分子がともに整数である真分数（分子が分母より小さい分数）に対し，次のような操作《そうさ》を考えます。

その数の逆数が，
→ ア　帯分数で表せるとき，その帯分数の整数部分を消して，真分数にする。
→ イ　整数のとき，０にする。

上の操作を１回とかぞえ，操作の結果できた数に対して，この操作を０になるまでくり返し行います。

たとえば，最初の数が $\frac{3}{10}$ のときは，右のように，操作を２回行うと０になります。

最初の数	$\frac{3}{10}$
１回目の操作の結果	$\frac{1}{3}$
２回目の操作の結果	0

次の問いに答えなさい。

(1)　最初の数が $\frac{7}{27}$ のとき，操作を何回行うと０になりますか。

(2)　７個の数 $\frac{1}{8}$，$\frac{2}{8}$，$\frac{3}{8}$，$\frac{4}{8}$，$\frac{5}{8}$，$\frac{6}{8}$，$\frac{7}{8}$ のうち，０になるまでの操作の回数が最も多いものはどれですか。

(3)　ある真分数に操作をくり返し行ったところ，０になるまでに６回かかりました。最初の数として考えられるもののうち，分母が最も小さいものを答えなさい。

2　中学生と高校生の団体が博物館に入場します。入場料は，次のようになっています。

団体の人数の合計が59人以下のとき	中学生は１人300円，高校生は１人800円
団体の人数の合計が60人以上99人以下のとき	中学生は１人250円，高校生は１人700円
団体の人数の合計が100人以上のとき	中学生は１人200円，高校生は１人500円

たとえば，中学生40人と高校生50人の団体は，人数の合計が90人なので，入場料は合計45000円になります。

ある団体の入場料が合計35000円のとき，この団体の人数について，次の問いに答えなさい。

なお，この団体は，全員が中学生，あるいは全員が高校生でもよいものとします。

(1)　高校生の人数が40人の場合，中学生の人数は何人ですか。考えられるものをすべて答えなさい。

(2)　この団体の人数の合計は何人ですか。考えられるもののうち，最も多い場合と，最も少ない場合を答えなさい。

(3)　この団体の中学生と高校生の人数の組み合わせは，何通り考えられますか。

3 縦《たて》100個，横100個，全部で10000個のます目が書かれた表があります。表のそれぞれのます目には，次のように整数が１つずつ書かれています。

１行目には，すべて１が書かれています。

２行目には，１から１ずつ増える数が100個，順に書かれています。

３行目には，１から２ずつ増える数が100個，順に書かれています。

４行目には，１から３ずつ増える数が100個，順に書かれています。

…………

99行目には，１から98ずつ増える数が100個，順に書かれています。

100行目には，１から99ずつ増える数が100個，順に書かれています。

1	1	1	1	1	…	1
1	2	3	4	5	…	100
1	3	5	7	9	…	199
1	4	7	10	13	…	298
1	5	9	13	17	…	397
⋮	⋮	⋮	⋮	⋮		⋮
1	100	199	298	397	…	9802

次の問いに答えなさい。

(1) この表に，100は全部で何個書かれていますか。

(2) この表に，ちょうど５個書かれている整数があります。そのような数のうち，最も小さいものを答えなさい。

(3) 100から200までの整数のうち，この表にちょうど１個書かれている数をすべて答えなさい。

4 辺BCの長さが20cmで，辺ADと辺BCが平行である台形ABCDがあります。

図１のように，辺BC上に２点P，Qがあり，直線APと直線DQが交わる点をRとします。

また，BP，QCの長さをともに８cmとすると，三角形ABPと三角形PQRの面積が等しくなります。

図１

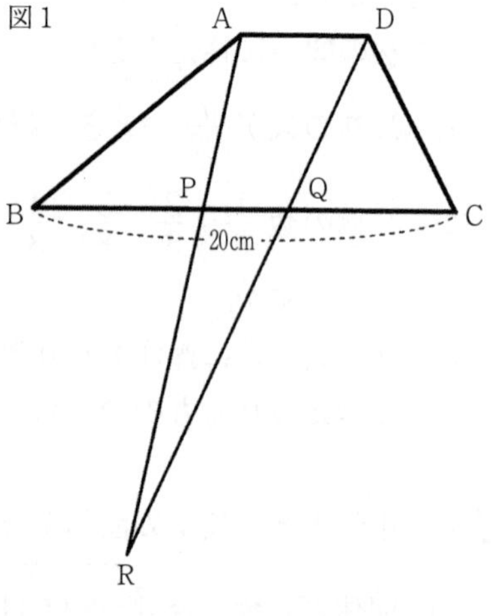

次の問いに答えなさい。

なお，４点B，P，Q，Cはこの順にならんでいて，PQの長さはADの長さより短いものとします。

図２

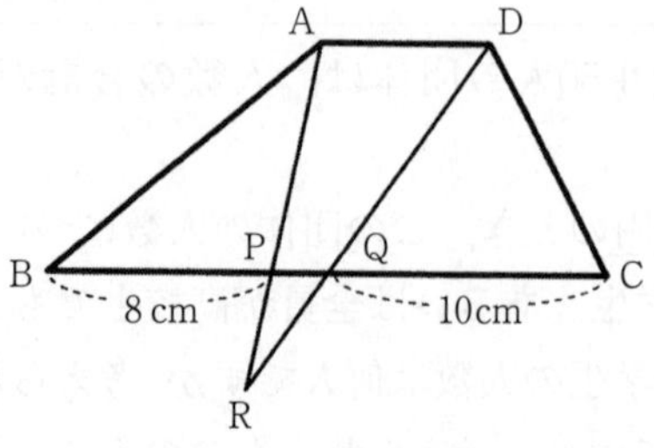

図３

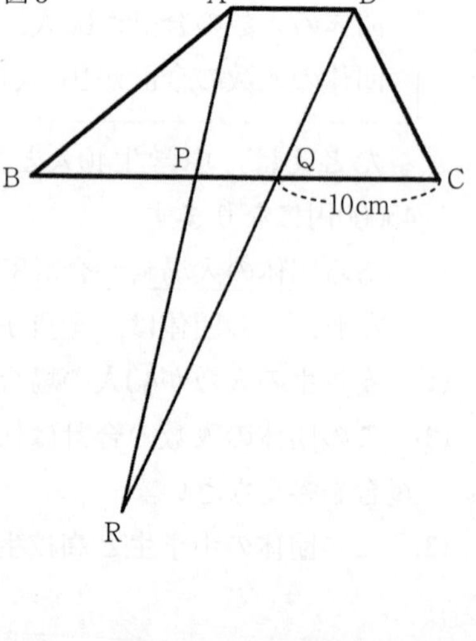

(1) 辺ADの長さは何cmですか。

(2) 図２と図３の台形ABCDは，図１の台形

ABCDと同じ台形です。

(ア) 図2のように，BPの長さを8cm，QCの長さを10cmにしました。三角形PQRの面積は，(1)のときの面積の何倍になりますか。

(イ) 図3のように，QCの長さを10cmにして，BPの長さをある長さにしたとき，三角形ABPと三角形PQRの面積が等しくなりました。このとき，BPの長さは何cmですか。

【社　会】（40分）〈満点：100点〉

1 つぎの文を読んで，あとの1から7までの各問いに答えなさい。

2014年，サッカーのワールドカップが（ A ）で開催《かいさい》されました。多くのサッカーファンが日本代表を応援《おうえん》しましたが，残念ながら日本は予選リーグで敗退してしまいました。日本のワールドカップ出場は5回目となり，今では多くの日本人選手が海外のサッカーチームで活躍《かつやく》しています。

国内のプロサッカーリーグは1993年に始まり，Ｊリーグとよばれています。現在では全部で51のチームがあり，チームの強さによって，Ｊ1，Ｊ2，Ｊ3(2014年から)の3つのグループに分かれています。以下に，2014年のＪ1に所属するチームをあげてみました。2014年のＪ1は，3月から12月まで試合をして，ワールドカップの時期は休みました。

Ｊ1に所属するチームをながめると，日本全国に広がっているというわけではなく，かたよりがあることがわかります。発足《ほっそく》当初からＪリーグの各チームには，ホームタウンがあり，それぞれのチームはホームタウンを意識した活動を行っています。各チームのホームタウンをみると，都道府県全体を指定しているチームや，県内の都市一つだけを指定しているチームなど

番号	チーム名	ホームタウン	ホームタウン人口	2013年観客動員
1	サンフレッチェ広島	広島県広島市	1,164,654人	275,556人
2	横浜《よこはま》F・マリノス	神奈川《かながわ》県横浜市，横須賀《よこすか》市	4,050,254人	467,425人
3	川崎《かわさき》フロンターレ	神奈川県川崎市	1,388,481人	282,952人
4	セレッソ大阪《おおさか》	大阪府大阪市，堺《さかい》市	3,381,812人	319,928人
5	鹿島《かしま》アントラーズ	茨城《いばらき》県鹿嶋《かしま》市，潮来《いたこ》市，神栖《かみす》市，行方《なめがた》市，鉾田《ほこた》市	277,256人	279,115人
6	浦和《うらわ》レッズ	埼玉《さいたま》県さいたま市	1,223,954人	630,701人
7	アルビレックス新潟《にいがた》	新潟県新潟市，聖籠《せいろう》町	816,921人	443,906人
8	FC東京	東京都	13,221,169人	426,246人
9	清水《しみず》エスパルス	静岡《しずおか》県静岡市	713,640人	240,324人
10	柏《かしわ》レイソル	千葉《ちば》県柏市	396,251人	213,406人
11	名古屋《なごや》グランパス	愛知県名古屋市，豊田《とよた》市，みよし市を中心とする全県	7,425,952人	274,297人
12	サガン鳥栖《とす》	佐賀《さが》県鳥栖市	69,645人	204,438人
13	ベガルタ仙台《せんだい》	宮城《みやぎ》県仙台市	1,020,241人	252,725人
14	大宮アルディージャ	埼玉県さいたま市	1,223,954人	189,342人
15	ヴァンフォーレ甲府《こうふ》	山梨《やまなし》県甲府市，韮崎《にらさき》市を中心とする全県	851,681人	214,441人
16	ガンバ大阪	大阪府吹田《すいた》市，茨木《いばらき》市，高槻《たかつき》市，豊中《とよなか》市	1,368,924人	257,996人
17	ヴィッセル神戸《こうべ》	兵庫《ひょうご》県神戸市	1,512,109人	241,841人
18	徳島ヴォルティス	徳島県徳島市，鳴門《なると》市，美馬《みま》市，板野町，松茂《まつしげ》町，藍住《あいずみ》町，北島町を中心とする全県	779,778人	91,303人

（ホームタウン人口は2012年，『日本国勢図会』『県勢』などによる。そのほかはＪリーグのホームページによる。
1～15番のチーム順は2013年度の順位。16～18番のチームは，2013年はＪ2所属で，2014年はＪ1に昇格した）

ちがいがあることがわかります。また，2013年の観客動員数をみると，ホームタウンの人口に比べて動員数が多いチーム，少ないチームがあることなどがわかります。その理由として，応援する企業《きぎょう》の資金力のちがいや，サポーター組織などの下部組織のちがいが考えられます。

20年以上のホームタウンにもとづいたリーグ活動を通して，サッカーの人気は確実にあがりました。設立当時から地域に根ざした活動を心がけているＪリーグですが，ワールドカップ優勝までには，まだまだ課題はありそうです。

1　(Ａ)に入れるのに，もっとも適切な国名を書きなさい。また，(Ａ)の位置として正しいものを，地図のアからクまでの中から一つ選び，その記号を書きなさい。

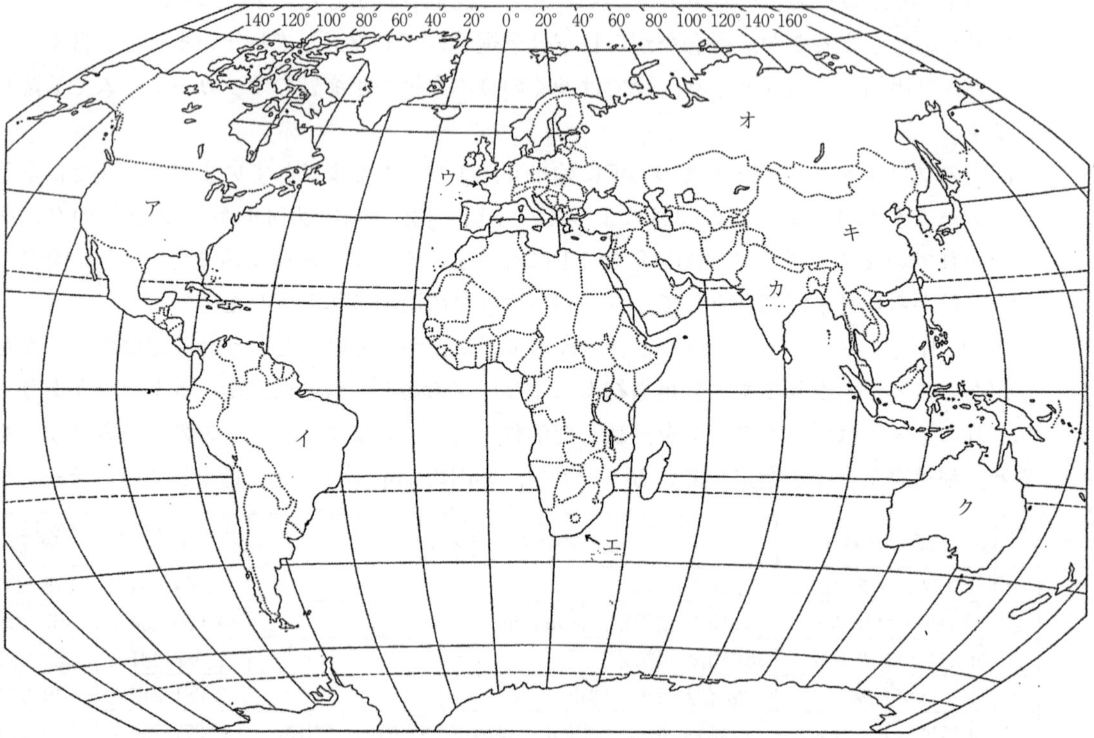

2　日本と(Ａ)の時差(世界の場所による時刻のちがい)として適切なものを，つぎのアからオまでの中から一つ選び，その記号を書きなさい。

ア　4時間　　イ　8時間　　ウ　12時間

エ　16時間　　オ　20時間

3　表にあるＪ1の18チームを，つぎのアからキまでの地方別に分けたとき，それぞれの地方別のチーム数を書きなさい。

ア　北海道《ほっかいどう》地方　　イ　東北地方　　ウ　関東地方

エ　中部地方　　オ　近畿《きんき》地方

カ　中国《ちゅうごく》・四国地方　　キ　九州・沖縄《おきなわ》地方

4　各チームの観客動員数に差がある原因として考えられるものを，つぎのアからカまでの中から二つ選び，その記号を書きなさい。

ア　サッカー場に行くときに利用できる交通機関

イ　ホームタウンの外国人人口

ウ　ホームタウンの冬の天候

エ　ホームタウンにある学校数

オ　各チームの試合数

カ　チームのスポンサーの資金力

5　表の中のホームタウン人口に対する観客動員の割合を高い順にならべたときの1位と2位のチーム，17位と18位のチームを選び，それぞれのチーム番号を書きなさい。

6　つぎのアからカまでの文は，各チームのホームタウンを説明したものである。それぞれのホームタウンにあるチームを選び，そのチーム番号を書きなさい。なお，あてはまるものが複数ある場合は，<u>すべて</u>答えなさい。

ア　城下町として発展し，この地方で最大の人口をもつ都市となっている。東日本大震災《しんさい》の津《つ》波《なみ》によって被災《ひさい》した県庁所在地でもある。

イ　もともとは小さな漁村だったが，江戸《えど》時代末に開港してから港湾《こうわん》都市として発展した。現在では日本で第二位の人口をもつ都市となった。

ウ　城下町として発展した県庁所在地であり，市内の中心部は三角州《さんかくす》（デルタ）の上にある。路面電車が走っており，市民の重要な交通手段となっている。

エ　2001年に複数の市が合併《がっぺい》して誕生し，2年後には政令指定都市に指定された。全国の政令指定都市の中で，ここだけが内陸県にある。

オ　市街地は東西に細長い帯状に広がっており，後ろに山地がせまっている。土地不足をおぎなうために，人工島を造成した。古代から港が開かれ発達したが，震災により大きな被害をうけた。

カ　市街地は盆地《ぼんち》にあり，周辺の扇状地《せんじょうち》ではぶどうなどの果物《くだもの》の栽培《さいばい》がさかんである。将来は，リニア中央新幹線が通る予定である。

7　サッカーは世界的に広がっているスポーツとして，オリンピック種目にもなっている。つぎのアからキまでの中から夏のオリンピックが開催されたことのある都市を<u>すべて</u>選び，その記号を書きなさい。

ア　ロンドン　　イ　大阪　　ウ　ソチ　　エ　北京《ぺきん》

オ　リオデジャネイロ　　カ　札幌《さっぽろ》　　キ　アテネ

2　つぎの文を読んで，あとの1から7までの各問いに答えなさい。

「歴史」とは，無数にある過去のできごとから，あるできごとをぬき出して別のできごとと結びつけて説明することです。「歴史」は一つに決まっているのではなく，語る人によってさまざまな解釈《かいしゃく》がありえるものです。ただし，好き勝手にどのようにでも解釈してよいというわけではありません。「歴史」を語るには史料・資料が必要です。史料とは，文書や手紙のように文字で記された情報源をさします。それに対して資料とは，道具や建物，風景など文字によらない情報源をさします（以下，「史資料」と表現します）。どのような史資料であっても，史資料批判が必要です。ここでいう批判とは，たとえば，文字で書かれたものであれば，いつどこでだれによって何のために書かれたのかを知ったり，書かれていること一つ一つが正しいかどうか考えたりするということです。ここではさまざまな史資料を紹介《しょうかい》しながら，「歴史」について考えていきましょう。

① 墓

文字が使われる前の時代を知るためには，何をみればよいでしょうか。例えば，死んだ人をどのように埋葬《まいそう》したのか，墓のあり方一つをとってみても，時代の特徴《とくちょう》をとらえることができます。縄文《じょうもん》時代には，集落の中に共同の墓地がつくられ，みな同じように埋葬されていました。弥生《やよい》時代になると，共同墓地の中でも大型のかめに入れられたものや，鏡や剣《けん》などがそえられたものが出てきます。また，頭部のない骨や矢じりのささった骨がみられるようになります。その後，大きな盛り土をもつ墓も出てくるようになり，やがて巨大《きょだい》な前方後円墳《ぜんぽうこうえんふん》が近畿《きんき》地方を中心にみられるようになります。

② 戸籍《こせき》

7世紀後半，中国にならって律令制《りつりょうせい》が導入される中で，人びとをはあくするために初めて戸籍がつくられました。古代の戸籍には，戸主《こしゅ》(一家の主)を中心に，一家の構成員全員の名前・性別・年齢《ねんれい》などが記されていました。これをもとに，どれだけ税を納めさせるかを決めました。特に21～60歳《さい》の男性には稲《いね》に加え，布や塩などの特産物を納め，土木工事や都などの警備にあたるなど，重い負担が求められました。このような中，8世紀後半ごろから，ある特徴をもつ戸籍が各地でみられるようになります。つぎは周防国《すおうのくに》(いまの山口県)で908年につくられた戸籍の例です。

																	戸主
女七十五歳	女六十四歳	女四十六歳	女六十五歳	女六十七歳	女八十四歳	女八十歳	女六十九歳	女七十一歳	女七十二歳	女六十九歳	女四十四歳	女六十九歳	男六十八歳	男六十四歳	男六十一歳	男五十三歳	男四十三歳

(「周防国玖珂《くが》郡玖珂郷延喜《ごうえんぎ》八年戸籍」をもとに作成，名前などは省略)

ここには18名の情報が記されていますが，そのうちの大半が(A)あるいは(B)であることが読みとれます。これは，[X]からのがれるため，事実と異なる情報が記されたと考えられています。

③ 絵巻物

絵巻物は奈良《なら》時代からつくられはじめたとされていますが，鎌倉《かまくら》時代・室町《むろまち》時代には寺や神社の由来をあらわすものがさかんにつくられるようになりました。右の絵は，「大山寺縁起絵巻《だいせんじえんぎえまき》」という，室町時代にできた絵巻物(模写本)の一部です。当時の人びとの生活が生き生きと描《えが》かれています。農民たちは，鉄製の(C)を使ったり，(D)に道具を引かせたりして農地を深く耕しました。また，共同で用水路をつくったり，水車を利用して田に水を引いたりするなど，生産を高める工夫《くふう》をしました。1日3回食事をとる習慣がはじまるようにもなりました。また，村の人びとは寄《より》合《あい》を開いて村の決まりを定めたり，心を一つにしていっしょに行動することを約束するという意味の[Y]を結んで領主に対抗したりするなど，協力して生活を守るよう努めました。

④　法令

各時代の法令は基本的な史資料として古くから使われてきました。こういった史資料をあつかうときには，なぜその時期にそのようなものが出されたのか，実際に法令が守られたのかといったことに気をつける必要があります。つぎは江戸時代に出されたとされる，百姓《ひゃくしょう》の生活に関する文書をやさしく書きあらためたものです。

一．早起きして，朝は草をかり，昼は田畑を耕し，夜は縄《なわ》や俵をつくり，休まず仕事にはげむこと。

一．酒や茶を買って飲まないこと。

一．食べ物を大事にして，麦・アワ・ヒエ・ダイコンなどを食べ，米をやたらに食べないこと。

一．麻《あさ》・もめん以外のものは，帯・着物の裏にも使わないこと。

一．年貢《ねんぐ》さえ納めれば百姓ほど気楽なものはない。よく心得て働きなさい。

これはかつて，徳川家光《とくがわいえみつ》の時代に幕府が出した「慶安《けいあん》の御触書《おふれがき》」であるとされていました。現在では，甲府藩《こうふはん》で出されたものが各地に伝わり，特に19世紀前半になって各地の領主たちによって広められたものであることがわかっています。18世紀後半から不作によって物のねだんが上がったほか，大ききんが発生するなど，生活の不安が大きくなり，一揆《いっき》や打ちこわしが多く起こっていました。領主たちは，百姓の生活を細かく規制することで，人びとの生活や自らの支配を安定させようとしたのです。

⑤　歌謡《かよう》

歌謡も時代をうつし出す史資料となります。みなさんもよく知っている「蛍《ほたる》の光」には，今では歌われなくなった4番があります。明治初期の段階では「千島《ちしま》の奥《おく》も沖縄《おきなわ》も　八洲《やしま》の外の護《まも》りなり　至らん国に勲《いさお》しく　努めよ我《わ》が背恙《つつが》無く」となっていました。「千島列島の奥も沖縄も日本の外の守りだ，国のいたるところで勇かんに無事であるよう男たちよ努めなさい」といった意味ですが，この歌詞も時期によって変化します。1875年に樺太《からふと》・千島交換《こうかん》条約を結び，1879年に沖縄県を設置した後，1880年代には「八洲の外」は「八洲の内」となりました。その後，「千島の奥も台湾も　八洲の内の護りなり」という歌詞に，さらに，「台湾《たいわん》の果ても樺太も八洲の内の護りなり」という歌詞に変化しました。明治時代を通して，領土をめぐって日本がとった動きに応じて歌詞は変わっていったのです。

⑥　記憶《きおく》

人びとの記憶も史資料となりえます。個人の経験・体験を語る証言は，記憶にもとづいて語られるものです。東京大空襲《だいくうしゅう》を体験した方の証言を紹介します。

「焼夷弾《しょういだん》による火災は台風のような猛烈《もうれつ》な火災風を起こしていました。私はその風に押されるように，ピョンピョンと走って逃げました。大通りは満員電車の中のように避難《ひなん》民で一杯《いっぱい》です。（中略）大人たちに囲まれていたので周りの様子が判《わか》りません。火が渦《うず》を巻いて起こる『ウォーン』という音，焦《こ》げ臭《くさ》い匂《にお》い，空にはいろいろな物が舞《ま》っているのがみえました」

証言には記憶違いや誤解などが含《ふく》まれているので注意が必要ですが，「歴史」を語る貴重な史資料となります。

⑦　写真

写真は，いつどこでどのような目的で撮《と》られたのか，加工されたものでないかなどに注意をはらった上で用いると，その時代を語る重要な史資料となります。右の写真は，1961年，東京都内の様子を写したものです。中央にこの時代を象徴《しょうちょう》する建物が写っていますが，少しかすんでみえることがわかります。戦後日本社会の光と影《かげ》が同時に写っている写真といえるでしょう。

薗《その》部《べ》澄《きよし》 撮影『昭和の記憶』より

以上，どのようなものが史資料として使われるかをみてきました。大切なのは，史資料からどのような「歴史」を語ることができるのかを考え，その解釈が「正しい」かどうか議論をくり返すことです。語りたい「歴史」のために史資料を自分勝手に利用したり，長い時間かけて議論され共有されてきた「歴史」の蓄積《ちくせき》を安易に無視，軽視したりしていないか，気をつけなければなりません。さまざまな史資料にもとづき，さまざまな立場の人びとと共有できる「歴史」を語っていくという意識が求められるのではないでしょうか。

1　縄文時代から古墳時代にかけての墓のあり方に関連してのべた文として正しくないものを，つぎのアからオまでの中から二つ選び，その記号を書きなさい。

ア　縄文時代には，人びとは狩《か》りや漁，採集を中心とした生活をしていて，身分の差がなかった。

イ　弥生時代には，すぐれた狩りの技術によって集落を支配する指導者があらわれ，身分の差がみられるようになった。

ウ　弥生時代になると種もみ，田や用水，鉄の道具などをめぐって，むらとむらの間で争いが起こるようになった。

エ　むらを支配した豪族《ごうぞく》の中から，まわりのむらを従えてくにをつくり，王とよばれる人もあらわれた。

オ　大きな力をもつ大王《おおきみ》のおさめるくにが九州北部中心につくられ，やがて九州から東北地方南部までの豪族や王たちを従えるようになった。

2　（A）から（D）にあてはまる語句を書きなさい。ひらがなで書いてもかまいません。

3　X，Y にあてはまる語句を，それぞれ本文中からぬき出して書きなさい。

4　江戸時代の百姓の生活に関連してのべた文として正しくないものを，つぎのアからオまでの中から二つ選び，その記号を書きなさい。

ア　百姓たちは自分たちで決めた村役人を中心に村の運営をして，年貢米を納めていた。

イ　百姓たちは触れを守って米や雑穀をつくり，もめん・菜種・茶などは中国・朝鮮《ちょうせん》からの輸入品にたよっていた。

ウ　幕府や藩は財政が苦しくなると年貢を上げるなどしたため，百姓たちは将軍や藩主を倒《たお》そうと武器をもって反発した。

エ　農村部でも寺子屋が開かれ，「読み・書き・そろばん」など生活に必要なことを学びに百姓の子どもたちが通っていた。

オ　百姓たちは家業にはげむ一方，村の祭や，伊勢《いせ》参りなどの信仰《しんこう》をかねた旅などを楽しむこともあった。

5　領土をめぐって日本がとった動きについてのべた文として正しいものを，つぎのアからオまでの中からすべて選び，その記号を時代の古い順に書きなさい。

ア　明治政府は，大韓帝国《だいかんていこく》を併合《へいごう》して日本の領土とし，朝鮮とよんだ。

イ　明治政府は，清《しん》と条約を結んで沖縄県の設置を認めさせたのち，琉球《りゅうきゅう》王国をほろぼした。

ウ　明治政府は，日露《にちろ》戦争後にロシアから満州の鉄道などを得た。

エ　明治政府は，ロシアと条約を結んで樺太と千島列島を同時に得た。

オ　明治政府は，日清戦争に勝利して清から賠償金《ばいしょうきん》や台湾を得た。

6　東京大空襲があった戦争中の記憶に関する証言として正しいものを，つぎのアからオの中からすべて選び，その記号を書きなさい。

ア　当時，私は城山町で兵隊さんの服を修理する仕事をしておりました。城山町は爆心地《ばくしんち》から500メートルですので，そこに行っていたら死んでしまっていたのですが，あの日はあまりに暑いので仕事を休んでしまいました。

イ　米の配給もあまりとどかなくなり，代用食だった小麦粉でつくったすいとんを食べていました。

ウ　父母や家族と離《はな》ればなれになり，旧満州にすてられた子どもは大勢いました。運のよかった子どもたちは中国人に引き取られ育てられました。私はその中の一人です。

エ　中学生や女学生も工場や農村に動員されるようになり，私も工場で働きました。

オ　地震の後には必ず火事が付きもの。（中略）９月１日の夜は小平からも東の空が真赤にみえ炎《ほのお》がメラメラ燃え上がるのもみえるほどでした。

7　戦後日本社会の光と影に関連する(1)から(4)のできごとがもたらした影響《えいきょう》についてのべた文として正しいものを，あとのアからクまでの中から一つずつ選び，その記号を書きなさい。

(1)　日本国憲法が制定され，基本的人権の尊重がうたわれた。

(2)　サンフランシスコ平和条約と日米安全保障条約が結ばれた。

(3)　東京タワーが建設された。

(4)　鉄鋼《てっこう》や石油化学などの重化学工業が発達し，日本の経済が急速に成長した。

ア　アイヌ民族や在日外国人への偏見《へんけん》・差別問題が解消された。

イ　１都１道２府43県からなる日本が主権を回復した。

ウ　９年間の義務教育制度がはじまり，公立学校では男女共学が原則となった。

エ　テレビ局の送信が集中し，関東一円に広く電波がとどけられるようになった。

オ　くらしが豊かになり，大学進学率が70％をこえるようになった。

カ　アメリカ軍が日本の基地にとどまることになった。

キ　東京都内で家庭への電気供給が急速に進むようになった。

ク　工場からの排煙《はいえん》で大都市の空がスモッグでおおわれるなど，公害が起こった。

3　つぎの文を読んで，あとの１から６までの各問いに答えなさい。

2014年５月，政策を考える民間機関である日本創成会議が発表したレポートが大きな波紋《はもん》を呼びました。その内容は，現在約1,800ある市区町村のうち，896の自治体が2040年には「消《しょう》滅《めつ》」している可能性があるというものです。レポートによれば，現在の人口流出の傾向《けいこう》と合計《ごうけい》特殊出生率《とくしゅしゅっしょうりつ》がこの先変化しないとすると，これらの自治体では，2010年を基準にして，出産に適した年齢《ねんれい》とされる「20～39歳《さい》」の女性の数が2040年までに半減し，2070～80年には８割減少します。このレポートがいう自治体「消滅」とは，「20～39歳」の女性住民の数が半数以下になることを意味しています。このレポートは「消滅」可能性がある自治体を名指しし，東京23区の中にもそのリストに名を連《つら》ねた自治体があったことで全国的に大きな注目を集めました。当然ながら，名指しされた自治体の首長らはレポートやそれにつづく報道への反論・批判をのべました。個々の自治体の「消滅」可能性がどの程度正しいのか，そもそも「消滅」という事態を若い女性の数だけで判断することは適切なのか，さまざまな立場から異なる主張ができそうです。また，「消滅する地域に住んでいたくない」「いずれ消滅するならその地域に投資してもムダ」と考える人を生み出すことで，このレポート自体が，望ましくない事態をさらに加速させる可能性も否定できません。ただ，これから私たちが人口減少社会という未来像に向き合わねばならないということはたしかです。

将来の日本における人口の変化を推計した研究は以前から発表されています。たとえば，国立社会保障・人口問題研究所が2012年に発表した推計によると，日本の人口は2008年の１億2,809万人を頂点として戦後初の減少期に入っており，2048年には9,913万人とはじめて１億人を下回り，2060年には約8,700万人まで減少します。合計特殊出生率は2005年に最低値1.26を記録して以降はゆるやかな上昇《じょうしょう》をみせていますが，人口を維持《いじ》できる水準にはほど遠いのです。しかも，ただ人口が減るだけではなく人口の構成が大きく変化するのです。日本の人口を「０～14歳」の年少人口，「15～64歳」の生産年齢人口，「65歳以上」の老齢人口に分けると，2014年にはそれぞれ12.5%，60.7%，26.8%ですが，2060年には9.1%，50.9%，39.9%になると見こまれています。要するに，人口減少は，少子高齢化と同時に進行していくのです。

そもそも，人口減少と少子高齢化が同時進行することで，どのような問題が起こるのでしょうか。まず，働き手となる世代の人口が減ることで，労働力不足のために成り立たなくなってしまう産業が出てくるでしょう。主要産業が衰《おとろ》えた地域では平均所得が低下し，消費も低迷《ていめい》することが見こまれます。そうなれば，さまざまな産業分野の業績が悪化し，日本経済全体が縮小することになると考えられます。また，少子高齢化によって，現行の社会保障制度が維持できなくなるという問題もあげられます。これ以外にも，地域共同体の機能が衰え，たとえば防災・減災への取り組みに不安が生じるなどのさまざまな悪影響《えいきょう》が起こることになります。

では，人口減少・少子高齢化への対策として何ができるでしょうか。対策には，大きく分けて二つの方向性があります。一つは，少子化に歯止めをかけようとすること，具体的には合計特殊出生率を上昇させることです。少子化に関するいくつかのデータを国際比較《ひかく》でみると，日本社会の傾向が浮《う》かび上がってきます。たとえば，諸外国に比べて，日本では結婚していない男女が子どもをもつ割合がきわめて低いのです。また，とくに男性の労働時間が長く，夫が家事・育児を行う時間が少ないことも日本社会の特徴《とくちょう》です。これらの傾向のいくつかに変化をもたらす改革が実現すれば，有効な少子化対策になるでしょう。加えて，はじめにふれた日本創成会議は，日本の少子化の原因は東京一極集中にもあると指摘しています。現在1,300万人以上の人口を抱《かか》える東京は，進学や就職で多くの若者を地方から引き寄せ，しかもその生活環《かん》境《きょう》によって若者を出産から遠ざけるというのです。出産年齢とされる「20～39歳」の女性の数が多い自治体であっても，子どもを産み育てやすい環境がなければ少子化と人口減少は進行する可能性があります。東京一極集中と少子化が結びついた現状を変えようとするならば，東京の生活環境の改善とともに，「地方創生」が避《さ》けて通れない課題ということになるでしょう。つまり，東京から地方への人口移動をうながすような地域の魅力《みりょく》を創り出していくということが重要になります。

もっとも，少子化に歯止めをかけるといっても限界があるため，もう一つの対策を同時に進める必要があります。人口減少・少子高齢化を避けられない前提としたうえで，その短所に対応できるように社会制度をつくりなおすということです。具体的には，第一に，社会保障制度を見なおすことが必要です。社会保障にかかる費用を確保するために，どんな人たちにどの程度の負担を求めるのか，公正な制度のあり方を考えなくてはなりません。第二に，労働力不足への対策が求められます。近年さまざまな場面で「女性の活躍《かつやく》」がさかんに唱えられる一因はここにあります。先進諸国と比較した場合，日本では結婚している女性が仕事に就《つ》いている割合が低く，女性が育児と仕事を両立させやすい環境をつくることが必要です。

実際の政治の動きはどうでしょうか。2014年６月に閣議決定された「経済財政運営と改革の基本方針(骨太の方針)」は，50年後も人口１億人，という目標をはじめて示しました。この方針発表に先立つ議論の中では，50年後に１億人の人口を維持するには2030年までに合計特殊出生率を2.07に，という数値目標があげられています。このように政府主導で目標は示されるものの，具体的な対策のほとんどは多くの費用がかかり，私たちのくらしに大きな変化を求めることにもなります。人口減少・少子高齢化という問題への取り組みには，主権者である国民による，地域と世代を超《こ》えた議論が必要なのです。

1　合計特殊出生率に関連してのべた文として正しいものを，つぎのアからオまでの中から二つ選び，その記号を書きなさい。

ア　合計特殊出生率は，１人の女性が生涯《しょうがい》に産む子どものおおよその数を表している。

イ　合計特殊出生率は，人口１万人あたりで１年間に産まれる子どものおおよその数を表している。

ウ　合計特殊出生率が１より低くなったとき，その国ははじめて人口減少社会に転じる。

エ　日本の合計特殊出生率は，21世紀に入ってから最低値を示したが，その後は回復傾向にある。

オ　全国的には，東京の合計特殊出生率は高い水準にある。

2　日本創成会議のレポートやそれにつづく報道への反論・批判として適切でないものを，つぎのアからオまでの中から二つ選び，その記号を書きなさい。

ア　生活や出産・育児にかかわる地方自治体の実状はそれぞれ異なっており，特定の年齢の女性の数のみをみて「消滅」を定義するのは一面的である。

イ　オフィスビルや商業施設《しせつ》が密集し，昼間人口が非常に多い自治体まで「消滅」リストにふくまれているのはおかしい。

ウ　近年若者の定住政策が成功しつつある自治体も多く，一時点での人口流出傾向がこの先も続くと仮定するのはおかしい。

エ　日本政府は補助金を出すことで地方自治体の財政状況《じょうきょう》が赤字にならないようにしており，地方自治体の経営が破たんすることはありえない。

オ　名指しされた自治体の「消滅」が避けられないかのような印象をあたえることで，その自治体を現実に衰退《すいたい》へと追いこむ可能性がある。

3　人口の変化や人口の構成に関連してのべた文として正しくないものを，つぎのアからオまでの中から二つ選び，その記号を書きなさい。

ア　世界全体の人口は，現在も増加傾向にある。

イ　日本の人口が最も多かったのは高度経済成長期であった。

ウ　年少人口が多く，老齢人口も多い人口構成は，発展途上国《とじょうこく》においてよくみられる。

エ　家計における教育費の増大は，年少人口を減少させる原因になる。

オ　東京都の人口は，日本の全人口の10分の１を上回っている。

4　社会保障制度に関連してのべた文として正しくないものを，つぎのアからオまでの中から二つ選び，その記号を書きなさい。

ア　社会保障制度は，日本国憲法が定める「健康で文化的な最低限度の生活」を根拠《こんきょ》としている。

イ　日本では，すべての国民が何らかの公的な医療《いりょう》保険に入らなくてはならない。

ウ　日本では，年金支給額は同一年齢ならだれでも同額を受け取っている。

エ　日本の国家予算に占《し》める社会保障費の割合は，2014年度には５割に達した。

オ　社会保障費を確保するために，消費税率を５％から８％にする増税が行われた。

5　若者を出産から遠ざけることにつながる大都市の環境として正しいものを，つぎのアからオまでの中から二つ選び，その記号を書きなさい。

ア　公的な保育施設に子どもをあずけにくく，育児と仕事との両立が難しい。

イ　職に就いている男女の労働時間が地方に比べて短く，その分平均所得が低い。

ウ　両親と同居している人が多く，親が高齢化すれば介護《かいご》の負担が大きくなる。

エ　地域共同体のはたらきが地方に比べて活発であり，休日の時間の多くが地域の活動にあてられる。

オ　住宅にかかる費用が地方に比べて高いため，家族向けの広い住宅を求めることの経済的な負担が大きい。

6　主権者である国民に関連してのべた文として正しくないものを，つぎのアからオまでの中からすべて選び，その記号を書きなさい。

ア　日本において国民が主権者であるとはじめて定めたのは，明治時代の大日本帝国《ていこく》憲法である。

イ　国民が選んだ衆議院・参議院議員のそれぞれ３分の２以上が賛成すれば，憲法の改正が成立する。

ウ　日本国民は，国会議員を選挙する権利だけでなく，最高裁判所の裁判官を審査《しんさ》する権利ももっている。

エ　日本の主権者は，地方自治体の首長を直接選挙で選ぶことができるが，内閣総理大臣を直接選挙で選ぶことはできない。

オ　選挙で投票することは，主権者としての国民の義務である。

【理　科】（40分）〈満点：100点〉

【注意】 指示されたもの以外の答えは，ア～クなどのなかから選び，記号で答えなさい。

1 　近所の池で，ヒキガエルの卵を見つけた。家に持ち帰り，ふ化させて観察してみることにした。次の各問いに答えなさい。

1．卵がやがてふ化し，図1のような「おたまじゃくし」になった。さらに飼育を続けると，「おたまじゃくし」から，図2のような小さな「かえる」になった。「おたまじゃくし」から「かえる」になるときのようすとして正しい図をすべて選び，変化する順に並べかえなさい。

図1

図2

ア
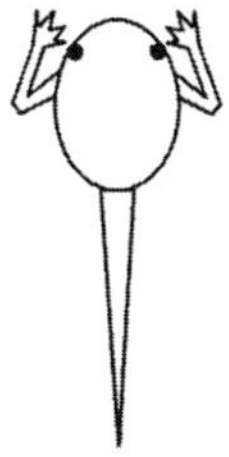
イ
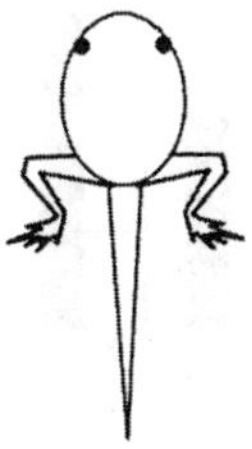
ウ

エ
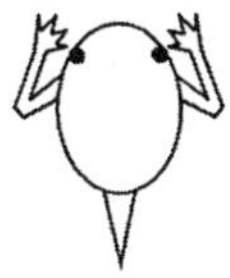
オ

カ

キ

ク

2．「おたまじゃくし」を「かえる」になるまで飼育するとき，気をつけることは何ですか。すべて選びなさい。

ア 「おたまじゃくし」の間は，ずっとおなかに栄養を持っていてエサを食べないので，エサはやらない。

イ 「おたまじゃくし」を飼う水そうには，池の中のように落ち葉や水草，ヌマエビやタガメもいっしょに入れる。

ウ 「かえる」になり始めたら，水そうの水を少し減らして，じゃりや石で陸地をつくる。

エ 「かえる」になり始めたら，野菜や果実を与える。

オ 「かえる」になり始めたら，小さなアリなど生きたこん虫を与える。

3．ヒキガエルは，冬になると土の中や落ち葉の間にもぐって冬みんする。ヒキガエルと同じように，成体(親)のすがたで冬ごしする動物をすべて選びなさい。

ア　クサガメ　　　イ　ハシブトガラス　　　ウ　ツキノワグマ

エ　カブトムシ　　オ　カマキリ　　　　　　カ　モンシロチョウ

2 　運動すると筋肉で酸素を必要とするので，心臓や肺のはたらきによって多くの酸素が筋肉に送られるようになる。心ぱく数と呼吸数を測り，4種類の運動のうち，どれが最も激しい運動なのか調べる実験を行った。後の各問いに答えなさい。

【実験方法】

① ダンスの経験者と未経験者でそれぞれ10人ずつ，運動前の1分間，心ぱく数と呼吸数を測り，平均値を求めた。

② 運動A（ダンス），運動B（スキップ），運動C（ウォーキング），運動D（ランニング）について，全員同じリズムで3分間行ない，各運動直後の1分間，心ぱく数と呼吸数を測り，平均値を求めた。なお，それぞれの運動の前後には前の運動のえいきょうが出ないよう，じゅうぶんな休息時間をおいた。

【結果】

図1は4種類の運動で1分間にふむステップの回数，図2は運動前と各運動後の心ぱく数，図3は運動前と各運動後の呼吸数を表している。

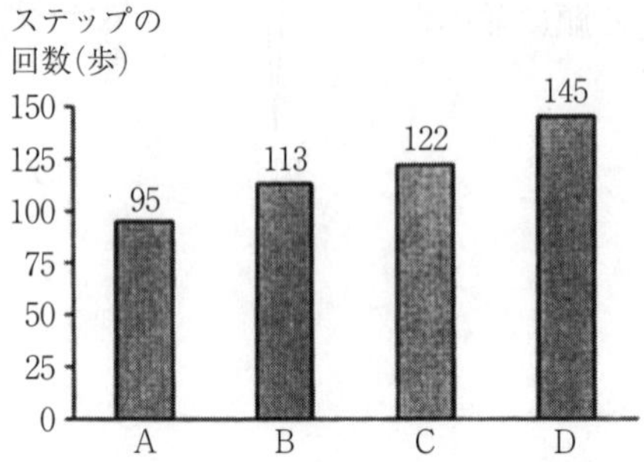

図1

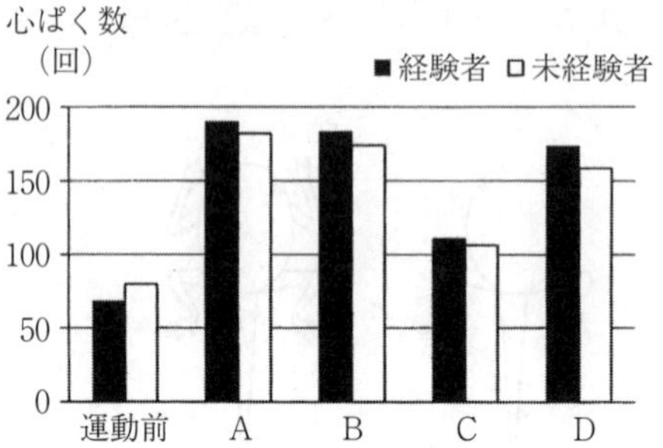

図2

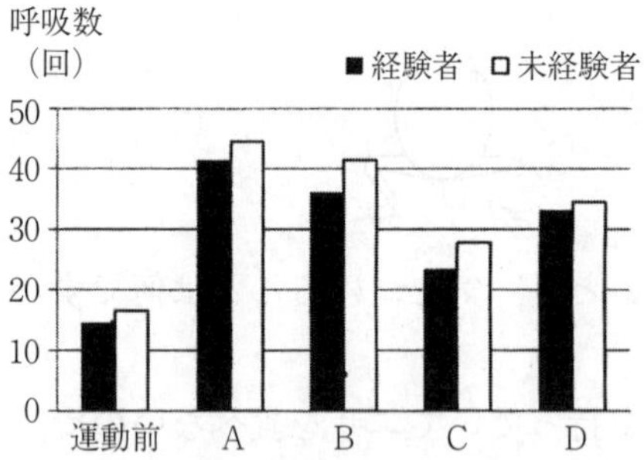

図3

1．この実験結果から言えることとして，正しいものをすべて選びなさい。

ア　4種類の運動の中では，ランニングが最も激しい。

イ　4種類の運動でふむステップの回数と，心ぱく数や呼吸数の回数は関係ない。

ウ　呼吸数の多い運動ほど，血液が体内をめぐる速さが速くなる。

エ　ダンスの経験者は運動直後，未経験者よりも心臓がゆっくりはく動している。

オ　ダンスの経験者は，未経験者よりも少ない酸素で激しい運動をすることができる。

2．心臓，血管，肺のつくりやはたらきについて，正しいものをすべて選びなさい。

ア　首や手首，足首の脈はくは，心臓のはく動と同じリズムを刻む。

イ　首や手首，足首の脈はくは，その部分の血管自体が動いて血液を送るポンプの役目をしている。

ウ　血管の太さは，太くなったり細くなったりせず，いつも同じ太さである。

エ　血管は心臓から遠ざかるほど細くなり，手足の一番先でとぎれている。

オ　腸の周りを通ってきた血管の血液には，栄養分が取りこまれている。

カ　肺がふくらむとき，肺の中の血管の血液から二酸化炭素が放出される。

キ　心臓にもどる血液はすべて，二酸化炭素が多くふくまれる。

3　中学２年生のあきらくん，ひろしくん，まさしくんの３人は，理科の先生から出された「夏休みに科学の展示を行っているし設に行って，感想文を書く。」という宿題に頭をなやませていた。以下の３人の会話文を読み，後の各問いに答えなさい。

あきらくん：科学の展示といってもはん囲が広すぎてしぼれないから，教科書の目次を見ながら考えようよ。
まさしくん：え～と，中学１年で習った「活《い》きている地球」だね。第１章は火山についてだよ。
あきらくん：火山といったら富士山だね。
ひろしくん：この秋に古い先ぱいが「富士山ふん火に備える」という講演をして下さるらしいよ。
まさしくん：それじゃあ，夏休みの宿題には間に合わないよ。
あきらくん：じゃあ，箱根《はこね》にある火山の研究所に行ってみる？

1．箱根火山はかつて大きなふん火を２回起こし，大量の軽石や火山灰を放出した。軽石の写真はどれですか。

ア

イ

ウ

ひろしくん：第２章の地しんは他の生徒もテーマとして選びそうだから，第３章の地層について調べようかな。
まさしくん：ぼく化石が好きなんだ。でも，ぼくの住んでいる神奈川県では化石を取れるところは少ないんだ。
あきらくん：それは都内でも同じだよ。だけど，千葉県では貝の化石がたくさん見つかるらしいよ。
まさしくん：千葉県の木更津《きさらづ》ではしおひがりができて，アサリやハマグリ，シオフキガイなどが採れるらしいね。
ひろしくん：千葉県の市町村にある郷土博物館みたいなところに行けばおもしろいかな。

2．千葉県印西《いんざい》市には貝化石を展示している歴史民族資料館がある。以前は印西市周辺に見られるがけの地層から，貝の化石をたくさん採集できたそうである。文中にあるアサリとハマグリはそれぞれどれですか。

ア

イ

ウ

エ

ひろしくん：中学２年の第２分野は気象関係だな。
まさしくん：今年(2014年)は今月(８月)始めに台風が来て，西日本では大雨が降ったよね。
あきらくん：気象関係について展示しているし設といえば，都内では気象科学館くらいかな。
まさしくん：今年は気象衛星のひまわり８号が打ち上げられるらしいし，おもしろそうだよ。

3．下の４枚の写真は８月の台風11号が日本に接近したときのものである。写した順番に並べなさい。

ア

イ

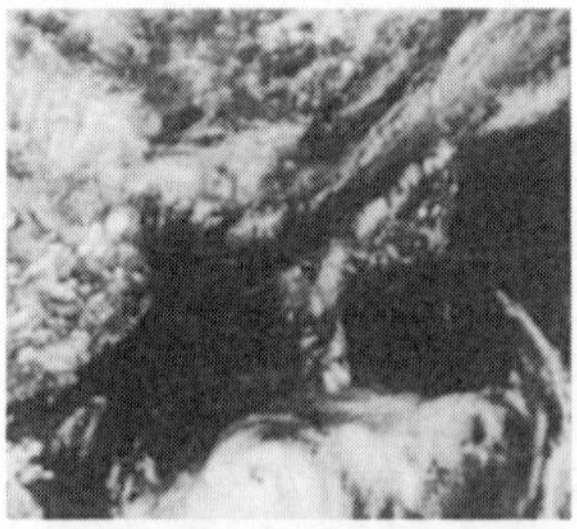

ウ

エ

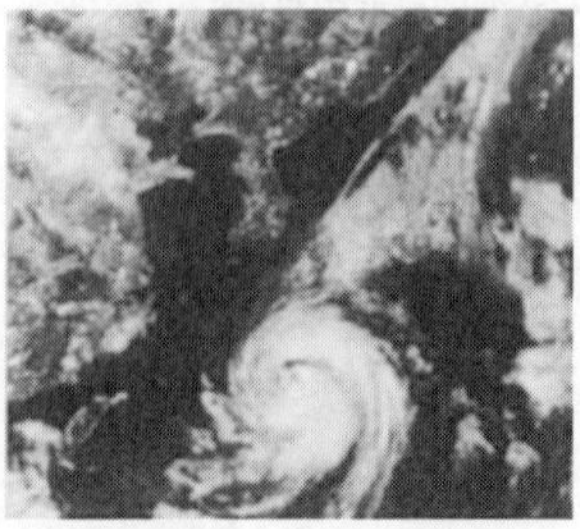

あきらくん：中学３年になると天体のことが学べるよ。ぼく将来は宇宙関係のこと勉強してみたいな。
ひろしくん：そうなんだ。でも宇宙飛行士にならなくても宇宙に行けたらいいな。
あきらくん：月に初めて着陸したのはアポロ11号だけど，アポロ８号が先に月を回って帰ってきたんだよ。
まさしくん：聞いた話だけど，月の表側と裏側では全く様子がちがうらしいよ。
あきらくん：月の展示のある調布《ちょうふ》市の航空宇宙センターを訪問するのはどうかな。

4．地球から見える月の様子はどれですか。

ア

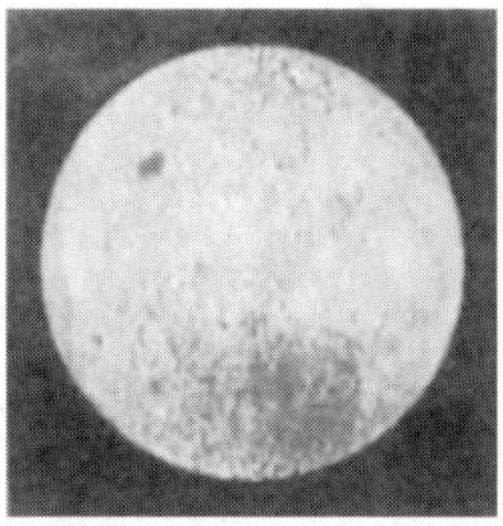

イ

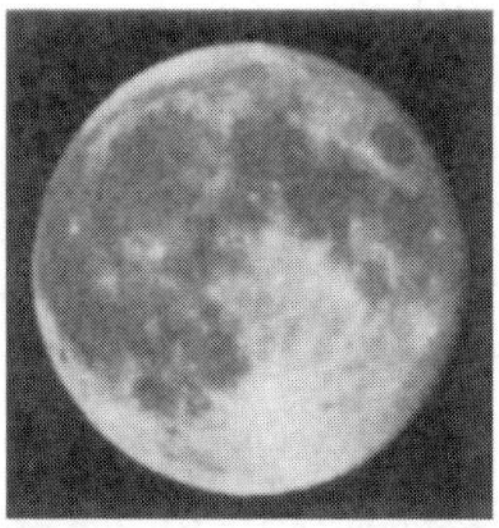

ウ

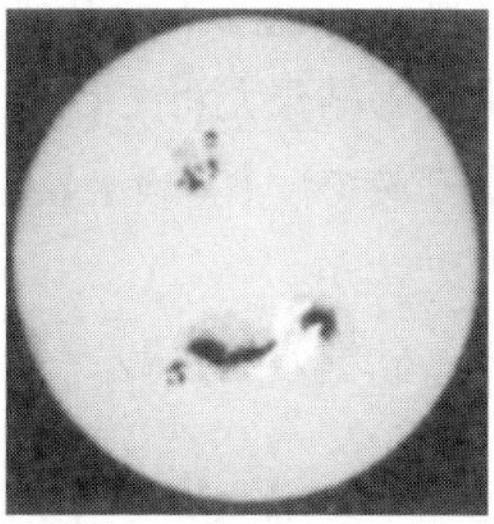

あきらくん：ぼくは調布航空宇宙センターに行きたいんだけど。
ひろしくん：いいんじゃない。帰りに深大寺《じんだいじ》のそばを食べられたら最高だね。
まさしくん：ぼくは実際に天体望遠鏡をのぞいてみたいな。まだ望遠鏡で星を見たことないんだ。
あきらくん：それなら三鷹《みたか》の天文台へ行って相談してみよう。航空宇宙センターの後で寄ってみない？
ひろしくん：え～！　そばを食べられないの？

5．星は色々な色や明るさを持っている。夏の南の空にかがやくさそり座の１等星の名前と色を答えなさい。

4　無色の液体Ａ～Ｄについて，次の【実験１】～【実験４】を行った。後の各問いに答えなさい。ただし，液体のうち１つは水，他の３つはそれぞれ異なる水よう液である。

【実験１】　試験管に液体Ａをとり，小さな金属板を加えたところあわが出た。その後，金属は小さくなりあわは出なくなった。

【実験２】　試験管に液体Ｂをとり，塩のつぶを加えたところ細かなあわが出たが，つぶにはほとんど変化が見られなかった。その後，試験管をふってかき混ぜるとつぶは見えなくなった。

【実験３】　試験管に液体Ｃをとり，塩のつぶを加えたところ，つぶにはほとんど変化が見られなかった。その後，試験管をふってかき混ぜるとつぶは見えなくなった。

【実験４】　試験管にとった液体Ｄに，液体Ｂを加えたところ白いにごりができた。また，液体Ｄは，呼気をふきこんでも白いにごりができた。

1．【実験１】～【実験３】において，実験後に残った液体をスライドガラスに取り，水を蒸発させたときの変化として最も適したものをそれぞれ答えなさい。

ア　液体に加えた金属がスライドガラス上に残る。

イ　液体に加えた塩がスライドガラス上に残る。

ウ　液体に加えた金属とはちがうものがスライドガラス上に残る。

エ　液体に加えた塩とはちがうものがスライドガラス上に残る。

オ　何も残らない。

2．液体Ａ～Ｄをガラス棒でリトマス紙につけたときに予想される結果について，それぞれ答えなさい。

ア　青色リトマス紙が赤くなる。

イ　赤色リトマス紙が青くなる。

ウ　赤色リトマス紙も青色リトマス紙も変化しない。

エ　今回行った実験の結果だけではわからない。

3．次の身近な水よう液で，【実験１】と同じ操作を行ったとき，液体Ａと同じような変化が観察されるものはどれですか。

ア　食塩水　　イ　砂糖水　　ウ　せっけん水　　エ　す(食酢《しょくす》)

5　ものの燃え方について調べるため，気体検知管(酸素用，二酸化炭素用)と，集気びん，金属のふた，ろうそくを用意した。２つの集気びんＡとＢに，それぞれ火のついたろうそくを入れた後，集気びんＡはそのまま，集気びんＢにはふたをして観察した。次の各問いに答えなさい。

1．しばらくすると集気びんＢのろうそくの火は消えたが，集気びんＡのろうそくは燃え続けた。そこで気体検知管を使って，集気びんＢのろうそくを入れる前と，ろうそくの火が消えた後の酸素と二酸化炭素の割合を調べた。

(1)　気体検知管で調べた結果から考えられる「ろうそくを入れる前」と「ろうそくの火が消えた後」の，びんの中の気体の割合に，最も近いグラフをそれぞれ選びなさい。ただし，グラフ「ア」の二酸化炭素の割合と，グラフ「キ」の酸素の割合は，どちらも１％より小さいので，グラフ上に表されていない。

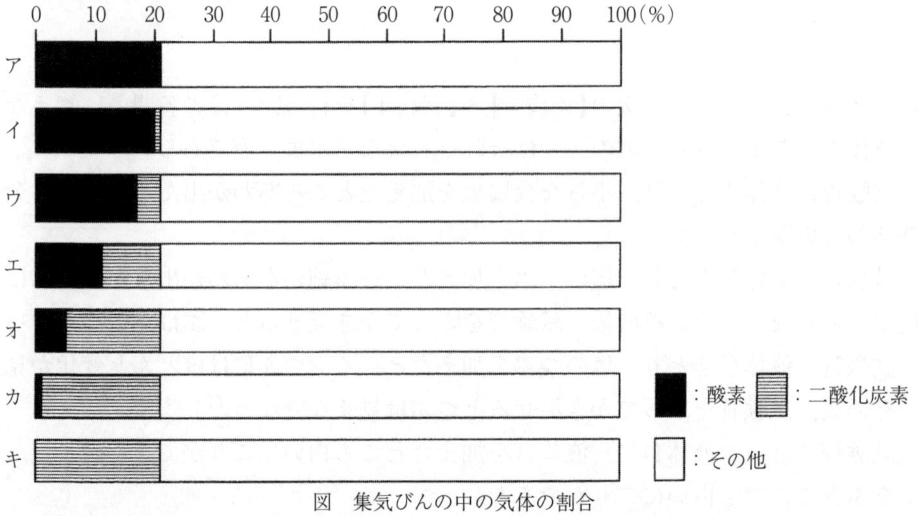

図　集気びんの中の気体の割合

(2)　気体検知管で調べなかった気体のうちで，空気中で最も割合が大きいものの名前を答えなさい。

2．集気びんAでろうそくが燃え続けたのは，びんの中の気体がびんの外の空気と入れかわることができたからである。そのようなことが起こった原因として，正しいのはどれですか。

ア　ろうそくが燃えることで，集気びんの中の酸素の割合が減ったから。

イ　ろうそくが燃えることで，集気びんの中の二酸化炭素の割合が増えたから。

ウ　ろうそくが燃えることで，集気びんが暖められてふくらんだから。

エ　ろうそくが燃えることで，集気びんが暖められてちぢんだから。

オ　ろうそくが燃えて暖められた気体は，かさが増えたから。

カ　ろうそくが燃えて暖められた気体は，かさが減ったから。

6　あきら君と弟のまさる君は木材を加工して，１枚の板と４つの同じ形をした木へん(木へん１～４)を作った。板は体積も重さも木へんの４倍である。また，下図のように点線を引いて板を４つに区分し，それぞれにA，B，C，Dと名前をつけた。これらを使って二人で行ったゲームについて，後の各問いに答えなさい。

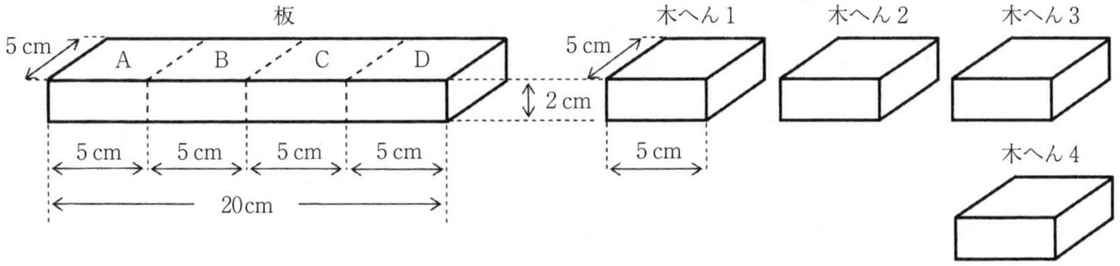

【ゲーム前の実験】　水平な机の上に木へんを１つだけ置き，その上に板をのせて静かに手を離した。すると，アとエでは板はかたむいて机の上に落ちたが，イとウでは板は水平のままだった。

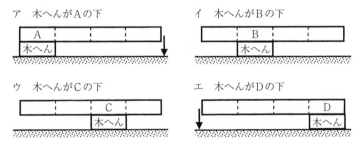

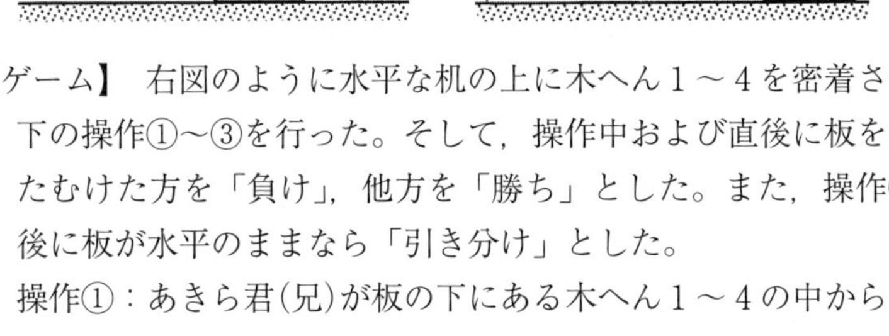

【ゲーム】　右図のように水平な机の上に木へん１～４を密着させて並べ，その上に板をのせ，以下の操作①～③を行った。そして，操作中および直後に板をかたむけた方を「負け」，他方を「勝ち」とした。また，操作③後に板が水平のままなら「引き分け」とした。

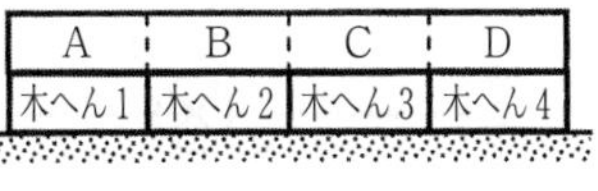

操作①：あきら君(兄)が板の下にある木へん１～４の中から１つを取り出し，A～Dの上面の１つに静かにのせる。

操作②：まさる君(弟)が板の下にある３つの木へんの中から１つを取り出し，木へんがまだのっていないA～Dの上面の１つに静かにのせる。板がかたむいたらゲームを終わりにし，水平のままならば次の操作を行う。

操作③：あきら君(兄)が板の下にある２つの木へんの中から１つを取り出し，木へんがまだのっていないＡ～Ｄの上面の１つに静かにのせる。板がかたむいても水平のままであっても，これでゲームを終わりにする。

1．「引き分け」のときの板と木へんのようすとして正しいのはどれですか。すべて選びなさい。

ア
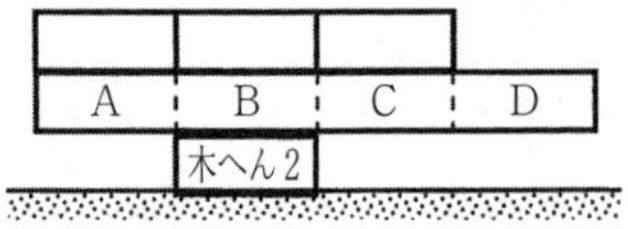

イ
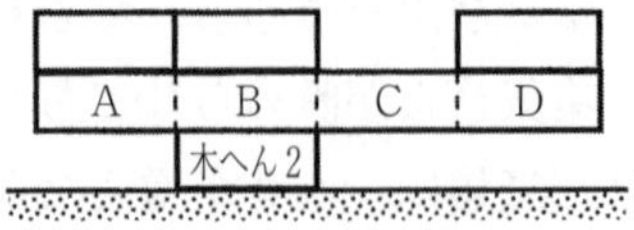

ウ
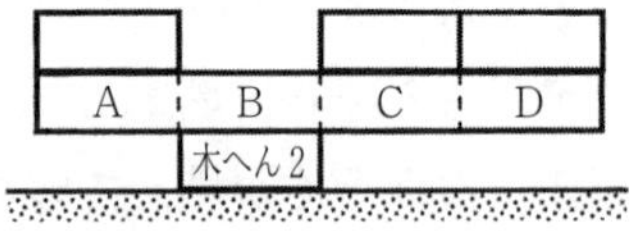

エ
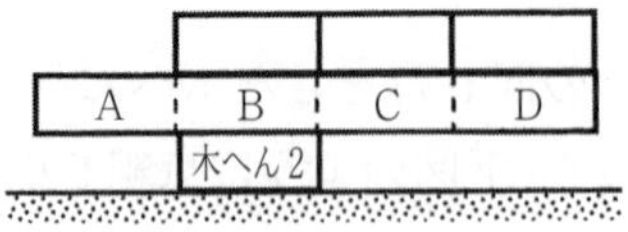

オ
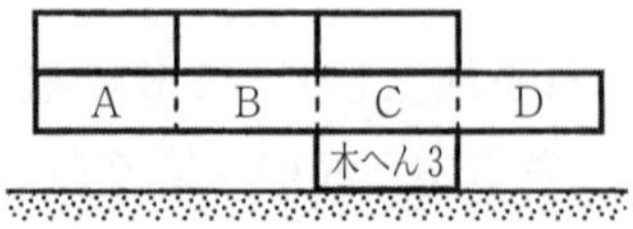

カ
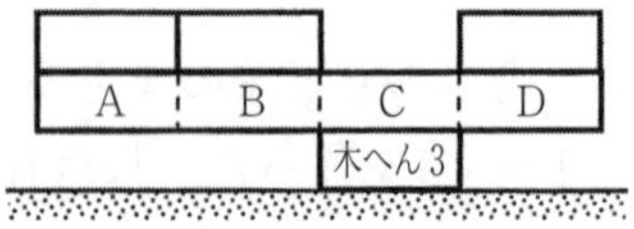

キ
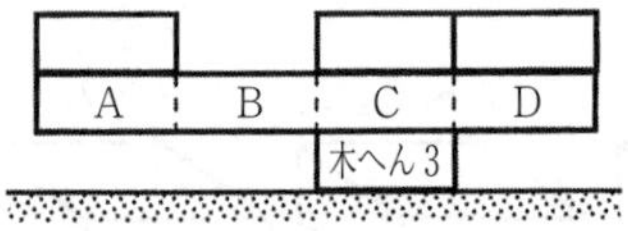

ク
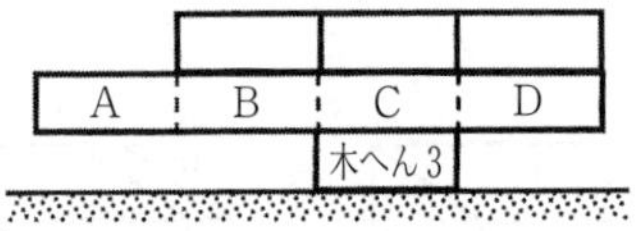

2．まさる君が操作②でどのような置き方をしても，あきら君が必ず勝つ方法があるか考えた。しかし，なかった。では，まさる君が操作②でどのような置き方をしても，あきら君が絶対に負けない(勝つか引き分ける)方法がありますか。あれば，そのときの操作①の方法を例にならってすべて答えなさい。なければ，「なし」と答えなさい。

(例：木へん２をＢの上にのせる場合は「２→Ｂ」と答える)

3．弟思いのあきら君は，まさる君を必ず勝たせる(あきら君が必ず負ける)方法を考えた。まさる君が操作②でどのような置き方をしても板がかたむくことがなく，あきら君が操作③で板をかたむけることができる方法はありますか。あれば，そのときの操作①の方法を上の例にならってすべて答えなさい。なければ，「なし」と答えなさい。

7　あきら君は２つの豆電球と１個の電池を下図のようにつないだ。さらに，２つのスイッチとつなぐための導線を何本か用意して３つの実験を行い，その結果をまとめた。①～⑦に入る記号を解答群から選びなさい。なお，つなぎ方が２通り以上ある場合には，そのうちの１つだけを答えなさい。

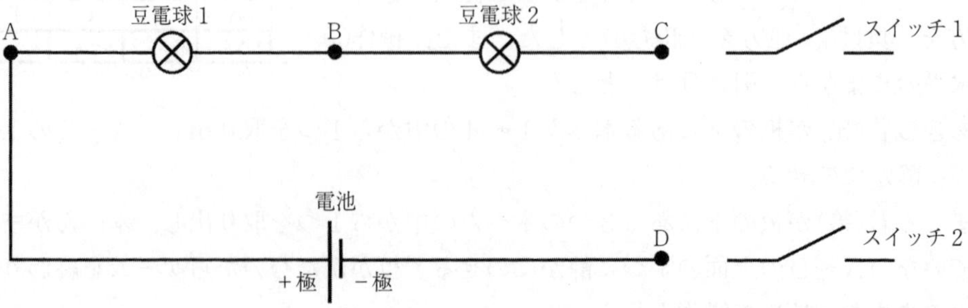

【実験1】 スイッチ1の両はしを(①)に，スイッチ2の両はしを(②)につないだ。

・両方のスイッチを入れない状態にしておくと，豆電球はどちらもつかなかった。
・スイッチ1だけを入れると，豆電球はどちらも暗くついた。
・スイッチ2だけを入れると，豆電球はどちらもつかなかった。
・両方のスイッチを入れると，豆電球2だけが明るくついた。

【実験2】 スイッチ1の両はしを(③)に，スイッチ2の両はしを(④)につないだ。

・両方のスイッチを入れない状態にしておくと，豆電球はどちらもつかなかった。
・スイッチ1だけを入れると，豆電球1だけが明るくついた。
・スイッチ2だけを入れると，豆電球はどちらもつかなかった。
・両方のスイッチを入れると，豆電球はどちらも明るくついた。

【実験3】 導線の両はしを(⑤)に，スイッチ1の両はしを(⑥)に，スイッチ2の両はしを(⑦)につないだ。

・両方のスイッチを入れない状態にしておくと，豆電球はどちらも暗くついた。
・スイッチ1だけを入れると，豆電球1だけが明るくついた。
・スイッチ2だけを入れると，豆電球2だけが明るくついた。
・両方のスイッチを入れると，豆電球はどちらもつかないと予想された。しかし，このようなつなぎ方は危険なので行わなかった。

【解答群】

ア　AとB　　イ　AとC　　ウ　AとD
エ　BとC　　オ　BとD　　カ　CとD

三　次の詩を読んで、後の問いに答えなさい。

なれ

アーサー・ビナード

上着をぬいでハンガーにかける。
なにごともなかったかのように
上着は針金のハンガーに
自分をあわせる。
が、袖《そで》のあたりが
なんともさびしい。

上着をきこんで出かける。
さも、ずっといっしょだった
みたいに、上着はぼくを
むかえ入れてつつむ。
が、衿《えり》のうしろのほうに
しこりが、のこっている、
肩《かた》のあたりにも。

横断歩道でまっているあいだ
ぼくは自分を
少しハンガーに
にせようとする。
上着はそれに
気づかぬふりをしながら
きげんをなおす。

問一　第5～6行目について、次の二つの問いに答えなさい。
(1)　この時の上着の袖はどういう状態ですか。
(2)　この時の上着はなぜ「さびしい」気持ちになったのですか。
問二　第11～13行目で、上着はどのような気持ちですか。
問三　第14～17行目で、「ぼく」は上着に対してどのような態度でいますか。

「まさか。鳥の本をとってこいといったのはにいさんだよ。」
「③だからさ、」アリスが言いかけたのを蜜蜂がさえぎって、
「それなら、はじめからとりにいけなんていわなければいいんだ。ぼくはわざと耳丸をつれないでそとへでたのさ。」怒《おこ》っている。
意地をはってひとりで家をでる弟と、そっけなく送りだすふりをする兄。アリスは、そんな兄弟のようすをたやすく思い浮《う》かべることができた。兄は気づかれないようにこっそり二階の窓からそとをうかがっている。弟が耳丸を連れてゆくものときめていた。弟もまた、兄が見ているのを知っている。だから、わざと耳丸には見むきもせずに家をでたのだ。兄があとから耳丸をはなすことを(う)キタイして。
「なにがおかしいんだ?」
蜜蜂は(え)フマンをつのらせた。耳丸は街灯のポールをひとつひとつかぎまわっている。
「④蜜蜂のにいさんはすごいね、」と、アリスは笑いをこらえていった。
「耳丸がぼくの家へかならずよるのを、計算してのことなんだから。」
アリスの家はスカラ座通りのちかくだった。耳丸は、かつて一度もここを素通《すどお》りしたことがない。蜜蜂の兄は、アリスがこの冒険《ぼうけん》にくわわることを見こして、蜜蜂をけしかけたのだ。
安全装置をたくさん(お)ジュンビしてたくらみをはかる兄と、からかわれつつも兄を慕《した》っている弟を思うにつけ、アリスは自分に兄弟のないことを、つまらなくかんじた。

(長野《ながの》まゆみ『改造版 少年アリス』による)

〈注〉リード＝飼い犬などの散歩の時に用いるひも。

問一 ――①「真下を通りかかるときに、いちいち首をうなだれる」とありますが、どういうことですか。

問二 ――②「アリスはふきだした」とありますが、なぜふきだしたのですか。

問三 ――③「だからさ、」とありますが、アリスがここで言いかけた内容として、適当なものを次の中から一つ選び、記号で答えなさい。

ア 蜜蜂《みつばち》の兄は、強情《ごうじょう》な弟を馬鹿《ばか》にしただけで、まさか本当に夜の学校に行くとは思っていなかったということ。
イ 蜜蜂の兄は、自分の本を学校に置き忘れた弟の今後のためにも、心配しつつも厳しく接していたということ。
ウ 蜜蜂の兄は、自分の予想に反して弟が一人で出かけてしまったので、内心申し訳なく思っていたということ。
エ 蜜蜂の兄は、弟が自分のからかいを真に受けたとしても、一人で学校に行かせるつもりはなかったということ。
オ 蜜蜂の兄は、臆病《おくびょう》な弟に一人で夜道を歩かせるのが不安だったので、事前にアリスに相談していたということ。

問四 ――④「蜜蜂のにいさんはすごいね、」とありますが、アリスは、蜜蜂の兄のどういうところがすごいと思ったのですか。

問五 ――(あ)～(お)のカタカナを漢字に直しなさい。

イ　歴史の語り手は、常に現在から振《ふ》り返って語るので、語る内容もそうした捉《とら》え方に沿うものになるということ。

ウ　歴史の語り手は、現在のものの見方の影響《えいきょう》を受けるので、現代の読者に受け入れてもらいやすいということ。

エ　歴史の語り手は、客観的に過去を把握《はあく》できるので、過去の時代の良い点を選んで語ることができるということ。

オ　歴史の語り手は、常にその時点の最新の知識を用いるので、過去の人よりも正しい歴史を語れるということ。

問二　――②「不況《ふきょう》の『いま』を見てしまったから」とありますが、なぜ「不況の『いま』を見」ると、過去をそのように描《えが》くのですか。自分の考えを書きなさい。

問三　――③「過去を過去のまま、冷凍《れいとう》保存して眺《なが》める」とありますが、どういうことですか。

問四　筆者の考えに沿っているものを、次の中から一つ選び、記号で答えなさい。

ア　高度経済成長の時代は、皆《みな》が助け合った良い時代ではあったが、まだ貧しく、社会を騒《さわ》がせる事件もあった。

イ　歴史を特定の視点から語るとかたよったものの見方におちいるので、そのような語り方はさけるべきである。

ウ　過去と「いま」を結びつけるとは、過去の歴史を正しく受け止めた上で、今後のあるべき姿を考えることだ。

エ　歴史が特定の立場から語られることが多いことを理解して、どれが妥当《だとう》な歴史なのかを見極《みきわ》める姿勢が大切だ。

オ　歴史について考えることは、現在の自分がどのような視点を持っているのかを考えることにつながっている。

二

次の文章は、アリスが、兄から借りた鳥の本を学校に置き忘れた友人の蜜蜂《みつばち》や、蜜蜂の飼い犬である耳丸《みみまる》と一緒《いっしょ》に歩いている場面です。読んで、後の問いに答えなさい。

今夜のスカラ座通りには、人かげがなかった。スカラ座でもよおしものがないときは、たいていこんなふうだ。公園のなかにたつ(あ)ハンキュウの屋根のたてものが、森のなかの天文台のようにしずまっている。

スカラ座通りの両がわには、まるいあかりをともした街灯がならび、さわるとおじぎをする草のように、①真下を通りかかるときに、いちいち首をうなだれる。(い)ジッサイには、はじめからすこしまがったポールのさきに、電灯がとりつけてあるだけなのだ。見あげる角度の問題だった。

道はまっすぐで、まんべんなくてりかえす月あかりがまぶしい。公園のなかをスカラ座を背にしてすすめば、学校へゆく近道になった。アリスと蜜蜂を追いこして、耳丸がかけだした。リードをつけていないからだ。

「蜜蜂、どうして耳丸をつれてきたのさ。」

「勝手についてきたんだよ。ぼくはひとりで家をでたのに。」

②アリスはふきだした。蜜蜂はいつもこうだ。怖《こわ》がりなのに、平気なふりをする。だから、兄にもからかわれるのだ。

「きみのにいさんのしわざだよ。」

蜜蜂は困りはてた顔をした。

「にいさんが、なんだって？」

「わからない？　耳丸はきみのにいさんが、そとへだしたんだ。」

「どうしてさ？」蜜蜂は口をとがらせた。

「蜜蜂のことを、心配して。」

平成二十七年度　筑波大学附属駒場中学校

【国　語】（四〇分）〈満点：一〇〇点〉

〔注意〕本文には、問題作成のための省略や表記の変更《へんこう》があります。

一　次の文章を読んで、後の問いに答えなさい。

歴史は「語られる」ものだということを述べてきました。よく考えてみると、さらに、歴史は「あとから」語られるものだ、ということができます。つまり、どうしても、「いま」の視点で、「いま」の考え方によって過去がとらえられてしまうということなんです。①「あと出しじゃんけん」みたいなものなんですね、歴史というのは。

そのあとどうなったのか、わかっているところから、歴史は語られます。逆に言うと、「いま」から逃《に》げられないのです。

このことは、歴史を考えるときの注意点です。

たとえば、高度経済成長の時代を語るとき、私たちが生きている「いま」がどんなかたちで持ちこまれているのか、そこまで思いを巡《めぐ》らせてみることが、「歴史とは何か」を考えることなんです。『ALWAYS《オールウェイズ》　三丁目の夕日』は、高度経済成長の時代を、みんな貧しいけれども助け合って生きていた、まだ町内のまとまりがあった、人が温かかった、みなが夢をもっていた時代として描《えが》きました。しかし、それは②不況《ふきょう》の「いま」を見てしまったからではないのか、ということです。

別の言い方をすると、たとえば永山則夫《ながやまのりお》という人を登場させてみると、まったくちがった高度経済成長の歴史が見えてくるということです。

もちろん、高度経済成長の時代を「暗い」「汚《きたな》い」時代として語れと言っているのではありません。ある視点から語ったときに、何か見えなくなっているものがある、隠《かく》されてしまうものがあるということに気がつくこと。そのことが頭にあるのとないのとでは、歴史への姿勢はまったく異なるものになるということを知っておいてほしいのです。

さて、歴史の語り方にどうしても「いま」が入りこんでしまうということは、同じ対象であっても、時代によって評価がちがってくるということを意味します。

評価が、「いま」の変化によって、二転三転していくわけです。みごとに、そのときどきの「いま」というものによって、振《ふ》り回されていますね。

でも、このことこそが歴史というものなんです。

③過去を過去のまま、冷凍《れいとう》保存して眺《なが》めるのが歴史であり、それが理想であると思うかもしれませんが、歴史とはそういうものではありません。第一、そんなことは、そもそも不可能です。

自分たちが生きている「いま」をどう考えるか、という視線が過去に向かい、そのとき、必然的に、過去を「いま」と結びつけて考えること。このことこそが歴史ということになります。

（成田龍一《なりたりゅういち》『戦後日本史の考え方・学び方』による）

〈注〉『ALWAYS　三丁目の夕日』＝二〇〇五年に公開された映画。
永山則夫＝高度経済成長期に中学を卒業して上京し、職を転々とした後、連続ピストル射殺事件を起こした。

問一　――①「『あと出しじゃんけん』みたいなもの」とありますが、どういうことですか。適当なものを次の中から一つ選び、記号で答えなさい。

ア　歴史の語り手は、自分が語る歴史の結末を知っているので、聞き手に対して常に優位に立っているということ。

平成27年度
筑波大学附属駒場中学校 ▶解説と解答

算 数 (40分)＜満点：100点＞

解 答

[1] (1) 3回 (2) $\frac{5}{8}$ (3) $\frac{13}{21}$ [2] (1) 10人，28人，75人 (2) 最も多い場合…175人，最も少ない場合…45人 (3) 33通り [3] (1) 6個 (2) 17 (3) 122，170 [4] (1) 6 cm (2) (ア) $\frac{1}{8}$倍 (イ) 6.25cm

解 説

[1] 調べ，条件の整理。

(1) 最初の数が$\frac{7}{27}$のとき，$\frac{7}{27}$の逆数は，$\frac{27}{7}=3\frac{6}{7}$だから，1回目の操作で$\frac{6}{7}$になる。次に，$\frac{6}{7}$の逆数は，$\frac{7}{6}=1\frac{1}{6}$なので，2回目の操作で$\frac{1}{6}$になる。さらに，$\frac{1}{6}$の逆数は，$\frac{6}{1}=6$だから，3回目の操作で0になる。つまり，最初の数が$\frac{7}{27}$のとき，0になるのはこの操作を3回行ったときである。

(2) $\frac{1}{8}$，$\frac{2}{8}$，$\frac{4}{8}$の逆数はそれぞれ，$\frac{8}{1}=8$，$\frac{8}{2}=4$，$\frac{8}{4}=2$なので，すべて1回の操作で0になる。次に，$\frac{3}{8}$の逆数は，$\frac{8}{3}=2\frac{2}{3}$だから，1回目の操作で$\frac{2}{3}$になり，$\frac{3}{2}=1\frac{1}{2}$より，2回目の操作で$\frac{1}{2}$になる。さらに，$\frac{2}{1}=2$より，3回目の操作で0になる。また，$\frac{5}{8}$の逆数は，$\frac{8}{5}=1\frac{3}{5}$より，1回目の操作で$\frac{3}{5}$になり，$\frac{5}{3}=1\frac{2}{3}$より，2回目の操作で$\frac{2}{3}$になる。さらに，$\frac{3}{2}=1\frac{1}{2}$より，3回目の操作で$\frac{1}{2}$になるので，4回目の操作で0になる。同様に，$\frac{8}{6}=1\frac{1}{3}$より，$\frac{6}{8}$は1回目の操作で$\frac{1}{3}$になるから，2回目の操作で0になる。最後に，$\frac{8}{7}=1\frac{1}{7}$より，$\frac{7}{8}$は1回目の操作で$\frac{1}{7}$になるので，2回目の操作で0になる。よって，7個の分数のうち，0になるまでの操作の回数が最も多くなるものは$\frac{5}{8}$である。

(3) 真分数$\frac{B}{A}$で，整数AをBで割ったときの商をC，余りをDとすると，真分数$\frac{B}{A}$の逆数は，$\frac{A}{B}=C\frac{D}{B}$だから，この操作を1回行うと，$\frac{D}{B}$になる。ここで，B，Cが大きくなるほど分母のAは大きくなる。つまり，分母が最も小さいものを考えるとき，帯分数の整数部分Cは1であるものを選べばよいことになる。よって，0になるまでに6回かかるとき，5回目の操作で$\frac{1}{2}$になるので，4回目の操作では，$1\frac{1}{2}=\frac{3}{2}$の逆数である$\frac{2}{3}$になる。さらに，3回目の操作では，$1\frac{2}{3}=\frac{5}{3}$の逆数である$\frac{3}{5}$になる。同様にして，2回目の操作では，$1\frac{3}{5}=\frac{8}{5}$の逆数である$\frac{5}{8}$になるから，1回目の操作では，$1\frac{5}{8}=\frac{13}{8}$の逆数である$\frac{8}{13}$になる。したがって，最初の数として考えられる分数のうち，分母が最も小さいものは，$1\frac{8}{13}=\frac{21}{13}$の逆数なので，$\frac{13}{21}$であるとわかる。

[2] 場合の数。

(1) 団体の人数の合計が59人以下のとき，高校生40人の入場料は，800×40＝32000(円)だから，中学生の入場料の合計は，35000－32000＝3000(円)になる。よって，この場合，中学生の人数は，3000÷300＝10(人)で，団体の人数の合計は，10＋40＝50(人)となり，条件を満たす。次に，団体の人数の合計が60人以上99人以下のとき，高校生40人の入場料は，700×40＝28000(円)，中学生の入場料の合計は，35000－28000＝7000(円)だから，中学生の人数は，7000÷250＝28(人)で，団体の人数の合計は，28＋40＝68(人)となり，条件を満たす。最後に，団体の人数の合計が100人以上のとき，中学生の入場料の合計は，35000－500×40＝15000(円)なので，中学生の人数は，15000÷200＝75(人)，団体の人数の合計は，75＋40＝115(人)となり，条件を満たす。したがって，高校生の人数が40人の場合，中学生の人数として考えられるものは，10人，28人，75人となる。

(2)　全員が中学生の場合，この団体の人数は，35000÷200＝175(人)で，この場合が最も多くなる。次に，団体の人数の合計が59人以下のとき，300：800＝３：８より，中学生８人の入場料と高校生３人の入場料は同じだから，中学生と高校生の人数の組み合わせは，(２人，43人)，(10人，40人)，(18人，37人)の３通りで，団体の人数の合計は，２＋43＝45(人)の場合が最も少なくなる。

(3)　団体の人数の合計が59人以下のとき，(2)より，中学生と高校生の人数の組み合わせは３通りある。また，団体の人数の合計が60人以上99人以下のとき，250：700＝５：14より，中学生14人と高校生５人の入場料は同じなので，中学生と高校生の人数の組み合わせは，(28人，40人)，(42人，35人)，(56人，30人)，(70人，25人)の４通りある。団体の人数の合計が100人以上のとき，200：500＝２：５より，中学生５人と高校生２人の入場料は同じだから，中学生と高校生の人数の組み合わせは，(175人，０人)，(170人，２人)，(165人，４人)，…で，(175－100)÷(５－２)＝25より，(50人，50人)まで，25＋１＝26(通り)ある。よって，この団体の中学生と高校生の人数の組み合わせは，全部で，３＋４＋26＝33(通り)考えられる。

3　整数の性質。

(1)　100は１より，100－１＝99だけ大きい。また，99＝３×３×11より，99の約数は１，３，９，11，33，99の６個である。つまり，１から１ずつ増えていくと２行目の左から100番目，１から３ずつ増えていくと４行目の左から34番目，１から９ずつ増えといくと10行目の左から12番目，１から11ずつ増えていくと12行目の左から10番目，１から33ずつ増えていくと34行目の左から４番目，１から99ずつ増えていくと100行目の左から２番目がそれぞれ100になる。よって，100はこの表の中に全部で６個書かれている。

(2)　(1)と同様に考えると，約数が５個ある数のうち最も小さいものは，２×２×２×２＝16なので，この表にちょうど５個書かれている整数のうち最も小さいものは，16＋１＝17とわかる(16の約数は１，２，４，８，16の５個だから，17は，２行目，３行目，５行目，９行目，17行目に書かれている)。

(3)　２行目に出てくる数は100以下であり，増える数は最も多くて99である。つまり，100以上の整数のうち，この表にちょうど１個書かれている数は，１とその数以外に１個だけ約数をもつ数より，１だけ大きい数である。ここで，100以上の整数で，１とその数以外に１個だけ約数をもつ数は，11×11＝121，13×13＝169，17×17＝289，…である。よって，100から200までの整数のうち，この表にちょうど１個書かれている数は，121＋１＝122と，169＋１＝170とわかる(122は12行目の左から12番目，170は14行目の左から14番目にそれぞれ１個ずつある)。

4　平面図形―辺の比と面積の比，相似，長さ。

(1) BP＝QC＝8cmとすると，PQ＝20－8×2＝4(cm)で，このとき，三角形ABPと三角形PQRの面積は等しくなるので，三角形ABPと三角形PQRの高さの比は，$\frac{1}{8}:\frac{1}{4}=1:2$である。よって，三角形RPQと三角形RADは相似で，高さの比は，2：(2＋1)＝2：3だから，PQ：AD＝2：3より，辺ADの長さは，$4\times\frac{3}{2}=6$(cm)となる。

(2) (ア) BP＝8cm，QC＝10cmにすると，PQ＝20－8－10＝2(cm)なので，三角形RPQと三角形RADの相似比(高さの比)は，PQ：AD＝2：6＝1：3である。よって，三角形ABPと三角形PQRの高さの比は，(3－1)：1＝2：1＝$1:\frac{1}{2}$だから，三角形PQRの底辺，高さはそれぞれ，(1)のときの，$\frac{2}{4}=\frac{1}{2}$(倍)，$\frac{1}{2}\div2=\frac{1}{4}$(倍)になる。したがって，このとき，三角形PQRの面積は，(1)のときの面積の，$\frac{1}{2}\times\frac{1}{4}=\frac{1}{8}$(倍)である。　(イ) 三角形ABPと三角形PQRの面積が等しくなるとき，台形ABQDと三角形ARDの面積は等しい。ここで，QC＝10cmにすると，台形ABQDの上底と下底の長さの和は，6＋20－10＝16(cm)なので，台形ABQDと三角形ARDの高さの比は，$\frac{1}{16}:\frac{1}{6}=3:8$になる。よって，三角形RPQと三角形RADの高さの比(相似比)は，(8－3)：8＝5：8だから，このとき，PQの長さは，$6\times\frac{5}{8}=\frac{15}{4}$(cm)，BPの長さは，$20-10-\frac{15}{4}=\frac{25}{4}=6.25$(cm)とわかる。

社会 (40分) ＜満点：100点＞

解答

[1] 1 ブラジル，イ　2 ウ　3 ア 0　イ 1　ウ 7　エ 4　オ 3　カ 2　キ 1　4 ア，カ　5 1位…12，2位…5，17位…11，18位…8　6 ア 13　イ 2　ウ 1　エ 6，14　オ 17　カ 15　7 ア，エ，キ　[2] 1 イ，オ　2 A，B 女性，高齢者(老人)　C 鍬(農具)　D 牛　3 X 重い負担(税)　Y 一揆　4 イ，ウ　5 オ，ウ，ア　6 ア，イ，エ　7 (1) ウ　(2) カ　(3) エ　(4) ク　[3] 1 ア，エ　2 イ，エ　3 イ，ウ　4 ウ，エ　5 ア，オ　6 ア，イ，オ

解説

[1] サッカーを題材とした地理の問題。

1 2014年のサッカーのワールドカップは，南アメリカ大陸の東部に位置するイのブラジルで開かれた。なお，アはアメリカ合衆国，ウはフランス，エは南アフリカ共和国，オはロシア，カはインド，キは中国，クはオーストラリアである。

2 ブラジルの東部や中部は西経45度の経線を，西部は西経60度の経線を，それぞれ標準時子午線としている。このうち西経45度の経線と日本の標準時子午線である東経135度の経線の経度差は，135＋45＝180より180度。経度15度で1時間の時差が生じるから，180÷15＝12より，両地点の時差は12時間となる。

3 13は東北地方，2・3・5・6・8・10・14は関東地方，7・9・11・15は中部地方，4・16・17は近畿地方，1・18は中国・四国地方，12は九州・沖縄地方にあてはまる。また，表中に北

海道にあてはまるチームはない。

4　観客動員数に影響をあたえる要素としては，チームの成績や地域とのつながりの深さの度合いなどがあげられるが，そのほかに，観客が試合会場に行くまでの交通機関の便利さも重要である。さらに，優秀な選手の獲得《かくとく》，チームや主催《しゅさい》試合についての広告・宣伝，イベントの開催，関連グッズの販売などに関しては，スポンサーの資金力が大きく影響する。したがって，ここではアとカがあてはまる。なお，ホームタウンの外国人人口や学校数は観客動員数にはあまり関係がないと考えられるから，イとエはあてはまらない。2014年のＪ１は３月から12月までの開催で，冬の天候の影響は小さかったと考えられるから，ウも不適切。資料の観客動員数はリーグ戦のものであり，トーナメント方式で行われるカップ戦などの試合は含《ふく》まれていない。したがって試合数は全チーム同じであるから，オも誤りである。

5　各チームのホームタウン人口に対する観客動員の割合(小数第２位を四捨五入)は，１が23.7％，２が11.5％，３が20.4％，４が9.5％，５が100.7％，６が51.5％，７が54.3％，８が3.2％，９が33.7％，10が53.9％，11が3.7％，12が293.5％，13が24.8％，14が15.5％，15が25.2％，16が18.8％，17が16.0％，18が11.7％である。したがって，１位は12のサガン鳥栖《とす》，２位は５の鹿島アントラーズ，17位は11の名古屋グランパス，18位は８のFC東京ということになる。それぞれのスタジアムに収容人数の限界があり，どんなに人気のあるチームでも観客動員数には上限があるため，ホームタウン人口が少ないほど観客動員の割合は高くなり，人口が大きいほど観客動員の割合は低くなる傾向がある。

6　ア　宮城県仙台市についてのべた文。2011年３月11日の東日本大震災では，若林区など沿岸部を中心に大きな被害が出た。　　イ　神奈川県横浜市についてのべた文。人口は約371万人で，東京23区につぐ日本第２の人口をもつ都市となっている。統計資料は『日本国勢図会』2014／15年版による。　　ウ　広島県広島市についてのべた文。広島市は太田川の三角州の上に形成された都市である。　　エ　埼玉県さいたま市についてのべた文。2001年に浦和《うらわ》・与野《よの》・大宮の３市が合併《がっぺい》してできた市で，2005年には岩槻《いわつき》市も編入した。そのため，旧浦和市をホームタウンとしていた浦和レッズと旧大宮市をホームタウンとしていた大宮アルディージャの両チームが，さいたま市をホームタウンとすることとなった。　　オ　兵庫県神戸市についてのべた文。ポートアイランドや六甲アイランドなどの人工島がある。1995年の阪神・淡路《あわじ》大震災では，震源地に近かったこともあり，大きな被害をうけた。　　カ　山梨県甲府市についてのべた文。市の南部には，リニア中央新幹線の停車駅の設置が予定されている。

7　アのロンドン(イギリス)では1908年・1948年・2012年に，エの北京《ぺきん》(中国)では2008年に，キのアテネ(ギリシャ)では1896年・2004年に，それぞれ夏季オリンピックが開かれている。なお，オのリオデジャネイロ(ブラジル)は2016年の夏季オリンピックの開催予定地。ウのソチ(ロシア)では2014年，カの札幌《さっぽろ》(北海道)では1972年に冬季オリンピックが開催されている。また，イの大阪でオリンピックが開催されたことはない。

[2]　さまざまな史資料を用いた歴史の問題。

1　弥生時代には農作業や土木工事などを指揮《しき》する人があらわれ，そうした人びとがむらの指導者となっていったから，イは「すぐれた狩りの技術によって」とあるのが不適切。大王《おおきみ》とよばれる支配者がおさめていたのは大和《やまと》政権で，大和地方(奈良県)に成立した国家であるから，オも正しくない。

2　A，B　資料の戸籍《こせき》に記載された18名中，13名が女性である。また，男性５名中，３名が60歳以上の高齢者(老人)であり，女性も含めて高齢者が大部分を占めている。　C，D　資料の絵を見ると，鍬《くわ》など鉄製の農具を使い，牛に鋤《すき》を引かせている様子が描《えが》かれている。鎌倉時代には牛や馬を耕作に用いる牛馬耕や，鋤や鍬などの鉄製農具の利用が広まっていた。

3　X　律令政治のもとでは，口分田を支給されたすべての男女に収穫した米の一部を納める税である租《そ》が課せられたが，本文中に「21～60歳の男性には稲に加え，布や塩などの特産物を納め，土木工事や都などの警備にあたるなど，重い負担が求められました」とあるように，正丁《せいてい》とよばれる21～60歳の男子には，租のほか，調(地方の特産物を納める税)や庸《よう》(労役につく代わりに布を納める税)，さまざまな労役や兵役が課せられていた。女性や高齢者が不自然に多い資料のような戸籍は，こうした重い負担をのがれるため，性別や年齢を偽《いつわ》ったものと考えられる。　Y「心を一つにしていっしょに行動することを約束する」ことを「一揆《いっき》を結ぶ」という。そこから，農民たちが団結して領主などに対抗《たいこう》することを一揆(土一揆)というようになった。

4　江戸時代の中期になると各地で綿花・菜種《なたね》・茶などの工芸作物の栽培がさかんになったから，イは誤り。江戸時代の百姓《ひゃくしょう》一揆は，農民たちが領主に対して，年貢《ねんぐ》の引き下げや代官の交代などを求めて起こしたものであるから，ウも正しくない。

5　ア　1910年，明治政府は韓国(大韓帝国)を併合《へいごう》して植民地として朝鮮とよび，京城《けいじょう》(現在のソウル)に朝鮮総督府を置いた。　イ　1872年，明治政府は琉球王国(沖縄)を琉球藩とし，琉球国王を藩王としたが，1879年には軍隊を派遣して王政を解体，琉球藩を廃止し，沖縄県を設置した。これを琉球処分という。琉球を属国と見なしていた清(中国)はこれに抗議しているから，この文は誤り。　ウ　1905年に結ばれたポーツマス条約により，日本はロシアから樺太《からふと》(サハリン)の南半分を獲得するとともに，旅順《リュイシュン》や大連《ターリエン》の租借権や南満州の鉄道の権利などをゆずりうけた。
エ　1875年，日本はロシアとの間で樺太・千島交換《こうかん》条約を結んだ。これにより千島列島が日本領，樺太がロシア領となったから，この文は正しくない。　オ　1895年の下関条約によって，日本は清から多額の賠償《ばいしょう》金を得ると同時に，台湾などの領土も獲得した。　よって，正しいものはア，ウ，オとなり，年代順はオ→ウ→アとなる。

6　東京大空襲《だいくうしゅう》は，第二次世界大戦末期の1945年３月10日にアメリカ軍が行った東京への大規模な爆撃で，東京の下町地区を中心に壊滅《かいめつ》的な被害をうけ，死者・行方不明者は約10万人におよんだ。アは大戦末期の1945年８月９日に原子爆弾を投下された長崎における体験談で，「城山町」「爆心地」などの語から判断できる。イは戦時中の食糧《しょくりょう》事情に関する体験談。米は配給制となっていたが，量が足りず，多くの国民が食糧不足に苦しんでいた。エは戦時中に行われていた勤労動員についての体験談で，労働力不足を補うため，中学生や女学生が工場などで働いた。なお，ウは「中国残留孤児《こじ》」となった人の体験談。大戦直後の旧満州(中国)などでは，混乱の中で多くの子どもが現地に取り残され，その中には中国人の養父母に育てられた人も数多くいたが，終戦後のできごとであるので，ここではあてはまらない。オは1923年の関東大震災についての体験談である。

7　(1)　日本国憲法が施行(1947年５月３日)されると，基本的人権として保障する社会権のうち，教育をうける権利にもとづいて教育基本法が制定された。これにより義務教育制度や男女共学の原則などが定められたから，ウがあてはまる。在日外国人などへの差別や偏見《へんけん》の問題は現在も解決したとはいえないから，アは正しくない。　(2)　1951年，サンフランシスコ平和条約の調印により日本は主権を回復したが，同時に結ばれた日米安全保障条約によりアメリカ軍が引き続き日本国内に駐留《ちゅうりゅう》することが決められた。したがって，カが正しい。しかし，沖縄などは引き続きアメリカの統治下に置かれたため，このとき主権が回復したのは１都１道２府42県であったから，イは誤り。なお，沖縄が日本復帰をはたしたのは1972年になってからのことである。　(3)　東京タワーは1958年に完成した電波塔《とう》で，テレビ放送の電波などがここから送信されたから，エがあてはまる。(4)　1950年代末から1970年代初めにかけての高度経済成長の時期には各地で公害が発生したから，クがあてはまる。日本の大学進学率は最も高かった2011年でも51.0％であるから，オは誤り。都内の家庭への電気供給が進んだのは大正時代から昭和初期にかけてのことであるから，キもふさわしくない。

3　「地方自治体の消滅」を題材とした問題。

1　ア，イ　合計特殊《とくしゅ》出生率とは，１人の女性が一生の間に産む子どもの数を平均した値である。ウ　単純に考えれば，両親２人から２人の子どもが生まれれば人口は維持されることになるが，生まれる子どもは男子の方がやや多いことや，出産可能年齢になる前に亡くなる人もいることなどから，合計特殊出生率が2.07未満だと人口の維持が難しくなるといわれている。　エ　日本の合計特殊出生率は，2005年に最も低い1.26となったが，その後は若干《じゃっかん》回復傾向にあり，2012年には1.41となっている。　オ　東京都の合計特殊出生率は1.09で，全国で最も低くなっている。最も高いのは沖縄県の1.90である（数値は2012年のもの）。

2　池袋のある東京都豊島区のように都市部でも「『消滅』リスト」に入っている自治体があるが，商業施設が密集していたり，昼間人口が多かったりしても，住民に「20～39歳」の女性が少なければリストに入る可能性はあるので，イは誤り。北海道の夕張《ゆうばり》市のように財政が事実上破綻《はたん》し，国から「財政再建団体」に指定された地方自治体もあるから，エも適切でない。

3　高度経済成長期とよばれるのは1950年代後半から1970年初めまで。日本の人口が最も多かったのは本文中にもあるように2008年であるから，イは誤り。発展途上国で多く見られるのは，年少人口が多く，老齢人口が少ない人口構成であるから，ウも正しくない。なお，東京都の人口は約1330万人であり，日本の総人口約１億2730万人の10分の１以上を占めているから，オは正しい。

4　ア　日本国憲法はその第25条１項で生存権を規定し，同じく２項でその保障のため国に社会保障や社会福祉の義務があることを定めている。　イ　日本では，すべての国民に国民健康保険など何らかの医療保険に入ることを義務づける国民皆保険のしくみがとられている。　ウ　年金の種類や加入期間のちがいなどにより，同一年齢でも年金の受給額は異なる。　エ　社会保障費は歳出の中で最も高い割合を占めているが，その割合は30％前後であることが多く，2014年度は31.8％であった。　オ　2014年４月，消費税の税率が５％から８％に引き上げられた。社会保障制度の充実がそのおもな目的としてあげられている。

5　ア　大都市では人口に対して保育施設の定員数が不足している場合が多く，いわゆる「待機児童」の問題が生じている。　イ　都市部では平均所得は多いが，労働時間が長いため，子育てにあてる時間が十分にとれない場合が多い。　ウ　大都市では両親と同居する人の割合は地方より低い。　エ　大都市では近隣《きんりん》の住民とのつながりがうすいため，地域共同体のはたらきは地方より弱い場合が多い。　オ　大都市では地価や家賃が高く，広い住宅をもつための経済的負担は大きい。

6　ア　大日本帝国憲法では，国の主権は天皇にあるとされていた。国民主権が定められたのは日本国憲法によってである。　　イ　日本国憲法の改正は，衆参両院がそれぞれ総議員の３分の２以上の賛成で可決した場合に国会がこれを発議し，国民投票で過半数が賛成すれば成立する。　　ウ　最高裁判所の裁判官は，任命後に初めて行われる衆議院議員総選挙のときと，その後10年を経て最初に行われる総選挙のときごとに国民審査をうけ，投票数の半分以上が反対としたときは，その裁判官はやめさせられる。　　エ　地方自治体の首長である都道府県知事と市町村長は住民の直接選挙で選ばれるが，内閣総理大臣は国会議員の中から国会が指名し，天皇が任命するから，国民が直接選出することはできない。　　オ　選挙で投票することは国民の権利であり，義務ではない。

理　科　(40分)　<満点：100点>

解　答

[1]　1　(図１,)イ，ウ，カ(，図２)　　2　ウ，オ　　3　ア，イ，ウ　　[2]　1　イ，ウ　2　ア，カ　　[3]　1　ア　　2　アサリ…ア，ハマグリ…エ　　3　イ→エ→ア→ウ　　4　イ　　5　名前…アンタレス，色…赤色　　[4]　1　実験１…ウ，実験２…イ，実験３…イ　2　A　エ　　B　ア　　C　ウ　　D　イ　　3　エ　　[5]　1　(1)　前…ア，後…ウ　(2)　ちっ素　　2　オ　　[6]　1　ア，イ，キ，ク　　2　1→A，4→D　　3　1→D，2→D，3→A，4→A　　[7]　①　カ　　②　ア　　③　オ　　④　イ　　⑤　カ　　⑥　エ(オ)　　⑦　ア

解　説

[1]　ヒキガエルの育ち方と生活についての問題。

1　おたまじゃくしからかえるになるときは，まず後ろあしが出て(イ)，次に前あしが出る(ウ)。その後，尾が短くなって(カ)消え，図２のようなかえるになる。

2　おたまじゃくしはえらで呼吸し水中で生活をするが，かえるになると肺呼吸と皮ふ呼吸を行い陸上で生活するようになる。そこで，かえるになり始めたら，陸地を用意する必要がある。また，おたまじゃくしのときはふつう雑食であるが，かえるになると肉食になるので，小さなこん虫などをエサとして与えるようにする。なお，タガメのようなおたまじゃくしを食べるものとは，いっしょに飼育しないようにする。

3　成体(親)のすがたで冬ごしするのは，クサガメなどのカメのなかま，ハシブトガラスなどの鳥類のなかま，ツキノワグマなどのホニュウ類のなかまなどがある。なお，カブトムシは幼虫，カマキリは卵，モンシロチョウはさなぎのすがたで冬をこす。

[2]　呼吸と血液循環《じゅんかん》についての問題。

1　運動の激しさは運動直後の心ぱく数や呼吸数で判断し，それぞれ数値が大きいほど激しい運動とする。　　ア　心ぱく数，呼吸数ともに最も大きいAのダンスが，最も激しいと考えられる。　イ　図１では，１分間にふむステップの回数は少ない方からA，B，C，Dの順となっているが，図２，図３ではその順と一致せず，ステップの回数とは関係がない。　　ウ　図２と図３を比べる

と，心ぱく数と呼吸数はともに少ない方からC，D，B，Aとなっている。このことから，呼吸数の多い運動ほど心ぱく数が多く，血液が体内をめぐる速さが速いといえる。　エ　図2より，ダンス経験者の方が未経験者よりも，運動直後の心ぱく数の数値が大きく，心臓は速くはく動していることになる。　オ　体内に取り入れた酸素の量が多いか少ないかは，心ぱく数と呼吸数だけではわからない。

2　ア，イ　心臓は血液を送るポンプの役目をしている。脈はくは，その心臓が血液を送り出す動き(はく動)を伝えている。　ウ　各組織に分布する毛細血管は，血球がやっと通るくらいの細い管であるが，心臓につながる大動脈などは太い。また，首の動脈などは，はく動にともない血管の太さが大きく変化する。　エ　血管はすべてつながっていて，血液が循環している。　オ　小腸のじゅう毛に分布している毛細血管で，血液中に栄養分が取りこまれ，門脈を通ってかん臓に運ばれる。ほかの腸の部分にある血管に血液が流れても栄養分はほとんど取りこまれていない。カ　肺がふくらむとき，体外から肺の中へ空気が取りこまれ，空気と血液の間でガス交換《こうかん》が行われる。空気中からは酸素が血液に取り入れられ，血液からは二酸化炭素が放出される。　キ　肺から心臓へもどってくる血液が流れる肺静脈には，酸素を多くふくむ血液が流れている。

3　**岩石，気象，天体についての問題。**

1　軽石は，火山がふん火するときにマグマが上昇《じょうしょう》し，圧力が下がるにつれてとけていた水などが気体となって出ていき，内部や表面に多数の穴が開いてできた岩石である。多数の穴が開いているため，水にも浮《う》く。

2　アサリはアのような形で，いろいろな模様の貝がらを持った二枚貝である。ハマグリはエのようなおむすび形で，一般にアサリより大きく，表面がなめらかなものが多い。

3　台風は，赤道近くの太平洋上で発生した熱帯低気圧のうち，中心付近の最大風速が毎秒17.2m以上になったものである。発生した後は北上し，日本付近にくると北東～東に向きを変え，日本に上陸する場合もある。4枚の写真は，台風が南から北～北東に移動するような順に並べるとよい。

4　月は公転周期と自転周期が等しく，その向きも同じであるため，地球にいつも同じ面を向けている。イのように，月面には黒っぽく見える平らな部分と白っぽく見える起ふくの多い部分がある。

5　さそり座の1等星は赤色のアンタレスである。さそりの心臓部分あたりに光っている。

4　**液体の性質と判別についての問題。**

1　実験1…金属が小さくなっているので，液体Aと反応して気体(あわ)を発生させながらとけている。したがって，金属が液体にとけて金属ではない別の物質ができ，実験後に残った液体から水を蒸発させると，金属とは別の物質が残る。　実験2…塩のつぶを加えたとき，塩のつぶにはほとんど変化が見られないのに気体(あわ)が発生しているので，気体は塩のつぶが核《かく》となって発生しただけであり，塩と液体Bは反応したわけではない。また，かき混ぜると塩のつぶは見えなくなっているので，とけたことがわかる。よって，水を蒸発させると塩のつぶが残る。　実験3…塩のつぶが変化せず，かき混ぜると見えなくなったことから，塩がとけたことがわかる。よって，水を蒸発させると塩のつぶが残る。

2　液体A…金属をとかして気体を発生するのは，塩酸にアルミニウムや鉄などをとかした場合や，水酸化ナトリウム水よう液にアルミニウムを加えてとかした場合などがある。中性ではないが，酸性かアルカリ性かはわからないので，結果は予想できない。　液体B，D…実験4より，呼気をふきこんで白いにごりができた液体Dは石灰水とわかり，液体Dに加えると白いにごりができた液体Bは炭酸水とわかる。よって，液体Bは青色リトマス紙の色を赤色に変え，液体Dは赤色リトマス紙を青色に変える。実験２のように，炭酸水のような圧力をかけて気体を水にとかしこんでいる水よう液では，塩などのつぶを加えただけで，そのつぶを核としてとけていた気体があわとなって発生することがある。　液体C…実験１～４より，液体Cは水(中性)とわかり，赤色リトマス紙，青色リトマス紙のどちらも色は変化しない。

３　塩酸や，す(食《しょく》酢《す》)などの酸性の水よう液にアルミニウムなどの金属を入れると，金属はとけながら気体(水素)を発生する。なお，せっけん水はアルカリ性が弱いので，水酸化ナトリウム水よう液のようにアルミニウムをさかんにとかすことはない。

5　ものの燃え方と条件についての問題。

１　(1)　ろうそくを入れる前の気体は空気なので，酸素の割合が約21％で，二酸化炭素の割合は約0.04％で１％より小さい。一方，ろうそくの火が消えた後の気体中では，酸素の割合が16～17％くらい，二酸化炭素の割合が３～４％くらいになっている。　(2)　空気の約78％はちっ素である。

２　ろうそくが燃えて暖められた気体はぼう張し，軽くなって上昇する。その後にまわりから新せんな空気が入る。

6　てこのつり合いについての問題。

１　ア，イ，ウ，エを図の反対側(奥側)から見ると，それぞれク，キ，カ，オと同じようになる。そのため，板が水平になるかどうかはア～エについて調べればオ～クのようすもわかる。また，ア～エにおいて，板の重心(重さが１点に集まっていると考えられる点)は板の中央にあり，木へん２の右はしの位置になる。したがって，板の上にある３つのおもりについて，見かけの重心の位置が木へん２の上にあれば板はかたむかずに引き分けとなる。ア～エの見かけの重心の位置は下の図の●の位置になるから，アとイが引き分け，そしてキとクも引き分けになる。

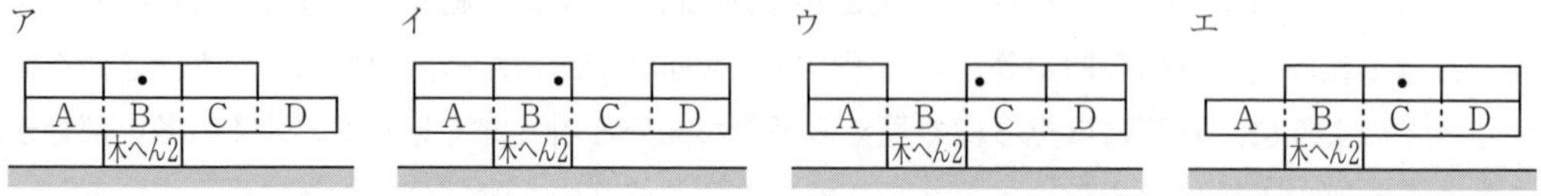

２　あきら君が必ず勝つ方法はないとあるため，あきら君が絶対に負けない方法は必ず引き分けには持ちこめる方法となる。引き分けにするためには，操作②の後に少なくとも木へん２か木へん３のどちらか１つが板の下に残っていないとならない。そのため，操作①では木へん２と木へん３を残して，木へん１か木へん４を動かす。また，１のア～エを見ると，木へん２が板の下に残るとき，板の上の３つの木へんのうち２つがAとBにあるときは引き分けになり，反対に木へん２つがCとDにあると棒がかたむいて負けてしまう。ここで，操作①で木へん１を１→Aか１→Bと動かすとき，操作②ではまさる君は木へん２を動かすと負けてしまうので，操作②の後に木へん２が残る。このとき，少なくともCとDのうちどちらか１つは上に木へんがのっていない状態になり，多くの場合，あきら君は負けない。ただし，操作①で１→B，操作②で３→Dとすると，次の操作③中に板がかたむいてしまう。操作①で１→A，またはこれを反対側から見た４→Dとすると，あきら君は必ず引き分けに持ちこむことができる。なお，そのほかの方法では絶対に負けないとはいえない。

３　まさる君が勝つようにするためには，操作②でまさる君が板を必ず水平のままにできれば，操作③であきら君は板をかたむけさせて，まさる君を勝たせてあげることができる。操作①で木へん１を動かすときを考える。１→Ａや１→Ｂとすると操作②で２を動かしたときにかたむき，１→Ｃとすると操作②で２→Ａとしたときにかたむいてしまうが，１→Ｄとすると操作②でどのように木へんを動かしても板はかたむかない。同様に操作①で木へん２を動かすときについて考えると，２→Ａや２→Ｂとすると操作②で１を動かしたときにかたむき，２→Ｃとすると操作②で１→Ａとしたときにかたむいてしまうが，２→Ｄとすると操作②でどのように木へんを動かしても板はかたむかない。操作①で木へん３や木へん４を動かすときはそれぞれ，木片２や木片１を反対側から見たときと同じようになるため，３→Ａ，４→Ａと動かせば操作②でどのように木へんを動かしても板はかたむかないことになる。

7　豆電球のつなぎ方と明るさについての問題。

①，②　スイッチ１だけを入れると，２個の豆電球が直列につながり，スイッチ１とスイッチ２を入れると，スイッチ２の方へ電流が流れて豆電球１に電流が流れないようなつなぎ方である(スイッチ２だけを入れても豆電球はつかない)。よって，スイッチ１の両はしはＣとＤ，スイッチ２の両はしはＡとＢにつながれている。　③，④　スイッチ１だけを入れると，豆電球１だけに電流が流れ，スイッチ１とスイッチ２を入れると，２個の豆電球が並列につながる。また，スイッチ２だけを入れると，どちらの豆電球もつかない。このようになるつなぎ方は，スイッチ１の両はしをＢとＤ，スイッチ２の両はしをＡとＣにつないだときである。　⑤，⑥，⑦　両方のスイッチを入れないときは，２個の豆電球が直列につながっているので，導線の両はしはＣとＤにつながっていることになる。スイッチ１だけを入れると豆電球１だけが明るくつくので，スイッチ１の両はしはＢとＣまたはＢとＤにつながり，スイッチ２だけを入れると豆電球２だけが明るくつくので，スイッチ２の両はしはＡとＢにつながれている。このつなぎ方で両方のスイッチを入れると，回路全体はショート回路となり，豆電球１と豆電球２はどちらもつかない。

国　語　(40分)　＜満点：100点＞

解　答

一　問１　イ　　問２　(例)　不況の「いま」の状況の中で失われてしまっている，人々の助け合いや町内のまとまり，温かい人情や，夢をもつことができたことなどをなつかしみ，良い時代だったと評価してしまうから。　　問３　(例)　過去の事実を客観的にとらえ，そのときどきの「いま」の評価に振り回されることのない，絶対的なものとして歴史を考えていくこと。　　問４　オ　　二　問１　(例)　すこしまがったポールのさきにとりつけられた電灯が，真下を通りかかるときには，見あげる角度の問題で，おじぎをするように動いたような感じがするということ。　　問２　(例)　怖がりの蜜蜂は耳丸がついてきたことでほっとしているはずなのに，「勝手についてきたんだ」と強がって，平気なふりをするのがおかしかったから。　　問３　エ　問４　(例)　耳丸がアリスの家にかならずよることを計算に入れて，そうなればアリスも蜜蜂といっしょに学校まで行ってくれるだろうと見こしたうえで，蜜蜂をけしかけてひとりで家を出させたところ。　　問５　下記を参照のこと。　　三　問１　(1)　(例)　腕が通されていないために，空っぽで，だらりと力なく垂れ下がった状態。　(2)（例）本来は「ぼく」をつつむのが役目であるにもかかわらず，ハンガーにかけられてしまったから。　問2（例）しばらくのあいだほうっておかれたことで，きげんをそこね，すねるような気持ち。　問3（例）自分の方が上着にあわせようとすることで，傷ついている上着の気持ちに寄りそおうとする態度。

●漢字の書き取り

二 **問5** (あ) 半球　(い) 実際　(う) 期待　(え) 不満　(お) 準備

解説

一 **出典は成田龍一《なりたりゅういち》の『戦後日本史の考え方・学び方―歴史って何だろう？』による。**歴史は「いま」の視点や考え方によって過去がとらえられるものであり，歴史を考えるときにはそのことに注意しなければならないと述べている。

問1「あと出しじゃんけん」は，じゃんけんで，先に相手の手を見てから自分の手を出すこと。自分に有利な手を出して，優勢に立つことができる。ぼう線①は，歴史というものが「『いま』の視点で，『いま』の考え方によって過去がとらえられ」，「『あとから』語られるもの」であるという内容に対応している。この場合，「いま」の視点や考え方が変化することによって，「過去」のとらえ方や語る内容も変わってきてしまうのである。

問2『ALWAYS《オールウエイズ》　三丁目の夕日』という映画では，「高度経済成長の時代」は「みんな貧しいけれども助け合って生きていた，まだ町内のまとまりがあった，人が温かかった，みなが夢をもっていた」ような，良い時代として描《えが》かれていた。「不況《ふきょう》の『いま』」は貧しいだけでなく，人々の助け合いや結びつきも失われ，夢をもつことも困難な状況であるというとらえ方があるために，それと比較《ひかく》して「高度経済成長の時代」を良い時代ととらえるのではないかと筆者は考えている。

問3　歴史というものが「『いま』の視点で，『いま』の考え方によって過去がとらえられてしまう」ものであるために，「評価が，『いま』の変化によって，二転三転していく」と筆者が述べていることに注目する。それと対照的なのが，「過去を過去のまま，冷凍《れいとう》保存して眺《なが》める」という歴史に対する考え方である。つまり，「『いま』の変化」に左右されることのない，客観的，絶対的なものとして過去をとらえ，歴史を考えていくということになる。

問4　本文の最後で述べている内容に合うので，オが選べる。なお，アは，「皆《みな》が助け合った良い時代ではあった」が誤り。このようなとらえ方は，「不況の『いま』を見てしまった」視点からの評価であり，別の視点から見た場合は別の評価もありえると筆者は指摘《してき》している。イは，筆者の意見とは合わない。筆者は，歴史とは「いま」というある特定の視点から語られるものでしかないことを述べ，このことをしっかり認識しておくことが「歴史を考えるときの注意点」だと説明している。ウのような内容は述べられていない。エは「どれが妥当《だとう》な歴史なのかを見極める姿勢が大切」が合わない。筆者が大切だと考えているのは，語られる歴史が妥当かどうかという観点ではなく，どのような「視点」，「考え方」で歴史が語られているのかをしっかり認識するということである。

二 **出典は長野《ながの》まゆみの『改造版　少年アリス』による。**兄にけしかけられて，学校に置き忘れた本をとりにいくことになった蜜蜂《みつばち》と，途中《とちゅう》で合流したアリスが話しながら歩いている場面である。

問1「いちいち首をうなだれる」のは，「スカラ座通りの両がわ」にある「まるいあかりをともした街灯」である。ただし，実際に街灯が動いているのではなく，「すこしまがったポールのさきに，電灯がとりつけてあるだけ」なので，遠くからはまっすぐならんでいるように見えても，「真下を通りかかるとき」には「見あげる角度」によって，おじぎをするように動いたような感じがするのだと読みとれる。

問２　すぐ後に，「蜜蜂は～怖《こわ》がりなのに，平気なふりをする」とあることに注目する。夜，暗くなってからひとりで学校までむかう蜜蜂は，怖いと思う気持ちがありながら，意地をはってひとりで家をでた。そんな蜜蜂を心配して，兄は耳丸を「そとへだした」のである。蜜蜂は「兄があとから耳丸をはなすことをキタイして」ひとりで家をでたのだろうと，アリスが思い浮《う》かべていることからも，耳丸がついてきたことで蜜蜂がほっとした気持ちになっていることが想像できる。にもかかわらず，「勝手についてきたんだよ。ぼくはひとりで家をでたのに」と，いかにも関係なさそうに強がった言い方をし，「平気なふりをする」蜜蜂の態度がおかしかったので，アリスは思わず笑ってしまったのだと推測できる。

問３　「だからさ」というのは，蜜蜂に学校まで行って「鳥の本をとってこい」とけしかけたからこそ，兄は蜜蜂のことを心配したということ。アリスがふたりの兄弟のようすを思い浮かべている部分に注目すれば，兄は蜜蜂を「そっけなく送りだすふり」をしながら「こっそり二階の窓からそとをうかがって」いて，蜜蜂が「わざと耳丸には見むきもせずに家をでた」のを見ると，心配して耳丸をそとへだしたという状況を読みとることができる。よって，エが選べる。

問４　蜜蜂の兄が「耳丸がぼくの家へかならずよるのを，計算して」いたことに対して，「すごいね」と言っている。耳丸がアリスの家によれば，蜜蜂が兄に言われて学校まで本をとりに行くことになった事情を知り，「アリスがこの冒険にくわわる」，つまり，蜜蜂に同行してくれるであろうことまで見こして，「蜜蜂をけしかけた」ことに気がついたからである。ただ蜜蜂をけしかけるのではなく，「安全装置をたくさんジュンビしてたくらみをはかる兄」に感嘆《かんたん》したのである。

問５　(あ)　球を半分に切った形。ドーム状。　(い)　ありのままの姿。　(う)　あてにして心待ちにすること。　(え)　満足しないこと。　(お)　あらかじめ用意すること。

三　**出典はアーサー・ビナードの詩「なれ」による。**ハンガーにかけられているときの「上着」の気持ち，「ぼく」にきこまれたときの「上着」の気持ち，「上着」のことを思いやる「ぼく」の気持ちなどがつづられている。

問１　(1)「上着」は「ハンガーにかけ」られれば，背や肩《かた》の部分などは人がきているときと同じような状態にはなる。しかし，「袖《そで》」の部分だけは腕《うで》が通されていないために，空っぽで，だらりと垂れさがったような状態になってしまうのである。　(2)「上着」の本来の役目は，「ぼく」にきられ，「ぼく」をつつむことだといえる。一時的とはいえ，「ぼく」とはなれて「ハンガーにかけ」られたことによるさびしさが，「袖のあたり」の「さびしい」ようすに示されているかのようだというのである。

問２　「しこりが，のこっている，／肩のあたりにも」とあることに注目する。「しこり」には，“こってこわ張ったかたまり”という意味のほか，“いやなことがあったときにのこる，すっきりしない気持ち”という意味がある。「衿《えり》のうしろ」や「肩」にのこった「しこり」は，長いあいだ「ハンガーにかけ」られていたことで，「上着」がかたくなってしまったということと同時に，しばらく「ぼく」にきられることがなかったことに対して，「上着」がすねたような気持ちをのこしていることを表している。第三連の「きげんをなおす」という表現とも関連させて想像する。

問３　「上着」を「ぼく」にあわせようとするのではなく，「ぼく」が「自分を／少しハンガーに／にせようと」していることをおさえる。「ハンガーにかけ」られたことで，「しこり」をのこした「上着」に自分をあわせようとするのは，傷ついて心に「しこり」をのこしたままの「上着」に寄りそうことでなぐさめようとしたためだと考えられる。そのような「ぼく」のやさしい気持ちを感じとったからこそ，「上着」は「気づかぬふりをしながら／きげんをなおす」のである。

2025年度用
中学スーパー過去問

■編集人 声の教育社・編集部
■発行所 株式会社 声の教育社
〒162-0814 東京都新宿区新小川町8-15
☎03-5261-5061㈹ FAX03-5261-5062
https://www.koenokyoikusha.co.jp

※本書の内容についての一切の責任は当社にあります。内容・解説・解答・その他は当社ホームページよりお問い合わせ下さい。

ストリーミング配信による入試問題の解説動画

2025年度用web過去問　ラインナップ

■ 男子・女子・共学(全動画) 見放題
36,080円(税込)

■ 男子・共学 見放題
29,480円(税込)

■ 女子・共学 見放題
28,490円(税込)

● 中学受験「声教web過去問(過去問プラス・過去問ライブ)」(算数・社会・理科・国語)

3〜5年間 **24校**

過去問プラス

麻布中学校	桜蔭中学校	開成中学校	慶應義塾中等部	渋谷教育学園渋谷中学校
女子学院中学校	筑波大学附属駒場中学校	豊島岡女子学園中学校	広尾学園中学校	三田国際学園中学校
早稲田中学校	浅野中学校	慶應義塾普通部	聖光学院中学校	市川中学校
渋谷教育学園幕張中学校	栄東中学校			

過去問ライブ

栄光学園中学校	サレジオ学院中学校	中央大学附属横浜中学校	桐蔭学園中等教育学校	東京都市大学付属中学校
フェリス女学院中学校	法政大学第二中学校			

● 中学受験「オンライン過去問塾」(算数・社会・理科)

3〜5年間 **50校以上**

東京	青山学院中等部
東京	麻布中学校
東京	跡見学園中学校
東京	江戸川女子中学校
東京	桜蔭中学校
東京	鷗友学園女子中学校
東京	大妻中学校
東京	海城中学校
東京	開成中学校
東京	開智日本橋中学校
東京	吉祥女子中学校
東京	共立女子中学校
東京	国学院大学久我山中学校
東京	渋谷教育学園渋谷中学校
東京	城北中学校
東京	女子学院中学校
東京	巣鴨中学校
東京	桐朋中学校
東京	豊島岡女子学園中学校
東京	日本大学第三中学校
東京	雙葉中学校
東京	本郷中学校
東京	三輪田学園中学校
東京	武蔵中学校
東京	明治大学付属明治中学校
東京	早稲田中学校
東京	都立中高一貫校 共同作成問題
東京	都立大泉高校附属中学校
東京	都立白鷗高校附属中学校
東京	都立両国高校附属中学校
神奈川	神奈川大学附属中学校
神奈川	桐光学園中学校
神奈川	県立相模原・平塚中等教育学校
神奈川	市立南高校附属中学校
千葉	市川中学校
千葉	国府台女子学院中学部
千葉	芝浦工業大学柏中学校
千葉	渋谷教育学園幕張中学校
千葉	昭和学院秀英中学校
千葉	専修大学松戸中学校
千葉	東邦大学付属東邦中学校
千葉	千葉日本大学第一中学校
千葉	東海大学付属浦安中等部
千葉	麗澤中学校
千葉	県立千葉・東葛飾中学校
千葉	市立稲毛国際中等教育学校
埼玉	浦和明の星女子中学校
埼玉	開智中学校
埼玉	栄東中学校
埼玉	淑徳与野中学校
埼玉	西武学園文理中学校
埼玉	獨協埼玉中学校
埼玉	立教新座中学校
茨城	江戸川学園取手中学校
茨城	土浦日本大学中等教育学校
茨城	茗渓学園中学校

web過去問 Q&A

過去問が動画化！
声の教育社の編集者や中高受験のプロ講師など、
過去問を知りつくしたスタッフが動画で解説します。

Q どこで購入できますか？

A 声の教育社のHPでお買い求めいただけます。

Q 受講にあたり、テキストは必要ですか？

A 基本的には過去問題集がお手元にあることを前提としたコンテンツとなっております。

Q 全問解説ですか？

A 「オンライン過去問塾」シリーズは基本的に全問解説ですが、国語の解説はございません。「声教web過去問」シリーズは合格のカギとなる問題をピックアップして解説するもので、全問解説ではございません。なお、「声教web過去問」と「オンライン過去問塾」のいずれでも取り上げられている学校がありますが、授業は別の講師によるもので、同一のコンテンツではございません。

Q 動画はいつまで視聴できますか？

A ご購入年度２月末までご視聴いただけます。
複数年視聴するためには年度が変わるたびに購入が必要となります。

よくある解答用紙のご質問

01

実物のサイズにできない

拡大率にしたがってコピーすると，「解答欄」が実物大になります。配点などを含むため，用紙は実物よりも大きくなることがあります。

02

A3用紙に収まらない

拡大率164％以上の解答用紙は実物のサイズ（「出題傾向＆対策」をご覧ください）が大きいために，Ａ３に収まらない場合があります。

03

拡大率が書かれていない

複数ページにわたる解答用紙は，いずれかのページに拡大率を記載しています。どこにも表記がない場合は，正確な拡大率が不明です。

04

１ページに２つある

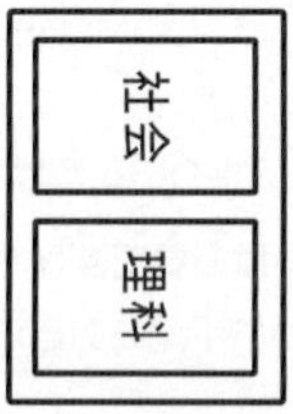

１ページに２つ解答用紙が掲載されている場合は，正確な拡大率が不明です。ほかの試験回の同じ教科をご参考になさってください。

筑波大学附属駒場中学校

【別冊】入試問題解答用紙編

解答用紙は本体からていねいに抜きとり、別冊としてご使用ください。

※　実際の解答欄の大きさで練習するには、指定の倍率で拡大コピーしてください。なお、ページの上下に小社作成の見出しや配点を記載しているため、コピー後の用紙サイズが実物の解答用紙と異なる場合があります。

●入試結果表

・ ― は非公表

・ 合格者の得点は調査書 100 点分を含む、500 点満点でのもの。

年　度	項　目	国　語	算　数	社　会	理　科	調査書	合　計	合格者
2024（令和６）	配点(満点)	100	100	100	100	100	500	最高点
	合格者平均点	―	―	―	―	―	―	418
	受験者平均点	―	―	―	―	―	―	最低点
	キミの得点							353
2023（令和５）	配点(満点)	100	100	100	100	100	500	最高点
	合格者平均点	―	―	―	―	―	―	423
	受験者平均点	―	―	―	―	―	―	最低点
	キミの得点							329
2022（令和４）	配点(満点)	100	100	100	100	100	500	最高点
	合格者平均点	―	―	―	―	―	―	429
	受験者平均点	―	―	―	―	―	―	最低点
	キミの得点							358
2021（令和３）	配点(満点)	100	100	100	100	100	500	最高点
	合格者平均点	―	―	―	―	―	―	391
	受験者平均点	―	―	―	―	―	―	最低点
	キミの得点							334
2020（令和２）	配点(満点)	100	100	100	100	100	500	最高点
	合格者平均点	―	―	―	―	―	―	403
	受験者平均点	―	―	―	―	―	―	最低点
	キミの得点							340
2019（平成 31）	配点(満点)	100	100	100	100	100	500	最高点
	合格者平均点	―	―	―	―	―	―	381
	受験者平均点	―	―	―	―	―	―	最低点
	キミの得点							322
2018（平成 30）	配点(満点)	100	100	100	100	100	500	最高点
	合格者平均点	―	―	―	―	―	―	405
	受験者平均点	―	―	―	―	―	―	最低点
	キミの得点							344
平成 29	配点(満点)	100	100	100	100	100	500	最高点
	合格者平均点	―	―	―	―	―	―	475
	受験者平均点	―	―	―	―	―	―	最低点
	キミの得点							371
平成 28	配点(満点)	100	100	100	100	100	500	最高点
	合格者平均点	―	―	―	―	―	―	394
	受験者平均点	―	―	―	―	―	―	最低点
	キミの得点							329
平成 27	配点(満点)	100	100	100	100	100	500	最高点
	合格者平均点	―	―	―	―	―	―	436
	受験者平均点	―	―	―	―	―	―	最低点
	キミの得点							360

※ 表中のデータは学校公表のものです。

声の教育社

２０２４年度　筑波大学附属駒場中学校

算数解答用紙

番号		氏名	

評点	／100

【注意】　円周率は 3.14 を用いなさい。

	計算		解答	
1		(1)		
		(2)	個	
		(3)	個	
2		(1)	もっとも大きい数	もっとも小さい数
		(2)		
		(3)		
		(4)	もっとも大きい数	もっとも小さい数
3		(1)		
		(2)		
		(3)		
4		(1)	cm	
		(2)		
		(3)		

（注）この解答用紙は実物を縮小してあります。Ｂ５→Ｂ４（141%）に拡大コピーすると、ほぼ実物大の解答欄になります。

〔算　数〕100点(推定配点)

1　各８点×３　2　(1)　各３点×２　(2)，(3)　各８点×２＜各々完答＞　(4)　各３点×２　3，4　各８点×６＜3は各々完答，4の(2)，(3)は完答＞

２０２４年度　筑波大学附属駒場中学校

社会解答用紙

番号		氏名		評点	／100

1

1	a	b	の日
2	神奈川県	山梨県	千葉県
3			
4			
5			
6			

2

1		
2		
3		
4		
5	東京都	大阪府
6		
7	（30字）	

3

1	
2	
3	
4	
5	
6	

（注）この解答用紙は実物を縮小してあります。Ｂ５→Ｂ４(141%)に拡大コピーすると、ほぼ実物大の解答欄になります。

〔社　会〕100点(推定配点)

1～3　各５点×20＜1の１は各５点×2，1の２～６，2の１～６，3の１～４，６はそれぞれ完答＞

2024年度　　筑波大学附属駒場中学校

理科解答用紙

番号		氏名		評点	／100

1	1										
	2										
	3										
	4	A		B		C		D		E	
		F		G							
2	1										
	2										
	3										
	4										
	5										
3	1										
	2	①		②		③					
4	1					2					
	3										
	4	①		②		③		④			
5	1	①		②		③		④			
	2	(1)		(2)							
6	1	(1)		(2)							
	2	(3)		(4)							
	3	(5)		(6)							

（注）この解答用紙は実物を縮小してあります。Ｂ５→Ｂ４(141%)に拡大コピーすると、ほぼ実物大の解答欄になります。

〔理　科〕100点(推定配点)

1～6　各５点×20<1の２，４，3の２は完答，4～6は各々完答>

２０２４年度　筑波大学附属駒場中学校

国語解答用紙

番号　　氏名　　評点　／100

一
問一
問二
問三　（１）　（２）

二

三
問一
問二　Ⓐ　Ⓑ　Ⓒ
問三
問四
問五

（注）この解答用紙は実物を縮小してあります。Ｂ５→Ａ３（163%）に拡大コピーすると、ほぼ実物大の解答欄になります。

〔国　語〕100点(推定配点)

一　問１　10点　問２　６点<完答>　問３　各12点×２　二　４点<完答>　三　問１　10点　問２　６点<完答>　問３，問４　各14点×２　問５　12点

２０２３年度　筑波大学附属駒場中学校

算数解答用紙

番号		氏名		評点	／100

【注意】　円周率は 3.14 を用いなさい。

	計　算		答　え
1		(1)	枚
		(2)	
		(3)	
2		(1)	
		(2)	
		(3)	個
		(4)	個
3		(1)	AB : BC :
		(2)	DE : EF :
		(3)	IG : GH :
4		(1)	11　時　分　秒　横断歩道
		(2)	11　時　分　秒　横断歩道
		(3)	11　時　分　秒　横断歩道

（注）この解答用紙は実物を縮小してあります。Ｂ５→Ａ３（163%）に拡大コピーすると、ほぼ実物大の解答欄になります。

〔算　数〕100点(推定配点)

1　(1)，(2)　各７点×2　(3)　８点　2　(1)，(2)　各７点×2<各々完答>　(3)，(4)　各８点×2

3，4　各８点×6<4は各々完答>

2023年度　筑波大学附属駒場中学校

社会解答用紙

番号		氏名		評点	／100

1

1	A	分類	他の事例	B	分類	他の事例
	C	分類	他の事例	D	分類	他の事例
2	島の名前		島がふくまれる都道府県			
3						
4						
5						
6						
7	25					

2

1	
2	
3	
4	
5	
6	

3

1					
2					
3	時期の順	→　→　→			
	関連してのべた文	①	②	③	④
4	D	E	F	G	
5	(a)	(b)	(c)	(d)	(e)
6	(1)	H	I		
	(2)	(I)をへて、　ことにより、　気温上昇している点。			

（注）この解答用紙は実物を縮小してあります。Ｂ５→Ａ３(163%)に拡大コピーすると、ほぼ実物大の解答欄になります。

〔社　会〕100点(推定配点)

1　1　各３点×4＜各々完答＞　2　各２点×2　3，4　各３点×2＜3は完答＞　5～7　各４点×3＜5，6は完答＞　2　各４点×6＜1，2，4～6はそれぞれ完答＞　3　1，2　各３点×2＜各々完答＞　3～5　各２点×14＜3の時期の順は完答＞　6　(1)　各２点×2　(2)　４点

2023年度　　筑波大学附属駒場中学校

理科解答用紙

番号		氏名		評点	／100

1	1									
	2									
	3									
	4									
	5									
2	1									
	2									
	3	月の形：	空に見える月と太陽の位置関係：							
	4	①		②		③		④		⑤
	5	分								
3	1	①		②		③		④		⑤
	2	通り								
4	1	①		②		③		④		
	2	⑤		⑥		⑦				
		⑧		⑨						
5	1	食塩：　グラム	ミョウバン：　グラム							
	2	食塩：　グラム	ミョウバン：　グラム							
	3	グラム								
6	1	金属板	B：	E：						
	2									

（注）この解答用紙は実物を縮小してあります。B５→B４（141%）に拡大コピーすると、ほぼ実物大の解答欄になります。

〔理　科〕100点（推定配点）

1　各４点×５　2　１，２　各３点×２　３，４　各２点×７　５　４点　3　１　各２点×５　２　４点　4　１　各１点×４　２　各２点×５　5　各３点×５　6　１　各３点×３　２　４点

二〇二三年度　筑波大学附属駒場中学校

国語解答用紙

番号		氏名		評点	/100

一

問一		
問二		
問三		
問四		

二

問一		
問二		
問三	弟	
	私	
問四		

三

四

問一	
問二	

（注）この解答用紙は実物を縮小してあります。Ｂ５→Ａ３（163％）に拡大コピーすると、ほぼ実物大の解答欄になります。

〔国　語〕100点（推定配点）

一　問１～問３　各10点×３　問４　６点　二　問１，問２　各10点×２　問３　各５点×２　問４　10点　三　４点＜完答＞　四　各10点×２

２０２２年度　筑波大学附属駒場中学校

算数解答用紙

番号		氏名		評点	／100

【注意】　円周率は 3.14 を用いなさい。

	計算		答え
1		(1)	
		(2)	
		(3)	
2		(1)	か所
		(2)	人
		(3)	km
3		(1)	秒
		(2)	秒
		(3)	もっとも短い時間　秒　／　もっとも長い時間　秒
4		(1)	整理番号
		(2) (ｱ)	秒後
		(2) (ｲ)	君
		(3)	秒後に 君と交代した

（注）この解答用紙は実物を縮小してあります。Ｂ５→Ａ３（163%）に拡大コピーすると、ほぼ実物大の解答欄になります。

〔算　数〕100点（推定配点）

1，2　各８点×６＜1は各々完答＞　3　(1)，(2)　各８点×２　(3)　各４点×２　4　各７点×４＜(3)は完答＞

２０２２年度　筑波大学附属駒場中学校

社会解答用紙

番号		氏名		評点	／100

1	1	A　　県	B　　県	C　　県
	2			
	3			
	4			
	5			
	6			
	7	資源名	記　号	
2	1			
	2			
	3			
	4			
	5	松　前	対　馬	
	6			
	7	（15マス・10）		
3	1			
	2			
	3			
	4			
	5			
	6			

（注）この解答用紙は実物を縮小してあります。Ｂ５→Ｂ４（141％）に拡大コピーすると、ほぼ実物大の解答欄になります。

〔社　会〕100点（推定配点）

1　各４点×10＜2，3，5，6，7の記号は完答＞　2　各４点×8＜2，3，4，6は完答＞　3　1，2　各４点×2＜各々完答＞　3～6　各５点×4＜3，5，6は完答＞

２０２２年度　　筑波大学附属駒場中学校

理科解答用紙

番号		氏名		評点	／100

1	1										
	2										
	3	方角：		見え方：							
	4										
	5										
2	1	青色リトマス紙：		赤色リトマス紙：							
	2										
	3										
3	1										
	2										
4	1	①		②							
	2	①		②							
	3										
5	1	①		②		③		④		⑤	
	2										
6	1	①		②		③		④			
	2	⑤		⑥		⑦		⑧			
	3	⑨		⑩		⑪		⑫	cm	⑬	cm
7	1										
	2	豆電球Pが×となる：　通り		豆電球Qが△となる：　通り							

（注）この解答用紙は実物を縮小してあります。Ｂ５→Ｂ４（141%）に拡大コピーすると、ほぼ実物大の解答欄になります。

〔理　科〕100点（推定配点）

1　各４点×６＜４は完答＞　2　各４点×４＜１は各々完答，３は完答＞　3，4　各４点×７＜3の１，4の３は完答＞　5　１　３点＜完答＞　２　４点　6　各１点×13　7　各４点×３

二〇二二年度　筑波大学附属駒場中学校

国語解答用紙

番号		氏名		評点	/100

一

問一		
問二		
問三		
問四	(1)	
	(2)	

二

問一	
問二	
問三	
問四	

三

四

問一	
問二	
問三	

（注）この解答用紙は実物を縮小してあります。B５→A３（163%）に拡大コピーすると、ほぼ実物大の解答欄になります。

〔国　語〕100点（推定配点）

一，二　各８点×９　三　４点＜完答＞　四　各８点×３

２０２１年度　筑波大学附属駒場中学校

算数解答用紙

番号		氏名	

評点	／100

【注意】　円周率は 3.14 を用いなさい。

	計算	答え		
1		(1)		cm²
		(2)		秒後
		(3)		秒後
2		(1)		個
		(2)		
		(3)		けた
		(4)		けた
3		(1)		通り
		(2)		通り
		(3)		通り
4		(1)		秒後
		(2)	(ア)	秒後
			(イ)	

（注）この解答用紙は実物を縮小してあります。Ｂ５→Ａ３（163%）に拡大コピーすると、ほぼ実物大の解答欄になります。

〔算　数〕100点（推定配点）

1　各８点×３　2　各７点×４　3，4　各８点×６＜4の（2）の（イ）は完答＞

2021年度　筑波大学附属駒場中学校

社会解答用紙

番号		氏名		評点	／100

1

1			
2			
3			
4			
5	ドイツ	香港	
6			
7			

2

1										
2										20
3	名称		位置							
4										
5										
6	④		⑮		㉔		㉖		㉞	
7										

3

1	
2	
3	
4	
5	
6	

（注）この解答用紙は実物を縮小してあります。B５→A３(163%)に拡大コピーすると、ほぼ実物大の解答欄になります。

〔社　会〕100点(推定配点)

1　各４点×8＜2，3，4，6，7は完答＞　2　1　4点　2　5点　3〜5　各４点×4＜4，5は完答＞　6　各３点×5　7　4点＜完答＞　3　各４点×6＜2〜6はそれぞれ完答＞

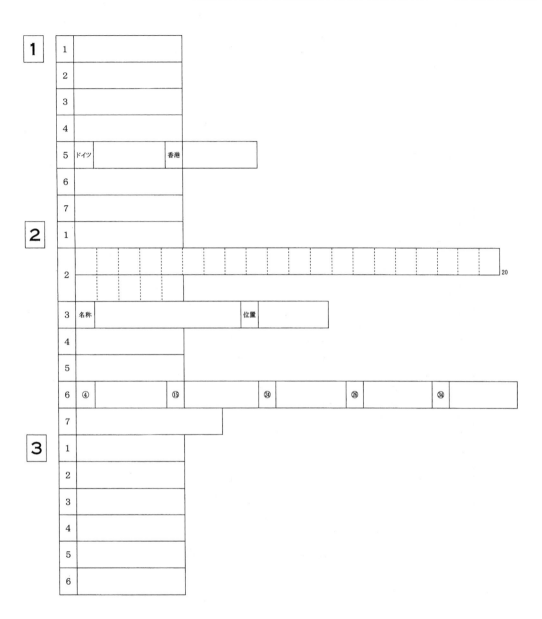

２０２１年度　筑波大学附属駒場中学校

理科解答用紙

番号		氏名		評点	／100

1	1	①		②		③			
	2	実験							
	3								
	4								
	5								
2	1	①		②					
	2								
	3								
	4								
	5								
3	1	入ったとき		出たとき					
	2	①		②					
	3	①		②		③			
4	1	夏		秋		冬			
	2								
5	1	①	cm	②	cm				
	2	③	個	④	個	⑤		⑥	個
		⑦	個	⑧	個	⑨		⑩	個
6	1	①		②		③		④	
	2	①		②		③			

（注）この解答用紙は実物を縮小してあります。Ｂ５→Ｂ４（141%）に拡大コピーすると、ほぼ実物大の解答欄になります。

〔理　科〕100点（推定配点）

1，2　各４点×10＜1の１，３，2の１は完答＞　3　各４点×４＜１，３は完答，２は各々完答＞　4　１　各３点×３　２　５点＜完答＞　5　１　各４点×２　２　③～⑥　４点　⑦～⑩　４点　6　１　５点＜完答＞　２　各３点×３＜各々完答＞

二〇二二年度　筑波大学附属駒場中学校

国語解答用紙

番号		氏名		評点	/100

一

問一	
問二	
問三	
問四	
問五	A　　B　　C　　D　　E

二

問一	
問二	
問三	
問四	

三

問一	
問二	
問三	

（注）この解答用紙は実物を縮小してあります。B5→A3（163%）に拡大コピーすると、ほぼ実物大の解答欄になります。

〔国　語〕100点(推定配点)

一　問1～問4　各8点×4　問5　各2点×5　二　各8点×4　三　問1　8点　問2，問3　各9点×2

2020年度　筑波大学附属駒場中学校

算数解答用紙

番号		氏名		評点	／100

【注意】　円周率は3.14を用いなさい。

	計算		答え
1		(1)	通り
		(2)	通り
		(3)	通り
2		(1)	
		(2)	
		(3)	個
3		(1)	円
		(2)	円
		(3)	m
4	(1)　m²	(2)	m
		(3)	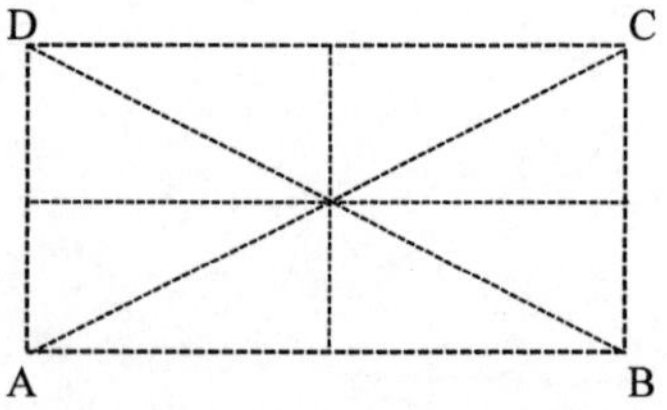

(注)　この解答用紙は実物を縮小してあります。Ａ３用紙に147%拡大コピーすると、ほぼ実物大で使用できます。(タイトルと配点表は含みません)

〔算　数〕100点(推定配点)

1　(1)，(2)　各８点×2　(3)　９点　2　(1)，(2)　各８点×2＜(2)は完答＞　(3)　９点　3　(1)，(2)　各８点×2　(3)　９点　4　(1)，(2)　各８点×2　(3)　９点＜完答＞

２０２０年度　筑波大学附属駒場中学校

社会解答用紙

番号		氏名		評点	／100

1

1			
2			
3			
4			
5			
6			
7	2番目	記号	番号
	4番目	記号	番号

2

1	
2	
3	
4	
5	
6	→ → カ → → →
7	

3

1	（20字）
2	
3	
4	
5	
6	

（注）この解答用紙は実物を縮小してあります。Ｂ４用紙に139％拡大コピーすると、ほぼ実物大で使用できます。（タイトルと配点表は含みません）

〔社　会〕100点（推定配点）

1　1～6　各５点×6＜各々完答＞　7　各４点×2＜各々完答＞　2　1，2　各５点×2＜各々完答＞　3　4点　4　5点＜完答＞　5，6　各４点×2＜6は完答＞　7　5点＜完答＞　3　各５点×6＜2～6はそれぞれ完答＞

２０２０年度　筑波大学附属駒場中学校

理科解答用紙

番号		氏名		評点	／100

1	1	(1)	通り	(2)	通り						
	2	数					(3)	通り	(4)	通り	
	3										
2	1	①		②		③					
		④		⑤		⑥					
	2	①		②		③		④		⑤	
3	1										
	2										
	3										
	4										
	5	A		B		C		明るい星		赤い星	
4	1			2							
	3	幼虫		成虫							
	4	理由		工夫							
5	1	①		②		③		④		⑤	
	2										
6	1	操作1		操作2							
	2										
	3										
7	1										
	2	ちっ素		酸素		二酸化炭素					

（注）この解答用紙は実物を縮小してあります。B4用紙に128％拡大コピーすると、ほぼ実物大で使用できます。（タイトルと配点表は含みません）

〔理　科〕100点(推定配点)

1　1，2　各3点×5　3　2点　2　1　各1点×6　2　各2点×5　3　1　4点　2〜4　各3点×3＜3は完答＞　5　各2点×5　4　1，2　各2点×3　3，4　各3点×4＜4は各々完答＞　5　1　各2点×5　2　3点　6　1　各1点×2　2，3　各2点×2　7　1　各2点×2　2　各1点×3

二〇二〇年度　筑波大学附属駒場中学校

国語解答用紙

番号　氏名　評点　／100

一

問一	
問二	
問三	
問四	

二

問一	
問二	
問三	
問四	

三

問一		
問二	(1)	
	(2)	

（注）この解答用紙は小社で作成いたしました。

〔国　語〕100点(推定配点)

一　各10点×4　二　問1　10点　問2　5点　問3，問4　各10点×2　三　問1　10点　問2　(1)　5点　(2)　10点

２０１９年度　　筑波大学附属駒場中学校

算数解答用紙

番号		氏名	

評点	／100

【注意】　円周率は 3.14 を用いなさい。

	計　算		答　え	
1		(1)	km	
		(2)	方角	距離　km
		(3)		
2		(1)	と　，　と	
		(2)	通り	
		(3)	通り	
3		(1)	重なるまでの時間　秒後	A からの距離　m
		(2)	重なるまでの時間　秒後	A からの距離　m
		(3)	重なるまでの時間　秒後	A からの距離　m
4		(1)	度	
		(2)	cm	
		(3)	cm^2	

(注) この解答用紙は実物を縮小してあります。Ａ３用紙に154%拡大コピーすると、ほぼ実物大で使用できます。(タイトルと配点表は含みません)

〔算　数〕100点(推定配点)

1　(1)，(2)　各８点×2＜(2)は完答＞　(3)　９点　2　(1)，(2)　各８点×2＜(1)は完答＞　(3)　９点　3　(1)，(2)　各８点×2＜各々完答＞　(3)　９点＜完答＞　4　(1)，(2)　各８点×2　(3)　９点

２０１９年度　　筑波大学附属駒場中学校

社会解答用紙

番号		氏名		評点	／100

1

1			
2			
3			
4			
5			
6	価値	動植物	
7			

2

1	A		B				
	C		D				
2	①		②		③		④
	⑤		⑥		⑦		
3	(1)						
	(2)	30					
4	(1)						
	(2)						

3

1	
2	
3	
4	
5	
6	

(注) この解答用紙は実物を縮小してあります。Ｂ４用紙に143％拡大コピーすると、ほぼ実物大で使用できます。(タイトルと配点表は含みません)

〔社　会〕100点(推定配点)

1　1〜5　各５点×５＜各々完答＞　６　各３点×２　７　５点＜完答＞　2　1，2　各２点×11　3，4　各３点×４＜３の(1)，４の(2)は完答＞　3　各５点×６＜1，2，4，5，6は完答＞

２０１９年度　　筑波大学附属駒場中学校

理科解答用紙

番号		氏名	

評点	／100

1	1	ツバメ		カラス							
	2	場　所		材　料							
	3										
	4	①		②							
2		①		②							
3	1										
	2										
	3										
	4										
	5										
4	1	①		②		③					
	2	g									
	3										
5	1	①		②		③		④		⑤	
	2										
6	操作２	①		②							
	操作３	③		④							
	操作４	⑤		⑥		⑦					

			鏡１	鏡２	鏡３	鏡４	鏡５	鏡６
7	1	①						
		②						
	2	通り						

(注) この解答用紙は実物を縮小してあります。Ｂ４用紙に133％拡大コピーすると、ほぼ実物大で使用できます。(タイトルと配点表は含みません)

〔理　科〕100点(推定配点)

1　1　各３点×２　2　各２点×３　3，4　各３点×３＜３は完答＞　2　各４点×２　3　1　３点　2　４点　3～5　各３点×３　4　各３点×５　5　1　各２点×５　2　４点＜完答＞　6　各２点×７　7　各４点×３＜1は各々完答＞

二〇一九年度　筑波大学附属駒場中学校

国語解答用紙

番号		氏名		評点	/100

一

問一	A	
	B	
問二	前者は 後者は	
問三		
問四		
問五		

二

三

問一		
問二	(A)	
	(B)	
	(C)	
問三	(ア)は　　　だが、 (イ)は　　　である。	
問四		

（注）この解答用紙は実物を縮小してあります。B4用紙に128%拡大コピーすると、ほぼ実物大で使用できます。（タイトルと配点表は含みません）

〔国　語〕100点(推定配点)

一　問1　各7点×2　問2　9点＜完答＞　問3～問5　各8点×3　二　8点　三　問1，問2　各7点×4　問3　9点＜完答＞　問4　8点

２０１８年度　筑波大学附属駒場中学校

算数解答用紙

番号		氏名		評点	／100

【注意】　円周率は3.14を用いなさい。

	計　算	答　え		
1		(1)		
		(2)		個
		(3)		個
		(4)	段目	合計
2		(1)	Aが２枚のとき	通り
			Aが３枚のとき	通り
		(2)		通り
		(3)		枚
3		(1)	(ア)	BD　cm
			(イ)	CE　cm
		(2)		cm
4		(1)	左の区画	cm
			中央の区画	cm
			右の区画	cm
		(2)	(ア)	分後
			(イ)	cm
			(ウ)	分後

(注)この解答用紙は実物を縮小してあります。Ａ３用紙に154%拡大コピーすると、ほぼ実物大で使用できます。(タイトルと配点表は含みません)

〔算　数〕100点(推定配点)

1　各８点×4＜(4)は完答＞　2　(1)　各５点×2　(2)，(3)　各８点×2　3　(1)　各５点×2　(2)　9点　4　(1)　８点＜完答＞　(2)　各５点×3

２０１８年度　　筑波大学附属駒場中学校

社会解答用紙

番号		氏名		評点	／100

大問	小問				
1	1	A		B	
	2				
	3				
	4				
	5				
	6				
	7				
2	1				
	2				
	3				
	4				
	5				
	6	1番目	記号	都道府県名	
		3番目	記号	都道府県名	
	7				
3	1				
	2				
	3				
	4				
	5				
	6				

(注) この解答用紙は実物を縮小してあります。B４用紙に133%拡大コピーすると、ほぼ実物大で使用できます。(タイトルと配点表は含みません)

〔社　会〕100点(推定配点)

1　1，2　各４点×3＜2は完答＞　3　5点　4〜6　各４点×3＜各々完答＞　7　5点＜完答＞　2　1　5点＜完答＞　2〜5　各４点×4＜各々完答＞　6，7　各５点×3＜6は各々完答，7は完答＞　3　各５点×6＜1〜4，6はそれぞれ完答＞

２０１８年度　　筑波大学附属駒場中学校

理科解答用紙

番号		氏名		評点	／100

1	1	①		②				
	2	X						
	3	Y		個				
2	結果１							
	結果２							
3	1							
	2	①		②		③		④
4	1	①		②		③		
	2	④		⑤		⑥		
	3							
5	1							
	2							
	3							
	4							
	5							
6	1							
	2	メダカ		ヒト				
	3	①		②				
7	1	ヘチマ		タンポポ		サクラ		ヒマワリ
	2							

（注）この解答用紙は実物を縮小してあります。Ａ４用紙に115％拡大コピーすると、ほぼ実物大で使用できます。（タイトルと配点表は含みません）

〔理　科〕100点(推定配点)

1　1，2　各３点×３＜２は完答＞　３　各２点×２　2　各４点×２＜各々完答＞　3　各３点×５＜１は完答＞　4　各２点×９　5　各３点×５＜２，４は完答＞　6　１　４点＜完答＞　２，３　各３点×４　7　各３点×５＜２は完答＞

二〇一八年度　筑波大学附属駒場中学校

国語解答用紙

番号		氏名		評点	/100

一

問一	
問二	
問三	
問四	

二

問一	
問二	
問三	

三

四

問一	
問二	
問三	

（注）この解答用紙は実物を縮小してあります。A３用紙に145％拡大コピーすると、ほぼ実物大で使用できます。（タイトルと配点表は含みません）

〔国　語〕100点(推定配点)

一　各９点×４　二　問１，問２　各９点×２　問３　10点　三，四　各９点×４

平成29年度　筑波大学附属駒場中学校

算数解答用紙

番号		氏名		評点	／100

【注意】　円周率は3.14を用いなさい。

	計算		答え
1		(1)	
		(2)	99　　回　100　　回　101　　回
		(3)	個
2		(1) (ア)	個
		(1) (イ)	
		(2)	通り
3		(1)	
		(2)	段目の左から　　番目
		(3)	
4		(1)	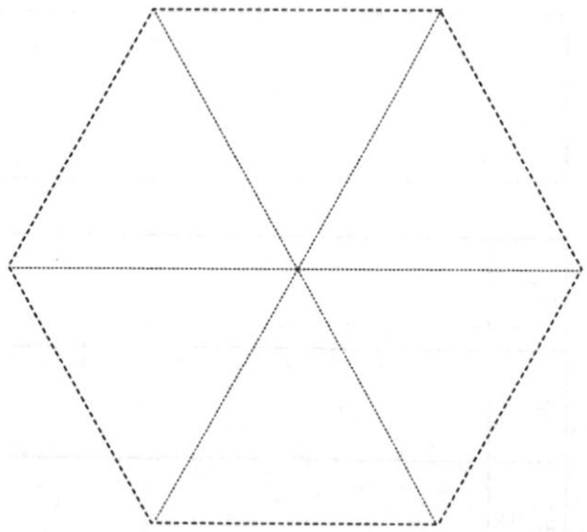
		(2)	cm²
		(3)	cm²

（注）この解答用紙は実物を縮小してあります。Ａ３用紙に154%拡大コピーすると、ほぼ実物大で使用できます。（タイトルと配点表は含みません）

〔算　数〕100点(推定配点)

1　(1)　8点＜完答＞　(2)　各4点×3　(3)　8点　2～4　各8点×9＜2の(1)の(イ)は完答＞

平成29年度　筑波大学附属駒場中学校

社会解答用紙

番号		氏名		評点	／100

1

1	
2	
3	
4	
5	
6	
7	

2

1	
2	
3	
4	
5	
6	

3

1	A		B		C	
2	D		E		F	
3						
4	①		②			
5	①		②			
6						
7	①		②		③	
	④		⑤		⑥	
	⑦					

（注）この解答用紙は実物を縮小してあります。Ｂ４用紙に137%拡大コピーすると、ほぼ実物大で使用できます。（タイトルと配点表は含みません）

〔社　会〕100点(推定配点)

1　1　4点　2～6　各３点×5＜各々完答＞　7　4点　2　各３点×6＜各々完答＞　3　1，2　各３点×6＜1は各々完答＞　3　4点＜完答＞　4，5　各３点×4　6　4点　7　各３点×7＜各々完答＞

平成29年度　筑波大学附属駒場中学校

理科解答用紙

番号		氏名		評点	／100

1	1						
	2						
	3						
2	1						
	2						
3	1						
	2	A		B		C	
4	1						
	2	ｸﾞﾗﾑ	3				
	4	ｸﾞﾗﾑ					
5	1						
	2						
	3	形		明るさ			
	4						
	5						
6	1	(1)	ｸﾞﾗﾑ				
		(2)	ｸﾞﾗﾑ	ｸﾞﾗﾑ	ｸﾞﾗﾑ	ｸﾞﾗﾑ	
	2	(1)	ｸﾞﾗﾑ	ｸﾞﾗﾑ	ｸﾞﾗﾑ	ｸﾞﾗﾑ	
		(2)	B:　ｸﾞﾗﾑ	C:　ｸﾞﾗﾑ	D:　ｸﾞﾗﾑ	E:　ｸﾞﾗﾑ	
	3	①	ｸﾞﾗﾑ	②	ｸﾞﾗﾑ		
7	1	①		②		③	④
		⑤		⑥		⑦	⑧
	2	カ	(　,　)	キ	(　,　)	ク (　,　)	ケ (　,　)

(注) この解答用紙は実物を縮小してあります。Ｂ４用紙に133%拡大コピーすると、ほぼ実物大で使用できます。(タイトルと配点表は含みません)

〔理　科〕100点(推定配点)

1～5　各３点×19＜1の２，2の１，２，3の１は完答＞　6　１　(1)　４点　(2)　３点＜完答＞　２，３　各３点×４＜２は各々完答＞　7　各２点×12＜１は各々完答＞

平成二十九年度　筑波大学附属駒場中学校

国語解答用紙

番号		氏名		評点	/100

一

問一		
問二		
問三		
問四		

二

問一	
問二	
問三	

三

四

問一	
問二	

（注）この解答用紙は実物を縮小してあります。A3用紙に147%拡大コピーすると、ほぼ実物大で使用できます。（タイトルと配点表は含みません）

〔国　語〕100点(推定配点)

一　問1　各5点×2　問2〜問4　各10点×3　二〜四　各10点×6

平成28年度　筑波大学附属駒場中学校

算数解答用紙

番号		氏名		評点	／100

【注意】　円周率は3.14を用いなさい。

	計算	答え			
1		(1)			
		(2)	回		
		(3)	最も小さい数	最も大きい数	
		(4)	回		
2		(1)	(ア)　個	(イ)　個	
		(2)	個		
		(3)	正　角形		
3		(1)	最初　秒後	2度目　秒後	3度目　秒後
		(2)	秒後		
		(3)	秒後		
4		(1)	cm^2		
		(2)	cm^2		
		(3)	cm^2		

(注)　この解答用紙は実物を縮小してあります。Ａ３用紙に154%拡大コピーすると、ほぼ実物大で使用できます。(タイトルと配点表は含みません)

〔算　数〕100点(推定配点)

1　(1)，(2)　各7点×2　(3)　各4点×2　(4)　7点<完答>　2　(1)　各5点×2　(2)，(3)　各7点×2　3　(1)　各4点×3　(2)，(3)　各7点×2<各々完答>　4　各7点×3

平成28年度　　筑波大学附属駒場中学校

社会解答用紙

番号		氏名		評点	／100

1

1	ア	イ	ウ
2			
3			
4			
5			
6			
7	稲	小麦	

2

1	A	B
	C	D
2		
3		
4		
5		
6	2番目	4番目

3

1	2番目	4番目
2		
3		
4		
5		
6		
7		

(注)　この解答用紙は実物を縮小してあります。Ｂ４用紙に141%拡大コピーすると、ほぼ実物大で使用できます。(タイトルと配点表は含みません)

〔社　会〕100点(推定配点)

1　各４点×10＜3，5，6は完答＞　2　1　各３点×4　2～6　各４点×5＜各々完答＞　3　各４点×7＜各々完答＞

平成28年度　筑波大学附属駒場中学校

理科解答用紙

番号		氏名		評点	／100

1	1					
	2					
	3					
2	1	A	B	C	D	
	2					
3	1	A	B			
	2	A	B			
4	1					
	2					
	3					
5	1					
	2					
	3					
	4					
	5					
6	1	①	②	③	④	⑤
	2	1円　枚	5円　枚	10円　枚		
	3	最多	1円　枚	5円　枚	10円　枚	
		最少	1円　枚	5円　枚	10円　枚	
7	1	①	②	③	④	⑤
	2	Aと	Bと	Cと		

（注）この解答用紙は実物を縮小してあります。Ｂ４用紙に133％拡大コピーすると、ほぼ実物大で使用できます。（タイトルと配点表は含みません）

〔理　科〕100点（推定配点）

1～5　各３点×21＜1の３は完答＞　6　１　各３点×５　２，３　各３点×３　7　１　各２点×５＜各々完答＞　２　３点

平成二十八年度　筑波大学附属駒場中学校

国語解答用紙

番号		氏名		評点	/100

一

問一	
問二	
問三	
問四	

二

問一	
問二	
問三	
問四	1　2　3　4
問五	

三

四

問一	
問二	

(注) この解答用紙は小社で作成いたしました。

〔国　語〕100点(推定配点)

一 各8点×4　二 問1　8点　問2　7点　問3　8点　問4　各3点×4　問5　8点　三 9点　四 各8点×2

平成27年度　筑波大学附属駒場中学校

算数解答用紙

番号		氏名		評点	／100

【注意】　円周率は 3.14 を用いなさい。

	計　算	答　え		
1		(1)		回
		(2)		
		(3)		
2		(1)		
		(2)	最も多い場合　人	最も少ない場合　人
		(3)		通り
3		(1)		個
		(2)		
		(3)		
4		(1)		cm
		(2)	(ア)	倍
			(イ)	cm

(注)　この解答用紙は実物を縮小してあります。Ａ３用紙に154%拡大コピーすると、ほぼ実物大で使用できます。(タイトルと配点表は含みません)

〔算　数〕100点(推定配点)

1　各８点×3　2　(1)　８点＜完答＞　(2)　各６点×2　(3)　８点　3，4　各８点×6＜3の(3)は完答＞

平成27年度　筑波大学附属駒場中学校

社会解答用紙

番号		氏名		評点	／100

1	1	国名		位置			
	2						
	3	ア	イ	ウ	エ		
		オ	カ	キ			
	4						
	5	1位	2位	17位	18位		
	6	ア	イ	ウ	エ	オ	カ
	7						
2	1						
	2	A	B	C			
		D					
	3	X	Y				
	4						
	5						
	6						
	7	(1)	(2)	(3)	(4)		
3	1						
	2						
	3						
	4						
	5						
	6						

〔社　会〕100点(推定配点)

1　各2点×22＜4，7は完答，6は各々完答＞　2　1～6　各3点×10＜1，4，5，6は完答＞　7　各2点×4　3　各3点×6＜各々完答＞

平成27年度　筑波大学附属駒場中学校

理科解答用紙

番号		氏名		評点	／100

1	1	図1，	，図2						
	2								
	3								
2	1								
	2								
3	1								
	2	アサリ		ハマグリ					
	3	→	→	→					
	4								
	5	名前		色					
4	1	実験1		実験2		実験3			
	2	A		B		C		D	
	3								
5	1	(1)	前	後	(2)				
	2								
6	1								
	2								
	3								
7	①		②		③		④		
	⑤		⑥		⑦				

〔理　科〕100点(推定配点)

1，2　各3点×5＜各々完答＞　3　1　3点　2　各2点×2　3～5　各3点×4＜3は完答＞　4～7　各3点×22＜6は各々完答＞

平成二十七年度　筑波大学附属駒場中学校

国語解答用紙

番号　　氏名　　評点　／100

一

問一

問二

問三

問四

二

問一

問二

問三

問四

問五　(あ)　(い)　(う)　(え)　(お)

三

問一　(1)　(2)

問二

問三

(注) この解答用紙は小社で作成いたしました。

〔国　語〕100点(推定配点)

一　問1　5点　問2, 問3　各9点×2　問4　5点　二　問1, 問2　各8点×2　問3　5点　問4　8点　問5　各2点×5　三　問1, 問2　各8点×3　問3　9点

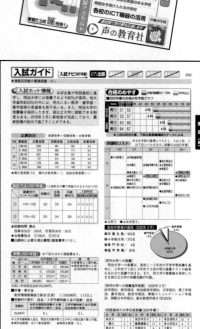

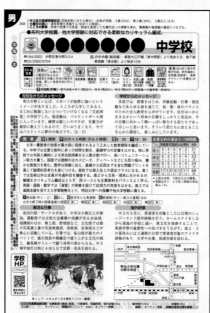